KB244043

만문노당 역주
滿文老檔 譯註
1

역자

고려대학교 민족문화연구원 만문노당역주회

고려대학교 민족문화연구원 만문노당역주회는 2012년 10월에 이훈, 김선민, 이선애가 조직했다. 역주회는 조직된 시점부터 2017년 3월까지 4년 5개월간『만문노당』(태종조)을 읽어나가며 역주 작업을 했다. 역주회에 참여한 연구자는 김한밝, 남민구, 박일현, 박찬근, 송인주, 이서현, 이승수(연세대), 이승수(명지대), 임혜균, 장정수, 전희, 정신남, 채홍병, 허성희이다. 앞으로『滿文老檔(tongki fuka sindaha hergen i dangse)』(태조조)과『親征平定朔漠方略(wargi amargi babe necihiyeme toktobuha bodogon i bithe)』등의 주요 만문 문헌에 대한 역주와 연구를 진행할 예정이다.

문화동역학라이브러리 27

만문노당 역주 1

초판인쇄 2017년 9월 20일　**초판발행** 2017년 9월 30일
옮긴이 고려대학교 민족문화연구원 만문노당역주회
펴낸이 박성모　**펴낸곳** 소명출판　**출판등록** 제13-522호
주소 서울시 서초구 서초동 1621-18 란빌딩 1층
전화 02-585-7840　**팩스** 02-585-7848　**전자우편** somyong@daum.net　**홈페이지** www.somyong.co.kr

값 53,000원　ⓒ 고려대학교 민족문화연구원 만문노당역주회, 2017

ISBN 979-11-5905-219-4　94910
ISBN 978-89-5626-851-4　(세트)

이 책은 2007년 정부(교육과학기술부)의 재원으로 한국연구재단의 지원을 받아 수행된 연구임(NRF-2007-361-AL0013).

고려대학교 민족문화연구원
문화동역학 라이브러리 27

만문노당 역주

滿文老檔譯註

太宗 1

Tongki fuka sindaha hergen i dangse: An annotated translation

고려대학교 민족문화연구원
만문노당역주회

문화동역학 라이브러리 문화는 복합적이고 역동적인 구성물이다. 한국 문화는 안팎의 다양한 갈래와 요소가 상호작용하는 과정을 통해 끊임없이 변화해왔고, 변화해 갈 것이다. 고려대학교 민족문화연구원이 주관하는 이 총서는 한국과 그 주변 문화의 복합적이고 역동적인 양상을 추적하고, 이를 통해 한국 문화는 물론 인류 문화에 대한 새로운 통찰과 그 다양성의 증진에 기여하고자 한다. 문화동역학(Cultural Dynamics)이란 이러한 도정을 이끌어 가는 우리의 방법론적인 표어이다.

소명출판

일러두기

1. 본서의 저본은 『內閣藏本滿文老檔』(全20冊, 中國第一歷史檔案館 整理, 瀋陽: 遼寧民族出版社, 2009) 가운데 태종조 기사를 수록한 8책부터 16책까지이다.
2. 본서의 내용은 만주문의 로마자 전사, 한글 번역, 각주, 색인으로 구성된다.
3. 만주문의 로마자 전사는 묄렌도르프의 표기 방식을 따랐다. P.G. von Möllendorff, A Manchu Grammar, with Analyzed Texts, The American Presbyterian Mission Press, 1892.
4. 저본에서 작은 글씨로 표기된 주석은 본 역주서의 전사문에서 괄호()로 묶어서 표시했다.
5. 한글 번역은 직역을 원칙으로 하되, 가독성을 높이기 위해 원문에 없는 정보를 추가했다. 추가한 정보는 주격조사와 필(疋), 척(隻), 개(個), 명(名), 장(張), 일(日), 포(包), 마리 등의 수량단위이다.
6. 본서의 각주는 저본의 簽註와 본서의 역주로 구성된다. 저본의 簽註는 '[簽註]'를 표시했다. 簽註의 내용에 대해 역자가 부연하여 설명하는 경우에 *를 표시했다. 역주는 특정한 표시를 하지 않았다.
7. 역주에는 본문의 내용에 대해 부연하여 설명했다.
8. 저본에서 han, abka 등의 존칭어는 1段이나 2段이 擡頭되어 있지만 본서에서는 이에 대해 별도의 표식을 하지 않았다.
9. 저본에서 기록의 일부가 유실된 경우에 표기한 '原檔殘缺'을 본서의 전사문과 번역문에서도 그대로 사용하여 '原檔殘缺'이라고 표기했다.
10. 번역문에서 만주인과 몽골인의 이름은 한글로 음사했고 한인과 조선인은 한문으로 썼다. 단 한인의 한문 이름이 명확하지 않은 경우에는 로마자 표기로 남겨두었다. 지명에도 같은 원칙을 적용했다.
11. 저본의 쪽수를 각 권을 단위로 하여 전사문의 중간에 아라비아 숫자로 명기했다. 예컨대 1쪽과 2쪽의 사이에 '1/2'라고 명기했다.

서문

　16세기 말부터 건주여진의 누르하치는 분산되어 있던 여진세계를 통일하기 시작하여 1616년 금국Aisin gurun을 수립했다. 이후 1636년 청 태종 홍 타이지는 국호를 대청국Daicing gurun으로 개정하고 신생 국가를 만주·몽골·한인이 공존하는 제국으로 발전시켜갔다. 국가의 형성과 발전은 필연적으로 문자와 문서의 수요를 촉진했다. 누르하치가 통치하던 초기에 만주인은 자민족의 고유한 문자가 없었기 때문에 만주어를 몽골문으로 번역하고 몽골문자로 표기하여 문자생활을 영위했다. 이후 1599년부터는 몽골문자로 만주어 음가를 표기함으로써 몽골문자를 만주문자화했다. 그러나 이 문자는 아a와 어e, 오o와 우u, 크k와 그g와 흐h, 트t와 드d의 음가를 구분하지 못하여 사용하기가 불편했다. 마침내 태종 통치기 1632년에 문자에 동그라미와 점을 첨가함으로써 만주어의 모든 음가를 일대일로 문자에 대응시키게 되었다. 이렇게 동그라미와 점을 덧붙인 자를 'tongki fuka sindaha hergen(동그라미와 점을 친 문자, 有圈點字)'라고 부르고, 기존에 쓰던 동그라미와 점이 없는 문자는 'tongki fuka akū hergen(동그라미와 점이 없는 문자, 無圈點字)'라고 불렀다.

　『만문노당』은 청 태조와 태종 시기에 무권점 만주문자로 기록된 정무 기록을 묶은 원본과 그것을 건륭 시기에 무권점자와 유권점자로 옮겨 쓴 중초본重抄本을 가리킨다. 『만문노당』은 시기적으로 누르하치가 국가를 형성해가던 1607년부터 시작하여 홍 타이지가 대청국을 선포한 1636년까지를 다루고 있으며, 내용면으로는 청의 정치·경제·군사·사회·민족·문화·풍습·천문·지리 및 주변의 인근국가 및 부족과의 관계를 망라하고 있다. 『만문노당』은 한문 사료에서는 찾아 볼 수 없는 만주인의 다양한 활동을 세밀하게 보여준다. 또한 기사를 서술하는 방식에 있어 수식을 더하지 않고 무미건조하게 사실만을 기록했기 때문에 신뢰도가 매우 높다. 따라서 『만문노당』은 청 초기의 역사와 만주어를 연구하기 위한 일급사료로 평가된다. 또한 『만문노당』에 수록된 시기가 청의 건국기이자 동시에 동아시아의 국제 질서가 청을 중심으로 재편되기 시작한 기간이었기 때문에 이 책은 후금(청)과 명, 몽골, 조선의 다각적 국제 관계가 전개되어가는 과정을 생생하게 전하고 있다. 청과 조선 사이에 오간 문서 가운데 다른 사료에는 실리지 않고 이 책에만 실린 문서도 상당수 있다. 그러므로 『만문노당』은 후금(청)의 역사뿐만 아니라 16세기 말부터 17세기 초에 급변한 동아시아사와 조선-청 관계의 실상을 알려주는 중요성까지 지니고 있다. 20세기 초기부터 중국과 일본의 연구자들이 『만문노당』에 주목한 것은 이러한 중요성 때문이었다.

원본과 중초본

1644년 청이 중원으로 진입한 후 『만문노당』 원본은 성경에서 북경으로 옮겨져 자금성 내의 내각대고內閣大庫에 보관되었다. 『만문노당』 원본은 원래 제목이 없었기 때문에 청대에 이를 가리키는 명칭이 매우 다양했다. 청대 공문 기록에서는 『無圈點檔子』, 『無圈點檔案』, 『無圈點檔』, 『無圈點老檔』, 『舊滿洲檔冊』, 『老檔』 등으로 부르다가 건륭 중기 이후로는 주로 『無圈點老檔』이라고 불렀다. 현대에도『만문노당』원본은『舊滿洲檔』,『老滿文原檔』,『滿文原檔』등으로 다양하게 불리고 있다. 1969년 대만고궁박물원에서『만문노당』원본을 영인 출판하면서 『舊滿洲檔』이라고 칭했고, 1970년 대만의 학자인 광루廣祿와 리쉬에즈李學智가 이를 한역漢譯하여 출판할 때는『淸太祖朝老滿文原檔』이라 명명했으며, 2005년 대만고궁박물원에서 다시 영인 출판할 때는『滿文原檔』이라 명명했다.

　『만문노당』원본은 건륭 시기에 중초되었다. 건륭 시기에 중초 사업을 추진한 이유는 무권점자가 유권점자로 교체된 지 100여 년이 지나자 무권점자를 읽고 해독하기가 어려워졌고 만주문자의 시작이 무권점자였다는 사실을 망각할 우려까지 발생했으며, 또한 내각대고內閣大庫에 보관 중인『만문노당』원본이 낡아서 이를 영구적으로 보존하고 일상적으로 이용하기 위해서는 중초본이 필요하기 때문이었다. 중초 작업은 1774년(건륭39)에 시작하여 1779년(건륭44)에 완결되었다.『만문노당』의 중초는 단순히 원본을 베껴 쓰는 것이 아니었다. 중초하는 과정에서 원본에 등장하는 지명·인명·시간·관직 및 문자에 대해 고증을 거쳐 통일적인 체계로 편제하고, 함函과 권卷으로 나누어 장정하고, 통일적인 명칭으로 제목을 붙이고, 필요한 부분에 주석을 달았다.

　중초되어 만들어진『만문노당』은 모두 7부였다. 중초하는 과정에서 저본으로 사용하기 위해 흘림체草書 무권점자 중초본 1부와 흘림체 유권점자 중초본 1부가 만들어졌고, 다시 이를 저본으로 하여 정자체楷書 무권점자 중초본 2부와 정자체 유권점자 중초본 3부가 만들어졌다. 이 중초본들 가운데 흘림체 무권점자 중초본 1부, 정자체 무권점자 중초본 1부, 흘림체 유권점자 중초본 1부, 정자체 유권점자 중초본 1부, 총 4부는 자금성의 내각대고에 보관했다. 정자체 무권점자 중초본 1부와 정자체 유권점자 중초본 1부는 성경 황궁의 숭모각崇謨閣에 보관했고, 정자체 유권점자 중초본 1부는 자금성의 상서방上書房에 보관했다.

성경의 숭모각에 보관되었던 중초본은 지금 션양瀋陽의 요녕성당안관遼寧省檔案館에 보관되어 있고, 자금성의 내각대고에 보관되었던 것은 지금 북경제일역사당안관北京第一歷史檔案館에 보관되어 있으며, 상서방장본上書房藏本만 유실되어 전하지 않는다. 이 모든 중초본의 저본이었던 『만문노당』 원본은 지금 대만고궁박물원에 소장되어 있다.

중초된 『만문노당』은 원본의 제목이 다양한 것과 비교하면 단일한 제목으로 불렸다. 무권점자 중초본의 제목은 만문으로 *tongki fuka akū hergen i dangse*였고, 유권점자 중초본은 *tongki fuka sindaha hergen i dangse*였다. 청대에 이 두 종류 중초본의 한문 제목은 각각 『無圈點老檔』과 『加圈點老檔』으로 번역되어 쓰였다. 이후 20세기 초에 청 황실에 보관되어 있던 『만문노당』 중초본이 발견되고 소개되면서 청대에 일반적으로 사용되었던 한문제목이 간과되고, 『無圈點老檔』은 『無圈點字檔』으로, 『加圈點老檔』은 『加圈點字檔』 혹은 『有圈點字檔』으로 불리게 되었다.

『만문노당』 원본은 대체로 편년체編年體 방식으로 기록되었고 내용의 일부는 기사본말체紀事本末體 방식을 따르고 있다. 태조조와 태종조가 각각 20권으로 모두 40권이며, 그 가운데 37권이 건륭 연간에 중초되었다. 당시 중초되지 않은 3권은 1934년 내각대고에서 발견된 후에 滿附一·滿附二·滿附三으로 번호가 매겨져 『만문노당』 원본에 포함되었다. 중초본은 모두 시간 순서로 편제되었으며 일정한 부피에 따라 함函과 권卷으로 나뉘어 장정裝訂되었다. 중초본의 분량은 총 26함 180권이며, 이 가운데 태조조는 10함 81권이고 태종조는 16함 99권이다. 태종조는 천총과 숭덕 연호에 따라 다시 두 부분으로 나뉘어 천총조는 10함 61권, 숭덕조는 6함 38권이다.

번역서

　현대에 들어서『만문노당』의 존재가 처음 발견된 것은 1905년이었다. 당시 선양의 고적지와 역사문헌을 조사하던 일본의 나이토 고난內藤湖南은 선양 고궁의 숭모각에 보관되어 있던 유권점자 중초본『만문노당』을 발견했다. 그는 1912년 다시 선양에 가서 총 180권의 유권점자『만문노당』을 모두 촬영하여 일본으로 가져갔다. 이듬해 이 사진을 정리하여 총 36권의 영인본을 여러 부 만들었고 '滿文老檔tongki fuka sindaha hergen'이라고 제목을 붙였다. 이로써 숭모각장본『만문노당』이 최초로 학계에 공개되었다.

　『만문노당』을 처음 번역하기 시작한 것은 중국에서였다. 민국 시기에 봉천기무처총판奉天旗務處總辦을 역임하던 진량金梁은 10여 명으로 구성된 번역팀을 만들어서 1916년부터 1918년까지 숭모각장본 유권점자『만문노당』의 번역을 마쳤고, 1929년에『滿洲老檔祕錄』이라는 제목으로 상·하 두 권을 출판했다. 그 후 이 책을 보완하고 한 권으로 만들어서 1933년에『滿洲祕檔』이라는 제목으로 재출판했고, 다시 개정판을 1933년부터 1935년까지『漢譯滿洲老檔拾零』이라는 제목으로『古宮週刊』에 실었다. 이 번역서들은 로마자 전사문이 없고 번역이 부실해서 현재 자료로 활용하기 어렵다. 이후 중국에서는 오랫동안『만문노당』의 번역이 이루어지지 않다가 1970년대에 다시 번역이 이루어졌다. 1974년부터 1977년까지 요녕대학遼寧大學의 리린李林은 1959년에 중앙민족대학의 왕중한王鍾翰이 로마자로 전사한 숭모각장본『만문노당』과 진량金梁의 한역본과 일본어 번역본을 참고하여 태조조 부분을 번역했다. 리린李林의 번역본은 1978년과 1979년에『重譯滿文老檔』(총3권)이라는 제목으로 요녕대학 역사학과에서 출판되었다.

나이토 고난이 일본에서 숭모각장본『만문노당』을 공개한 후 일본학자들은
이를 번역해가기 시작했다. 1920년부터 1935년까지 도쿄대학東京大學의 언어학
자 후지오카 카쓰지藤岡勝二가 번역했으나 교열을 끝내지 못한 유고遺稿를 오구라
신페이小倉進平가 교정하여 1939년『滿文老檔』(총3권)이라는 제목을 붙여 이와나
미쇼텐岩波書店에서 간행했다. 이후 1937년 오시부치 하지메鴛淵一와 토다 시게키
戶田茂喜가『만문노당』 태조조의 일본어 번역본을『史學硏究』에 실었다. 1950년
대에는 도쿄東京에서 칸다 노부오神田信夫・오카모토 요시지岡本敬二・혼다 미노
부本田實信・마츠무라 준松村潤・오카다 히데히로岡田英弘・이시바시 히데오石橋秀
雄 등이 '만문노당연구회'를 구성하여『만문노당』의 만주문을 로마자로 전사하
고 번역했다. 그 결과 1955년부터 1963년까지 일본어 번역본이『滿文老檔』(총7
권)이라는 제목으로 토요분코東洋文庫에서 출판되었다.

내각장본『만문노당』의 원본과 중초본은 숭모각장본보다 늦게 발견되었다.
1911년 청조가 멸망하고 황제 푸이溥儀가 퇴위한 후에도 황실은 그대로 고궁에
서 거주했기 때문에『만문노당』 원본과 중초본은 그대로 내각대고에 보존되어
일반에게 공개되지 않았다. 1917년 나이토 고난은 내각대고를 참관하던 중『만
문노당』 원본을 보게 되었고, 그 후 1929년 논문에서 이 사실을 소개했다. 1924
년 푸이가 고궁을 떠나고 1925년 10월 고궁박물원이 설립된 후 1931년 내각대
고 당안을 정리하던 중 37권의『만문노당』 원본과 중초본을 발견했고, 1935년
건륭 연간에 중초되지 않은 세 권의 당안을 발견했다. 이후 1933년『만문노당』
원본은 고궁박물원의 귀중품과 함께 상해로 옮겨졌다가 1935년 다시 북경으로
돌아왔다. 이어 1936년 2월에 다시 상해로 보내졌고 이후 남경으로 운송되었다
가 1948년 말에 대만으로 옮겨졌다.

1969년 대만고궁박물원은 총 40권의『만문노당』 원본을 정리하여 10권으로

나누고『舊滿洲檔』이라는 제목으로 영인 출판했다. 1970년과 1971년에 광루廣祿와 리쉬에즈李學智는『구만주당』가운데 황자호荒字號와 측자호昃字號 2권을 로마자로 전사하고 한역한『淸太祖朝老滿文原檔』의 1권과 2권을 출판했다. 이 번역본은 만주문의 로마자 전사와 한문 대역과 의역을 결합한 방식으로 편제되었다. 대만고궁박물원 소속의 장웨이張葳 등은『구만주당』의 6권과 7권을 로마자로 전사하고 한문으로 번역하여, 1977년과 1980년에『舊滿洲檔譯註 · 淸太宗朝』라는 제목으로 1권과 2권을 대만고궁박물원에서 출판했다. 대만고궁박물원이『구만주당』을 영인 출판한 후에 일본의 칸다 노부오神田信夫 · 마츠무라 준松村潤 · 오카다 히데히로岡田英弘는 건륭 연간에 중초되지 않은 3권 가운데「滿附三」을 로마자로 전사하고 일본어로 번역하여『舊滿洲檔 · 天聰九年檔』이라는 제목하에 상 · 하 2권으로 나누어 1972년과 1975년에 토요분코東洋文庫에서 출판했다. 중국의 관자루關嘉祿 · 퉁융궁佟永功 · 관자오훙關照宏은 일본에서 출판한『舊滿洲檔 · 天聰九年檔』의 로마자 전사를 바탕으로 한문으로 번역하여『天聰九年檔』이라는 제목으로 1987년 天津古籍出版社에서 출판했다. 한국어로는 최동권이『구만주당』가운데 荒字號를 번역하여『구만주당 荒字檔』이라는 제목으로 보고사에서 2007년 출판했다.

1978년 중국제일역사당안관과 중국사회과학원 역사소歷史所는『만문노당』역주팀을 조직하여 내각장본 유권점자『만문노당』을 12년에 걸쳐 한문으로 번역했다. 그 결과물은 1990년『滿文老檔』상 · 하 2권으로 中華書局에서 출판되었다. 2009년에 중국제일역사당안관은 내각장본 유권점자 중초본을 저본으로 하여 만문과 로마자 전사와 한문 번역을 수록하여『內閣藏本滿文老檔dorgi yamun asaraha manju hergen i fe dangse』(총20권)이라는 제목으로 출판했다. 그 저본은 건륭 연간의 여러 중초본 가운데 가장 먼저 작성된 것이며 다른 유권점자 중초본에는 없는 첨주가 붙어있다. 20권 가운데 1권~16권은 만문 원문, 17권~18권은 로마자 전사, 19권~20권은 한문 번역으로 구성되어 있으며, 뒤에 「만주어 인명 지명 색인」, 「한역어 인명 지명 색인」, 「簽注의 로마자 전사와 한역」을 수록하고 있다.

만문노당역주회

고려대학교 민족문화연구원 만문노당역주회는 2012년 10월에 이훈, 김선민, 이선애가 조직했다. 역주회는 조직된 시점부터 2017년 3월까지 4년 5개월간『만문노당』(태종조)을 읽어나가며 역주 작업을 했다. 역주회에 참여한 연구자는 김한밝, 남민구, 박일현, 박찬근, 송인주, 이서현, 이승수(연세대), 이승수(명지대), 임혜균, 장정수, 전희, 정신남, 채홍병, 허성희이다.

저본으로는『內閣藏本滿文老檔』(中國第一歷史檔案館 整理, 瀋陽 : 遼寧民族出版社, 2009)의 총 20권 가운데 태종조 기사를 수록한 8권부터 16권까지를 사용했다. 이는『만문노당』중초본의 편제를 기준으로 태종조 16함 99권에 해당하고, 세분하면 천총조 10함 61권, 숭덕조 6함 38권이다. 번역하면서 다양한 논문과 저서를 참고했지만 가장 많이 참고한 서적은『만문노당』의 일본어 번역본인『滿文老檔』(滿文老檔研究會譯註, 東洋文庫, 1959·1961~1963)과 한문본『청태종실록』(北京 : 中華書局, 1986)이다.

이 역주서를 출판하게 된 배경에는 만주족에 대해 새롭게 파악하려는 최근의 연구경향이 자리하고 있다. 만주족은 16세기 말에 발흥하여 불과 수십 년 만에 국가체제를 완비하고 대청국을 수립했으며 중국을 정복했다. 이후 청은 정복사업을 지속하여 강역을 명의 두 배 이상으로 확장시켰고 향후 300년간 동아시아를 지배했다. 이러한 성취에도 불구하고 만주족은 역사에서 평가절하되어 왔다. 종래에 연구자들은 청 초기를 다룰 때에만 만주족을 청의 주체로 부각시키고, 청 초기 이후로는 만주족이 지배민족이라는 사실을 청사의 중요한 요소로 고려하지 않았다. 그러나 최근 30여 년간 학계에서는 만주족이 청제국의 시작부터 멸망까지 계속 중요한 역할을 수행했고 그렇기 때문에 청사에서 만주족과 만주어 사료가 중요한 요소로 다루어져야 한다는 시각이 발전되어 왔다. 『만문노당』은 만주족이 청제국을 형성해간 초기의 역사상을 가장 상세하게 사실적으로 보여주는 책이다. 이 역주서가 청제국의 역사와 조선-청의 관계사와 만주어의 연구에 일조하기를 희망한다.

2017년 여름
만문노당역주회

목차

─1函─

tongki fuka sindaha hergen i dangse

點·圈을 찍은 문자의 檔子

ujui debtelin

1권

sure han i sucungga aniya aniya biyaci juwe biyade isinahabi

천총 원년 정월부터 2월까지

tongki fuka sindaha hergen i dangse,,
　點　圈을　찍은　문자의　檔子

○ sure han i sucungga fulahūn gūlmahūn aniya aniya biyai ice inenggi,
　수러　한의　元(年)　　　丁卯年(1627)　　　　正月　　초 1일,

geren beise, ambasa, bithe coohai hafasa, sunjaci ging wajime,
여러　버일러들·대신들·　문무　관원들이　5更　끝에

amba yamun de isafi, meni meni gūsa gūsai faidaha, abka gereme,
大衙門[1]에　　모여　　각각　구사 별로　정렬했다. 하늘이　밝자

sure han, geren beise ambasa be gaifi tangse de genefi, 1/2 abka de
수러　한은 여러　버일러들·대신들을　이끌고 堂子[2]에　가서　　　하늘에

ilan jergi niyakūrafi uyun jergi hengkilehe, tereci bederefi, han, yamun
세 번　무릎 꿇고　아홉 번　고두했다.　그 후 돌아와서　한이 아문에

1　大衙門(amba yamun)은 瀋陽 궁궐의 大政殿을 가리킨다. 누르하치 통치기인 1625년 축조되었다. 처음에는 amba yamun 혹은 amba dasan i yamun으로 불리다가 천총 10년(1636) 4월 국호를 daicing gurun으로 정하면서 amba dasan i diyan(大政殿)으로 개칭했고, 한어로는 篤恭殿이라고 했다. 지붕이 팔각이기 때문에 속칭 jakūn hošonggo ordo(八角殿)라고도 했다. 아래 참조. 河內良弘 譯註, 『中國第一歷史檔案館藏 內國史院滿文檔案譯註』(崇德2·3年分), 松香堂書店, 2010, 143쪽, 註1.

2　tangse는 본래 여진족이 조상의 조각상을 넣어두는 상자를 가리켰던 것 같은데, 나중에는 샤머니즘 숭배의 사당을 의미하게 되었다. 1636년 태종 홍 타이지가 민간의 탕서 제사를 지내지 못하도록 규제한 후 황실만이 탕서 제사를 지내게 되었다. tangse를 堂子로 漢譯한 것은 1660년대이다. 그 전에 tangse는 '廟'로 번역되거나, '謁廟' 등의 동사형으로 번역되었다. 그러나 堂子라는 번역어가 만들어진 후에도 과거의 번역어가 다양하게 쓰였다. 일례로 건륭기에 편찬된 『Manju i yargiyan kooli』(滿洲實錄)에서 만문의 'tangse'는 한문에서 '堂子'로 표기되지 않고, '對神', '廟', '拜祝', '玉帝廟' 등으로 표기되었다. 입관 전 성경에는 大東邊門 밖, 현재의 堂子街에 탕서가 있었다. 입관 후 북경에는 자금성 동남쪽 長安左門의 밖 玉河橋 동쪽에 탕서가 축조되었다.

de tucifi tehe manggi, geren beise ambasa, meni meni gūsa gūsai
나와 앉은 후   여러 버일러들·대신들은   각자   구사 별로

jergi bodome ilata jergi niyakūrafi uyute jergi hengkilehe, tere
등급을 헤아려 세 번씩   무릎 꿇고   아홉 번씩   고두했다.   그

hengkilere de, han i juwe ashan de juwe niyalma ilifi, emu niyalma,
고두할 때에 한의 양 측면에   두 사람이   서서   한 사람이

tenteke beile, tenteke amban aniya se baha seme, geren be gaifi
"아무개 버일러·아무개 대신이 신년 해를 맞았다고   무리를   이끌고

hengkilembi seme hūlaha 2/3 manggi, emu hafan niyakūra hengkile
고두합니다" 라고   외친   후,   한   관원이 "무릎 꿇고 고두하라"

seme hūlara be tuwame hengkilehe, daci manju gurun i doro
하고   외치는 것을   보고 고두했다.   원래   만주국의   禮는

hengkilere de, amba beile, amin beile, manggūltai beile be, ilan beile
고두할   때에 大 버일러[3] · 아민 버일러 · 망굴타이 버일러   세 버일러를

be ahūn seme kunduleme han i juwe ashan de tebuhe, yaya bade inu
兄이라고   존중하여   한의 양 측면에   앉게 했다. 어느 곳에서도

han i adame tebure dabala, fejile teburakū bihe, fe yamji, aniya
한과   나란히 앉게 할 뿐   아래에 앉히지 않았다. 섣달 그믐과 元트에

inenggi, eiten hacin i efin efime maksime 3/4 amba sarin sarilambihe,
        모든 종류의 놀이를 놀고 춤추고   큰   연회를 베풀었었다.

---

3   여기에서의 'amba beile'는 누르하치의 둘째 아들인 다이샨을 가리킨다.

taidzu i sinagan bifi, tere aniya fe yamji aniya inenggi, efin sebjen
태조의   喪이 있어 그   해   섣달 그믐과   元旦에   놀이·오락·

kumun mudan be deribuhekū, sarin sarilahakū, han damu geren i
음악·   음곡을   하지 않게 했고 연회를 베풀지 않았다. 한은 다만 衆人의

hengkilere be alime gaiha,,
고두하는   것을   받았다.

○ sure han i sucungga aniya aniya biyai ice jakūn de, amin 4/5
  수러 한의   원년   正月   초 8일에,   아민

beile, jirgalang taiji, ajige taiji, dudu taiji, yoto taiji, šoto taiji de
버일러·지르갈랑 타이지·아지거 타이지·두두 타이지·요토 타이지·쇼토 타이지에게

amba cooha be afabufi, solho gurun de nikan i mao wen lung be
  대군을   맡겨   조선국에   明의   毛文龍을

baime cooha unggihe,,
찾도록   군대를 보냈다.

○ tere inenggi, fanggina, untasi be daiming ni ning yuwan i
  그 날,   팡기나·운타시를   大明의   寧遠[4]의

---

4 寧遠은 명 말기 산해관에서 동북쪽으로 200里 떨어져 위치한 산해관의 전진기지로서 전략적 요지였
다. 삼면이 산으로 둘러싸이고 동쪽으로 발해만에 접해 있어 방어에 용이했으며, 해안에서 15里 떨
어진 바다에 覺華島가 있어서 배후의 지원 기지로 활용할 수 있었다. 袁崇煥의 주장에 의해 1623년부
터 영원성을 후금 방어의 기지로 정비하기 시작하여 1624년 9월 城의 수축공사가 완료되었고, 산해
관에 배치되어 있던 11문의 紅夷炮를 옮겨와서 방어를 강화했다. 1625년(천계5) 원숭환은 영원에서
200리 앞으로 방어선을 전진시켜 寧遠에서 錦州로 이어지는 寧錦방어선을 구축했고, 1626년 후금 누
르하치의 공격을 방어했다. 홍 타이지가 즉위한 직후 1627년 벌어진 寧錦전투에서도 후금의 공격을
방어했다.

du tang yuwan cung 5/6 hūwan de takūraha, unggihe bithei gisun,
都堂[5]　　　袁崇煥에게　　　파견했다.　보낸　글의　말.

manju gurun i han i bithe, yuwan amba niyalma de unggihe, muse
「만주국의　　한의　글을　　袁(崇煥) 大人에게　　보낸다.　우리

juwe gurun i dain ohongge, neneme suweni liyoodung guwangning de
두　나라가　전쟁을 하게 된 것은　먼저　너희의　遼東(遼陽)[6]・廣寧에

tehe hafasa, suweni hūwangdi be abkai dele bisire gese goro arafi,
주재한 관원들이 너희의　황제를　　하늘　위에　있는　것처럼 멀게 만들고

ceni beye be abkai niyalmai adali obufi, 6/7 abkai banjibuha meni meni
그들 자신을　하늘의　사람처럼　만들고　하늘이 낳은　　각각의

hacin i encu gurun i han be umai saliburakū, gidašara fusihūlara de
종류의　다른 나라의　한을　전혀　뜻대로 못하게 하여 속이고 모욕함에

dosorakū ofi, abka de habšafi dain deribuhe, abka unenggi tondo ofi,
참지 못해서　하늘에　호소하고 전쟁을 시작했다.　하늘이　　공정하여

gurun i amban ajigan be tuwahakū, weile i uru waka be tuwafi,
나라의　크고　작음을　　보지 않고　일의　옳고 그름을　보아서

meni uru be urulehe, adarame uru seci, sahahūn honin aniya mini
우리의 옳음을　옳다고 했다. 어찌　옳다고 하느냐면,　癸未年(1583)　　나의

juwe 8/9 mafa be umai weile akū de, suweni nikan cooha baibi waha,
두　　할아버지를 전혀 죄 없는데　너희　명의 군대가 공연히 죽였다.[7]

5　du tang(都堂)은 巡撫를 가리킨다.
6　여기에서의 liyoodung(遼東)은 遼陽을 가리킨다.

ere emu, sahahūn meihe aniya, yehe, hada, ula, hoifa, monggo acafi
이것이 하나이다.　癸巳年(1593)　　　여허· 하다· 울라· 호이파· 몽고가 합하여

umai weile akū minde cooha jihe bihe, abka mimbe urulehe, cembe
아무　죄　없는 나에게 군대가 왔었다.[8]　하늘이 나를　옳다고 하고 그들을

wakalaha, tere fonde, suweni nikan mende dahakū, terei amala, hada
그르다고 했다. 그 때　너희　명은 우리를 돕지 않았다. 그　후　하다

i niyalma geli mende cooha jihe bihe, tede geli nikan mende dahakū,
사람이　또 우리에게 출병해왔었다.　거기에 또 명은 우리를 돕지 않았다.

8/9 sohon ulgiyan aniya, be karu hada be dailara jakade, hada be
　　　己亥年(1599)　　　우리가 보복으로 하다를　공격하자　　　하다를

abka mende buhe, suweni nikan hada de dafi, membe albalame[9] hada i
하늘이 우리에게 주었다. 너희　명은 하다를　도와 우리를　협박하고　하다의

7　1583년 明의 이성량이 구러城의 아타이를 공격했을 때 홍 타이지의 증조부 기오창가와 조부 탁시가
　　피살된 사건을 가리킨다.

8　1593년 여허·하다·울라·호이파·코르친·시버·구왈차·주셔리·너연 9部가 건주여진을 공격
　　한 사건을 가리킨다. 九部之戰 혹은 구러城 전투라고 한다.

9　[簽註] gingguleme baicaci, fe manju gisun i bithede albalame sere gisun, uthai ergeleme sere gisun
　　de adali sehebi,,
　　삼가 찾아보니『舊淸語』에서 'albalame'(협박하고) 라는 말은 즉 'ergeleme'(협박하고) 라는 말과 같
　　다고 했다.
　　*『fe manju gisun i bithe』(舊淸語)의 全稱은『yargiyan kooli ci tukiyeme tucibuhe fe manju gisun i
　　bithe』(實錄에서 뽑은 옛 만주어. 實錄內摘出舊淸語)이다. 1776년(건륭41) 완성되었다. 乾隆朝殿本
　　으로 총 1函 14冊이다. 순치, 강희, 옹정조 만문『실록』과 본 당안인『만문노당』에서 뽑은 만주어 821
　　개 항목에 대해 설명했다. 아래 책 참조. 趙志强,『舊淸語硏究』, 北京燕山出版社, 2002.『만문노당』의
　　簽註에 대해 아래의 연구가 있다. 今西春秋,「滿文老檔乾隆付注譯解」,『東方學紀要』1, 1959; 李學智,
　　「乾隆重抄本滿文老檔簽註正誤」, 臺北, 1982, (개인출판); 劉厚生,「關于"滿文老檔"(大黃綾本)的簽註」,
　　『舊滿洲檔硏究』, 長春 : 吉林文史社, 1994.

gurun be amasi hada de bederebuhe, meni bederebuhe hada i niyalma be
國人을　　도로　하다에　돌려보내게 했다. 우리가 돌려보낸　　　하다　사람을

yehe sucufi gamaci, suwe umai sehekū, suwe siden i gurun seci,
여허가 습격하여 취했어도 너희는 전혀 말하지 않았다. 너희는 중간의 나라라고 하니

siden de tefi tondo i tuwacina, mende oci darakū, hada de 9/10 oci
중간에　거하여 공정하게　보라.　　　우리에게는　도움주지 않고 하다에게는

dambi, yehe oci ekisaka, suweni miosihon tere juwe, ama mafa be
도움주고 여허에게는 침묵했다. 너희의　불공정함이　그　둘이다. 아버지·할아버지를

wacibe, geli sain banjire be gūnime, suwayan bonio aniya, jasei
죽였어도　또한 좋게　지낼 것을 생각하고,　　戊申年(1608)　　　경계의

ninggude wehei bithe ilibume, abka de šanggiyan morin, na de
위에　　　　石碑를　　세우고,　　　하늘에 하얀 말,　　　　땅에

sahaliyan ihan wafi gashūha gisun, nikan hūlhame jase tucici, nikan
검은 소를　잡아 맹세한　말이 "明人이 몰래　경계를 나가면 明人을

be 10/11 wambi, jušen hūlhame jase dosici, jušen be wambi sehe bihe,
죽인다.　주선이 몰래　경계를 들어가면 주선을　　죽인다"라고 했었다.

sahahūn ihan aniya, nikan cooha jase tucifi yehe de dafi tuwakiyame
癸丑年(1613)　　　명의 군대가 경계를 나가 여허를　도와 감시하러

cooha tehe, ere ilan, jai jase dabaha niyalma be safi, warakū niyalma
군대가 주둔했다. 이것이 셋이다. 또 경계를 넘은 사람을　알면서 죽이지 않은 사람에게

de sui isikini seme gashūha, terei amala, nikan hūlhame jase tucifi,
죄가 미치게 하자고 맹세했다.　그 후　明人이 몰래　경계를 나와

jušen i ba be nungnere jakade, da gashūha gisun seme waha, tere be
주션의 땅을 침해했기 때문에 원래 맹세한 말이라고 죽였다. 그것을

11/12 ainu waha seme guwangning de elcin takūraha gangguri,
왜 죽였느냐 하고　廣寧에　사신으로 파견한 강구리·

fanggina be sele futa hūwaitafi, membe albalame meni juwan niyalma
팡기나를　쇠 줄로　묶고　우리를 위협하고 우리의　10명을

be karu gaifi waha, ere duin, yehe de cooha tuwakiyame tefi, meni
보복하여 죽였다. 이것이 넷이다. 여허를 군대가 지키러 주둔하여, 우리가

jafan buhe yehe i sargan jui be monggo de buhe, ere sunja, geli
폐백 준 여허의 딸을 몽고에게 주었다.[10] 이것이 다섯이다. 또

nikan cooha tucifi ududu jalan halame jase tuwakiyame tehe jušen i
명의 군대가 나와서　몇 代를 거치며 경계를 지키며　살던 주션이

tehe boo be tuwa 12/13 sindame, tarifi yangsaha jeku be gaibuhakū
거주한 집을 불 지르고, 경작하고 김맨 곡식을 취하지 못하게 하고

bošofi, jase bitume teisu teisu gūsin ba i dubede šibei wehe beneme,
내쫓고, 경계를 따라　각각　30里　끝으로　石碑를 옮기고,

---

10 1615년 누르하치와 정혼한 여허의 부양구 버일러의 여동생을 여허가 내칼카 옹기라트 部의 바가다
르한의 아들 망굴다이와 결혼시킨 사건을 가리킨다.

jušen i ba be durime gaiha, orhoda, seke, usin i jeku, uncara moo,
주션의　　땅을　　빼앗아 취했다.[11]　인삼·　貂皮· 밭의　곡식·　파는 나무는

gemu baci tucimbi kai, akdafi banjire babe durime gaihangge, ere
　모두 땅에서 나는　것이다. 의지하고 사는　땅을　빼앗아　가진 것,　　이것이

ninggun, niowanggiyan tasha aniya, yehe i gisun be gaifi, ehe gisun
여섯이다.　　　　甲寅年(1614)　　　　　　여허의　　말을　취하여 나쁜 말을

hendume bithe arafi, hafan takūrafi, membe hacin hacin i koro 13/14
말하고　　글을　지어서 관원을 파견하여　우리를　　갖가지　　　원한을

arame girubuha, ere nadan, amba koro ere nadan, tere buya koro be,
일으키도록 모욕했다. 이것이 일곱이다. 큰 원한이 이　일곱이고,　그　작은　원한은

ya be toloro, enteke korobure girubure de dosorakū dain deribuhe,
무엇을 세겠는가? 이렇게 원통하게 하고 모욕함에　참지못하고 전쟁을 시작했다.

te suwe meni uru be safi, juwe gurun i doro acaki seci, acara
지금 너희가 우리의 옳음을 알고 두　　나라가　　화친하자 말하면 화친하는

doroi aisin juwan tumen yan, menggun tanggū tumen yan, suje
禮로　　금 10만량·　　　　　　은 100만량·　　　　　　비단

tanggū tumen, mocin samsu minggan tumen bu, doro acame wajiha
　100만필·　　　毛靑布 1천만필을　　　　　주어라. 화친하기를　이룬

manggi, juwe 14/15 gurun ishunde benere doroi aniyadari be tana
　후　　두　　　나라가 서로　보내는 禮로　매년　우리는 東珠

11　明이 柴河(caiha), 撫安(fanaha), 三岔(sancara) 세 지역에서 여진을 축출한 사건을 가리킨다.

juwan, seke emu minggan, orhoda emu minggan gin benere, suwe
　10개·　　　貂皮 1천장·　　　　인삼 1천斤을　　　　　　　　보내겠다. 너희는

aisin emu tumen yan, menggun juwan tumen yan, suje juwan tumen,
　금 1만량·　　　　　　　　　은 10만량·　　　　　비단 10만필·

mocin samsu gūsin tumen benju, uttu bume gaime juwe gurun i
　　毛青布 30만필을　　　　보내라. 이렇게 주고 받고　　두　　나라가

doro acambi seci, abka na de akdulame gashūfi doro akdun banjiki,
　화친하겠다 하면　　　天地에　　굳게　　맹세하여 도리와 신의로 살자.

ere gisun be, yuwan amba niyalma si ulame hūwangdi de 15/16
　이　　말을　　袁(崇煥) 大人　　　그대는 전달하여 황제에게

wesimbu, ede ojorakūci, suwe kemuni dain be cihalambi dere,,
　올리라.　　이에 할 수 없으면 너희는 여전히　전쟁을　　바라는 것이리라.」

　○ ice uyun de, kalka i monggo ci ukanju jifi alame, cahar
　　초 9일에,　　　칼카　　몽고에서　　　도망자가 와서 고하기를, “차하르

han cooha tucifi, meni kalka be gemu gamaha, jarut, korcin i baru
　한이 병사를 내어　　우리 칼카를　　모두 데려갔습니다. 자루트는 코르친 쪽으로

burulaha, afahakū dahaha niyalma be ujihe, afaha niyalma be waha
　달아났습니다. 싸우지 않고 투항한 사람은　　살려주고, 싸운　사람은　　죽였습니다”

seme alaha,, 18/19
　라고　고했다.

○ juwan duin de, dudu taiji i harangga babu, fulata juwe nirui
14일에, 두두 타이지의 部下 바부·풀라타 두 니루의

tofohon isire monggo, fung ji pu ci ukame genere be, adahai, ubai,
15명에 이르는 몽고인이 奉集堡로부터 달아나 가는 것을 아다하이·우바이·

kangkalai leheme genefi, durbi de amcanafi afame gemu waha, ubai
캉칼라이가 다투어 가서 두르비까지 추격하여 공격해 모두 죽였다. 우바이가

emu feye baha, tere medege be han de alara jakade, 17/18 han
1곳에 상처를 입었다. 그 소식을 한에게 고하니, 한이

hendume, ama han i bisire fonde, ubai be sain sembihe, wesibuki
말하기를, "아버지 한이 계실 때, 우바이를 좋게 말씀하셨다. 등용하고자

seci jabduhakū, sain serengge mujangga nikai, tesei dabala, gūwa
했으나 미처 못했다. 좋게 말한 것이 진실이로다. 그들 뿐이다. 다른 자

bici, turibufi unggimbihe seme hendufi ambula šangnaha, anggara
라면 (도망자를) 내보냈을 것이다"라고 말하고 크게 상 내렸다. 앙가라

age, yangguri efu juwe amban, adahai, ubai de šangname bure jalin de
아거· 양구리 어푸 두 대신이 아다하이·우바이에게 상 내려 주기 위해

fonjime dosire jakade, 18/19 han, anggara uksun i ahūn de dorolome
물으러 들어오자, 汗은 앙가라를 일족의 형으로 예우하여

iliha, anggara, han de niyakūrafi hendume, gurun i ejen han, uttu
일어섰다. 앙가라는 한에게 무릎 꿇고 말하기를, "나라의 주인 汗이 이렇게

minde dorolome ilici, fujisa gemu ilimbi kai, tuttu oci, bi adarame
저에게 예우하여 일어서면 부인들이 모두 일어설 것입니다. 그러면 제가 어찌

yabure, han i kesi de hūsun bume baita icihiyame yabuki dere seme
행하겠습니까? 한의 은덕으로 힘을 내어   일을 처리하고   행하고자 합니다"라고

hendure jakade, han hendume, si neneme arki nure omime doro be
    말하니,   한이 말하기를, "너는 전에 소주와 황주를 마시고   국정을

19/20 kicerakū baita de yaburakū bihe, tuttu ofi si jici, bi inu
       힘써하지 않고 업무를 행하지 않았다.   그래서   네가 와도 나는 또한

ilirakū bihe, te si arki nure omire be nakafi, baita icihiyame doroi
일어서지 않았다. 지금 너는 소주·황주 마시기를   끊고 업무를 처리하고   국정을

jalin de baitalabume yabumbi, tuttu ofi, bi sinde dorolome ilimbi,
  위해   등용되어   일한다.   그래서   나는 너에게 예우하여 일어선다.

encu gurun i niyalma inu doroi jalin de faššambi kai, suwe uksun i
 다른 나라의   사람들   또한 국정을 위해   노력하고 있다. 너희 일족의

ahūta deote, doroi jalin de saikan kiceme yaburakū, jai we kicembi
 형들과 동생들이 국정을 위해   잘   힘쓰고 행하지 않으면 또 누가 힘쓰겠는가"

seme henduhe,, 20/21
라고   말했다.

○ juwan ninggun de, cooha genehe beise, solho i i jeo hecen be
      16일에,   출병한   버일러들이 조선의 義州 성을

gaiha seme mejige alanjiha, cooha genehe beise, simiysimiyann i hecen ci
함락했다고　　소식을 고해왔다.　　「출병한　　버일러들은　　瀋陽城을

juraka ningguci inenggi juwan ilan de, lenggeri dzung bing guwan,
출발한　여섯째　날인　　13일에　　렁거리 總兵官·

yasun beiguwan, yecen beiguwan, munggan, ere duin amban de
야순 備禦官·　　여천 備禦官·　　뭉간,　이 네 대신에게

jakūnju niyalma be adabufi, juleri 21/22 karun gidame unggifi, nikan i
80 명을　　맡겨　앞으로　정탐병을 공격하라고 보내어 명의

unduri tehe karun be gemu bahafi, emu niyalma hono tucifi medege
도중에 주둔한 정탐병을　모두 잡으니,　한　사람도　나가서 소식을

alanahakū ofi, i jeo hecen i niyalma donjihakū, tereci juleri
알리러 가지 못하여 義州 성의　사람들이 듣지 못했습니다. 그 후 앞서

tucike ambasa, jakūnju niyalma uthai genefi dobori dosifi, hūlhame
나간 대신들과　80명이　곧장 가서　밤에 진격하여 몰래

wan sindafi hecen be tafafi, tereci musei geren cooha be gajifi
사다리를 놓고　성을　오르고, 그 후 우리의 여러　병사를　거느리고

tafambufi gaiha, nikan cooha emu tumen, solho i 22/23 cooha juwe
오르게 하여 함락했습니다. 명의 군대　1만명,　조선의　군대　2만명이

tumen bihe, daha seci, ojorakū ofi gemu waha seme alanjiha,,
있었습니다. 항복하라 해도 하지 않아서 모두 죽였습니다.」라고　고해왔다.

○ juwan jakūn de, cooha genehe beise, g'o šan i hoton be gaiha,
　　18일에,　　　　　　출병한　　버일러들이　郭山城을　　　취했다.

lin pan, siowan cuwan, ding jeo hoton be dahabuha seme medege
林畔·　　　宣川·　　　定州城을　　　　항복시켰다고　　　소식을

alanjime takūraha niyalma, orin juwe de isinjiha, 23/24 tede unggihe
알리러　　보내온　　사람이　22일에　　도착했다.　　거기에　보낸

bithei gisun, i jeo ci juwe tanggū ba i dubede feksifi ajige tiyei šan be
글의　말.　「義州에서　200里　　　　앞으로　달려서　小鐵山을

gaiha, musei nikan ukanju, nikan cooha be ambula bahafi waha,
취했습니다. 우리의 한인 도망자·　명의 병사를　　많이　잡아 죽였습니다.

emu ts'anjiyang, emu iogi, ilan dusy be jafaha, mao wen lung ts ioi
　1명의　參將·　1명의　遊擊·　3명의　都司를 잡았습니다.　毛文龍은　須彌島[12]에

to de genehebi, amba tiyei šan i solho be gemu baha, lin pan, siowan
갔었습니다.　　大鐵山의　　　조선인을　　모두　얻었습니다. 林畔·　宣川·

24/25 cuwan, ding jeo gemu dahaha, g'o šan i alin i hoton de cooha
　　　定州가　모두　항복했습니다.　郭山의　　산성에　　　병사가

isinafi, hoton beki ofi daha seci, ojorakū ofi afame gaiha, tere hoton be
이르자,　성을 고수하고 항복하라고 해도 하지 않아서 공격하여 취했습니다. 그 성을

12　ts ioi to는 須彌島를 가리키는 것으로 추측된다. 須彌島는 조선의 椵島(皮島)의 남동쪽에 있으며 身彌島, 雲從島라고도 했다.

afara de, abkai kesi de museingge emu niyalma hono koro bahakū,
공격할 때 하늘의 은혜로 우리 가운데   한 사람도   상처를 입지 않았습니다.

emu dooli, emu ts'anjiyang, ilan iogi be jafaha, dosi solho han i fe
 1명의 道吏·1명의 參將· 3명의 遊擊을 잡았습니다. 안으로 조선 왕이 과거에

tehe ping 25/26 žang de genembi, ba goro elcin bahafi takūrarakū,
머물렀던 平壤에   갈 것입니다. 거리가 멀어 사신을 보내지 못합니다.

elcin goidambi seme gūnirahū, abkai kesi de meni jalin de ume joboro,
사신이 지체한다고 생각할까 염려됩니다. 天恩을 입었으니 우리 때문에 걱정 마십시오.

be ping žang de morin ulebume tefi, casi be tuwanara gese solho
우리는 平壤에서   말을   먹이고 머무르며, 그쪽으로 우리가 보러 갈 것처럼 조선

han de elcin takūrame tuwambi, dorgi medege icangga gese oci,
왕에게   사신을   파견해   보겠습니다. 안에서 소식이   좋을 것 같으면

wang ging de genembi, i jeo de jakūn amban, emu 26/27 minggan cooha
 王京으로   가겠습니다. 義州에   8대신,   1천명의   병사를

werihebi, g'o šan hoton de duin amban, sunja tanggū cooha werihebi,
남겨두었습니다. 郭山城에   4명의 대신,   500명의   병사를 남겨두었습니다.

hoton sarhū ci amban beki, nuktere monggo, hergen i monggo be
성은 사르후보다 크고 견고합니다. 유목하는 몽고와   직위에 있는 몽고를

i jeo de unggifi, meni cooha be casi gamaci antaka, ere be han
義州에   보내고   우리 병사를   거기로 데려가면 어떻겠습니까? 이것을 한이

seolekini, mongo be bahafi unggimbihede, emu etere amba ejen be
생각해 주십시오. 몽고를 구해 보낼 때 1명의 승리할 큰 장수를

sindafi, juhe tuhere onggolo hūdun 27/28 unggi, i jeo i jeku be boigon
임명하여 얼음이 녹기 전에 빨리 보내십시오. 義州의 식량과 戶의

i niyalma be nungnerahū, dahabuha ba i irgen be gemu uju fusiha,
사람들을 빼앗을까 염려됩니다. 항복시킨 지역의 백성을 모두 체발했습니다.

tubaci aikabade unggici, eshun ambasa be ume unggire, mama tucimbi,,
그곳에서 만약 보내려면 면역 안된 대신들을 보내지 마십시오. 천연두가 나돕니다.」

han, joo bithe wasimbume hendume, cooha genehe beise, suwe
한은 조서를 내려 말하기를, 「출병한 버일러들, 너희가

abkai kesi de, suweni yabuha medege be donjifi, be 28/29 ubade
天恩을 입고 너희가 행한 소식을 듣고 우리는 이곳에서

urgunjembi, julesi yabure be suwe seoleme yabu, ojoro gese oci julesi
기쁘다. 앞으로 가는 일을 너희가 판단해서 행하라. 할 수 있을 것 같으면 앞으로

yabu, muse guwangning be gaifi šanaha de dosikakū be aliyara gese
가라. 우리가 廣寧을 취하고 산해관으로 들어가지 않은 것을 후회하는 것처럼

aliyacun ojorahū, ojorakū gese oci, hacihiyame ume yabure, abkai
후회할까 염려된다. 할 수 없을 것 같으면 억지로 행하지 말라. 하늘이

gosiha hairaka gebu, ai ocibe genehe niyalma arbun tuwame yabu,
사랑하고 아끼는 명분이다. 어쨌든 출병한 사람이 상황을 보고 행하라.

mama i medege selgiyefi bici, musei eshun beise, monggo i eshun beise
천연두의 소식이 퍼지고 있으면 우리의 면역안된 버일러, 몽고의 면역안된 버일러들을

be bederebuci antaka, hūwanggiyarakūci 29/30 yabukini, tubabe inu
 돌려보내면 어떠한가? 지장이 없으면 가게 하라. 그곳을 또한

suwe seole, monggo i eshun beise be bederebumbihede, gucu kemneme
너희가 판단하라. 몽고의 면역안된 버일러들을 돌려보낼 때 구추를 헤아려

unggi, terei ubade bihe hehe juse be, gūwa monggo be gemu i jeo de
보내라. 그들의 이곳에 있는 부녀자와 아이들, 다른 몽고를 모두 義州에

unggihe, abka gosifi solho gurun i weile dube tucire gese ofi,
 보냈다. 하늘이 아끼시어 조선국의 일이 끝날 것 같으니

icihiyara jalin de takūraci, suweni genehe beile taijisa hebešefi, be,
 처리하기 위해 사람을 보내면 너희 출병한 버일러와 타이지들이 의논하여, '우리는

uttu gūnihabi seme takūra, suweni takūraha 30/31 gisun be tuwame
이렇게 생각했다'고 사람을 보내라. 너희가 보낸 말을 보고

bi jabufi unggire, bi tehe niyalma, buhiyeme aiseme hendure,,
내가 답하여 보낼 것이다. 나는 머물러 있는 사람이다. 추측하여 어찌 말하겠는가?」

○ orin de, nuktere monggo nirui ninggun monggo i juse hehesi,
 20일에, 유목하는 몽고 니루의 여섯 몽고의 아이들과 부녀자들을

i jeo hecen de jeku jekenekini seme unggihe, tanggūdai age, babutai
義州城에 곡식을 먹으러 가라고 보냈다. 탕구다이 아거[13] · 바부타이

---

13 age : 皇子나 太子, 兄, 다른 사람을 존칭하여 부르는 兄長을 뜻한다. 아래 논문 참조. 增井寬也, 「淸朝

age gamame genehe, esede 31/32 joo bithe jafabufi, han hendume,
아거가 데리고   갔다.   이들에게   조서를   쥐여주고 한이 말하기를,

dahaha irgen be, jušen monggo nungnerahū, saikan kadala, weile
"투항한 백성을   주선· 몽고가   해칠까 염려된다.   잘 관리하라.   죄를

araha niyalma be suwe tubade wacihiya sehe,,
 지은   사람을   너희가 그곳에서 (처리를) 끝내라"라고 했다.

○ juwe biyai ice juwe de, cahar i naiman i hūng baturu de
       2월   초 2일에,   차하르의 나이만의   훙 바투루에게

unggihe bithe, omdzat corji lama de, si meni baru doro acaki 32/33
 보낸 글,   「옴자트 초르지 라마에게 너는 우리와   화친하겠다고

seme henduhe, unenggi doro acaki seci, aohan i dureng, secen
     말했다.   진실로 화친하려고 하면   아오한의 두렁·   세첸

joriktu, hūng baturu hebdefi, ulhire sain niyalma be takūra, suweni
조릭투· 홍 바투루가   상의하여 유식하고 훌륭한 사람을   보내라.   너희의

gisun be tuwame gisureki, daci meni yabure jurgan, <u>sain de iberakū</u>,
 말을   보고   말하겠다. 일찍이 우리가   행한 뜻은   善에 나아가지 않고

入関前の〈アゲ〉ageについて－天命期を中心に」, 『立命館文學』582號, 2004, 258～284쪽.

ehe de anaburakū,[14] meni ba babe dailahangge, buyeme dailahangge
악에 물러서지 않는다. 우리가 곳곳을 공격한 것은 좋아서 공격한 것이

waka, korsobuha ambula de, abka de habšafi dailaha, nikan de eitereme
아니다. 원망함이 커서 하늘에 고하고 공격했다. 명에게 거듭

sain banjiki 33/34 seci, ojorakū, yehe de dafi cooha tuwakiyame tefi,
잘 지내려고 해도 할 수 없었다. 여허를 도와 병사가 지키고 주둔하여

meni sui[15] be monggo de bure, jai cooha tucifi meni jalan halame jase
우리의 자식을 몽고에게 주고, 또 출병하여 우리의 대대로 경계를

jakarame tehe jušen i tarifi yangsaha jeku be gaibuhakū, tehe boo be
따라 거주한 주선이 경작하고 김맨 곡식을 거두지 못하게 하고, 사는 집을

tuwa sindame bošoro, hacin hacin i korsobuha de nikan be dailaha, be
불 놓아 내쫓았다. 갖가지로 원망함에 명을 공격했다. 우리는

kalka i baru daci sain bihe, jaisai meni ujalu hoton be sucuha,
칼카와 원래 잘 지냈었다. 자이사이는 우리의 우잘루城을 습격하고

---

14 [簽註] gingguleme baicaci, fe manju gisun i bithede sain de iberakū ehe de akburakū sere gisun
uthai sain niyalmai gosin nomhon seme ibedeme gidašarakū ehe niyalmai furu doksin seme
anabume gelerakū sere gūnin sehebi,,
삼가 찾아보니 『舊淸語』에서 'sain de iberakū ehe de akburakū'(善에 나아가지 않고 惡에 물러서지
않는다)라고 한 말은 곧 '선한 사람이 인자하고 성실하다 하여 나아가 속이지 않고 나쁜 사람이 흉폭
하고 포악하다 하여 물러서서 두려워하지 않는다'는 뜻이라고 했다.

15 [簽註] gingguleme baicaci, jakan toktobuha fe manju gisun i bithede sui sere gisun uthai jui be sui
seme jorime gisurere gūnin inu sehebi,,
삼가 찾아보니 최근 정해진 『舊淸語』에서 'sui'라는 말은 곧 'jui'(자식)를 'sui'라고 가리켜 말하는 뜻이
라고 했다.

takūraha elcin be waha, 34/35 bagadarhan meni sui be gaiha, terei
보낸   사신을   죽였다.   바가다르한은 우리의 자식을 취했다.   그

amala jaisai mende jafabuha manggi, sunja tatan i kalka i beise,
후 자이사이가 우리에게 붙잡히자,   5部 칼카[16]의   버일러들이

uhereme meni baru doro acame abka na de gashūha gisun, nikan be
모두   우리에게   화친하여   天地에   맹세한   말. "명을

dailaci, emu hebei dailaki, acaci, emu hebei acaki, nikan i sain ulin,
공격하려면 한 편으로 공격하자. 화친하려면 한 편으로 화친하자. 명의 좋은 재물·

faksi gisun de manju dosifi, kalka de hebe akū nikan de acaci, manju
교묘한 말에   만주가 빠져 칼카에게 의논하지 않고 명과   화친하면 만주

de sui 35/36 isikini, manju de hebe akū, kalka nikan de acaci, kalka
에게 죄가   미칠 것이다. 만주에   의논하지 않고 칼카가 명과   화친하면 칼카

de sui isikini seme gashūha gisun be, kalka aifufi nikan be dailara
에게 죄가 미칠 것이다"라고 맹세한 말을   칼카가 저버리고, 명을   공격하기는

---

16 5部 칼카는 몽고어로 '타분 오톡 칼카'(tabun otuɣ qalq-a)라고 하며 '內칼카'(內喀爾喀)라고도 한다.
바린·자루트·바유드·오지예트·옹기라트 5부이다. 내칼카의 기원은 다얀 칸의 다섯째 아들 알
추 볼로드로부터 시작되었다. 다얀 칸은 다섯째 아들 알추 볼로드와 일곱째 아들 거러선저를 칼카부
에 사위로 보내어 통치하게 했다. 후에 우익의 투메트 部長 알탄 칸과 좌익의 차하르 다라이손 칸의
전투에서 알추 볼로드는 차하르와 연합했고 거러선저는 투메트에 가세했다. 전쟁에 패한 차하르 다
라이손의 인솔 하에 알추 볼로드는 대흥안령의 동쪽으로 이주했다. 이후 알추 볼로드가 통치한 部를
그의 아들 쿠라카치의 5명의 아들이 이어받았기 때문에 5部 칼카라고 했다. 쿠라카치의 다섯 아들은
큰 아들 우바시 우이정, 둘째 아들 수부카이 다르한, 셋째 아들 우반 부이무 독신, 넷째 아들 소닌 다
이칭 독신, 다섯째 아들 쇼간 조릭투 홍 바투루였다. 이들이 각각 자루트·바린·옹기라트·바유
드·오지예트를 이끌었다.

anggala, nikan i sain ulin, faksi gisun de dosifi, nikan · de dafi, meni
커녕　　명의　좋은 재물·　교묘한 말에　　빠져　　명을 도와　우리의

tai niyalma be jafafi, nikan de uju buhe, ududu jergi sucufi ulha
臺丁을　　　　붙잡아 명에게 머리를 넘겨주었다. 여러 번　습격하여 가축을

gamaha, tuttu ocibe, be ekisaka bihe, duleke tasha aniya, ning
빼앗았다.　　그럼에도 우리는 조용히 있었다.　지난　　　寅年에　　寧遠에

yuwan de 36/37 cooha genefi hecen gecefi bahakū bedereme jihe
　　　　군사가 갔으나　성이　얼어　함락하지 못하고 돌아오자,

manggi, kalka membe cooha wajifi jiki sere seme, umesi nikan de
　　　칼카는 우리가　병력을 소진하고 오려한다고 하여　심히　명을

dafi cooha ilimbi seme nukte gemu meni baru hanci ibere, korcin de
도와 군대를 일으키겠다고 하여 유목지를 모두 우리 쪽 가까이로 전진하고, 코르친에게

yabure elcin be jing jugūn tosofi wara gaijara jakade, kalka menci
갈　사신을　항상　길을　막아　죽이고 가져간 까닭에,　칼카가 우리로부터

ainaha seme hokorakū seme kalka be dailaha, solho meni juwe gurun
결코　떨어지지 않는다고 하여 칼카를 공격했다.　조선과　우리 두 나라는

daci sain banjimbihe, solho, nikan de 37/38 cooha dafi mende dain jihe,
원래 잘　지냈었다.　조선은　명을　　　　　원병하여 우리에게 공격해 왔다.

abka membe urulefi, be etere jakade, jihe hafan cooha be gemu
하늘이 우리를 옳다고 여겨 우리가 승리한 까닭에, 온 관리와 병사를　　모두

wahakū sindafi unggime, eitereme acaki seci, ojorakū, kemuni nikan
죽이지 않고 놓아 보내고   거듭 화친하자고 해도 하지 않고, 여전히 명을

de dafi, meni ukanju be alime gaijara jakade, solhol be dailaha, yaya
돕고 우리의 도망자를   받아 들인   까닭에 조선을   공격했다. 어떤

bade be weile akū, dain be buyeme dailarangge akū, dain ai sain,
곳에서도 우리는 일 없이 전쟁을 좋아하여 공격한 것이 아니다. 전쟁이 어찌 좋겠는가?

taifin ai ehe, suwe unenggi acaki 38/39 seci, elcin takūra, cahar han,
평화가 어찌 나쁘겠는가? 너희가 진실로 화친하고자 하면 사신을 보내라. 차하르 한은

kalka be efulefi gamafi, beise i dele jušen niyalma be daruga sindara,
칼카를   무너뜨려 취하고 버일러들의 위에 屬民을   관리로 임명하고

beise i sargan be beye ci faksalara, beise i sargan jui be saliburakū
버일러들의 처를   그들로부터 갈라놓고 버일러들의   딸을   뜻대로 못하게 하고

gaijara, bayarai kutule de bure be, meni anggala, suweni sarkū aibi,
빼앗아   바야라의 쿠툴러[17]에게 준 것을, 우리보다 너희가 모르는 것이 무엇인가?

mini gisun be inu seci, ere bithe be cargi juwe kesikten i beise de
나의 말이   옳다고 하면 이 글을   그곳의 두 케식텐의 버일러들에게

unggi,,
보내라.」

---

17 쿠툴러는 '말을 끄는 사람'이란 뜻으로 팔기의 말 관리인을 가리킨다. 한문으로는 주로 庫圖勒 혹은
孤獨立으로 음사했고, 跟馬人·厮卒·控馬奴·跟役으로 의역하기도 했다. 하급신분인 노복이 담당
했기 때문에 『御製淸文鑑』(han i araha manju gisun i buleku bithe)에서 kutule를 'dahame yabure
ahasi'(따르는 노복들)라고 규정하고 있다.

tongki fuka sindaha hergen i dangse
點·圈을 찍은 문자의 檔子

jai debtelin
2권

sure han i sucungga aniya ilan biyaci duin biyade isinahabi
천총 원년 3월부터 4월까지

tongki fuka sindaha hergen i dangse,,
　　點　圈을　　찍은　　문자의　　檔子

○ ilan biyai ice juwe de, yo ki luwan gebungge šusai be waha
　　3월　　초 2일에,　　岳起鸞　　이라는　　秀才를　　죽인

turgun, han de bithe wesimbume, musei amba cooha giyang ni bira be
　이유. (岳起鸞이) 한에게 글을 올리기를, 「우리의　　대군이　　　江의 물을

doore unde, fung hūwang ceng de somifi bici ai tusa, hūdun
건너지 않았습니다.　　鳳凰城에　　　　숨어 있으면 무슨 이득입니까? 속히

bederecina, ubade baita tucike de, ba goro isinjirakū kai, jai nikan i
퇴군하시지요. 여기에서 일이　생기면　　거리가 멀어 도달할 수 없습니다. 또한 명과

emgi aca, 1/2 nikan i emgi acarakūci, musei irgen ini cisui buceme
화친하십시오.　　　명과　　　화친하지 않으면 우리의 백성이　그　스스로 죽고

samsime wajimbi,　nikan de acambihede, ice nikasa be hūdun bu,
　흩어져　끝날 것입니다. 명과　　화친할 때에　새로운 한인들을 속히 (돌려)주십시오.

akūci, hafan šusai sabe hūdun bu, ere be ume kenehunjere seme
아니면 官員·秀才들을　　빨리 주십시오. 이를　　　의심하지 마십시오」 라고

wesimbure jakade, han hendume, nikan muse de acaki seme niyalma
　상주했으므로　　　한이　말하기를, "명이　우리와　화친하자 하고　사람을

takūraci, muse nikan i aisin menggun suje gecuheri be 2/3 bahaki,
보내면 우리는 명의 금· 은· 비단· 망단을 얻자.

musei ukanju be gaiki, gebu dele seme acambi dere, nememe muse de
우리의 도망자를 취하자. 명성이 낫다 하고 화친할 것이다. (그러나)도리어 우리에게

abkai buhe niyalma be nikan de ainu bumbi seme, gisun be nikan
하늘이 준 사람을 명에게 왜 주겠는가"라고 말을 한인[1]

hafasa de alara jakade, geren hafasa gemu jili banjifi wambi sere de,
관원들에게 알리니 여러 관원들이 모두 화를 내며 (岳起鸞을) 죽이겠다고 할때

han tafulame, suweni wara mujangga, ere be waci, jai bithe
한이 말리며 "너희가 죽이려는 것은 당연하다. (그러나) 이자를 죽이면 다시는 글을

wesimburakū kai seme tafulaci, ohakū, hafasa faitarame 3/4 waha,,
올리지 않을 것이다" 라며 말렸는데도 안 되었다. 관원들이 토막내서 죽였다.

○ ice sunja de, ning yuwan de elcin genehe fanggina, untasi
　초 5일에, 寧遠에 사신으로 간 팡기나· 운타시가

isinjiha, emgi ilan nikan jihe, yuwan du tang ni emu bithe, lii lama i
도착했다. 함께 3명의 明人이 왔다.[2] 袁(崇煥) 都堂의 1통의 글과 李 라마의

emu bithe gajiha, liyoodung be kadalara bu yuwan i bithe, 4/5 han
1통의 글을 가져왔다. 「遼東을 관할하는 部院의 글을 한에게

1　후금에 복속한 요동의 한인들을 의미한다.
2　팡기나·운타시와 함께 후금에 온 杜明忠을 비롯한 明의 사신들을 말한다. 『淸太宗實錄』 天聰 元年 3월 壬申條.

de unggihe, dahūn dahūn i tacibure bithe unggici, nikan han be
　　보낸다.　　　　거듭　　　　일러주는 글(敎書)을 보내면　　　명 황제를

gungnere, dain be nakafi gurun be ujire be saha, ere banjikini seme
　공경하고　전쟁을　멈추고 국인을　보살필 것으로 알았다. 이　살리려고

gūnire mujilen be abka safi, amala han be gosifi han be hūsungge
생각하는　마음을　하늘이 알고 나중에　한을 자애하여 한을　강대한

amban oburengge, geli dalin akū ombikai, duleke aniya nadan weile
대신으로 삼는 것이　또한 한량 없을 것이다.　　지난　시기의　일곱 일을

be 5/6 han kemuni koro seme gūnici, bi adarame kirifi ekisaka donjire,
　한이 여전히　원한이라고　생각하니 내가 어찌　참고　조용히　듣겠는가?

duleke weile be amcame gūnici, da turgun be mohobume dacilaci,
지난　　일을　　회상하고　　　원인을　　추궁해　　조사하니,

meni jecen i buya niyalma, han i sain akū jušen, anggai gisun
우리 변경의　小人과　　한의 좋지 않은 주선이　　말로

temšendume dekdehe weile, nikan neneme weile ararakūci, jušen i
다투어　　일어난 사건은 漢人이 먼저　죄를 짓지 않았는데 주선의

weile urunakū amala ombihe, jušen i weile amala oci, nikan
죄가 반드시　나중으로 되었었다. 주선의 죄가 나중이면　한인이

nenembio, weile araha niyalma, niyalmai erun de 6/7 guwehe seme,
먼저인가?　죄를 지은　사람이　인간의　형벌을　　면했다고 해도

abkai jili de guweci mangga, mini hendure anggala, han inu sambi
하늘의 분노를 면하기는 어렵다.　　　　내가　말하지 않아도　　　한　역시 알

kai, te emke emken i getuken neiki seci, bucehe wajihangge be
것이다. 지금 하나하나씩　　분명히　밝히려고 해도　죽어　버린 자에게

fonjici mangga kai, bi mini han i teile be onggokini serakū, han be
　묻기　어렵다.　　　　나는 나의 황제만이　잊었으면 한다고 하지 않는다.　한도

inu uheri onggoki dere sembi, han juwan aniya afame, jušen nikan
역시 모두 잊고 싶을 것이리라 생각한다. 한이　10년　　　싸워　주선과　한인이

liyoodung ni bade 7/8 bigan i orho icebume bucehe, abka jobome na
　요동의　　　땅에서　　들의　풀을　물들이도록 죽었다.　하늘이 걱정하고 땅이

gasame, gosicuka ten de isinjihangge nadan weile i jalin kai, bi emu
비통하여 가련함이　극에　　달한 것이　일곱　일　때문이다.　내 한마디

gisun gisurerakūci ombio, te hada, yehe aba, birai dergi birai wargi
말을　말하지 않을 수 있겠는가? 지금 하다·여허는 어디 있는가? 강의 동쪽 강의 서쪽에

bucehe niyalma damu juwan i teileo, fakcaha delhehengge damu sakda
죽은　사람이　단지　10명　뿐인가? 떨어져　헤어진 자가　단지　늙은이·

sargan jui teileo, liyoodung, simiyan i jasei dorgi irgen be karmaci
부녀자·자식 뿐인가?　요동과　潘陽의 경계　안 백성을　보호할 수

8/9 ojorakū, jeku be fonjire isikabio, han i bata gaiha, gūniha be baha
없는데　곡식을　물을 수 있겠는가? 한은　적을 취했다고 득의만만하다.

jaluka kai, meni han singgebume alime gaici mangga dere, te sain
우리의 황제는 잘 이해하고 받아들이기   어려울 것이다. 지금 좋게

banjiki seci, hoton hecen be adarame bederebumbi, hafan šusai haha
살려고   하면   성을   어떻게   돌려줄 것인가? 관원과 秀才,   남자와

hehe be adarame bederebumbi, buci, han i sain genggiyen jilara
여자를   어떻게   돌려보낼 것인가? 주면 한의 현명하고 영명함과 자애로움과

fulehun, 9/10 abka be ginggulere niyalma be gosirengge kai, abka
은혜,   하늘을   공경하고   사람을   사랑하는 것이다. 하늘은

urhu akū, niyalmai mujilen jalu be gucihiyerembi, uru waka miosihon
치우침이 없고 사람의 마음이 득의만만함을 싫어한다.   옳고 그름,   사악하고

tondo getuken sabumbi kai, yaya sain mujilen oci, urhušeci ojorakū,
바름은 분명하게 드러나는 것이다. 모두가 좋은 마음이면   치우치지 않는다.

bi han be geli gūnikini seme buyembi, waki sere be gūniha manggi,
나는 한이 다시 생각했으면 하고 바란다.   죽이겠다는 것을 생각하면

gurun de lakcarakū ehe forgon ombi, banjikini seme gūniha manggi,
국인에게   끊임없는   나쁜 시절이 될 것이다. 살리겠다고   생각하면

amala ambula 10/11 sain ombi, bi geli han be gūnikini seme buyembi,
나중에   크게   좋아질 것이다. 나는 다시 한이 생각했으면 하고 바란다.

bithe de araha jaka be, dulimbai amban, han i duin jušen be gosime
글에   적은 물품은, 중앙(明)의 큰   황제가 四夷[3]를 사랑하여

---

3   『淸太宗實錄』天聰元年 3월 戊辰條에는 '四夷'로 기록되어 있다.

ujire de, tere jaka akūn, tere be hairambio, duleke bithe de akū,
보살피는데 그 재화가 없겠는가? 그것을 아까워하겠는가? (이 물품은) 지난 글에는 없었다.

ambula gaici, abka be jurcembi, han <u>faitame seole</u>,[4] elcin jime geneme
많이 취하면 하늘을 거역하는 것이다.   한은 잘라 생각하라.   사신이 오고   가고

yabume, geli solho be 11/12 coohalarangge ai turgun, meni bithe coohai
행하는데 또 조선을   정벌하는 것은 무슨 이유인가? 우리의   文武

hafasa, han i gisun be mujilen ci tucikekūbi seme kenehunjembi,
관원들은 한의 말이   마음에서 나오지 않았다고   의심한다.

cooha bederere unde oci bederebure, bederehe oci jai generakū oci,
    회군하지   않았으면 철수시키라.   철수하고   다시 출병하지 않으면

han i erdemu genggiyen ombikai, dain be nakafi nenehe amaga weile
한의   덕이   밝게   될 것이다. 전쟁을   그만두고   先後의   일을

be getuken giyangname gisureki, genere jidere bithe de jili banjire
    분명하게 논하여   말하자.   오고   가는   글에   화가 날

gisun be ume 12/13 arara, wesimbume donjibuci ojorakū ojorahū,
   말을   쓰지 말라. 상주하여   보고할 수 없을까 염려된다.

elcin genere jidere be han sambi kai, meni han genggiyen tumen babe
사신이 가고   오는 것을 황제는 아신다.   우리의 황제는 영명하시어   萬里를

---

4 [簽註] gingguleme kimcici, faitame seole sere gisun, ainci lashalame seole sere gisun dere,,
삼가 고찰하건대 'faitame seole'(잘라 생각하라)라는 말은 아마도 'lashalame seole'(결단하여 생각하라)라는 말일 것이다.

sabumbi, sain mujilen jakūn hošo be ujimbi, han teng sere mujilen i
보신다.　　좋은 마음으로　　八方을　　　보살피신다. 한은　견고한　마음으로

meni han be kunduleme, enduringge erdemu be algimbume, jecen i
우리의 황제를 공경하고　　　　성스러운 德을　　　　떨쳐　　변경의

weile be dasa, <u>han i bithei</u>[5] jušen nikan be ergembure de, jase jecen
일을　다스려라. 황제의 글로　주선과 한인을　　안무시킬　때에　변계의

i 13/14 hafan bi, han i sain be dele donjiburakū seme ume joboro,
　　　관원이 있다. 한의　좋음을　황상께 보고하지 않을 것이라고　걱정하지 말라.

ishunde sain ishunde ehe, jušen nikan i an, daci elcin be lashalarakū,
　서로　좋고　서로　나쁨은 주선과 한인의 일상이므로 원래 사신을 단절하지 않았다.

han geli mimbe aika seme tacibumbio seme tuwame bi,,
한이 또 나에게 무어라고　　당부할까　하고 기다리고 있겠다.」

○ lii lama i unggihe bithei gisun, bi ajigan ci 14/15 somishūn
　李 라마가　　보낸　　글의　말.「나는 어려서부터　　　　비밀의

narhūn bithe be tacifi, gebu tucike alin alin de acaname, dergi
　글을 배우고　　　　이름이 난　　산마다　　만나러 가 위로는

duin baili be isibume aga edun acabufi, abkai fejergi taifin okini
四恩[6]에　　보답하고 비 바람을 조화시켜　　天下가　태평하게 되었으면

5　　[簽註] gingguleme kimcici, han i bithei sere gisun, ainci hesei bithei sere gisun dere,,
　　　삼가 고찰하건대 'han i bithei'(汗의 글)라는 말은 아마도 'hesei bithe'(勅諭)라는 말일 것이다.
6　　四恩 : 중생이 세상에서 받는 네 가지의 은혜, 즉 父母·國王·衆生·三寶의 은혜.

serengge, meni hūwašan niyalmai buyerengge, yuwan du ye, sakda
하는 것이 우리 和尙 사람이 바라는 것이다. 袁(崇煥) 都爺는 老

han be akū oho manggi, bisire fonde sain mujilen i du ming jung be
한이 죽자 (누르하치가) 살아 있을 때에 좋은 마음으로 杜明忠을

jafafi wahakū, jai 15/16 geli ning yuwan i hecen de bithe unggihe
잡아 죽이지 않았고 또 다시 영원성에 글을 보낸

doronggo seme mimbe simiyan de hoošan deijime takūraha, han, geren
도의가 있다고 하여 나를 瀋陽에 紙錢을 태우러 보냈다. 한과 여러

wang sa, sain mujilen i ulebuhe doroloho be dolo onggorakū, amasi
왕들이 좋은 마음으로 공양하고 예우한 것을 마음속으로 잊지 않고, 되돌아

jidere de niyalma adabufi goro benehe, geli fanggina, untasi be
올 때에 사람을 붙여서 멀리까지 보냈다. 또 팡기나·운타시를

takūrafi dorolome jihe, bi ning yuwan de isinjifi, han, geren wang sai
보내어 예의를 갖추러 왔다. 나는 영원에 도착해 한과 여러 왕들의

sain mujilen be dergi hafasa de 16/17 cooha irgen de gemu alaha,
좋은 마음을 윗 관원들과 병사와 백성에게 모두 알렸다.

du looye ambula urgunjembi, bithei hergen acarakū ofi, du looye neici
都 老爺(원숭환)는 크게 기뻐한다. 문서의 글이 적절치 않아서 都 老爺가 열 수

ojorakū ofi, hūlašame gajiha bithe de geli emu juwe hergen acarakū,
없어 바꿔 가져 온 문서에 또 한두 글자가 적절치 않았다.

ilaci jergi halaha bithe udu wacihiyame acarakū bicibe, inu ambula
세 번째 바꾼 문서는 비록 모두   적절한 것은 아니지만 또한 큰

waka akū ofi, yuwan looye bithe be neifi tuwaha, nadan koro, gaji
잘못이 없어서 袁(崇煥) 老爺가 문서를 열어 보았다.   일곱 원한과 가져오라고

sere aisin 17/18 menggun gecuheri suje, sini gisurere giyan, wajima de
한 금·   은·   망단은   당신이 말할 만하다.   말미에

damu gisun, si dain be buyembi dere seme arahabi, tere emu gisun
한마디 말을 "너는 전쟁을 바라는 것이리라" 라고   썼다.   그 한마디 말이

bifi wesimbuci mangga, han safi yebelerakūci, ele han i sain mujilen
있어 상주하기 어렵다.   황제가 보고 기뻐하지 않으면 더욱 한의 좋은 마음이

untuhuri, han, geren wang sa, gemu hūturingga mergen dolo
수포가 된다. 한과 여러 왕들은   모두 복이 있고 현명하며 마음이

genggiyen niyalma kai, meni fucihi šajin, gosire tusa arara be 18/19
영명한   사람들이다.   우리의 佛法은   자비롭고 이익을 만드는 것을

dele, geren gurun joboro jirgara dain de bucere be tuwaci, gemu
귀히 여긴다. 여러 국인이 고통과 즐거움, 전쟁에서 죽는 것을 보면   모두

nenehe beyede ini weilehe be te i alime gaimbi, šajin i bade isinaha
전생의 몸으로 그가 지은 것을 지금 그가 이어 받는다. 佛法의 땅에   이른

niyalma ini cihai ulhimbi, ini cihai bahanambi, fucihi šajin de targa,
사람은 그 스스로 깨닫고   그 스스로 이해한다.   佛法에서   경계하고

tokto, ulhi seme ilan hacin tacibuhabi, šajin be gūnici sain be
바르고 깨달으라는 세   가지를 가르쳤다.[7]   佛法을   생각하면 善行을

mutembi, enduringge niyalma duin 19/20 arbun be ilibufi, tanggū waka
할 수 있다.   성스러운   사람은   네   형상(四相)[8]을 멈추게 하고 백가지 잘못을

be lashalahabi, tuttu ofi, wang sai beye be bahambi, ambasai beye be
끊는다.   그리하면   왕들의   몸을   얻고   대신들의   몸을

bahambi, geren de tusa arame geren be ujime sain be mutebumbi,
얻는다.   중생에   이익을 만들고 중생을   보살피며 善行을   이룬다.

meni fucihi i šabi, beye udu yadacibe doro yadahūn akū, yabuci
우리 부처의 제자는 몸은 비록 가난하나   道는 가난하지 않다.   행할 수

ojorakū babe yabume mutembi, kirime muterakū babe kirime mutembi,
없는   것을   행할 수 있다.   참을 수 없는   것을 참을 수 있다.

acabure hūwaliyambure be dele 20/21 arafi yabumbi, meni fucihi ere
화합하고 조화롭게 하는   것을 귀하게   여겨   행한다.   우리   부처의 이

ilan šajin be werifi urgun i dabala, ushacun akū, gosime niyalma be
세   佛法을 남겨   기쁠   뿐   번뇌는   없다. 자비로   사람을

banjikini sere dabala, jili koro efulerakū, han i nadan koro, nenehe
살리고 싶을   뿐   분노와 원한으로 파괴하지 않는다. 한의 일곱 원한은 예전의

---

7   불도에 들어가는 세 가지 요체인 戒・定・慧를 가리킨다. 三學이라고 한다.
8   duin arbun(四相)은 불교에서 인생의 네 가지 모습인 생・노・병・사를 가리킨다. 또는 만물의 변화
    하는 모습인 生相・住相・異相・滅相을 가리킨다. 또는 중생이 실재라고 믿고있는 我相・人相・衆
    生相・壽命相을 가리킨다.

turgun kai, abka jurcerakū, jai emu jergi yargiyalame gisurefi waliya,
인연이다.　　하늘을 거역하지 말고 다시　한 번　　사실을 밝혀　　말하고 끝내라.

yuwan du ye weihun fucihi kai, jušen be ufaraburakū, uru waka be
袁(崇煥) 都爺는 살아있는 부처이다.　　주선에게 해를 끼치지 않는다. 옳고 그름을

terei dolo genggiyehe⁹ kai, henduhe 21/22 birai dergi ba, irgen i ai
그의 마음속으로 깨달았다.　　　　　말한　　　　강의 동쪽(遼東) 땅과 백성의 모든

weile be han seole, sain erin sain ferguwecun be hono kemuni
　일을　한은 생각하라. 좋은 때와　좋은 상서로움은　　　오히려　언제나

ucarambi, damu sain niyalma be ucarara mangga, wang lama meni
　만난다.　　다만　좋은 사람을　　만나기는 어렵다.　　왕과 라마　우리

juwe nofi ubade turgun be tuwame sume gisureme weile ufararakū,
　두 사람이 여기에서 인연을　　보고　　풀고　말해서　일을 그르치지 말자.

han, geren beise geli sain mujilen i waliyaci ojoro be waliya, tebcici
한과　여러 버일러들 또한 좋은 마음으로　버릴 수 있는 것은 버리라.　인내하기

mangga be tebcifi bu, fucihi hendume, 22/23 jobolon i mederi jecen
어려운 것을 인내해 달라. 부처가 말하기를,　　　　“고통의　　바다는　　끝이

akū, uju amasi foroci uthai dalin kai sehebi, dain be nakaci uthai
없으나 머리를 뒤로 돌리면 곧　　강언덕이다” 라고 했다. 전쟁을　그만두면　곧

9　[簽註] gingguleme kimcici, genggiyehe sere gisun, ainci ulhihe sere gisun dere,,
　　삼가 고찰하건대 'genggiyehe'라는 말은 아마도 'ulhihe'(깨달았다)라는 말일 것이다.

jirgacun kai, meni hacin hacin be dabume gisurerengge, gemu sume
극락이다.　　　우리의　　갖가지를　　헤아려　　말하는 것이　　모두　　풀고

hūwaliyambume jirgacun ojoro jalin de, meni fucihi šajin be bithe
조화롭고　　　　　　안락하게 되기 위해　　우리의　　佛法을　　　글로

arafi unggihe,, 23/24
써서　　보낸다.」

○ ice jakūn de, gurun i adun be niyanciha de tucibuhe, han,
　　초 8일에,　　　국인의　목축떼를　푸른 풀에　　　내보냈다.　한과

beise tucifi liyoha birai dalirame iliha, han juwe ahūn be ini boode
버일러들이 나와 遼河 강의 강둑을 따라 섰다. 한은　두　　형을　　그의 집에

solime ganafi, amba beile be siden de tebufi, manggūltai beile be
초대해 데려가서　大 버일러를　가운데에　앉히고　　　망굴타이 버일러를

ashan de tebufi, han ini beye be boigoji arame sarilara de, 24/25 han
옆에　　앉히고　한 그 자신은　주인이　되어　주연을 베풀 때에　　한이

hendume, mini juwe ahūn de jihe doroi emte morin yalubuki sere
말하기를, "나의　두 형에게　　온　禮로 1마리씩 말을 태우고 싶습니다[10]"고

jakade, juwe ahūn hendume, han jio serakū be hendumbi dere, jio
하니,　　두　형이 말하기를, "한이 오라고 하지 않겠다고 말하는 것 같습니다. 오라

seci, esi jici, jihe dari morin gaici acambio,　han hendume, jihe
하면 바로 오는데 올 때마다　말을 가지면 되겠습니까?" 한이 말하기를,　　"올

---

10 '말을 태우고 싶다'는 것은 '말을 주고 싶다'는 의미이다.

dari morin yalubure doro bio, mini boode sebken dosika be dahame
때마다 말을   태울   리가 있겠습니까? 나의 집에 진기한 것이 들어왔기 때문에

emte morin yalubumbi dere seme, juwe ahūn de emte morin yalubufi
1마리씩 말을 태우는 것입니다"라고 하고   두 형에게   1마리씩 말을 태워

25/26 unggihe,,
       보냈다.

○ duin biyai ice jakūn de, nikan i elcin du ming jung be
      4월   초 8일에,   명의   사신   杜明忠을

unggihe, ede karu ning yuwan i du tang yuwan cung hūwan de emu
보냈다.   이에 회답으로 寧遠의   都堂   袁崇煥에게   하나의

bithe, lii lama de emu bithe unggihe, han i bithe, yuwan amba
 글,   李 라마에게 하나의   글을   보냈다. 「한의   글을 袁(崇煥) 大人에게

niyalma de unggihe, sini bithe de 26/27 nadan koro be onggoki dere
          보낸다.   너의 글에서   "일곱   원한을   잊기 바란다"

sehebi, suweni nendehe han, nendehe ambasa mimbe gidašame
라고 말했다. 너희의 이전의 황제와   이전의   대신들이 나를   괴롭히고

korsobuha nadan koro be, dain deribuhe turgun be suwembe donjikini,
원망하게 만든 일곱 원한과   싸움을 시작한 이유를   너희가   듣기 바란다.

juwe gurun i uru waka be safi doro acaci, nadan koro be onggoki
 두   나라가   시비를   알고 화친하고   일곱 원한을   잊자

seme, lii lama i emgi meni hafasa be doroi gisun gisureme takūraha,
하고　李 라마와　함께　우리의　관원들을　도리의 말로　이야기하러　파견했다.

nadan koro be kemuni gūnime dailaki seci, meni hafasa be ainu
일곱 원한을　계속　생각하고 싸우자 하면 나의　관원들을　왜

takūrambi, 27/28 geli hendume, sain banjiki seci, hoton hecen ba na
파견하겠는가?　또　말하기를,　"좋게 지내고자 하면　성곽과　토지를

be adarame bederebumbi, hafan šusai haha hehe be adarame
어떻게　돌려줄 것인가?　관원·秀才·　남자·여자를　어떻게

bederebumbi sehebi, meni uru be abka gosifi buhe hoton hecen
돌려줄 것인가?"라고 했다. 나의 옳음을 하늘이 자애하여 준　성곽·

hafan irgen be bederebu serengge, suwe inu acara cihakū ofi, jortai
관원·백성을　돌려달라고　하는 것은 너희가 역시 화친을 원하지 않아서 일부러

membe jili banjikini seme hendumbi dere, geli hendume, gaji
우리에게 화를　내라고　말하는 것이리라.　또한　말하기를, "가져오라고

sehe hoton hecen hafan irgen be buci, 28/29 han i sain genggiyen
말한　성곽·관원·백성을　주면　한의　좋고 영명하고

jilara fulehun, abka be ginggulere niyalma be gosirengge kai, ere be
자비로운 은혜이고 하늘을　공경하고　사람을　사랑하는 것이다." 이는

meni hendure anggala, amba niyalma sini sarkū aibi, geli hendume,
우리가　말하지 않아도　大人　그대가 모르는 것이 무엇인가? 또 말하기를,

meni gaji sere jaka be duleke bithe de akū sehebi, duleke
"너희가 달라고 한 물건은　지난번 글에　없다" 라고 했다. 지난번

bithe de meni gaji　sehe ci ambula inu bi, komso inu bi, tere be
글에　우리가 달라고 한 것보다　큰 것도 있고,　작은　것도 있다. 그것을

inu sambi, geli hendume, elcin jime geneme yabume, geli 29/30
또한 안다.　또 말하기를, "사신이 오고 가고　다니는데,　또한

solho be dailarangge ai turgun, meni bithe coohai hafasa han i gisun
조선을　공격한 것은 무슨 이유인가? 우리의　文武 관원들은　한의 말이

be mujilen ci tucikekūbi seme kenehunjembi sehebi, turgun akū
마음으로부터 나오지 않았다고　의심한다" 라고 했다.　이유 없이

solho be dailambio, solho meni juwe gurun de daci umai weile akū
조선을　정벌하겠는가? 조선과　우리, 두　나라에　본래 전혀 일이 없었다.

bihe, šanggiyan singgeri aniya, meni cooha šun dekdere ergi meni
庚子年(1600)　우리 군대가　동쪽　우리

jecen i gurun be bargiyame ganafi jidere de, solhol i cooha hetureme
변경의 백성을　거두어　데려　올　때 조선의　군대가 가로막고

afanjiha bihe, tere be 30/31 meni cooha gidafi jihe hafan cooha be
공격해왔었다.　그것을　우리 군대가 격파하여, 온　관원과 병사를

waha, tere turgunde, be solho i baru ushahakū, kemuni sain banjiha,
죽였다. 그　때문에　우리는 조선을 향해 원망하지 않았고 계속　잘　지냈다.

terei amala ula i gurun i beile bujantai, solho be dailafi hoton hecen
그 후 울라 국의 버일러 부잔타이가 조선을 공격해 성곽을

be gaijara jakade, solho meni baru bujantai sini hojihon kai,
취하자 조선이 우리를 향해 "부잔타이는 당신의 사위이다.

tafulacina seme takūrara jakade, be bujantai be tafulafi solho be
제지해달라" 라고 파견했기 때문에 우리는 부잔타이를 제지하고 조선을

dailara be nakabuha, jai baibi sain banjire gurun be waki 31/32 seme,
공격하는 것을 멈추었다. 다시 공연히 잘 지내는 백성을 죽이고자 하여

sohon honin aniya solho mende cooha jihe, jihe cooha afara de
己未年(1619) 조선이 우리를 공격해 왔다. 온 군대를 공격할 때

waburengge wabuha, funcehe hafan cooha be, be gemu ujifi sindafi
죽임당하려는 자들을 죽게 했다. 남은 관원과 군대를 우리는 모두 살려주고 놓아

unggime, dasame doro acaki seci, karu emu sain gisun akū,
보내서 다시 화친하자 했으나 보답하는 한마디 좋은 말이 없었다.

solho elemangga ini beyebe amba arame membe fusihūlame gisurere,
조선은 도리어 그 자신을 크게 만들고 우리를 비하하여 말하고,

jai meni ukanju be alime gaifi, ukanju de aisilame meni baru daci
다시 우리의 도망자를 받아들여 취하고, 도망자를 돕고 우리에게 처음

dubede isitala jing kemuni 32/33 ehe oci, be utala aniya acarao
시작부터 끝까지 항상 누누이 나쁘게 했으나 우리는 여러 해 화친할까

seme aliyafi acarakū ofi, dailarangge ere inu, abka meni uru be
하여 기다렸지만 화친할 수 없어서 공격한 것이 이것이다. 하늘은 우리의 옳음을

urulehe, solho i waka be wakalaha, meni juwe gurun be abka acabume
옳게 여기고 조선의 잘못을　　꾸짖었다. 우리　　두　　나라를　　　하늘이 화친시켜

wajiha, lii lama jihe ci ebsi, be geli suweni baru solho be dailarakū
마쳤다. 李 라마가 온　　이래 우리가 다시 너희를 향해　조선을　공격하지 않는다.

seme henduhe biheo, ya gisun be mujilen ci tucikekū jurcehebi seme
라고　　말했었는가?　　무슨 말을　　마음에서　　나오지 않고 위반했다고

suwe 33/34 kenehunjembi, suwe angga de acaki seme gisurembime,
너희는　　　　의심하는가?　　너희는 입으로　화친하자 하고 말하며

karun meni bade ibefi ukanju alime gaijara, gurun be ebsi ibeme
초소는 우리 땅에 진입하고 도망자는 받아서 취하고 백성을 이쪽으로 진입해서

tebure, hoton hecen dasarangge, suweni gisun yala mujilen ci
살게 하고　성곽을　　수리하는 것은　너희의 말이　　진심에서

tucikekūbi kai, tuttu ofi, meni coohai ambasa kenehunjembi, geli
나오지 않은 것이다. 그래서　　우리 군대의 대신들이　　의심한다.　　　또

hendume, dain be nakafi nendehe amaga weile be getuken gisureki
말하기를, “싸움을　중지하고 이전과　이후의 일을　　명확히　논의하자”

sehebi, tere gisun inu kai, jai genere jidere bithe de, 34/35 jili
라고 했다. 그　말은 옳다.　　또 “가고　오는 문서에서　　　　화

banjire gisun be ume arara, wesimbume donjibuci ojorakū ojorahū
나는 말을 쓰지 말라. 상주해서 보고하지 못할까 우려된다"

sehebi, uru waka be tucibume gisurefi doro acaci akdun dere,
라고 했다. 시비를 드러내어 말하여 화친하면 믿을 수 있을 것이다.

gūniha be gisureburakū ergeleme jili banjire gisun be ume gisurere
생각한 것을 말하지 못하게 억압하고 화 나는 말을 말하지 말라

seci, doro acara mangga kai, ere gidašame gisurerengge, nendehe
하면 화친하기 어려운 것이다. 이 기만하여 말하는 것은 앞서

liyoodung guwangning ni hafasai gidašaha ci encu akū kai, geli
　遼東·　　廣寧의　　관원들이 기만한 것과 다름이 없다. 또

hendume, han teng sere mujilen i meni han be 35/36 kunduleme,
말하기를, "한은 단호한 마음으로 우리 한을 존경하고

enduringge erdemu be algimbume jecen i weile be dasa seme
　성스러운 덕을 떨치게 하고 변경의 일을 다스려라" 라고

henduhebi, sini han i erdemu be si algimbumbi dere, be encu gurun i
이야기했다. 너의 한의 덕은 네가 떨치게 해야 하리라. 우리는 다른 나라의

niyalma ai babe sara, jecen i weile be dasa serengge, sini jecen be si
사람인데 무슨 일을 알겠는가? 변경의 일을 다스리라고 했는데 너의 변경은 네가

dasambi, meni jecen be, be dasambi dere, sini gurun i jecen be, be
다스려라. 우리의 변경은 우리가 다스릴 것이다. 너의 나라의 변경을 우리가

adarame dasambi, juwe gurun i doro acara gisun be gisurerakū,
어찌   다스리겠느냐? 두   나라의   화친하는   말을   말하지 않고

niyalma be fusihūlara 36/37 gisun be ainu gisurembi, amba niyalma si
사람을   비하하는   말을   어찌   말하는가?   大人   너는

ebergi cargi be gemu bodome bahanara mergen niyalma kai, adarame
이쪽 저쪽을   모두   헤아려   아는   총명한 사람이다.   어떻게

oci gurun taifin ombi seme, gurun de tusa ojoro, doro acara gisun be
하면 국인이 편안해질까   하고, 국인에게   이익이 되고   도리에 맞는   말을

gisurerakū, amba gisun gisurehe seme anggai gisun i dain be etembio,
말하지 않는가? 큰   말을   말했다고   하여   입 말로   적을   이길 것인가?

fusihūlaha seme anggai gisun de fusihūn ombio, fusihūn wesihun
비하했다고   해서   입 말로   비하   되겠는가?   낮고   높게

oburengge, gemu 37/38 abkai ciha kai, sini bithei gisun membe
만드는 것은   모두   하늘의 뜻인 것이다. 너의 글의   말이   우리를

fusihūlaha turgunde, karu jabuhangge ere inu, muse juwe gurun i
비하했기   때문에   회답한 것이   이것이다. 우리 두   나라가

doro acara jalin suwe kenehunjeme gūnici gūnimbi dere, be
화친하는   데에 너희가 의심해서   생각하면 생각할 것이다. 우리는

kenehunjeme gūnirakū, niyalma be holtoci ombi dere, abka be holtoci
의심해서 생각하지 않는다. 사람을   속일 수는 있을 것이다. 하늘을   속일 수

ombio, unenggi muse juwe gurun doro acaci, abka na de akdulame
있는가? 진실로 우리 두 나라가 화친하면 天地에 굳게

gashūrakūn, jai meni gaji sehe jaka be faitame seole sehebi,
맹세하지 않는가? 또 우리가 가져오라 말한 물건을 줄여서 고려하라고 말했다.

meni faitame seolehengge, 38/39 doro acara doroi suwe aisin sunja
우리가 줄여서 고려한 것은, 화친하는 도리로 너희는 금 5만량,

tumen yan, menggun susai tumen yan, suje susai tumen, mocin samsu
은 50만량, 비단 50만필, 毛靑布

sunja tanggū tumen benju, be tana juwan, sahaliyan dobihi juwe,
500만필을 보내라. 우리는 東珠 10개, 검은 여우가죽 2장,

boro dobihi juwan, seke juwe tanggū, orhoda emu minggan gin
회색 여우가죽 10장, 貂皮 200장, 인삼 1천斤을

benere, doro acame wajiha manggi, juwe gurun ishunde sain banjire
보내겠다. 화친을 마친 후에 두 나라는 서로 잘 지내는

doroi aniyadari suwe aisin emu tumen yan, menggun juwan 39/40 tumen
도로써 해마다 너희는 금 1만량, 은 10만량,

yan, suje juwan tumen, mocin samsu gūsin tumen benju, be tana
비단 10만필, 毛靑布 30만필을 보내라. 우리는 東珠

juwan, orhoda emu minggan gin, seke sunja tanggū benere, ere gisun
10개, 인삼 1천斤, 貂皮 500장을 보내겠다. 이 말을

be inu seme doro acaki seci, ai gisun be hūdun wajici sain kai,
옳게 여기고   화친하자   하면 무슨 말을   빨리   마치면 좋을 것이다.

suwe ulhiyen ulhiyen i ibeme membe fusihūlame, yuwan du tang ni
너희가   점차   갈수록   우리를   비하하고,   袁(崇煥) 都堂의

bithe de, nikan han be 40/41 <u>abka de tengnebume ararangge,</u>[11] lama i
글에서   명 황제를   하늘과   같은 높이로   적은 것,   라마의

bithe de, encu gurun i ejen han be nikan i hafan ci fusihūn arahangge,
글에서   다른 나라의   주인 한을   명의 관원보다   낮추어   쓴 것,

tere gemu suweni urhu mujilen i araha gojime, jurgan waka kai, han
 그   모두   너희의 불공정한 마음으로   썼을 뿐이고   도리가   아닌 것이다.   한

serengge, abka fucihi i jui kai, hafan serengge, saišabuci emu inenggi
이라는 자는 하늘과 부처의 아들이다.   관원 이라는 자는   칭찬 받으면   하루

andande wesibure, waka sabuci emu inenggi andande wasibure irgen
 한순간에 올려지고   죄를 얻으면   하루   한순간에   내려지는 백성인

kai, be jurgan be bodome 41/42 abka ci nikan han be emu hergen
것이다. 우리는 도리를 헤아려서   하늘보다   명 황제를   한 글자

---

11 [簽註] gingguleme baicaci, jakan toktobuha fe manju gisun i bithede, abka de tengnebume ara-
   rangge sere gisun, uthai tukiyeme araha abka sere hergen de teherebume araha sere gūnin inu
   sehebi,,
   삼가 찾아보니 최근 정해진 『舊淸語』에서 'abka de tengnebume ararangge'(하늘과 같은 높이로 적은
   것)라는 말은 곧 'tukiyeme araha abka sere hergen de teherebume araha'(올려서 쓴 하늘이란 글자
   와 나란히 적었다)라는 뜻이라고 했다.
   * 문서나 서책에서 皇帝나 天 등의 존칭어를 다른 글자보다 1段이나 2段을 높여서 적는 擡頭를 가리
   킨다.

fusihūn, nikan han ci membe emu hergen fusihūn, menci nikan gurun
낮추고   명 황제보다 우리를   한 글자   낮추고 우리보다 명나라의

i hafasa be emu hergen fusihūn araha, suweni gidašara holtoro be
관원들을   한 글자   낮추어서 썼다. 너희가 기만하고 속이는 것을

serefi meni elcin nakaha, jai suwe yaya fonde bithe de arambihede,
발견해서 우리의 사신을 중지했다. 또 너희는 모든 때에 문서에   적을 때에

nikan i han be menci emu hergen tucibume ara, suweni yaya hafasa
명의 황제를   우리보다   한 글자   나오게 적어라. 너희의 모든 관원들을

be mende teherebume araha de, tere bithe be, be donjirakū,,
  우리와 대등하게 하여 적으면   그 글을   우리는 듣지 않을 것이다.」

tongki fuka sindaha hergen i dangse
點·圈을 찍은 문자의 檔子

ilaci debtelin
3권

sure han i sucungga aniya duin biya
천총 원년 4월

3권, 천총 원년 4월

tongki fuka sindaha hergen i dangse,,
　　點　圈을　　찍은　　문자의　　檔子

○ lii lama de unggihe bithe, sini bithe be tuwaci, fucihi i šabi
　李 라마에게　보낸　　글.「너의　　글을　　보면,　(너는) 부처의 제자이고

siden i niyalma ofi, juwe gurun be doro acakini seme gisurehebi,
　중간의　　사람으로서　두　　나라가　　화친하면 좋겠다고　　　말했다.

lama, eiten doro be hafuka mergen niyalma kai, meni juwe gurun i
라마는 모든　道를　　통달한 지혜로운　사람이니,　　우리　두　　나라의

waka uru be dacilame donjifi, be waka oci, membe tafula, nikan waka
잘못과 옳음을　조사하고 들어서 우리가 잘못이면　우리를 설득하라. 명이 잘못이면

oci, nikan be 1/2 tafula, simbe siden i niyalma seme mini gūniha
　　명을　　　설득하라. 너를　중간의　사람　이라 하여 내가　생각한

babe tucibume hendumbi, julgeci ebsi, wesike wasika ai　kooli akū, ya
바를　　꺼내어　　말한다.　　예로부터　흥하고 쇠함에는 어떤 법이　없다. 모든

be gemu hendure, dai liyoo i tiyan dzo han, umai weile akū aisin i
것을 다 말하겠다.　大遼의　　　天祚 황제가　전혀 일　없이　金의

taidzu han be waki sefi dain ohobi,　aisin i jang dzung han,
　太祖 황제를　죽이겠다 하여 전쟁이 일어났다. 金의　　章宗 황제가

umai weile akū monggo i taidzu han be waki sefi dain ohobi,
전혀 일 없이 몽고의 太祖 황제를 죽이겠다 하여 전쟁이 일어났다.

wan lii han, umai weile 2/3 akū membe waki seme yehe de dafi, meni
萬曆 황제가 전혀 일 없이 우리를 죽이고자 하며 여허를 도와 우리

juwe gurun dain oho, guwangning be baha manggi, geren wang,
두 나라가 전쟁이 일어났다. 廣寧을 얻은 후 여러 왕·

coohai ambasa, uthai šanaha dosiki seci ama han hendume, julge
군대의 대신들이 곧바로 山海關에 들어가자고 했지만, 아버지 한이 말하기를, "옛날

dai liyoo, dai gin, dai yuwan meni meni bade tehekū, nikan i dorgi
大遼· 大金· 大元은 각자의 곳에서 살지 않고 漢人의 안

bade dosifi tefi doro forgošoro jakade, gemu nikan ohobi, nikan 3/4
지역에 들어가 살며 道를 바꾸었기 때문에 모두 漢人이 되었다. 漢人은

šanaha ci casi tekini, muse liyoodung ni bade teki, nikan, jušen
山海關으로부터 저편에 살게 하라. 우리는 遼東 땅에서 살자. 漢人과 주션이

meni meni gurun ofi banjiki seme šanaha be dosikakū bederefi, nikan
각자의 나라가 되어 살자" 하여 山海關을 들어가지 않고 물러나서, 명에게서

acara gisun jimbi dere seme duin aniya aliyaha, tere šolo de, nikan
화친하자는 말이 오겠지 하여 4년을 기다렸다. 그 틈에 명이

ning yuwan be dasara, dain be nakarakū ojoro jakade, ning yuwan be
寧遠을 정비하여 전쟁을 그치지 않게 된 까닭에 寧遠을

afaha, hecen gecefi saciha ba tuhekekū ofi cooha bederehe, 4/5 ama
공격했다. 성이　얼어　공격한 것이 함락되지 않아서　　회군했다.　　　　　아버지

han bederehe manggi, lama si jidere jakade, abkai acakini sere
한이　돌아가신 이후,　　　라마 네가　왔기 때문에, "하늘이 화해하길 바란다 하는

erin dere seme, doro acara bithe arafi, meni hafasa be emgi adabufi
때일 것이다" 하고　　화친하자는　글을 써서,　우리의　관원들을　함께　따르게 하여

unggihe, unggihe bithei gisun be acarakū seme juwe jergi bederebuhe,
보냈다.　　보낸　글의　말을　부당하다　하여　두 번　돌려보냈다.

ere fonji[1] lama sini bithe de geli hendume, dain be buyembi sere emu
　이 때,　라마 너의　글에　또　말하기를,　"전쟁을　원한다는　　　한

gisun　　bifi, wesimbuci mangga sehebi, mini gūniha bithe nikan han
구절이　있어　상주하기 어렵다" 라고 했다. 내가 생각한 글이 명의 황제에게

de 5/6 isinara, nikan han i bithe minde isinjire, ishunde hafukiyame
　　이르거나, 명의 황제의　글이　내게　이르거나　서로　　이해하여

gisurefi doro acaci, akdun dere,　gūniha gisun be gisureburakū, suweni
말해서　화친하면　믿을 만할 것이다. 생각한　말을　　말하지 않고,　너희의

gūniha de acabume gisurefi doro acaci ombio, yuwan du tang
생각한 것에 맞추어서　말하여　화친할 수 있겠는가?　袁(崇煥) 都堂이

1　[籤註] gingguleme baicaci, fe manju gisun i bithede ere fonji sere gisun uthai ere mudan sere gisun
　　inu sehebi,,
　　삼가 찾아보니 『舊淸語』에서 'ere fonji'(이때)라는 말은 곧 'ere mudan'(이번)이라는 말이라고 했다.

membe fusihūlame, abkai buhe hoton hecen hafan irgen be bederebu
우리를   비하하고   하늘이 준   성곽·   관원· 백성을 돌려보내라

sere gisun de, lama si dosifi membe jombume, tebcici mangga babe
한   말에   라마 네가 넘어가서 우리를 주의주기를, "참기   어려운   것을

tebcifi bu serengge, jai si yuwan 6/7 du tang be dele, encu gurun i
참아 주라" 말한 것, 다시 네가 袁 都堂을   위로,   다른   나라의

han be fejile ararangge, juwe gurun i doro be acakini serakū
한을   밑으로 쓴 것은   두   나라의   화친을 바라지 않는 것이

nikai,, yuwan du tang ni bithe de, meni gaji sehe jaka be, duleke
확실하다. 袁(崇煥) 都堂의   글에   우리가 가져오라 한   것을,   "지난

bithe de akū, ambula gaici, abka be jurcembi sehebi, julge dai liyoo,
글에   없고, 많이 취하면 하늘을 거스른다" 라고 했다. 옛날   大遼,

dai gin, sung ni buhe gaiha kooli inu bi, jai sini daiming ni 7/8 dolo,
大金,   宋이   주고   받은   예 또한 있다. 또 너희   大明   중에

monggo i yakiyan² de buhe kooli inu bi, tere inu abkai buhengge
몽고의   에센   에게 준 사례도 있다. 그 또한 하늘이 내린 것

---

2   [簽註] monggo baita sara niyalma de fonjici cahar gisun de ambakasi baita bifi takūrarangge be elci
    sembi, an i amasi julesi takūršarangge be yakiyan sembi, amba muru monggoso ming gurun be
    fusihūšame, aniyadari bure menggun jaka be ganame takūraha niyalma be yakiyan seme gebulehe
    dere,,
    몽고의 일을 아는 사람에게 물으면 차하르 말에 조금 큰 일이 있어 파견하는 것을 elci라고 한다. 통상
    대로 왕래하도록 파견한 것을 yakiyan이라 한다. 대개 몽고인과 明을 경멸하여 해마다 준 은과 물품
    을 가지러 파견한 사람을 yakiyan이라고 명명한 것이다.
    * yakiyan은 yehiyan의 誤記이다. yehiyan은 오이라트의 에센(?~1454)을 가리킨다. 『明淸史料』(內
    編·第一冊·金國汗致李喇嗎書稿)에서도 '也先'(에센)으로 적고 있다.

dere, geli hendume, sain erin sain ferguwecun be hono kemuni
이리라. 또 말하기를, "좋은 때와 좋은 상서로움은 오히려 언제나

ucarambi, damu sain niyalma be ucarara mangga sehebi, yuwan du
만난다. 다만 좋은 사람을 만나기는 어렵다"라고 했다. 袁 都堂이

tang ni takūraha lama sini jihe sain de, be   karu hafan takūraha kai,
파견한 라마 네가 온 선행에 우리는 답하여 관원을 파견한 것이다.

ehe gisun ehe niyalma jici, meni hafan be 8/9 ainu unggimbi, geli
나쁜 말과 나쁜 사람이 오면 우리의 관원을 왜 보내겠는가? 또

hendume, jobolon i mederi jecen akū,   uju amasi foroci uthai dalin kai
말하기를, "고통의 바다는 끝이 없으나, 머리를 뒤로 돌리면 곧 강언덕이다"[3]

sehebi, tere gisun inu, si meni baru inu hendu, nikan han i baru
라고 했다. 그 말이 옳다. 너는 우리를 향해서도 말하고, 명의 황제를 향해서도

inu hendu, yaya uju amasi foroci sain kai, lama si fucihi šajin be
말하라. 모두가 머리를 뒤로 돌리면 좋은 것이다. 라마 너는 佛法을

hafuka, eiten doro be sara mergen niyalma kai, same jortai membe
통달하여 모든 道를 아는 지혜로운 사람이다. 알고 일부러 우리를

ainu fusihūlambi, liyoodung, guwangning ni nendehe 9/10 hafasa
왜 비하하겠는가? 遼東· 廣寧의 앞선 관원들이

fusihūlaha korsobuha turgunde, dain ofi gurun irgen joboho be
비하하고 원망케 한 까닭에 전쟁이 일어나 나라의 백성이 고생함을

---

3   "苦海無邊, 回頭是岸."『法華經』.

komso sembio, meni gaji sehe jaka be, yuwan du tang faitame seole
작다 하겠는가? 우리가 가져오라 한 물건을   袁(崇煥) 都堂이 줄여서 생각하라

sere jakade, be faitame seolefi ekiyeniyehe, te suwe ere ekiyeniyehe
한   까닭에, 우리는 줄여서 생각하여 줄였다.   지금 너희는 이   줄인

jaka be burakū, geli amba gisun gisurefi, muse juwe gurun doro
물품을 주지 않고, 또   큰   소리로 말하여, 우리 두 나라가 화친하지

acarakū, kemuni dain ofi gurun geli joboci, juwe lama i doro
않고,   여전히 전쟁이 나서 국인이 또 고생스러우면, 두 라마의 화친하고자

acabuki sere sain mujilen untuhuri 10/11 ombikai, niyalma ishunde
하는 좋은 마음이   헛되이   될 것이다. "사람이   서로

kunduleci temšere mujilen nakambi seme julgei bithe de henduhebi,
공손히 대하면 다투는 마음이 멈춘다"[4] 라고   옛   글에서   말했다.

fusihūlara korsobure de ice doro acara anggala, acaha doro inu
비하하여   원망하게 할 때, 새롭게 화친하기는 커녕   화친했던 것도

efujembi kai, meni hendure anggala, juwe lama suweni sarkū aibi,
무너뜨리는 것이다. 우리가 말하지 않아도   두 라마 너희가 모르는 것이 무엇인가?

suwe geli aika seme tacibure gisun bici, bi geli donjiki,, 11/12
너희가 또 무엇이라고 가르칠 말이 있으면 나 또한 듣겠다.」

○ ginjeo hecen sahara jalin de unggihe bithei gisun, han i bithe,
錦州城을   쌓기   때문에 보낸   글의   말. 「한의   글을

---

4 불교에서 화합을 위한 여섯 가르침인 六和敬의 둘째 조목 '口和無諍'을 가리키는 것으로 생각된다.

yuwan amba niyalma de unggihe, sini jihe bithei karu bithe arafi
　　袁(崇煥) 大人에게　　　　　　보낸다. 너의　온　글의　답하는 글을 지어

hafan takūraki serede, nikan ci juwe jergi ukanju jifi alaci, suwe
관원에게 보내려고 했는데,　明으로부터　두 번　도망자가 와 말하기를, 너희가

ta šan, dalingho, ginjeo be sahambi sere, cahar i elcin jifi alaci, inu
　塔山·　大凌河·　錦州에 (성을) 쌓는다 하고, 차하르의 사신이 와서 말했는데 또한

emu songko, tere be donjifi, meni 12/13 hafan genere be nakabufi, doroi
　그대로였다.　그것을　들어서 우리　　　관원이　가는 것을 중지하고, 화친을

jalin karu araha bithe be, sini elcin de unggihe, jai hecen sahara jalin
위해 답으로　쓴　글을　너의 사신(杜明忠) 편에 보낸다. 다시 성을 쌓는 때문에

hendure bithe ere inu, unenggi juwe gurun i doro acaci, ba na be,
　말한　글이 이것이다. 진실로 두 나라가 화친하면,　　땅을

aibici nikan i ba, aibici jušen i ba seme, ba be bilafi meni meni ba
어디부터 漢人의 땅, 어디부터 주션의 땅으로 하며, 땅을 나누어　각각의　땅을

be dasambi dere, si acambi seme yabumbime, emdubei ibeme hecen
　다스릴 것이다. 네가 화친하자 하고　다니면서　계속하여 나아가 성곽을

hoton dasarangge, ning yuwan i 13/14 hecen gecefi sacici tuhekekū
　　수리하는 것은,　寧遠城이　　　　　얼어 공격해도 함락할 수 없었다고

seme si amtan bahafi, holtome acaki seme yabume, šolo de hoton
　네가 재미를 얻어　몰래 화친하자 하고 다니며 (그) 틈에 성곽을

hecen dasambi kai, taifin doro be buyerakū, dain be buyeci, ja akū
수리하는 것이다. 태평의 道를　　사랑하지 않고, 전쟁을　즐기면 쉽지 않을

dere, si emu udu hecen be bekilembi dere, gubci hecen usin i jeku
것이다. 너는 몇몇　　　　성을　지키고 있는 것이다.　모든　성과　밭의 양식을

be gemu bekilembio, dain nakarakū dailaci, abka　gosifi beging be
　모두　지키겠는가?　전쟁이 그치지 않아 공격하면, 하늘이 어여삐여겨 北京을

mende　bure,　nikan han i beye 14/15 nan ging de burulaha de, tere
우리에게 줄 것이니, 명의 황제가　몸소　　　　南京에　　　도망가면　　　그

gebu antaka,　julgeci ebsi gemu suweni gese bithei ambasa, hehereme
이름은 어떻겠는가?　예로부터　모두　너희　같은 글 짓는 대신들은　여자처럼

boode tefi ambarame gisurehei, coohai beise, coohai niyalma be
집에서　머물며[5] 과장하여　말하면서　군대의 버일러들·　　병사를

bucebume gurun irgen be jobobume, han i doro be efulehebi kai,
　죽게 하고　나라　사람을　　괴롭히고,　한의　道를　　　파괴했다.

nendehe hafasai ehe de, birai dergi wargi ba na gaibuha, hafan cooha
전임　관원들이 악해서　강의　동쪽　서쪽　땅을　빼앗기고,　관원· 병사가

wabuha be elerakū, geli dain be buyembio,, 15/16
죽게 한 것을 만족하지 않고, 또　전쟁을 원하는가?」

○ fulahūn gūlmahūn sure han i sucungga aniya, solho gurun be
　　丁卯　　　　　천총　　　　　　元年,　　조선국을

___

dailaha, dade solho gurun, manju gurun de jalan jalan i weile bi,
정벌했다. 원래   조선국은   만주국에게   대대로   죄가 있었다.

tuttu seme tere mudan de, solho be jorifi dailahakū, nikan i mao wen
그렇지만   그 때에는   조선을 겨냥하여 정벌하지 않았다. 明의 毛文龍이

lung, solho i hanci mederi tun de tefi, 16/17 jing ukanju alime gaijara
조선의 근방의   海島에서   거주하고   항상 도망자를 받아 취한

de, jili banjifi tere be baime, solho be bahaci inu gaiki seme juwedeme
것에 화가 나서 그를   잡으려고, 조선을   취한 후 또한 잡자 라는 두 생각으로

cooha unggihe, aniya biyai ice jakūn de jurafi, juwan ilan de nikan
군대를 보냈다.   정월   초 8일에   출발해서,   13일에   명의

i karun i dubede isinafi, lenggeri dzung bing guwan, yecen, yasun,
초소의   앞에 이르렀고, 렁거리 總兵官·   여천· 야순·

munggan, ere duin amban jakūnju niyalma be gaifi, dobori karun be
뭉간,   이 4명의 대신이   80명을   이끌고, 밤에 초소를

emke 17/18 emken i gidame gaifi, ninggun karun be emkeci⁶ helen
하나   하나 격파하고 취해서, 여섯   초소에서   한 명도 정보제공포로를

tucibuhekū, solho i i jeo hecen be, juwan duin i dobori uthai wan
빠져나가지 못하게 했다. 조선의 義州 성을   14일의   밤   즉시 사다리를

---

6 [簽註] gingguleme baicaci, fe manju gisun i bithede emkeci sere gisun uthai emke seme sere gisun
   inu sehebi,,
   삼가 찾아보니 『舊淸語』에서 'emkeci'(하나도)라는 말은 곧 'emke seme'(하나도)라는 말이라고 했다.

sindafi tafafi gaiha, tere hecen be hūlhame gaijara de, jakūn gūsai
설치하고 기어올라 취했다. 그   성을   몰래   취할   때,   팔기의

gabsihiyan baturu orin niyalma be tucibufi, aituwan baturu be ejen
前鋒[7]   勇士   20명을   내보내고,   아이투완 바투루를   어전에

sindafi juleri tafuka, terei sirame jakūnju niyalma de, lenggeri 18/19
임명하고 앞서 올라갔다. 그에 이어서   80명에게   렁거리

dzung bing guwan, asan fujiyang, yecen be ejen sindafi tafaka, tereci
總兵官·   아산 副將·   여천을 어전으로 임명하고 올라갔다. 그 후

geren cooha ilhi ilhi dosika, hecen i dorgi, solho i fu yen hergen i lii
많은 병사가 차례차례 진입했다.   성   안의   조선의   府尹   관원   李莞

wan se be waha, pan guwan hafan ts'ui ming liyang bucehe, hecen i
등을 죽였다.   判官   관원   崔夢良이   죽었다. 성의

dorgi cooha be gemu wafi, irgen be olji obuha, tere inenggi, tere i jeo
내부 병사를   모두 죽이고, 백성을 포로로 잡았다.   그 날   그   義州

hecen de indefi, 19/20 coohai niyalma be gemu dasame baicame wafi
성에서   묵으며   병사를   모두   다시   조사하여 죽이고

olji bargiyafi, jakūn amban emu minggan cooha werifi, tofohon de
포로를 거두고,   8대신과   1천명   병사를 남겨두고,   15일에

---

7   gabsihiyan : gabsihiyan cooha. 前鋒, 前鋒兵. 1629년(천총3) 팔기의 정예병을 선발해서 bayarai karun
     이라고 명명했다. 1634년(천총8)부터 gabsihiyan cooha라고 불렀다.

dosi cooha juraka, neneme i jeo be gaiha dobori faksalafi unggihe
진격하여 출병했다.　　　앞서　　義州를　　취한　　밤에　　나누어　　보낸

cooha, mao wen lung ni tehe tiyei šan be sucufi, nikan i cooha be
군대가　　毛文龍이　　　있는　鐵山을　　급습해서　明의　　병사를

ambula bahafi waha, mao wen lung mederi tun de genefi 20/21 bahakū,
많이　잡아 죽였다.　　毛文龍은　　　　海島에　　　가서　　　잡지 못했다.

siowan cuwan, ding jeo i mu ši hafan gin jin jafabufi, ding jeo i
　宣川·　　　定州의　　牧使　관원　金搢이 붙잡히고,　　定州의

irgen dahaha, juwan jakūn de, g'o šan, han šan ceng be daha seci,
백성이　투항했다.　　　18일에　　郭山·　漢山城은　　　　투항하라고 해도

ojorakū ofi, afame gaiha, solho i siowan cuwan i fu ši hafan ki hiyei
하지 않아서　공격하여 취했다. 조선의　　　宣川　　　府使　관원　奇協이

wabuha, giyūn šeo hafan piyoo io giyan jafabuha, manju i cooha,
피살되었고,　郡守　관원　朴惟健은　　　붙잡혔다.　만주　병사가

hecen i dorgi hafan cooha be 21/22 gemu wafi, juwan uyun de ding
성　　　안의　관원·병사를　　　　모두 죽이고,　19일에　　　定州

jeo ci genefi, giya šan i giyang be doofi deduhe, tere inenggi, abka
로부터 가서　嘉山의　　江을　　건너서 묵었다.　　그　날　　하늘에서

nimanggi aga suwaliyame ambula nimaraha, orin de muduri erinde,
　눈　　비가　섞여　　많이　내렸다.　　　20일　　辰時에

an jeo i giyang be doofi, hecen i hanci ing iliha, tere dobori geretele
安州의 江을 건너서 성의 근처에서 營을 세웠다. 그 밤이 새도록

daha seme takūraci, daharakū ofi, orin emu de cimarilame afafi, uthai
투항하라고 파견했으나 투항하지 않아서 21일에 아침 일찍 공격해서 곧

22/23 emu erin hono ohakū dartai andande afame gaiha, an jeo hecen
1刻도 지나지 않아서 순식간에 공격하여 취했다. 安州 성의

i mu ši hafan gin jiyūn bing ši hafan nan i hing, ini beye be i tuwa
牧使 관원 金浚, 兵使 관원 南以興은 그 스스로를 그가 불을

sindame bucehe, giyūn šeo hafan jang dun, fu ši hafan ciowan šang
놓아 죽었다. 郡守 관원 張燉, 府使 관원 全尚毅,

i, hiyan ling hafan sung tu nan se gemu wabuha, tere hecen de bihe
縣令 관원 宋圖南 등이 모두 피살되었다. 그 성에 있던

ba i 23/24 irgen be daburakū, coohai canggi juwe tumen bihe, hecen
것은 백성을 포함하지 않고 병사만 2만 이었다. 성을

be afara de wabuhai dabala, baha manggi, coohai niyalma be emkeci
공격할 때에 피살되었을 뿐, 취한 후에는 병사를 1명도

wahakū, gemu meni meni boode hehe juse de acana seme sindafi
죽이지 않았다. 모두 각자의 집으로 부인·아이들을 만나라고 풀어

unggihe, tala baktandarakū geren genehe, afafi baha an jeo hoton de
보냈다. 광야가 가득 차도록 많이 갔다. 공격해서 획득한 安州城에서

duin indeme morin ulebufi, olji icihiyafi, orin 24/25 sunja de an jeo
4일 쉬고 말을 먹이고 노획을 처리하고, 25일에 安州

hecen ci cooha jurafi, orin ninggun de ping žang ni hecen de isinaci,
성에서 군대가 출발하여 26일에 平壤城에 도달하니

hecen i ejen du tang, dzung bing guwan, geren hafan cooha irgen ini
성의 주인 都堂· 總兵官· 많은 관리와 병사· 백성이 그

cisui burgifi, emkeci akū gemu hecen waliyafi burulahabi, manju i
스스로 당황해서 하나도 없이 모두 성을 버리고 도망쳤다. 만주의

cooha, tere inenggi dai tung giyang be doofi deduhe, orin nadan de,
군대는 그 날 大同江을 건너서 묵었다. 27일에

jung ho de 25/26 isinafi ing iliha, morin teyebume iliha sidende, solho
中和에 이르러 營을 세웠다. 말을 쉬게 하려고 멈춘 사이에 조선의

i wang de elcin takūraha, takūraha elcin hafukakū amasi bederehe
왕에게 사신을 보냈다. 보낸 사신이 통하지 않아 되돌아온

manggi, solho i elcin, ishun cooha be okdome jung ho de isinjiha, jihe
후에, 조선의 사신이 맞은편에서 병사를 맞이하여 中和에 도착했다. 온

elcin dain de jafaha juwe hafan i juse, emke yuwanšuwai giyang
사신은 전쟁에서 잡은 두 관원의 아들들로, 한 명은 元帥 姜弘立의

gung liyei i jui, emke ts'anjiyang piyoo gui ing ni jui, 26/27 tere juwe
아들· 한 명은 參將 朴葵英의 아들[8]이었다. 그 두

---

8 본문은 朴葵英의 아들로 기록되어 있지만 실제로 파견된 사람은 朴蘭英의 아들이었다.

elcin be beise de acabure de, juwe galai coohai ambasa faidame ilifi,
사신을　버일러들과 만나게 할 때, 　兩　翼으로　武臣들이　　배열하여 서고

monggo buren fulgiyeme hengkileme acabufi, jai ceni amata de
　몽고 나팔을　　불어　　고두하며 만나게 하고, 다시 그들의 아버지들과

acabuha, tere mudan de, dain de baha solho i hafasa be gemu
만나게 했다. 그　　때에　　전투에서 획득한 조선의 관원들을　　모두

gamaha bihe, elcin i gajiha bithei gisun, suwe turgun akū holkonde
데리고 가게 했다. 사신이 가져온 서신의 말. 　　「너희는 까닭　없이 갑자기

cooha ilifi meni hefeli dolo dosinjiha, muse 27/28 juwe gurun daci
병사를 일으켜서 우리의 내부 안으로 진입했다. 우리　　　　두　나라는 원래

umai weile akū banjiha, julgeci ebsi, yadalinggū fusihūn be
　전혀　일　없이 살았다. 　예로부터 "약하고　　낮은　것을

gidašarangge jurgan waka sehe bihe, turgun akū irgen be wara
능욕하는 것은　　義가 아니다" 라고 했다. 　까닭 없이 백성을　죽이고

gaijarangge, abka be fudaraka kai, weile gisun bici, neneme niyalma
취하는 것은　하늘을 거스르는 것이다. 罪지은 말이 있으면　먼저　사람을

takūrame fonjimbi, terei amala hūlame dailaci, jurgan de inu bihe,
　보내어　물어보고, 　그　뒤에 성토하며 공격해야　　義에　옳은 것이다.

te bicibe, cooha bederefi doro acara be 28/29 gisureci acambi dere,,
지금이라도　　회군하여　　화친하는 것을　　말해야 마땅할 것이다.」

tongki fuka sindaha hergen i dangse
點·圈을 찍은 문자의 檔子

duici debtelin
4권

sure han i sucungga aniya duin biya
천총 원년 4월

tongki fuka sindaha hergen i dangse,,
點 圈을　찍은　문자의　　檔子

○ orin jakūn de, solho de karu unggihe bithei gisun, amba
　28일에,　　조선에　　답으로 보낸　글의　　말.　「대

manju gurun i jacin beile, geren beise i bithe, coohiyan gurun i, wang
만주국의　　둘째 버일러[1]와 여러 버일러의　글(을)　조선국의　　　왕에게

de unggihe, membe suwe turgun akū dailaha sehebi, turgun
　보낸다.　우리에게 너희는 "이유　없이　공격했다"고 했다.　　이유

serengge neneme meni cooha, meni warka be ganaha fonde, suweni
라고 하면, 이전에　우리 군사가　우리 와르카를　취하러 갔던 때　　너희

solho umai weile akū de jase tucifi, meni coohai 1/2 baru afaha, ere
조선은　전혀　일이 없는데 경계에서 나와 우리 군사를　　향하여 공격했다. 이것이

emu, jai ula i bujantai beile, suweni solho be dailame emdubei gaijara
하나다. 또, 울라의 부잔타이 버일러가 너희　조선을　　공격하면서 잇달아　빼앗을

de, suwe meni baru hendume, sini hojihon kai, si tafulacina sehe
때 너희는 우리를 향해　말하기를,　"너의 사위이다.　　네가 만류하라"　하니

manggi, be tafulafi dain nakaha, ede emu sain gisun henduhekū, ere
　　우리가 만류하여 전쟁이 그쳤다. 이에　한마디 좋은　말을 하지 않았다. 이것이

1　둘째 버일러는 아민을 가리킨다.

juwe, muse juwe gurun umai weile akū banjire de, sohon honin aniya,
둘이다. 우리 두 나라가 전혀 일 없이 지내는데,　　　己未年(1619)

suweni solho nikan de cooha dafi membe waki 2/3 seme jihe, abka
너희 조선이 한인을 군사로 도와 우리를 죽이겠다고 왔다. 하늘이

membe urulefi, solho i hafasa be mende buhe manggi, be inu sain
우리를 옳게 여겨 조선의 관원들을 우리에게 준 후 우리는 그래도 좋게

banjire be buyeme wahakū ujifi, juwe ilan jergi hafasa be sindafi
지낼 것을 바라며 죽이지 않고 돌보고 두세 번 관원들을 놓아

unggici, suwe karu baniha seme henduhekū, ere ilan, liyoodung be
보냈으나, 너희는 답하여 감사하다고 말하지 않았다. 이것이 셋이다. 遼東을

abka mende buhe manggi, menci ukame genehe mao wen lung be
하늘이 우리에게 준 후, 우리에게서 도망 간 毛文龍을

suweni bade halbufi, meni liyoodung ni ba i irgen be 3/4 aniyadari
너희 땅으로 불러들여 (毛文龍이) 우리의 遼東 땅 백성을 해마다

nungneme giyansi unggifi šusihiyeme gamacibe, be inu sain banjire be
침범하고 간첩을 보내어 꾀어 데려가더라도, 우리는 좋게 지낼 것을

buyeme, mao wen lung be jafafi gaji, muse juwe gurun sain
바라며 "毛文龍을 잡아 데려오라. 우리 두 나라가 잘

banjiki seci, suwe ohakū, ere duin, šahūn coko aniya, bi mao wen
지내자" 했지만 너희는 응하지 않았다. 이것이 넷이다. 辛酉년(1621), 내가 毛文龍을

lung be baime jifi, nikan i canggi be baime suweni solho be
　　　찾으러　와서　한인만을　　　　　　찾고　너희의　조선인을

necihekūngge, be inu sain banjiki seme necihekū kai, suwe emu sain
범하지 않은 것은 우리가 좋게 지내고자 하여 범하지 않은 것이다. 너희는 한마디 좋은

gisun 4/5 henduhekū, ere sunja, mao wen lung de ini nikan han
말도　　　하지 않았다. 이것이 다섯이다.　毛文龍에게　　　그의　명 황제도

caliyan hono burakū bade, si ba bufi usin taribume caliyan bufi
錢糧을　오히려　안 주는 터에　네가 땅을 주어 밭을 경작하게 하고 錢糧을 주어

ulebume ujirengge, ere ninggun, suwe hendume, ho tungse be ai
　먹이고　돌보는 것, 이것이 여섯이다.　너희가 말하기를,　"何 通事[2]를 무슨

turgunde waha sehebi, meni cooha guwangning be gaime genehe
이유로　죽였는가?"라고 했다. 우리 군사가　廣寧을　　　　취하러　간

amala, tasha ulgiyan be geolere adali geoleme tuwanjiha be saci,
　뒤,　　호랑이가 돼지를　덮쳐잡는 것 같이 잡으려고 정탐하러온 것을 알면서도

warakūci ainambi, 5/6 han ama bederere jakade, nikan meni baru dain
죽이지 않으면 어찌하겠는가? 汗 아버지가 돌아가셨기 때문에 한인은　우리와　전쟁하고

bime hafan takūrafi sinagan i doroi waliyame, ice han tehe doroi
있는데도 관원을　보내서　　　服喪의 예로 제사지내고자,　새　汗이 즉위한 예로

2　河世國을 가리킨다. 『광해군일기』(정족산본) 176권 14년 4월 25일 경인조에 의하면 河世國은 1622
　　년 2월에 후금에서 처형당했다. 처형의 이유는 확실치 않으나 당시 조선과의 외교적 마찰이 원인인
　　것으로 보인다.

acame jihe, suweni solho de meni ama han sain banjiha dabala, emu
만나고자 왔었다. 너희 조선과 우리 아버지 한은 좋게만 지냈을 뿐, 하나의

majige ehe akū bihe kai, emu niyalma be takūrafi medege fonjime
작은 惡도 없었다. 한 사람이라도 파견해 소식을 물으러

unggihe de geli ainambini, ere nadan, tuttu suweni korsobuha ambula
보냈으면 또 어떠했겠는가? 이것이 일곱이다. 그렇게 너희가 憤하게 만든 것이 컸기

ofi, ere ainaha seme sain ojorakū nikai seme 6/7 amba cooha
때문에 "이는 결코 좋게 지낼 수 없다" 하며 大軍이

aššahangge ere inu, te suwe beyebe uru arame kemuni dain i biki
움직인 것이 이것이다. 이제 너희는 스스로를 옳다 하면서 여전히 싸우자

sembio, suweni beyei waka be alime, juwe gurun dasame abka na de
하겠는가? 너희 스스로의 잘못을 받아들이고 두 나라가 다시 天地에

akdulame doro jafafi sain banjiki sembio, sain banjiki seci, elcin be
굳게 화친하여 좋게 지내자 하겠는가? 좋게 지내고자 하면 사신을

hūdun takūra, bi donjiki, be inu juwe gurun acafi taifin banjire be
속히 보내라. 나는 듣고싶다. 우리도 두 나라가 만나 평안하게 지내는 것을

buyembi, bi elcin be sunja dedume aliyambi, boljoho inenggi de 7/8
바란다. 내가 사신을 5일 묵으며 기다리겠다. 정한 날에

isinjirakūci, be julesi genembi seme, abun, dungnami be, jihe elcin i
이르지 않으면 우리는 전진할 것이다」라며 아분과 둥나미[3]를 온 사신과

---

3 dungnami : 조선인 출신으로 조선 이름은 朴仲男이다. 『조선인조실록』 인조 6년 3월 23일 갑신조 기

emgi adabufi takūraha, manju i tabcin i cooha cang ceng hecen de
함께   붙여   보냈다.   만주의   약탈하는 병사가   昌城으로

dosifi, fu ši hafan gin ši žo burulame genere be jafafi waha, manju
들어가 府使 관원   金時若이   도망가는   것을   잡아 죽였다. 만주

coohai beise neneme takūraha elcin i bederere onggolo, janu beiguwan,
군대의 버일러들이 앞서   보낸   사신이 돌아오기   전에   자누 備禦官과

koboi baksi be geli takūraha, tede unggihe bithe, amba manju gurun i
코보이 박시를   또 보냈다.   그 때 보낸   글.   「大 만주국의

jacin beile i bithe, coohiyan 8/9 gurun i wang de unggihe, coohiyan
둘째 버일러의 글을   조선국의   왕에게   보낸다.   조선

gurun i wang ni mende karu unggihe bithei gisun, odz i dain de,
 국의   왕이   우리에게 답으로 보냈던   글의   말이, "倭子와의 전쟁에서

nikan mende cooha aisilaha, terei karu suwende cooha genere de, meni
 明이 우리를   군사로   도왔다.   그에 보답으로 너희에게   출병할 때   우리

cooha nikan de aisilaha sehebi, neneme ula i bujantai beile suwembe
군사가   明을   도왔다"라고 했다.   이전에 울라의   부잔타이 버일러가 너희를

dailara be, be tafulafi nakabuha kai, tere baili, baili wakao, geli
공격하는 것을 우리가 만류하여 그치게 했었다. 그 은혜는 은혜가 아닌가?   또

사에 의하면 父는 朴應參, 兄은 朴仁賢이다. 둥나미는 '仲男이'의 음이 만주식으로 변화한 이름이거
나, 조선 북부에서 구개음화되지 않은 발음으로 '둥남이'로 불리다가 후금에서도 같은 발음으로 불렸
을 가능성이 있다. 『淸太宗實錄』에서는 董納密로 기록했다. 둥나미의 활동에 대해 아래 논문 참조.
스즈키 카이(鈴木開), 「『瀋陽往還日記』에 나타난 仁祖 9年(1631) 朝鮮-後金關係」, 『韓國文化』, 68호,
2014.

hendume, muse juwe gurun sain bihe, suwe turgun akū dailambi
말하기를,   "우리 두 나라는 잘 지내왔다. 너희가 이유 없이   공격한다"고

sehebi, 9/10 muse juwe gurun sain bihe mujangga kai, suwe nikan de
했다.   우리 두 나라가 잘 지냈던 것은   맞다.   너희가 한인을

cooha dafi mende genehengge, dade geli aika turgun biheo, geli
군대로 도와 우리에게 출병한 것은   원래부터 또 무슨 이유가 있었는가? 또

hendume, mao wen lung nikan han i hafan kai, tere be bošoci jurgan
말하기를,   "毛文龍은   명의 황제의   관원이다. 그를   내쫓으면 義에

de acarakū sehebi, mao wen lung be ini nikan han tuwarakū,
 맞지 않다"라고 했다.   毛文龍을   그의 명의 황제가 돌보지 않고

caliyan hono burakū kai, suwe ainu jeku bumbi, menci ukame genehe
 錢糧 조차도 주지 않았다.   너희가 왜 식량을 주는가? 우리에게서 도망해 간

mao wen lung be 10/11 bošome jihe fonde, suwe hendume, meni irgen
 毛文龍을   추격해 왔을 때, 너희는 말하기를,   "우리 백성을

i umai be necihekū be, be inu sambi sehebi, be inu sain banjire be
 조금도   범하지 않은 것을 우리도 안다"라고 했다.   우리도   잘 지내기를

buyeme necihekū kai, geli hendume, mao wen lung ni cooha
바라고 범하지 않은 것이다. 또 말하기를,   "毛文龍의   군대가

suwembe nungnere de, bi emu agūra hono aisilahakū seme henduhebi,
너희를   침범할   때 나는 하나의 무기도   원조해주지 않았다" 라고 말했다.

mao wen lung ni cooha be suweni bade halbufi, ba bufi usin taribume,
毛文龍의   군대를   너희   땅에 불러들여 땅을 주고 밭을 경작시키고

jeku bufi ulebume, emu dube giyang bitume 11/12 cang ceng de isitala,
식량 주어서 먹게 하고,   한 끝은   강을   따라   昌城에   이르기까지

emu dube an jeo de isitala tebufi, meni baru karun sindafi sini jase
한 끝은   安州에   이르기까지 살게 하여, 우리를 향해 초소를 설치하여 너의 경계를

tukiyabume tebufi bi, emu agūra aisilahakū serengge, tere suweni
감시시키며   살게 하고 있다. 하나의 무기도 원조하지 않았다 하니, 그것은 너희의

arga kai, geli hendume, liyoodung ni irgen be mao wen lung šusihiyefi
계략인 것이다. 또 말하기를,   "요동의   백성을   毛文龍이   꾀어서

gajiha gojime, meni gurun sarkū kai sehebi, mao wen lung be
데려갔을 뿐,   우리 나라는 모른다"라고 했다.   毛文龍을

sini bade tebufi, meni irgen be šusihiyefi gajire be 12/13 sarkū
너의 땅에 살게 하고 우리   백성을   꾀어 데려가는 것을   모른다

serengge, suwe kiyangdu kai, geli hendume, jobolon i weile be jase
하니   너희는 약삭빠르다.   또   말하기를,   "喪事를   경계가

dalibufi bahafi donjihakū sehebi, nikan monggo de jase akū biheo,
막혀   얻어 듣지 못했다"라고 했다. 명·몽고와는   경계가 없었는가?

tere juwe gurun inu donjifi hiyoošun doroi acanjiha bihe kai, si
그   두 나라는 그래도 듣고 孝順의   예로   만나러   왔었다.   너는

hendume, neneme meni jobolon de suwe inu acanjihakū sehebi,
말하기를, "먼저 우리 喪事에 너희도 만나러 오지 않았다"라고 했다.

be, nikan monggo i jobolon de acanaha biheo, geli hendume, bi
우리가 명과 몽고의 喪事에 만나러 갔었는가? 또 말하기를, "내가

neneme eherehekū, suwe neneme eherehe kai, 13/14 abka unenggi saci,
먼저 반목하지 않았다. 너희가 먼저 반목했다. 하늘이 진실로 알면

simbe tondo obumbi dere sehebi, si ere utala neneme eherehe
너를 정당하다 하겠는가" 라고 했다. 네가 이토록 많이 먼저 반목한

weile be akū arafi, membe neneme eherehe serengge, abka be sarkū
일을 없다고 지어내고 우리에게 먼저 반목했다고 하는 것을 하늘이 모르겠는가?

semeo, abka meni tondo, suweni neneme eherehe be safi, membe abkai
하늘이 우리가 옳고 너희가 먼저 반목한 것을 알고 우리를 하늘이

gosirengge ere kai, te bicibe, beyei waka be alime gaime, juwe gurun i
보살피는 것이 이것이다. 지금 이라도 스스로의 잘못을 받아들이고 두 나라가

doro acafi sain banjiki seci, 14/15 sain niyalma be hūdun ekšeme
화친하여 좋게 지내고자 하면 좋은 사람을 속히 서둘러

takūra, weile wajici, be inu hūdun cooha bederembi kai, meni koro de
보내라. 일이 끝나면 우리도 속히 회군할 것이다. 우리는 분해서

dailaha gojime, ba be gaiki niyalma waki seme dailahangge waka, be
공격하는 것일 뿐, 땅을 얻고자, 사람을 죽이고자 하여 공격하는 것이 아니다. 우리도

inu juwe gurun i doro acafi taifin banjire be buyembi, elcin takūrafi
두　　　나라가　　화친하고　평안하게 지내는 것을　　바란다」. 사신을 보내고

nadan inenggi morin teyebume indefi, juwe biyai ice sunja de jurafi,
7일 간　　　말을　쉬게 하려고 숙박하고　　2월　　초 5일에　　출발하여

hūwang jeo de isinaci, hecen i irgen coohai niyalma 15/16 emkeci akū
黃州에　　　이르니,　　성의 백성과　　군사가　　　　　　하나도 없이

gemu burulahabi, ing tubade iliha, jai inenggi solho i elcin ineku
모두　　도망갔다. 營을 거기에 세웠다. 다음 날　　조선의 사신 바로 그

neneme jihe juwe hafan i jui, jai juwe niyalmai emgi elcin genehe
이전에　온　두　관원의　아들과, 또 두 사람과　　함께　사신으로 갔던

janu isinjiha, jihe elcin hendume, meni wang, beile i gisun be donjifi,
자누가 도착했다. 온　사신이 말하기를, “우리 왕께서　버일러의 말씀을　　듣고

ini beyei gese emu amban hafan be unggime jurakabi, membe neneme
그 자신과 같은　1명의　대신을　　　　　보내 출발했습니다. 우리로 하여금 먼저

medege alana seme unggihe sehe manggi, geren beise, hojihon dzung
소식을 알리러 가라 하며 보냈습니다”라고 하니,　　여러 버일러들과　사위인 총병관

bing guwan 16/17 lii yung fang hendume, muse jurgan i yabumbime
李永芳이　　말하기를, “우리가　의롭게　행하면서

nenehe gisun be jurceci, aikabade ehe ayoo, musei takūraha
먼저　　말을　　어기면,　아마　악한　것이리라. 우리가 보낸

bithe, solho i wang ni beyei gese emu amban jifi, waka be alime doro
글이   '조선의 왕   자신과 같은 1명의 대신이 와서 잘못을 인정하고 예물을

bufi, abka na de akdulame wajici, cooha bederere sehe bihe, muse
주고 天地에   굳게 (맹세를) 마치면 회군할 것이다' 라고 했었다. 우리는

ubade ilifi terei jidere amban be aliyafi, gisun be donjifi jai yabuci
여기에서 멈춰 그 오는   대신을   기다려 말을   듣고 다시 가면

antaka sehe manggi, beile i gūnin 17/18 encu ofi, yaya gisun be
어떠한가"라고 하니, (아민) 버일러는 생각이   달라   어떤 말도

hebdeme gisurerakū, lii fuma i baru nikan ere aha be <u>wa manggi</u>
의논하여   말하지 않고, 李 부마를   향해 "한인, 이 노예를   죽인다 한 후

<u>waliyarakū semeo</u>[4], sinde geli ai mangga seme becehe manggi, lii fuma
못 죽인다 하겠는가?   너에게 또 뭐가 어렵겠는가"라고 나무라자   李 부마는

tere mudan wajitala emu gisun tucikekū, tereci manju i cooha julesi
그   때가 끝나도록 한마디 말도 내지 않았다. 그 후 만주의 군대는 앞서

ibeme jidere hafan be okdome genere de, solho i elcin emdubei jidere
나아가서 오고 있는 관원을   맞이하러 갈 때,   조선의 사신이 잇따라 오는 것을

be acame genehei, cooha ping šan de isinafi ing iliha, 18/19 solho i
만나   가면서 군사가 平山에   이르러 營을 세웠다.   조선의

---

4   [簽註] gingguleme baicaci, fe manju gisun i bithede, wa manggi waliyarakū semeo sere gisun, uthai
    waki sembime wame muterakū sere gisun sehebi,,
    삼가 찾아보니 『舊淸語』에서 'wa manggi waliyakū semeo'라는 말은 즉 'waki sembime wame mute-
    rakū semeo'(죽이겠다 해놓고 못 죽이겠는가)라는 말이라고 했다.

wang lii dzung, ini tehe ging hecen be waliyafi, juse sargan be
왕   李倧이 그가 있던   京城을   버리고 자식들과 부인을

gamame, giyang hūwa tun de burulame genehe, amba jui lii yoo,
데리고   강화 섬으로   도망갔다.   큰 아들 李㴦[5]은

ciowan jeo hecen de burulame genehe, hecen i dorgi irgen ambula
全州城으로   도망갔다.   성   안의 백성이 크게

burgiha, ice nadan de, solho i jin cang giyūn hergen i emu amba
어수선했다. 초 7일에   조선의 晉昌君[6]   직의   1명의 대신

hafan, kiyoo de tefi jidere be acaha, tere be kiyoo ci ebubufi, morin
관원이 가마에 앉아서 오는 것을 만났다. 그를   가마에서 내리게 하고 말을

yalubufi juleri sindafi gamame, šui hing de isinafi 19/20 cooha ing iliha,
태워   앞   세워 데리고 瑞興에 이르러   군대가 營을 세웠다.

jai cimari tere hafan be acabure de, jakūn gūsai ambasa jergi jergi
다음날 아침 그 관원을   만나게 할 때,   팔기의   대신들이 등급별로

faidafi, elcin be uyun jergi niyakūrabume acabufi, beise i ici ergi
정렬하고 사신을   아홉 번   무릎 꿇게 하여 만나게 하고 버일러들의 오른쪽

ashan de tebufi gisurere de, terei hendurengge, meni wang, beile
옆에   앉게 하여 말할 때, 그가   말하기를, "우리의 왕께서 버일러

---

simbe jimbi seme donjifi, mimbe gene, ai gisun be sini beye de alifi
당신께서 오실 것이라고 듣고 나로 하여금 '가라. 무슨 말이든 그대가 직접 수락하여

gisure seme unggihebi, meni waka be aliki,   suwe 20/21 weile be
말하라' 하며   보냈다.   우리의 잘못을 받아들이겠다. 당신들은   일을

adarame wajiki   sembi, meni yadara sitahūn gurun ci tucire jaka be
  어떻게 끝내려고 하는가? 우리 가난하고 부족한   나라에서 산출되는 물건을

baharai teile buki, weile wajire gese oci, cooha ubade ilici antaka,
얻는 대로만   주겠다. 일을 마칠   것 같으면, 군대가 여기서 멈추면 어떠한가?

meni wang golofi hecen waliyafi mederi tun de jailahabi, hecen i ku i
우리의 왕이 놀라서   성을   버리고   海島로   피했다.   성의   창고의

ulin   ai jaka be gemu facuhūn de durinume samsibuhabi, beile i cooha
재물과 모든 물건을   모두   난리에   빼앗기고   흩어졌다.   버일러의 군대가

julesi   dosici, meni wang inu gisureci ojorakū, weile inu wajirakū,   21/22
앞으로 진입하면 우리   왕도 (화친을) 말할 수 없고,   일도 끝낼 수 없다."

amin beile hendume, tuttu oci, meni coohai morin ulebure ba be si
 아민 버일러가 말하기를, "그러면   우리 병사의   말을 먹일   곳을 그대가

jori sehe manggi, solho i amban ilata duite   tanggū booi   ilan
 지정하라"고 하자,   조선의   대신은   300 - 400戶씩의   3개

gašan be joriha, geren beise, coohai ambasa, tere gašan de iliki
 촌락을   지목했다. 여러 버일러들과 군대의 대신들이 그   촌락에서 머물겠다고

sehe manggi, amin beile ojorakū, marame　julesi wang ging ni baru
하자,　　　　　　아민 버일러는 안된다고 저지하며　앞으로　王京을　　향해

yabu seme, laba bileri fulgiyeme cooha uthai juraka, yoto taiji, eshen
가라고 하고,　나팔과 날라리를　불고　병사들이 즉시　출발했다. 요토 타이지는 숙부의

i arbun be 22/23 safi, marame gisureci ojorakū ofi, morin šusihalame
(마음속) 모습을　　알고　저지하여　말할 수 없어서　　　말을　채찍질하며

ini ing de genefi, amin beile i deo jirgalang taiji be jio seme gajifi
그의 營에　가서　아민　버일러의　동생　지르갈랑　타이지를 오라고 하여 데려와서

hebešere de, jirgalang taiji hendume, bi inu erei arbun be sahabi,
　의논할　때　지르갈랑 타이지가 말하기를, "나도　이　모습을　알고 있다.

muse umesi dosi genere be nakaki, julergi gūsin ba i dubede ping šan
우리는 깊이　안으로 가는　것을 피하자.　남쪽　30里의　끝에　平山

i hecen bi sere, tede genefi morin ulebume tefi doro gisureki seme
　城이　있다고 한다. 거기에 가서　말을　먹이고　머물면서 화친을 말하자" 라고

gisurefi, tereci cooha 23/24 jurafi　ping šan de isinafi ing iliha, tere
말해서 그로부터 병사를　　출발시켜서　平山에 도착해서 營을 세웠다.　그

inenggi fuhiyenufi meni meni yabuha, tere inenggi elcin　takūrara de,
날　　화가 나서　각자　　갔다.　그 날　　사신을　보낼　때

solho i amban jin cang giyūn be gaifi tehe,　manju amban fujiyang lio
조선의 대신　　晉昌君을　　　　　데리고 머물렀다.　만주 대신　副將　劉興祚[7]

7　劉興祚(?~1630)를 후금에서는 lio hing dzo(劉興祚) 혹은 aita(劉愛塔)라고 했다. 본서에서도 두 표

hing dzo de juwan niyalma be adabufi unggihe, fujiyang lio hing dzo,
에게   10명을   맡겨   보냈다.   副將   劉興祚가

solho wang ni tehe mederi tun de cuwan i doome genefi, solho wang
  조선 왕이   머문   해도에   배로   건너   가서   조선 왕

ni jakade dosire de, 24/25 wang tehe baci aššarakū jilgan tucirakū
 쪽으로   들어갈 때   왕은 앉은 곳에서 움직이지 않고 소리를 내지 않고

tehebi, tede lio hing dzo korsofi hendume, si ai, boihon i araha
앉아있었다. 그에 劉興祚는   화나서   말하기를, "그대는 뭔가? 흙으로 만든

miyoo, niyalma oci ishun aššambihe kai, solho wang yertefi jabume
廟(불상)[8]인가? 사람이라면 마주 움직일 것이다." 조선 왕은   얼굴을 붉히고 대답하지

baharakū, mini aja bucefi sinagan i doro wajire unde, tuttu ofi uttu
 못했다.   "나의 모친이 돌아가셔서   喪禮를   마치지 못했다.   그래서 이렇다"

sehe, lio hing dzo hendume, suweni uttu ambaki fudasihūn de,
라고 말했다. 劉興祚가 말하기를, "너희가 이렇게   오만   패역하니

gurun irgen i joborongge komso akū kai, si neneme 25/26 oci meni
 나라   백성의 고통스러운 것이 적지 않은 것이다. 그대가 이전   이라도 우리가

기가 혼용되고 있다. 劉興祚를 『조선왕조실록』은 劉海라는 이름으로 기록했다. 遼東 開原人이다.
1605년 이전에 여진인의 약탈포로가 되어 건주여진으로 흘러든 것으로 추정된다. 1605년경부터 누
르하치의 신임을 받았고 大버일러 다이샨의 正紅旗에 배속되었다. 명과의 遼瀋전투에서 공적을 세
워 備禦에 제수되었고 이후 副將에 이르기까지 고속 승진한 후 南四衛인 金州·復州·海州·蓋州지
역을 관할했다. 1623년(天命8) 경부터 明의 登萊巡撫 袁可立 등과 내통했고, 1628년(天聰2) 皮島로
탈출했다. 이후 후금과의 전쟁에 투신했으나 1629년 毛文龍이 사망하고 袁崇煥이 북경으로 소환된
상태에서 지원을 받지 못했다. 1630년 永平 부근에서 후금군과 전투 중에 사망했다. 高志超, 『劉興祚
事跡考』, 長江出版社, 2010.
8   miyoo는 廟의 의미이지만, 여기에서는 의미가 확장되어 佛像의 뜻으로 쓰인 것으로 보인다.

takūraha elcin be maksi sehengge, meni nendehe han be gebuleme,
보낸   사신을   춤추라고 한 것,   우리의 선대   한의   이름을 부르고,

bucehe mujanggao sehengge, ede adarame weile sain ombi seme
죽은 것이 틀림없는가 라고 한 것, 이에   어찌   일이   잘 되겠는가?"라고

henduhe manggi, solho i wang jabure gisun akū ofi, bi sarkū,   meni
말하자,   조선의 왕은   대답할   말이   없어 "나는 모른다. 우리

ambasa gisurehebi seme jabuha, tere gisun be wang sarkū,   ambasa
대신들이   말했다"   라고 대답했다. 그   말을   왕이   모르고   대신들이

gisurehe mujangga, hetu gisun wajiha manggi, lio hing dzo hendume,
말한 것은 분명했다.   허튼 말을   끝낸   후   劉興祚가   말하기를,

suwe weile wajiki seci, sini ujihe jui, 26/27 banjiha deo bici, emke
"그대들이 일을 끝내려고 하면 그대의 친아들,   친동생이 있으면 1명

unggi, jai sini baci tucire ulin ulha be aniyadari adarame bumbi, tere
보내라. 또한 그대의 땅에서 나는 재물과 가축을   매년   어떻게 줄것인가 그것을

be sini anggai bila, tuttu weile wajiha manggi, meni cooha bederere,
  그대의 입으로 약속하라. 그렇게 일이   끝난   후   우리 군대를   돌릴 것이다."

solho i wang lii dzung hendume, julge cūn cio i fonde, hecen i fejile
  조선의 왕   李倧이   말하기를, "옛날   春秋   시대에 성의   아래에

ilifi gashūbuha be basuhabi, suwe unenggi amba jurgan i yabuci,
서서 맹세시킨   것을 조롱했다.[9] 그대가 진실로   大義로   행하면

---

9 '城下之盟'을 가리킨다. 적에게 항복하고 체결하는 굴욕적인 강화를 말한다.

cooha bederefi doro gisureci acambi kai,　lio hing dzo hendume, 27/28
회군하고　　화친을 말해야 마땅할 것이다."　劉興祚가　　말하기를,

si uttu golmin gisureci, emu inenggi goidaci, sini irgen emu inenggi
"그대가 이렇게 길게 말하니　　하루가　　　지체되면 그대의 백성이　　하루

jobombi, juwe inenggi goidaci, irgen juwe inenggi jobombi, mini ere
고생한다.　　이틀　　　지체되면 백성이　　이틀　　　고생한다. 내가 이렇게

hendurengge, sini irgen i jalin kai,　sini deo be unggi, si abka na de
말한 것은　　그대의 백성을 위해서이다. 그대의 동생을　보내라. 그대는　天地에

akdulame gashū,　weile wajici hūdun cooha bederembi kai seme
굳게　　맹세하라. 일이 끝나면　속히　　　회군할　　　것이다" 라고

gisurefi, solho i wang lii dzung　dahafi, ini yuwan cang giyūn hergen i
말하니,　　조선의 왕　李倧은 (그 말을) 따라 그의　原昌君[10]　　직함의

uksun deo, emu ši lang, 28/29 jai　duin hafan be, lio hing dzo i emgi
宗第와　　1명의 侍郞,　　그리고 4명의 관원을　劉興祚와　　함께

unggihe, ping šan de isinjiha manggi, beise de　acabure de, jakūn gūsai
보냈다.　　平山에　　　도착한 후　　　　버일러들에게 만나게 할 때　팔기의

coohai ambasa faidame ilicafi, amin beile yamun i dolo besergen de
군대의　대신들이 정렬하여 서서　아민 버일러　衙門　안의　炕에

tehe, jai sunja taiji meni meni gala de tehe, solho wang ni deo be
앉았다. 그리고 다섯 타이지는 각각의 翼에 앉았다. 조선 왕의 동생을

yamun i dalbai duka be dosimbufi, emu jergi hengkilebufi beile i buhi
아문의 옆 문으로 들어가게 하여 한 번 고두시키고 버일러의 무릎을

be tebeliyeme acabuha, 29/30 jai sunja taiji de ilhi ilhi tebeliyeme
껴안으며 만나게 했다. 또 다섯 타이지에게 차례차례로 껴안으며

acaha, solho i wang ni deo i gajihangge, morin tanggū, yarha, tasha i
만났다. 조선의 왕의 동생이 가져온 것은 말 100마리· 표범가죽과 호랑이

sukū tanggū, miyanceo, ceceri duin tanggū, boso emu tumen sunja
가죽 100장· 綿紬와 비단 400필· 布 15,000필이었다.

minggan, tere inenggi acaha doroi sarin sarilafi, ini tatara boode
그 날 만난 禮로 연회를 베풀고 그가 묵을 집에

unggihe, solho wang lii dzung gisun gisun be dahame ojoro jakade,
보냈다. 조선 왕 李倧이 여러 말을 따르게 되자,

yoto taiji hendume, muse jihe bade weile wajici, boode 30/31 han, juwe
요토 타이지가 말하기를, "우리가 온 곳에서 일을 끝내면 집에 한과 두

beile, emhun i ton i bi, monggo nikan gemu dain, aikabade baita
버일러 혼자 數로[11] 있다. 몽고· 명이 모두 적이다. 만약 일이

tucike de mangga kai, musei baha olji dalici bargiyaci muterakū
나면 어려울 것이다. 우리가 얻은 노획은 몰아서 거두지 못할 만큼

---

[11] 혼자만 고립되어 있다는 의미이다.

elehebi, solho i wang be gashūbufi hūdun bedereki dere sehe
충분하다.　조선의 왕을　　　　맹세시키고　속히　돌아가는 것이 좋겠다"라고 하니,

manggi, amin beile hendume, suwe ekšere niyalma gene, bi urunakū
　　　아민 버일러가 말하기를, "너희　급한　　자는　　가라. 나는 반드시

wang ging de isinambi,　nikan han, solho wang ni tehe hecen boo
　　王京에　　　도착할 것이다. 명 황제·　조선 왕이　　　거주한 성·　집·

yamun be adarame bahafi tuwara sehe bihe, 31/32 ere beleni baha be
아문을　　　어떻게　　　볼 수 있겠는가"라고 했다.　　　　"이　거의 얻은 것을

tuwarakū ainu genembi, hanci genefi gisureki, daharakūci, usin tarime
보지 않고　어찌　가겠는가? 가까이　가서　말하겠다. 항복하지 않으면 밭을 경작하며

teki, tuttu teci meni meni gūniha juse sargan be unggirakūci
머물겠다. 그렇게 머물면　각자　사랑하는 아들들과 처를　　보내지 않을 수

ombio, gūwa geneci genekini, dudu age, muse eshen jui teki sehe
있겠는가? 다른 사람은 가려면 가라.　두두 아거, 우리　숙질은 머물자"라고 하자,

manggi, dudu taiji dere fularafi jabume, bi baibi ainu sini emgi
　　　두두 타이지가 얼굴　붉히며 대답하기를, "내가 쓸데없이 왜 당신과 함께

tembi, mini han eshen ci　bi ainu fakcambi seme jabuha, amin beile
머물겠습니까? 나의 汗 숙부에게서 내가 왜 떨어지겠습니까?"라고 대답했다. 아민 버일러는

32/33 efin i <u>anangga</u>[12] de unenggi gūnin be tucibuhe, tereci jakūn gūsai
농담을　핑계로　　　　　진심을　　　　드러내었다. 그 후　　　팔기의

jakūn amban be suwe encu tefi hebdeme tuwa seme unggihe, yoto taiji,
　8대신을　　　"너희가 따로 앉아서 의논해　보라" 하고　보냈다. 요토 타이지와

jirgalang taiji, meni meni boode fakcaha, jakūn amban meni meni
지르갈랑 타이지는　각자의　집으로　흩어졌다.　　　8대신은　　　각각의

bade tefi leolefi,　nadan gūsai ambasa gemu emu durun, amin beile ini
처소에 앉아서 의논했는데 일곱 구사의 대신들이 모두　한　부류이고,　아민 버일러·그의

gūsai amban gusantai, mungtan, šusai ini durun, tuttu gisureme
구사의　대신　구산타이·　뭉탄·　슈사이가 그의 부류였다. 그렇게 의논해서

toktorakū oho manggi, 33/34 yoto taiji, jirgalang taiji, ajige taiji
결정되지 않았으므로　　　　　요토 타이지·지르갈랑 타이지· 아지거 타이지가

emu bade acafi hebdefi, elcin takūrafi solho wang be gashūbure de toktofi
한　곳에　모여　의논하여 사신을　보내어　조선 왕을　　맹세시키는 것으로 결정해서

amin beile de alaha, beile, gisun gaifi elcin takūrame toktofi, lio hing
아민　버일러에게 고했다. 버일러는 말을 취해서 사신을 보내기로　결정하고　劉興祚와

dzo, kūrcan baksi be unggihe, tere juwe amban, solho wang ni tehe
　쿠르찬 박시를　　보냈다.　그 두　대신은 조선 왕이　　머무는

---

12 [簽註] gingguleme baicaci, jakan toktobuha fe manju gisun i bithede, anangga sere gisun, uthai
anagan sere gisun de adali sehebi,,
　　삼가 찾아보니 최근 정해진 『舊淸語』에서 'anangga'(핑계)라는 말은 즉 'anagan'(핑계)이라는 말과
　　같다고 했다.

mederi tun de genefi, solho i g'o loo, cangšu hergen i ambasai emgi
海島에　　가서　조선의　國老·　尚書(판서)　職의　대신들과　함께

gashūre jalin de gisureme, ilan 34/35 inenggi otolo dube tucirakū
맹세하는 일에 대해서　의논하고　3일이　　　　되도록 결말이 나지 않게

oho manggi, solho i wang, ini　tehe　yamun i hanci　jio seme gamafi,
되자,　　조선의 왕이　그가 머무는　아문　가까이 오라고 하여 데려가서

jala takūršame gisurefi, ilan biyai ice ilan i dobori ihan erinde, solho
중개인을　보내어　의논하고,　3월　초 3일　밤　丑時에　조선

wang lii dzung bithe deijime gashūha, tasha erinde solho i g'o loo,
왕　李倧이　글을　태우며 맹세했다.　寅時에　조선의　國老·

cangšu i jergi　jakūn amban bithe deijime gashūha, gashūre de, abka
尚書(판서)　등　8대신이　글을　태우며 맹세했다.　맹세할　때 하늘에

de šanggiyan morin, na de sahaliyan ihan wafi, hiyan 35/36 dabufi, yali,
흰　　말,　땅에 검은　소를 죽여서 향을　　사르고 고기·

arki, senggi, giranggi, boihon be emte moro de tebufi, manju bithe
소주· 피·　뼈·　흙을　　한 사발씩　채워서　만주 글

emke, solho bithe emke be gemu hūlafi　suwaliyame deijihe, tere bithe
하나,　조선 글　하나를　모두 낭독하고　합쳐서　태웠다.　그　글에

de arahangge, amin beile, namtai, darhan, hošotu, gusantai, tobohoi,
적은 자는　아민 버일러· 남타이· 다르한· 호쇼투· 구산타이· 토보호이·

cergei, kakduri, borjin, solho wang lii dzung, u yūn kiyan, lii ting
처르거이· 칵두리· 보르진·   조선 왕 李倧·   吳雲乾·   李廷桂·

gui, gin lio, lii kui, šen jing jeng, šen jeng ioi, hūwang lioi jung,
金鎏·   李達·   沈靜正·   沈正玉·   黃呂鐘·

šoo wan, tuttu 36/37 abka na de akdun gisun i bithe deijime gashūme
邵完[13]이었다. 그렇게   天地에   약속의   글을   태우며 맹세하기를

wajiha manggi, amba doro wajiha doroi elcin genehe juwe amban de
끝낸   후,   大道를   끝낸   禮로 사신으로 간   두   대신에게

suje ulin, sukū furdehe doroi jaka benjime sarin sarilafi fudehe,   tere
비단· 재물· 가죽·   모피·   예물을   보내고 연회를 베풀어서 전송했다.   그

inenggi mederi be doofi morin erinde kūrcan juwe gucu be gaifi,
날   바다를   건너   午時에   쿠르찬이 두   구추를   데리고

manju i coohai beise de medege alame juleri jihe, tere dobori singgeri
만주군의   버일러들에게 소식을 전하러   먼저 왔다. 그날 밤   子時에

erinde isinjiha, dobori uthai beise ambasa be 37/38 isabufi, booi baru
erinde 도착했다.   밤에   즉시 버일러들·대신들을   모아서   집 쪽으로

sure han de medege alame unggire jalin de hebešeme gisurefi, ineku
수러 한에게   소식을   전하러 보내기 위해   의논하여   바로 그

---

13 吳雲乾·李廷桂·金鎏·李達·沈靜正·沈正玉·黃呂鐘·邵完은『淸太宗實錄』2권, 천총 원년 3월
    신사조에 기록된 한문 이름이다. 이들의 정확한 한문 이름은 吳允謙·李廷龜·金鎏·李貴·申景
    愼·申景裕·黃履中·許完으로,『조선인조실록』인조 5년 3월 3일조에 실려 있다.

kūrcan baksi be unggime, jakūn gūsai jakūn sain niyalma, ehe sain
쿠르찬 박시를   보내고,   팔기의   8명의 우수한 자들,   소수(쿠툴러)[14]

uhereme orin niyalma be tucibufi, ice sunja de takūraha, solho gurun i
도합   20명을   뽑아서 초 5일에   파견했다.   조선국의

tulergi ambasa, ini wang ni doro acaha be sarkū, amasi julesi
(도성)밖 대신들은 그 왕이   화친한   것을 모르고,   앞   뒤로

yabure elcin be juwe jergi tosofi, sunja 38/39 ninggun niyalma be
가는   사신을   두 번   가로막고 5-6 명을

wahabi, ping žang ni bade yafahan morin i emu minggan cooha
죽였다.   平壤 지역에서   도보· 기마의   1천 병사가

tosofi, kūrcan be kame jidere de, kūrcan ini gucu sebe bargiyame
가로막고 쿠르찬을   포위해   올 때, 쿠르찬은 그의 구추들을   수습해서

ilibufi, gemu uksin etubufi, tereci kame jidere coohai julergi be
진치고   모두   갑옷   입히고   그 후 포위해 온   병사들의   앞을

nukcime tucifi booi baru jidere de, tere cooha songkoi amcame
뚫고   나가 집을 향해 올 때,   그 병사들이 뒤따라   좇아

bošombi, kūrcan ini ehe sain kutule be juleri sindafi, i juwan niyalma
왔다.   쿠르찬은 그의   소수의 쿠툴러를   앞에 배치하고, 그는   10명을

---

be gaifi amala fiyanjilafi 39/40 genere de, sucungga emu bade buksifi,
데리고 후미를 지키며 갈 때, 처음 1곳에 매복하여

solho be gidafi emu niyalma waha, jai emu bade amasi gidafi juwe
조선군을 공격해서 1명을 죽였다. 다시 1곳에서 뒤로 공격하여 2명을

niyalma waha, tuttu ocibe nakarakū, kemuni bošome ilan duin
죽였다. 그럼에도 그만두지 않고 계속 좇아와 3-4

kalfin i dubede goro jimbi, ninju ba i dubede isitala jihe manggi,
칼핀[15]의 끝에 멀리 왔다. 60里 앞에 이르기까지 온 뒤에

solho i yafahan cooha gemu tutaha, moringga i teile ilan tanggū
조선의 보병은 모두 뒤에 남고 기마병만 300명이

isime bi, kūrcan i juwan niyalma emu hafirahūn meifehe de buksifi,
이르러 있었다. 쿠르찬의 10명은 한 좁은 언덕에 매복하고

40/41 hanci isinjiha manggi, holkonde uthai niyamniyame dosifi gidafi
(조선군이) 가까이 다다르자 갑자기 즉시 騎射하며 진격하여 무찌르고

susai niyalma be waha, tanggū morin gaiha, tede duin hafan be waha,
50명을 죽였다. 100마리의 말을 취했다. 거기에서 4명의 관원을 죽였다.

baha morin aika jaka be babutai age de werifi, nadan niyalma be
얻은 말과 온갖 물품을 바부타이 아거에게 남겨 두고 7명을

gaifi medege alame, simiyan de juwan duin de isinjiha, tere fonde
데리고 소식을 전하러 瀋陽에 14일에 이르렀다. 그 때

---

15 kalfin은 kalbikū(화살촉이 작고 화살이 가늘어 멀리 날아가는 화살)가 도달하는 거리이다.

hecen de cooha komso ofi, jortai horon algimbume 41/42 han, geren
성에 　병사가 　적어서 　일부러 武威를 　떨치려고 　　한과 　여러

beise, jase tucifi liyoha bira bitume cooha iliha, gurun i morin be
버일러들은 경계를 나가 　遼河를 　따라 　진을 쳤다. 　나라의 　말을

gemu tucibufi niyanciha ulebume bi, kūrcan, han i jakade isinjifi,
모두 　내어 　푸른 풀을 　먹이고 있었다. 쿠르찬이 한의 　측에 　이르러

solho i medege be gemu alaha manggi, han urgunjeme beise ambasa
조선의 　소식을 　모두 　전하니 　한은 기뻐하여 버일러들·대신들을

be isabufi hebešefi, kūrcan be geli amasi takūrame juwan jakūn de
모아 　논의하고 쿠르찬을 　또 　도로 　파견하여 　18일에

jurambufi unggihe, unggihe bithei gisun, han hendume, muse de
출발시켜 　보냈다. 　보낸 　글의 　말. 「한이 말하기를, 　우리에게

dahaha irgen be umai necirakū werifi 42/43 jici sain, suwe tubaci
항복한 　백성을 　전혀 범하지 말고 남겨두고 　오면 좋다. 너희는 그곳으로부터

bithe arafi, dahabuha irgen be bederebuhe, cooha jobome afafi baha
글을 　적어 "항복시킨 　백성은 　돌려보냈다. 　병사들이 고생해서 공격해 얻은

olji be meni feye baha coohai niyalma de šangnaha seme solho i wang
포로는 우리의 상처입은 　병사들에게 　상으로 주었다" 라고 조선의 왕에게

de takūra, olji arahangge be, gemu tubade icihiyafi gajime jio, jai
보내라. 포로로 만든 자들을 　모두 　그곳에서 처리하여 데려 오라. 또한

i jeo de manju cooha emu minggan, monggo juwe minggan weri,
義州에   만주 병사   1천명,   몽고   2천명을   두어라.

lenggeri, dajuhū, turgei, asan, šusai, yekšu, tumburu, yecen, tesei
렁거리·   다주후· 투르거이·아산· 슈사이· 역슈·   툼부루·   여천 그들의

fejile emu gūsai manju i amban juwete, monggo i amban 43/44 emte be
휘하에   1개 구사의   만주의 대신   2명씩,   몽고의 대신   1명씩을

weri, ebele jeng giyang de jušen manju¹⁶ cooha ilan tanggū, monggo
두어라. 이쪽   鎭江에   주션 만주 병사   300명,   몽고

emu minggan weri, manju duin amban, monggo duin amban, terei
     1천명을   두어라.   만주 4명의 대신,   몽고 4명의 대신,   그들의

dele uhereme emu ejen weri, werire manju be akdun be sonjofi nirui
위에   모두   1명의 어전을 두어라.   남길 만주는   신실한 자를 고르고 니루의

ejen janggisa de akdulafi gemu sain be weri, akdun akū banjime
어전· 장긴들에게   보증하고 모두 유능한 자를 두어라. 신실하지 않고 사는 게

joboro niyalma be werirahū, werire coohai niyalma de sirdan simnefi
괴로운   자를   둘까 염려된다. 남겨둘   병사들에게   화살을 골라주어

weri, i jeo de tere ambasa hecen i 44/45 ninggui leose de tata, musei
남겨두어라. 義州에 있을 대신들은 성의   위의   누각에서 숙영하라. 우리의

---

¹⁶ 본문의 'jušen manju cooha ilan tanggū'는 『舊滿洲檔譯註』의 해당 구절에 'jušen emu nirui emte'로 기
록되어 있다. 『만문노당』의 편집자가 『구만주당』의 'jušen'을 'manju'로 고치면서 생략해야 할 'jušen'
을 실수로 남겨둔 것으로 보인다. 『舊滿洲檔譯註』(淸太宗朝1), 臺北; 國立故宮博物院印行, 1977, 27쪽.

cooha i jeo be hūlhame gaiha gese dulbadarahū, jeng giyang de tere
군대가 義州를　　　훔쳐　　　　취한 것처럼 어리석게 굴까 염려된다. 鎮江에　　　　있을

ambasa hecen i ninggureme tata, saikan kederebu, dulbadarahū, jai
대신들은　성의　　　위에서　숙영하라. 잘 순찰시켜라. 어리석게 굴까 염려된다. 또한

jeku i jeo de udu bi, gūwa bade geli jeku bio, tehe cooha jetere be
곡식은 義州에 얼마나 있는가? 다른 곳에 또 곡식이 있는가? 주둔한 병사들이 먹을 것을

bodofi, funcere jeku bici, jeku i jurgan i ulhire sain niyalma be
헤아려　　남는　곡식이 있으면 곡식의 일을　　아는　좋은　사람을

hūdun takūra, jeku ganabuki, jai i jeo i giyang ni cargi dalin,
　빨리　파견하라. 곡식을 가지러 가게 하려 한다. 또한 義州 강의 저쪽 河岸·

ebergi 45/46 dalin i cuwan be saikan akdulame asarabu, hūlha de
　이쪽　　　　河岸의　배를　　잘　　굳게　　보관하라.　도적에게

hūlhaburahū, jai musei solho i hafasa gemu jikini, jai solho i wang
도둑맞을까 염려된다. 또한 우리의 조선인 관원들을 모두 오게 하라. 또한 조선의 왕

de unggire bithe de, i jeo de meni cooha terengge, mao wen lung be
에게 보낼　글에　　　"義州에　우리 군대가　있는 것은　　　毛文龍을

tuwakiyame tembi, mao wen lung be suwe halburakūci, be i jeo de
　감시하고자　있다.　毛文龍을　　　　너희가 들이지 않으면 우리가 義州에

cooha terakū, meni i jeo, jeng giyang de tere cooha de jeku bu, jeku
군대를 주둔하지 않는다. 우리의 義州·진강에서　주둔할 군대에　곡식을 주어라. 곡식을

burakū oci, meni cooha jeku baime yabuci, 46/47 geli facuhūn seme
주지 않아서 우리 군대가 곡식을 구하러 가면 또 혼란하다" 라고

bithe arafi unggi seme takūraha, kūrcan amasi geneme, cooha genehe
글을 써서 보내라」 라고 보냈다. 쿠르찬은 되돌아 가서 출병한

beise be an jeo i giyang de acaha, gamaha bithe be beile de buhe,
버일러들을 安州의 강에서 만났고 가져간 글을 버일러에게 주었다.

neneme solho i wang be gashūbufi beise de medege alanjiha manggi,
전에 조선의 왕을 맹세시켜서 버일러들에게 소식을 전하러 왔기에

tere medege be han de alabume unggifi, amala amin beile hendume,
그 소식을 한에게 전하게 하러 보냈는데, 후에 아민 버일러가 말하기를,

solho han i gashūhabi dere, muse gashūre unde, cooha bedereme olji
"조선 왕 그는 맹세했지만, 우리는 아직 맹세하지 않았다. 회군하며 포로를

jafame 47/48 tabcilaki sehe manggi, yoto taiji, geren taijisa hendume,
잡고 약탈하고 싶다" 라고 하자 요토 타이지와 여러 타이지들이 말하기를,

tere be gashūbuha bithe de musei gebu gemu bi, tere bithe be abka
"그를 맹세시킨 글에 우리의 이름이 모두 있다. 그 글을 天地에

na de deijihe kai, gashūme doro acame wajifi geli dailaci, jurgan de
태웠던 것이다. 맹세하고 화친하기를 마치고 또 공격하면 義가

waka ombi ayoo, coohai niyalma olji elehebi, musei g'o šan de
아니게 될 것이다. 병사들은 포로에 만족하고 있다. 우리가 郭山에

werihe cooha tabcilame ulin ulha olji ambula bahabi sere, tere
남겨둔 병사들이 약탈하여 재산·가축·포로를 많이 얻었다고 한다. 그

cooha musei isinara onggolo kemuni tabcilame isabuci, dere aibide bi,
군대가 우리가 이르기 전에 여전히 약탈해 모으면 면목이 어디 있겠는가?

musei doro acame 48/49 wajiha be tese sarkū, tesei dailara de muse
우리가 화친하기를 마친 것을 그들은 모른다. 그들이 공격하면 우리

de weile akū kai, musei dailara be nakaki dere seme tafulaci ojorakū,
에게 죄가 없는 것이다. 우리가 공격하는 것을 멈추자"라고 충고해도 듣지 않고

jakūn gūsai ambasa be jugūn dendefi tabcin sindaha, ilan dedume
(아민은) 팔기 대신들을 길 나누어 약탈 보냈다. 3일 자며

tabcilafi, ulin, ulha, niyalma, muterei teile dalime ping žang ni hecen de
약탈하고 재산·가축·사람을 할 수 있는 만큼 몰며 平壤城에

isinjifi ing iliha, tere hecen de morin teyebume olji dendeme ilifi,
이르러 진 쳤다. 그 성에서 말을 쉬게 하고 포로를 나누러 멈추어,

solho wang ni deo emgi jihe ši lang hergen i hafan be gaifi, 49/50 abka
조선 왕의 동생과 함께 온 侍郎 직의 관원을 데리고 天

na de gashūha, gashūre de, šanggiyan morin sahaliyan ihan wafi,
地에 맹세했다. 맹세할 때 흰 말과 검은 소를 죽이고

hiyan dabufi, yali, arki, giranggi, senggi, boihon emte moro de sindafi,
향 태우고, 고기·소주· 뼈· 피· 흙을 1개씩의 사발에 담고,

coohai beise ambasa ci aname gemu uksilefi, uyun jergi niyakūrame
군대의 버일러들·대신들로부터 차례로 모두 갑옷입고 　　아홉 번　무릎 꿇고

hengkileme bithe be hūlafi deijihe, deijihe bithei gisun, abka na de
고두하며　글을　　읽고 태웠다. 태운　글의　말.　　「天地에

amba manju gurun i beile amin, namtai, hošotu, gusantai, tobohoi,
대 만주국의[17]　　버일러 아민·　남타이·　호쇼투·　구산타이·　토보호이·

darhan, cergei, kakduri, borjin, coohiyan gurun i 50/51 wang ni deo lii
다르한·　처르거이·　칵두리·　보르진,　　조선국의　　　왕의　동생 李玖·[18]

giyo, u yūn kiyan, lii ting gui, gin lio, lii kui, šen jing jeng, šen jeng
吳雲乾·　　　李廷桂·　　金鎏·　李逵·　沈靜正·　　　沈正玉·

ioi, hūwang lioi jung, šoo wan, coohiyan gurun i wang lii dzung,
黃呂鐘·　　邵完[19](은 맹세한다). 조선　국의　　왕　　李倧이

manju gurun i han de benjire jaka be benjirakū jurcere, manju gurun i
만주국의　　한에게　보내올　물건을　보내오지 않고 위반하고, 만주국이

takūraha elcin be, nikan i elcin i adali kundulerakū ojoro, manju i
보낸　사신을　　明의　사신처럼　　공경하지 않고,　　　만주에

---

17 『舊滿洲檔譯註』의 해당 구절에는 'aisin gurun'으로 기록되어 있다. 『舊滿洲檔譯註』(淸太宗朝1), 臺北; 國立故宮博物院印行, 1977, 29쪽.

18 李玖는 『조선왕조실록』 15권, 인조 5년 2월 13일조에 기록된 이름이다. 『淸太宗實錄』 2권, 천총 원년 3월 신사조에는 李覺으로 기록되어 있다. 原昌君 李玖를 가리킨다. 李玖는 成宗의 高孫이다.

19 吳雲乾·李廷桂·金鎏·李逵·沈靜正·沈正玉·黃呂鐘·邵完의 정확한 한문 이름에 대해서는 앞의 각주 참조.

baru ehe gūnime hecen hoton bekilere, cooha 51/52 dasara, manju i
대해 나쁘게 생각해   성곽을   공고하게 하고, 군대를   정비하고, 만주가

bahafi uju fusiha niyalma coohiyan de ukame jici, amasi burakū
얻어 체발한 사람이   조선에   도망쳐 오면 되돌려 주지 않고

singgebure, wang ni henduhe goro bisire nikan de yabure anggala,
들여보내고, 왕이   말한 "멀리 있는 明에   가기 보다는

hanciki manju gurun de yabumbi sehe gisun be jurcere oci, abka
가까이 만주국에   간다" 라고 한 말을   어기면   天

na de habšafi coohiyan gurun be dailambi, abka na solho wang be
地에   호소하여 조선국을   공격할 것이다. 天地가 조선 왕을

wakalafi, sui isifi se jalgan be isiburakū bucebu, coohiyan gurun i
책망하여 재앙 닥쳐 나이가 수명에 이르지 못하게 하여 죽게 할지어다. 조선국의

wang, gashūha gisun be 52/53 jurcerakū banjire de, manju gurun i
왕이 맹세한 말을   어기지 않고 살 때   만주국의

amin beile fiktu arame dailaci, sui isifi bucebu, meni juwe gurun
아민 버일러가 불화를 만들어 공격하면 재앙 닥쳐 죽게 할지어다. 우리 두 나라가

gashūha gisun de isibume banjici, abka na gosifi jalan goro aniya
맹세한 말에   이르도록 살면   天地가 사랑하여 세대가 멀리, 해가

goidame taifin banjibu, solho gurun de mama i medege bi seme,
오래 태평하게 살게 할지어다.」[20] 조선국에 천연두의 소식이 있다고 하여

---

20 『조선인조실록』 인조 5년 3월 3일(경오)조에 이 맹세의 상황과 맹세문이 기록되어 있다.

manju coohai eshun beise gemu meni meni fakcafi jihe, ping žang de
만주 군의   면역안된 버일러들은 모두 각각   헤어져 왔다.   平壤에서

gashūha ci amasi, manju i cooha bederere de, 53/54 solho i umai jaka
맹세하고부터 뒤로 만주의   군대가 돌아올 때   조선의   어떤 물건

be necihekū, amba jugūn be jafafi cooha bederehe,,
도 범하지 않았다. 큰 길을   취하여 군대가 돌아왔다.

tongki fuka sindaha hergen i dangse
點·圈을 찍은 문자의 檔子

sunjaci debtelin
5권

sure han i sucungga aniya duin biyaci sunja biyade isinahabi
천총 원년 4월부터 5월까지

tongki fuka sindaha hergen i dangse,,
點 圈을　찍은　문자의　檔子

○ duin biyai juwan de, solho de genehe cooha bedereme jimbi, ice
4월　　10일에,　"조선에　간　군대가　돌아　온다. 초

jakūn de, beise giyang be dooha seme cinggiyanu be takūrafi isinjiha,
8일에　버일러들이 강을　건넜다"라고　칭기야누를　보내서　도착했다.

tere inenggi cooha genehe baci monggo i beise gurbusi efu, sirhūnak,
그 날　　출병한　곳에서 몽고의　버일러들 구르부시 어푸· 시르후낙·

dalai, manjusiri efu, enggesen, beise be waliyafi neneme boode jidere
달라이 · 만주시리 어푸 · 엉거선이　버일러들을 버리고　먼저　집에　왔기에,

jakade, 1/2 han hendume, suwende emhun juse sargan bio, genehe
한이 말하기를,　"너희에게만　자식들과 처가 있느냐?　출병한

beise coohai ejete de juse sargan akūn, meni okdondorongge we be
버일러들과 군대의 어전들에게는 자식들과 처가 없느냐? 우리가 맞이하는 도리는 누구를

okdombi, suwe tehe niyalmai jergi de okdome genembio, genehe
맞이하는 것인가? 너희 머문　자 부류를　맞이하러 가겠는가?　출병한

niyalmai jergi de dayanambio seme wakalafi, emgi jihe gucu sebe
자　　부류에 맞추어 행하겠는가?"라며 질책하고, 함께　온　구추들을

jafafi loo de horifi, cooha isinjiha manggi sindaha, ceni beyebe amasi
잡아서 감옥에 감금하고, 군대가 도착한   후에   놓아주었다. 그들 본인들을 도로

cooha de bošofi unggihe,, 2/3
군대에   재촉해서   보냈다.

○ tofohon de, cooha genehe amin beile, lungsi be takūrame, han
    15일에,   출병했던   아민 버일러가   룽시를   보내며,   "한이

i beye goro okdorongge joo, simiyan i hecen i jakade okdofi, tangse
몸소 멀리(나와) 맞이하는 것은 그만두십시오. 瀋陽城의   옆에서 맞이해서 堂子에

de hengkileci tetendere, han aikabade ojorakū marame okdoci, acara
    고두하면 충분할 것입니다. 한이   혹시   안 된다며 거부하고 맞이하면, 만나는

bade han tehe soorin ci ume aššara, be han de hengkileme dorolome
곳에서 한은 앉은 옥좌에서   움직이지 마십시오. 우리가 한에게 고두하고 예를 행하여

acaki, encu tanggūt gurun i lama, cahar i 3/4 elcin jihebi, musei
알현하겠습니다. 다른 탕구트 나라의 라마, 차하르의   사신이 왔습니다. 우리

gurun i doro weihuken ojorahū seme takūrara jakade, han hendume,
나라의   예가   경박할까 걱정됩니다" 라고   보내었기에,   한이 말하기를,

abka muse be gosifi solho gurun be dahabuha, gebu be algimbume
"하늘이 우리를   사랑하여 조선국을   항복시켰습니다. 이름을   알려지게 하고

beile ahūn de ishun niyakūrame acaci, tere doro elemangga encu
버일러 형에게   마주   무릎 꿇고 만나면, 그   예는   오히려   다른

gurun i niyalma donjire de sain kai, ahūn be niyakūrabume
나라의 사람들이 들으면 좋은 것입니다. 형을 무릎 꿇게 하고

hengkilebume tehei alime gaiha gebu aide dele 4/5 seme ohakū,
고두하게 하고 앉아서 받아 취한 이름이 어찌 좋겠습니까?" 라며 응하지 않았다.

juwan nadan de, han meihe erinde okdome tucike, tucike inenggi u
17일에 한이 巳時에 맞이하러 나갔다. 나간 날 武靖營의

jing ing ni hali de iliha, cooha genehe beise neneme isinjifi, jakūn ba
황야에 멈추었다. 출병했던 버일러들이 먼저 도착해서 8里의

i dubede iliha, acara jalin tere yamji toktobume gisurefi, juwan jakūn
끝에서 멈추었다. 알현에 대해서 그날 밤에 정하여 말하고, 18일의

i cimari acara de, han i ebuhe ing ci emu ba i dubede cacari cafi 5/6
아침 알현할 때에 한이 말에서 내린 營에서 1里의 끝에 천막을 치고

han, beise cacari be duleme okdofi iliha, coohalaha beise ibeme jifi,
한과 버일러들이 천막을 지나서 맞이하려고 멈추었다. 출병한 버일러들이 나아가 와서

hanci isinjime katarame acanjifi, morin ci ebufi jergileme adafi abka de
가까이 이르러 말달려 알현하러 와서, 말에서 내려 등급별로 배열하여 하늘에

hengkilere de, tu sisifi ilan jergi niyakūraha, uyun jergi
고두할 때에 깃발 꽂고 세 번 무릎 꿇고 아홉 번

hengkilehe, hengkileme wajiha manggi, han bederefi cacari de tehe,
고두했다. 고두하기를 마치자 한이 물러나서 천막에 머물렀다.

coohai beise coohai faidan de bederefi, morin ci ebufi, 6/7 han i tehe
군대의 버일러들이 군대의 행렬로   돌아와서   말에서   내려서   한이 앉은

bade ibeme jifi faidame iliha, amin beile, han de acame jidere de, han,
곳에 나아가 와서 정렬하고 섰다. 아민 버일러가 한에게 알현하러   올   때에, 한·

amba beile, manggūltai beile, tehe soorin ci ishun okdofi, amin beile
 大 버일러·   망굴타이   버일러는 앉은 옥좌에서부터 마주 맞이하여, 아민 버일러가

niyakūrafi hengkilere de, han ishun doro arafi tebeliyeme acaha,
 무릎 꿇고   고두할   때에 한은 마주   예를 갖추어   껴안으며   만났다.

sirame amba beile, manggūltai beile acaha, han, beise i acara de, cooha
계속해서 大 버일러·   망굴타이 버일러가 만났다. 한과 버일러들이 만날   때, 출병했던

genehe taijisa ambasa, okdoko 7/8 taijisa ambasa meni meni ergide
       타이지들과 대신들, 맞이한   타이지들과 대신들은   각자의   위치에

dahame niyakūraha, amin beile, han de acame wajiha manggi, han
 따라   무릎 꿇었다. 아민 버일러가 한에게 알현하기를 마치자,   한은

soorin de bederefi tehe, juwe amba beile, han i juwe ashan de adame
 옥좌로   물러나 앉았다. 두   大 버일러는 한의   양측에   배열하여

tehe, amin beile ini faidan de bederefi tehe, genehe taijisa geren
앉았다. 아민 버일러는 그의 열로   물러나서 앉았다. (출병)갔던 타이지들과 여러

ambasa niyakūrafi hengkilehe, han, dahai baksi be fonjibume, beile
대신들은   무릎 꿇고   고두했다.   한은 다하이 박시에게 묻게 하기를, "버일러

ahūn, deote, juse, 8/9 suwe dain genefi sain i yabuhao seme fonjire
형· 동생들· 자식들   그대들은 전투에 가서 잘   수행했는가?" 라고 물을

de, amin beile, kūrcan baksi be jabubume, abkai kesi, han i hūturi de,
때, 아민 버일러는 쿠르찬 박시에게 대답하게 하기를, "하늘의 은혜와 한의 복으로

solho gurun be dahabufi, solho han i deo be gajiha, gemu sain i
    조선국을   항복시키고   조선 왕의   동생을 데려왔습니다. 모두 잘

yabuha seme jabuha, tuttu fonjime jabume wajiha manggi, niyakūraha
행했습니다"라고 답했다.   그렇게   묻고   답하기를 마치자,   무릎 꿇은

faidan ci jirgalang taiji ilifi, hanci isinjinggala, emu jergi niyakūrafi
열에서   지르갈랑 타이지가 서서, 가까이 도착하기 전에 한 번   무릎 꿇고

9/10 hengkilefi, hanci ibefi niyakūrafi hengkilefi tebeliyeme acaha, juwe
    고두하고,   가까이 나아가 무릎 꿇고   고두하고   껴안으며 알현했다.   두

amba beile de, han de acaha songkoi acaha, terei sirame ajige taiji,
 大 버일러에게   한에게 알현한   대로   알현했다. 그 후 계속해서 아지거 타이지·

dudu taiji, yoto taiji, šoto taiji, ahūn i bodome siran siran i jirgalang
두두 타이지·요토 타이지·쇼토 타이지가 연장자를 헤아려   잇달아   지르갈랑

taiji acaha songkoi acaha, terei sirame tehe taiji degelei, sahaliyen,
타이지가 알현한 대로   알현했다. 그후 계속 남아있던 타이지 더걸러이·사할리연·

hooge siran siran i genefi amin beile de niyakūrafi 10/11 hengkilefi
호오거가 잇달아   가서 아민 버일러에게 무릎 꿇어   고두하고

tebeliyeme acaha, genehe taijisa de, tehe   taijisa tebeliyeme acaha,
껴안으며   만났다. (출병)갔던 타이지들에게 남아있던 타이지들이 껴안으며 만났다.

beise ishunde acame wajiha manggi, bak beile, yangguri dzung bing
버일러들이 서로 만나기를 마치자,   박 버일러·양구리   총병관·

guwan, ūljeitu, dalai, buyandai, dorji siran siran i jifi, taijisai
울제이투·달라이·부얀다이·도르지가   잇달아   와서 타이지들이

niyakūraha baci aldanggakan niyakūrafi hengkilefi, hanci genefi
무릎 꿇었던 곳에서 약간 멀리서   무릎 꿇고   고두하고,   가까이   가서

niyakūrafi hengkilefi, han de juwe beile de buhi be tebeliyeme acaha,
무릎 꿇고   고두하고,   汗과   두   버일러에게 무릎을   껴안으며   알현했다.

tobohoi 11/12 ecike, darhan efu, hošotu efu, gusantai efu, cergei,
토보호이   叔父· 다르한 어푸· 호쇼투 어푸· 구산타이 어푸· 처르거이·

namtai, kakduri, unege, fusi efu, kanggūri efu, monggo taijisai songkoi
남타이· 칵두리· 우너거· 푸시 어푸[1]· 캉구리 어푸는 몽고   타이지들을   따라서

acaha, solho i wang ni deo be musei taijisai acaha songkoi acabuha,
알현했다.   조선 왕의   동생에게 우리의 타이지들이 알현한 대로 알현하게 했다.

acame wajiha manggi, cooha genehe beise ceni faidan de tehe, amin
알현하기를 마치자,   출병했던   버일러들은 그들의 열에   앉았다.   아민

---

1 fusi efu(撫西額駙)는 李永芳(?~1634)을 가리킨다. 李永芳은 遼東 鐵嶺 사람으로 명의 撫順 遊擊이었
다가 1618년 후금에 투항했다. 三等副將에 제수되었고 아바타이의 딸과 결혼하여 efu로 불렸다.

beile de, han ini beye de etuhe etuku emu jergi bufi 12/13 etubuhe,
버일러에게 한이 그의 몸에　　입은　　옷 1벌을　　주어서　　입게 했다.

genehe geren beise de emte morin buhe, etuku morin buhe doroi emu
출병했던 여러 버일러들에게 1마리씩 말을 주었다.　옷과　말을　준　예로서　한

jergi hengkilehe, tereci tu wecere bade genefi, tu weceme wajifi, han,
번　고두했다.　　그 후 纛祭지내는 곳에　가서　纛祭지내기를　마치고,　汗·

amba beile, manggūltai beile, tataha bade amasi jihe, cooha genehe
大 버일러·　망굴타이 버일러는 숙영한 곳으로 되돌아 왔다.　　출병했던

beise, solho han i deo, coohai ing de genehe, honin erinde han cacari
버일러들과 조선 왕의 동생은　군영으로　갔다.　　未時에　한이 천막에

de tucifi tehe, ilan amba beile juwe 13/14 ashan de gese jergileme
나와 앉았다. 세　　大 버일러는　양　　측에　같은 등급으로

tehe, solho han i deo be amin beile i sirame tebuhe, geren taijisa,
앉았다. 조선 왕의　동생을　아민 버일러의 다음에 앉게 했다. 여러 타이지들은

han i juwe ashan de galai bodome tehe, sarin sarilame wajiha manggi,
한의　양측에　翼을 헤아려 앉았다. 주연 베풀기를 마치자,

amasi meni meni tatan de genehe, juwan uyun de tucifi gung baha
되돌아 각각의　숙영지로　갔다.　　19일에　나와서 공을 얻은

niyalmai bithe ilgara de, lenggeri dzung bing guwan juleri tucifi ba
자의　문서를 평가할 때, 「렁거리　총병관이　　앞서 나와 곳

bade unduri tehe karun be emke tucibuhekū 14/15 waha, i jeo i hecen
곳에 길을 따라 지키던 초병을　한명 못나가게 하고　죽였다.　義州城을

be hūlhame gaijara de, ilan jergi dosindara niyalma be faksikan i
몰래　취할 때에, 세 번　진입하려는　자를　교묘하게

dosimbuha, yabuha bade gisun be jurcehekū seme ilaci jergi dzung
들어가게 했다. 간　곳에서 명령을　위반하지 않았다」고　3등 總兵官을

bing guwan be wesibufi uju jergi dzung bing guwan obuha, niyalma,
승진시켜서　頭等　總兵官으로　삼았다.　사람·

morin, ihan susai šangnaha, yecen, yasun, sihan, aituwan, munggan,
말·　소 50을　상주었다. 여천· 야순· 시한· 아이투완· 뭉간·

loohan, samhana, nadan niyalma be i jeo i hecen be hūlhame tafafi
로오한·　삼하나　7명이　義州城을　몰래　올라서

15/16 gaiha seme, yecen iogi be wesibufi ts'anjiyang obuha, niyalma,
취했다고,　여천은 遊擊을　승진시켜서 參將으로　삼았다.　사람·

morin, ihan gūsin šangnaha, yasun, sihan, aituwan beiguwan be
말·　소　30을　상주었다. 야순· 시한·　아이투완은 備禦官을

wesibufi ilaci jergi iogi obuha, yasun, aituwan de niyalma, morin, ihan
승진시켜서　3등 유격으로 삼았다. 야순· 아이투완에게　사람·　말·　소

orin sunjata šangnaha, sihan de niyalma, morin, ihan orin šangnaha,
25씩　상주었다. 시한에게　사람·　말·　소　20을 상주었다.

munggan bai niyalma be wesibufi beiguwan obuha, niyalma, morin,
뭉간은 　평민을 　승진시켜서 　비어관으로 삼았다. 　사람 · 　말 ·

ihan orin šangnaha, loohan be 16/17 bucehe seme wesibufi beiguwan
소　20을 상주었다. 　로오한을 　사망했다고 　승진시켜서 비어관으로

obuha, niyalma, morin, ihan ninggun šangnaha, samhana be bucehe
삼았다. 사람 · 　말 · 　소　6을 　상주었다. 　삼하나를 　사망했다고

seme wesibufi ciyandzung obuha, niyalma, morin, ihan ilan šangnaha,
승진시켜서 千總으로 삼았다. 사람 · 　말 · 　소　3을 상주었다.

jai jergi de dosika seme asan de orin, mungtan de jakūn, bangsun de
두 번째로 　들어갔다고 　아산에게 20, 　뭉탄에게 8, 　방순에게

ninggun, ubahai de duin, kosin de juwe šangnaha, tere inenggi baha
6, 　우바하이에게 4, 　코신에게 2를 　상주었다. 　그 날 　얻은

olji be tehe hafasa de 17/18 šangname wajifi, orin de gūlmahūn erinde
노획을 남아 있던 관원들에게 　상주기를 마치고, 　20일 　卯時에

jurafi simiyan i hecen de meihe erinde isinjifi, neneme tangse de
출발해서 　瀋陽城에 　巳時에 　도착했다. 먼저 　堂子에

hengkilehe, hecen de dosifi nenehe genggiyen han i eifu i yamun de
고두했다. 　성에 　들어가서 先代 경기연 　한의 墓의 아문에

genefi songgocome hengkileme acaha,,
가서 　함께 곡하고 　고두하며 　알현했다.

○ orin sunja de, amba sarin dagilafi solho wang ni deo be sarilaha,
25일에,　　　큰　　잔치를 준비하여 조선 왕의　　동생에게 잔치를 베풀었다.

sarilara de, 18/19 solho wang ni deo be amin beile i tehe
잔치할　때에　　　조선 왕의　　동생을　아민 버일러가　앉은

besergen i fejile tebuhe,,
걸상의　　아래에 앉게 했다.

○ orin uyun de, sure han i bithe, cahar i jinong hūwang taiji,
29일에,　　　수러 한의　　글,　「차하르의　　지농 후왕 타이지·

naiman i hūng baturu, aohan i dureng, secen joriktu, ere duin beile
나이만의　훙 바투루·　아오한의　두렁·　세첸 조릭투,　이 네 버일러에게

de unggihe, suwe tubaci doro gisureki seme lama de gisurefi 19/20
보낸다.　너희가 그곳에서 화친을 말하고 싶다고　라마에게　말하여

unggihe gisun i karu, be bithe arafi unggihe bihe, te duin beile suwe
보낸　말의　답으로, 우리가 글을 써서　　보냈었다.　지금 네 버일러 너희가

juwe han i doro be jafabuki seme bithe elcin unggihebi, unenggi doro
두 한의　화친을　맺게 하고 싶다고 문서를 사신에게　보냈다. 진실로 화친하고

acaki seci, suweni han i elcin be gajime jio, elcin jimbihede,
싶으면, 너희의　한의 사신을　　데려　오라. 사신이　올 때,

tondo gisun be hendufi unggi, gisun ambula oci, temšendume emu ehe
정직한　말을　말하여 보내라. 말이 많으면　　다투게 되고　한마디 악한

gisun de efujembi, jihe elcin i gisun be gaifi, be elcin unggire, muse
말에   무너진다. 온 사신의   말을 취하고 우리가 사신을 보낼 것이다. 우리

juwe gurun 20/21 julgeci kimungge batangga nikan waka, dain saiyūn,
두   나라는   옛날부터 원한 있는   원수인 한인이 아니다. 전쟁이 좋은가?

doro eheo, yaya niyalma argai holtome gisurefi mutere aibi, unenggi
화친이 나쁜가? 모든 사람이 모의하여 속이고   말해서 되는 것이 무엇인가? 진실로

tondoi yabufi muteci, unenggi sain gebu tere kai, doro acaci, be
정직하게 행하여 이루면,   진실로 좋은 이름이 그것이다.   화친한다면 우리는

korcin ci encu acarakū, korcin doro acara be mende anahabi,,
코르친을 제외시키고는 화친하지 않겠다. 코르친이 화친하는 것을 우리에게 위임했다.」

○ sunja biyai ice ilan de, 21/22 han, ilan amba beile yamun de
         5월의   초 3일에,   한은 세   大 버일러 아문에

tucifi, solho han i deo be fudere doroi sarin sarilara de, wargi ashan
나가서 조선 왕의   동생을 보내는 禮의 잔치를 베풀 때에   우측

i besergen i fejile tebufi, nikan i hacin hacin i efin efibume amba
의 床의   아래 앉게 하고 한인의   갖가지   유희를 즐기게 하려고 큰

sarin sarilaha, sarilame wajiha manggi, solho han i deo be tehe baci
잔치를 베풀었다. 잔치가   끝난   후에   조선 왕의 동생을   앉은 곳에서

bederebufi, yung lu fejile tebuhe, solho han de unggire jaka be, solho
물러나게 하여 甬路² 아래 앉게 했다. 조선 왕에게 보낼   물건을   조선

---

2 甬路는 가옥과 가옥 사이에 있는 지붕 씌운 복도, 혹은 정원에 설치된 포장벽돌을 깐 길을 가리킨다.

han i deo be tuwakini seme 22/23 tuwabuhangge, emu temen, emu morin
왕의　동생에게　보이라고　하여　　　　　보인 것은　　　　　1마리 낙타·　1마리 말에

de acinggiyame foloho enggemu hadala tohohoi, tuwa aisin i foloho
　움직이는 듯 조각한 말안장과 굴레를 맨 것·　　　　　　赤金으로 조각한

jebele de beri niru sisihai, aisin i foloho umiyesun de huwesi fungku
화살집에 활·화살을 꽂은 것·　　　금으로 조각한 요대에 작은 칼과 수건을

fadu hūwaitahai, foloho loho, sahalca i seke i dahū emke, suwayan
전대에 묶은 것·　　　조각한 도검·　　　黑貂皮 털가죽외투 1벌·　　　황색

suje i ifiha gūlha de ifiha wase jibsihai, mahala ara seme sahalca i
비단으로 재봉한 신발에 재봉한 양말을 겹친 것·　겨울모자를 만들라고 黑貂의

seke juwan, solho han i 23/24 deo de buhengge, emu morin de foloho
가죽　10장.　　조선 왕의　　　　동생에게　준 것은　　1마리 말에 조각한

enggemu hadala tohohoi, emu morin de niruha enggemu hadala
말안장과 굴레를 맨 것·　　　　1마리 말에 그림 그린 안장과 굴레를

tohohoi, aisin i foloho jebele de beri niru sisihai, foloho loho emke,
　맨 것·　　금으로 조각한 화살집에 활과 화살을 꽂은 것·　　　조각한 腰刀 1개·

aisin i foloho umiyesun de huwesi fungku fadu hūwaitahai, emu seke i
　금으로 조각한 요대에 작은 칼과 수건을 전대에 묶은 것·　　　　　1벌의 貂皮

dahū, emu fulgiyan gecuheri etuku, isu i puse noho emu etuku,
털가죽외투·1벌의 붉은 蟒緞 옷·　　　　민무늬 청색비단에 흉배가 있는 1벌 옷·

lamun ša i emu etuku, 24/25 mahala ara seme sahalca i seke juwan,
남색 紗의 1벌 옷·　　　　겨울모자 만들라고 黑貂의 가죽 10장·

bai seke uyunju, ši lang hafan de buhengge, emu morin de niruha
보통 貂皮 90장.　　侍郎 관원에게　　준 것은　　1마리 말에 그림 그린

enggemu hadala tohohoi, emu fulgiyan gecuheri etuku, emu silun i
말안장과 굴레를 맨 것·　　1벌의 붉은 蟒緞 옷·　　1벌 스라소니의

dahū, terei fejergi duin hafan de niruha enggemu hadala tohohoi
털가죽외투, 그 아래 4명의 관원에게 그림 그린 말안장과 굴레를 맨

morin emte, isu i puse noho etuku emte, tiyei šan, siowan cuwan,
말 1마리·　민무늬 청색비단에 흉배가 있는 옷 1벌씩,　鐵山·　宣川·

ding jeo, ilan gašan i 25/26 ilan juse de, solho morin de bai enggemu
定州　세 마을의　　세 아이들에게 조선 말에　보통 안장[3]과

hadala tohohoi emte, isu i puse noho etuku emte, dahaha dehi emu
굴레를 매어 1마리씩· 민무늬 청색비단에 흉배가 있는 옷 1벌씩, 수행한 41명

niyalma de mocin i etuku emte buhe, bume wajiha manggi, solho han
사람들에게　毛靑布의 옷 1벌씩을 주었다.　주기를 마친　후에,　조선 왕의

i deo, ši lang hafan be, han i buhe dahū etuku be etufi, buhe doroi
동생과 侍郎　관원에게 "한께서 주신 털가죽외투 옷을　입고　주신　예로

han de hengkile sere jakade, solho han i deo, ši lang 26/27 hafan
한께　고두하라" 라고 하자,　조선 왕의　동생과　시랑　　관원이

---

3 '보통 안장'은 조각하지 않은 일반 안장이라는 의미이다.

hendume, gecuheri etuku eture kooli akū seme marame, meni gurun i
말하기를,   "蟒緞 옷을   입는 例가 없습니다"라며 거절하고, "우리 나라의

wang ni dabala, hafasa gecuheri eturengge akū, be doro be efuleme
왕   외에   관원들은 蟒緞을   입지   않습니다. 우리가 도리를 무너뜨리고

etuci ombio seme jing marame eturakū ojoro jakade, dahai, lungsi,
입으면 되겠습니까?"라고 계속 거절하며 입지 않자,   다하이· 룽시

kūrcan, aibari hendume, suwe nikan de geleme, meni han i buhe etuku
쿠르찬· 아이바리가 말하기를, "너희가 明에게 겁먹고, 우리 한이 주신   옷

be eturakū oci, muse juwe gurun 27/28 ahūn deo arafi banjire be
을 입지 않으니,   우리   두   나라가   형제를   맺고 사는 것을

hihalarakū nikai seme henduci, geli ojorakū oho manggi, tede fujiyang
중히 여기지 않는구나" 라고 말해도   또   안 되자,   그에 副將

lio hing dzo hendume, suwe han i kunduleme buhe etuku be eturakū,
劉興祚가   말하기를, "너희가 한께서 존중하여 주신   옷을   입지 않고

nikan de kemuni geleci, genere be inu cihakū dere, taka ubade
明에게   여전히 무서워하니 가는 것도   원하지 않는구나. 잠시 여기에

goidame tefi jai gene seme hendure jakade, teni etuku dahū etufi,
 오래 머물다가 다시 가라" 라고   말하자   그제서야 옷과 털가죽외투를 입고

28/29 han de ini solho gurun i doroi hengkilehe, ice sunja de, solho
      한에게 그   조선국의   예로써 고두했다.   초 5일에   조선

han i deo be beneme, lio hing dzo, inggūldai genehe,,
왕의　　동생을　　보내려고　　劉興祚와　　　잉굴다이가 갔다.

○ ice ninggun de, nikan de cooha juraka, waliyaha ginjeo,
　　초 6일에,　　　　　明으로　　출병했다.　　（우리가）버린　錦州·

dalingho, šolingho dasambi, usin tarimbi seme donjifi, 29/30 han, beise
大凌河·　小凌河를（명이）개수하고 밭을 경작한다고　듣고　　　　　한이 버일러들

ambasa cooha be gaifi jurandara de, poo ilanggeri sindafi gūlmahūn
대신들·　군사를　　이끌고　　출발할　때　炮를　3번　　　쏘고　　　卯時에

erin tucifi, tangse de hengkilefi wasihūn jurafi genefi, šang ioi lin i
나가서　堂子에　　고두하고　　서쪽으로 출발해 가서　　　上楡林의

jase be tucifi, liyoha i bira de deduhe, abatai taiji, dodo taiji be hecen
변경을　　나가　　遼河에서　　　묵었다. 아바타이 타이지· 도도 타이지를 성을

tuwakiya seme werihe,,
지키라고　　　남겨두었다.

○ ice uyun de, guwangning ni fe jase de 30/31 isinafi, sain cooha be
　　초 9일에,　　廣寧의　　옛 경계에　　　도착해 좋은 병사를

simnefi, juleri karun be baime gida, niyalma bahaci jafa, medege
선발하여 "앞의　초소를　　찾아 격파하라. 사람을 얻으면 잡아라. 소식을

fonjiki seme tucibufi unggihe, coohai niyalma be ilan jergi　banjibufi,
묻자" 라고하고　내어　보냈다.　　　병사를　　　　세 부대로　　만들어

sain morin bayarai niyalma be gaifi, degelei taiji, jirgalang taiji, ajige
"좋은 말과 바야라의 사람을 이끌고, 더걸러이 타이지·지르갈랑 타이지·아지거

taiji, yoto taiji, sahaliyen taiji, hooge taiji gaifi juleri yabu, han, ilan
타이지·요토 타이지·사할리연 타이지· 호오거 타이지를 이끌고 먼저 가라. 한은 세

amba beile, šoto taiji, geren dzung bing guwan, gūsai 31/32 ejete,
 大 버일러· 쇼토 타이지· 여러   總兵官·   구사의   어전들·

geren cooha be gaifi genembi, terei sirame hoton de afara ambasa,
 여러 군대를   이끌고 갈 것이다. 그에 뒤이어   성을   공격할 대신들이

olbo i niyalma, wan kalka gajime kutule temen be gaifi jio seme
 綿甲兵·   사다리· 방패차를 이끌고, 쿠툴러가 낙타를   이끌고 오라" 라고

toktobuha, juwan de jurafi be tu cang ni jase be dosifi guwangning de
 정했다.[4]   10일에   출발해 白土廠의   경계를   들어가   廣寧에

šun yamjime isinafi, tere dobori dulire de, juleri tucibufi 32/33
해가 어두워져 도착했다. 그 밤을   세울 때, 먼저   내어

unggihe niyalma, nikan i karun be gidafi, niyalma bahafi fonjici, io
 보낸   사람이 明의   초소를 격파하고 사람을 잡아   물으니, "右

tun wei de cooha emu tanggū bi, šolingho, dalingho be dasame wajire
 屯衛에   군사 100명이   있다. 小凌河· 大凌河는   개수하기를 끝나지

---

4 더걸러이 등의 부대는 前軍, 청태종 홍 타이지의 부대는 中軍, 그 외의 대신들은 後軍을 담당했다는
   의미이다.

unde, cooha tehebi, ginjeo be dasame wajihabi, morin yafahan cooha
않았고 군사가 머무르고 있다. 錦州는 개수하기를 끝냈고 　馬兵·　　步兵

ilan tumen tehebi seme alaha, juwan emu de, han ini juwe gūsa,
3만이　　머물고있다" 라고 알렸다.　　11일에　　한은 그의 2개 구사[5]·

juwe šanggiyan i gūsa be gaifi 33/34 dalingho golo be feksifi, juleri
2개　　白旗를　　이끌고　　大凌河 지방을 달리고, 앞서

tucibuhe orin isire niyalma, nikan i cooha šolingho, dalingho de
내보낸 20명에 이르는 사람들이 明의 군대로 小凌河와 大凌河에

tehengge hecen be waliyafi burulame genere cooha, karun i cooha be
머문 자가 성을 버리고 도망해 가는 병사와 초소의 병사를

amcanafi gidafi sacime gabtame wame gamahai, ginjeo hecen i
쫓아가 격파하고 베고 활 쏘아 죽이고 처치하면서 錦州 성의

duka de isitala bošome gamara de, hecen i duka yaksifi, nikan i cooha
문에 이르기까지 추격하여 처치할 때에, 성의 문을 닫으니 明의 병사가

dosici duka akū ofi, ginjeo hecen be 34/35 duleme burulame generengge,
들어가려해도 문이 없어서 錦州城을　　지나 도주하여 가는 것을

geli juleri tucifi genehe cooha ucarafi gemu waha, amba beile, amin
또 앞서 나가서 간 군사가 만나 모두 죽였다. 大 버일러· 아민

beile, šoto taiji, gulu fulgiyan, kubuhe fulgiyan, kubuhe lamun i gūsa
버일러·쇼토 타이지는 正紅·　　鑲紅·　　鑲藍旗를

5　'한의 2개 gūsa'는 양황기와 정황기를 가리킨다.

be gaifi ginjeo golo be feksifi, ginjeo hecen be kaha, manggūltai beile,
이끌고 錦州 지역을 달려, 錦州 城을 포위했다. 망굴타이 버일러는

gulu lamun i gūsa be gaifi io tun wei golo be feksihe, golo golo be
正藍旗를 이끌고 右屯衛 지역을 달렸다. 각 지역을

feksihe cooha 35/36 gemu baha olji ulha be gajime ginjeo hecen de
달린 군사가 모두 획득한 포로 가축을 가지고 錦州 城에

isanjifi, emu ba i dubede bakcilame ing iliha, tere inenggi tai pu i
모여와서 1里의 끝에 마주보고 營을 세웠다. 그 날 臺·堡의

dahaha nikan be, juwe minggan funceme haha be cihangga bade gene
투항한 한인을, 2천 남짓 남자를 원하는 곳으로 가라

seme šanaha i baru dosi sindafi unggihe, jai duin tanggū haha be
하고 山海(關) 쪽 안으로 놓아 보냈다. 또 400명의 남자를

ginjeo hecen de sindafi unggici, hecen i niyalma halbuhakū, tere yamji
錦州城으로 놓아 보냈는데 성의 사람들이 들여보내지 않았다. 그 밤

36/37 hecen i šurdeme dedufi, jai cimari erde jifi alame, membe meni
성의 주위에서 숙박하고, 다음 날 아침에 와서 고하기를 "우리를 우리

hafasa halburakū, han be dahame geneki seme jidere jakade, šanaha i
관원들이 들여보내지 않는다. 한을 따라 가겠다" 하고 온 까닭에 山海關

baru cihangga bade gene seme sindafi unggihe, ginjeo hecen i gi
쪽 원하는 곳으로 가라 하고 놓아 보냈다. 錦州城의 紀(用)[6]

---

6   본문의 'gi taigiyan'은 『淸太宗實錄』 3권, 천총 원년 5월 정축조 기록에 의하면 '太監 紀用'이다. 紀用

taigiyan, jao dzung bing guwan, emu šeobei, emu ciyandzung be
太監·　　趙(率教) 총병관[7]이　　1명의 守備·　1명의　千總을

takūrame, han aisembi, 37/38 han i gisun be donjiki seme elcin
파견하여　"한은 뭐라 하는지　　한의　말을　듣고싶다" 라고　사신을

takūraha, tere gisun de han hendume, suwe dahaki seci daha, afaki
파견했다.　그　　말에　한이 말하기를, "너희는 투항하려면 투항하라. 싸우려면

seci afa, suweni juwe taigiyan tucime jio, be simbe ainambahara
싸워라.　너희　두　　太監은 나와서 오라. 우리가 너를　어떻게 할지

sehe bihe, suweni jecen i hafasa membe gidašaha be suwende alara,
말했었다.　너희의 변경의 관원들이 우리를　모욕한　것을 너희에게 말하겠다.

suwe donjifi suweni han de alana, tucime jiderakū hecen de bici,
너희는 듣고　너희의 황제에게 알리러 가라. 나와서 오지 않고　성에　있어도

hoton be afafi abka gosifi baha manggi, juwe taigiyan be ainaha seme
성을 공격하여 하늘이 아끼어 (城을) 얻은 후　두　　太監을　　　결코

warakū, 38/39 suwe encu bade temgetu arame tefi bisu, meni cooha
죽이지 않겠다.　너희는 다른 곳에　표식을　만들고 머물러 있어라. 우리 병사들이

niyalma tašarame warahū, taigiyan i beye jiderakūci, gūwa buya
잘못하여 죽일까 우려된다. 太監이 직접 오지 않으면　다른　小人이

은 明의 太監으로 河北 文安 사람이었다. 魏忠賢의 파당이었다. 1626년 영원에서의 승리로 인해 袁崇
煥이 遼東巡撫로 승진하자 위충현의 지시로 요동에 파견되었다. 監軍직으로 平遼總兵 趙率教과 함께
錦州에서 주재하며 1627년 寧錦전투에서 성을 방어했다. 홍 타이지의 투항 권유를 거부했다.
7　『淸太宗實錄』3권, 천총 원년 5월 정축조 기록에 의하면 '總兵 趙率教'이다.

niyalma jihe seme ai tusa, be solho de cooha genefi iselehe niyalma be
온다 해도 무슨 이익이겠는가? 우리는 조선에 출병하여 저항한 사람을

waha, iselehekū niyalma be dahabuha, meni cooha dosi genere de,
죽였고 저항하지 않는 사람을   투항하게 했다. 우리의 병사가   진격할 때에

solho i wang okdome elcin takūrara, wang ni beye gashūre, deo be
 조선의 왕이   영접하여 사신을 보내고,   왕이   직접 맹세하고,   동생을

mende hengkileme unggire jakade, dahabuha gurun be gemu 39/40
우리에게 고두하도록   보냈기 때문에   투항한   國人을   모두

amasi buhe, ere fonji suweni juwe minggan funceme niyalma be bahafi
되돌려 보냈다. 이제   너희의   2천   남짓의   사람을   획득하여

wahakū gemu sindafi unggihe seme hendufi, tere juwe elcin be amasi
죽이지 않고 모두 놓아   보냈다" 라고 말하고,   그   두   사신을   되돌려

unggihe, tede unggihe bithei gisun, amba manju gurun i sure han i
 보냈다. 그때 보낸   글의   말.   「大 만주국의   수러   한의

bithe, ginjeo hecen i juwe taigiyan de unggihe, suwe lii lama be
 글,   錦州城의   두   太監에게   보낸다. 너희가 李 라마를

takūrame doro acaki seme gisurefi, han i wesihun fusihūn i babe
 보내어   화친하자고   말하며   한의   높고   낮은   것을

gisurere de, be inu suweni gisun be 40/41 dahafi, suweni han be emu
 말할   때에, 우리도 너희의   말을   따라   너희의 황제를   한

hergen i tucibume araha, jai gaji sere jaka ambula, ekiyembu
글자   나오게 하여 적었다. 또한 "가져오라 한 물건이 많다.   줄여라"

seci, be inu suweni gisun be dahafi ekiyembuhe, du ming jung be
해도 우리는   너희의 말을   따라 줄였다.   杜明忠을

takūraha bithe de, mimbe suweni jecen be tuwakiyaha ning yuwan i
파견한   글에서   나를 너희의 변경을   지키던   寧遠의

hafan ci fejile arahabi, bi encu gurun i han wakao, ere emu, juwe
관원보다 아래에 적었었다. 나는 다른 나라의   한이 아닌가? 이것이 하나다. 두

gurun i doro acaci ba na be neneme toktobume gisurefi, si ubade
나라가   화친하면 영역을   먼저   정하고   말해서, 너는 여기에

te, bi 41/42 ubaci tere seme gisurefi tembi dere, hūsun durime
살고 나는   여기부터 산다 라고   말하고 사는 것이리라. 힘으로 빼앗아

terengge, fusihūlarangge kai, suweni hūsun be gemu duilehe hūsun
사는 것은   모욕하는 것이다.   너희의   힘은   모두 파악된   힘인

kai, ere juwe, jai liyoodung ni ba, irgen be gaji serengge, suwe dain be
것이다. 이것이 둘이다. 또 遼東의 토지와 백성을 가져오라고 한 것은 너희가 전쟁을

cihalafi, mimbe jortai jili banjikini seme hendurengge, ere ilan,
원하여   나에게 고의로 화를 내라고   말하는 것이다. 이것이 셋이다.

udu korsobure de, bi du ming jung de hendume, suwe ainci dain be
   상당히 분개했을 때 내가   杜明忠에게   말하기를, "너희는 아마 전쟁을

cihalafi mimbe geli gidašame fusihūlarangge kai, muse juwe gurun
원하여 나를 다시 기만하고 모욕하는 것이다. 우리 두 나라는

kemuni dain, 42/43 bi elcin unggirakū seme lashalame hendufi, cooha
여전히 적이다. 나는 사신을 보내지 않겠다" 라고 잘라 말하고 군대가

jihengge ere inu, suwe te hoton de kabuhabi kai, embici suwe gemu
온 것이 이것이다. 너희는 지금 성에 갇혀 있다. 혹 너희는 모두

wabumbi, embici be baharakū bederembi kai, <u>ere juwe dabala ai</u>[8], juwe
피살될 것이다. 혹 우리가 얻지못하고 돌아갈 것이다. 이 둘 뿐 무엇인가? 두

gurun doro acafi taifin banjirengge ehe, iseleme muterakū bime dain be
나라가 화친하여 태평하게 사는 것이 나쁘고, 저항할 수 없으면서 전쟁을

buyeme tumen tumen cooha waburengge, adarame sain, orho moo,
원하여 수 萬 병사를 죽게 하는 것이 어떻게 좋은가? 草木

orho moo be inu hairambi kai, suweni irgen be suwe adarame
草木도 애석한 것이다. 너희의 백성을 너희는 어찌

gosirakū, bi 43/44 dain bime hono suweni irgen i mujakū bucere be
사랑하지 않는가? 나는 적이지만 오히려 너희의 백성이 심하게 죽을 것을

safi, sikse juwe minggan funceme niyalma be sindafi unggihe, suwe
알아서, 어제 2천명 남짓의 사람들을 놓아 보냈다. 너희는

8　[簽註] gingguleme baicaci, jakan toktobuha fe manju gisun i bithede, ere juwe dabala ai sere gisun
uthai ere juwe ci tulgiyen, encu bisirengge akū sere gūnin sehebi,,
삼가 찾아보니 최근 정해진 『舊淸語』에서 'ere juwe dabala ai'(이 둘 뿐 무엇인가)라는 말은 곧 'ere
juwe ci tulgiyen, encu bisirengge akū'(이 둘 외에 달리 있는 것이 없다)라는 뜻이라고 했다.

han i jalin de gūnirakū, irgen i bucere be gosirakū ofi, doro be
황제를 위해서 생각하지 않고 백성이 죽을 것을 애석해 하지 않아서, 화친하도록

acabume gisurerakū, murime gisurerengge kai, te bicibe, dahambi
말하지 않고 고집부려 말하는 것이다. 지금이라도 투항하려면

seci daha, daharakū doro acaki seci, suweni juwe taigiyan emke
투항하라. 투항하지 않고 화친하려면 너희의 두 太監의 1명은

meni jakade jifi te, emke gene, be tucibufi unggire, taigiyasa suwe
우리의 측에 와서 머물고 1명은 가라. 우리가 내어 보내겠다. 太監들 너희는

han i hanciki niyalma kai, suwe 44/45 hoton de bihe seme afara geli
황제의 가까운 사람이다. 너희가 성에 있다 하여 싸우는 것도

akū, tucime jifi meni afara be tuwa, mini korsoho gisun be suweni
아니다. 나와서 우리의 싸우는 것을 보아라. 나의 분개한 말을 너희의

han de alana, suweni jecen i hafasa be wakalame meni ekiyeniyefi
황제에게 알리러 가라. 너희의 변경의 관원들을 질책하고, 우리가 줄여서

gaji sehe jaka be bume acaci, be acarakū ainaha, cooha
가져오라고 한 물건을 주고 화친하면 우리가 화친하지 않고 어찌하겠는가? 병사는

wabume wajire, šanaha, beging be abka minde buhe de, ere weile inu
피살되어 버리고, 산해관과 북경을 하늘이 나에게 준다면 이 罪도

suweni bithei hafasa han be jobobure, coohai ambasa be wacihiyarangge
너희 문관들이 황제를 근심시키고 무관들을 끝장낸 때문인

kai, bithei 45/46 hafasa suwe haha waka, heheo, suwe ainu tucifi
것이다. 문관들   너희는 남자가 아니고 여자인가? 너희는 왜 나와서

afarakū, suweni farhūn i bodorongge kai seme bithe unggihe, tereci
싸우지 않는가? 너희의 어리석은   계책인 것이다」 라고 글을   보냈다.   그 후

wan kalka dagilafi, morin erin oho manggi, ginjeo hecen i wargi dere be
사다리·방패차를 준비하여, 午時가   되자   錦州城의   서쪽   면을

afame dosifi hecen be efuleme bahara isika manggi, jai ilan dere de
공격하여 진입해서 성을   무너뜨리고 얻기에 가까워진 후,   다시   삼면으로

faidafi iliha nikan i cooha dame jifi, gabtara, poo sindara, wehe fahara,
 정렬하여 선   明의   군대가 도우러 와서 활 쏘고   포 쏘고   돌 던지고

tuwai okto maktara de, afaci muterakū 46/47 ofi, afara cooha be
  화약을   던질   때에 공격할 수 없게   되어 공격하는 군대를

amasi bederebufi, sunja ba i dubede bakcilame ing iliha,,
되돌려 철수시켜서   5里의   끝에   마주보고   營을 세웠다.

tongki fuka sindaha hergen i dangse

圈·點을 찍은 문자의 檔子

ningguci debtelin

6권

sure han i sucungga aniya sunja biyaci ninggun biyade isinahabi

천총 원년 5월부터 6월까지

tongki fuka sindaha hergen i dangse,,
　　點　圈을　　찍은　문자의　　　檔子

○　juwan duin de, sure han i bithe, hecen tuwakiyaha abatai
　　　14일에,　　　　수러 한의　글,　「(瀋陽)城을　지키는　아바타이

taiji, dudu taiji de unggihe, emu niru tofohoto olbo unggi, neneme
타이지, 두두 타이지에게 보낸다.　　1개 니루는　15명씩　綿甲兵을 보내라.　먼저

jihe coohai niyalma de, niyalma tome gūsita sirdan unggi, amala
온　　　병사에게　　　　　　사람　　마다　30개씩 화살을 보내라.　나중에

jidere cooha, emu niyalma susaita sirdan gajime jio, neneme jidere
오는　병사는　1명의 사람이　50개씩 화살을 가지고 오라.　　먼저　　올

de, juwan uksin jihe 1/2 nirungge be, te dehi uksin unggi, orin uksin
때　　10명 甲兵이 온　　　니루는　　　지금 40명 甲兵을 보내라. 20명 甲兵이

jihe nirungge, gūsin uksin unggi, gūsin uksin jihe nirungge, orin
온　　니루는　　30명 甲兵을 보내라.　30명 甲兵이 온　니루는　　　　20명

uksin unggi, dehi susai jihe nirungge, tofohoto uksin unggi, hoton
甲兵을 보내라. 40-50명이　온 니루는　　　　　15명 甲兵을 보내라. 성을

efulerengge, emu niru ilata bon, ilata suhe, ilata sacikū, emte selei
함락하는 일에　1개 니루에 3개씩의 쇠삽·3개씩의 도끼·3개씩의 끌·1개씩의　쇠

uldefun unggi, jai tehe juwe beile suwe morin gucu takūrara be ume
호미를   보내라. 또 남아있는 두 버일러 너희는 말과 구추를 보내는   일을

seolere, suweni sain gucu sain 2/3 morin be tucibufi, ši fang sy, dadai
고려하지 말라. 너희의 좋은 구추·좋은   말을   내어   十方寺,   다다이

subargan i teisu bira doobufi goro kemuni tuwabu, fan ho, cilin i
수바르간[1]을   향하여 강을 건너게 하여 멀리 계속 살피게 하라. 范河·   鐵嶺을

teisu karun i niyalma be goro sindafi saikan olhobu, šang gaime jihe
향하여   哨兵을   멀리 풀어서 잘 지키게 하라. 상을 가지러 온

monggo, musei cooha jihe be safi burulame genehe, musei cooha jihe
몽고는   우리   병사가 온 것을 알고 달아나   갔다.   우리   병사가 온

be saha, saikan olho, gucu morin be hairaka seme afara de umai tusa
것을 알았다. 잘 지켜라. 구추· 말을   아까워   하며 싸우면   전혀 이익이

akū kai, gucu morin be hairandarakū 3/4 tucibufi goro tuwafi doigonde
없다.   구추· 말을   아까워하지 말고   내보내어 멀리 보고   미리

serefi museingge be bargiyame jabduci tusa kai, suwembe inu gurun i
살펴   우리 것을   거두어   대응하면 이로울 것이다. 너희를 또한   나라를

jalin de werihe,,
위해 남겨두었다.」

○ tofohon de, ginjeo hecen i gi taigiyan de acara jalin de amasi julesi
  15일에,   錦州城의   紀(用) 太監에게 화친을 위해   전후로

---

takūršame gisurefi, ilan mudan de, gi taigiyan ini emu dai yen
파견하여　의논하니,　세 번째에　　紀(用) 太監이 그의 1명의 答應官[2]을

guwan be unggifi, musei coohai ing de 4/5 te, musei jušen be emken
보내어　우리 군대의 진영에　　묵고, 우리 주선을　하나

jio seme takūrara jakade, suijan, uge be unggihe bihe, taigiyan
오라고 하며 파견한 까닭에,　수이잔·五哥를　보냈다.　　太監이

amgahabi seme hecen i duka yaksifi dosimbuhakū ofi amasi jihe,
자고 있다고 하며 성의　문을 닫고　들이지 않아서　되돌아 왔다.

○ juwan ninggun de, gi taigiyan emu šeobei emu ciyandzung be
　16일에,　　紀(用) 太監이 1명의 守備· 1명의 千總을

takūrame sikse yamji farhūn ofi, suweni elcin de gisurehekū, te jio,
파견하여 "어제 저녁은 어두워서　너희의 사신에게 말하지 않았다. 지금 오라.

genggiyen šun de gisun gisureki, gaji 5/6 sere jaka be neneme
밝은　낮에 말하겠다.　가져오라고 한 물건을　먼저

bure, acara jalin de suweni cooha bederehe manggi, han de
주겠다. 화친을 위해　너희　군사가 돌아간　후에　황제에게

wesimbufi gisureki seme elcin takūrara jakade, tere juwe elcin i emgi
상주하여 말하겠다"　라고 사신을 파견한　까닭에,　그 두　사신과 함께

suijan, uge be geli unggihe bihe, genehe elcin be hecen de
수이잔·五哥를　다시 보냈다.　간　사신을　성에

2　『淸太宗實錄』 천총 원년 5월 경진조에 '答應官'으로 표기되어 있다.

dosimbuhakū, keremu sangga deri jao dzung bing guwan hendume,
들이지 않고 성가퀴 구멍으로 趙(率敎) 總兵官이 말하기를,

sirdan wehe de yasa bio, ai ocibe 6/7 abkai ciha kai, suweni cooha
"화살· 돌에 눈이 있는가? 어떻게 되어도 하늘의 뜻이다. 너희 군대는

bedere, bederehe manggi, šang bure seme hendufi, ini juwe elcin be
돌아가라. 돌아간 후에 상을 주겠다" 라고 말하고 그의 두 사신을

suijan, uge i emgi unggihe bihe, tere elcin de amasi karu hendufi
수이잔· 五哥와 함께 보냈다. 그 사신에게 회답하여 말하여

unggihe gisun, abka be dabume amba gisun gisurerengge, abka
보낸 글, 「하늘을 믿고 큰 소리를 치는데, 하늘이

gajihakū oci, simiyan, liyoodung, guwangning, ere bade meni 7/8
데려오지 않았으면, 瀋陽· 遼東(遼陽)· 廣寧 이 땅에 우리

cisui adarame bahafi jimbi, si unenggi mangga oci, hecen ci tucifi
마음대로 어찌 올수 있겠는가? 네가 진실로 강하면 성에서 나와

ainu afarakū, dorgon, yeru de dosika gese hecen i dolo tefi beyebe
어찌 싸우지 않는가? 오소리가 굴에 들어간 것처럼 성 안에 앉아 몸을

somifi cokto gisun ainu gisurembi, dorgon be neneme feteme
숨기고 오만한 말을 어찌 말하는가? 오소리를 먼저 (굴을) 파서

baharakūci, coo uldefun ganafi, jai dasame feteci geli bahambi kai,
잡지 못하면 삽· 호미를 가지고 또 다시 파면 다시 잡을 수 있는 것이다.

suwe, suweni dorgi cooha be isinjikini seme tuttu dere, be inu
너희는   너희   内地 병사가   오기를 바라고   그러는 것이리라. 우리 또한

ubade baibi tuwakiyahabio, suweni cooha be 8/9 jidere ayoo seme
여기에서 괜히 지키고 있었겠는가? 너희 병사가   오겠거니   하여

alime bikai, si ainci suweni dorgi bithei mejige isinjifi coktolome
기다리고 있는 것이다. 너는 아마 너희 内地에서 문서로 소식이 와서 교만하게

gisurembi dere, sini anggala, be inu donjihabi, te bicibe gashūfi
말하는 것이리라.   너 뿐만 아니라 우리도 들었다.   지금이라도 맹세하여

sini emu minggan niyalma be tucibu, be juwan niyalma be tucibure,
너의   1천명을   내보내라. 우리는 10명을   내보낼 것이다.

terei afara be muse ilifi tuwaki, si gisurerakū ba be ibefi tehe waka
그들이 싸우는 것을 우리는 서서 보겠다. 네가 말없이   땅을 진입해서 점거한 죄를

seci, si hecen be waliyafi dosi gene, be gashūfi sini 9/10 niyalma be
말한다면, 네가 성을 버리고   内地로 가라. 우리는 맹세코 너의   사람을

emke hono necirakū tucibufi unggire, tuttu akūci hecen de bisire
하나도   범하지 않고 내어 보낼 것이다. 그렇지 않으면   성에   있는

ihan, morin, aisin, menggun, suje, ulin be gemu gaji, meni cooha
소·   말·   금·   은·   비단· 재물을 모두 가져오라. 우리 병사는

bederere, amala acara jalin de, han de bithe wesimbufi wacihiyame
회군할 것이다. 그 후에 화친을 위해   황제에게 글을   상주하여   모두

gisure, si šang bure seme hendurengge, bi sini jušen biheo, bi
말하라. 네가 상을 주겠다고   말하는데,   내가 너의 屬民인가?   나와

monggo juwe gurun doro acaci ahūn deo arafi, ishunde bume gaime
몽고 두 나라는 화친하면   형제가   되어 서로   주고 받으며

banjimbi dere 10/11 seme hendufi unggihe,,
산다」   라고 말하여   보냈다.

○ tere inenggi, ning yuwan i yuwan du tang juwe niyalma be
   그 날,   寧遠의   袁(崇煥) 都堂이   2명에게

bithe jafabufi ginjeo de takūrara be, hecen kederere coohai niyalma
글을 쥐여주어 錦州에   파견한 것을   성을   순찰하는 병사가

bahafi emke be waha, emke be weihun jafafi benjihe, tere takūraha
붙잡아 1명을 죽이고 1명을   생포하여   보내왔다.   그 보낸

bithe de henduhengge, yuwan cung hūwan i bithe, 11/12 gi loo siyan
글에서   말하기를,   「袁崇煥의   글을   紀(用) 老先生

šeng amban niyalma de hengkileme wesimbuhe, jušen i boco ehe cooha
   대인에게   고두하여   올립니다.   주션의 안색 험악한 병사들이

gelhun akū amban niyalma simbe hecen i dolo kaha, musei mukei
  감히   대신   당신을   성 안에   포위했습니다. 우리의 水軍

cooha ninggun nadan tumen šanaha de isinjihabi, ji jeo, siowan fu i
      6-7 만명이   산해관에   이르렀습니다. 薊州·   宣府의

cooha inu isinjihabi, ciyan tun wei, ša ho šo, jung heo šo i cooha,
군사도　　　도착했습니다.　　　　前屯衛·　　　沙河所·　　　中後所의　　　군사가

gemu ning yuwan de isinjihabi, ba ba i 12/13 monggo i cooha gemu
모두　　영원에　　　　도착했습니다. 곳곳의　　　　　　몽고　　　군사가　모두

isinjifi, tai lo šan de sabumbi, te cooha jurambi, ainci jušen i uju be
이르러　臺樓山에　　　보입니다. 이제 군대가 출발할 것입니다. 아마도 주선이 머리를

muse de bure inenggi ohobi, amban niyalma sini mujilen be
우리에게　내주는 날이 될 것입니다.　　　대신　　　당신의　마음이

joborahū, coohai niyalma be olhorahū seme neneme niyalma
괴로울까,　　　병사가　　　　　두려워할까 하여　　먼저　　사람을

takūraha, jušen i cooha hecen i da de latunjirakū be hendumbi dere,
보냈습니다.　주선　병사가　성　　아래에 가까이오지 못할 것을 말씀드립니다.

musei isabuha ai hacin i poo akū, sinde ginjeo 13/14 hecen be
우리가 비축한 어떤 종류의 炮인들 없겠습니까? 당신에게 錦州城을

tuwakiyara coohai hūsun hono fulu bi, faksikan i tuwakiyaci, i
지키는　　　군대의　　병력도　　　　많이 있습니다. 꼼꼼하게 지키면 그들이

adarame mutembi, si aikabade elcin takūraci sini galai bithe arafi
어찌 할 수 있겠습니까? 당신이 만약　사신을 보내려면 당신의 손으로 글을 써서

unggi, sini araha bithe be bi sambi,,
보내십시오. 당신이 쓴 글을　　제가 압니다.」

○ tere inenggi, manggūltai beile, jirgalang taiji, ajige taiji, yoto
　그 날,　　　　망굴타이 버일러·　지르갈랑 타이지·　아지거 타이지·　요토

taiji, sahaliyen taiji, hooge taiji 14/15 komso cooha be gaifi ta šan de
타이지·사할리연 타이지·호오거 타이지가　　　적은　　병사를　　데리고　塔山에

jeku ganame genere niyalma be dalime geneci, nikan i juwe tumen
곡식을 가지러　　가는　　사람을　　　호위하러 가는데,　한인의　　2만

cooha jidere be, juleri tucibuhe jakūnju niyalma gidafi bošome wame
군사가　오는 것을　　앞서　출발시킨　80명　　사람들이　공격하여 추격하고 죽여

gamara de, morin uksin saca waliyafi jugūn jugūn i burulaha,,
처치하자　　　말·　갑옷과 투구를　버리고　　여러 길로　　　달아났다.

○ juwan nadan de, ing gurifi ginjeo hecen i 15/16 wargi hošo de
　17일에,　　　　營을 옮겨　錦州城의　　　　　서쪽　모퉁이에

hanci ibefi, juwe ba i dubede bakcilame tataha, tere inenggi baha
가까이 전진하여　2里　끝에　　마주보며 숙영했다.　그　날　　얻은

nikan monggo be ginjeo de sindafi unggihe,,
한인과　몽고를　　錦州로　　놓아 보냈다.

○ juwan jakūn de, ginjeo hecen i hafasa coohai niyalma be futa
　18일에,　　　　錦州城의　　관원들과　군사에게　　　“밧줄로

i wasime jio seme bithe arafi sirdan i da de hūwaitafi hecen i dolo
내려오라”고　　　　글을 써서　　화살의　밑에 묶어　　　성　안으로

16/17 gabtaha, tere bithe de henduhengge, hecen i dorgi yaya hafasa
　　　　쓰았다.　　　그　　글에서　　말하기를,　　　　　「성의　　안　　모든 관원들과

coohai niyalma suwe yuyume katame bucere anggala, futa i wasime
　군사들,　　　　너희는　굶주리고　말라　　죽느니　　　　밧줄로 내려

jio, suwembe suweni ama eme juse sargan de acabume sindafi unggire,
오라. 너희를　　너희의　부모·　　처자와　　　만나게　놓아　보내겠다.

meni cooha isinjiha inenggi juwe minggan funceme niyalma be sindafi
우리　군대가　도착한　날　　　2천　　　남짓의　사람을　　　놓아

unggihe be, suwe inu donjiha dere, be ere niyaha hecen[3] be waliyafi
보낸 것을　　너희도　들었을 것이다. 우리가 이 곧 함락될 성을　버리고

17/18 genembio, meni hecen afara cooha wan kalka olbo isinjiha, te
　가겠느냐? 우리가 (錦州)城을 공격할 군대와 사다리·방패차·綿甲이 도착했다. 지금

afame gaimbi kai, meni afara onggolo hecen ci wasifi suweni ama eme
공격해 취할 것이다.　우리가 공격하기 전에　성에서　내려와 너희의　부모

juse sargan de acanafi ergen banjici eheo,　yaya hafasa dosime jici
처자와　　　만나러 가서 목숨을 부지하면 나쁜가?　모든 관원들이 (후금으로)들어오면

amba gung arafi ujire,, 18/19
큰　　공으로 삼아 보살피겠다.」

○ tere yamji suna efu be, jakūn gūsai monggo i cooha be morin be
　그날 밤,　수나 어푸에게　「팔기　　　몽고의 군사와　말을

3　niyambi는 썩었다는 의미이다. 'niyaha hecen'은 곧 함락될 성을 의미한다.

simnefi, bahara be tuwame gamame dobori dulime genefi, ta šan i
골라   얻을 것을 보러   데려가   밤을 새워 가서   塔山의

cargi be kame ili seme unggihe, tere dobori dulifi orin juwe de nikan
저편을 포위하고 진을 치라"고 보냈다.   그   밤을 새워   22일에   明의

i juwe minggan cooha be sabufi, suna efu tu be gaifi dosifi bata be
  2천   군대를   보고   수나 어푸가 纛을 가지고 들어가   적을

gidafi bošome wafi 19/20 emu tanggū susai funceme morin baha, tere
격퇴하고 추격해 죽이고   150마리 남짓의   말을 얻었다.   그

baha olji morin be genehe monggo i beise ambasa de šangnaha,,
얻은 포로와 말을 (공격하러) 간 몽고의 버일러들· 대신들에게 상으로 주었다.

○ orin sunja de, gūsai ejen borjin hiya, fujiyang turgei, amala
    25일에,   구사의 어전 보르진 히야· 부장 투르거이가 뒤에서

dame jidere cooha be gaifi coohai ing de isinjiha,, 20/21
도우러 오는 군대(後援兵)를 이끌고 군영에   도착했다.

○ orin nadan de, han, ilan amba beile, geren taijisa, emu gūsa de
    27일에,   한이 세 大 버일러·   여러 타이지들· 1개 구사에

emte fujiyang, bayara ing suwaliyame ilan minggan cooha be gaifi,
1명씩의 부장·   바야라[4] 營을   섞어   3천의   군대를 이끌고

---

4   bayara는 후금 시기의 정예병이고, 청대 護軍營과 前鋒營의 前身이다. 1634년(천총8) bayara를 개칭
    하여 bayarai tu로 명명했고, 1660년(순치17) 한어 명칭을 護軍이라고 제정했다.

dosi ning yuwan i ergide cooha acarao seme baime, gūlmahūn erinde
안으로　　寧遠　　　쪽으로 (明의) 군대를 만날까하고　바라며　　　卯時에

ing ci juraka, tere dobori dulifi, orin jakūn i cimari, 21/22 ning
영에서 출발했다.　그날 밤을 새워　　　28일　　　아침　　　　영원을

yuwan be kame cooha feksici, ning yuwan i amargi ala de, nikan i iogi
　　　포위하러 군대가 내달리니　　　영원의　　　북쪽 언덕에　　명의 遊擊

hergen i juwe hafan, yafahan cooha emu minggan juwe tanggū
職의　　　2명의 관원·　　　보병　　　　1,200여명이

funceme ulan fetefi, sejen i kame hoton arafi, poo miyoocan faidafi
　　　참호를 파고　　수레로 둘러싸 성을 만들어 포와 조총을　　배치하고

ilihabi, han, beise, geren cooha be gaifi, ning yuwan i baru cooha
陣치고 있었다. 한이 버일러들과 여러 군사를 이끌고　　　영원을 향해　　군대를

faidafi iliha, tere yafahan cooha de, 22/23 manju ing ni cooha, monggo
배치하고 진을 쳤다. 그　보병에게　　　　　　　　　만주 營의　　군대,　　몽고의

i cooha be sindafi afabufi, emu majige andande uthai gidafi gemu
　군대를　　풀어 공격하게 하니 한 짧은　　순간에　　곧　격퇴하고 모두

waha, wame wajime, ning yuwan i hecen i dergi dere de nikan i man
죽였다. 죽이기를 마치고　영원성의　　　　　　동측에　　　명의 滿(桂)[5]

5　‘man dzung bing guwan’은 滿桂를 가리킨다. 滿桂(?~1630)는 몽고인으로 어렸을 때 明으로 이주해
　　宣府에서 거주했다. 용감하고 騎射에 능해 參將까지 올랐고 天啓 초에는 副總兵을 맡았다. 원숭환과
　　함께 寧遠을 수비했고 崇禎 초에는 大同總兵이 되었다. 1629년(崇禎2) 청군이 京師 부근까지 진격하
　　자 군사를 이끌고 방위했으며 武經略에 제수되어 청군을 막는 데 진력했지만 崇禎2년 12월 16일
　　(1630.1.28) 전사했다.

dzung bing guwan i cooha, mi yūn i cooha, hecen ci juwe ba i
　총병관의　　　　　　군대와　密雲의　군대가　　성에서　　2리

dubede tucifi, julergi dere de faidafi, amargi dere de uku arame[6] ilifi,
끝으로　나와　남측에　　　포진하고　북측에　　　함정을 만들어 진을 치고

hecen i jakarame poo miyoocan 23/24 faidafi tuttu bisire de, han,
　성의　측면을 따라 포와 조총을　　　　배치하고 그렇게 있을 때에　한과

beise hebešefi,　　ede uthai dosifi afaci, hecen i hanci bata be oyombume
버일러들이 상의하여 "여기에 바로 들어가 공격하면　성 가까이의　적을　태반을

bahafi warakū, musei cooha amasi bedereme tuwaki seme iliha baci
죽일 수가 없다.　우리　군대를 뒤로　철수해 (사태를) 보자"라며　진을 친 곳에서

amasi ala dabame bederefi tuwaci, nikan i cooha julesi jiderakū ofi
북쪽 언덕을 넘어　철수해서　보니　명의 군대가　앞으로 오지 않자

han, beise, beye gaifi uthai cooha sindafi sain morin i 24/25 niyalma
한이 버일러들을 몸소 이끌고 즉시 군사를 풀어　좋은 말의　　　사람은

juleri, lata ehe morin i niyalma amala, morin i feksire hūsun i teile
앞에서,　느리고 나쁜 말의　사람은　뒤에서　말이　달리는　힘껏

tantandume dosifi, uthai gidafi bošome wame gamahai, ning yuwan
일제히 (채찍) 때리며 진격해 곧 격퇴하고 추격해 죽여　가면서　영원성의

6　[簽註] gingguleme baicaci, jakan toktobuha fe manju gisun i bithede uku arame sere gisun, uthai
geoden arame sere gisun inu sehebi,,
　삼가 찾아보니 최근 정해진『舊淸語』에서 'uku arame'(덫을 만들고)라는 말은 곧 'geoden arame'(기
만책을 만들고)라는 말이라고 했다.

i hecen i ulan de sacime gabtame wahangge, uksin saca loho gida
해자에 베고 활 쏘아 죽인 자, 갑주· 腰刀· 창을

waliyafi burulame ulan de tuhekengge, feye bahafi tuhekengge, umai
버리고 도망치다 해자에 빠진 자, 부상을 입어 빠진 자로 전혀

jaka akū, tuttu tuhebume wafi amasi bederehe, tere afara de 25/26
틈이 없이 그렇게 빠뜨려 죽이고 되돌아왔다. 그 공격할 때에

sahaliyen beile, wakda age feye baha, tereci bedereme jime, šuwang
사할리연 버일러· 왁다 아거가 부상을 입었다. 그 후 돌아 와서 雙樹舖에서

šu pu de deduhe, tere inenggi ginjeo hecen i cooha tucifi, musei cooha
숙영했다. 그 날 錦州城의 군대가 나오자 우리의 군대가

okdofi afafi, nikan be gidafi bošome hecen de amasi dosimbuhabi, tere
맞이하여 싸워 명을 격퇴하고 추격해 성으로 되돌아 들어가게 했다. 그

afara de gioroi baisan iogi, bahi beiguwan, geren be aliyarakū bata i
공격할 때에 기오로 바이산 遊擊· 바히 備禦官이 무리를 기다리지 않고 적의

feniyen de afame dosifi gaibuhabi, 26/27 orin uyun de, šuwang šu pu
무리로 공격해 들어갔다가 전사했다. 29일에 雙樹舖

ci jurafi g'ao kiyoo de deduhe, gūsin de g'ao kiyoo ci jurafi ginjeo
에서 출발해 高橋에서 묵었다. 30일에 高橋에서 출발해 錦州에

de isinjiha manggi, ginjeo hecen i baru emgeri poo sindafi, yehere
도착한 후 錦州城을 향해 한번 포를 쏘고 소라 나팔·

buren, monggo buren, ihan buren burdehe manggi, julesi katarame
　　　몽고 나팔·　　　쇠뿔 나팔을　분　　후　앞으로 속보로 가면서

emu jergi kaicaha,　tuttu ilan jergi kaicafi, han, beise, meni meni
한번　　함성을 질렀다. 그렇게　세 번 함성을 지르고 한과 버일러들이 각각

cooha be gaifi ing de dosika, 27/28 ginjeo hecen i cooha tucike de afafi
군대를　　이끌고 영으로 들어갔다.　　　　錦州城의　　군대가　나왔을 때　공격하다

akū oho baisan de <u>beise i giran i niyalma</u>[7] seme, niyalma, morin, ihan
죽은　　바이산에게 버일러들의 혈통인　자　라고 하여　사람·　말·　소

uheri ninju buhe, bahi de dehi buhe,,
모두　60을 주었다.　　바히에게 40을 주었다.

○　ninggun biyai ice de, man dzung bing guwan i cooha, mi yūn
　　　　6월　　　1일에,　　　滿(桂) 총병관의　　　군대·　密雲의

i cooha be gidaha doroi 28/29 jakūn ihan wafi tu wecehe, tere dain de
　군대를　격퇴한　禮로　　　　8마리의 소를 잡아서 纛祭를 지냈다. 그 전투에서

baha olji morin be, dain de akū oho niyalma de buhe, dain de akū
얻은　포로와 말을　　전투에서　사망한　사람에게　주었다.　전투에서 사망한

oho baisan iogi, bahi beiguwan i giran de, han genefi arki hisalafi
　　바이산 유격,　바히 비어관의　　시신에　　한이 가서 소주를　올리고

7　[簽註] gingguleme kimcici, ere beise i giran i niyalma sere gisun, ainci beise i emu uksun i niyalma
　　sere gūnin dere,,
　　삼가 고찰하건대 이 'beise i giran i niyalma'(버일러들의 혈통인 사람)라는 말은 아마도 'beise i emu
　　uksun i niyalma'(버일러들과 같은 宗室 사람)라는 뜻일 것이다.

songgoho,,
못했다.

○ ice ilan de, jakūn gūsai wan kalka 29/30 afara ai ai agūra be,
　초 3일에,　　　　팔기의　　　사다리·방패차·　　공격할 각종 무기를

jergi jergi faidafi afara babe tuwaha,,
　겹겹으로　배치하고 공격할 곳을　　살펴보았다.

○ ice duin de, ginjeo hecen i julergi dere de afame, gūlmahūn
　초 4일에,　　　　錦州城의　　　　남측으로　　　공격해　　　卯時에

erinde ibefi muduri erinde afaki seci, hecen i jakai ulan šumin,
　　전진해　　辰時에　　공격하려 했으나 성 부근의　　해자가　깊고

tere inenggi alimbaharakū halhūn ofi, afaci hamirakū, meihe erinde
　그 날　　　견딜 수 없이　　더워서　　공격했지만 여의치 않아　巳時에

30/31 bederehe, tere afaha de, coohai niyalma ambula bucehe, amba
　철수했다.　　그 공격했을 때　　병사가　　　많이　　죽었다.　대군이

cooha amasi bedereme, ice sunja de ginjeo ci jurafi, juwan juwe de
　　후퇴하여　　　　초 5일에　　錦州에서 출발해　　12일

bonio erinde han, simiyan i hecen de isinjiha,,
申時에　　　　한이　　瀋陽城에　　　도착했다.

○ juwan juwe de, cahar i aohan i beise gurun yooni, naiman i
　12일에,　　　　"차하르의　아오한의 버일러들과 국인 모두,　나이만의

beise gurun yooni ubašame jimbi seme, dain genefi jidere de, 31/32
버일러들과 국인이 모두 배반해 온다"고 하여, 전쟁 갔다 올 때에

hoton de tehe beise okdome takūraha bihe, tere inenggi hoton de
성에 있던 버일러들이 맞이하러 보냈었다. 그 날 성에

dosifi jihe ilan elcin, emu gūsai emte niyalma de beise i morin
들어와서, 온 3명의 사신과 1개 구사의 1명씩의 사람에게 버일러들의 말을

yalubufi, ubašame jidere tašao mujanggao tuwana seme takūraha,
태워서 배반하고 오는 것이 거짓인지 참인지 보러가라 하고 보냈다.

takūraha niyalma be jurceme jidere mujangga, fe liyoo yang ni bira de
보낸 사람들과 엇갈려, "오는 것이 맞습니다. 옛 遼陽의 강에

isinjihabi seme, aohan naiman i ilan elcin juwan ninggun de
이르러 있습니다"하며 아오한· 나이만의 3명의 사신이 16일에

alanjiha,, 32/33
알려 왔다.

○ juwan nadan de, omdzat corji lama be jimbi seme, asidarhan,
　　17일에, 　　　옴자트 초르지 라마가 온다 하여, 아시다르한과

dayaci, jakūn niyalma be gaifi okdobuha,,
다야치가 8명을 데리고 맞도록 했다.

○ orin emu de, abang hošooci, guyeng hošooci, keoken baturu
　　21일에, 　　　아방 호쇼오치· 구영 호쇼오치· 커오컨 바투루 (등)

tofohon isire niyalma elcin jihe, jihe gisun, meni cahar han, ahūn
15명에 이르는 사람들이 사신으로 왔다. 와서 말하기를, "우리 차하르의 한이 兄

deo be takarakū, doro efulere jakade, sure han be baime jihe, membe
弟를 알아보지 않고 도를 무너뜨렸기 때문에 수러 한을   찾아 왔습니다. 우리를

aibide te sembi, 33/34 han i ciha, han hendume, suwe cahar i han,
어디에 살아라 하시든지   한의 뜻입니다." 한이 말하기를,   "너희 차하르의 한이

ahūn deo be takarakū, doro efulembi seme mimbe baime jici, bi ba be
형제를   알아보지 않고 도를 무너뜨린다고 하여 나를   찾아 오니, 내가 땅을

ainu bilambi, suweni cihangga bade te seme henduhe,,
어찌 제한하리오? 너희가 원하는   땅에서 살라"라고 말했다.

○ orin sunja de, han, emu minggan sunja tanggū cooha be gaifi
  25일에,   한이   1,500명의   군사를   이끌고

okdome, meihe erinde juraka, orin ninggun de durbi 34/35 ala de
맞이하러 辰時에 출발했다.   26일에   두르비   구릉에서

deduhe, tere dobori elcin takūraha ajuhū, aršan, monggo i elcin aohan i
숙영했다. 그 밤, 사신으로 보냈던 아주후·아르샨, 몽고 사신으로 아오한의

dureng, secen joriktu, naiman i hūng baturu, ilan beile i elcin
  두렁·세첸 조릭투와 나이만의 훙 바투루, 세 버일러의 사신이

isinjiha, elcin i gisun, amargi uncehen be aliyaci, han, amba niyalma
이르렀다. 사신의 말이,   "후미를   기다리시면 汗 윗 사람이

neneme jifi aliyaci ehe seme, aohan i dureng, naiman i hūng baturu
먼저　　와서 기다리니 좋지 않다고 아오한의 두렁·　　나이만의　　훙 바투루

juwe beile neneme jimbi, secen joriktu buya beise be gaifi uncehen be
두　버일러가 먼저　옵니다. 세첸 조릭투는　小 버일러들을 이끌고　　후미를

gajime jimbi, jai nikan i elcin, 35/36 manju de ainu genembi, cende
데리고　옵니다. 또 明의　　사신이　　　만주에게로　왜　가는지,　그들에게로

jio seme, juwe jergi bithe jafafi jihe bihe, bithe be neneme gajiha,
오라고　　　　두 번　글을 가지고 왔었습니다. 글을　　먼저　가져왔습니다.

juwe elcin be amala jafafi gajimbi,,
(명의) 두 사신을 이후에　잡아서 데려올 것입니다."

○ orin ilan de, han hendume, doroi jurgan i ambasa, meni meni
　　23일에,　　　　　　한이 말하기를,　"治理하는　　　대신들은　　각각의

gūsai usin weilehe weilehekū be, jeku bisire akū be baica, 36/37 usin
구사가 밭을 갈았는지　갈지 않았는지,　식량이 있는지 없는지를 조사하라.　　　밭을

weilehekū, jeku akū niyalma be, ahūn deo bisire niyalma oci, ahūn
갈지 않았고 식량이 없는　사람을　　　　　형제가　있는　　사람이라면

deo de acabu, ahūn deo akū emteli niyalma oci, niru de jeku bisire
형제에게 붙여주라.　　형제가　없는　독신이라면　　　　니루에서 먹을 것이 있는

bayan niyalma de acabu, beise i dahara sain niyalma oci, jeku akū
　부자에게　　　　붙여주라. 버일러들에게 투항한 좋은 사람이라면　식량이 없고

usin weilehekū turgun be geterembume fonjifi, beise de ala, te donjici,
밭을 갈지 않은 이유를 명료하게 물어 버일러들에게 알리라. 지금 들으니,

hūlha dekdefi morin yalufi niyalma wame hūlhame yabumbi sere, 37/38
도둑이 흥하여 말을 타고 사람을 죽이고 훔친다는데,

gašan i bošokū, gašan i fu efujehe babe dasarakū, hūlha be baicarakū
촌락의 領催가 촌락의 담장 무너진 곳을 보수하지 않고 도둑을 조사하지 않으면

oci, simbe hūlhai emde suwaliyambi,[8] morin i mafa, si morin be sula
너를 도둑과 함께 연좌할 것이다. 말의 말먹이꾼, 네가 말을 버려

sindafi yalubufi hūlhame yabuci, simbe suwaliyambi, duka tuwakiyara
두어 타게 해서 훔치면 너를 연좌할 것이다. 문 지키는

niyalma, erin akū dosire tucire niyalma be saikan kimcime baicarakūci,
자가 시도 때도 없이 드나드는 사람을 잘 상세하게 조사하지 않으면,

simbe hūlha de suwaliyambi, usin, jeku, morin, ai ai jaka be
너를 도둑과 연좌할 것이다. 밭·식량·말, 각종 물건을

baicame genehe ambasa de, gašan i bošokū, si gašan i niyalma de 38/39
찾으려고 간 대신들에게 촌락의 영최 네가 촌락 사람들에게

alban jafafi ulebuci, gašan i bošokū de weile, jeci jeke amban de
貢物을 취해서 먹이면 촌락의 영최에게 죄이고, 먹으면 먹은 대신에게

---

8 [簽註] gingguleme baicaci fe manju gisun i bithede, emde suwaliyambi sere gisun, uthai emu adali
suwaliyame weile tuhebumbi sere gisun inu sehebi,,
삼가 찾아보니 『舊淸語』에 'emde suwaliyambi'(함께 섞는다)라는 말은 바로 'emu adali suwaliyame
weile tuhebumbi'(하나로 섞어서 죄에 처하다)라는 말이라고 했다.

weile, gašan de alban jafafi jeke turgunde, jarku gebungge niyalma
죄가 있다. 촌락에서 곡물을 취해 먹은   이유로 자르쿠   라는   자를

be waha kai seme fafulaha, gurun yuyume ofi, emu sin jeku de
죽였다" 라며 금지했다. 국인이   굶어서   1金斗[9] 곡식이

jakūn yan menggun salimbihe, irgen niyalmai yali be inu jeke,
   8량 銀에   상당했다. 백성이 사람의 고기도   먹었다.

tere ucuri gurun de menggun elgiyen, hūdašara ba akū ofi, menggun i
  그 때 나라에   은은 풍부했으나 거래할 곳이 없어서   은의

hūda ja, ulin 39/40 yaya jaka i hūda mangga, emu yebken morin de,
가격은 싸고 재산의   모든 현물의 가격은 비쌌다.   1마리 근사한 말에

ilan tanggū yan menggun, emu sain ihan de, emu tanggū yan,
   300량 은,   1마리의 좋은 소에   100량 은,

emu gecuheri de, emu tanggū susai yan, emu mocin de, uyun yan
  1필의 蟒緞에   150량 은,   1필의 毛靑布에   9량 은이

salimbihe, holo hūlha dekdefi, morin ihan hūlhara, niyalma
  상당했다.   도적이   흥하여   마소를   훔치거나 사람이

wanure facuhūn oho manggi, ambasa dosifi han i baru wesimbume
서로 죽여 혼란하게 되자,   대신들이 들어가서 한에게   상언하여

hendume, hūlha be wame iseburakūci, nakarakū kai, 40/41 han hendume,
말하기를, "도적을 죽이고 징계하지 않으면 멈추지 않을 것입니다." 한이 말하기를,

---

9 'sin'은 부피의 단위로, 18가(1斗8가)이며 金斗로 번역된다.

ere aniya gurun jeku ufarafi, irgen yuyume bucere isifi hūlhambi kai,
"올 해   나라가 식량을 잃어   백성이   굶어   죽기에 이르러 도둑질 하는 것이다.

nambuhangge be tantafi sindaki, namburakūngge guwekini, jeku
잡힌 사람은   때리고 놓아주자. 잡히지 않은 사람은 죄를 면하게 해 주자. 식량

ufaraha weile muse de bi, irgen de akū seme hendufi, tere aniya
잃은   죄는 우리에게 있다. 백성에게 없다" 라고   말하니,   그 해

šajin be sulakan obufi, ku i menggun tucibufi irgen de salaha,,
법령을   느슨하게 하고 庫의   은을   내어   백성에게 나누어주었다.

tongki fuka sindaha hergen i dangse
點·圈을 찍은 문자의 檔子

nadaci debtelin
7권

sure han i sucungga aniya nadan biyaci jakūn biyade isinahabi
천총 원년 7월부터 8월까지

tongki fuka sindaha hergen i dangse,,
　點　圈을　　찍은　　문자의　　　檔子

○ nadan biyai ice duin de, han, dahame jidere monggo i beise
　　　7월　　초 4일에,　　한은　항복하러　오는　몽고의　버일러들

be okdome, durbi ala ci liyoha be doome ibefi, juwan ba i dubede
을　맞이하러　두르비 구릉으로부터 遼河를 건너　나아가서　10里　　앞에서

tataha,,
묵었다.

○ ice sunja de, dahame jihe monggo i beise be acabure de, 1/2
　　초 5일에,　　항복하러 온　몽고의 버일러들을　만나게 할 때에

han, geren beise be gaifi ing tucime okdofi, acaha bade han, dahame
한은 여러　버일러들을 이끌고 營을 나가　맞이하여 만난 곳에서 한은 항복하러

jihe monggo i beise be gaifi abka de ilan jergi hengkilehe, hengkileme
온　몽고의　버일러들을 이끌고 하늘에　세　번　고두했다.　　고두하기를

wajiha manggi, han, bederefi soorin de tehe, amba beile ici ergi de
　끝낸　후　한은 물러나서 옥좌에　　앉았다. 大 버일러는 오른 쪽에

tehe, amin beile hashū ergi de tehe, geren beise ambasa, meni meni
앉았다. 아민 버일러는 왼 쪽에　　앉았다. 여러 버일러들·대신들은 각자

gūsa gūsai faidaha, dahame jihe monggo i beise, 2/3 han i ing de
구사 별로 정렬했다. 항복하러 온 몽고의 버일러들은 한의 營에

dosime jifi, jakūn morin de enggemu tohofi yarhūdame julesi ibefi
들어 와서 여덟 말에 안장을 매어 끌고 앞으로 나아가서

hendume, be cahar i han be ehe seme, sure han be baime jihe, han
말하기를, "우리는 차하르의 한을 나쁘다 하고 수러 한을 찾아 왔습니다. 한

de hūturi baime hengkilembi seme han de gisun wesimbuhe, han
에게 福을 구하여 고두합니다" 라고 한에게 말을 올렸다. 한은

hendume, cahar i han be ehe seme, mimbe baime 3/4 goro baci jobome
말하기를, "차하르의 한을 나쁘다 하고 나를 찾아 먼 곳에서 고생하여

jihe beise be, bi ainu hengkilebumbi, gese tebeliyeme acaki sehe
온 버일러들을 내가 어찌 고두시키겠는가? 같이 포옹하여 만나자"라고 하자

manggi, monggo i beise jabume, meni bade bici, tebeliyeme acambi
몽고의 버일러들이 답하기를 "우리의 땅에서라면 포옹하여 만날

dere, han be baime jifi, han i irgen ofi han de hengkilerakūci,
것입니다. 한을 찾아 와서 한의 백성이 되어 한에게 고두하지 않으면

giyan de acarakū, han de hengkilefi, ilan amba beile de hengkileki
이치에 맞지 않습니다. 한에게 고두하고 세 大 버일러에게 고두하겠습니다"

seme 4/5 jabuha manggi, beise jabume, goro baci jobome jihe beise be,
라고 답하자, 버일러들이 답하기를, "먼 곳에서 고생하여 온 버일러들을

be ainu hengkilebumbi, han de hengkilehe manggi, muse se i ahūn i
우리가 어찌 고두시키겠는가? 한에게   고두한   후   우리는 나이로 兄을

bodome acaki seme jabuha manggi, dahame jihe monggo i beise, han
헤아려 만나자" 라고   답한   후,   항복하러 온   몽고의 버일러들이 한

de hengkileme jidere de, han, geren beise ambasa gemu iliha, monggo
에게   고두하러   올 때에 한· 여러 버일러들· 대신들이 모두 일어섰다. 몽고

i beise hengkilere de, han ishun tebeliyehe, tereci ilan amba beile,
의 버일러들이 고두할 때에 한은 마주 포옹했다.   그 후 세   大 버일러·

geren beise, 5/6 dahame jihe monggo i beise, se i bodome ishunde
 여러 버일러들·   항복하러 온   몽고의   버일러들은 나이를 헤아려 서로

tebeliyeme acaha, acame wajiha manggi, ceni gajiha arki anju be
 포옹하여   만났다. 만나기를 마친   후   그들이 가져온 소주와 안주를

han de angga isibuha, han i ici ergi de hūng baturu be tebuhe, hashū
한에게   입에 대게 했다.[1] 한의 오른 쪽에   훙 바투루를   앉게 했다. 왼

ergi de dureng, secen joriktu be tebuhe, buya taijisa be juwe ashan
쪽에   두렁·   세첸 조릭투를   앉게 했다.   小 타이지들을 두   측면

de tebufi, amba sarin sarilaha, monggo i ilan beile de acinggiyame
에 앉게 하고 큰 연회를 베풀었다.   몽고의   세 버일러에게 움직이는 듯

foloho enggemu hadala 6/7 tohohoi emte morin šangnaha, sunja morin
 조각한   안장과 굴레를   맨 1마리씩의 말을   상 내렸다.   5마리 말에

---

1 '입에 대게 했다'는 것은 '먼저 먹도록 했다'는 의미이다.

de jai jergi enggemu hadala tohohoi sunja taiji de šangnaha, dahame
　2등급　안장과　굴레를　채워　다섯　타이지에게 상 내렸다. 항복하러

jihe monggo i beise morin šangnaha doroi han de hengkilefi bederehe,,
온　몽고의　버일러들은 말을 상 내린　禮로　한에게　고두하고　물러났다.

○ ice ninggun de gashūha gisun, sure han, dergi abka de
초 6일에,　　맹세한　말. 「수러　한은　上天에

gashūmbi, cahar han ini doro be 7/8 efuleme, banjiha ahūn deo be
맹세한다.　차하르 한이 그의 道를　무너뜨리고　親　형제를

umai takarakū, weile akū sunja tatan i kalka be efulehe turgunde,
전혀　알아보지 않고 죄 없는　5部² 칼카를　파괴했기　때문에

aohan, naiman i beise, cahar han de eherefi, sure han de nikeki seme
아오한· 나이만의 버일러들이 차하르 한과　불화하여 수러　한에게 의지하자 하고

jihe be gūnirakū, jasei dolo dosimbufi ini irgen i adali gaifi banjici,
온 것을 생각지 않고 경계의 안에 들어오게 하여 그의 백성 처럼 취하여 살면

sure han, amba beile, amin beile, manggūltai beile, abatai, degelei,
수러 한· 　大 버일러· 　아민 버일러· 망굴타이 버일러· 아바타이· 더걸러이·

ajige, dudu, yoto, šoto, sahaliyen, 8/9 hooge, esebe gemu abka wakalafi
아지거· 두두· 요토· 쇼토· 사할리연· 　호오거 이들을 모두 하늘이 질책하여

2　tatan은 만주어에서 '야외의 오두막 숙소' 혹은 '3~4인을 단위로 하는 채집과 수렵을 위한 조직'을 가
　리킨다. 내칼카 5部의 '部'에 해당하는 몽고어는 '오톡'이다. 양자의 규모가 다른데도 몽고어 오톡을
　만주어 타탄으로 번역한 이유는 유목이나 수렵생활을 영위하기 위한 조직이라는 공통점 때문으로
　보인다.

se jalgan foholon okini, uttu gosime banjire de, dureng, hūng
수명을   짧게   하리라. 이렇게 아끼고   살   때에   두렁·   훙

baturu, secen joriktu, tusiyetu, daicing darhan, sanggarjai, ocir, dulba,
바투루· 세첸 조릭투· 투시예투· 다이칭 다르한· 상가르자이· 오치르· 둘바

ere geren beise suwe cahar i šusihiyere gisun de dosifi, membe
이   여러 버일러들 너희가 차하르의   꾀는   말에   빠져   우리를

waliyafi fudasihūn gūnici, suwembe abka wakalafi suweni se jalgan
버리고   반역할   생각하면 너희를   하늘이 질책하여 너희의   수명을

foholon okini, yaya niyalma gisurehe gisun de isibume banjici, 9/10
짧게   하리라. 모든   사람이   말한   말에   이르도록   살면

abka gosifi musei se jalgan golmin ofi, juse omosi fuseme tumen
하늘이 아껴서 우리의   수명이   길게   되어 자손들이   번성하고   萬

aniya minggan jalan de isitala jirgakini seme gashūha,,
年   千世에   이르도록 안락하리라」라고   맹세했다.

○ ice nadan de, monggo i beise, orin ihan, juwe morin, duin
초 7일에,   몽고의   버일러들이 20마리 소· 2마리 말·   400마리

tanggū honin wafi han be sarilaha, juwan de simiyan i hecen de 10/11
양을   잡아서 한에게 잔치를 베풀었다. 10일에   瀋陽城으로

amasi bedereme dobori jidere de, han i juleri tukiyehe hashū ergi
되 돌아가러   밤에   올 때에 한의   앞에   세운   왼쪽

dalbai ajige tu i ninggude, giltahūn genggiyen elden eldeke bihe,,
옆의 작은 纛의 위에 빛나는 밝은 빛이 비추었었다.

○ juwan de, solho de elcin genehe fujiyang lio hing dzo,
10일에, 조선에 사신으로 갔던 副將 劉興祚·

ts'anjiyang inggūldai emgi solho wang lii dzung, ini deo be bederebuhe
參將 잉굴다이와 함께, 조선의 왕 李倧이 그의 아우를 돌려보냈다

seme 11/12 baniha arame, fujiyang šen jeng hū, piyoo lan ing be
하여 감사를 드리며 副將 申景琥· 朴蘭英을

takūrafi, baci tucire doroi jaka benjime isinjiha, han yamun de tucifi
파견하고, 그 곳에서 나는 예물을 보내와서 도착했다. 한이 아문에 나가서

tehe manggi, solho i elcin fujiyang šen jeng hū, piyoo lan ing benjihe
앉은 후, 조선의 사신인 副將 申景琥· 朴蘭英이 보내온

ulin be yamun de faidafi, ini gurun i doroi hengkileme acaha, terei
재화를 아문에 정렬하고, 그 나라의 예로 고두하며 접견했다. 그

gajiha bithe de henduhengge, abkai 12/13 fejile silhata emhun gurun
가져온 글에서 말하기를, 「하늘 아래 외톨이로 혼자인 나라는

akū, duin jecen i tulergi de urunakū hanciki gurun bi, kamcifi
없고, 四界의 바깥에는 반드시 이웃한 나라가 있습니다. 모여서

hajilaci, juwe gurun de gemu elhe taifin i hūturi, temšeci, bata ofi
사귀면 두 나라에 모두 평안함의 복이고, 다투면 원수가 되어

irgen ishunde wabure bucere jobolon, dergi abkai gosin amban, terei
백성이 서로에게 죽임당하거나 죽는 우환입니다.　　上天의　　어짊은 크지만,　그

saišara ubiyarangge urunakū bikai, bi wesihun gurun i emgi meni
기리고　꺼리는 것은 반드시 있는 것입니다. 나는 귀국과　　　함께　각자

meni bilaha babe 13/14 tuwakiyame, ishunde nungnere dailarakū ududu
정한　곳을　　　　　지켜서,　서로에게　해끼치거나 공격하지 않고 여러

aniya oho kai, duleke weile ishunde waka uru be yaya gisurerakū
해가 되었습니다.　지난　일에 상대편의 그르고 옳음은　일체　말하지 말고

nakafi, damu ereci deribume acaha doro be enteheme akdulafi, dergi
멈추고,　다만 이제부터 시작하여　화친을　　영구히　　지켜서,　上天이

abkai irgen be gosire mujilen de acabume banjire be ambula buyere,
　백성을　아끼는　마음에　맞추어서　살 것을　몹시 원합니다.

sitahūn i deo be jiramin gosifi, cohome elcin takūrafi bederebume
　과인의　동생을　두터이 아끼시어,　특별히 사신을　보내　돌려보내며

benjire jakade, 14/15 akdun jurgan micihiyan akū be wacihiyame
배웅한 까닭에,　　　신뢰와 의리가　　얕지 않음을　　모두

saha, jai jihe bithe be tuwaci, goro goidame sain banjiki seme
알았습니다. 또한 온 글을　보면, 멀리 오래도록 잘 지내자 하며

henduhebi, tere meni gurun i canggi de emhun hūturi semeo, šumin
말했습니다. 그것이 우리　나라　　만에게　홀로 복이라 하겠습니까? 매우

urgunjembi, sirame henduhengge, ereci amasi, juwe gurun i irgen
기쁩니다.　　계속　　말하기를,　　　"이후　　　두　　나라의　　백성이

jase dabame ukaci, yaya ishunde amasi bederebuki, ume singgebure
경계를　넘어　도피하면, 모두　　서로　　　　되 돌려보내자.　　　빼돌리지 마라"

sehebi, tere gisun i songkoi ohode, 15/16 damu meni gurun i
했습니다. 그　　말에　따르게　　되면,　　　　　다만　우리　나라의

niyalma dain de gamabufi wesihun gurun de bisirengge, ama eme, ba
사람으로　전쟁에　끌려가　　　　貴國에　　　있는 자가　　　부모와

na be gūnime, ergen be šelefi ukame jimbi, tere niyalmai enen i
땅을 그리워해　목숨을　걸고 도망해 옵니다. 그것은 사람의　　자손의

gūnin i mohon[3], dergi abka seme gosire ba kai, bi irgen i ama eme
마음의 끝으로,　　　上天이라도　불쌍히 여기는 바인 것입니다. 나는 백성의 부모

ofi, dade dain i fonde karmame bahakū bime, ini cisui jihengge be
되어, 처음 전쟁할 때에　보호하지 못했으면서,　　그 스스로 온 것을

geli huthufi 16/17 beneci, uba abkai giyan de antaka, ainaha seme
다시 결박하여　　　보내면, 이는 하늘의　도리에 어떻겠습니까? 어떻게 해도

deribume jenderakū, jabšan de seolere be buyere, jai ere emu udu
차마 행할 수 없습니다.　다행스럽게 고려해주실 것을 바랍니다. 다시 이　　몇

3　[簽註] gingguleme kimcici ere gūnin i mohon sere gisun ainci gūninjahai umainaci ojorakū sere gūnin dere,,
삼가 고찰하건대 이 'gūnin i mohon'(마음의 끝)이라는 말은 아마도 'gūninjahai umainaci ojorakū' (생각해도 결코 할 수 없다)는 뜻일 것이다.

biya ci ebsi, dolo wesihun gurun be ferguweme gūnire be, emke
달로부터 이후, 마음으로   貴國을   의아하게 생각함을   일일이

emken i tucibume alarakūci, tere jingji akdun i banjindurengge waka,
     끄집어 내어 말하지 않으면, 그것은 깊은 신뢰로   함께 사는 것이 아닙니다.

dade gashūre de, meni meni ba na be tuwambi seme gisurefi, 17/18
 처음   맹세할 때   각자의   땅을   지킨다 하며 맹세하고,

cooha bederehe amala, funcehe geren geli meni bade tefi, irgen be
군사가   돌아간   이후,   남은   다수는 또 우리의 땅에 살며   백성을

bošome usin weilebure, duin ici tabcilame jeku be durime gaijara be
 독촉해 밭에서 일을 시키며, 사방에서   빼앗아   곡물을   약탈해 취한 것을

wesihun gurun sarkū semeo, ambula dade erehe ba waka, narhūšame
    貴國은   모른다 하십니까? 크게 처음에 바랐던 것이 아닙니다. 면밀히

gūnifi sain i icihiyara be buyere, tacibure be baime unenggi mujilen i
생각하여 좋게 처리하기를 바랍니다. 가르침을   바라며   진심으로

alambi, kimcime seoleki,, 18/19
말합니다. 심사숙고해 주십시오.」

○ juwan ninggun de, solho i elcin šen jeng hū, piyoo lan ing se
      16일에,   조선의 사신   申景琥·   朴蘭英 등이

genere de, solho wang de unggihengge, jakūn silun, seke tanggū, deo
 갈 때에,   조선 왕에게   보낸 것은 8장의 스라소니가죽· 貂皮 100장, 동생

de juwan duin seke, dobihi duin, ninju yan menggun, elcin jihe juwe
에게   14장의 貂皮·   여우가죽 4장·   60량 은,   사신으로 온   두

fujiyang de silun dahū   emte, gecuheri etuku emte, niruha enggemu
副將에게   스라소니 털가죽외투 1벌씩· 망단 옷 1벌씩·   그림 그린 안장과

19/20 foloho hadala kūdarhan tohohoi emte morin šangnaha, dain de
     조각한 굴레에 밀치⁴를 맨 1마리씩의 말을   상 내렸다. 전쟁에서

jafaha giyang gung liyei, piyoo lan ing juwe hafan i juwe jui de
잡은   姜弘立·   朴蘭英   두 관원의   두 아들에게

emte puse noho etuku, emte enggemu hadala tohohoi morin šangnaha,
1벌씩 흉배가 있는 옷·   1마리씩의 말안장과 굴레를 맨 말을   상 내렸다.

jai sindafi unggihe u hi nan, piyoo gui ing juwe hafan de emte morin,
그리고 놓아   보낸   吳信男·   朴葵英   두 관원에게 1마리씩의 말과

emte etuku šangnaha, dahame jihe dehi 20/21 nadan niyalma de mocin
1벌씩의 의복을 상 내렸다. 투항하여 온 47명의   사람에게   毛靑布

i etuku emte, juwete yan menggun šangnaha, sindafi unggihe hafan
  의복 1벌씩·   2량씩의 은을   상 내렸다.   놓아   보낸   관원

giyang gung liyei de uyunju yan menggun unggihe,,
     姜弘立에게   90량의 은을   보냈다.

○ nadan biyai juwan uyun de, sure han, solho i elcin šen jeng
     7월   19일에,   수러 한이   조선의 사신   申景琥·

4　밀치(鞦)는 말의 꼬리 밑으로 둘러서 안장 뒤에 잡아맨 끈이다. 안장이 앞으로 쏠리지 않게 한다.

hū, piyoo lan ing ni emgi asidarhan, bakiran be bithe jafabufi elcin
　　朴蘭英과　　　함께 아시다르한·　바키란에게 글을 쥐여주어 사신으로

21/22 unggihe, tere bithede henduhengge, muse juwe gurun weile akū
　　보냈다.　그　글에서　말하기를,　「우리　두　나라가　일　없이

sain banjire de, nikan i turgunde ehe oho, kemuni sain banjire
잘　지내는데　　明의　탓으로 나쁘게 되었다. 항상　잘 지내는 것이

giyan　ofi, abka dasame acabuha, ere acaha doro be yaya gemu
도리가 되기에 하늘이 재차　화해시켰다. 이　　화친을　　일체 모두가

hairame ishunde sain banjici, juwe gurun de gemu hūturi, abkai
아끼어　서로　잘 지내면,　두　나라에　모두　복이다.

fejergi gubci gurun donjici, musei gebu inu sain, acaha doro be buyeme
천하의 모든　나라가 들으면 우리의　평판에도 좋다.　　화친을　　　바라고

efuleci, tere 22/23 efulehe niyalma be abka wakalarakūn,　i jeo de
무너뜨리면, 그　　　해친　　사람을　하늘이 꾸짖지 않겠는가? 義州에

meni cooha tehengge, simbe akdarakū tehengge waka, muse dain
우리　군사가 주둔한 것은 너를　믿지 않아 주둔한 것이 아니다. 우리가 전쟁

ohongge nikan i turgunde dain oho, acaha doro be nikan geli
한 것은　　明의　탓에　전쟁이 되었다.　화친을　　　　明이 다시

efulerahū seme, nikan be tuwakiyame tehebi dere, te nikan be sini
무너뜨릴까 하여　　明을　감시하러　주둔하고있는 것이다. 지금 한인을 너의

jasei dolo olhon de halburakū oci, nikan be halburakū seme,　wang
경계의 안　내륙에　들이지 않겠다면, "한인을 들이지 않는다"라는　　王

deo sini bithe, i jeo de 23/24 tere irgen, tuwakiyara cooha jici, meni
아우 너의 글과　義州에　　　살　백성과　수비할　병사가 오면 우리

cooha uthai waliyafi jikini,　i jeo de tere irgen cooha, i jeo de
병사가　즉각 포기하고 올 것이다. 義州에　살 백성과 군사가　　義州에

isinjire onggolo mini cooha bedereci, tere šolo de nikan jifi
도착하기　전에　우리 병사가 물러나면　그　틈에　한인이 와서

terahū, jai ukanju i jalin de ama eme be baime jihengge amasi
살까 염려된다. 또한 도망자에 대해서 "부모를　　찾아　온 것을　돌려

huthufi buci, dolo jenderakū seme henduci, sohon honin aniya, suwe
　결박해　주면, 마음이 차마 못할 짓이다"라고 말하지만,　　己未년(1619)　　너희

cooha jifi mini donggo, warkasi 24/25 golo be waha, terei amala mao
병사가 와서 우리의 동고와　와르카시　　지역민을 죽였다.　　그　뒤　毛文龍을

wen lung be halbufi, liyoodung ni ukanju be alime gaiha, tere
　　　들이고　　遼東의　　　도망자를　받아 들였다.　그

turgunde suwembe dailaha, dain de hoton afaci, geli bucehekūbio,
　때문에　　너희를 정벌했다. 전쟁에서 성을 공격하니 (우리)[5] 또한 죽지 않았는가?

5　『淸太宗實錄』의 해당 기록에 의하면 전쟁에서 성을 공격하여 사망한 주체는 '우리' 즉 '후금인'이다.
　"當攻城陷陣之時, 我師豈獨無死傷者乎."(당시 성을 함락시키고 陣을 무너뜨릴 때, 어찌 우리 군사들
　이라고 유독 사상자가 없었겠는가?)『淸太宗實錄』3권 천총원년 7월 계미조.

suweni waha gaiha turgunde korsome, beye buceme afafi baha olji,
너희가 죽이고 취한　　 때문에　원망하여, 스스로 죽도록　싸워 얻은 포로와

ukanju be, si buci dolo jenderakū seci, suweni dain jifi waha niyalmai
도망자를　 네가 돌려주면 차마 못할 짓이라고 하지만, 너희가 공격해 와서 죽인 사람의

ama jui, ahūn deo fakcahakūbio, liyoodung ni ukanju i ejen, aha 25/26
부자와　　형제는 이별하지 않았는가?　　　遼東의　도망자의 주인은 노예와

ejen delhehekūbio, tere fakcaha delhehe niyalma geli korsofi, ini
주인이 떨어지지 않았는가? 그 이별하여　떨어진　사람이　또한 원망하여, 자신의

ukanju i karu gaime genefi jafara hūwaitara gajici, weile ulhiyen i
도망자의 대가를 취하러　가서　잡아　　묶어　데려 오면 일이　　점차

badarafi, musei doro acahangge tusa akū ojoro ayoo, ukanju be
커져서　　우리의　　화친한 것이　　　쓸모없이　될 것이다. 도망자를

bahaki seme doosidame hendurengge waka, doro facuhūn ojorahū
취하고자 하여　　탐내어　　말하는 것이　아니다. 화친이 혼란해질까 우려된다

seme hendumbi, doosidame gūnici, uju fusifi mende dahaha tutala
하여 말하는 것이다.　탐내어 생각해도,　체발하고　우리에게 투항한　많은

irgen be, gashūha amala ainu bederembi, wang deo seolefi ukanju be
백성이　　맹세한　뒤에　어찌 돌아가겠는가? 王 동생은 고려하여　도망자를

26/27 urunakū bederebu, ama eme, ahūn deo de emgeri acanjiha
반드시　돌려보내라.　부모　　　형제에게　　이미　만나러 온

niyalma be adarame bure seci, ukanju beyebe tucibufi ba boljofi,
사람을   어찌 돌려주겠나 하지만, 도망자의 신병을 내보낼 장소를 약속하여

ukanju i ejen i gala de jafabume bu, juwe ejen cihanggai ishunde
도망자의 주인의 손에   넘겨 주어라. 두 주인이 뜻대로 서로에게

jolime icihiyame gaisu, yaya gurun membe etembi bahambi seme,
贖錢하여 처리해 취하여라. 모든 사람이 우리를 '이겨   취한다' 하고,

hūsun i durime dailambi sembi, be hūsun i durime dailarakū,   membe
'힘으로 빼앗아 정벌한다' 말한다. 우리는 힘으로 빼앗아 정벌하지 않는다. 우리를

gūwa fusihūlame gidašaci, meni uru be 27/28 abka de habšafi dailaha,
다른 이가 깔보거나   괴롭히면, 우리의 옳음을   하늘에 아뢰고 정벌했다.

weile akū gurun de meni hūsun i durime dailahangge akū,   dain geli
잘못 없는   나라에 우리의 힘으로 빼앗으러 정벌한 것이 아니다. 전쟁이 또한

saiyūn, taifin geli eheo,,
좋으며, 太平이 또한 나쁘겠는가?」

○ jakūn biyai juwan jakūn de, korcin i tusiyetu efu de buhe
     8월   18일에,   코르친의 투시예투 어푸[6]에게   준

junje gungju be fudeme, han, geren beise ambasa be gaifi, orin ba i
준저 공주[7]를   전송하러 한이 여러 버일러들과 대신들을 거느리고   20里

---

6 투시예투 어푸는 몽고 코르친 우익의 수장 오오바(?~1632)를 가리킨다. 슈르하치의 손녀 준저 공주
   와 결혼했기 때문에 어푸로 불렸다.
7 준저 공주(1612~1648)는 슈르하치의 넷째 아들 툴룬의 둘째 딸이다. 누르하치가 궁중에서 길렀다.
   1626년(천명11) 15세에 몽고 코르친 우익의 타이지 오오바와 결혼했다. 1632년(천총6) 오오바가 사
   망한 후 그의 아들 투시예투 親王 바다리(巴達禮)와 재혼했다.

dubede 28/29 emu dedume fudeme genefi, yamji cimari sarin sarilafi
끝에서   하루 묵고 전송하러 가서   밤과 아침에 잔치를 베풀고

jurambume fudeme genere de, han, junje gungju i yaluha morin be
출발시켜   전송하러 갈 때, 한이 준저 공주가   탄   말을

kutulefi, yasai muke tuhebume fudeme juwan ba i dubede isinafi, han,
끌고   눈물을   떨구며   전송하여 10里   끝에 도착하여 한이

morin ci ebufi, gungju, han be tebeliyefi songgoho, geren beise be
말에서   내리니 공주가 한을   끌어안고   울었다.   여러 버일러들을

gemu aname tebeliyefi songgoro de, 29/30 han, beise gemu den jilgan
모두 차례로 포옹하며   울   때   한과 버일러들이 모두 큰 소리로

i ama taidzu horonggo enduringge han be hūlame songgocoho, tere
아버지 태조 무위가 있고 성스러운   한을   부르며   울었다.   그

songgocoro de, geren gemu yasai muke tuhebuhe, gungju be tafulaci,
울   때에, 여럿 모두   눈물을   흘렸다.   공주를   설득할 수

ojorakū ofi, han hendume, gege joo, genere bade gene, genehe bade
없어서,   한이 말하기를, "공주는 그치고 갈 곳으로 가거라. 간   곳에서

eigen de acabume, uba i amjita eshete be urgunjebume saikan banji,
남편과   화합하고 여기의 백부들과 숙부들을 기쁘게 하도록   잘 살거라.

ere jugūn lakcambio, ganame jime amasi 30/31 julesi yabumbi kai seme
이 길이   끊어지겠는가? 데려가고 오고, 뒤로   앞으로 다닐 것이다" 라고

hendufi, tereci morilafi emu jergi songgocofi, gege i morin i yarfun be,
말하고, 그 후 말타고 한 번 울고 공주의 말 고삐를

han i galai ajige taiji de jafabufi julesi unggire de, gege be
한이 손수 아지거 타이지에게 쥐여주고 앞으로 보낼 때, 공주를

gajiha sanggarjai hiya i baru han hendume, cahar i han, suweni
데려온 상가르자이 히야를 향해 한이 말하기를, "차하르의 한이 너희

gurun de cooha genehede, ama han majige tusa araha, tusiyetu efu
나라에 출병했을 때, 아버지 한이 작은 도움을 주었다. 투시예투 어푸가

beye tusa araha be gūnime, 31/32 han ama de acanjime jidere jakade,
직접 도움을 주었던 것을 생각해서 汗 아버지를 만나러 왔기 때문에

ahūngga niyalma ci deo, deo niyalma ci ahūn obume jui araha, jui
형인 자는 동생, 동생인 자는 형으로 삼고, 자식으로 삼았다.[8] (汗아버지의) 자식으로

arafi geli elerakū niyaman jafame jui buhe, ama han i buhe be
삼고 다시 만족하지 않고 인척을 맺고 자식을 주었다. 아버지 한이 준 것을

lashalarakū, komso bicibe fudembi, be ama han i ilibuha doro be
끊지 않고 조금 이라도 보낸다. 우리가 아버지 한이 세운 道를

tuwakiyame muterakū doro efujeci ainara, abka gosifi ere kemuni
지키지 못해서 도가 무너진다면 어찌하겠는가? 하늘이 사랑해서 이대로

---

8 코르친의 오오바 홍 타이지를 누르하치의 연장자 아들들에게는 동생으로 삼고 연소자 아들들에게는
   형으로 삼고, 누르하치 본인에게는 아들로 삼았다는 의미이다.

banjici, buhe jui be absi 32/33 ujire be tusiyetu efu sambi dere seme
살아간다면, 준 자식을 어떻게 기를 것인가를 투시예투 어푸가 알 것이다”라고

henduhe manggi, sanggarjai hiya jabume, han i henduhe gisun be
말하자, 상가르자이 히야가 대답하기를, “한께서 하신 말씀을

ejefi alanara dabala, be aiseme jabure seme hengkilehe, gungju de
기억해서 고할 뿐입니다. 우리가 무엇이라 대답하겠습니까?”라며 고두했다. 공주에게

ulin, ulha, niyalma, seke, silun i dahū, jibca, aisin, tana, sain tetun
재물· 가축· 사람· 貂皮· 스라소니 털가죽외투· 가죽옷· 금· 진주· 좋은 그릇을

ambula fudehe, danggalai be juwe gurun i doro acabuha, beyebe
많이 보냈다. 당갈라이에게 두 나라를 화친시켰으며 자신을

hairandarakū boo be 33/34 gūnirakū yabufi, doro acabume wajiha seme,
아끼지 않고 집을 생각하지 않고 가서 화친시키기를 마쳤다고 하여

joriktu darhan seme gebu buhe, jakūn beile i duka be ilga akū⁹
조릭투 다르한 이라고 이름을 주었다. 여덟 버일러의 문을 구별없이

yabukini sehe,,
다녀도 좋다고 했다.

○ tere inenggi, cahar i alakcot gurun i bar baturu, nomun dalai,
그 날, 차하르의 알락초트 國의 바르 바투루· 노문 달라이·

---

9 [簽註] gingguleme kimcici, ere ilga akū sere gisun, ainci ilgabun akū sere gisun de adali dere,,
   삼가 고찰하건대 이 'ilga akū'(구별이 없다)라는 말은 아마도 'ilgabun akū'(구별이 없다)라는 말과 같
   을 것이다.

coir jamsu, ere ilan beile tofohon haha, juwan duin hehe, juwan juse,
초이르 잠수, 이 세 버일러가 15명의 남자· 14명의 여자· 10명의 아이들·

dehi sunja morin gajime ukame jihe, 34/35 han de niyakūrame acaha,
45마리의 말을 데리고 도망쳐 왔다. 한에게 무릎 꿇고 알현했다.

tereci ilan amba beile de, han de acaha songkoi acabufi sarin dagilafi
그 뒤 세 大 버일러에게 한을 알현한 대로 알현시키고 잔치를 준비해서

sarilaha, uyun tokso emu tanggū haha, emu tanggū ihan, ilan tanggū
베풀었다. 9개 장원의 100명의 남자· 100마리 소· 300마리

honin, jušen dehi boo, seke i mahala duin, foloho umiyesun duin, seke
양· 속민 40戶· 貂皮 겨울모자 4개· 조각한 요대 4개· 貂皮로

i hayaha jibca duin, seke i dahū emke, silun i dahū emke, dobihi
테두른 가죽옷 4벌· 貂皮 털가죽외투 1벌· 스라소니 털가죽외투 1벌· 여우

dahū juwe, tasha i dahū juwe, 35/36 gecuheri, cekemu suje mocin samsu,
털가죽외투 2벌· 호랑이 털가죽외투 2벌· 蟒緞· 倭緞· 毛靑布·

aisin menggun, enggemu hadala, tere boo, usin, agūra tetun, niyalmai
금은· 안장· 굴레· 살 집· 밭· 그릇· 사람이

baitalara jaka be gemu yooni šangnaha,,
사용할 물건을 모두 다 상으로 주었다.

○ orin juwe de, nio juwang de tehe ambasa, liyoha de juwan
22일에, 牛莊에 주재한 대신들이 "遼河에 10척의

cuwan jifi ilihabi, musei ilan cuwan ninggun weihu hanci geneci,
배가   와서 정박해있다. 우리의 3척의 배와   6척의 통나무배가 가까이 가도

aššarakū 36/37 ofi, jai ilan gūsai niyalma afambi seme cuwan dasambi,
움직이지 않아서,   다시 3개 구사의 사람이 공격한다고 하여   배를 정돈했다.

wasihūn tuwaci, cuwan i emke emken i unduri sabumbi seme alanjiha
서쪽으로 보면, 배가   하나 하나씩   연달아 보인다" 라고   보고하자,

manggi, yoto beile be emu gūsai emte amban, ilan tanggū cooha be
      요토 버일러를   1개 구사의 1명씩의 대신과   300명의 병사를

gamame genefi dacila seme unggihe, yoto beile isinafi gisun wesimbume,
데리고 가서 탐색하라고   보냈다. 요토 버일러가 도착해서 上奏하기를,

geren cuwan liyoha de ilihabi, ilan ajige cuwan, emu amba cuwan,
"여러 배들이 遼河에 정박해 있습니다. 3척의 작은 배와 1척의 큰 배가

37/38 ula i muke be dosime jihe bihe, jecen de tehe ambasa dungsilu,
    강 물에   들어 와 있습니다. 변경에 주재한 대신들인 둥실루·

fadu, daida, garda, tarbahi, ere sunja nofi gaifi juwe ergi be gala
파두· 다이다· 가르다· 타르바히, 이   5명을 이끌고 양 쪽으로 翼을

arame kafi, jihe duin cuwan be gemu jafaha, emu šeobei, juwe
만들어 포위해서, 들어온 4척의 배를   모두 잡았습니다. 1명의 守備· 2명의

ciyandzung, juwe bedzung, uheri juwe tanggū isime niyalma be gemu
    千總·   2명의 百總,   모두   200명에 달하는 사람을   다

waha, amba poo tofohon, miyoocan orin sunja, cu 38/39 niru emu
죽였습니다.　 대포 15문·　　　 조총 25정·　　　 불화살　　 107개·

tanggū nadan, loho juwan ilan baha seme wesimbuhe,,
　　 腰刀 13개를　　 얻었습니다"라고 상주했다.

tongki fuka sindaha hergen i dangse
點·圈을 찍은 문자의 檔子

jakūci debtelin
8권

sure han i sucungga aniya uyun biyaci jorgon biyade isinahabi
천총 원년 9월부터 12월까지

tongki fuka sindaha hergen i dangse,,
　點　圈을　　찍은　　문자의　　檔子

○ uyun biyai ice inenggi, han, joo bithe wasimbume hendume,
　　9월　　　초 1일,　　　　한이　　詔書를　　　　내려　　　　말하기를,

morin losa be yalukini, ihan eihen be takūrakini seme banjibuhangge,
　"말・　노새는　　타라고,　　소・　당나귀는　　부리라고　　　생긴 것이고,

honin niman ulgiyan coko niyehe niongniyaha be jekini seme
　양・　　산양・　돼지・　닭・　오리・　거위는　　　　먹으라고

banjibuhangge kai, ereci amasi, han, beise ci fusihūn, buya irgen de
　생긴　　　　것이다.　이후로　　　한・ 버일러들로부터 아래의　小民에

isitala, morin losa ihan eihen be metere wecere, 1/2 yengsi sarin de
이르기까지, 말・ 노새・ 소・　당나귀로 祭天하거나 祭神하거나,　혼례　잔치에서

wara, bucehe niyalma de sindara, wafi uncara be umesi naka, šajin
죽이거나, 죽은　사람에게 葬禮지내거나, 죽여 파는 것을 엄격히 막아라. 법령을

be jurceme morin ihan eihen losa be meteci, wececi, yengsi sarin de
　어기고　　말・　소・ 당나귀・ 노새로 祭天하거나 祭神하거나,　혼례 잔치에서

waci, bucehe niyalma de sindaci, wafi uncaci, aha jušen gercilehe de,
죽이거나, 죽은 사람에게 장례지내거나,　죽여서 팔면, 노예・ 속민이 고발했을　때

gerci be hokobumbi, ulha i oron ilibume gaifi gerci de bumbi, nirui
고발자를 주인과 떨어뜨린다.[1] 가축의 부족분을 정하여 취해서 고발자에게 준다. 니루의

ejen janggin de baicahakū turgunde, tuhere an i weile 2/3 gaimbi,
어전·장긴에게는 살피지 못한   이유로   처벌할 규정대로 贖을   취한다.

damu amba sarin sarilara de ihan wambi, jai nendehe han i eifu, han
다만   큰   잔치를 베풀 때에는 소를 잡는다. 또   先   한의   무덤·한의

i mafari eifu de fe an i iten sindambi, jai ihan i adun daliha beise
조상들의 무덤에는 옛 定例로 두살배기 소로 장례지낸다. 또 소떼를 모는 버일러들·

ambasa wafi jeci, balai ume wara, kemneme wa, han, beise ci
대신들이 잡아 먹으려면 함부로 잡지 말고 아껴서 잡아라. 한· 버일러들로부터

fusihūn, buya irgen de isitala, honin niman ulgiyan coko niyehe
이하   小民에   이르기까지   양· 산양· 돼지· 닭· 오리·

niongniyaha, ere be mete, wece, yengsi sarin de 3/4 wa, bucehe niyalma
거위,   이를   祭天· 祭神· 혼례 잔치에서   잡아라,   죽은 사람

de sinda, wafi unca, ulgiyan be wafi uncambi seme, taman i dabala,
에게 장례지내라, 잡아서 팔아라. 돼지를 잡아서 판다고 하면,   거세한 수태지 만이다.

mehen ulgiyan be wafi uncaci, an i weile, ulgiyan toodame gaimbi, jai
암태지를   잡아서 팔면   定例의 죄이다. 돼지는 보상하고 취한다.   또

---

1 '고발자를 주인과 떨어뜨린다'는 것은 버일러의 비리를 고발한 자가 보복당하는 것을 막기 위해 소속
　旗의 버일러로부터 분리하여 다른 旗로 옮기게 하는 것을 말한다. 이 離主條例는 천총 5년(1631) 7월
　에 반포되었다.

han, beise ulgiyan udara de, nenehe adali gūsai niyalma de hūda
한· 버일러들은 돼지를 살 때에,   이전처럼   구사의 사람에게   가격을

maktame bufi ergeleme udara be enteheme naka, ulgiyan i ejen ini
던져   주고 강제로   사는 것을 영구히 막아라. 돼지의   주인은 그의

cihalahai gūsa doome hūda bahara be tuwame uncakini, beise i booi
마음대로 구사를 넘어 제 값을 얻는 것을 보고   팔아라. 버일러들의 집의

ulgiyan 4/5 udara niyalma hūda maktame bufi ergeleme gaiha de,
  돼지   사는 사람이 가격을 던져 주고 강제로 취했을 때

tuhere an i weile, han, beise i booi aha de ulgiyan ume udara, udaha
처벌할 규정대로 贖을 취한다. 한· 버일러들의 家奴에게   돼지를 사지 말라.   산

niyalma de uncaha aha de gemu tuhere an i weile gaimbi, nikan,
사람에게,   판   家奴에게 모두 처벌할 규정대로 贖을 취한다.   明·

solho, monggo ulha de kicebe ujire faksi ofi, ulha elgiyen kai, musei
조선· 몽고는 가축에 대해 성실히 기르기를 잘해서 가축이 풍부한 것이다. 우리

gurun i niyalma ulha ujirakū jing waci, ai ulha bimbi, ereci amasi,
 나라의   사람은 가축을 기르지 않고 막 죽이니 무슨 가축이 있겠는가? 이후로

saikan kiceme uji seme 5/6 fafulaha,,
 잘   성실히 기르라" 라고   훈계했다.

○ ice juwe de, nikan i sioi ts'anjiyang juwan cuwan be gaifi
 초 2일에,   明의 시오이 參將이   10척의 배를   이끌고

liyoha de dosifi, ini beye bajila ilifi, duin cuwan be dalan i ulan i
遼河에   진입하여 그는 직접 강 건너에 멈추고, 4척의 배를   제방의   溝의

muke de dosimbufi, manju i coohai medege gaiki seme jihe be, manju
물로   진입시켜서 만주   군대의   소식을   얻으려고   온 것을, 만주의

i hecen be 6/7 tuwakiyaha yafahan cooha juwe gala arame angga be
  성을   지키는   보병을   두 翼으로 만들고 입구를

kafi, juwe tanggū niyalma be gemu waha, duin cuwan baha,,
포위하여 200명의   사람을   모두 죽였고, 4척의 배를 얻었다.

○ juwan ilan de, naiman i hūng baturu beile i deo i jui ocir
       13일에,   나이만의   훙 바투루 버일러의 동생의 아들 오치르

taiji, cahar de cooha genefi tanggū niyalma be waha, juwe tanggū 7/8
타이지가 차하르에   출병하여   100명을   죽였고,   200에

isire ulha be baha seme, han de deji benjihe, juwan ninggun de, ocir
이르는 가축을 얻었다고,   한에게 헌상품을 보내왔다.   16일에,   오치르

taiji de deji benjihe doroi, han, beise yamun de isafi, cahar i han be
타이지에게 헌상품을 보낸 예로, 한· 버일러들이 아문에 모여서 차하르의 한을

ehe, sure han de nikefi banjiki seme jifi, cahar han de cooha genefi
미워해 수러 한에게 의지하여 살고싶다 하고 와서, 차하르 한에게   출병하여

niyalma waha, olji baha seme, ocir hošooci seme gebu buhe, emu
 사람을 죽이고 노획물을 얻었다고 오치르 호쇼오치 라는 이름을 주었고, 1개의

uksin 8/9 šangnaha,,
갑옷을   상주었다.

○ solho de elcin genehe asidarhan, bakiran bithe gajime isinjiha,
　조선에　사신으로 갔던　　아시다르한·바키란이 글을 가지고　이르렀다.

tere bithe de henduhengge, wesihun gūnin be wacihiyame saha, acaha
그 글에서　　말하기를,　　　「귀하의　　뜻을　　　모두　　알았습니다. "화친한

boljon be akūmbume tuwakiyaci, uhei wajirakū hūturi serengge
약속을　　굳게　　　지키면　　모두의 무궁한　복"　이라고 한 것은

dembei sain, wesihun gurun i cooha be, i jeo de 9/10 werihe de, ehe
매우　좋습니다. 귀국의　　　병사를　　義州에　　　남긴　것에 나쁜

gūnin akū be akdame saha, abka de gashūme cooha nakafi, geli
뜻이　없음을　굳게　알았습니다. "하늘에 맹세하고 전쟁을 그치고 다시

dahūme weri jase de cooha tebuci, meni meni jase be tuwakiyara
거듭　타인의 경계에 병사를 주둔시키면, 각자의　경계를　　지키는

gūnin waka seme, tuttu nenehe bithe de isinjiha, te wesihun gurun
뜻이 아니다"라고 그렇게 이전　글에서　언급했습니다. 지금　귀국의

cooha wacihiyame bederere gūnin bi, wesihun gurun i abka be
병사가 모두　　철수할 뜻이 있으니,　귀국이　　　하늘을

ginggulere, gashūha jurgan be akūmbure be neneme 10/11 saha, mini
공경하고　맹세한 義를　　　다할 것을 이미　　알았습니다. 나의

gurun i ba be mini cisui tuwakiyame teki, niyalma de salibufi
나라의   땅을   내가 스스로 지키며 살고 싶습니다. 타인에게   맡겨서

tuwakiyabuha kooli bio, takūraha elcin i jihe de hafan sindafi
지키게 하는   도리가 있습니까? 보낸 사신이 왔을 때 관리를 두어

tuwakiyabure jakade, dembei akdun oho, jase jecen i jalin wesihun
 지키게 한   까닭에,   매우 견고하게 되었습니다. 변계 때문에   귀국을

gurun be joboburakū, mao wen lung ni cooha dalin de tafaka weile,
     걱정시키지 않겠습니다. 毛文龍의   병사가 해안에   오른   일은

takūraha hafan i angga de bi, oljilafi gamabuha irgen, 11/12 gemu
    보낸   관원의   입에 있습니다.[2] 포로가 되어 잡혀간 백성은   모두

mini juse, hūwaitafi encu bade gamara de, ama, jui ci fakcafi, ahūn,
나의 자식들입니다. 묶어서 다른 곳으로 끌고 갈 때에, 아버지는 자식으로부터 떨어지고, 형은

deo ci fakcafi, šenggin šuwanafi abka be hūlara gasacun, mini beyede
동생으로부터 떨어져서, 이마를 찡그리고 하늘을   부르짖는 원망이   나의 몸에

isinjiha, irgen i ama eme ofi donjici jenderakū bihe, te jihe bithe be
이르렀습니다. 백성의 부모가 되어 차마 들을 수 없습니다.   지금 온 글을

tuwaci, meni meni niyaman hūncihin, cihanggai jolime gaisu sehengge,
보면,   각자의   친척이   뜻대로   贖하여 데려가라 한 것은

ere gūnin geli sain, te 13/14 wargi goloi sulaha irgen, dain jobolon de
 그   뜻이 또한 좋습니다. 지금   서쪽 지방의   남은 백성은 전쟁의 우환을

---

2 '보낸 관원의 입에 있다'는 것은 '보낸 관원이 구두로 전달한다'는 의미이다.

tušafi, <u>banjire coo</u>[3] untuhun oho, jolici ulin akū be hendumbi dere,
만나　살아갈　돈(鈔)이　없게 되었습니다. 贖할 재화가　없다고　　말할 것입니다.

cihanggai jolirengge bici, jihe gūnin be selgiyeme alaki, ceni cihai
뜻대로　贖하려는 자가 있으면, 온　뜻을　　전해　　알리어, 그들의 뜻대로

jolikini, wesihun gurun i weile icihiyara be tuwaci, cooha nakafi
贖하게 하겠습니다. 귀국의　　일을　처리하는 것을　보니　　전쟁을 그치고

amba doro oki sembi, tere be jidere onggolo gemu saha, encu
　大道가　되려고 합니다. 그것을　오기　전에 모두 알았습니다.[4] 다른

debtelin de 14/15 unggihe jiramin kesi be alime gaiha, nekeliyen
글에　　　　　보낸　두터운 은혜를　　받았습니다. 약간의

ba ijaka be bithe be dahame unggihe,,
토산물을　글에　　딸려 보냅니다.”

○ manju gurun i sure han, joo bithe unggifi i jeo i babe solho
　만주국의　　수러 한이　詔書를　보내서 義州　땅을 조선

gurun de bederebume bufi, tuwakiyaha jiyanggiyūn cooha be gemu
국에　　돌려　주고, 수비하던　장군과　병사들을 모두

3　[籤註] gingguleme baicaci, jakan toktobuha fe manju gisun i bithede banjire coo sere gisun uthai
nikan i baitalara ciyan coo sere gisun inu sehebi,,
삼가 찾아보니 최근 정해진 『舊淸語』에서 'banjire coo'(살아갈 鈔)라는 말은 곧, 'nikan i baitalara
ciyan coo'(漢人이 사용하는 錢鈔)라는 말이라고 했다.

4　후금의 사신이 와서 諭旨를 전달하기 전에 후금의 일처리를 보고 전쟁을 멈추려는 뜻을 알았다는 의
미이다.

amasi bederebume gajiha, i jeo be 14/15 tuwakiyaha geren ambasa
되 돌려   데려왔다.   義州를   수비하는   여러   대신들이

gemu isinjifi han de acaha manggi, han, geren ambasa de, ini galai
모두   도착해 한을   알현한   후에,   한은   여러   대신들에게 그의 손으로

arki emte hūntahan omibuha,,
소주를   1잔씩   마시게 했다.

○ tofohon de, han, geren beise ambasa be gaifi, šun dekdere
     15일에,   한은   여러   버일러들· 대신들을 이끌고   동쪽

ergide 15/16 ilan tanggū ba i dubede tofohon dedume abalaha,,
               300里   끝에서   15일   숙박하며 사냥했다.

○ omšon biyai ice nadan de, cahar i emu gūsai amba beile
     11월   초 7일에,   차하르의 1개 구사의   大 버일러

angkūn dureng, juse sargan gurun boo gajime ubašame jidere be,
앙쿤 두렁이   자식들· 처·   國人· 家를 데리고 이반하여   온   것을

han, beise dorolome okdofi gajiha,, 16/17
한· 버일러들이 예로   맞이하고 데려왔다.

○ juwan jakūn de, ninju sahalca, han de seke silun dobihi
     18일에,   60명의 사할차人이 한에게 貂皮· 스라소니가죽· 여우가죽을

benjime hengkileme jihe,,
보내오고   고두하러   왔다.

○ coohiyan gurun i wang lii dzung, piyoo lan ing be takūrafi, i
　조선국의　　　　왕　李倧이　　　朴蘭英을　　　파견해서　義州의

jeo i ba be bederebuhe seme baniha arame, jai bolori doroi baci tucire
　땅을　　돌려주었다고　　감사를　표하고,　또　가을의　禮로　지방에서　나는

doroi jaka benjime jihe,, 17/18
　예물을　　보내　왔다.[5]

○ jorgon biyai ice inenggi, cahar i alakcot gurun i beile dorji
　　12월　　초 1일,　　차하르의　알락초트　국의　버일러　도르지

ildeng, juse sargan gurun gajime ubašame jihe manggi, han yamun
　일덩이　자식들·처·국인을　데리고　배반하고　오니,　　　한이　아문에

de tucifi tehe, monggo i jihe beile aldangga emu jergi niyakūrafi
　나와 앉았다.　몽고에서　온　버일러가　멀리서　한 번　무릎 꿇고

hengkilehe, jai ibefi han de niyakūrafi hengkilefi tebeliyeme acaha,
　고두했다.　다시 나아가 한에게　무릎 꿇고　고두하고　껴안으며 만났다.

tereci geren beise 18/19 ilhi ilhi tebeliyeme acafi sarin sarilaha,,
　그로부터 여러 버일러들이　　차례로　껴안으며 만나고 잔치를 베풀었다.

○ ice jakūn de, abatai taiji be weile araha, dade fulgiyan tasha
　초 8일에,　아바타이 타이지를　죄　주었다.　앞서　병인년(1626)

5　조선이 예물과 함께 보낸 서신은 본문에서 생략되어 있고 아래에 기록되어 있다. 『淸太宗實錄』 3권
천총 원년 10월 辛巳조.

aniya uyun biyade, sure han i tehe doroi sarin sarilame wajifi boode
　　　9월에　　　수러 한이　즉위한 예로 잔치를 베풀어　마치고 집에

bederehe manggi, abatai taiji, yangguri efu, darhan efu be, han de
　돌아오니,　　　아바타이 타이지가 양구리 어푸 · 다르한 어푸를 시켜 한에게

gisun wesimbume, bi te tuciraků, dain geneci, 19/20 uksin etufi jurambi,
　말 올리기를,　　　"나는 지금 나갈 수 없습니다. 전투하러 가면 갑옷을 입고 출발합니다.

aba geneci, jebele ashafi jurambi, sarin de tucici, deote jusei jergi de
몰이사냥하러 가면 화살 통을 지니고 출발합니다. 잔치에 나가서 동생들과 자식들의 등급에

teci, bi gicuke, han ama i bihe fonde, mimbe enggeder efu i ahůn deo
앉으면 내가 부끄럽습니다. 汗 아버지가 계셨을 적에, 나를 엉거더르 어푸　　兄弟가

jihe fonde, duin amba beile mimbe gese acabuha, tusiyetu efu i
왔을 때에　네　大 버일러와　나를　같이 만나게 했습니다. 투시예투 어푸가

jihe fonde, duin amba beile mimbe gese acabuha seme wesimbuhe
왔을　때에　네　　大 버일러와 나를　같이 만나게 했습니다"라고 상주하니,

manggi, 20/21 han hendume, yangguri efu, darhan efu suwe casi
　　　한이 말하기를,　"양구리　어푸· 다르한 어푸 너희는 그쪽에

tafulaki seraků, minde ere gisun be ainu alanjiha seme hendufi
諫言하려 하지 않고 나에게 이　말을　　어찌 말하러 왔는가?"라고 말하고

unggihe,,
보냈다.

○ ice jakūn de, angkūn dureng jifi sarilara de, abatai taiji,
　　초 8일에, 　　　　앙쿤 두렁이 　와서 잔치할 때에, 아바타이 타이지가

namtai fujiyang be, han de gisun wesimbume, ere sarin de bi
남타이 副將을 시켜 　한에게 　말 올리기를, 　"이 잔치에 　나는

tucirakū, 21/22 minde jibca akū, han i buhe jibca be efulefi, mini juwe
나가지 않겠습니다. 나에게 가죽옷이 없습니다. 한이 준 가죽옷을 해체해서 나의 두

juse de araha, jai sarin de tucike seme, mimbe buya taiji sai jergi de
아들에게 만들어줬습니다. 다시 잔치에 나간다 해도 나를 　　小 타이지 들의 등급에

tebuci, encu ba i niyalma de gicuke, monggo i minggan beile, bak
앉게 하면 다른 곳의 사람들에게 부끄럽습니다. 몽고의 　밍간 버일러 · 박

beile, tese be dele tebume mimbe fejile tebuci, bi adarame genere
버일러, 그들을 위에 앉게 하시고 나를 아래에 앉게 하면, 내가 어떻게 가겠습니까?"

seme wesimbuhe manggi, 22/23 han gūnime, minde emhun ushaci, bi
라고 　상주하니, 　　　한이 생각하기를, "나에게 혼자 원망했다면 내가

alime gaijara bihe, geren deote juse be fusihūlara bade, bi adarame
받아 들였을 것이다. 여러 동생들과 자식들을 업신여기는 터에, 내가 어떻게

gidara seme geren beise de alara jakade, ilan amba beile, geren beise
숨기겠는가?"라고 여러 버일러들에게 말한 까닭에, 세 　大 버일러와 여러 버일러들이

hendume, simbe dade sunja amban i jergi de hono bibuhekū, degelei
말하기를, "너를 처음에 다섯 대신의 등급에 조차 있게 하지 않았다. 더걸러이

taiji, jirgalang taiji, dudu taiji, yoto taiji, šoto taiji, esebe neneme
타이지·지르갈랑 타이지· 두두 타이지· 요토 타이지· 쇼토 타이지, 이들을 먼저

gisun de dosimbuha 23/24 bihe, abatai si deo de kamciname jabdufi,
의정에　　　참여하게　　　　　했었다. 아바타이 너는 동생에　부속되어　기회를 얻어

ninggun nirui jušen baha, beise i jergi de dosika, te bicibe, si webe
　여섯　니루의 속민을 얻었고, 버일러들의 등급에 들어왔다. 지금이라해서 너는 누구를

fusihūlambi, ajige age, dorgon age, dodo age, gemu han ama i gulhun
업신여기느냐?　아지거 아거·　도르곤 아거·　도도 아거,　모두　汗 아버지의 완전한

gūsa be salibuha juse kai, geren beise sini onggolo ton de dosika
　구사를　맡긴　자식들인 것이다. 여러 버일러들이 너보다 먼저　數에 들어갔다.[6]

bihe, si te beise ofi geli elerakū, doro be 24/25 efuleme ilan amba
　너는 지금 버일러가 되어서도 만족하지 않는다. 道를　　　깨뜨리고　세　大

beile i jergi de oki sembikai, si amba beile oho manggi, geli han
버일러의 등급에 들고싶다 하는 것이다. 너는 大 버일러가 된 후에,　　다시 한이

oki sembi wakao, si uttu doro efuleme facuhūraci, si weile
되겠다고 하지 않겠는가? 네가 이렇게 道를 깨뜨리고 어지럽히니 네가 죄를

alime gaici, weile arambi, weile alime gaijarakūci, ujen weile arambi
　받아들이면　죄에　처한다.　죄를　받아들이지 않으면　　중죄에　　처한다"

6　'ton de dosika'는 '入八分'의 의미이다. 즉 '팔기의 버일러들을 중심으로 이루어지는 議政會議에 참여
　했다' 혹은 그러한 자격을 보유했다는 의미이다.

sehe manggi, abatai taiji hendume, bi waka mujangga seme weile
라고 하니,　　아바타이 타이지가 말하기를, "내 잘못이 틀림없다"라고　　죄를

alime gaifi, 25/26 han de uju jergi sain emu morin de foloho enggemu
받아들이고,　　"한에게　일등의　좋은 1마리 말에　　조각한 안장과

hadala tohofi, uksin saca acifi, ilan amba beile de ilhi sain morin de
굴레를　채우고　갑옷과 투구를 싣고,　세　大 버일러에게는 다음으로 좋은 말에

gemu foloho enggemu hadala tohofi, uksin saca acifi yalubu, doro de
모두　조각한　안장과 굴레를　채우고　갑옷과 투구를 싣고 타게 하라. 정치에

dosika beise tome ilaci jergi sain morin de gemu bai enggemu hadala
참여한　버일러들 마다　3등의 좋은　말에　　모두　　보통 안장과 굴레를

tohofi yalubu seme beidefi, 26/27 han de wesimbure jakade, han
채우고 타게 하라"라고 판정하여　　한에게　　상주한　　까닭에, 한이

hendume, beise i beidehe durun i weile wajikini seme weile araha,
말하기를, "버일러들이 판정한 모양으로　죄를　끝내라"　라고 죄를 정했다.

darhan efu be, si gaifi banjire amban, ehe waka ba oci, tafulaci
다르한 어푸에게, "너는 거느리고 사는 대신이다. 나쁘고 틀린 것이 있으면 간언해야지

ainaha, si nememe terei gisun be han de ainu wesimbumbi seme weile
무엇했는가? 너는 먼저　　그의 말을　　한에게　어찌 상주하는가?"　라고 죄를

tuhebufi, gūsai ejen be nakabuha,, 27/28
정하고,　　구사의 어전을　　면직시켰다.

○ jorgon biyai ice uyun de, solho i elcin piyoo lan ing ni emgi
　　12월　　　초 9일에,　　　　조선의　　사신　　　　朴蘭英과 함께

ts'anjiyang inggūldai, iogi bakiran be solho de elcin unggihe bithede
　參將　　　잉굴다이 · 遊擊 바키란을　　조선에　사신으로　보낸　글에서

henduhengge, juwe gurun doro acafi ishunde hūda hūdašarakū oci,
　말하기를,　　　　「양국이　　화친해서　　서로　　교역하지　않게 되면

aldangga gese seme be hūdašaki sehe, suwe cooha yabuha jurgan
　먼 것　같다고 해서 우리가 교역하고 싶다고 했다. 너희가 "군대가 간　일대가

gemu manafi hūdašaci hamirakū, ishunde 28/29? han i hecen de šuwe
　모두　파괴되어 교역할 여지가 없으니,　　서로　　　　한의 성(王京)에서　바로

hūdašaki sere gisun inu mujangga, jihe hūda be inu hūdašaha,
　교역하자" 라고 한 말　또한　　맞다.　　온　　상품도　　　교역했다.

be inu hūda unggihe, ere hūdašarangge, beise, hūsungge niyalma de
우리도　상품을 보냈다.　　이　　교역하는 것은　　버일러들과 유력자에게

tusa gojime, buya irgen de umai tusa akū, ere aniya meni gurun i
이익일 뿐,　　　小民에게　　전혀 이익이 없다.　금년에　　우리　나라의

jeku, meni teile jeci isimbihe, monggo i han be ehe seme,
곡식은 우리만　　먹으면 충분했다.　몽고의　　한을　　나쁘다고

monggo i beise gurun nisihai dube lakcarakū ubašame jidere be
몽고의　버일러들과 국인들 모두　　끝이 끊이지 않고 배반하여　오는 것을

suwe 29/30 inu donjiha dere, tere baime jihe gurun be ujime ofi
너희도 　　　들었을 것이다.　그 　찾아 온 국인을 　살리느라

jeku isirakū, mao wen lung be suwe nadan aniya jeku bume ujihe
곡식이 충분하지 않다. 毛文龍을 　너희가 　7년간 　곡식을 주어 살렸다.

kai, be terei gese baibi gaji serakū, ere aniyai teile udaki, jeku
　우리는 그같이 이유없이 가져오라고 하지 않는다. 금년만 　사고 싶다. 곡식을

tucibu, ere hafirahūn de aisilaci, juwe gurun ahūn deo oho tusa tere
내어라. 이 　궁핍한 　때 도와주면 　양국이 　형제가 　된 이익 그것이다.

kai, suwe gurun be cooha de manaha seme henduci, ping an 30/31 doo
　너희 나라를 　전쟁에 파괴되었다고 　하는데 　평안도

golo emu jurgan, hūwang hai doo golo emu ujan manaha mujangga,
방면 　일대· 　황해도 　방면 일대가 파괴된 것은 맞다.

inu funcehengge ambula, jai ninggun golo uthai bikai, unenggi
그래도 남은 것이 　많다. 다른 여섯 지역(道)은 그대로 있다. 진실로

cihalafi jekui hūda tucibuci, yalu giyang be wasibuci inu ombi, mederi
원해서 곡식을 상품으로 낸다면 압록강으로 　내릴 수도 있다. 바다로

be gajici inu ombi, muse juwe gurun doro acame gashūre de,
가져올 수도 있다. 우리 　양국이 　화친하고 　맹세할 때,

gashūha inenggi ci ukaka solho be bederebumbi sehe bihe,
(너희는) 맹세한 날부터 도망친 조선인을 돌려준다고 　말했으나,

bederebuhekū, tere amala solho wang ni 31/32 deo meni ubaci amasi
돌려주지 않았다.　　그　후　　　　조선 왕의　　　　　　동생이 우리의 여기에서 돌아

geneme, giyang dooha inenggi ci genehe ukanju be bederebumbi seme
가고　　　강을　　건넌　　날부터　　간　　도망자를　　　　돌려주겠다고

gisurehe bihe, geli bederebuhekū, suwe hendume, i jeo de cooha tehei
　말했었다.　　또다시 돌려주지 않았다.　너희는　말하기를, "義州에　군사가 주둔해

bici, ukanju be, be ainambahafi sara, i jeo i cooha bederefi meni meni
있으면　도망자를　우리가 어찌 알 수 있겠는가? 義州의 군사가 돌아가서　　각각의

ba be tuwakiyaci, jihe ukanju be baicaci ja kai seme henduhe, meni
　땅을　지키면　　　　온 도망자를　조사하는 게 쉬울 것이다'고 말했다.　　우리의

cooha bederehe inenggi ci, ukaka niyalmai ton, haha juwe tanggū 32/33
군대가　돌아간　　날부터　　　도망친 자의　　숫자는 남자　　296명·

uyunju ninggun, hehe nadan tanggū gūsin sunja, ere neneme baicaha
　　　　　　여자　735명이다.　　　　　　　이것은 먼저　　조사한

ton, jai tulergi goloi geren ukanju be amala baicafi unggire, musei
數다.　다른 바깥 지역의　여러　도망자를　　　뒤에 조사해서 보내겠다. 우리가

gisurehe gisun, solho meni ubade šusihiyeme jici, be jafafi benere,
　말한　　말은, "조선인이 우리의 이곳에 부추기러　오면, 우리가 잡아서 보내겠다.

meni uba i niyalma suweni tubade šusihiyeme geneci, suwe jafafi
우리의 이곳의　사람이　너희의　그곳에　　부추기러　　가면　　너희가 잡아서

benjire sehe bihe, juwan biyai icereme, ding jeo i wailan gin wei dung
보내라" 고 말했었다. 10월 초순에 定州의 外郞 金外同이

giyansi jihe bihe, orin deri 33/34 amasi genehebi, meni sahangge be
間者로 왔었다. 20일경(下旬) 뒤에 갔다. 우리가 알고있음을

suwembe donjikini seme alambi, tuttu yabuci facuhūn dere,,
너희에게 들으라고 알린다. 그렇게 행하면 난리가 있을 것이다.」

○ juwan ninggun de, cahar ci ubašame jihe naiman i hūng
16일에, 차하르에서 투항해 온 나이만의 훙

baturu, aohan i dureng, secen joriktu be solifi jidere de, han, beise
바투루· 아오한의 두렁· 세첸 조릭투를 청하여 올 때 한과 버일러들은

hecen tucime okdofi, morin i dele acafi jifi, 34/35 han, beise yamun de
성을 나와 맞이하여 말의 위에서 만나고 와서 한과 버일러들은 아문에

tehe, jihe monggo i beise acara de, niyakūrafi hengkilefi tebeliyeme
앉았다. 온 몽고의 버일러들이 만날 때 무릎 꿇고 고두하여 껴안고

acaha, acame wajiha manggi, amba sarin dagilafi hacin hacin i efin
만났다. 만나기를 마친 후 큰 연회를 준비하고 각종 유희를

efime sarilaha, monggo i beise fujisa de nicuhe tana, aisin menggun,
놀고 잔치했다. 몽고의 버일러들· 부인들에게 珍珠· 東珠· 금· 은·

alha gecuheri, seke furdehe, suje ulin, uksin saca, enggemu hadala,
꽃무늬 蟒緞· 貂皮 윗옷· 비단· 재물· 갑옷과 투구· 말안장· 굴레·

banjire doro ai jaka be geme yooni eletele buhe, 35/36 dade <u>fongkosi</u>[7]
生計의　각종 물품을　모두　다　충분히 주었다.　　원래　퐁코시

gungju be hadai gurun i urgūdai beile de buhe bihe, urgūdai efu
공주를　　하다 국의　　우르구다이 버일러에게 주었었다.　우르구다이 어푸가

akū ofi, fongkosi gungju anggasi bihe, orin juwe de, fongkosi gungju be
죽어서　　퐁코시 공주는　과부였다.　　22일에　　퐁코시 공주를

aohan i sonom dureng beile de buhe, orin sunja de, secen joriktu,
아오한의　소놈 두렁 버일러에게　주었다.　25일에　　세첸 조릭투가

han de sadun jafame <u>šantu ulebume</u>,[8] emu morin de uksin saca acifi,
汗과　사돈을 맺고　종아리뼈를 대접하고　1마리의 말에　갑옷과 투구를 싣고

emu temen, jibca jafafi, 36/37 ihan honin wafi sarilaha, orin nadan de,
1마리의 낙타·가죽옷을 바치고,　　소·　양을　잡아 잔치했다.　　27일에

7　[簽註] gingguleme kimcici, ere fongkosi sere hergen, ainci gungju i wesihun colo dere, baicara ba
　　akū ofi, da songkoi sarkiyaha,,
　　삼가 고찰하건대 이 '퐁코시'(fongkosi) 라는 글자는 아마도 공주의 존호일 것이다. 찾아볼 바가 없기
　　때문에 원래대로 베껴썼다.
　　* 퐁코시 공주는 누르하치와 둘째 大푸진 군다이 사이의 딸인 망구지 공주(1590~1635)를 가리킨다.
　　망구지는 하다 부의 오르구다이(orgūdai)와 20여년간 결혼생활을 했다. 둘 사이에서 태어난 큰 딸은
　　다이샨의 큰 아들 요토와 결혼했고, 작은 딸은 홍 타이지의 큰 아들 호오거와 결혼했다. 1628년 오르
　　구다이가 병사한 후, 망구지는 홍 타이지의 對몽고 정책의 일환으로 몽고 아오한 부의 수령 소놈 두
　　렁과 재혼했다. 망굴타이의 아들 어빌론, 누르하치의 두 번째 大푸진 군다이가 전남편과의 사이에서
　　낳은 아들 앙가라와 함께 반란을 도모했다는 이유로 1635년 홍 타이지에 의해 처형되었다.
8　[簽註] monggo baita sara niyalma de fonjici monggoso niyaman jafara de šantu ulebure kooli bi,
　　cohome šantu giranggi umgan giranggi i sirame sabta holbome banjiha gūnin be gaime uthai
　　giranggi yali i jalan acaha gese holbome banjikini sere gūnin sembi,,
　　몽고의 일을 아는 사람에게 물어보니 몽고사람들은 혼인할 때 종아리뼈를 대접하는 예절이 있다. 특
　　별히 종아리뼈가 대퇴뼈에 이어지도록 관절연골이 연결하여 생긴 뜻을 취해서, 즉 '뼈와 살의 관절이
　　만난 것처럼 연결되어 살라'는 뜻이라고 한다.

han, beise yamun de tucifi, secen joriktu be dural hūng baturu seme
한· 버일러들이 아문에 나와서   세첸 조릭투에게   두랄 훙 바투루   라고

gebu buhe, gebu buhe doroi emu morin de uksin saca acifi buhe,,
이름을 주었다. 이름을 준   예로써 1마리의 말에   갑옷과 투구를 실어서 주었다.

○ orin ninggun de, šanggiyan alin i cargi dergi 37/38 mederi
   26일에,   白山의   저쪽   東海

hanci tehe hūrha gurun i ilan niyalma, sahaliyan seke benjime han de
가까이 사는   후르하 국의   3명이   검은 貂皮를 보내오고 한에게

hengkileme jihe,,
고두하러   왔다.

$$-\ 2函\ -$$

tongki fuka sindaha hergen i dangse

點·圈을 찍은 문자의 檔子

uyuci debtelin

9권

sure han i jai aniya aniya biyaci ilan biyade isinahabi

천총 2년 정월부터 3월까지

tongki fuka sindaha hergen i dangse,,
　　點 圈을　　찍은　　문자의　　檔子

○　manju gurun i sure han i suwayan muduri jai aniya aniya
　　만주국의　　　수러 한의　　　　　戊辰　　　2년(1628) 정월

biyai ice juwe de, neneme dain de jafaha yen ju de bithe jafabufi
　　초 2일에,　　　　앞서　　전투에서 잡은　　銀柱에게 글을　　쥐여주어

ning yuwan de takūrafi unggihe, yen ju, ning yuwan i dzung bing
　　寧遠에　　　　　　　파견했다.　　銀柱는　　寧遠의　　　총병관

guwan dzu da šeo i giyajan bihe, fulahūn gūlmahūn aniya sunja
　　　　祖大壽의　　　시종　　이었다.　　정묘년(1627)　　　　　5월에

biyade cooha 1/2 genefi, yen ju be bahafi jafafi gajiha bihe, yen ju de
　　출병하여　　　　　銀柱를　　　얻어 잡아서 데려왔었다.　　銀柱를 시켜

unggihe bithe de henduhengge, ishunde amba gisun gisureci, ulhiyen i
　　보낸　　글에서　이르기를,　　「서로　　큰　　말을　　말하면　　점차

badarame gisun wajirakū kai, dain oci, yaya gurun gemu jobombi,
　커져서　　말이 끝나지 않는 것이다. 싸우면 모든　국인이 모두　괴롭다.

taifin oci, yaya gurun gemu jirgambi, be taifin be buyeme juwe
　평화로우면　모든 국인이 모두 평안하다. 우리는 평화를　　원하고　　두

gurun i jugūn neiki seme, fe han de hoošan deijime, 2/3 ice han tehe
나라의   길을   열고자 하여   옛 황제에게   종이를   태우고   새 황제가 등극한

doroi, be lama de hafan adabufi takūrambihe, jihe bithe be tuwaci,
예로   버 라마에게 관원을 따르게 하여 파견했다.   온   글을   보니

sinagan de waliyahangge we, acaki seme gisurerengge we sere gisun
장례에   추모하는 사람이 누구이고 화친하자고 말하는 사람은 누구인가 라는 말이

bisire jakade, takūrara be ilifi, jihe niyalma de neneme baha karun i
있기   때문에   파견하는   것을 중지하고 온 사람에게   앞서   얻은   초소의

yen ju be adabufi fonjinggime unggihe, te bicibe dorolome jici sain
銀柱를   따르게 하여 고하도록   보낸다.   지금이라도 예를 행하러 오면 좋다

seci, unggiki,, 3/4
하면   보내겠다.」

○ juwan ninggun de, yoto taiji i sargan jui be, han gajifi
  16일에,   요토 타이지의   딸을   한이 데려와

ujifi gungju obufi, korcin i manjusiri taiji de buhe,,
길러서 공주로 삼고   코르친의   만주시리[1]   타이지에게 주었다.

---

1 만주시리(?~1665)는 보르지기트氏이고 코르친 좌익의 수장이다. 조부는 망구스, 부친은 자이상이
   고 청태종 홍 타이지의 부인 莊妃(孝莊文皇后)의 오빠이다. 홍 타이지가 궁중에서 기른 요토(다이샨
   의 큰아들)의 딸과 결혼했다.   요토의 딸이 후에 hošoi gungju(和碩公主)에 봉해지면서 만주시리도
   hošoi efu(和碩額駙)가 되었다. 천총 연간 후금의 명과 차하르 공격전에 참전했다. 1636년(숭덕1)
   doroi giyūn wang(多羅郡王)에 봉해졌고 baturu(巴圖魯) 칭호를 하사받았다. 숭덕 연간 조선의 와르
   카 정벌전에 참전했고 명과의 松錦人戰에 참전했다. 1646년(순치3) 수니트부의 텡기스(?~1648)가
   반란을 일으켜 칼카의 세첸 칸 숄로이에게 도주했을 때, 명을 받고 추격했다. 공적을 인정받아 다르
   한 칭호를 수여받았다. 1659년(순치16) hošoi darhan baturu cin wang 지위가 수여되었다. 코르친
   좌익중기 자삭을 담당했다. 1665년(강희4) 사망한 후 그의 자손은 대대로 코르친 좌익중기 자삭을

○ orin ninggun de, šun dekdere ergi geikeri gurun i duin amban,
　 26일에, 　　　　 동쪽의 　　　 거이커리 국의 　 4명의 大人이

dehi niyalma be gaifi han de hengkileme jihe, jihe doroi sarin sarilafi,
　 40인을 　　 데리고 한에게 고두하러 　 왔다. 온 예로 잔치를 베풀고

emu niyalma de 4/5 emte suje i ergume buhe,,
1명의 사람에게 　　　 1벌씩 비단 　 朝服을 주었다.

○ orin jakūn de, coohiyan gurun i wang ni bithe isinjiha,
　 28일에, 　　　　　 조선국의 　　 왕의 　 글이 이르렀다.

wesihun gurun jeku isirakū ofi, mende jeku udaki seci, hanciki gurun
　「귀국이 　　 곡식이 충분하지 않아서 우리에게 곡식을 사고자 하면 이웃 나라의

i doro be herserakū tuwaci ojorakū, damu mini gurun cooha iliha
　 도리를 　 무시하고 　 볼 수만은 없습니다. 다만 우리 나라가 　 거병했을

fonde, jakūn golo aššafi ts'ang ku 5/6 gemu untuhulehebi, tere dade,
때에 　　 八道를 움직여 창고가 　　 모두 　 비어있습니다. 　 그뿐 아니라

duleke aniya niyengniyeri aga muke amba, juwari hiyariha ambula,
　 작년 　　 봄에 　　　 강우가 많았고 여름에 한발이 　 심했습니다.

usin i erin ufarafi irgen jetere jalin dembei jobombi, jai šun tuhere
농사의 때를 　 잃어서 백성이 먹기 위해 매우 고생합니다. 그리고 서쪽

ergi golo de funcehe irgen ambula akū, wesihun gurun i jeo de cooha
　 道에 　 남은 　 백성이 많지 않습니다. 　　 귀국이 　　 義州에서 군대를

계승했다. 바린部의 만주시리와는 동명이인이다.

bargiyaha amala, bucere de jailame ukaka liyoodung ni irgen ba bade
거둔   후   죽음에서 달아나 도망친   遼東의   백성이 곳곳에서

isafi, boo 6/7 hūwa be tuwa sindame talame, coko yendahūn be
모여서 집과   정원을   불 지르고 약탈하고 닭과   개를

sulabuhakū, cing cuwan ci wasihūn gemu orho suiha ubaliyakabi, tere
남겨두지 않았습니다. 淸川江부터   서쪽   모두 풀· 쑥으로 변했습니다. 그것을

be mini gisurere anggala, jihe juwe amban i yasai tuwaha, meni
   내가 말하기   보다   온   두 大臣[2]의 눈으로 보았습니다. 우리

gurun wesihun gurun de hūsun bisire teile faššaki serakūngge akū,
나라가   귀국에게   힘   있는데 까지 노력하려고 하지 않는게 아닙니다.

olhon moo de nimaha baici ai arga tucire, tuttu sehe seme, 7/8 mini
마른 나무에서 물고기를 구하면 무슨 방법이 나오겠습니까? 그렇다 해도   나의

doro be bi wacihiyarakūci ojorakū seme, arkan ilan minggan hule bele
도리를   내가 다하지 않으면 안된다 하고   가까스로   3천 石   쌀을

bahafi, wesihun gurun i gūnin de acabumbi, jai i jeo i giyang de
구하여   귀국의   뜻에   맞춥니다. 그리고 義州의   강에서

juwe gurun hūdašambi seme dorgi tulergi hūdai niyalma, wargi juwe
두   나라가 교역한다고   안 팎의   상인,   서쪽 두

golo i funcehe irgen, ama eme juse sargan be joliki sere niyalma,
道의   남은 백성으로 부모· 자식· 처를   贖還하려는 사람은

---

meni meni bele jeku ulin 8/9 tucifi gene sehe, wesihun gurun i jeku
각자   쌀·곡식·재물을   내어 가라고 했습니다.   귀국이   곡식을

udaki serengge, ede wajiha kai, jai emu gisurere babi, ishunde
사려고 하는 것은 이에 끝난 것입니다. 또 하나 말할   것이 있습니다. 서로

hūdašarangge, meni meni buyere ciha, juwe yaya aisi be gūnimbi,
매매하는 것은   각자   바라는 마음으로, 둘 모두 이익을 생각합니다.

ergeleci ojorongge waka, wesihun gurun bele ulin ambula jikini
강박할 수 있는 것이 아닙니다.   귀국이   쌀·재물을 많이 오게 하고자

seci, hūda be necin salibuci niyalma ini cihai urgun i genere, emu
하면 가격을 공평하게 계산하면 사람들이 그의 마음대로 기쁘게 갈 것입니다. 하루의

inenggi tesure be 9/10 bairakū, elheken i gamame ohode, meni
          족함을   구하지 않고 서서히   처리하게 될 때에 우리

gurun i hūdai niyalma unun fiyana i bulun de heru hadaha gese
나라의   상인들이   수레의   차축에   바퀴살이 집중하듯이

isinambi kai, irgen de dahūn dahūn i hendu, boljohon be ume jurcebure
모일   것입니다. "백성에게 반복해서   말하라. 약속을   위반하지말라"

seme jecen i hafasa de afabuhabi, meni gurun oilo uttu gisurefi,
라고   변경의 관원들에게   명했습니다.   우리 나라가 겉으로 이렇게 말하고

yargiyan i hūsun wacihiyame hūda neirakū oci, abka sakini, wesihun
실제로   힘을 다해서   장사를 열지 않으면   하늘이 알것입니다.   貴

gurun gidašame hūdašame ulin be durime 10/11 gaime irgen be urgun
國이   속이고   교역하고   재화를 약탈하여   취하고 백성을   기꺼이

i hūda jiburakū oso manggi, meni gurun be jurcehe seci, inu abka
  상품을 가져오지 않게 만든 후   우리   나라에게 위반했다 하면 역시 하늘이

sakini,,
알것입니다.」

○ juwe biyai ice de, karacin i tabunang sei unggihe bithei gisun,
   2월   1일에,   카라친[3]의 타부낭[4] 들이   보낸   글의   말.[5]

sure han de dureng guyeng, donoi gunji, nogūdara, wandan 11/12 weijeng,
「수러 한에게   두렁 구영[6]·   도노이 군지·   노구다라·   완단 워이정[7]·

3　카라친(karacin, 喀喇沁)은 북원 초기의 강력한 부족이었다. 15세기 중기에 오르도스 서부에서 유목
　　하며 세력이 강성해져서 서쪽으로 오이라트를 공격하고 동쪽으로 우량카이 3衛를 위협했다. 다얀 칸
　　(1474?~1517)의 몽골통일 시기에 카라친 오톡의 영역은 융시예프의 일부가 되었다. 당시 카라친의
　　유목지는 大同, 宣府의 이북이었다. 17세기 초에 카라친과 우량카이 3衛 몽고인이 결합하여 새로운
　　개념의 카라친이 만들어졌다. 1628년 차하르 릭단 칸의 압박을 피해서 淸에 귀부했다. 1635년 청에
　　의해 좌익과 우익으로 분할되었다. 후에 중익이 더 분할되었다. 烏雲畢力格, 『喀喇沁萬戶研究』, 内蒙
　　古人民出版社, 2005.
4　'tabunang'(塔布囊)은 칭기스칸의 후손과 결혼한 자의 칭호이다. 몽고어의 tabun ong(五王)에서 유
　　래했다. 17세기부터 카라친의 통치계층을 '울게인 노야드 타분 옹구드'(Ölge-yin noyad tabun
　　ong-ud, 산 남쪽의 노얀들과 타분 옹) 혹은 '카라친 타부낭'(Karachin-Tabunang)이라고 불렀다. 울게
　　인은 그들의 주 유목지가 흥안령 이남이기 때문에 붙인 명칭이고, 노야드는 노얀의 복수형으로 보르
　　지기트 황금씨족계를 가리키고, 타분 옹구드(五王들)는 그들과 인척관계를 가진 카라친의 지배층을
　　가리킨다. 청대에 타부낭은 蒙古王公의 封爵名으로도 쓰였다.
5　카라친에서 후금에 보낸 이 서신에는 1627년 초 호호호트(歸化城)에서 벌어진 차하르와 카라친·투
　　메트 연합군의 전투인 '趙城之戰'의 경위가 기록되어 있다. 서신의 내용 분석과 몽고문 원문의 소개
　　는 아래 논문 참조. 烏雲畢力格, 「史料的二分法及其意義－以所謂的"趙城之戰"的相關史料爲例」, 『淸
　　史研究』 2002, 1期.
6　'dureng guyeng'은 카라친에 속한 우량카이(朵顔衛)의 수령 수부디(subudi, ?~1629)의 칭호이다. 『淸
　　太宗實錄』 천총 2년 2월 계사조에는 '두렁 구영'(杜稜古英) 앞에 '蘇布地'(수부디)가 기록되어 있다. 『三
　　朝遼事實錄』의 1622년(明天啓2年) 王在晉의 보고에 의하면 수부디(速不的)는 '朵顔衛屬夷三十六家酋
　　首'였다. 본서에서는 subudi와 subudi dureng이 함께 쓰이고 있다.

ūlhei beise tabunang se bithe wesimbuhe, sure han i wasimbuha bithei
울허이 버일러들과 타부낭 들이 글을   올립니다.   수러 한이   내린   글의

karu, cahar han doro akū, banjiha uksun be wame talame banjire be,
답입니다. 차하르 한이 道가 없어,   친족을   죽이고 빼앗아서 살아가는 것을

sure han, amba ajige beise gemu sambi kai, meni karacin i tumen be
 수러 한과 크고 작은 버일러들이 모두 압니다.   우리   카라친   萬戶를

fusihūlame, hehe juse ulha be gaihabi, meni han hūwang taiji,
멸시하고,   여자·아이들·가축을 가져갔습니다. 우리의 汗 후왕 타이지는

bošoktu han, ordos jinong ni emgi yungsiyebu, asot, abaga, 12/13 kalka
 보속투 한· 오르도스 지농과 함께, 융시예푸· 아소트·아바가·   칼카

ese jifi, tumet i gegen han i joo hecen de tehe cahar i duin tumen
여기에 와서, 투메트의 게겐 한[8]의   조오 성[9]에   머문 차하르의   4만

cooha be saciha, meni han hūwang taiji juwan tumen cooha gaifi jihe,
군사를 베었습니다. 우리의 汗 후왕 타이지[10]는   10만 군사를 이끌고 왔습니다.

---

7   'wandan weijeng'은 카라친의 수령 수부디(subudi)의 동생이다.
8   'gegen han'은 몽고 우익 투메트의 수장인 알탄 칸(1507~1581)을 가리킨다. '게겐'은 몽고어로 '빛'의
    의미이며, 몽고의 대칸이자 차하르의 칸인 다라이순이 알탄 칸과의 전쟁에서 패한 후 1551년 타협안
    으로 알탄 칸에게 수여한 칭호이다. '게겐 칸'은 알탄 칸 이후에도 호호호트(歸化城)에 거주한 투메트
    수장의 별칭으로 쓰였다.
9   'joo hecen'은 호호호트(呼和浩特)의 다른 이름이다. joo는 寺廟의 의미이다.『淸太宗實錄』천총 2년
    2월 계사조에는 '趙城'으로 기록되어 있다. 근래 중국 제일역사당안관에서 발견된 이 서찰의 몽문 당
    안에는 'juu qate'라고 기록되어 있다.
10 'hūwang taiji'의 이름은 '부얀'이다.『淸太宗實錄』천총 2년 2월 계사조에는 '布顔台吉'(buyan taiji)로
    기록되어 있다.

tere jidere de cahar i ilan minggan niyalma, bayan sube de šang
그　올　때에 차하르의　　3천명이　　　바얀 수버(張家口)[11]에 상을

gaiki seme dosifi, nikan šang buhekū ofi, bedereme jidere be, karacin i
받겠다고 들어갔는데 明이 상을　주지 않아서　　돌아 오는 것을, 카라친의

han hūwang taiji, 13/14 tere šang ni niyalma[12] be ucarafi gemu waha,
汗 후왕 타이지가　　그 상받으러 간 (차하르)사람들을 만나서 모두 죽였습니다.

hashū ergi aru i ilan abaga, kalka cooha juraki seme membe gaifi,
左翼　아루[13]의 세 아바가와 칼카가 군대를 출발하자며　“우리를　이끌고

sure han i emgi cooha juraci antaka seme jihebi, sure han i genggiyen
수러 한과 함께 군대를 출발시키면 어떠합니까?”라며 왔습니다. 수러 한의　영명함

de seole, ere juwe bithei gisun be tuwaci, cahar i han bethei fatan
으로 생각하십시오. 이 두 문서의 말을　보니, 차하르의 한이　발바닥을

weihuken aššahabi, ere aššaha ucuri morin tarhūbufi ere niyanciha de
가볍게 동요했습니다. 이 동요한　때에 말이　살쪄서　이 풀이 푸를 때에

---

11 'bayan sube'는 '張家口'의 몽고 이름이다.

12 [簽註] gingguleme kimcici, ere šang ni niyalma sere gisun, ainci šang gaime genehe niyalma sere
gisun dere,,
삼가 고찰하건대 이 'šang ni niyalma'(賞의 사람)라는 말은 아마도 'šang gaime genehe niyalma'(상
을 받으러 간 사람)라는 말일 것이다.

13 '아루'는 몽고어로 '뒤' 또는 '북쪽'을 의미하며, 여기에서는 두르벤 케우케드부(四子部)·우라트부·
모오밍안부·옹니우트부·아바가부·아바가나르부 등을 총칭한다. 楠木賢道, 『淸初對モンゴル政策
史の硏究』, 汲古書院, 2009, 126쪽.

14/15 <u>non i abaga</u>[14], karacin, tumet i emgi cooha jurambi, suwe cooha
논의 아바가·　　카라친·　투메트가　함께　출병합니다.　　그대들이 출병

juraki seci, suwe morin be tarhūbu, uksin saca coohai agūra be
하려고　하면, 그대들은 말을　살찌우십시오. 갑옷과 투구·　　무기를

dasa, suwe cooha jurandarakū oci, suweni ciha seme wesimbuhe,,
정리하십시오. 그대들이 출병하지 않으면　그대들의 뜻입니다」라고 상주했다.

○ ice juwe de, 15/16 taidzu i fon i fe gungge amban eidu baturu i
　초 2일에,　　　태조의　시기의　옛　　功臣　　어이두 바투루의

jui turgei uju jergi iogi be wesibufi ilaci jergi dzung bing guwan
아들 투르거이를 1등 遊擊을　승진시켜서　3등　總兵官으로

obufi, gūsa de ejen sindaha, fiongdon jargūci i jui cakani be
삼고　구사에 어전으로 두었다.　피옹돈 자르구치의 아들 차카니를

dzung bing guwan obuha,,
　총병관으로　　　　삼았다.

○ ice juwe de, solho i elcin isinjiha, jihe 16/17 bithei gisun,
　초 2일에,　　조선의　사신이 도착했다. 온　　　문서의　말.

---

14 [簽註] gingguleme baicaci, mukden i ejetun de non bira gebungge ba bi, ere non i abaga sere gisun, ainci non bira ba i abaga sere gisun dere,,
　삼가 찾아보니 『盛京志』에 'non bira'라는 이름의 지역이 있다. 여기서 'non i abaga'라는 말은 아마도 'non bira 지역의 abaga'라는 말일 것이다.
　* 'non bira'는 〈皇興全覽圖〉(강희56)에 'non i bira'로 기록되어 있다. 松花江(sunggari ula)의 2대 源流 가운데 하나이고 현재 黑龍江省 중부를 흐르는 嫩江이다.

takūraha niyalma, jidere elcin i emgi isinjifi gajiha bithe be <u>tuwafi</u>
「파견한　　사람이　　오는　사신과　함께　도착해 가져온 문서를　　본

<u>manggi selaha</u>[15], wesihun gurun neneme hūda neiki sehengge, tere
후　　　기뻤습니다.　　　　貴國이　　　전에　거래를 열자고 말한　것, 그것은

sain weile kai, wargi golo kokiraha efujehe be dahame, hūdašaci
좋은　일입니다. 서쪽　道가 손상입고　　망가졌기 때문에　　　거래할

mutere dursun akū seme hūdašaki sehe gisun de lak seme acabuhakū,
수 있는 상태가 아니라고 하여 거래하자 라는　말에　　　딱 합당하지 않다는 것이지,

hūda neici ojorakū sehengge waka, te jihe bithe de henduhengge,
거래를 열 수　없다고　말한 것이 아닙니다. 지금 온 문서에서　말하기를,

musei 17/18 tehe hecen de hūdašaci, damu bayan hūsungge urse de
"우리의　　　머무는 성에서　거래하면　다만 부유하고 재력있는　무리에게

tusa, buya irgen de tusa akū serengge, ere gūnin ambula inu, julgeci
이익이고 小民에게　이익이 없다"라고 말한　그　뜻은 매우 그러합니다. 옛날부터

ebsi hanciki gurun ishunde hūdašara kooli gemu jecen de, ainci enteke
가까운 나라가 서로　거래하는 예는 모두　변경에서이니, 아마도 이같은

jalin kai, wesihun gurun i niyalma geren, jeterengge isirakū jobocun
이유인 것입니다.　귀국의　　　사람이　많고　먹는 것은 부족하여 근심이

---

15 [簽註] gingguleme baicaci, fe dangse de tuwafi manggi seleha seme ejehebi, ainci uthai tuwaha
　　manggi, seleha sere gūnin sere,,
　　삼가 찾아보니 舊檔子에서 'tuwafi manggi seleha'(보아서 후에 기뻐했다)라고 기록했다. 아마도 즉
　　'tuwaha manggi, seleha'(본 후에 기뻐했다)라는 뜻일 것이다.

ofi, emu aniyai jeku udaki seci, gashan be 18/19 guwebure joboro
되어 한 해의 곡물을 사자고 하니, 재난을 면하게 하고 걱정하는

be gosirengge, hanciki gurun i doro, fusihūn gurun ai gelhun akū
것을 어질게 여기는 것이 가까운 나라의 도리입니다. 下國이 어찌 감히

kokiraha manaha seme siltambi, uthai jihe elcin i emgi hebešefi, irgen
손해를 입고 파괴됐다고 핑계 대겠습니까? 곧 온 사신과 함께 상의하여, 백성을

be jecen de hūda gene seme unggimbi, bele jeku inu terei dolo bi,
변경에 매매하러 가라고 보내겠습니다. 쌀·곡식도 그 중에 있습니다.

damu wargi golo untuhulefi orho banjifi, niyalma šanggiyan lakcaha
다만 서쪽 道가 비고 풀이 자라고 사람과 연기가 끊긴

be, jihe elcin i yasa saha, 19/20 goro ba i irgen, minggan baci jeku
것을 온 사신의 눈으로 봤습니다. 먼 곳의 백성이 천 리로부터 곡식을

juweci ja akū, gūniha de bahafi ambula acaburakū seme jobombi, jai
운송하기 쉽지 않아서, 생각하심에 매우 부합할 수 없을까 하여 걱정됩니다. 또

gūnici, juwe gurun i hūdašarangge, amba weile, boljon bilan akū¹⁶
생각하면, 두 나라의 거래하는 것은 큰 일이니 약속기한 없이

balai oci ojorakū, inu meni meni erin boljohon be toktobufi, ishunde
함부로 하면 안 됩니다. 또한 각각 시간 약속을 정해서, 서로

---

16 [簽註] gingguleme baicaci, fe manju gisun i bithede, boljon bilan akū sere gisun, uthai boljohon
bilagan akū sere gisun de adali sehebi,,
삼가 살펴보니, 『舊淸語』에서 'boljon bilan akū'(약속 기한 없이)라고 하는 말은 곧 'boljohon bilagan
akū'(약속 기한 없이)라는 말과 같다고 했다.

dabarakū obuci acambi, hūdašara fonde, ciralame šajilafi ergelerakū
넘기지 않게 해야 마땅합니다. 거래할   때에   엄격하게 금지하여 강박하지 않고

durirakū oci, niyalma 20/21 ambula urgunjeme genembi, ere gisun gemu
빼앗지 않으면,   사람들이   매우   기뻐하며   행할 것입니다. 이 말은 모두

jihe elcin i šan de donjiha, wesihun gurun seolere be buyere, jai
 온   사신이   귀로 들었습니다.   귀국이   생각하기를   원합니다. 또

hafasa de hendufi, arkan ilan minggan hule bele icihiyafi, emu minggan
관원들에게   말해서   가까스로   3천石   쌀을   마련하여,   1천을

be hūda de unggifi hūdašambi, juwe minggan be bai benembi, ere
  시장에   보내어   거래하고,   2천을   공짜로 보냅니다. 이는

mujilen okini sehengge, an i benerengge waka, wesihun gurun
정성으로 여기라 하는 것이지 定例로 보낸 것이   아닙니다.   귀국이

alime gaijara be 21/22 buyere, juwe gurun i ishunde sain banjire ujen,
 받아 취할 것을   원합니다. 두   나라의   서로   잘 지내는 중요함은

akdun jurgan de bi, ulin de akū, ulin bisire akū i jalin hajilara šumin
 신의에   있고 재물에 있지 않습니다. 재산이 있고 없는 것 때문에 친교가 깊고

micihiyan ojorongge, tede ambasa saisai girucun, musei juwe gurun i
 얕게   되는 것은 지금에 대신들과 현인들의 치욕입니다. 우리   두   나라가

targaci acarangge kai, geli emu bithe de henduhengge, ukaka irgen be
경계해야 마땅합니다.   또   하나의 문서에   말한   "도망한   백성을

jafafi amasi benju sere weile be, neneme gūniha be gemu 22/23
잡아서 돌려 보내라" 라고 한 일을 전에 생각한 것을 모두

wacihiyame gisurehe bihe kai, tumen bucere ci funcehe irgen, encu
다 말했었습니다. 만 번 죽을 데서 살아남은 백성이 다른

bade oljilabufi, baniha ba na be kidume ergen be šelefi ukame jime,
곳에 포로가 되어, 태어난 곳 땅을 그리워하여 목숨을 바쳐 달아나 와서

jugūn de geceme yuyume, bahafi weihun amasi isinjihangge, gūnici
길에서 얼고 굶고 살아서 돌아올 수 있었던 사람은, 생각하니

tanggū de emken juwe akū, embici bihe seme, irgen i ama eme ofi,
백에 한둘도 없습니다. 혹 있다 해도 백성의 부모가 되어서

dade karmame mutehekū oso, geli jafa, huthufi beneci unenggi 23/24
처음에 보호하지 못했는데, 또 잡고 결박해서 보내면 진심으로

dolo jenderakū, niyalmai gūnin de jenderakūngge, abkai mujilen de
마음이 참기 힘듭니다. 사람의 마음에 참기 힘든 것은 하늘의 마음에도

seme acarakū, juwe gurun gisurendufi doro acaha, acaha amala sakda
합당하지 않습니다. 두 나라가 서로 말하여 화친했습니다. 화친한 후에 노인

asihan be sindafi, ama jui eigen sargan dahūme bahafi acaci, yala
젊은이를 놓아주어, 아버지와 아들, 남편과 아내가 다시 만날 수 있다면, 정말로

sain oho tusa, wesihun gurun de bicibe, emu sain weile kai, jabšan
좋고 이익입니다. 귀국이라 할지라도 하나의 좋은 일입니다. 다행히

de geli gūnifi tacibuki, gin wei tung ni weile be 24/25 donjifi sesulaha,
다시 생각해서 가르쳐주십시오. 金惟同[17]의　　일을　　　　　듣고　놀랐습니다.

tere embici ini cisui giyansi yabuci, saburengge waka, fusihūn gurun
그가　혹시　그 스스로　奸細를　했어도　아는 바가　아닙니다.　　　下國에

de ere weile lasha akū, te ini bade hendufi baicabufi jafafi baitalaki,
이런 일이 절대 없습니다. 지금 그의 지역에 말해서 살피게 하고 잡아서 처리하겠습니다.

duleke aniya i jeo de tehe cooha be tatafi, dahanduhai gosime meni
지난　해　義州에　머문　군사를　철수하고, 계속해서　인자하게 우리의

dain de gaibuha niyalma be amasi bederebuhengge, ere jurgan ambula
싸움에서 잡힌　사람을　돌려 보내준 것,　이　義는 매우

amban, onggoci ojorakū, baniha 25/26 genere be elhešefi, ulhisu akū
크고　잊을 수 없습니다. 감사하러　가는 것이 늦어졌으니　불민하여

jalin šumilame girumbi,,
깊이　부끄럽습니다.」

○　manju gurun i sure han i karacin de takūraha elcin be, cahar
만주국의　수러 한이　카라친에　파견한　사신을　차하르

i dolot gurun juwe jergi tosofi waha manggi, manju gurun i 26/27
의 돌로트 나라가 두 번　막아서 죽이자,　만주국의

sure han, komso cooha be gaifi, cahar i monggo alakcot gurun be
수러 한은 적은 군대를　이끌고, 차하르의　몽고　알락초트 국을

---

17 『淸太宗實錄』 천총 2년 2월 갑오조에 '金惟同'으로 기록되어 있다.

dailame, juwe biyai ice jakūn de bonio erinde juraka, dadai subargan
공격하러   2월   초 8일의   申時에   출발했다. 다다이 수바르간

de deduhe, tere inenggi, han geren beise ambasa be isabufi hendume,
에서 숙영했다.   그 날,   한이 여러 버일러들과 대신들을   모으고   말하기를,

ere fonji jihengge gemu simnefi jihe sain haha, ai ambula cooha,
"이 때에 온 자들은 모두 선발되어 온 우수한 남자들이다. 어찌 큰 군대이겠는가?[18]

faksikan i yabuki, facuhūn ume yabure seme fafulaha,, 27/28
교묘하게   하자.   문란하게   행하지 말라"고 군령을 전했다.

○ tofohon de, han geren beise i baru hendume, suwe siliha cooha
   15일에,   한은 여러 버일러들을 향해 말하기를, "너희는 선발한 병사를

gaifi juleri yabu, bata ucaraci, faksikan i kafi jafa, akū bisire
이끌고 앞으로 가라.   적을 만나면 교묘하게 포위하여 잡아라. 없거나 있는

medege be tede enderakū, be geren ing be gaifi suweni siranduhai
  소식을 거기에서 은닉하지 마라. 우리는 여러 營을 이끌고 너희에   이어서

genembi seme hendufi unggihe, juleri tucifi genehe beise, niyalma
갈 것이다" 라고 말하여   보냈다.   앞에 나가서 간 버일러들이 사람을

jafafi fonjici, oo muren de sereng cing baturu, gurun baising 28/29
잡아서 물으니, "오오 무렌[19]에   서렁 칭   바투루와 나라 백성이

---

¹⁸ '大軍이 아니고 小軍이니 문란하면 안되고 기민해야 한다'는 의미이다.

¹⁹ 'oo muren'(敖木倫, 鄂木倫河)은 大淩河의 다른 이름이다. 大淩河는 遼寧省 서부의 주요 하천이다. 고
   대에는 白狼水라고 불렸고, 遼代에는 靈河로, 金代에는 淩河로 불렸으며, 그 후에는 大淩河로 불렸
   다.

yooni bi seme alaha, tereci geren ing be aliyafi gemu uksilebufi, han
모두 있다" 라고 고했다. 그 후 여러 營을 기다려 모두 갑옷입게 하고 한과

beise i beye gaifi feksifi, dolot gurun i dorji hatan baturu feye bahafi
버일러들이 직접 이끌고 달려가서 돌로트 국의 도르지 하탄 바투루는 상처를 입고

burulame tucike, juse sargan be gemu baha, guru taiji be waha, olji
도주하여 빠져나갔다. 자식들·처를 모두 획득했다. 구루 타이지를 죽였다. 노획

emu tumen emu minggan juwe tanggū baha, monggo nikan emu
11,200을 얻었다. 몽고인· 한인 1,400

minggan duin tanggū haha be boigon araha, tereci 29/30 funcehe be olji
남자를 戶로 만들었다. 그 나머지를 포로로

araha,,
만들었다.

○ juwan nadan de, dain be etehe doroi abka de hengkilehe, baha
17일에, 전쟁을 이긴 예로 하늘에 고두했다. 얻은

olji be hafan cooha de afafi feye baha niyalma de jergi bodome
포로를 관원·병사에게, 전투하여 상처 입은 사람에게 등급을 헤아려

šangnaha,,
상주었다.

○ orin emu de, amasi songko de tabcilame sain morin be 30/31
21일에, 이전의 길로 약탈하러 좋은 말을

sonjofi unggihe, emu tanggū gūsin morin, nadanju ihan baha, baha
뽑아서 보냈다.   130마리 말·   70마리 소를   얻었다. 얻은

olji be genehe hafan cooha de šangnaha,,
노획을   간   관원· 병사에게   상주었다.

○ orin duin de, cahar ci ukame genere ukanju i songko fehubufi,
   24일에,   차하르로부터 도망하여 가는 도망자의   흔적을 밟게 하여

han beise i beye gaifi feksifi juwe tanggū boo baha, jai inenggi jakūn
한· 버일러들이 직접 이끌고 달려서 200戶를   얻었다. 다음 날   8마리

ihan wame, 31/32 abka de tu wecehe, tere inenggi, sure han i joo bithe
 소를 잡아서   하늘에   纛祭지냈다.   그 날   수러 한의 詔書를

jafabufi, karacin i ūlhei beise tabunang sede elcin takūraha, suweni
쥐여주어 카라친의   울허이 버일러들· 타부낭 들에게   사신을 파견했다. 「너희가

unggihe bithe de cahar i han i ehe banjire ba, jai doroi turgun de
보낸   글에   차하르의 한의 악하게 사는 것, 그리고 화친의 정황에

arahabi, te bicibe, doro be akdulame gisureki seci, juwe tabunang
글을 썼다. 지금이라도   화친을 보증하고 말하고 싶다 하면, 두 타부낭이

ujulafi, ūlhei beise burtei elcin unggi, tere elcin jihe manggi, ai ai
 앞서서 울허이 버일러들이 모두 사신을 보내라. 그 사신이 온 후   각종

gisun be tede gisureki seme unggihe,, 32/33
 말을   그에 말하고싶다」 라고 보냈다.

○ ilan biyai ice nadan de, simiyan i hecen de isinjire inenggi,
　 3월　　 초 7일에,　　　　　 瀋陽城에　　　　　　 도착하는　 날,

jugūn de amba sarin sarilara de, han hendume, abkai kesi de, buya
　 길에서　 큰　 연회를　 베풀　 때에　 한이 말하기를, "하늘의　 은혜로　 작은

deote be gaifi komso cooha be gamame, encu gurun be dailame genefi
　 동생들을　 이끌고 적은　 병사를　 이끌고　 다른　 나라를　 정벌하러　 가서

bahame same urgun i yabuha, buya juwe deo de gebu buki 33/34 seme
　 획득하고 알고　 기쁘게　 성취했다.　 작은　 두　 동생에게　 이름을 주고싶다" 라고하고

juwe deo, dorgon de mergen daicing, dodo de erke cūhur seme gebu
　 두　 동생인　 도르곤에게　 머르건 다이칭,[20] 도도에게 어르커 추후르[21] 라고　 이름을

buhe, tereci jurafi jidere de, han beise be isinjimbi seme donjifi,
　 주었다. 그 후　 출발하여　 올　 때에 한·버일러들이 도착한다고　　　 듣고

hecen tuwakiyame tehe amin beile, dudu taiji, yoto taiji, geren beise
　 성을　　 지키고　　 있던　 아민 버일러·　 두두 타이지·　 요토 타이지는 여러 버일러들·

ambasa be gaifi juwan ba i dubede okdofi, 34/35 han de jergi bodome
　 대신들을　　 이끌고　　 10里　 앞에서　 맞이하여,　　　　 한에게 등급을 헤아려

ilhi ilhi niyakūrame hengkileme tebeliyeme acame wajiha manggi,
　 차례로　 무릎 꿇고　 고두하고　　 포옹하며　 만나기를 마친　 후,

---

20 'mergen'은 만주어와 몽고어에서 '명사수', '현명한'의 뜻이고, daicin은 몽고어에서 '戰士', '통솔자'의
　　 뜻이다.
21 'erke'는 몽고어에서 '雄壮한'의 뜻이고, cuhur는 몽고어에서 '반점있는 말', '화려한'의 뜻이다.

cooha genehe beise ambasa, okdoko beise ambasa, jergi bodome ishunde
行兵한　　　　버일러들과 대신들·　맞이한　버일러들과 대신들은 등급을 헤아려　서로

niyakūrame hengkileme tebeliyeme acame wajiha manggi, jurafi
무릎 꿇고　　고두하고　　포옹하며　　만나기를 마친 후,　　출발하여

simiyan i hecen de bonio erinde isinjifi, tangse de hengkilefi boode
瀋陽城에　　　　　　申時에　　　도착해서　堂子에　고두하고　　　집에

dosika,, 35/36
들어갔다.

○ ice jakūn de, solho i elcin isinjiha, bithe de henduhe gisun,
　　초 8일에,　　　조선의　사신이 도착했다. 글에서　　말한　　말.

hūi ning de hūdašara weile juwe gurun sain oci tetendere, hoksondure
「會寧에서　　　매매하는　　일은[22]　두 나라가 和好하면 충분합니다.　서로 분노할

ba akū, damu neneme warka sa ninggun golo de tehengge ambula ofi,
것이 없습니다. 다만 전에　와르카 들이 여섯　지역에[23]　거주한 자가　많아서

tuttu gurun i hūda tubade isinafi hūdašambihe, te warka lakcafi
그렇게 나라의 상품이 그곳에　이르러　매매했었습니다. 지금 와르카가 끊어져

hūdašarakū goidaha kai, wesihun gurun tubabe ainahai bahafi
매매하지 않은지 오래되었습니다.　　貴國이　　　그것을　　　어찌

---

22 정묘호란 이후 시작된 會寧開市를 가리킨다.
23 『淸太宗實錄』 천총 2년 3월 기사조에 '六鎭'으로 기록되어 있다. 조선 세종 때 두만강 하류 남안에 설
　치한 鐘城, 穩城, 會寧, 慶源, 慶興, 富寧을 가리킨다.

wacihiyame sambini, 36/37 i jeo de hūdašara be, udu angga aljacibe,
　모두　　알 수 있겠습니까?　義州에서　매매하는 것을 비록　입으로 허락할지라도

dain cooha de irgen kokirafi, goroki hanciki hūdai niyalma be gene
　전쟁에　　　백성이 손상입어 멀고　　가까운　　　상인으로 하여금　가라

seme henduci, hono boljohon de bahafi generakū ojorahū sembi, juwe
하고　　말해도　오히려　기한에　　　　가지못하게 될까 우려된다 합니다. 두

bade hūda neire anggala fusihūn gurun i weile hūsun akūmbume
곳에서 매매를　열기에는　　　　　下國[24]이　　　　工力을　　　다할 수

muterakū yargiyan, tuttu akūci ubade hūdašambime tubade hūdašarakū
없음이　　사실입니다.[25] 그렇지　않으면 여기에서 매매하는데　저기에서 매매하지 않을

doro bio, <u>weile 37/38 deriburei tuktan de, duberei jalin bodoho</u>[26] de,
이치가 있겠습니까? 일을　시작하는　처음에　　끝남을　위해 헤아릴　　때

amala yargiyan ombi, seoleki,,
후에　　진실이　됩니다.　생각해주십시오.」

24　『淸太宗實錄』천총 2년 3월 기사조에 '敝邦'으로 기록되어 있다.

25　두 곳에서 시장을 운영하는 것에 조선의 힘이 미치지 못한다는 의미이다.

26　[簽註] gingguleme baicaci, fe manju gisun i bithede, weile deriburei tuktan de, duberei jalin bodoho
　　sere gisun, uthai baita be deribure tuktan de, urunakū duben i babe tulbišere be jorime gisurehebi
　　sehebi,,
　　삼가 찾아보니 『舊淸語』에서 'weile deriburei tuktan de, duberei jalin bodoho'(일을 시작하는 처음
　　에 끝남을 위해 헤아렸다)라는 말은 즉 'baita be deribure tuktan de, urunakū duben i babe
　　tulbišere'(일을 시작하는 처음에 반드시 끝의 지점을 헤아리는)을 가리켜 말한 것이라고 했다.

tongki fuka sindaha hergen i dangse
點·圈을 찍은 문자의 檔子

juwanci debtelin
10권

sure han i jai aniya ilan biyaci jakūn biyade isinahabi
천총 2년 3월부터 8월까지

tongki fuka sindaha hergen i dangse,,
　點　圈을　　찍은　문자의　　檔子

○　juwan jakūn de, solho i elcin isinjiha, gajiha bithei gisun, te
　　　18일에,　　　　조선의　　사신이 도착했다. 가져온 글의　　말.　「지금

jecen i amban i ulame benjihe bithe be tuwafi sesulame goloho, meni
변경의　　대신이　전해　　보내온　글을　　　보고　　　놀라고 두려웠습니다. 우리

gurun, wesihun gurun i emgi abka de gashūme doro acafi ukanju
나라가　　　　귀국과　　　　함께 하늘에　　맹세하고　　화친하고 도망자를

alime gaici, jurgan de acarakū, tuttu ukame jihe jušen be uthai
받아 취하면　　義에　　맞지 않습니다. 그래서 도망해 온　　속민을　　즉시

huthufi benehe, wesihun gurun i genggiyehe saha ba kai, 1/2 ukandara
묶어서 보냈습니다.　　　귀국이　　　　밝게　　알고있는 것입니다.　　　도망하는

niyalma inu tere be same adarame huthufi benere jobolon be baime
　사람도　　그것을　아는데　어찌　　묶어서 보내는 괴로움을　　찾아서

jimbi, tuttu sehe seme bithe jidere jakade, uthai jecen i hafasa be
오겠습니까? 그렇다 해도　글이　　온 때문에 즉시 변경의　관원들에게

aname baica seme baicabuci, amasi alanjime, aniya biyai juwan emu
일일이 조사하라 하고 조사시키니,　다시 보고하기를　　정월　　　11일에

de šanggiyan morin yaluhabi, jušen nikan be ulhirakū orin funceme
　　하얀　　　　말을　타고있는　주션인지　한인인지　알 수 없는　20명 남짓

niyalma, jeng giyang ni amargi alin i 2/3 niyalma akū babe jugūn be
사람이　　　鎮江의　　　　북쪽　　　산의　　　　사람이　없는 곳을　　　길을

hetume, mederi baru mao wen lung be baime genehe adali, tere fonde
가로질러　바다　쪽　毛文龍을　　　　찾아　간 것같습니다. 그　때에

uthai songko waliyabufi yargiyan bahafi sarkū, ubabe wesihun gurun
즉시　종적이　없어져서　사실을　　알 수 없습니다. 이것을 귀국이

seoleki,,
생각하기를 원합니다.」

○ orin nadan de, han hendume, gurun i joboro yadahūn sargan
　　27일에,　　　　　한이 말하기를,　"국인의　괴롭고 빈궁한　　妻

akū niyalma de 3/4 sargan gaikini, hūda bu seme, ku i ulin be
없는 사람에게　　　妻를 얻게 하라. 값을 주어라"라고 창고의 재화를

tucibufi, sargan akū niyalma de salame buhe,,
내어　　妻가 없는　사람에게　나누어 주었다.

○ orin uyun de, asan i deo adahai i hergen be efulehe turgun,
　　29일에,　　　아산의 동생 아다하이의 職을　　파직한　이유.

abtai nakcu i sargan jui be erke cūhur sargan gaimbi serede, han,
압타이[1] 낙추의　　딸을　　어르커 추후르가 처로 娶하겠다 할 때에, 한·

1　'압타이(abtai)'는 울라의 버일러 만타이의 셋째 아들이다. 『烏拉哈薩虎貝勒後輩檔冊』(ula hashū

beise de hebe akū, ajige taiji enculeme adahai be 4/5 siden de jala
버일러들에게 논의없이 아지거 타이지가 따로   아다하이를   사이에   중매인으로

yabubufi gisureme wajifi, jai ajige age, adahai i emgi sargan jui be
보내어   말하기를 마치고, 다시 아지거 아거는 아다하이와 함께   딸을

tuwanahabi, erei turgunde ajige age de weile arafi, minggan yan
보러갔다.   이런   이유로   아지거 아거에게 죄를 주어,   1천량

menggun, han de emu morin de foloho enggemu hadala tohohoi uksin
銀,   한에게 1마리 말에   조각한 안장과 굴레를   채우고   갑옷과

saca acihai buhe, ilan amba beile de foloho enggemu hadala tohohoi
투구를 실어서 주었다. 세   大 버일러에게는   조각한 안장과 굴레를   채워서

emte morin buhe, 5/6 jakūn taiji de bai enggemu hadala tohohoi emte
1마리씩의 말을 주었다.   여덟 타이지에게 보통 안장과 굴레를   채워서 1마리씩의

morin buhe, gūsai beile be nakabufi, deo mergen daicing be gūsai beile
말을   주었다. 구사의 버일러를   그만두게 하고, 동생 머르건 다이칭을 구사의 버일러로

obuha, abtai nakcu be iogi i hergen be efulefi beiguwan obuha, juwe
삼았다. 압타이 낙추를   遊擊   직을   파직하여 備禦官으로 삼았다.   200량

tanggū yan menggun gaiha, erke cūhur be huwekiyebuhe siden de
          銀을   취했다. 어르커 추후르에게   권하여   중간에서

---

jala yabuha turgunde adahai be wambihe, 6/7 dergi taidzu i gosime
중매인으로 간 이유로   아다하이를 죽이려했었다.   上 太祖가   아끼고

ujihengge seme wara be nakafi, boigon be hontoholome talaha,,
기른 자   라고 죽일 것을 멈추고 家産을   절반 나누어   몰수했다.

○ duin biyai ice ilan de, aohan i dureng efu de jinong seme gebu
      4월   초 3일에,   아오한의   두렁 어푸에게   지농 이라는 칭호를

buhe, aohan i dureng, cahar i han be ahūn deo be wambi, gurun be
주었다. 아오한의 두렁은   차하르의   한이   형· 동생을   죽이고   國人을

ujirakū ehe, manju gurun i 7/8 sure han gurun ujire sain seme, ini
기르지 않아 나쁘고, 만주국의   수러 한이 국인을 기르기를 잘한다고 그의

gurun be gajime jihe seme jinong ni gebu buhe, gebu buhe doroi
국인을   이끌고 왔다고   지농   칭호를 주었다. 칭호를 준   禮로

jinong efu sarin dagilafi han be sarilaha,,
  지농 어푸는 연회를 준비하여 한에게 베풀었다.

○ ice nadan de, han, nio juwang hoton sahara alban i niyalma be
      초 7일에,   한은   牛莊城을   쌓는   부역인이

joboho, 8/9 wafi jekini seme dehi ihan benebuhe,,
고생했으니   잡아 먹으라고   40마리 소를 보내주었다.

○ orin sunja de, barin i seter beile, sereng hūwang taiji, ayusi
      25일에,   바린의 서터르 버일러· 서렁 후왕 타이지·   아유시

taiji, manjusiri taiji morin temen benjime han de hengkileme jimbi
타이지·만주시리 타이지가 말과 낙타를 보내오고 한에게   고두하러   온다

seme donjifi, han, geren beise be gaifi, sunja ba i dubede okdofi 9/10
라고   듣고   한은 여러 버일러들을 이끌고   5里   앞에서 영접하여

amba sarin sarilaha, dade seter, sereng se, monggo i kalka i gurun i
  큰   잔치를 베풀었다. 원래 서터르·서렁 등은   몽고의   칼카 국의

barin aiman i beise bihe, cahar monggo i han lindan, kalka be efulehe
바린 아이만의 버일러들이었다.   차하르 몽고의   汗 릭단이 칼카를 무너뜨린

manggi, seter, angga ini gurun be gamame monggo i non i korcin de
후,   서터르·앙가는 그의 국인을   데리고   몽고의   눈 코르친에게

dosika bihe, korcin i beise jing jobobume gejurere jakade, ini harangga
들어갔었다. 코르친의 버일러들이 항상 괴롭히고   착취했기 때문에   그의 屬下

gurun be gajime jihe,, 10/11
국인을   이끌고 왔다.

○ sunja biyai ice sunja de, amin beile ini sargan jui be, han i
    5월   초 5일에,   아민 버일러는 그의   딸을   한의

hese akū, ini cisui barin i seter taiji de sargan buhe,,
명령   없이 그의 마음대로 바린의 서터르 타이지에게 妻로   주었다.

○ juwan emu de, abatai beise, yoto beise, 11/12 šoto beise, jakūn
    11일에,   아바타이 버이서[2]·요토 버이서·   쇼토 버이서· 팔기의

---

2   본문에서 beise는 beile의 복수형이 아니고 몽고의 taiji에 대응하는 관작의 일종으로 쓰였다. 본문의

gūsai ejete de ilan minggan cooha be afabufi, nikan be tabcilabume
어전들에게　　3천명의　병사를　　맡겨서　明을　　　공략하게 하고

ginjeo hecen be efulebume unggihe, tere cooha be unggire de, han
錦州城을　　　　함락시키도록 보냈다.　그　　병사를　　보낼　때에 한은

tucifi tangse de hengkilefi, juwan ba de isitala cooha genere beise be
나가서　堂子에서　고두하고　　10里에　이르기까지 출병하는　버일러들을

fudefi 12/13 gisun tacibufi bederehe, cooha genehe beise de, baha
전송하여　말로　가르치고[3] 돌아왔다.　　출병한　　버일러들에게, 포획한

niyalma de jafabufi dosi takūra seme bithe unggihe, bithede
사람에게　쥐여주어 안으로 보내라고　글을　주었다.　　글에서

henduhengge, manju gurun i han i bithe, daiming gurun i ambasa de
말하기를,　　「만주국의　　　한의　글.　　대명국의　　대신들에게

unggihe, suweni gurun i efujere erin isinjifi, bithe coohai hafasa be
보낸다.　너희의　나라가 무너질 때에 이르러　문무　　관원들은

liyeliyebufi ulhirakū hoton hecen dasambi dere, sini gurun efujeme
혼미해져서 깨닫지못하고 성곽을　수리하는 것이다.　너의 나라는 무너져

wajihabi kai, adarame seci, caliyan gaijara de hafirabufi 13/14 sini
버린 것이다. 어찌하여 그러냐면,　錢糧을 징수할 때에 핍박하여　　　너의

---

beise는『舊滿洲檔』에 taiji로 기록되어 있다. 이하 'yoto beise', 'šoto beise'도 마찬가지로 'yoto taiji', 'šoto taiji'로 기록되어 있다. beise가 beile의 복수형에서 官爵의 일종으로 의미가 변화하는 것은 숭덕 원년(1636) 12등의 관작제도를 정한 후이므로 본문의 beise는 건륭기의 加筆일 것이다.

3　'말로 가르쳤다'는 것은 '方略을 지시했다'는 의미이다.

gurun i dolo kemuni dain dekdembi, jai cahar i han, ere aniya usin
나라의 안에서 항상 전쟁이 일어난다. 또한 차하르의 한은 올해 밭을

tarihakū, suwembe dailafi suweni jeku be jembi seme cooha iliha sere,
경작하지 않고 너희를 공격하여 너희의 곡식을 먹겠다고 군대를 일으켰다고 한다.

suwe mini baru ai cooha afambi, cahar i baru ai cooha afambi, aohan,
너희는 나를 향해 어떻게 전투하겠는가? 차하르를 향해 어떻게 전투하겠는가? 아오한·

naiman, korcin, barin, jarut be gaifi, bolori urehe jeku be tomsome
나이만· 코르친· 바린· 자루트를 이끌고 가을 익은 곡식을 거두어

gaime genefi adame hecen sahafi tembi, tuttu oci, suwe tucifi 14/15
가지고 가서 인접하여 성을 쌓고 주둔할 것이다. 그러면 너희는 나와서

afambio, kemuni hecen de ukafi tembio, mini cooha cihai usin tarime
싸우겠는가? 여전히 성에 도망하여 있을것인가? 나의 병사가 마음대로 밭을 경작하고

orho moo gaime yabumbi kai, suweni cooha irgen usin tarime orho
草木을 취하러 다닐 것이다. 너희의 병사· 백성이 밭을 경작하고 草

moo gaime tucici ombio, bi dain nakaki taifin banjiki seme jing bithe
木을 취하러 나올수 있을것인가? 나는 전쟁을 그치자, 태평하게 살자 하고 항상 글을

unggimbi, suwe ambula seole, inu oci karu takūra, cooha genehe
보낸다. 너희는 심각하게 생각하라. 옳으면 답을 보내라.」 출병한

abatai beise, yoto beise, cooha genere jugūn de, cahar ci ebsi ukame
아바타이 버이서· 요토 버이서는 군대가 가는 길에서 차하르로부터 이쪽으로 도주하여

15/16 jihe gutei gebungge tabunang gurun, monggo alakcot gurun i fe
온　구터이　라는　타부낭의　國人이　몽고　알락초트 국인이 예전에

tehe bade jifi tefi, manju gurun de ubašame jidere niyalma be tosofi
살던 곳에 와서 거주하며 만주국으로 이반하여 오는 사람들을 막고

wambi seme donjifi, jakūn niyalma be tucibufi tuwanabuha, amasi
죽인다고 듣고 8명을 내보내어 보러가게 했다. 돌아와

yargiyan seme alanjiha manggi, tere medege be han de wesimbume
사실 이라고 보고한 후 그 소식을 한에게 올려

alanjiha manggi, han, orin emu de jirgalang beile, hooge beile de 16/17
보고하자, 한은 21일에 지르갈랑 버일러·호오거 버일러에게

ninggun tanggū cooha be afabufi, tere gutei tabunang be gaisu seme
600명의 병사를 맡겨서 그 구터이 타부낭을 잡으라 하고

unggire de, han, hecen tucime fudeme genefi, genere cooha be simneme
보낼 때에, 한은 성에서 나와 전송하러 가서 갈 병사를 선발하여

tuwafi unggihe,,
보고 보냈다.

○ orin ilan de, ginjeo, sung šan i ergide tabcilame genehe yoto
23일에, 錦州·松山 방향으로 약탈하러 간 요토

beile, baha mejige be alanggime takūraha bartai, daisungga isinjifi
버일러가 얻은 소식을 알리라고 보낸 바르타이·다이숭가가 도착하여

wesimbume juwan 17/18 ninggun de feksifi, niyalma, morin, ihan, eihen
상주하기를   "16일에   질주하여 사람·   말·   소·   나귀

uheri olji ton, jakūn tanggū baha, ginjeo, hing šan, g'ao kiyoo, ere
모든 노획 합계   800을   얻었습니다. 錦州·   杏山·   高橋,   이

ilan hoton be efulehe, ši san šan ci ebsi, orin emu tai be efulehe, tai
세 성을   함락했습니다. 十三山부터   21곳의 臺를 무너뜨렸습니다. 臺에

de bihe gūsin niyalma be waha seme wesimbuhe, han, cooha genehe
있던   30명을   죽였습니다"라고   상주했다.   한은   출병한

beise be okdobume, ilan beile de 18/19 emte morin, monggo beise,
버일러들을 맞이하게 하여 세 버일러에게   1마리씩의 말,   몽고 버일러들

enggeder efu, darhan hošooci de emte morin, jetere jaka okdobuha,
엉거더르 어푸· 다르한 호쇼오치에게   1마리씩의 말과 먹을 음식으로 맞이하게 했다.

cooha genehe beise be isinjimbi seme donjifi, sunja ba i dubede okdofi,
출병한   버일러들이 도착한다고   듣자   5里   앞에서   맞이하여

coohalaha beise, jakūn amban, coohai niyalma be acafi, neneme abka
출정한 버일러들·   8대신·   병사들을   만나,   먼저 하늘에

de hengkileme wajifi, han bederefi cacari de tehe manggi, cooha genehe
고두하기를 마치고 한은 물러나 천막에   앉은 후,   출병한

beise 19/20 ambasa, han de jalan i bodome ilhi ilhi tebeliyeme acaha,
버일러들·   대신들은 한에게 순서를 헤아려 차례로   껴안으며 만났다.

baha olji be hafan cooha de jergi bodome šangnafi, tereci tangse de
얻은 노획을　장수와 병사에게　등급을 헤아려　상 내리고　그 후　堂子에

hengkilefi boode bederehe, goidahakū geli monggo de cooha genehe
고두하고　집으로　돌아왔다.　오래지 않아　또　몽고에　　출병한

jirgalang beile, hooge beile i takūraha niyalma isinjifi gisun wesimbume,
지르갈랑 버일러·호오거 버일러가　보낸　사람이　도착하여 말씀을 올리기를,

gutei tabunang be waha, 20/21 terei gurun be wacihiyame gaiha, olji
"구터이 타부낭을 죽였습니다.　그의 국인을　모두　취했습니다. 노획한

niyalma, temen, morin, ihan honin uheri tumen isime baha seme
사람·　낙타·　말·　소·　양,　모두　萬　정도 얻었습니다"라고

alanjiha,,
고해왔다.

○ tere inenggi, šanggiyan alin i cargi dergi mederi jaka de tehe
그날　　長白山의　저쪽　東海　가에　사는

hūrha gurun i duin amban lifota, bukšan, kasio, keikela, 21/22 han de
후르하 국의　4명의 대신　리포타·북산·카시오·커이컬라가　한에게

hengkileme jihe, jihe doroi emte morin de enggemu hadala tohohoi,
고두하러　왔다. 찾아온 예로　1마리씩의 말에 안장과 굴레를 단 것·

suje i etuku emte jergi, beri jebele yooni šangnaha,,
비단 옷 1벌씩·　　활과 화살통을 모두　상 내렸다.

○ manju gurun i sure han, solho gurun i wang lii dzung de
　　만주국의　　　　수러 한은　　　조선국의 왕　　　　　李倧에게

bithe unggime, irgen, juwe gurun i jase be dabame hūlhame butha 22/23
글을　　보내어　"백성이　두 나라의　경계를　　넘어　　몰래　　수렵하고

butara be saikan baicame ilibu, balai facuhūn yabufi weile badararahū
어렵하는 것을　잘　살펴 금하게 하라. 함부로 문란하게 행하여 일이 커질까 염려된다"

seme unggihe, elcin isinjifi bithei gisun, jase jecen be ciralame
　라고 보냈었다.　사신이 이르러 (바친) 글의 말.　「"변계를　　엄금하여

tuwakiyanduki, hūlhame jase dabame yabure be lashalame nakabu
서로 감시하자.　　몰래　경계를　넘어　다니는 것을 막고　금하게 하라"

sere gisun ambula mujangga seme elcin jihe,,
라는 말이　매우　옳습니다」 라고 사신이 왔다.

○ orin jakūn de, solho i elcin isinjiha, gajiha 23/24 bithei gisun,
　28일에,　　　조선의 사신이　도착했다. 가져온　　　글의　말.

lii lan se amasi isinjifi jihe bithe be tuwaci, gisun i mudan de selaha
「李灤 등이 되돌아 도착하여 온 글을　　보니,　말의　어투에　　매우

selaha, juwari hūda neici, hamirakū seme nenehe karu bithe de araha
기쁩니다. "여름에 시장을 열려면 不可하다"라고　　앞의　답서에　고했었습니다.

bihe, wesihun gurun maka aiseme gūnimbi, weile i hamire hamirakūngge,
　귀국은　　어찌　생각합니까?　일의　可하고　不可함은

ucuri de bi, ucuri hamirakūci, ainaha seme murime yabuci ojorakū,
때에 있습니다.   때가 미치지 않으면   결코   억지로   할 수 없습니다.

minggan bade hūda geneci, 24/25 hūdašara genere jidere, aššahai udu
천 里에   시장을 가려면   장사하러   가고 오고 움직이는 데 몇

biya ombi, teni isinju geli geneci, jing jugūn de bimbi kai, damu
달이 됩니다. 겨우 왔다가 또   가니 늘   길에   있게 됩니다.   다만

niyalmai teile muterakūngge waka, ulin seme ai šolo de isabume
사람 만이   감당하지 못하는 것이 아닙니다. 재화라고 해서 어느 겨를에 모아

bahambi, te ninggun biya burgime usin weilembi, aga muke isika, ere
얻겠습니까? 지금   6월에는   바쁘게   밭을 일구고,   雨期가 다가옵니다. 이는

hūda yabure erin waka, weile i ucuri be bodoci ainaha seme ojorakū,
시장을   할   때가 아닙니다. 일의   때를   헤아려 보면   필시   불가합니다.

25/26 wesihun gurun i hūdai niyalma seme embici weile ucuri be
귀국의   상인이라   해도 혹   일의 때를

šumilame kimcihakū, untuhuri jidere genere suilara ayoo, tuttu ofi
깊이   살피지 않고   헛되이   오고 가며 고생하겠습니까?   그래서

geli dahūmbi, wesihun gurun seole, ukaka niyalma be baicafi
다시 반복합니다.   귀국은   헤아리십시오. "도망자를   찾아서

benju sere weile be, nenehe amaga bithe de wacihiyame gisurehebi
보내라" 라고   한 일은   앞뒤의   글에   모두   말했습니다.

kai, lii lan, piyoo lan ing se geli dere acafi alahabi, urunakū seolembi
李灤·　　朴蘭英　　　등이 다시　대면하여　알렸습니다. 반드시 헤아릴 것이라고

dere 26/27 seme bi, tuttu seme ukame jihengge bici, jecen i hafan be
　　　생각합니다.　　그래도　　　도망해 온 자가 있으면　변경의 관리로 하여금

baicabufi alanjiha manggi, icihiyaci goidarakū, jai liyoodung ni irgen
찾게 하여　고해온 후　　　　처리해도 늦지 않습니다. 또 요동의 백성 (가운데)

ukame jiderengge, embici niyalma akū babe hūlhame duleme mao
도망해　온 자가　　혹　사람이　없는 곳을　몰래　지나서 毛文龍에게

wen lung de genere be, jecen i ambasa bahafi serere sarkū, amala
　　　가는 것을　변경의 대신들이　　　알지 못합니다.　나중에

serehe saha seme tere be ainara, cananggi lii fuma i 27/28 niyalma
알았다　해도 그것을 어찌 하겠습니까? 이전에 李 부마의　　　사람들이

ukame jihe weile be uthai amasi jabuha, wesihun gurun be seolembi
도망해 온　일을　　곧　회답했습니다.　　귀국이　　헤아릴 것이라고

dere sehe, tuttu seme jase jecen i hafasa de hendufi ciralame
생각했습니다. 그래도　변계의　　관리들에게　말하여 엄금하고

baicaki, baha ohode uthai amasi benere, jai jase jecen be ciralame
조사할 것입니다. 붙잡으면　곧　돌려 보내겠습니다. 또 "변계를　　엄금하여

tuwakiyanduki, hūlhame jase dabame yabure be lashalame nakabu
서로 감시하자.　몰래　경계를 넘어　가는 것을　　막고 금하게 하라"

sere gisun ambula mujangga, juwan fun i getuken henduki 28/29
라는 말은 매우 옳습니다. 충분히 분명하게 서로 말합시다.

aifurakū aifurakū,,
절대 어기지 않겠습니다.」

○ ninggun biyai ice de, asan i deo adahai be waha, dade muki
　　　6월　　　1일에, 아산의 동생 아다하이를 죽였다. 원래 무키

ba i altasi gufu de banjihangge ahūngga jui asan, jacin jui adahai,
지방의 알타시 姑夫에게 태어난　　　　큰아들 아산· 둘째 아들 아다하이·

ilaci jui jirhai, duici jui garai, ese be genggiyen han juse de jušen
셋째 아들 지르하이· 넷째 아들 가라이, 이들을 경기연 한이 아들들에게 속민으로

salibume bure de, amba 29/30 beile de buhe bihe, ceni beye be haha
다스리도록 줄 때 大 버일러에게　　　　주었었다. 그들은 스스로를 남자로서

sain erdemungge, hafan akū seme jaifiyan i baci nikan de ukame
좋고 덕이 있는데 관직이 없다고 하여 자이피얀 땅으로부터 明으로 도망하여

tucifi genere be, amin beile amcanafi dobori farhūn de gabtara de,
나가는 것을　　　아민 버일러가 추격하여 밤이 어두울 때 활을 쏘자

asan i juwe haha jui feye de bucehe, asan feye bahafi ahūn deo
아산의　 두 아들이　 상처로 죽었다. 아산은 상처를 입고　 형제와

fakcafi genere de, adahai be mungtan amcanafi niyamniyame dosire de,
　헤어져 가는데　 아다하이를　 뭉탄이 추격하여 말 위에서 활 쏘며 진격하자

30/31 adahai ishun jurceme dosifi mungtan be sacime tuhebufi elekei
아다하이는 마주 뛰어들어 뭉탄을 베어 넘어뜨려 겨우

bucehe, beri jebele morin gaifi nikan i jase dosifi, amasi baime dosika
죽였다. 활·화살통·말을 빼앗아 明의 경계로 들어갔다가 후에 歸附해 오자

manggi, taidzu, amba beile de buhekū, i gocifi takūršame tuwafi
태조는 大 버일러에게 주지 않고 그의 가까이 두고 지켜 보고

ilan duin dain de sain sabuha manggi, asan, adahai de gemu fujiyang
서너 번 전쟁에서 좋게 본 후, 아산·아다하이에게 모두 부장

ni hergen bufi tukiyefi ujihe, 31/32 taidzu urihe manggi, adahai,
직을 주고 등용하여 길렀다. 태조가 사망한 후 아다하이는

taidzu i etuhe saca be ini cisui gamahabi seme, asan, adahai i eshen i
태조가 썼던 투구를 그 마음대로 가져갔다고 하여 아산·아다하이 숙부의

jui arjin gercileme šajin de duilere de, adahai saca be gajifi na de
아들 아르진이 고발하여 법으로 재판할 때, 아다하이가 투구를 가져와 땅에

maktara jakade, adahai be taidzu i etuhe saca be na de maktaha seme
던졌기 때문에 아다하이를 태조가 썼던 투구를 땅에 던졌다고 하여

susai šusiha tantaha, 32/33 sure han, abtai nakcu be acuhiyan ehe,
50대를 채찍으로 때렸다. 수러 한은 "압타이 낙추는 참언을 하고 간악하다.

beise de niyaman jafaci ojorakū, abtai nakcu i sargan jui be yaya beise
버일러들에게 사돈이 될 수 없다. 압타이 낙추의 딸을 어떤 버일러도

ume gaijara, beise i sargan juse be abtai nakcu i juse de ume bure
聚하지 말라.　　버일러들의　딸들을　　　압타이 낙추의　아들들에게　주지 말라"

seme šajilaha bihe, adahai, han i hese be jurceme, erke cūhur be
라고　금했었다.　　아다하이는　한의 명령을　어기고　어르커 추후르를

huwekiyebume, adahai ini sargan jui be abtai nakcu i haha 33/34 jui de
사주하고　　아다하이는 그의　딸을　　압타이 낙추의　아들에게

bufi sadun ofi, erke cūhur be, han, beise de baifi, si abtai nakcu
주어 사돈이 되고, 어르커 추후르로 하여금 "한과 버일러에게 청하여 너는 압타이 낙추의

sargan jui be sargan gaisu seme huwekiyebume tacibume henduhe seme,
딸을　　　처로 취하라" 라고　　권하고　　가르쳐　말했다고 하여

adahai be wara weile araha bihe, ama i gung, ahūn i dere de ujifi,
아다하이는　죽을 죄를 지었었다.　부친의 공과　형의　면목 때문에 살리고

boigon be wacihiyame talaha, tereci adahai, han, beise de fonjihakū,
가산을　　모두　몰수했다. 그 후 아다하이는 한과 버일러들에게 묻지 않고

moringga juwan gucu be gamame fe susu 34/35 yenden i hecen be
말탄　10명의 구추를　데리고　고향　연던(허투알라) 성을

duleme nimaha baimbi seme genehe be, sarhū hecen de tehe keceni
지나　낚시를 하겠다고 하며 가는 것을,　사르후 성에　있던　커처니

gebungge amban amcafi amasi gajime jidere de, adahai ini gucusei baru
라는　대신이 추격하여 다시　데리러 올　때 아다하이는 그의 구추들에게

keceni be fondo fondo gabtame waki seci, suwe ohakū kai
"커처니를   팍팍   활 쏘아 죽이자고 하는데 너희가 따르지 않았다"

seme henduhe be, erke cūhur beile booi toksoi da i sargan donjifi
라고   말한   것을, 어르커 추후르 버일러의 집의 莊頭의   처가 듣고

alara jakade, 35/36 han, beise i baru hebdefi, ere musei gucu waka,
 고한 까닭에,   한은   버일러들과   의논하여 "이 자는 우리의 구추가 아니다.

weile araha ambula seme adahai be waha,,
 죄 지은 것이   크다" 라고 하여 아다하이를 죽였다.

○ ice duin de, cooha genehe jirgalang beile, hooge beile be, gutei
   초 4일에,   출병한   지르갈랑 버일러·호오거 버일러가   구터이

tabunang ni gurun be gaifi, olji ambula bahafi gajime jimbi seme,
 타부낭의   나라를 취하고 노획을 많이   얻어 가져온다고 하여

han, geren beise be gaifi okdome muduri erinde juraka, 36/37 ice sunja
한은   여러 버일러들을 데리고 맞이하러   辰時에   출발했다.   초 5일에

de, cooha genehe beise ambasa be acafi, abka de hengkilehe, tereci
   출병한   버일러들과와 대신들을 만나   하늘에   고두했다. 그 후

amasi bederefi, han de, genehe beise ambasa acame wajiha manggi,
 뒤로   물러나   한에게 출병한 버일러들과 대신들이 만나기를 마친 후

muduri erinde tu wecehe, bahafi gajiha olji be hafan cooha de gung
 辰時에   纛祭를 지냈다. 획득하여 가져온 노획을 장수와 병사에게 공을

bodome šangnaha,,
　헤아려　　상 내렸다.

○ juwan de, amba beile i jui wakda, korcin i 37/38 tusiyetu efu i
　10일에,　　大 버일러의　아들 왁다가　　코르친의　　　　투시예투 어푸의

deo butaci i jui be sargan gaime genere de, han hendume, musei
동생 부타치의 자식을　　처로 취하러　　갈 때　　한이 말하기를, “우리

gurun i beise, monggo gurun i bade sargan gaime genere unde bihe,
나라의 버일러들이　　몽고국의　　　땅에　　처를 취하러　　간　 적이　　없었다.

ere tuktan genere be dahame, amba doroi genekini seme suwayan
이번이　처음　　가는 것이니　　　　　大禮로　　가라” 라고 하여 황색

sara, tungken laba bileri ficakū yooni unggihe,, 38/39
　우산·　　북·　　나팔· 날라리· 퉁소를　　모두　　보냈다.

○ nadan biyai juwan duin de, han, ini uksun i ahūta deote be
　　7월　　　　　14일에,　　　한은 그의 일족의　　　형제들을

isabufi amba sarin sarilaha,,
　모아　　큰　　잔치를 베풀었다.

○ juwan uyun de, karacin i han i elcin duin lama, sunja tanggū
　　19일에,　　　카라친의　한의 사신으로 4명의 라마·　530명의

gūsin niyalma jimbi seme alanjiha manggi, ajige, šoto, sahaliyen, ilan
　사람들이 온다고　　　　　고해오자,　　　아지거· 쇼토· 사할리연　세

beile be okdobufi sarin sarilafi hecen de dosimbuha, orin 39/40
버일러들로 하여금 맞이하게 하고 잔치를 베풀고 성으로 들어오게 했다.   25일에

sunja de jihe elcin de amba sarin sarilaha,,
　　　　온　사신에게　　　큰 잔치를　　베풀었다.

○ jakūn biyai ice ilan de, karacin i gurun i emgi doro acara
　　8월　　　　초 3일에,　　　카라친 국과　　　함께　　　화친할

jalin de, abka na de akdulame gashūha bithei gisun, manju, karacin
것에 대해　天地에　　　굳게　　맹세한　글의 말.　　　「만주와 카라친,

meni juwe gurun emu hebei banjire jalin de, 40/41 abka de šanggiyan
우리　두 나라는　　한 편으로　살아갈 것에 대해　　　하늘에　白馬,

morin, na de sahaliyan ihan wafi akdulame gashūmbi, gisurehe gisun de
　　땅에　黑牛를　　　죽여　굳게　맹세한다.　　맹세한 말에

isiburakū, manju, karacin be ehe gūnici, abka na manju be wakalafi
이르지 않고　만주가 카라친을　나쁘게 생각하면　天地가 만주를　질책하고

sui isifi se jalgan foholon okini, abka na de akdulame gashūha gisun de
재앙이 닥쳐 수명을　짧게 하리라.　　天地에　　굳게　　맹세한 말에

isibume banjici, abka na gosifi se jalgan golmin obufi, meni juse
이르도록　산다면　天地가 자애하여 수명을　　길게 하고　우리의 자손이

omosi minggan jalan de isitala elhe taifin jirgame banjikini,, 41/42
　　千　世에　　이르도록 안락하고　편하게　살리라.」

○ ice ninggun de, korcin de sargan gaime genehe wakda age,
　초 6일에,　　　　　코르친에　처를　취하러　간　왁다 아거와

sargan jui be benjire baisgal taiji isinjimbi seme, sunja ba i dubede
　딸을　보내러　바이스갈 타이지가 도착한다고 하여　5里　앞에서

okdofi sarilafi hoton de dosimbuha,,
맞이하여 잔치하고 성에　들어오게 했다.

tongki fuka sindaha hergen i dangse
點·圈을 찍은 문자의 檔子

juwan emuci debtelin
11권

sure han i jai aniya mao wen lung sei baci benjihe bithe ninggun hacin
천총 2년 毛文龍 등의 곳에서 보낸 글 6종*1

---

*   본서의 11권과 12권에는 각각 6개씩 총 12개의 서신이 실려 있다. 그 가운데 毛文龍의 서신이 8개, 王子登의 서신이 3개, 작성자가 명확치 않은 서신이 1개이다. 11권의 6개의 작성자는 순서대로 첫째 모문룡, 둘째 왕자등, 셋째 모문룡, 넷째 왕자등, 다섯째 모문룡, 여섯째 왕자등이다. 12권의 6개는 첫째부터 다섯째까지 모문룡이 작성했고 마지막 여섯째는 작성자가 명확하지 않다. 모문룡 서신의 한문본은 『明淸史料』와 『明淸檔案存眞選輯』에 총 6개가 실려 있는데, 그 가운데 5개가 본서에 실린 만주어 서신과 일치한다. 모문룡 서신 가운데 본서에 실리지 않고 한문으로만 남아있는 것은 1개로, 『明淸史料』(甲編·第一冊·都督毛文龍致淸太宗書)과 『明淸檔案存眞選輯』(初集·第四類·毛文龍致金國汗書六)의 서신이다.

11권, 천총 2년 毛文龍 등의 곳에서 보낸 글 6종

tongki fuka sindaha hergen i dangse,,
  點 圈을   찍은   문자의   檔子

○ sure han i jai aniya aniya biyade mao wen lung ci jihe
  수러 한의   2년   정월에   毛文龍 으로부터 온

bithe, nenehe han be liyoodung ni ba be necibuhengge, gemu meni
글.[1] 「전대   한이   遼東의   땅을   침범한 것은   모두   우리

gurun i bithe coohai hafasa, han i gisun akū ceni cisui balai yabume,
나라의   문무   관원들이 황제의   말   없이 그들 멋대로 함부로 행동해서

nenehe han be jili banjibufi hūwaliyasun akū weile be deribuhebi kai,
전대   한을   노하게 하여   불화한   일을   시작한   것이다.

tede nenehe han i tun de unggihe bithei gisun de, gintaisi (gintaisi,
그에 전대   한이   섬에   보낸   글의   말에   "긴타이시 (긴타이시는

yehe i gurun i ejen,,) de 1/2 dafi geli hala janggiya i ba be durime gaiha
 여허   나라의 주인)를   돕고, 또한 할라 장기야의   땅을 약탈하여 취했다"

seme jihe gisun be, bi han de wesimbufi baicabure jakade, pu i
라고   온   말을   내가 황제에게 고하여   조사하게   하니   炮手는[2]

---

1 이 서신의 한문본은 『明淸史料』(甲編 · 第一冊 · 皮島毛文龍致淸太宗書), 『明淸檔案存眞選輯』(初集 · 第四類 · 毛文龍致金國汗書一)에 실려 있다.

2 'pu'는 堡의 음차로 쓰이지만 여기에서는 poo(炮)의 誤記이다. 『明淸史料』(第一冊, 皮島毛文龍致淸太宗書天聰元年初次來)의 한문은 '鎗手'로 표기되어 있다.

niyalma be, be dooli ini cisui gintaisi de dere arame aisilahabi, hala
白 道吏가 그 마음대로 긴타이시에게 호의를 보여 도운 것이었다. 할라

janggiya i ba be han ts'anjiyang ni jergi hafasa ba be durime jobolon
장기야 지역은 韓 參將 등의 관원들이 지역을 약탈하여 우환이

dekdebuhebi, amala meni han baicafi, be dooli, han ts'anjiyang ni
시작되었다. 후에 우리 황제가 조사해서 白 道吏·韓 參將

jergi 2/3 hafasa be šajin de gamaha, nenehe han i korsocun inu wajiha,
등의 관원들을 법으로 처리했다. 전대 한의 원한도 끝났다.

jai ume gisurere, te wang dzung bing guwan tun de isinjifi alame,
다시 말하지 말라. 지금 王(子登) 총병관이 섬에 이르러 말하기를,

mimbe kemuni han de niyalma takūrambi, tere takūraha niyalma i
"너는[3] 항상 한에게 사람을 보낸다. 그 보낸 사람의

angga de acaki sere gisun bi, bithe be neifi tuwaci, ši fujiyang de
입에 화친하자는 말이 있다. 글을 열어 보니 石(廷柱) 副將에게

unggihengge, ere ainci argadahabi seme bodofi, takūraha niyalma be
보낸 것이었다. 이는 아마 계략을 쓴 것이라고 생각하여 보낸 사람을

gemu waha seme 3/4 alaha, bi ere gisun be donjifi sesulaha, unenggi
모두 죽였다"고 말했다. 나는 이 말을 듣고 놀랐다. 정말로

---

3 毛文龍을 가리킨다. 원문의 'mimbe'(나를)를 역문에서는 직접인용문 형식에 맞추어 '너는'으로 번역
한다.

amba niyalma buya arga be deribuhe kooli bio, amala dolori baicaci,
큰　　사람이　작은 음모를　　시작한　예가 있는가? 후에 비밀리에 조사하니,

tere lu doo i hafan, daci ši fujiyang de kimun ofi, jorime tere weile be
그것은 鹿島의 관원이　처음부터 石(廷柱) 副將에게 원수가 되어 겨냥하여 그 일을

deribuhebi, bi tese be gemu jafafi weile araha, gūnici, 4/5 han i
시작한 것이었다. 나는 그들을 모두　잡아 죄를 다스렸다. 생각건대　　한이

baitalaha nikan hafasa, nikasa be nungnerakūngge akū, ukame jihe
부리는　한인　관원들이 한인들을　침범하지 않음이 없다.　도망해 온

niyalma, tere nungnere be tun i hafasa de gemu alahabi, tuttu ofi
사람이　그　침범한　것을 섬의　관원들에게　모두　말했다.　그래서

hergen bure sere bithe be jafabufi argadame waki sehebi dere,
직책을　주겠다 하는　글을　쥐어주고 모략하여　죽이고자 한　것이다.

duleke aniya meni han i gisun, si uli efu, fusi efu ere juwe mukūn i
지난　해　우리 황제의 말에, "시 울리 어푸[4]·푸시 어푸, 이 두 일족의

niyalma be, ubašaha hafan gin ioi ho, tung jeng guwe, tungse yen
사람,　반역한 관원　金玉和·　佟鎭國·　通事

ting lu, lio hing dzo, 5/6 ši ting ju i jergi niyalma be bahafi jafaha de,
殷廷輅·　劉興祚·　石廷柱　등의　사람을　취하여 잡았을 때에

4　'si uli efu'는 佟養性(?~1632)을 가리킨다. 佟養性은 漢化한 여진인이다. 후금에 투신한 후 漢軍正藍
旗에 소속되었고 대포 제작과 운용을 담당했다. 청조 宗室의 여성과 결혼했기 때문에 efu로 불렸다.
1632년(天聰6) 홍 타이지가 차하르를 원정할 때 버일러 아바타이와 함께 瀋陽에 남아서 지키는 임무
를 수행했고, 그 해 瀋陽에서 사망했다.

jy hūi hergen fungnere sere jakade, mederi tulergi be bitume
指揮　직에　봉한다"　라고　하니　바다　밖을　따라

yabuhangge mujangga, te juwe gurun ishunde sujandufi umai dube
행해진 것이　확실하다.　지금 두　나라가 서로　버티면서　전혀 끝이

akū bisire anggala, ishunde hūwaliyafi uhei teyendere arga be ainu
없이 있는 것 보다는　서로　화친하여　함께 쉬는　계획을　어찌

gūnirakū, neneme yuwan du tang acaki sehe weile, geren hafasa
생각지 않는가? 전에　袁(崇煥) 都堂이　화친하자 한 일은　여러 관원들이

temšendume gisurefi, tuttu ere 6/7 weile toktohakūbi, minde mederi
쟁론하여,　그렇게 이　일이 결정되지 않았었다. (황제는)내게 바다

tulergi be cihai afabuhabi, bi aikabade han de bithe wesimbuhe bici,
밖을　마음대로 맡겼다.　내가 만약　황제에게 글을　상주하면

mini gisun be mararakū gaimbihe, mini hebe gūwa ci encu, tere
나의 말을　거절 않고　취할 것이다. 나의 뜻은 다른이와 다르다.　그

gese bi juwe gurun i amba weile be ainaha seme sartaburakū, neneme
처럼 나는 두　나라의 큰　일을　어떻게든 지체시키지 않을 것이다. 전에

wang dzung bing guwan acaki sere bithe arafi, iogi hergen i gin
王(子登)　총병관이　화친하자 하며 글을 지어서 遊擊 직책의

sio 7/8 ju, wang dzung bing guwan i booi niyalmai emgi, omšon biyai
金首擧를　王(子登) 총병관의　家人과　함께　11월

juwan ilan de wei ning ing ni jase be dosimbufi unggihe, juwe biya
13일에　　　威寧營의　　　경계를　　들어가게 하여 보냈다.　　2월에

otolo jidere mede[5] akū, han i jase tuwakiyara niyalma, terei
이르도록 돌아오는 소식이 없었다. 한의 경계를 지키는　사람이　그들이

gamaha aisin suje morin losa de dosifi alahakū gidahabi dere, te
가져간　　금·비단·말·　노새에　빠져 보고하지 않고 숨긴 것이리라. 지금

cohome niyalma takūrafi, neneme unggihe niyalmai mede, acaki 8/9
특별히　사람을　보내서　"전에　보낸 사람의 소식은(어떠하며) 화친하자

sere bithei gisun be dahambio daharakū seme unggihe, han, takūraci
하는　글의　말을　따르는가, 따르지 않는가"라고 보냈다. 한이　파견할 수

ojoro niyalma be tuwafi pi doo i tun de unggihe, mini dere acafi
있는　사람을　살펴서　皮島[6]　섬에　보내면　내가　만나서

gūniha weile be alaki, julgeci ebsi juwe gurun ishunde temšendure
생각한　일을　말하려한다. 예로부터　두　나라가　서로　싸울

de, jihe elcin be wahakūbi, han urebume seolefi, forgon be yooni
때에 온　사신을　죽이지 않았다. 한은　숙고해서　　運을　모두

5　[簽註] gingguleme baicaci, fe dangse de, mede, medege sere juwe gisun be adali baitalambi,,
　　삼가 찾아보니 舊檔子에서 'mede'와 'medege'라는 두 말을 같이 쓴다.
6　皮島는 조선의 가도(椵島)를 가리킨다. 피도는 1622년 조선의 권유로 毛文龍이 들어가 東江鎭을 설
　　치한 이후 후금의 배후를 견제하는 명의 기지가 되었다. 1629년 毛文龍이 袁崇煥에게 참살된 후, 毛
　　文龍의 아들 毛承祚, 부장 陳繼盛, 참장 徐敷奏, 유격 劉興祚가 피도를 관리했다. 1630년 4월 유흥치
　　가 반란을 일으켜 진계성을 살해하고 피도의 권력을 장악했다. 1631년 3월 유흥치는 沈世魁에게 피
　　살되고 이후 피도는 심세괴가 관할했다. 1637년 청은 毛文龍의 부하였다가 청에 투항한 공유덕 등의
　　수군을 앞세우고 조선 황해도의 병선 100척과 수군 3천여 명을 징발하여 피도를 공격했다. 沈世魁와
　　병사 1만 명이 피살되고 피도는 함락되었다.

elhe obure arga be 9/10 baire, tuttu oci banjire irgen i jabšan kai, tere
평안하게 하는 계책을 　　　 구하라.　 그리하면　 살아있는 백성의　 행운일 것이다. 그

anggala, meni han i beye bederehe, nenehe han inu enduri oho kai,
뿐 아니라 우리　 황제께서는　 돌아가셨다.　　　 선대　 汗　 또한　 神이　 되었다.

cooha nakafi afara be teyefi, ice fungnere be baifi, elhe taifin i
군사를 멈추고 싸우는 것을 쉬어 새로　 封할　 것을 구해서　 태평의

hūturi be ainu gaijarakū,,
복을　　　　 어찌 취하지 않는가?」

○ sure han i jai aniya aniya biyade isinjiha bithe, tede 10/11 kubuhe
　수러 한의　　 2년　　 정월에　　 도착한　 글.　「그때　　　 鑲黃旗의

suwayan i fujiyang wang dz deng cooha nakafi dasame acabufi gosiha
　　　　　 副將　　 王子꼴이　　 전쟁을 멈추고 다시　 화해시켜 자애로운

kesi be isibure weile, wang dz deng uyun biyai orin emu de juraka,
은혜를　 이르게한　 일.　 王子꼴 은　　　 9월　　 21일에　　 떠났습니다.

orin uyun de pi doo de isinjiha, isinjiha manggi, mao dudu suje
　29일에　　 皮島에　　 도착했습니다. 도착하자　　 毛　 都督이 비단·

gecuheri, menggun i pai, mahala etuku šangnaha, uthai han de
　蟒緞·　　　 銀牌·　　 겨울모자· 옷을　 상 내렸습니다. 바로　 황제에게

wesimbufi dzung bing guwan i hergen fungnefi yamji cimari emu 11/12
상주하여　　 총병관의　　　　 직책을　 봉하여　　 밤낮　　 함께

bade weile hebešembi, wang dz deng bi alame, han i juwan tumen
일을   논의했습니다.   王子쥪   제가 말하기를, "한은   10만

yan menggun be tucibufi irgen de salaha, yaya muke de eyehe usin i
량의   은을   내어   백성에게 분배했다. 모든   물에   쓸린   밭을

jalin emu cimari de emu hule buhe, emu niyalma be hono balai
위해   1치마리[7]에   1石을   주었다.   한 사람   조차   함부로

warakū, gosin jurgan abka be dabafi, kesi olhoho giranggi de isinahabi
죽이지 않는다. 仁義는   하늘을   넘고,   은혜는   마른   뼈에   이르렀다"

seme alara jakade, mao dudu hendume, gosingga erdemungge niyalma
라고 말하니   毛 都督이 말하기를, "어질고   덕있는   사람

12/13 seci ombikai, geli fonjime, moringga cooha udu bi, wang dz deng
이라고 할 수 있다." 또 묻기를   "騎兵이   몇이 있는가?"   王子쥪이

amasi alame, hilteri uksin etuhe jušen juwe tumen, tuktuma uksin
대답하기를,   "겉미늘 갑옷[8]을 입은   주선이   2만,   속미늘 갑옷[9]을

---

7 1치마리(晌)는 대개 하루에 파종할 수 있는 면적이고 정확한 기준은 없었으나 청대에 대략 6畝로 환
   산했다.
8 'hilteri uksin'(겉미늘 갑옷, 明甲)은 미늘이 옷의 바깥에 부착된 갑옷이다. 조선의 두석린갑(豆錫麟
   甲)에 해당한다.
9 'tuktuma uksin'(속미늘 갑옷, 暗甲)은 미늘이 옷의 안쪽에 부착된 갑옷이다. 조선의 두정갑(頭釘甲)
   에 해당한다.

etuhe jušen, <u>hoton de becere jušen</u>[10] uheri jakūn tumen seme
입은 주선,　　　성을　　지키는 주선이 모두　　　8만이다"　라고

alara jakade, mao dudu hendume, udu tanggū tumen bihe seme, damu
말하니,　　　毛　都督이 말하기를,　"몇 백만이　　　　있다 해도　　다만

terei emgi afarakū akdulame hoton hecen be tuwakiyaci antaka 13/14
그들과 더불어 싸우지 않고 견고하게　　성곽을　　　　지키면　　어찌하겠는가?"

sehe manggi, wang dz deng bi hendume, weile uttu oci, ai inenggi
라고 하니,　　　王子졍　　제가 말하기를, "일이 이러하면 어느 날에

dube bi, mao dudu hendume, tere i mentuhun kai, aikabade mini
끝이 있겠는가?" 毛 都督이 말하기를, "그것은 그가 어리석은 것이다. 만약 나와

emgi emu boo ome acafi, yaya weile bici, mini emgi hebešere oci,
함께　한　집이 되어 화친하여 모든　일이 있으면 나와 함께　　상의하면

minde amba gūnin i da bikai, tere mini emgi acaha manggi,
내게　　큰　　생각의 근원이 있다. 그것은 나와 함께　화친하여

afara, becere, acara, bayan wesihun ofi 14/15 heo be fungnerengge ai
싸우거나, 책하거나, 화해하거나, 부귀해져　　　　　　侯로　　봉해지는 것이　　어찌

mangga babi, tere damu birai wargi be kiceme, mini aisin wehei gese
어려운　것이겠는가? 그것은 다만 강의 서쪽을　꾀하여　나의　金石과　　같은

10　[찰註] gingguleme kimcici, hoton de becere jušen sere gisun, ainci hoton tuwakiyara jušen sere
　　gisun dere,,
　　　삼가 고찰건대 'hoton de becere jušen'(성에서 책임지는 주선)이라는 말은 아마도 'hoton tuwaki-
　　yara jušen'(성을 지키는 주선)이라는 말일 것이다.

gisun be, tašan obufi, wargi dubei bithe coohai hafasai ambula be
말을 　　　거짓이 되게 하여 서쪽 끝의 　문무 　　관원들이 　많음을

sarkū tuttu kai, emu hafan i hebe afa sembi, emu hafan i hebe
모르고 그런 것이다. 한 　관원의 　무리는 싸우자 하고, 한 관원의 　무리는

tuwakiya sembi, emu hafan i hebe acaki sembi, tuttu siran siran i
지키자 　　하고, 　한 관원의 　무리는 화친하자 한다. 그렇게 　계속

15/16 gisureme toktohakū de, we ai gelhun akū alifi weile be deribumbi,
　　　말하며 　결정하지 못할 때 누가 어찌 감히 　　맡아서 일을 　시작하겠는가?

te bi toose be jafafi emhun lashalame emhun yabume, wesimbuhe
지금 나는 권력을 쥐어 　홀로 　결정하고 　홀로 　실행하며 　상주한

gisun be uthai dahame yabumbi, uttu de adarame amba weile be
　말을 　즉시 　따라 　실행한다. 이러한데 　어찌 　큰 　일을

muteburakū sembi, jai gisureci, gisurerakū, dulin tucibumbime dulin be
못하겠는가" 라고했습니다. 다시 말하려해도 말하지 않았습니다. 반은 보여주고 반은

tuciburakū gisun bi, wang dz deng bi sain akū 16/17 seme bithede
보이지 않는다는 　말이 있습니다. 王子謄 　제가 좋지 않다 　　　여겨 　글에

arahakū, ere gisun gemu mao dudu i angga ci tucike gisun, gisun be
쓰지 않습니다. 이 말은 　모두 　毛 都督의 　입에서 　나온 　말로, 　말을

donjifi wang dz deng alimbaharakū urgunjehe, aikabade holtoci,
듣고 　王子謄은 　　　참을 수 없이 　기뻤습니다. 만약 　　속이면

abka wakini na mukiyebukini, ere gisun be wacihiyame dele alambi,
하늘이 죽이고 땅이 망하게 할 것입니다. 이 말을 　　모두 　　　上에게 고합니다.

han, wang dz deng ni mentuhun gisun be saišaci, hūdulame nikan
한이 　王子쫎의 　　　어리석은 　말을 　높게치면 서둘러서 漢語를

i gisun ulhire mujilen i doshon niyalma be 17/18 genehe niyalmai emgi
　알며 마음으로 　총애하는 사람을 　　　　　간 　사람과 　함께

tun de unggi, wang dz deng te geli narhūn weile bi, alara, tun i dorgi
섬에 　보내십시오. 王子쫎은 　지금 또 비밀스런 일이 있으니 고하겠습니다. 섬 안의

yargiyan tašan be dengjan i adali sahabi, tumen de emke tašan oho
　實과 　虛를 　등잔 처럼 알고있습니다. 만에 　하나 　거짓이 있다

seme, wang dz deng gūnici hūwanggiyarakū, wang dz deng narhūšame
해도 　王子쫎이 　생각건대 　무방합니다. 　王子쫎이 　　　상세히

gūnici, geli genere jidere fejergi niyalmai angga de olhome
생각건대 또한 　가고 　오는 　하인의 　　입을 　두려워하여

gisurere šolo akū, jai geli hoošan de 18/19 sindaki[11] seci sereburahū
말할 　겨를이 없습니다. 또한 종이에 　　　쓰고자 　하나 발각되지 않을까

sembi, wang dz deng serebuhe de ergen gukumbi kai, beye jiki seme
합니다. 　王子쫎이 　발각될 때에 목숨이 끊길 것입니다. 직접 오려고

---

11 [簽註] gingguleme baicaci, jakan toktobuha fe manju gisun i bithede, ere hoošan de sindaki sere
gisun, uthai hoošan de araki sere gisun inu sehebi,,
삼가 찾아보니 최근 정해진 『舊淸語』에서 이 'hoošan de sindaki'(종이에 쓰고자)라는 말은 'hoošan de araki'(종이에 쓰고자)라는 말이라고 했다.

gūnimbi, mao dudu olhome unggirakū, han, amban niyalma be tun de
생각했는데　毛 都督이 두려워서 보내지 않습니다. 한이　대신을　　　　섬에

damtun jafabume unggihe de, 19/20 wang dz deng bahafi genembi, genehe
인질로　잡혀서　　보낼　때에　　　　王子쫞은　　　　　　갈 수 있습니다. 간

de ferguwecuke babe han de tucibufi gūnin de acaha de, amala
때에　훌륭한　　　것을　한에게　내보여서　뜻에　부합하면　나중에

tukiyembi dere, wang dz deng be aikabade jalihadame holtome
등용하시겠지요.　　　王子쫞이　　　만약　　계략을 쓰고　속여

gisurehe de, wambio ujimbio han i mujilen i cihai oso, minggan jergi
말한다면　　죽일지　살릴지　한의　　마음대로　하십시오. 천　번

gūnime tumen jergi bodofi, bucere be felefi banjire be onggofi, damu
생각하고　만　번　헤아려서　죽을 것을 각오하고 살 것을 잊어서　다만

han i wahakū ujifi wesibume šangnaha kesi be isibuki sembi,
한이 죽이지 않고 살려서 등용하고 상 내린　은혜에　보답하고자 합니다.

nenehe han i adali wesibufi fujiyang ni hergen buhe bici, 20/21 adarame
전대　　한　처럼 등용하여　副將의　　직책을　주었다면　　　　어찌

ubade jici ombihe, ubade isinjiha manggi, dzung bing guwan
여기에　올수 있겠습니까? 여기에 이른　후에　　　　총병관의

i hergen nemehe, wang dz deng jidere fonde boode bithe arafi werihe
　직책을　더했습니다. 王子쫞이　　온　때에　집에 글을　지어 남겼는데

bihe, sarkū kai, han bahafi sahao, han, niyalma takūrafi ere weile be
(사람들은) 모릅니다. 한이 알 수 있었겠습니까? 한이 사람을 보내어   이   일을

deribuki seci, wang dz deng i toose i fesin be jafara onggolo hūdun
시작하고자 하면   王子쯩이   권력의   손잡이를 쥐기 전에   빨리

21/22 unggi, neneme juwan biyade mao dudu iogi hergen i hafan be
   보내십시오. 전에   10월에   毛 都督이 遊擊 직책의   관원을 시켜

<u>bithei takūrara</u>[12] de, wang dz deng mini booi juwe niyalma de narhūn
글을   보낼   때에   王子쯩은   저의 집의 두   사람에게   비밀스러운

bithe jafabufi, omšon biyai juwan ilan de wei ning ni baci dosika,
글을   쥐여주어   11월   13일에   威寧 지역으로부터 들어갔습니다.

genefi juwe biya oho, amasi mede isinjihakū, tere be jase
 간지   2개월이 되었습니다. 돌아오는 소식이 이르지 않았습니다. 그들을 경계를

tuwakiyaha jušen, terei etuhe etuku, yaluha morin 22/23 losa be bahara be
 지키는   주선이 그들이 입은 옷· 탄   말과   노새를 획득할 것을

gūnime waha be sarkū, geli han, beise weile hebešeme tebufi bisire be
생각하고 죽인 것을 몰랐습니다. 또한 한·버일러들이 일을 의논하도록 머물게 하여 있는 것

inu sarkū ofi, dahūme niyalma takūrafi, genehe niyalma be baicabume
도 몰라서   다시   사람을   보내어   간 사람을   찾게 하도록

---

12 [簽註] gingguleme kimcici, bithei takūrara sere gisun, ainci bithe benebure sere gisun dere,,
   삼가 고찰하건대 'bithei takūrara'(글을 보내는)라는 말은 아마도 'bithe benebure'(글을 보내는)이라
   는 말일 것이다.

takūraha bithe, han dorgideri jase tuwakiyaha jušen de baicafi,
보낸 　글을 한은 안으로 경계를 지키는 주션에게 찾아서

urunakū han i juleri benebu, tuttu akūci, amala narhūn weile be
반드시 　한의 앞으로 보내게 하십시오. 그러지 않으면 나중에 비밀의 일을

23/24 hafumburengge mangga ombi, gurun booi amba weile sartambi kai,
통하게 하는 것이 어렵게 됩니다. 국가의 大事가 지체되는 것입니다.

fusihūn baimbi, han jiramin gosin be ambula neifi genehe niyalma be
저는 청합니다. 한은 두터운 어짊을 크게 열어서 간 사람을

amasi unggi, bai henduhengge, juwe gurun ishunde temšere de takūrara
되돌려 보내십시오. 보통 말하기를, "두 나라가 서로 싸울 때에 파견하는

elcin be warakū sehebi, tere anggala, genehe emu niyalmai ergen
사신은 죽이지 않는다"고 합니다. 하물며 간 한 사람의 생명은

ai hairan, gūwa gisun be gisurehe seme wajirakū, hūdulame mede
얼마나 애석합니까? 다른 말을 말한다 해도 끝나지 않습니다. 빨리 소식을

24/25 isibu, uthai dahame yabure, hafukiyame habšarangge,,
보내게 하고, 바로 따라 행하십시오. 이해시키도록 上訴합니다.」

○ juwe biyade isinjiha bithe, sucungga acaha weile be juwe
2월에 도착한 글.[13] 「최초에 화친한 일을 두

---

13 이 서신의 한문은 『明淸史料』(丙編·第一冊·失名致金國汗副啟), 『明淸檔案存眞選輯』(初集·第四
類·毛文龍致金國汗書三)에 실려 있다.

gurun šanggaha wajiha babe, han kemuni sain be waliyarakūci, juwe
나라가   성취하여   마친   것을,   한이   여전히   친선을   버리지 않는다면 두

gurun amban ucuri hūturi be alimbi, gūnihakū neneme jiramin kesi
나라가   큰   기회와   복을   받을 것이다. 뜻밖에   먼저   두터운 은혜를

goro salaha be, mentuhun ama jui marara gaijara juwe mangga 25/26
멀리 분배한   것을 어리석은   父子가 거부하거나 취하는 두가지가 어렵게

oho bihe, olhome elcin de niyakūrame gaifi saišame banilaha, dasame
되었었다.   삼가   使臣에게   무릎 꿇고 취하여 칭찬하고 감사했다.   다시

acaha amba gūnin i da, wacihiyame genehe hafan i hefeli de bi, jihe
화친한 큰   뜻의 근본은   모두   간   관원의   腹心에 있다.   온

hafan i hendurengge, damtun werifi jafabu serengge, gūnin de dembei
관원이   말한   "인질을 남겨두어 취하게 하라"고 한 것은 마음에 매우

acarangge waka, han i hajilaha sain be, julgei niyalmai dulimbai
맞는 것이   아니다. 汗과의   親善을   옛   사람   가운데서

jurgan be baiha, sukdun ci giyangnaha adali obuki, tere anggala, 26/27
義를   찾고   氣로부터   講한   것처럼 하고싶다. 그 뿐 아니라

nenehe han, fusi de bisire fonde, ishunde gūnin de hafumbume gisun
선대   한은 撫順에   있을 때에   서로   마음에   통하도록   말과

hese be gemu acabume bihe, juwe gurun ehe oho ci ebsi, geneme
旨를   모두 적합하게 했다.   두   나라가 나쁘게 된   이후   가는 것이

gorolame[14] yabuhakū, te han i bithe be okdome safi uthai cira be
멀게 되어 다니지 않았다. 지금 한의 글을   맞이하고 보니 바로   얼굴을

acaha adali, kenehunjeme gūnirengge gemu subuhe, hafan be damtulafi
마주한 것처럼   의심하여   생각하는 것이   모두 풀어졌다. 관원을   인질로 두어

ainambi, damu 27/28 abka sakini, te nekeliyen jaka be tuktan gajiha
어찌하겠는가? 오직   하늘이 아시리라. 지금 조그만 물건을,   처음으로 가져온

doroi benerengge, geli bairengge, han yargiyan mujilen i weile be
禮로   보내는 것이다. 또   求하는 것은 한은   진심으로   일을

deribu, ehecure gisun be ume tucire, enteheme amdun latuha adali sain
시작하라. 비방하는   말을   내놓지 말라.   영원히   아교로 붙은   것처럼 좋게

okini, mujilen be urgedere weile be ume deribure, han alban i coohai
되리라. 마음을   저버리는   일을   시작하지 말라. 한은   官兵이

baitalara mocin suje enteke jaka i isirakū jalin ume joboro,
사용하는 毛靑布· 비단 이러한 물품이 충분치 않은 때문에 근심하지 말라.

tanggū weile be emu 28/29 anggai alime gaijara, mengdz bithede
백가지 일을   하나의   입으로 받아 취하라.   孟子   書에서

---

14 [簽註] gingguleme kimcici, gorolame sere gisun, ainci goromime sere gisun dere,,
    삼가 고찰하건대 'gorolame'라는 말은 아마도 'goromime'(멀게 되어)라는 말일 것이다.

henduhengge, inu gosin jurgan bici wajiha kai, urunakū <u>madangga</u>¹⁵ be
말하기를,   "또한 仁· 義가 있을   뿐이다.   반드시   이익을

hendufi ainambi sehebi, erebe urebume bodo,,
말하여 무엇하리오"¹⁶라고 했다. 이를 깊이   헤아리라.

○ geli emu mudan, duleke aniya wang dz deng ni jihengge,
  또 한 차례,   「작년   王子쯩이   온 것은

gūwa i jalin waka, bithe coohai hafasa, nenehe han i korsofi cooha
다른   때문이 아닙니다. 문무   관원들은 선대   한이 원망하여 병사를

iliha weile be han de 29/30 alarakū gidafi, elemangga han be ubašaha
일으킨 일을 皇帝에게   고하지 않고 숨기고, 도리어   한이   배반한

de arahabi, tuttu bi jili banjihai han de alafi jiki seci, tasha be
것으로 만들었습니다. 그래서 저는 화가 나서 皇帝께 고하여 오겠다 했으나, 호랑이를

nirufi banjinarakū, faksidambi sehei moco ojorahū seme olhome, juse
그려서 이루지못하고,   교묘히 한다고 졸렬해질까 우려된다   하고 무서워서, 자식들과

sargan be waliyafi ukaka, jabšan de mao dudu de ucaraha manggi,
  처를   버리고 도망했습니다. 다행히 毛 都督을   만난   후,

mao dudu, han i mujilen be daci safi, mini gisun de dosifi 30/31 dergi
 毛 都督은 한의 마음을   원래 알아서, 저의 말에   빠져서   上께

---

15 [簽註] gingguleme baicaci, jakan toktobuha fe manju gisun i bithede, ere madangga sere gisun,
uthai aisi sere gisun de adali sehebi,,
삼가 찾아보니 최근 정해진 『舊淸語』에서 이 'madangga'(이익)라는 말은 'aisi'(이익)이라는 말과 같
다고 했다.

16 "何必曰利, 亦有仁義而已矣." 『孟子』「梁惠王上」.

de wesimbuhe, yala tere buyehe de acabufi juwe gurun hūwaliyaka de,
상주했습니다. 과연 그 바란 것에 맞게되어 두 나라가 화친한 때에

wang dz deng buceci inu joo, ere be deng ni hūsutulerengge waka,
王子쯩은 죽어도 족합니다. 이는 (王子)쯩이 힘쓴 것이 아닙니다.

abkai ciha kai, han ereci amasi daci dubede isitala urunakū emu
하늘의 뜻입니다. 한은 이후로 처음부터 끝에 이르기까지 반드시 하나

adali oki se, mao dudu acaki sere be ume jurcere, yaya
같이 되자 하십시오. 毛 都督이 화친하자는 것을 저버리지 마십시오. 모든

weile be hebdeme yabuci, amba weile 31/32 muterakū seme ainu joboro,
일을 의논해서 행하면 大事를 이룰수 없다고 어찌 걱정하겠습니까?

gūniha be wacihiyahakūbi, jai gisureki,,
생각한 것을 다하지 못했습니다. 또 말하겠습니다.」

○ geli emu mudan i bithe, bi daci niyalma be kundulerengge
또 한 차례의 글. 「나는 원래 사람을 존중하는 자이고

juwe mujilen akū, damu jingji mujilen i abkai fejergi niyalmai baru
두 마음이 없다. 다만 신중한 마음으로 天下 사람을 향해서도

inu emu mujilen, han be ginggulerengge inu emu mujilen, neneme 32/33
한 마음이고, 한을 공경하는 것 또한 한 마음이다. 선대

han ci jihe hese be gemu alime gaiha, hese be donjihakūngge akū,
한으로부터 온 旨를 모두 받았다. 旨를 듣지 않은 것이 없다.

mini mujilen i dorgi ele weile be emke emken i genere niyalmai
나의　　　마음 속의　모든　　일을　　하나　하나씩　　갈　　사람을

baru getuken henduhebi, ishunde genggiyeken weile be jai ume
향해　분명히　　말했다.　　　서로　　분명한　　　일은　다시

kenehunjere, han ci bederere medege be ilihai aliyambi, gūniha be
의심하지 말라. 한으로부터 돌아올　소식을　　서서 기다리겠다.[17] 생각한 것을

wacihiyame gisurehekū,, 33/34
　모두　　　　말하지 않았다.」

○ ilan biyai orin sunja de isinjiha bithe, wang fujiyang han de habšara
　　3월　　　　25일에　　도착한　글.「王(子쯩) 副將이　한에게 상소하는

gisun, wang dz deng bi mujilen be wacihiyame hūsun i teile deribuhe
　말.　　王子쯩　제가 마음을　　　다하고　　　힘껏　　시작한

weile be, juwe bade umai tusa akū gūtubure be we saha, bi inu
　일이　　두 곳에 전혀 이익이 없고 辱될 것을 누가 알았겠습니까? 저도

abka na i dulimbade baitakū niyalma kai, bodoci 34/35 han, koko be
　天地의　가운데에서 쓸모없는　사람인 것입니다. 헤아리면　　한은, "코코[18]를

jafafi beging de benehe seme, mimbe te udu sain gisun henduhe
잡아서 北京에　　보냈다"　라고　　제가 지금 비록 좋은 말을　말했다고

---

17 '서서 기다린다(立候)'는 '급히 기다린다', '학수고대한다'는 의미이다.
18 'koko'는 『조선인조실록』 18권, 인조 6년 3월 21일조에 '曲虎'로 기록되어 있다.

seme akdarakū, mao dudu geli mimbe wakalame, si han be hendume
해도 믿지 않습니다. 毛 都督은 또한 저를 책망하기를 "그대가 한을 말하기를,

onco gosin jiramin erdemu, saisa be kundulembi mergese be ginggulembi,
관대· 어짊· 두터움· 덕이 있고, 賢者을 공경하고,   智者를   존중하고,

ambula sain seme, acuhiyadame henduhe de akdafi, ere weile be deribufi
위대하고 좋다고   사주하여   말한 것을 믿고 이   일을   시작했는데,

nonggime hajilabume muterakū, elemangga takūraha jušen be 35/36
더욱   친선하지   못하고,   더욱이   파견한   주션이

kemuni ba na be nungneme, geli amba gisun i mimbe gidašambi, ere
여전히 지방을   침해하고, 또한 큰   말로 나를   속인다.   이는

gemu wang fujiyang ni ehe de kai sembi, mini juwe sidende joboro
모두   王(子登) 副將의 악함인 것이다"라고합니다. 제가 둘 사이에서 괴로운

weile be ainaci ojoro, han damu ma tungse i waha be, koko be
일을   어찌해야 합니까? 한은 다만 馬 通事를 죽인 것을, 코코를

benehe be sahabi, yargiyan i weile be sarkū, gemu ceni araha waka
보낸 것을 알고 있고,   사실의   일을 모릅니다. 모두 그들이 저지른 잘못

de kai, ma tungse jidere jugūn de 36/37 ninggun nadan niyalma ukame
입니다. 馬 通事가 오는 길에   6-7   사람이 도망해

jidere be ucarafi, acame jidere be gūnirakū, emu niyalma be gabtame
오는 것을 조우하여, 화친하러 오는 것을 생각지 않고 한 사람을   활 쏘아

waha, emu niyalma be sacime wahabi, gūwa niyalma burulame alin de
죽였고. 한 사람을 베어 죽였습니다. 다른 사람은 도주하여 산에

tafafi guwehebi, ma tungse tun de isinjiha jai inenggi, burulame
올라서 모면했습니다. 馬 通事가 섬에 도착한 다음 날, 도주하여

tucike ukanju tun de jifi, mao wen lung ni yamun de ma tungse be
빠져나간 도망자가 섬에 와서 毛文龍의 衙門에서 馬 通事를

acafi, 37/38 si jugūn de membe waha jušen wakao seme jafafi mao wen
만나서 "너는 길에서 우리를 죽인 주션이 아니냐"라고 잡아서 毛文龍

lung de habšanaha, mao wen lung nememe ukanju be tantafi jušen i
에게 고발하러갔습니다. 毛文龍은 도리어 도망자를 때리고 "주션의

ba i weile be minde ainu habšambi seme dacilahakū bošome tucibufi
지역의 일을 나에게 왜 고발하느냐"라며, 조사하지 않고 쫓아 내어

unggihe, tere niyalma hūwang hū bu i duka de genefi sureme hūlara
보냈습니다. 그 사람이 黃(中色) 戶部(員外郎)[19]의 門에 가서 소리쳐 부른

jakade, ma tungse be jafafi gamaha, 38/39 ma tungse, koko be
때문에 馬 通事를 잡아서 데려갔습니다. 馬 通事는 코코를

gucihiyereme balai gisurere jakade, mao wen lung terei gisun ehe be
질투하여 함부로 말한 때문에, 毛文龍은 그의 말이 악함을

---

19 'hūwang hū bu'(黃 戶部)는 이 때에 식량 문제 때문에 皮島를 방문하고 있던 明의 戶部員外郎 黃中色
을 가리킨다.

safi tuttu waha, koko be han de benehe, han si abkai banjibuha
알고 그래서 죽였고, 코코를 황제에게 보냈습니다. 한 그대께서는 하늘이 낳은

amba niyalma, ere ajige weile be ainu bodorakū, hafirabufi gidaci
큰 사람으로, 이 작은 일을 어찌 헤아리지못하겠습니까? 핍박당해 숨길수

ojorakū geren angga be ilibume, han be kenehunjerakū okini seme koko
없는 여러 입을 멈추게 하고 황제가 의심하지 않게 하려고 코코를

be benefi, 39/40 jai sain weile be deribuki sehe, koko, hūwang hū bu i
보내고, 다시 좋은 일을 시작하려고 했습니다. 코코가 黃(中色) 戶部(員外郞)와

emgi beging de isinafi, mao wen lung han de lakcarakū ishunde
함께 北京에 도착하여, "毛文龍은 한과 끊지 않고 서로

dorolome yabumbi seme alara be we saha, k'o doo hafasa gemu donjifi
예로써 행합니다" 라고 고할 것을 누가 알았겠습니까? 科道 관원들이 모두 듣고

bithe wesimbuhe, mao wen lung dain i gurun de hajilafi yabume
글을 상주했습니다. "毛文龍은 적의 나라와 친하게 행하며

ubašaki seme jalidambi, tere weile iletu yargiyan, 40/41 te bicibe
배반하려고 간계를 씁니다. 그 일은 분명한 사실입니다. 지금도

gisureme wajire unde, mao wen lung ujui jergi amban ambula wesihun
말하기를 다하지 않았습니다." 毛文龍은 一品大臣으로, 매우 높고

ujen kai, damu fujiyang ni gisun be akdame donjifi teni ere weile be
重합니다. 다만 副將의 말을 믿고 들어서 겨우 이 일을

deribuhe, te bithei hafasai gisun de umai tuwaci ojorakū, han, niyalma
시작했습니다. 지금 문관들의   말 때문에 전혀 만날 수 없습니다. 한은 사람을

takūrafi mujilen be halukan obume baniha arame gisurerakū, nememe
파견하여 마음이   따뜻하게 되도록 감사를 표하여 말하지 않고 도리어

takūraha elcin be gaifi, tere 41/42 geli ukaka jušen be gaji serengge,
파견한   사신을 잡고, 거기에   또 도망한 주션을 데려오라 하는 것은

tere bodogon micihiyan kai, elcin genehe niyalma gemu ergen be
 그   계책이   얕은 것입니다. 사신 간   사람은   모두   목숨을

waliyafi yeye umiyaha i emu adali kai, tere be gajifi tehe seme ai
포기하여 구더기 벌레와   마찬가지 입니다. 그를 잡아서 머무르게 한다고 무슨

tusa, ukame jihe jušen gemu booi ahasi ai hihan, gaifi ainambi,
이익입니까? 도망해 온 주션은 모두 家奴들인데 무슨 가치가 있습니까? 데려와서 뭐합니까?

han, amba weile be mutebuki seci, ere ucuri hūdun 42/43 niyalma
한은 큰   일을   성취하려고 하면 이 기회에 빨리   사람을

takūrame bithe benjifi elheken i anahūnjame gocishūn ijilafi, mao
파견하여   글을 보내와서 좀 편안하게 양보하고   겸손으로 잘지내어, 毛文龍과

wen lung ni emgi uhe emu boo ome mutehe de, ya si ningge waka,
          함께 모두 한 집이 될 수 있다면   누가 그대의 것이 아니겠습니까?

genehe elcin ukame jihe jušen i anggala, julgei henduhengge, anahūn de
 간   사신· 도망해 온 주션   뿐만 아니라, 예전에   말하기를,   "양보는

tusa, jalu de ebderembi sehebi, han g'aodzu tai sahafi han sin de
이익이고, 자만은 손해이다" 라고 했습니다. 漢 高祖는 臺를 쌓아   韓信과

acame saisa be baihai abkai fejergi be 43/44 bahabi, tang taidzung
만나고[20] 賢者를 구하여   天下를   얻었습니다. 唐 太宗은

yao gin i suhe sacime loo giyūn tang de jailaha be gūnihakū, onco
饒金이 도끼로 베어   老君堂으로   피한 것을 생각치 않고 관대하고

jiramin de abkai fejergi be bahabi, duleke aniya nadan biyade, mao
온후함 으로   천하를   얻었습니다.   작년   7월에   毛

dudu bithei hafasai gisun de mujilen akafi bi, amargi dalin de
都督은   문관들의   말에 마음을 다쳐서,   북쪽   해안에

tafanaki sehe bihe, gūnihakū dorgi de emu niyalma mao dudu i
상륙하겠다고 말했습니다. 뜻밖에 안에서   한 사람이   毛 都督의

derei juleri hebešeme 44/45 neneme giyang ni goloi tung iogi be musei
면전에서   의논하기를   "먼저   (鎭)江 지역의 佟(養眞)[21] 遊擊을 우리가

jafafi benehe, te nirui ejen koko be jafafi han i falan de wesimbuhe,
잡아서 보냈다.   지금 니루 어전 코코를 잡아서 황제의 朝廷에   올렸다.

geli han i gisun de acabuhakū de gaitai andande genehe seme
또   한의 말에 부합하지 않았는데 갑자기 곧   간다고   하여

<hr>

20 漢高祖 劉邦이 將軍臺를 쌓고 韓信에게 대장군을 인정하는 斧鉞을 하사하는 식을 거행했다는 의미
    이다.
21 '佟 遊擊'은 후금의 개국공신 佟養眞(?~1621)을 가리킨다. 그의 본명은 佟養眞이지만 훗날 옹정제의
    이름을 피휘하여 佟養正으로 불렸다. 1621년 遼陽 공격에서 공을 세워 遊擊世職을 수여받았다. 동년
    음력 7월 14일 毛文龍이 鎭江을 기습했을 때 포로가 되어 북경에 끌려가 살해되었다.

halbumbio sere jakade, mao dudu gisun be bederefi, gisun inu
들이겠는가" 라고했기 때문에 毛 都督은 말을 철회하고, "말이 또한

mujangga, bi niyalma takūrafi han i gūnin antaka tuwanabuki seme
옳다. 내가 사람을 파견하여 한의 생각이 어떤지 보러가게 하겠다"라고하고

tuwanabuha bihe, genehe niyalma be 45/46 gaifi tutara be we gūniha,
보러가게 했었습니다. 간 사람을 잡아서 억류할 것을 누가 생각했겠습니까?

han gūnihakūn, šan hai guwan, beging ni juleri duka, deng lai juwe
한은 생각지 않았습니까? 山海關은 北京의 앞 문이고, 登·萊 두

fu, tere beging ni amargi duka kai, ere buya weile i jalin abkai
府는 그 北京의 뒷 문입니다. 이 작은 일 때문에 天下

fejergi amba weile be waliyambio, fujiyang gisurefi geli gisureme
大事를 잃겠습니까? 副將이 말하고 다시 말하여

faššarangge, nenehe han i wahakū gosime ujihe šumin kesi be gūnime
노력하는 것은 전대 한이 죽이지 않고 사랑하고 기른 깊은 은혜를 생각해서

46/47 uttu kai, te ukacibe han geli fujiyang ni boigon be facabuhakū,
이러는 것입니다. 지금 달아났어도 한은 다시 副將의 가솔을 해산하지 않았습니다.

koko be han i falan de wesimbuci, elemangga fujiyang ni juse sargan be
코코를 皇帝의 조정에 올렸지만 도리어 副將의 아들·처를

ujime wahakū, jergi jergi šumin kesi be ai inenggi hafukiyafi
살리고 죽이지 않았으니, 겹겹 깊은 은혜를 어느 날 깨달아서

isibure seme, tuttu beyebe felefi han i jalin bucere banjire be jailarakū
보답하겠는가 하고 그렇게 몸을 버리고 한을 위해 죽거나 사는 것을 피하지 않고

faššara be, damu abka sambi, geli lio fujiyang duleke aniya jakūn
노력하는 것을 다만 하늘이 압니다. 또한 劉(興祚) 副將이 작년 8

biyade 47/48 tun de isinjifi minde alame, han, beise be, imbe sain i
월에 섬에 와서 제게 말하기를, "한과 버일러들이 나를[22] 잘

tuwahakū, weile i yargiyan tašan be dacilarakū, uthai huthure
대하지 않는다. 일의 진위를 조사하지 않고 곧바로 포박해서

hūwaitara de, dolo majige korsome gūniha, juwan biyade lio fujiyang
속으로 조금 원망하여 생각했다." 10월에 劉(興祚) 副將

ni deote tun de isinjifi alame, han, beise dagilafi waliyaha, lio
의 동생들이 섬에 와서 말하기를, "한·버일러들이 후대하여 관대하다." 劉(興祚)

fujiyang te dembei saišambi, mao dzung ye mujilen inu urgunjembi,
副將이 지금 매우 讚賞합니다. 毛 總爺의 마음도 기뻐합니다.

lio 48/49 fujiyang be wesibufi tulergi jakūn ing ni fujiyang obuha, han,
劉(興祚) 副將을 승진시켜서 外 八營의 副將으로 삼았습니다. 한이

amasi fujiyang de unggire bithe de, jai lio fujiyang be arafi si tubade
나중에 副將에게 보낸 글에서 다시 劉(興祚) 副將에게 일을 맡겨서 "너는 거기에서

mini jalin de weile deribu, han de baimbi, labdu sain gisun be gisurefi
나를 위해 일을 시작하라." 한에게 청합니다. 많은 좋은 말을 말해서,

---

22 원문의 'imbe'(그를)을 역문에서는 직접인용문 형식에 맞추어 '나를'로 번역한다.

saikan genehe niyalma i etuku de ififi minde unggihe de, bi jenduken
잘 간 사람의 옷에 꿰매어 제게 보냈을 때, 제가 은밀히

tede bufi emgi weile be deribuhe de, 49/50 geli emu meiren i hūsun
그에게 주어 함께 일을 시작했을 때, 또한 한 어깨의 힘을

bahambi kai, han aikabade fujiyang be kenehunjeme ohode, hūlame
얻을 것입니다. 한이 만약 副將을 의심하게 되어 부르고

iletu niyalma takūraci gūwa weile de olhombi seci, hūlhame niyalma be
공공연히 사람을 파견하면 다른 일에 두려워 하니, 은밀히 사람을

tucibume takūraha de, fujiyang ni yargiyan tašan gisurere be uthai
내어서 파견하면 副將이 진실과 거짓을 말하는 것을 즉시

sambi kai, han aikabade ere ucuri be tašarame dulembuhe de, udu
알 것입니다. 한이 만약 이 기회를 잘못해서 놓치면 수

minggan aniya seme ucararangge inu mangga, fujiyang 50/51 bi duleke
천년 이라도 마주치는 것이 또한 어렵습니다. 副將 제가 작년

aniya sunja biyade mini booi niyalma be duin jergi unggihengge, ere
5월에 저의 家人을 네 번 보냈는데, 이

fonde isitala takūraha niyalmai helmen be hono sahakū, jase
때 까지 파견한 사람의 그림자 조차 보지못했습니다. 변경을

tuwakiyara niyalma wahabio, aikabade han gaifi tefi unggirakūn, ere
지키는 사람이 죽였습니까? 혹시 한이 잡아서 억류하고 보내지 않았습니까? 이

ambula weile be habšame alanaki seme gūnici, amasi julesi
　　大事를　　　고하여　　　알리고자　　　생각하나　　앞 뒤로

yaburengge mangga ofi, han, jušen bithei pai bure, akūci jušen
다니는 것이　　어려우니,　　　한은 주션 문자의 牌를 주거나, 아니면 주션

bithe buhe de 51/52 olhošome fungnefi bedere, be unggire dolo sindafi
글을　줄　때　　　　신중하게　봉하여 회답하십시오. 우리가 보낼 때 속에 넣어서

unggihe de, amala takūrara niyalma inu tucire dosire de ja ombi, dele
보내면　　　나중에　　파견한　　사람도　　나가고 들어갈 때 쉽게 됩니다. 上에게

habšarangge,,
　고합니다.」

tongki fuka sindaha hergen i dangse
點·圈을 찍은 문자의 檔子

juwan juweci debtelin
12권

sure han i jai aniya mao wen lung sei baci benjihe bithe ninggun hacin
천총 2년 毛文龍 등의 곳에서 보낸 글 6종

tongki fuka sindaha hergen i dangse,,
　點　圈을　찍은　문자의　檔子

○ sure han i jai aniya duin biyade isinjiha bithe, aisin gurun i
　수러　한의　2년　4월에　도착한　글.[1]　「金國의

han sain okini seme gūnifi, fe ba na be bederebume abka de gashūfi,
한이　화친하려고　생각하여　옛 땅을　돌려주려고　하늘에　맹세하니,

bi aikabade nenehe bata kimun be gūnime butuleme wara nungnere
내가　만일　이전의　원수를　생각하고 암암리에　죽이거나 침해하는

encu hacin i jurgan be deribuci, abka safi mao wen lung mimbe
　이상한　義를　시작하면　하늘이 알고　毛文龍　나를

wakini < > se 1/2 mujilen angga emu akū, aikabade dere de
죽게 하리라. 홍 타이지[2] 등이 마음과 입이 일치하지 않고, 만일 표면으로

inu sefi mujilen waka arame neneme gashūha be jurceci, dergi abka
옳다 하고 마음으로 그르다 하고　이전에　맹세한 것을 위반하면　上天이

safi inu jalgan waka bade bucekini, musei ishunde acafi daci dubede
알아서 역시 命이 아닌 곳에서 죽게 하리라. 우리가　서로　화친하여 처음부터 끝에

1　이 서신의 한문의 후반부는 『明淸史料』(丙編・第一冊・失名復金國汗書), 『明淸檔案存眞選輯』(初
　集・第四類・毛文龍致金國汗書二)에 실려 있다.
2　저본의 만문이 避諱되어 있다. 이 서신의 한문본에서는 毛文龍이 홍 타이지를 長官의 존칭을 의미하는
　'台台'라고 부르고 있다. 『明淸史料』(丙編・第一冊・失名復金國汗書), 『明淸檔案存眞選輯』(初集・第
　四類・毛文龍致金國汗書二).

isitala sain be halarakū oci, hutu weceku inu gosifi juse omosi de
이르기까지 친선을 바꾸지 않으면   鬼神도   아끼고,   자손에

isitala enteheme wesihun ombikai, gashūha bithe be ilibufi amaga
이르기까지 영원히   귀하게   될 것이다. 맹세한   글을   세워서   훗

ineggi siden de tuwakini, bithe de henduhengge, 2/3 jihe hafan i gisun
 날   증거로   보게 하자.   글에서   말하기를,   "온   관원의   말이

hūlhi getuken akū seme tuttu geli dahime fonjinabuhangge, tere fejergi
애매하고 분명하지 않다 하여 그렇게 또 다시 물으러 가게 한 것이다."(라고했다) 그 하급

hafan narhūn sain gisun be wacihiyame tuciburengge mangga ofi,
관원에게 은밀한 친선의   말을   모두   보이는 것이   곤란하기 때문에

jaburengge hūlhi akūngge akū kai, geli holtome sain cisui hafumbure
 대답이   애매하지 않음이 없는 것이다. 또한 "거짓 친선으로   私通하는

gisun seme henduhengge, erdemu akū abka na i siden de lasha emu
 말" 이라고   말했는데,   재능 없는 자[3]는 天地의 사이에서   결단코   한

niyalma de akdun be ufararakū, damu akdun sain be sambi, tašan 3/4
 사람 에게도 신뢰를   잃지 않는다. 다만   진실한 친선을   알고,   거짓

sain be sarkū, damu tondo jurgan be sara dabala, hūlha jurgan be
 친선을   모른다. 다만   정직의   義를   알 뿐,   도적의   義를

---

3 '재능없는 자'(erdemu akū)는 毛文龍의 겸칭이다. 이 서신의 한문본에서는 '不佞'이라고 칭했다.
   『明淸史料』(丙編·第一册·失名復金國汗書), 『明淸檔案存眞選輯』(初集·第四類·毛文龍致金國汗
   書二).

sarkū, niyalma bime akdun akū be, enduringge niyalma ibiyahabi
모른다. 사람   이면서   신뢰가 없는 자를   聖人은   미워했다.

kai, han i gūnin mini gūnin de acaha be dahame, yaya weile be
한[4]의 생각이 나의   생각에   맞기에   모든   일을

hebešeme yabuki, tala de afacibe hoton de afacibe minde teng sere
상의해서 행하고자한다. 평야에서 싸울지라도, 성에서 싸울지라도 나에게 단호한

gūnin bi, yabu naka bahafi acaha manggi, tumen de emke be hono 4/5
생각이 있다. 행하고 중지함이 타당할 수 있게 된 후에   만에   하나도

ufararakū ombi, beye boo be tuwakiyame ambula bayan wesihun
잃지 않게   된다. 몸과 집을   지키고   크게   부유하고 귀하게

ojorongge te kai, ildamu akū i emu urhun i mujilen be abka na hutu
되는 것은 지금 이다. 영민하지 않은 자[5]의 一寸의   마음을   하늘· 땅· 鬼·

weceku sambi kai, wang dzung bing guwan inu sambi,,
神이   알고 있다. 王(子登) 총병관   역시 안다.」

○ mao wen lung dahūme niyakūraha,[6] neneme duin 5/6 biyai orin
「毛文龍이   다시   무릎 꿇는다.[7]   앞서   4월 26일에

---

4 만문의 'han'을 이 서신의 한문본에서는 長官의 존칭을 의미하는 '台台'라고 칭했다. 『明淸史料』(丙
   編·第一冊·失名復金國汗書), 『明淸檔案存眞選輯』(初集·第四類·毛文龍致金國汗書二).
5 '영민하지 않은 자'(ildamu akū)는 毛文龍의 겸칭이다. 이 서신의 한문본에서는 '不佞'이라고 칭했다.
   『明淸史料』(丙編·第一冊·失名復金國汗書), 『明淸檔案存眞選輯』(初集·第四類·毛文龍致金國汗
   書二).
6 이 서신의 한문본은 『明淸史料』(丙編·第一冊·都督毛文龍復金國汗書), 『明淸檔案存眞選輯』(初
   集·第四類·毛文龍致金國汗書四)에 실려 있다.
7 한문 서신에는 '再拜'라고 표기되어있다. 『明淸史料』(丙編·第一冊·都督毛文龍復金國汗書), 『明淸
   檔案存眞選輯』(初集·第四類·毛文龍致金國汗書四).

ninggun de koko, ma tungse sunja nofi jeng giyang de isinjiha, sunja
　　　코코·　　馬 通事　　　　　5명이　　　　鎭江에　　　　　이르렀다.　5월

biyai ice ilan de okdofi, pi doo de dosimbuha, hū bu tun de jetere
　　초 3일에　　맞이하여　皮島에　　들어오게 했다. 戶部(員外郞)[8]가 섬에 먹을

jeku salambihe, hū bu hafan be dahaha fejergi niyalma ini hū bu de
곡식을 배포했다.　　　戶部(員外郞) 관원을　따른　　　하인들이　그의　戶部(員外郞)에게

juwan fun i kenehunjebume tanggū hacin i alame, jušen jing geneme
　十分　　　　의심하게 하려고　　　백 가지로　고하기를, "주선이 항상　　가고

jime yabume 6/7 inenggidari weile ebšeme, emu udu inenggi tebufi,
오고 다니느라　　　날마다　　일이 바쁘고,　　며칠을　　　　머무르게 하고

burtei eture etuku arame wajifi, sunja biyai juwan ninggun de mederi
　모두　입을 옷을　만들기를 마치고,　　　5월　16일에　　　　　　바다로부터

ci jeng giyang de fe ilan niyalma be takūrame dahame, juwe doroi
　　鎭江에　　　옛 세　사람을　　　파견하고　이어서　　　두　　禮物

jaka aciha acifi amasi simiyan de isibuha seme alara jakade, te šandung
　　짐을　싣고 되돌아　瀋陽에　　　이르렀다" 라고　고했기 때문에, 지금　山東

deng jeo ba i dzung bing guwan ta[9] dooli erin akū cuwan i 7/8
　登州　지역의　　　총병관과　　　本　道員이 수시로　　배를

---

takūrafi mederi jakarame dalin de tucifi karun sindahabi, deng jeo ba
파견하여 바다에 연한 언덕에 나가서 초소를 설치했다. 登州 지역의

i dooli geli pi doo de isinjifi, ini fejergi hafan de takūrsi be adabufi,
道員도 皮島에 와서 그의 아래 관원에게 심부름꾼을 붙여서

niyaman hūncihin gucu sebe gajiha sembi, inu yargiyan medege be
친척과 친구 들을 데려왔다고 한다. 역시 확실한 소식은

sahakū, bi tere be lasha ilibufi fejergi niyalmai holtoro gisun be
모른다. 나는 그것을 단연코 중지시키고 하인의 속이는 말을

donjihakū, bi sini emgi ere weile be 8/9 deribufi akdun be ufararahū
듣지 않았다. 나는 그대와 함께 이 일을 시작하고 신뢰를 잃을까 우려하여

seme ebuhu sabuhū dahūme takūraha,,
긴급하게 다시 보낸다.」

○ mao wen lung, aisin gurun i han i tu i fejile niyakūrame bithe
「毛文龍이 金國의 한의 纛 아래 무릎 꿇고 글을

isibumbi,[10] kemuni niyaman de hadafi angga de jome[11] mujilen de tebufi
보낸다. 계속 마음에 새기고, 입에 되뇌고, 마음에 담아서

emu erin waliyame gūnirakū, takūraha elcin i gisun emu ergen 9/10
한시라도 포기하기를 생각지 않는다. 파견한 사신의 말이 (毛文龍과) 하나의 목숨,

---

10 이 서신의 한문본은 『明淸史料』와 『明淸檔案存眞選輯』에 남아있지 않다.

11 [簽註] gingguleme kimcici, jome sere gisun, ainci jondombi sere gisun dere,,
삼가 고찰하건대 'jome'(되뇌고)라는 말은 아마도 'jondombi'(되뇌다)라는 말일 것이다.

emu gūnin ojoro jakade, uthai amasi gurun de bederebume unggihe,
하나의 생각이기   때문에   곧바로 다시   나라에   돌아가도록   보냈다.

geli sucungga takūraha elcin da an i minde benjime jimbi seme
또   처음   파견한   사신을 定例에 따라 나에게 보내   온다고

donjiha, tere fonde dergi han, hū bu hergen i amban be tun de
들었다.   그   때   明의 황제가 戶部(員外郎) 관직의 대신을   섬에

ciyanliyang bonggime unggifi, cuwan be tiyei šan alin de gocifi bisire
錢糧을   보내러   파견하여   배를   鐵山에   철수하고 있을

de, han i takūraha elcin inu waka be yargiyalahakū tašarame hū bu de
때에, 한이 파견한 사신이 시비를   밝히지 않고 오해하여 戶部(員外郎)에게

10/11 dosinara jakade, tere uthai dorolome benjihe jaka elcin i beye be
      들어갔으므로   그가 곧   예로써   보낸 물건과 사신 자신을

gemu jafafi ging de gamaha seme donjifi, dobori dulime niyalma
모두 잡아서 京師에 데려갔다고   들어서,   밤을 새워   사람을

takūrafi ging de unggifi duin tumen yan menggun sire bure[12] jakade
파견하여 京師에 보내서   4만량   은을   뇌물로 주었기 때문에

teni wahakū dolo ujimbi, majige udu biya be aliyaki, kicefi amasi han
비로소 죽이지 않고 內地에서 보살피고 있다. 조금 몇 달을 기다리라. 노력해서 다시 한

---

12 [簽註] gingguleme baicaci, fe manju gisun i bithede, ere sire bure serengge, uthai ulindume
    gūldurame baire sere gisun inu sehebi,,
    삼가 찾아보니 『舊淸語』에서 이 'sire bure' 라는 말은 즉 'ulindume gūldurame baire'(뇌물을 주어서
    몰래 구한다)라는 말이라고 했다.

de bederebure, tereci jing gasame bisire de, gaitai kasan 11/12 nirui
에게 돌려보낼 것이다. 그 후 늘 비통해하고 있을 때에 갑자기 카산 니루의

jušen jakūn niyalma ukame jifi terei hendurengge, meni han beise daci
주션 8명이 도망해 와서, 그들이 말하기를, "우리 한·버일러들이 본래

emu mujilen i suwende akdafi yabumbi seme alaha manggi, bi nememe
한 마음으로 너희를 믿고 행한다" 라고 고한 후, 나는 더욱

gasaha, ereci amasi takūrafi jidere niyalma urunakū saikan yargiyalame
비통해했다. 이후 파견해서 오는 사람이 반드시 잘 실상을 밝히고

takaci sain kai, aikabade si šan hai be gaicibe bi šandung be gaicibe,
식별하면 좋을 것이다. 만약 그대가 山海(關)을 얻고 내가 山東을 얻어도,

juwe ergi deri hafitame 12/13 afaci, amba weile uthai toktombi kai,
양 쪽으로부터 협공해야 大業을 곧 정할 것이다.

bi inu si ningge be denderakū, bi inu sinde kadalaburakū,
나는 또한 그대의 것을 나누지 않을 것이다. 나도 그대에게 관할받지 않을 것이다.

cohome ere bithei donjiburengge,,
특별히 이 글로 알린다.」

○ mao wen lung geli niyakūrame bithe unggimbi,[13] neneme
　「毛文龍이 다시 무릎 꿇고 글을 보낸다. 앞서

---

13 이 서신의 한문은 『明淸史料』(丙編·第一冊·都督毛文龍致金國汗書), 『明淸檔案存眞選輯』(初集·
　　第四類·毛文龍致金國汗書五)에 실려 있다.

takūraha hafan bithe jafafi acaki sehe weile be te ci gisurefi, ere be
파견한   관원이 글을 쥐고 화친하자고 한 일을 지금부터 말하여, 이를

bi emke 13/14 emken i alime gaifi, yaya weile gemu mini beye de
내가 하나   하나씩   받아 취하여, 모든 일이 모두   나 자신에게

bi sehe kai, bi si ishunde culgara be nakafi uhe emgi taifin banjiki
있다고 한 것이다. 나와 그대가 서로 閱兵을   그치고 모두 함께 태평하게 살자고

seme mini dolo alimbaharakū urgunjeme, koko be amasi bederebume
하여   나의 마음이 참을 수 없이   기쁘고,   코코를   되   돌려

beneme, han beise i baru gisureme amba weile be toktome wajiha sehe
보내고,   한과 버일러들을 향해 말하기를,   大事를   정하여 마쳤다고 했었다.

bihe, takūraha niyalma tašarame hū bu i 14/15 cuwan de dosifi,
   (한이) 보낸 자가   잘못하여 戶部(員外郎)의   배에   들어가서

ciyanliyang benjihe hū bu jafafi mini ilan niyalma be sasari ging de
  錢糧을   보내온   戶部(員外郎)가 잡아서 나의 세 사람을   함께 京師로

gamame, minde inu donjibuhakūbi, mini amba weile efujembi seme
연행하고,   나에게도   알리지 않았다. 나의   大事가   무너진다고

gūnihakū bihe, te koko be bedereburakū de ofi angga de gisun
생각하지 않았다. 지금 코코를   돌려보내지 못하여   입으로   말을

baninarakū,[14] han beise inu mini gisun be akdarakū oho, emu majige
할 수 없다.　　　한과 버일러들도 나의　말을　　믿지 않게 되었다. 하나의 작은

sain mujilen be elemangga akdun akū 15/16 jurgan akū niyalma de ofi
좋은 마음을　　오히려　　믿지 않고　　　의리 없는 사람으로　되어

korsocun be alara ba akū, daci mini gūnihangge, han beise i emgi
원통함을　　말할 곳이 없다. 원래 나의　생각은,　　한과 버일러들과 함께

amba weile be deribuki sehengge, geli ere foni[15] kenehunjebuci, abkai
大事를　　　시작하자고 했는데　다시 이 때에　의심받으면　　하늘의

helmehen[16] waka semeo, han beise wesihun wasihūn amasi julesi
그물이　　아니라고 하겠는가? 한과 버일러들은 동·　서·　북·　　남

dailame yabufi atanggi amba weile be muteki sembi, gemu suwe 16/17
정벌하고 행하여 언제　　大事를　　　하려고 하는가? 모두 그대들이

arga jali be sarkū turgun kai, bi han beise i emgi uhe gurun i amba
책략을　　모르는　까닭이다.　나와 한과 버일러들이 함께 모두 나라의　大事를

---

14 [簽註] gingguleme baicaci, jakan toktobuha fe manju gisun bithede, ere baninarakū serengge, uthai
banjinarakū sere gisun de adali sehebi,,
삼가 찾아보니 최근 정해진 『舊淸語』에서 이 'baninarakū'(할 수 없다)라는 것은 즉 'banjinarakū'(할
수 없다)라는 말과 같다고 했다.

15 [簽註] gingguleme baicaci, fe manju gisun bithede, ere foni serengge, uthai ere ucuri sere gisun inu
sehebi,,
삼가 찾아보니 『舊淸語』에서 이 'ere foni'(이때)라는 것은 즉 'ere ucuri'(이때)라는 말이라고 했다.

16 [簽註] gingguleme baicaci, fe dangse de abkai helmehen seme arahabi, kimcime tuwaci, ainci abkai
asu sere gūnin i adali dere, baicame bahakū ofi, fe dangse i songkoi sarkiyaha,,
삼가 찾아보니 舊 檔子에서 'abkai helmehen'(하늘의 거미)라고 썼다. 고찰해보건대 아마도 'abkai
asu'(하늘의 그물)이라는 뜻인 것 같다. 찾을 수 없어서 舊 檔子대로 베껴 썼다.
* 본문의 'helmehen'(거미)은 'helmehen i asu'(거미의 그물)를 줄여 쓴 것으로 추측된다.

weile be hebdehe de, hūturi be alime gebu be tumen jalan de werimbi,
의논한다면   복을   받아 이름을   萬世에   남길 것이다.

damu han beise mimbe akdara akdarakū be sarkū, aikabade mini gisun
다만   한과 버일러들이 나를 믿는지 믿지 않는지를   모른다. 만약   나의   말을

be gaiha de, niyalma be jendu takūrafi hebdeme unggici acambi,
취한다면   사람을   은밀히 파견하여 의논하러   보내야 마땅하다.

majige hono tašan 17/18 gisun akū, aikabade holtome yarkiyambi seci,
조금도   거짓말이   아니다. 만약   속이고   유인한다고   해도

tere duin sunja niyalma be holtofi ainambi, muse juwe nofi ume
그   네다섯   사람을   속여서 어찌하겠는가? 우리   두 사람은

kenehunjere, mangga niyalmai weile daci niyalma ci encu, amba weile be
의심하지 말자.   강한   사람의   일은 원래 (일반)사람과 다르다.   大事를

mutehe manggi jai tere fonde teni sain mujilen be sambi dere,
이룬   후에   다시 그   때에 비로소 좋은 마음을   알 것이다.

bithede gisun wajirakū,, 18/19
글에서   말을 다하지 못한다.」

○ mao wen lung geli niyakūraha bithe,[17] han ci jihe bithe be
    「毛文龍이   또   무릎 꿇은   글.   한에게서 온   글을

tuwaci, alimbaharakū hūlhi bime geli oihorilame niyalma be akdaburakū
보면   무척   애매하고   또한 홀시하여   사람에게   믿지 못하게

---

17 이 서신의 한문은 『明清史料』와 『明清檔案存眞選輯』에 남아있지 않다.

kenehunjebure babe sarkū semeo, tere anggala ishunde acaki
의심하도록 만드는 것을 (내가) 모른다 하겠는가? 하물며　　서로　화친하자고

sehe weile be daci juwe gurun i cihalahangge, juwe bade tusa ojoro
한　　일은　　원래　두　나라가　　바란 것이다.　　두　곳에　이익 되는

weile be si cihakū oci uthai naka, ainu amba gisun 19/20 amba mudan
일을　그대가 바라지 않으면 바로 멈추라. 왜　큰　말과　　큰　　소리로

i mimbe gidašambi, weile mutere onggolo hono uttu bade, horho de
나를　모욕하는가? 일을 이루기　전에도　　이런 터에,　우리(圍)에

emgeri tuhenehe de mimbe dorolome tuwambio, bithei dolo jušen be
한번　떨어지면　나를　예로써　보겠는가?　글　안에 "주선을

benjihe de yabuki, tuttu akūci jai yaburakū sehe gisun, si gisureme
보내면　행하겠다. 그렇지 않으면 다시 행하지 않겠다"고 한 말은, 그대의 말한 것이

calaha, bi lio de ku i emgi daci gisureme muse juwe gurun i weile
잘못이었다. 나는 劉得庫와 함께 원래 말하기를, "우리가　두　나라의　　일을

aikabade mutehe de, damu jušen i teile be 20/21 benerakū, minci aname
만약　성사시킨다면　단지　주선　만을　돌려보내는 것이 아니라, 나 까지도

gūwabsi genere ba bio, te acara weile i dube tucire onggolo urunakū
다른 곳에　갈　곳이 있겠는가?" 지금 화친하는 일의 끝을 내기　전에　반드시

murime jušen be benju seci, adarame ishunde acame yabure mujilen
강박해서 주선을　　보내라 하면　어찌　서로　화친하여 행하는　마음을

be ilibure, damu koko i weile be bi calaha, sini tubade ufaraha weile
　세우겠는가? 다만　 코코의　 일은　 내가 실수했다. 당신의 거기에서 잘못한 일

inu komso akū kai, nenehe han i bisire fonde, mini takūraha emu
또한 작지　 않다.　 선대　 한이　 생전에　 내가　 보낸　 1명의

jušen juwe 21/22 nikan be gemu waha, amala si ilan jergi acaki seme
주선과　2명의　　 한인을　 모두 죽였다.　그 후에 당신이 세 번　 화친하자고

takūraha elcin giyang de isinjifi, geli mini tanggū isime karun i
　보낸　 사신이　 江에　 도착해서 다시 나의　100명에 이르는 초소의

niyalma be waha, emu derei acara narhūn weile be gisurembime,
사람을　　　죽였다.　같은 편으로 화친하자며 은밀한 일을　　 말하면서

emdubei tiyei šan be afambi, siran siran i jing eiteršeme ubašataci, bi
한편으로　 鐵山을　　 공격한다.　계속해서　 늘　 속이고　 배신하니,　나는

saisa niyalma ere adali hūsun i yaburengge akū dere seme dembei 22/23
‘賢人은　　　 이처럼　 힘으로　 행하지　　 않을 것인데’ 하며 매우

olhombi, tere anggala mini erdemu udu foholon arga komso seme,
두렵다.　 하물며　　 나의　재주가 비록　 짧고　 책략이 적다　 해도

mujilen de tob seme tondo akdun be tebufi, funiyehe i gese kūbulime
마음에　정직하게　忠과 信을　　 품고,　 터럭　 처럼　 바뀌고

eiterere mujilen be deribufi, abkai doro be murtashūn gamarangge akū,
속이는　 마음을　 일으키고 하늘의 도리를　 어긋나서　 처리하는 것이 없다.

si minde unenggileme akdafi mimbe hūdulame dalin de tafa sefi, geli
그대는 나를 진실로 신뢰하여 내게 서둘러 해안에 오르라 하면서, 또

ainu bisire jušen be amasi benju 23/24 sembi, ere emu udu jušen ai
어찌해서 (여기)있는 주션을 돌려 보내라 하는가? 이 몇몇 주션을 어찌

hairan, ere be sinde benehe de mini ba i irgen i yasa šan be we
아까워하겠는가? 이들을 그대에게 보냈을 때 나의 땅의 백성의 눈과 귀를 누가

gidaci ombi, ebšeci weile be hafumburakū, buya aisi be tuwaci amba
막을 수 있겠는가? "서두르면 일을 통할 수 없고 작은 이익을 바라보면 큰

weile be muteburakū sehe be donjihakūn, genefi jihe niyalmai sini
일을   이룰 수 없다"[18] 한 것을 듣지 못했는가? 갔다가 온 자가 그대와

emgi acara acarakū dursun be tuwafi, acarakūci goro šumin
함께 화친하거나 화친하지 않는 모양을 보고, 화친하지 않으면 멀고 깊고

ferguwecuke 24/25 babe gūniki sehe bihe, te jihe gisun be tuwaci,
놀랄만한   것을 생각하겠다고 했었다. 지금 온 말을   보니,

niyalmai sain ehe be daharangge abka de bi, niyalma de akū nikai,
사람의 좋고 나쁨을 따르는 것은[19] 하늘에 있고, 사람에게 없는 것이다.

hairakan, neneme mini arafi unggihe bithei weile emke be hono amasi
애석하다. 전에 내가 써서 보낸 글의 일은 하나도   되돌려

---

bederebuhekū, encu faksi gisun be baime arafi mimbe mohoburengge,
보내지 않았다.　　다른 교묘한 말을　　찾아 꾸며서 나를　　추궁하는 것,

tere urunakū mini emgi bata kimun oki serengge kai, uttu oci 25/26
그것은 분명히　나와 함께 원수가　되겠다고 하는 것이다.　이러면

bi inu sini tuba i weile be donjiha, geli ainu olhoro, te bi sini
나도 그대의 그곳의 일을　들었다. 또한 어찌 두려워하겠는가? 지금 내가 당신과

emgi minggan gisun tumen hese be gisurehengge simbe faksidame
함께 천마디 말 만마디 말을 말한 것에　당신을 속이고

gelebuhengge emke akū, si te emu koko i jalin minde kenehunjerengge
위협한 것은　하나도 없다. 그대는 지금 한사람 코코 때문에 나를 의심하는데

ai tuttu mergen akū, tere be sehei wesihun wasihūn jobome yabuci,
어찌 그리 지혜롭지 않은가? 그것을 말하면서 동쪽으로 서쪽으로 고생하며 다녀도

emu tusangga weile akū, aikabade mini emgi 26/27 emu mujilen i ofi
하나 유익한 일이 없다.　만약 나와 함께　한 마음이 되어

tumen jalan otolo tataci ojorakū hethe ilibuci antaka, te bi simbe
萬世에 이르도록 빼낼수 없는 企業을 세우면 어떠한까? 지금 내가 그대에게

amcataci si ojorakū ofi, jai si wesihun yabuci ojorakū wasihūn
대화를 청해도 그대는 안된다 하니, 다시 그대가 東으로도 갈 수 없고 西로도

yabuci ojorakū ohode, si geli mimbe amcataha seme bi geli ombio,
갈 수　없게　될 때, 그대가 다시 내게 대화를 청한다 해도 내가 또한 하겠는가?

ubabe bodoci acambi kai, si mini gisun be jurgan sehede, teng seme
이곳(사정)을 헤아려야 마땅하다. 그대가 나의 말을　　　　의롭다 하면,　　　　굳게

emu mujilen be gūnifi 27/28 bithe de genggiyeken arafi hūdun unggi,
한 마음으로　　　생각해서　　　글을　　　분명하게　　　써서 빨리　보내라.

si adarame yabuki sembi, bi geli jabufi unggire, tuttu akūci takūraha
그대가 어떻게 하겠다고 하면,　내가 다시 답하여 보내겠다. 그렇지　않고　　파견한

niyalma be gemu waha de, teni han wara de amuran mujilen de elembi
사람을　　　　모두　죽이면　　　바로 한이 죽이는 것을 좋아하는 마음에　　　족한

dere, bi daci bithe de hendufi unggihe bihe, ereci amasi ambasa be
것이리라. 나는 처음부터 글에 말하여　보냈었다.　　　　이후로　　　대신들을

takūraci ojorakū, nikan hafasa nikan i 28/29 ba i niyalma pi doo de
파견하면　안된다.　　明의　관원들과 明의　　　　땅의 사람들이　皮島에

bi, weile bici dolori niyalma takūra, ulhiyen ulhiyen i geterembume
있다. 일이 있으면 은밀히 사람을　파견하겠다.　　　차츰　　　　해결하도록

gisurefi acaci uthai yabuki seme neneme geterembume gisurefi wajiha
말해서 화친하면 즉시 행하겠다고　　　먼저　　　분명히　　　말하여　끝낸

weile kai, geli ainu kenehunjembi, han geli genggiyen yargiyan akū
일이다.　　다시 어찌　의심하는가?　　한이 다시　명확하지도 진실하지도　않은

bithe unggifi, bi geli kenehunjeme emu mudan dahūme takūraha,, 29/30
글을　보내서 내가 다시　의심하여　　한 번　　　다시　　보낸다.」

○ <u>bi</u>[20] neneme jeo halai niyalma be takūrafi han beise de habšanaha
「제가 앞서　　jeo 姓의　사람을　　　파견하여　　한과 버일러들에게 上訴했을

fonde, si cooha gaifi jio, bi ubaci dorgideri okdoro, tuttu ohode galai
때에, "그대는 군사를 이끌고 오시오. 나는 여기 안에서 맞겠습니다. 그러면　　　손

falanggū ubašara adali gaimbi seme henduci, han beise mini gisun be
바닥을　　뒤집는　것처럼 취할 것입니다"라고 말했으나 한과 버일러들은 저의 말을

umai gaihakū, geli hendume mao dzung bing guwan tubade dahaki
전혀　취하지 않았습니다. 다시 말하기를, "毛 총병관이　　　거기에 투항하겠다

sere mujilen dulin yargiyan dulin tašan, takūraha lio boo se de 30/31
하는　마음　절반은 진실이고 절반은 거짓입니다. 파견한　lio boo se에게

da an i sain gisun i holtošofi hūdun amasi unggihe de, weile ini cisui
평소대로 좋은　말로　　속여서　빨리　되돌려 보내면　　　일은 저절로

wajire seci, han geli gisun be gairakū, elemangga si jiki
끝납니다"라고 했는데도, 한은 다시 말을 취하지 않고 오히려 "네(毛文龍)가 오고싶다

seci jušen be benjime dalin de tafanju, tuttu akūci jai ume takūrara,
하면 주선을　보내오고 해안에　올라와라. 그렇지 않으면 다시　파견하지 말라.

takūraci uthai wambi sere jakade, tere weile muteburakū be
파견하면 즉시 죽이겠다"라고 했기 때문에, 그　일이　이루어질 수 없음을

---

20 [簽註] gingguleme baicaci, ere emu meyen bithe, fe dangse de gebu hala be arahakū, da songkoi
sarkiyaha,,
삼가 찾아보니 이 한 단락의 글은 舊檔子에서 이름과 성을 기록하지 않았다. 원래대로 베껴 썼다.

safi uthai sinde dahaki sere mujilen be lashalaha, tere cooha gaifi
알고 즉시 그대(汗)에게 항복하겠다 하는 마음을 단념했습니다. 그는 군대를 이끌고

31/32 šandung bade jeku gaji seme hafirame genefi, gūnin de
　　　山東 지역에 식량을 가져오라고 핍박하러　　가서,　　생각에

acaburakū ofi, uthai durime dailaha, bi tuwaci, han dobi adali
맞지 않아서　　즉시 약탈하고 공격했습니다. 제가 보건대 한은 여우처럼

kenehunjeme toktoburakū bime, geli mao dzung bing guwan be balai
　의심하고　　정하지 않고 있으면서, 또한　毛 총병관이　　　　　멋대로라고

ofi, doigonde emu mujilen be jafarakū ofi, amala ušabuha de ja
하여 이전에　　(毛의) 一心을　　잡지 않고　　나중에 끌어들이려니 쉽지

akū serede, tuttu ofi mao dzung bing guwan be ubašambi seme
않다고 하여,　　그래서　　毛 총병관이　　　　　　　배반한다고

dorgideri yuwan 32/33 dusy de alafi waha, minbe ubašaha niyalma be
은밀히　　袁(崇煥) 都司[21]에게 말해서 죽였습니다. 저를 배반한　사람에 대해

alaha gung de wesibufi fujiyang obuha, bi udu uba i hergen be seme,
알린　功으로 승진시켜서 副將으로 삼았습니다. 제가 비록 이곳의 관직이라고 해도

tubade bedereki sere mujilen kemuni bi, bi holtorongge waka, damu
그곳에 돌아가고싶다는　마음은 여전히 있습니다. 제가 속이는 것이 아닙니다. 다만

han beise i tuwaha jurgan hafukakū ofi, tuttu bi genere be
한과 버일러들이 본　　의리가 통하지 않아서,　그래서 저는 가는 것을

---

21 원문의 'dusy'(都司)는 'du tang'(都堂)의 誤記로 생각된다.

lashalarakū, han si tubade udu mini jalin faššame yabuha seme 33/34
결정하지 않았습니다. 한은 "네가 그곳에서 비록 나 때문에 힘써 행했다 해도

minde urgun akū, damu jihede sini amban gung kai serengge, amban i
나에게 기쁨이 아니고, 다만 왔을 때 너의   큰   功인 것이다"하는 것은   臣이

ilan weile i jalin olhome generakū babe sarkū kai, kesi be urgedefi
세가지 일   때문에 무서워서 가지못하는 것을 모르는 것입니다. 은혜를 저버리고

ukame jihengge emu, umai gung akū de bi urunakū han i jalin amba
도망쳐   온 것이 하나입니다. 전혀 공이 없으니 제가 반드시   한을 위해   큰

gung be ilibuha manggi, teni amasi geneci acambi, uttu akūci we
功을   세운   후에   비로소 돌아 가야 마땅합니다. 이렇지 않으면 누구인들

mimbe koimali seme toorakū, donjici 34/35 han ning yuwan de acambi
저를   교활하다고 욕하지 않겠습니까? 듣건대   한이   寧遠에서   화친한다고

sembi, bi tubade genefi aikabade acame wajiha de, nikan mimbe gaji
합니다. 저는, 거기에 가서   만약   화친하기를 마쳤을 때, 明은   저를 데려오라

sere, han geli mimbe wakašame genembi seme genembi, jimbi seme
하고 한 또한 저를   책망하여 "간다   하고   가고, 온다   하고

jimbi seme, tumen de emken bederebuhede, mini beye giranggi gemu
온다" 하며   만에   하나 (明으로) 돌려보내면 나의 몸과 뼈는   모두

meijembi, tuttu dembei olhome generakū, ere juwe, mini ahūta deote
부서질 것입니다. 그래서 매우 두려워서 가지못합니다. 이것이 둘입니다. 나의 형들·동생들이

dahūme isinjifi, tubade udu da an i ujimbi seme 35/36 derengge doroi
거듭   도착하여, 그곳에서 비록 원래 例로 기른다 해도   면목있는 禮로

tuwarakū, bi udu weihun bade banjimbi seme inu bucehe adali seme
대하지 않을 것입니다. 제가 비록 사는 곳에서 산다 해도 또한 죽은 것과 같다 하여,

uttu geli olhome generakū, ere ilan, han ere ilan weile be mujilen i
이렇게 또한 두려워서 가지못합니다. 이것이 셋입니다. 한은 이 세가지 일을 마음으로

kirime bodofi, minde gashūre bithe emken bufi, uhei acafi gashūha
참고   헤아려서, 제게   맹세하는 글을   하나 주어서   함께 화친하여 맹세할

de bi weile be amtangga yabuki, dergi giyang ni weile be araha de,
때 나는 일을   기꺼이   행하려고 합니다. 東江[22]의   일을   기술하던 때에

weile algifi ušabuha de 36/37 mangga seme olhome arahakū,
일이 알려지고 연루되면   어렵다   하고 두려워서 기술하지 않았습니다.

genehe niyalma be saikan ujime niyalma de tuwakiyabu, ume jobobume
간   사람을   잘   대우하고 사람에게   돌보게 하십시오.   괴롭히고

horire, niyalma geleme yaburakū ojorahū, bi mao dzung bing guwan be
가두지 마십시오. 사람들이 두려워서 가지 않을까 우려됩니다. 저는 毛 총병관이

bucehe manggi, geng ciyandzung ni emgi dahaki sere arga be
죽은 후,   耿 千總과   함께 투항하겠다 하는 계획을

hebdehe, ilaci deo ning yuwan de bi, duici deo šandung de genefi, tuttu
상의했습니다. 셋째 동생은 寧遠에   있고, 넷째 동생은 山東에   가서, 그래서

---

22 '東江'은 毛文龍이 皮島(가도)에 설치한 東江鎭, 즉 皮島를 가리킨다.

olhome aššahakū <u>bitele</u>[23], dahanduhai nikan i 37/38 cooha geli isinjiha,
두려워서 움직이지 않고 있는 중입니다. 계속해서　明의　　　　　병사가　또 도착했습니다.

tere fonde genehekū be han taka <u>janu</u>,[24] minde amba teng sere gūnin
그　때에　가지 않은 것을 한은 잠시 원망했을 것입니다. 내게 크고 굳은　　뜻이

bi, tucibufi baitalaha de cisui alanara niyalma bi, aikabade holtombi
있는데, 드러내어서 사용하면　멋대로 고하는 사람이 있습니다.　　만약　속인다고

seme kenehunjeci uthai naka, bi inu niyalma takūrarakū, niyengniyeri
의심하면　　바로 중지하십시오. 저도 사람을　보내지 않겠습니다.　　봄

ilan biyade mede <u>isibumbi</u>,,
3월에　　소식을　보냅니다.」

---

23 [簽註] gingguleme baicaci, fe manju gisun i bithede, ere bitele serengge, uthai jing bisire sere gisun
inu sehebi,,
삼가 찾아보니『舊淸語』에서 이 'bitele'(딱 되어서)라는 것은 즉 'jing bisire'(딱 있는)라는 말이라고
했다.
24 [簽註] gingguleme baicaci, monggo gisun de seye be janu sembi,,
삼가 찾아보니 몽고어에서 '원망'을 'janu'라고 한다.

tongki fuka sindaha hergen i dangse
點·圈을 찍은 문자의 檔子

juwan ilaci debtelin
13권

sure han i jai aniya jakūci biyaci juwan biyade isinahabi,,
천총 2년 8월부터 10월까지.

tongki fuka sindaha hergen i dangse,,
　點 圈을　찍은　문자의　檔子

○ ice nadan de, han yamun de tucifi, naiman i hūng baturu beile
　　초 7일에,　　한이 아문에　　나와　나이만의　　　홍 바투루 버일러

de darhan i gebu, jarut i kabahai taiji de weijeng ni gebu buhe, gebu
에게 다르한이란 이름, 자루트의 카바하이 타이지에게 워이정이란 이름을 주었다. 이름을

buhe turgun, hūng baturu, kabahai taiji, cahar i han be ehe, sure han
　준　이유.　　홍 바투루와 카바하이 타이지가 차하르의 한을 나쁘고,　수러 한

de nikefi banjiki seme jifi cahar i alakcot 1/2 gurun de cooha genefi,
에게 의지하여 살겠다고　와서 차하르의 알락초트　　　국에　　　출병하여

galtu taiji be waha, olji nadan tanggū baha, han de deji baha olji be
　갈투 타이지를 죽이고 노획　　700을　　얻어,　한에게 상등품으로 얻은 노획을

benjihe,,
보내왔다.

○ orin nadan de, solho i elcin isinjiha, gajiha bithei gisun, jecen i
　　27일에,　　　　조선의　사신이 이르렀다. 가져 온 글의　말.　「변경의

amban ulame benjihe jihe bithe be tuwaci, giyan giyan i neime
　대신이 전해　보내　온 글을　　　보니, 조목 조목　펼쳐

henduhengge, 2/3 gemu turgun be wacihiyame alahakūngge akū, sain
말한 것이 　　　　 모두 　 이유를 　　　 전부 　말하지 않은 것이 없습니다. 좋게

oho acaha amba doro yooni okini sehebi, ere gūnin ambula
된 　화친한 　　 大道를 　 모두 이루자고 했습니다. 이 생각이 　매우

sain, fusihūn gurun i buyeme donjirengge, muse juwe gurun daci hanci
좋습니다. 　下國이 　　　　 바라고 　 들은 것은 　 우리 　두 　나라는 처음부터 가까이

adame tefi baili bisire dabala, korocun akū bihe, yaya weile goro
이웃하여 살며 情이 있을 　　 뿐 　　 원한은 　 없습니다. 　모든 일의 멀고

goidahangge be tuba uba gemu leolerakū nakaci acambi, tere anggala
오래된 것을 　　 그쪽 이쪽 다 　 논의하지 말고 그쳐야 마땅합니다. 그 뿐 아니라

te 3/4 dergi abka de jobolon be aliyame, sain doro acame wecefi ulha
이제 　　 上天에 　　 괴로움을 　 뉘우치고 좋은 道에 　 맞게 제사지내서 가축을

wame gashūfi, ahūn deo gurun ofi medege i elcin geneme jime fonjire
잡아 맹세하여 　 형제 　 나라가 되어 소식의 사신(信使)이 　가고 오며 묻거나

bure lakcarakū, ere taifin i hūturi kai, abkai mujilen i acaburakū
주는 것을 그치지 않습니다. 이는 태평의 복입니다. 하늘의 뜻에 　부합하지 않으면

bici, adarame uttu sain weile ombihe, mao wen lung ni weile
어찌 　 이렇게 좋은 　일이 되었겠습니까? 毛文龍의 　　　 일은

nenehe bithe de wajiha bihe, te geli henduci, ainci meni 4/5 gurun i
이전의 　글에서 　 끝났습니다. 지금 다시 말하니 아마 우리 　　　 나라의

mujilen be seolehekūbi dere, jai hoton hecen dasarangge, gurun
마음을 생각하지 않았을 것입니다. 또 성곽을 개수하는 것은 나라가

bici an i weile, wesihun gurun i jalin dagilarangge waka, duibuleci
있으면 常例의 일이고 上國 때문에 준비하는 것이 아닙니다. 비유하자면

niyalmai ahūn deo boo adame tefi, meni meni duka hūwa ararakūn,
사람들이 형제가 집이 이웃하여 사는데 각자 문과 뜰을 만들지 않습니까?

wesihun gurun i colo aisin serengge, meni gurun i coohiyan sere adali,
上國의 칭호가 金 이라는 것은 우리 나라가 조선 이라는 것처럼

bithe de ocibe, gisun hese de ocibe, meni meni 5/6 gurun i gebu be
글로든, 말로든 각자 나라의 이름을

gebulembi, ulhirakū fusihūn fejergi urse, ini donjiha saha taciha uthai
부릅니다. 무지하고 비천한 사람들이 그가 듣고 알고 배운 그대로

fe colo be gebulerengge, embici inu bi, tere ubiyada mujangga, tuttu
옛 칭호를 부르는 자가 혹시라도 있습니다. 그것은 괘씸한 일이 분명합니다. 그렇다

seme goidaha manggi, ini cihai halambi, damu ukanju be baicafi
해도 오랜 후에 저절로 고칠 것입니다. 다만 도망자를 찾아서

benju serede, encu emu gisurere babi, gisun be wacihiyame
보내라 함에 별도로 하나 말할 것이 있습니다. 말을 다

gisurerakūci ojorakū, dain de bahangge miningge 6/7 seme hendurengge,
말하지 않을 수 없습니다. 전쟁에서 얻은 것은 나의 것 이라고 말하는 것,

tere gisun inu mujangga, ukaka niyalma seme wesihun gurun gebu i
그 말도 옳습니다. 도망한 사람 이라고 上國이 이름의

ton be ambula arahabi, tuttu waka kai, tere ukanju dade ergen be
수를 많이 썼는데 그것은 잘못입니다. 그 도망자들이 원래 목숨을

šelefi tucicibe, yuyume geceme bucehengge bi, jarhūn niohe tasha
걸고 빠져나왔어도 굶주리고 얼어 죽은 자가 있고, 승냥이·늑대·호랑이·

yarha de bucehengge bi, mao wen lung ni karun de bucehengge bi,
표범에게 죽은 자가 있고, 毛文龍의 초병에게 죽은 자가 있습니다.

meni gurun de bahafi isinjihangge 7/8 tanggū de emu juwe akū,
우리 나라에 이를 수 있는 자는 백에 한둘도 없습니다.

isinjihangge bi sehe seme wesihun gurun i baicara be donjifi, huthufi
이른 자가 있다 하더라도 上國이 찾는 것을 듣고 묶어

benerahū seme geleme hafasa de jiderakū, meni meni samsime ukafi
보낼까 하고 두려워 관원들에게 오지 않고 각자 흩어져 도망가서

baire songko akū, udu baici ombi sehe seme irgen i ama eme
찾을 흔적이 없습니다. 비록 찾을 수 있다 하더라도 백성의 부모가

ofi, dade karmame mutehekū oso ukame, terei jihe be geli huthufi
되어 원래 돌보지 못하게 되어 도망갔는데, 그 온 것을 다시 묶어

beneci, 8/9 niyalmai mujilen de jenderakū ba, tuttu ofi neneme kemuni
보내면 사람의 마음으로 차마할 수 없는 것입니다. 그래서 이전에 항상

bithe jici bahafi acaburakū kai, te gūnici, wesihun gurun i baicara
글이 　 와도 　 부합하지 못한 것입니다. 지금 생각하니 상국이 　 　 조사하고

bairengge ehe gūnin akū, tere anggala, juwe gurun doro acafi sain
구하는 것은 　 나쁜 　 뜻이 아닙니다. 그 뿐 아니라 　 두 　 나라가 　 화친하여 좋게

oci, jurgan emu booi adali, meni gurun i niyalma, wesihun gurun i
되니, 義가 　 한 　 집 같아 우리 　 나라의 　 사람이 　 　 상국의

niyalmai ton, wesihun gurun i niyalma, inu meni gurun i niyalmai 9/10
　 사람의 　 수이고, 　 　 상국의 　 　 사람이 　 또한 　 우리 　 나라의 　 사람의

ton, wesihun gurun tere be jing gisurerengge, gūnin inu kicembi kai,
수입니다. 　 상국이 　 　 그것을 　 늘 　 말하는 것은 　 　 뜻도 　 성실한 것입니다.

jase i amban be hacin hacin i baicabufi sunja niyalma bahafi akdun
변경의 대신으로 하여금 갖가지로 　 찾도록 하여 다섯 　 사람을 　 잡아서 　 굳은

gūnin be tuwabume benehe, tereci gūwa niyalma be baici songko
　 뜻을 　 　 보이도록 　 보냈습니다. 그 외에 다른 　 사람을 　 　 찾아도 흔적이

akū ofi, eci ainara seme baili arame dorolon i jaka udu hacin
없어서, 　 이러면 어찌할까 하고 謝意를 표하고자 　 예물 　 　 몇 가지를

belhefi benehe, meni gūnin be seoleci ombidere, i jeo de 10/11 hūda
갖추어 보냈습니다. 우리 　 마음을 　 헤아릴 수 있을 것입니다. 義州에서는 　 시장을

neifi hūwaliyan i teile, be ainu hairambi, damu amargi jase lakcame
여는데 　 會寧만 　 　 우리가 어찌 아끼겠습니까? 다만 북쪽 　 변경은 　 단절되어

goro, irgen komso ulin akū, tere dade jugūn geli haksan goro, dabkūri
멀고, 백성이 적고, 재물이 없습니다. 그곳은 원래 길도 험하고 멀고, 겹겹

furdan kamcime dabagan de dalibufi, dorgi ba i hūdai niyalma ainaha
관문이 모여 있고 고개에 막혀서 내지의 상인이 결코

seme generakū, udu hūda neiki sehe seme hūdašara ulin akū, wesihun
가지 않습니다. 비록 시장을 연다 해도 거래할 재물이 없습니다. 上國의

gurun i niyalma untuhuri jifi untuhun 11/12 generahū seme tuttu
사람이 헛되이 오고 헛되이 갈까 염려하여 그렇게

nenehe bithe hebdenehe bihe kai, jihe bithei gisun uttu, wesihun gurun
이전 글로 의논했던 것입니다. 온 글의 말이 이렇게 귀국이

amargi jecen i tehe irgen be, ceni cisui genere jidere bisire akū be
북쪽 변경에 사는 백성으로 하여금 그들 스스로 가고 오면서 있고 없는 것을

ishunde hūdašakini seci, tede hūwanggiyarakū, jai takūrara hafan
서로 거래하게 하자 하면, 그것은 무방합니다. 또한 보내는 관원이

niyalma i jeo i hūdai adali ohode, amargi irgen i hūsun muterakū ombi,
義州의 시장 처럼 여기면 북쪽 백성의 힘으로 할 수 없게 됩니다.

<u>erele alara gisun</u>[1], gemu weile dursun i 12/13 inu ba, wesihun
이 모든 고하는 말은 모두 일의 형국이 그런 것입니다. 상국이

1　[签註] gingguleme baicaci, jakan toktobuha fe manju gisun i bithede, ere erele alara gisun serengge,
uthai ere alara ele gisun sere gisun inu sehebi,,
　　삼가 찾아보니 최근 정해진 『舊淸語』에서 이 'erele alara gisun'(이 모든 고하는 말)이란 것은 즉 'ere
alara ele gisun'(이 고하는 모든 말)이라는 말이라고 했다.
　　* erele는 ere와 ele의 조합어로 '이 모든'의 뜻이다.

gurun necin mujilen i urebume gūniha de, ini cihai sume kenehunjerakū
평안한 마음으로　　재삼　　생각하면　　저절로　풀려　의심없게

ombi kai, juwe gurun i acaha be abkai sarangge, bi neneme urgedeci,
될 것입니다. 두　나라가　　화친한 것을 하늘이 아니,　내가　먼저　어기면

abka urunakū mimbe wakalakini, hanciki amban be unggifi gūniha be
하늘이 반드시　　나를　책망하소서.　가까운 대신을　　보내　생각한 것을

gisurehe be, wesihun gurun seolere be buyere,, geli emu bithei gisun,
말한　것을　상국이　　헤아리기를 바랍니다.」　또　한 글의　말.

tungse hafan ciowan žin 13/14 lu hono wesihun gurun de bikai, tere
「통사관　　權仁祿이　　아직　　상국에　　있습니다. 그

emu niyalma tubade bihe ubade bihe seme ambula ujen ba akū, damu
한 사람이　거기에　있든 여기에　있든　　크게 중요한 것은 없습니다. 다만

meni gurun de gisun ulhime sume gisurere niyalma komso, juwe gurun i
우리　나라에　　말을 알고 해석하여　말할　사람이　　적습니다. 두 나라의

acaha doro de urunakū gisun ulhire hafan be baitalambi, te ere
화친에　　반드시　말을　아는　관원을　　써야합니다. 이제 이

takūraha amban amasi jidere fonde unggihe ohode, wesihun gurun i
파견한　대신이 돌아　올　때　　보내게 되면　　상국의

14/15 sain gūnin be tesume sambi kai, jai wesihun gurun i ukame jihe
좋은　뜻을　　충분히 알 것입니다.　또　상국에서　　도망해 온

haha hehe ilan angga be sasa benehe, jabšan de seoleki,, geli emu
　　남녀　　　　3명을　　　　함께 보냅니다. 다행으로　생각합니다.」또　한

bithei gisun, dain de baha hafan, daci meni juse ambasa, tere anggala
　글의　말.　「전쟁에서 얻은 관원은 원래 우리의 자식같은 대신들입니다. 그 뿐 아니라

juwe gurun i siden de amasi julesi yabume meni meni faššandume
　두　　나라의　사이에서　　앞뒤로　　다니며　　각자　　함께 애쓰며

suilaci, geli nonggime gosiki sembi, ainu hendure be tuwambi,, 15/16
고생하니 또한　더욱　아끼고자 합니다. 무슨　말할 필요가 있습니까?」

○ uyun biyai ice ilan de, korcin i gahan i jui be erke cūhur de
　　　　9월　　초 3일에,　　코르친의 가한의　자식을　어르커 추후르에게

sargan benjire de, geren taijisa okdofi ihan honin wafi sarilafi
　妻로　　보낼　때에 여러 타이지들이 맞이하여 소·양을 잡아 잔치하여

dosimbuha, jihe sadun be jakūn gūsa jakūn inenggi sarilaha, sadun i
들어오게 했다. 온　사돈을　　八旗에서　　8일간　　　잔치했다. 사돈이

genere de fudehengge, uksin saca enggemu hadala jebele beri loho
　갈 때에　보낸 것은　갑옷과 투구·　안장과 굴레·　화살통과 활·　腰刀·

aisin 16/17 menggun i tetun alha gecuheri mocin samsu ambula buhe,,
　금과　　　　은　　그릇· 閃緞· 蟒緞·　毛靑布를　　많이　주었다.

○ sure han i <u>jai suwayan muduri aniya,</u>[2] sure han monggo i
수러 한의　　2년　　　戊辰年,　　　　　수러 한은　　몽고의

cahar gurun be dailambi seme amargi wargi dahaha tulergi monggo i
차하르 국을　　정벌하겠다고　　북서쪽의　항복한　外境 몽고의

korcin i beise, karacin i tabunang, aohan, naiman i beise, kalka i beise
코르친의 버일러들, 카라친의　타부낭,　아오한·나이만의 버일러들, 칼카의 버일러들

be 17/18 meni meni harangga cooha be gajime boljohon i bade acanjime
에게　　　각각　　관할하는　군대를　이끌고　약속된　곳에　합류하여

jio seme takūraha, han i beye geren beise ambasa amba cooha be
오라고　파견했다.　한　자신은 여러 버일러들·대신들·　大軍을

gaifi, uyun biyai ice ninggun de wasihūn juraka, ice jakūn de durbi
이끌고　9월　초 6일에　　서쪽으로 출발했다.　초 8일에　두르비

gebungge bade isinaha manggi, aohan i jinong secen joriktu, naiman i
라는　곳에 이른　후에,　아오한의 지농 세첸 조릭투·　나이만의

darhan hūng baturu, meni meni cooha be gaifi 18/19 acanjiha, amba
다르한 훙 바투루가　각각　병사를　이끌고　합류해왔다.　大軍은

cooha ice uyun de liyoo yang de isinaha manggi, kalka i beise meni
초 9일에　遼陽에　도착한　후,　칼카의 버일러들은 각각

2　[簽註] gingguleme kimcici, jai suwayan muduri aniya sere gisun, ainci suwayan muduri jai aniya sere gisun dere,,
삼가 고찰하건대 'jai suwayan muduri aniya'(二戊辰年)라는 말은 아마도 'suwayan muduri jai aniya' (戊辰二年)라는 말일 것이다.

meni cooha be gajime acanjiha, juwan juwe de korcin i cooha be
　　병사를　　이끌고 합류했다.　　　12일에　　　코르친의　　병사와

boljoho corogol gebungge bade isinafi ing iliha, juwan ilan de jarut i
　약속한　초로골　　이라는　　곳에 이르러 營을 세웠다.　　13일에　　자루트의

kabahai beile cooha gajime acanjiha,, 19/20
카바하이 버일러가 병사를 이끌고 합류해왔다.

○ tofohon de, cahar ci haha hehe gūsin funceme niyalma ukame
　　15일에,　　차하르의　　남자와 여자　　30명 남짓의　사람이　　도망쳐

jihe,,
왔다.

○ juwan nadan de, karacin i han lasihib, buyan ahai i jui biraci
　　17일에,　　　　　카라친의　　한 라시힙·　부얀 아하이의 아들 비라치

hūwang taiji, wandan weijeng, maji tabunang, genggel hiya beile, buya
　후왕 타이지·　　완단 워이정·　　마지 타부낭·　　경걸 히야 버일러·　小

taijisa, tabunang se meni meni cooha be gajime 20/21 acanjime jifi, han
타이지들·타부낭　등이　　각각　　군대를　　이끌고　　　　합류해　와서,　汗에게

de hengkileme acara de, suje ulin temen morin ambula jafaha bihe,
　고두하며　　만날 때에, 비단·재물·낙타·　말을　많이　　바쳤었다.

han gaihakū gemu bederebuhe, han acanjiha coohai beise de amba
한은 취하지 않고 모두　돌려주었다.　　한은　합류해 온 군대의 버일러들에게 크게

sarin sarilaha, korcin de elcin genehe hife baksi isinjifi alame, korcin i
잔치를 베풀었다.   코르친에 사신으로 간   히퍼 박시가 도착해서 고하기를 "코르친의

geren beise jiderakū, tusiyetu han, hatan baturu, 21/22 manjusiri
 여러 버일러들은 오지 않았습니다. 투시예투 한· 하탄 바투루·   만주시리가

ceni cooha be gaifi juraka, musei cooha de acanjirakū, ce encu
그들의 군대를   이끌고 출발했습니다. 우리의 군대에 합류해오지 않고 그들 별도로

sucumbi, sucuha manggi jai acanjiki sembi seme wesimbuhe manggi,
습격하고,   습격한   후   다시 합류해오겠다고 합니다"라고 상주하자,

han ambula jili banjifi, hife be geli amasi unggime tusiyetu efu be
한이   크게 화가 나서   히퍼를   다시   돌려 보내며   투시예투 어푸에게

urunakū acanju seme hendufi unggihe, juwan jakūn de karacin i
반드시   합류해오라고   말해서   보냈다.   18일에,   카라친의

ujulaha amban subudi dureng geren tabunang sebe gaifi cooha gajime
 수장인   大人 수부디 두렁이   여러   타부낭   들을 이끌고 군대를 데리고

22/23 jifi, han de hengkileme acara de, suje ulin morin ambula jafaha
 와서 한에게 고두하며   만날 때에 비단·재물· 말을 많이   바쳤는데

bihe, gaihakū gemu bederebuhe, acaha doroi sarin sarilafi juwe jergi
 취하지 않고 모두 돌려주었다.   만난   禮로 연회를 베풀어서 두 번

acanjiha karacin i ujulaha ambasa de uksin šangnaha, juwan uyun de
만나러 온 카라친의   수장인 大人들에게 갑옷을 상 내렸다.   19일에

dulifi orin i cimari feksifi, sirga, sibetu, yeng, tangtu duin golo be
밤새워 20일의 아침에 달려서 시르가·시버투·영· 탕투 네 지역을

gemu gaiha, orin 23/24 emu de, sain morin i cooha silifi, burulaha
모두 취했다. 21일에 좋은 기마병을 선발해서 달아난

gurun be baime hinggan dabagan de isitala genefi, olji ulha be ambula
國人을 찾으러 興安嶺에 이르기까지 가서, 포로·가축을 많이

daliha, iselehe niyalma be waha, iselehekū dahaha niyalma be ujifi
몰았다. 저항하는 사람은 죽였고, 저항하지 않고 투항한 사람은 살려주어

boigon araha, korcin i ujulaha ejen tusiyetu efu, cahar gurun i jecen i
戶로 만들었다. 코르친의 수장인 주인 투시예투 어푸는 차하르 국의 변경의

udu boo be sucufi amba cooha de acanjihakū, ini harangga 24/25 cooha
몇 家를 습격하고 大軍에 합류하지 않았다. 그의 예하 군대를

be gaifi ini cisui amasi bedereme genehe, han i meye korcin i
이끌고 그 마음대로 되 돌아서 갔다. 한의 매부인 코르친의

manjusiri taiji, konggor beile i jui badun taiji ceni harangga cooha be
만주시리 타이지· 콩고르 버일러의 아들 바둔 타이지는 그들의 예하 군대를

gaifi cahar gurun be sucufi, baha olji be gajime orin juwe de han i
이끌고 차하르 국을 습격해서, 획득한 노획을 데리고 22일에 한의

cooha de acanjiha, han saišafi manjusiri de darhan hūng baturu, badun
군대에 합류해왔다. 한은 칭찬하며 만주시리에게 다르한 훙 바투루, 바둔

de 25/26 darhan joriktu seme gebu buhe, suje ulin morin temen ihan
에게   다르한 조릭투   라고 이름을 주었다. 비단· 재물· 말·   낙타· 소·

honin ambula šangnaha, baha olji be hafan cooha de hūsun tucike
양을   많이   상 내렸다.   얻은 노획을 관원과 병사에게   힘 쓴

gung bodome šangnaha, han i uksun i niyalma de cooha de genehe
功을 헤아려   상 내렸다.   한의 宗室의 사람에게   출정하거나

tehe be ilgahakū neigen emte ihan buhe, amba cooha amasi bedereme
남아있던 것을 구분하지 않고 균등하게 1마리씩 소를 주었다. 大軍이 되   돌아

jime, juwan biyai ice duin de 26/27 narit gebungge bade tu wecehe, ice
오고,   10월의   초 4일에   나리트[3] 라는   곳에서 纛祭를 지냈다. 초

nadan de huhun gebungge bira de ing ilifi, ice jakūn de geren
   7일에   후훈   이라는   강에 營을 세워서, 초 8일에   여러

weilengge niyalma i weile be beidehe, dural hūng baturu i juwe
죄지은   사람의   죄를 심문했다.   두랄 훙 바투루의   두

niyalma be morin hūlhaha seme waha, nancu nirui juwe niyalma be
사람을   말을   훔쳤다고 하여 죽였다. 난추 니루의 두   사람을

deji hehe ukame genere be bahafi deduhe seme waha, tohoma hūlhaha
헌상품 여자가 달아나 가는 것을 잡아서 잤다(간음했다) 하여 죽였다. 말다래를 훔친

---

3 '나리트河'는 지금의 敎束河이다. 몽고어로 '나리트 골'이며, 納拉特河로 한자 표기되었다. 發源地는
   赤峰市 敖漢旗 努魯爾虎山이며, 西遼河의 지류 가운데 하나이다. 아오한기(敖漢旗) 경내를 흐른다.

niyalma be 27/28 darama secihe, sideri hūlhaha niyalma be borbo secihe,
　사람은　　　　　　허리를　　자르고, 지달⁴을 훔친　사람은　　발꿈치힘줄을 잘랐다.

hadala hūlhaha niyalma be angga jayaha, ereci tulgiyen yaya jaka
　굴레를　훔친　　　사람은　　　입을　찢었다.　　　이 외에　　모든　물건을

hūlhaha be an i hūlhai weile tuhebuhe, amba cooha genere de, aohan i
　훔친　것을 定例의 절도죄로　　정했다.　　　대군이　　　갈　때에 아오한의

jinong ni hoton de jadaha morin de emu gūsai emte janggin be ejen
　지농의 城에　　　　병든　　말에　　1개 구사의　1명씩 장긴을　어전으로

arafi werihe bihe, damin gebungge niyalma tere werihe 28/29 niyalmai
삼아서 남겨두었었다.　다민　이라는　　사람은　그　남겨진　　　　사람과

emgi nimeme tutafi, amala cahar i mahag'ala ini gurun be gaifi ukame
함께　병들어　남아서, 후에 차하르의 마하갈라가 그의 국인을　　이끌고 도망쳐

jidere be, damin bahafi terei ulin ai jaka be gemu gaifi, mahag'ala ci
　오는 것을　다민이 잡아서 그들의 재물· 각종 물건을 모두　취하고 마하갈라부터

aname haha be gemu wahabi, tere weile i turgunde damin be waha,
　차례로 남자를　모두　죽였다.　그　죄의　이유로　다민을　　죽였다.

tereci gūwa niyalma be gemu jakūnju šusiha tantafi oforo šan
그 후 다른　　사람을　　모두　80대 채찍질하여 때리고 코· 귀를

tokoho,, 29/30
뚫었다.

4　‘지달’은 말의 다리를 묶어 놓는 도구이다. 馬絆이라고도 한다.

○ ice uyun de, han, aohan, naiman, barin, jarut i beise de joo bithe
　초 9일에,　　　　한은 아오한· 나이만· 바린· 자루트의 버일러들에게 詔書를

bume fafulame hendume, yaya ergici jidere ukanju be suwe
주어　금지하여 말하기를,　　「모든 방향으로부터 오는 도망자를 너희가

heturefi wambi sere, ereci amasi jidere ukanju be beise same waci,
가로막고 죽인다고 하니,　　이후로　　　오는 도망자를　버일러들이 알고 죽이면

juwan boigon i jušen gaimbi, beise sarkū buya niyalma waci, beyebe
　10戶의　　　　속민을 취한다. 버일러들이 모르게 小民이　　　죽이면 그 자신을

wambi, sargan juse be 30/31 olji arambi, hetu niyalma gercileme
죽이고　　　妻子를　　　　　　포로로 삼는다. 옆　사람이　　고발하여

alanjici, gerci be singgebumbi, jai suweni gurun i šurdeme karun
알려오면 고발자를　들여보낸다.[5] 또　　너희의　나라를 둘러싸고 초소를

saikan sinda, henduhe gisun be jurceme karun sindarakūci, sunja ihan
　잘 설치하라. 말한　　말을　　어기고 초소를 설치하지 않으면 5마리 소를

gaimbi, tucibuhe karun i niyalma generakū jurceci, emte ihan gaimbi
취한다.　내보내진　　초병이　　　가지 않고 거역하면　1마리씩 소를 취한다」

seme fafulaha, tofohon de šen yang hecen de isinjifi, morin erinde
라고　　금지했다.　　15일에　　瀋陽城에　　　　도착해서　　午時에

tangse de hengkilefi, 31/32 han boode dosika, tere dain de damu juwe
堂子에　　고두하고　　　　　한은 집에 들어갔다. 그 전쟁에서　단지　두

---

5 ‘들여보낸다’는 ‘고발자를 보호하기 위해 후금 영역으로 이주시킨다’는 의미이다.

niyalma bucehe,,
사람이   죽었다.

tongki fuka sindaha hergen i dangse
點·圈을 찍은 문자의 檔子

juwan duici debtelin
14권

sure han i jai aniya jorgon biya
천총 2년 12월

tongki fuka sindaha hergen i dangse,,
點 圈을 　　찍은　 문자의　 檔子

○ jorgon biyai ice de, sonin, ajuhū be tusiyetu han de takūraha
　　12월　 초 1일에,　 소닌·　 아주후를　 투시예투 한(오오바)에게 파견한

bithei gisun, sure han i bithe, tusiyetu han de unggihe, suweni ama
글의　　 말.　「수러 한의　 글.　 투시예투 한에게　 보낸다.　 너희　 父子가

jui yehe de dafi, membe ubu sindafi cooha jihe, suwe etehe bici, be
　여허를　 원조해서 우리 땅을　 나누려고 군대가 왔다.[1] 너희가 이겼다면 우리가

ertele banjimbiheo, ere emu, terei amala, meni cooha ula i ihan
지금까지 살았겠는가?　 이것이 하나이다. 그 후에　 우리의　 군대가 울라의 이한

alin de 1/2 genehede, suweni ama jui geli ula de cooha nemehe, ere
　山에　　　　 갔을 때　　 너희　　 父子가　 또 울라에　 군대를 더했다.[2] 이것이

juwe, terei amala, geli yehe de dafi, mini buyanggū hiya be waha,
둘이다. 그　 후에　　 또 여허를 원조해서 나의　　 부양구 히야를　　 죽였다.

ere ilan, ere ilan weile de, weile bume wajire weile waka, dain i
이것이 셋이다. 이 세　 죄는　　　　　 죄를 주어도　 끝날 죄가 아니고, 전쟁으로

1　1593년 여허·하다·울라·호이파·코르친·시버·구왈차·주셔리·너연 9部가 연합하여 건주여
　진을 공격한 九國之戰을 가리킨다. 오오바는 그의 아버지 웅가다이를 따라 이 전쟁에 참전했었다.
2　1608년 건주여진이 울라의 ihan alin hoton을 공격한 사건을 말한다.

karulame wajire weile bihe, han ama onco amba doro be gūnime,
복수해서 끝날 죄 였다. 汗 아버지는 관대한 大道를 생각하여

elcin i gisureme doro acafi, 2/3 abka na de akdun gisun i gashūfi sain
사신을 통해 말하고 화친하여 天地에 약속으로 맹세해서 잘

banjiha, terei amala, si beye acafi doro gisureki seme ba boljoho, han
지냈다. 그 후에 너는 직접 만나서 화친을 말하겠다 하며 장소를 약정했다. 한

ama i beye jurafi genehe, si boljohon de jihekū, amba niyalma de
아버지는 친히 출발해서 갔다. 너는 약속에 오지 않았다. 大人에게

sini holtome henduhengge, ere emu, terei amala, cahar i han simbe
네가 속여서 말한 것, 이것이 하나이다. 그 후에 차하르의 한이 너를

waki seme cooha jihe de, be donjihai uthai beye joboro morin bucere
죽이겠다고 군대가 온 때에, 우리가 듣고 즉시 몸이 괴롭고 말이 죽을

be gūnirakū, cooha jurafi nunggan de isinaha 3/4 manggi, cahar donjifi
것을 생각지 않고 출병해서 눙간[3]에 도착한 후에 차하르가 듣고

bahara isika hoton be waliyafi bederehe, be cooha generakū bici, si
얻기에 가까워진 성을 버리고 돌아갔다.[4] 우리 군대가 가지 않았으면 너는

ertele banjimbiheo, si baturu mangga oci, jalbu hiya, taiji juwe
지금까지 살아있겠는가? 네가 용감하고 강하다면 잘부 히야· 타이지 두

---

3 'nunggan'은 農安을 가리킨다. 『만주실록』과 『淸太宗實錄』에서는 農安塔(nunggan subargan)이라고
   표기했다. 현재 吉林省 長春市 農安縣이다. 農安은 당시 오오바의 거주지인 걸러주르건(格勒珠爾根)
   城과 하루 일정 정도 떨어져 있다.
4 1625년(天命10) 차하르의 릭단 칸이 칼카와 규합하여 코르친을 공격했을 때 후금이 코르친을 원조해
   준 사건을 가리킨다.

nofi be ainu jafafi buhe, cahar bederehe manggi, acaki seme jihe
명을   어찌 잡아서 주었는가? 차하르가 돌아간   후에   화친하자며   온

de simbe gosime jui be bume mujakū kunduleme, tana, aisin, seke,
때에 너를   아끼어 자식[5]을   주고,   매우   존중하여   東珠·   금·   貂皮·

silun, ulin, suje, uksin saca, sunja minggan yan menggun, niyalmai
스라소니가죽·재물· 비단·   갑옷과 투구·   5천량 은·   사람이

4/5 baitalara eiten hacin i jaka be gemu bufi unggihe, si ai gebungge
       사용할   모든 종류의   물건을   모두 주어서 보냈다. 너는 무슨 이름난

ulha buhe, simbe gosime kundulehe han ama urihe be donjihai, beyei
가축을 주었는가? 너를 아껴서 정중히 대한 汗 아버지가 죽은 것을   듣고   자신과

gese juse ambasa be ainu unggihekū, konggor beile donjihai uthai
같은 자식들· 대신들을   어찌 보내지 않았는가? 콩고르 버일러가 듣고   즉시

ambasa be unggitele, si juwe biya wajiha manggi, emu ehe bandi de
 대신들을   보낼때까지, 너는 2개월이   지난   후   1명 下級의 반디[6]에게

emu ehe sakda morin be kutulebufi unggihengge, sini baili akū ehe,
1마리 열등한 늙은 말을   끌게 하여   보낸 것은 너의 은혜를 저버린 악함이다.

ere juwe, sini 5/6 tere ehe be gūnirakū, buhe jui be gebu doro be
이것이 둘이다. 너의   그   악함을 생각지 않고 준   자식과 이름과 도리를

---

5   준저 공주(junje gege)를 가리킨다.
6   '반디'는 티베트와 몽고에서 불교에 갓 입문한 하급 승려를 가리킨다.

gūnime benehe, benehe manggi, si oforo manggiyanara ehe jakūn
생각하여 보냈다. 보낸   후에   너는 콧물을 흘리는   열등한 8마리

morin benjihe, si gūwa niyalma ci gaijara be sambi, bure be sarkū,
말을   보내왔다. 너는 다른 사람으로부터 받는 것은 알고,   주는 것은 모른다.

sini doosi oshon, ere ilan, jui be beneme genehe keri be waha niyalma
너의 탐욕스러운 포악함, 이것이 셋이다. 자식(준저公主)을 보내러 간 커리를 죽인 사람을

be tuciburakū, kesiktu i sargan be durihe weile be ertele gisureme
   색출하지 않고, 커식투의   처를   빼앗은   죄를   지금까지도 말하여

wacihiyarakū, membe yohindarakū fusihūlarangge, 6/7 ere duin, si
끝내지 않고,   우리를   멸시하고   업신여긴 것,   이것이 넷이다. 네가

egu be tucibufi unggi, jooligan i ulha be bi gaifi bure sehede, minggan
"어구를 내어   보내라.   贖으로 가축을 내가 가져와서 주겠다"라고 하여, 1천마리

ulha gaijara be, sini dere de sunja tanggū ulha be waliyaha, jai sunja
가축을 취할   것을 너의 체면을 위해   500마리 가축을   포기하고, 나머지 500마리

tanggū ulha be gaime oho, tere sunja tanggū ulha be burakūci egu i
     가축을   취하기로 했다. (네가) 그 500마리   가축을   주지 않으면 어구의

beyebe amasi benjire seme, beye de akdulame sini gamahangge, aba,
신병을 돌려 보내겠다고 하며 신병에 대해 보증했는데, 네가 가져온 것(가축)이 어디있는가?

te egu i beyebe ainu benjirakū, menbe fusihūlame 7/8 sini jalidahangge,
지금 어구의 신병을 왜 보내오지 않는가? 우리를 경시하여   네가 속인 것이다.

ere sunja, sini weilengge sargan i boo be juleri ebubume, meni jui i
이것이 다섯이다. 너의 죄있는 妻의 집을 앞에 짓게 하고, 우리 자식의

boo be amala ebubume, weilengge sargan be amba niyalmai jui seme
집을 뒤에 짓게 하고, 죄 있는 妻를 大人의 자식이라고

sini kemuni hendurengge, sinde ya han dasafi buhe, te terei dancan
네가 항상 말하는데 너에게 어떤 한이 다스려서 (딸을) 주었는가? 지금 그 친정은

antaka gebungge beile bi, te gemu albatu ohakūbio, sini banjiha
어떻게 이름난 버일러가 있는가? 이제 모두 평민이 되지 않았는가? 너의 친

eshen be waha, geli sini beyebe warahū seme geleme, amba niyalmai
숙부를 죽였고, 또 너 자신을 죽일까 하고 두려워서 大人의

jui 8/9 serengge tere wakao, terei hūncihin cahar simbe wambime,
자식이라 하는 것 그것이 아닌가? 그 인척 차하르는 너를 죽이겠다는데

tere sargan ai turgunde amban oho, be simbe kemuni gosicibe, meni
그 딸은 무슨 이유로 크게 여기는가? 우리는 너를 여전히 아끼는데도 우리의

jui ai turgunde ajigen oho, membe sini fusihūlarangge, ere ninggun,
자식은 무슨 이유로 작게 여기는가? 우리를 네가 모욕하는 것, 이것이 여섯이다.

meni ajige niyalmai jui be mende gaji, amba niyalmai jui de banji,
우리 小人의 자식을 우리에게 데려오라. 大人의 자식과 살아라.

muse doro gisurere de, yaya dain i gurun de acaci emu gisun i
우리가 화친을 말할 때에, "모든 적국과 화친하려면 한 말로

acaki, dailaci emu hebei dailaki 9/10 seme gisurehe gisun be si
화친하자, 공격하려면 한 편으로 공격하자" 라고 말한 말을 네가

efuleme, mini kimungge nikan de juwe jergi elcin hūda unggihe,
깨뜨리고 나의 원한이 있는 明에게 두 번 사신을 교역하러 보냈다.

akdaci ojorakū sini arga, ere nadan, si cahar de cooha juraki
믿을 수 없는 너의 계략, 이것이 일곱이다. 네가 차하르에 출병하겠다

seme ududu jergi bithe elcin unggihe, unenggi cooha juraci boljohon
하고 여러 번 글을 사신 편에 보냈다. 과연 군대가 출발했는데 약속에

de jiderakū, membe dain i bade afabu manggi, sini neneme bedereme
오지 않고 우리를 적의 땅에 공격하게 한 후 네가 먼저 돌아

jihengge, tanggū se bahambio, gisurehe gisun be isiburakū, sini ehe
왔으니, 백 살을 얻겠는가? 말한 말에 이르지 못한 너의 악한

10/11 arga, ere jakūn, darhan hūng baturu cooha jurandara boljohon
계략, 이것이 여덟이다. 다르한 홍 바투루(만주시리)가 출병할 약속(지점)이

aibide seme sinde elcin unggire jakade, si yaya bade han i boljohon
어디인가 하고 너에게 사신을 보냈는데, 너는 "어느 곳에서 한과 약속한

de acanambi dere seme gisun buhekū sere, sini gūnin mende acara
곳에서 합류할 것이다" 라고 말해주지 않았다고 한다. 너의 마음이 우리와 합류하기를

cihakū ofi, geren ahūta deote i emgi sasa juraci, acarakū bedereci
원하지 않아서 "여러 형제들과 함께 모두 출발하면 합류하지 않고 돌아갈 수

ojorakū, bi emhun jurafi acarakū bedereki, cahar i emu ujan be
없다.　　나　혼자　출발해서　합류하지 않고 돌아가자. 차하르　　일대를

sucuha seme henduki sehe arga 11/12 tere wakao, ere uyun, konggor
습격했다고　　　말하자"라고 한 계략,　　　　그것이 아닌가? 이것이 아홉이다. 콩고르

mafa be ehe facuhūn, simbe sain seme hanci gūnime, jui be bume
마파[7]를　악하고 난잡하게 여기고,　너를　좋다 하고　가까이 생각해서 자식을 주고

niyaman hūncihin ofi banjiha, han ama urihe de, konggor mafa
　　친척이　　　되어　살았다.　汗 아버지가 승하한 때에 콩고르 마파는

neneme ambasa be unggihe, coohai boljohon de jui be unggihe, simbe
　먼저　　대신들을　　보냈다.　군대의　약속한 곳에 자식을　보냈다.　너를

sain seme hanci gūnihangge te aba, abka na de akdulame gashūha be
좋다고 하며 가까이 생각한 것은 지금 어디에있는가? 天地에　굳게　맹세한　것을

efuleme mende hebe akū, 12/13 meni kimungge nikan de juwe jergi
무너뜨리고 우리에게 의논 없이　　　　우리와　원한이 있는 明에　　두 번

elcin unggihengge, suweni ai gisun gisurehe be, be sara, te suwende
사신을 보냈는데,　　　너희가 무슨　말을　했는지를　우리가 안다. 지금 너희를

adarame akdambi seme, hacin hacin i weile feteme dacun gisun i
　어찌　　믿겠는가?"라고　　갖가지　　죄를　파헤치고 날카로운 말로

7　콩고르를 mafa(할아버지)라고 칭하는 이유는, 콩고르의 큰 형인 망구스가 홍 타이지의 황후인 효장
　　황후의 친할아버지이기 때문이다. 즉 콩고르는 청태종 홍 타이지에게 할아버지뻘이 된다.

bithe arafi, han i hanci takūršaha sonin baksi, ajuhū juwe amban be
글을 지어서, 한의 가까이에서 일 시키는 소닌 박시· 아주후 두 대신을

takūraha, han i hendufi unggihe gisun, suwe tede ume hengkilere,
보냈다. 한이 말하여 보낸 말. "너희는 거기에서 고두하지 말라.

ume gelere, terei jeku ume jetere, jili banjime jabu, 13/14 isinaha
두려워하지말라. 그들의 곡식을 먹지 말라. 화를 내어 대답하라. 도착한

inenggi uthai amasi jimbi se, arbun be tuwa sehe, sonin, ajuhū
날 즉시 돌아 오겠다 말하고, 상황을 보라"고 말했다. 소닌· 아주후가

juwanci inenggi korcin i gurun de isinaci, gurun i niyalma fe an i
10일째 코르친 국에 도착하여, 나라의 사람들이 옛 定例로

kunduleme ulha wafi ulebuki seci, sonin, ajuhū hendume, suweni
존중하여 가축을 잡아 대접하겠다 하니 소닌· 아주후가 말하기를, "너희의

jeku be jetere anggala, suweni emu moro muke be hono omirakū, be
식량을 먹기는 커녕 너희의 한 사발의 물도 마시지 않겠다. 우리는

suwende elcin jihekūbi, meni gege de aika 14/15 benjime jihebi, suweni
너희에게 사신으로 오지 않았다. 우리 공주에게 무언가를 보내오러 왔다. 너희의

ejen gūwaliyaka bade, suweni jeku be jeci ombio seme hendume,
주인이 변심한 터에 너희의 식량을 먹을 수 있겠는가?"라고 말하고

booci gamaha jufeliyen jeke manggi, gurun i niyalma gemu ambula
집에서 가져온 말린 식량을 먹자 나라의 사람들 모두가 크게

goloho, tereci tusiyetu han i boode isinaci, tusiyetu han bethei wenjen
놀랐다. 그 후 투시예투 한의 집에 이르니, 투시예투 한은 발에 열

nimeku aššafi, ini da sargan i boode bi, sonin, ajuhū, gungju i boode
병이 나서 그의 본처의 집에 있었다. 소닌·아주후는 공주의 집에

dosifi, gungju de hengkileme acafi, benehe 15/16 jaka be bufi, jihe
들어가 공주에게 고두하며 만나고 보낸 물건을 주고 온

turgun be alara jakade, gungju uthai songgome tafulaki serede, sonin,
이유를 말하자, 공주는 즉시 울면서 말리려고 할 때, 소닌·

ajuhū hendume, musei gurun i šajin, sini han ama i gisun be funiyehe
아주후가 말하기를, "우리의 국법은 당신 汗 아버지의 말을 터럭

gese jurceci ojorakū kai, tuttu ofi, neneme yabuha ambasa be
처럼 어길 수 없습니다. 그래서 먼저 왕래했던 대신들을

unggiki seci, dere banirahū seme meni juwe mentuhun be unggihe,
보내려고 했으나, 정에 치우칠까 하여 우리 두 어리석은 자를 보냈습니다.

jurceci ombio, tere anggala, ere weile, 16/17 gungju sini jalin de
어길 수 있겠습니까? 그 뿐만 아니라 이 일은 공주 당신을 위해서

gisurembi kai seme hendume, gungju i tafulara be nakabuha, tereci
말하는 것입니다" 라고 말하니 공주가 말리는 것을 멈추었다. 그 후

tusiyetu han tucifi yabuci ojorakū ofi, niyalma tukiyefi gungju i
투시예투 한이 나와서 걸을 수 없어서 사람이 메어 공주의

boode jidere jakade, sonin, ajuhū hengkilehekū ilihakū ojoro jakade,
집에 　 왔기에, 　　　　 소닌· 아주후가 고두하지 않고 일어서지 않는 까닭에

tusiyetu han, gungju i baru jortai we seme fonjiha manggi, gungju
투시예투 한이 　 공주를 　 향해 일부러 "누구인가"라고 묻자 　　　 공주가

jabuhakū, sonin, ajuhū jabume, be 17/18 sure han i niyalma, sinde
대답하지 않았다. 소닌· 아주후가 답하기를 　　　 "우리는 한의 　 사람입니다. 당신에게

elcin lakcambi dere, meni gungju de lakcambio, aika benjime jihebi
사신이 끊어지는 것이지 우리 공주에게 　 끊어지겠습니까? 무언가 보내러 　 왔습니다"

seme jabuha manggi, tusiyetu han uthai jeterengge tukiye seme yali
라고 　 답하자 　　　　 투시예투 한이 즉시 　 먹을 것을 　 바치라고 하여 고기를

tukiyehe, sonin, ajuhū tukiyehe yali be angga isikakū uthai tucike
바쳤다. 　 소닌· 　 아주후가 바친 　 고기를 　 입에 대지 않고 즉시 　 나간

manggi, tusiyetu han uthai sereng taiji, danggalai be takūrafi hendume,
후에 　　　 투시예투 한은 즉시 　 서렁 타이지· 당갈라이를 　　 보내어 　 말하기를,

bi han i elcin be takahakū, julge 18/19 han i elcin jihe manggi
"나는 한의 사신을 　 알아보지못했다. 이전 　　　 한의 　 사신은 온 후에

hengkileme acambihe, kesi buhe de jembihe, suwembe hengkileme acarakū,
고두하며 　 알현했고 下賜를 줄 때에 먹었다. 너희는 　　 고두하며 　 알현하지 않고

kesi buci jeterakū, uthai tucifi jidere jakade, han be aide ushaha
下賜를 주어도 먹지 않고 즉시 나와서 왔기 때문에 　 한이 　 무엇에 노했는지

seme fonjinjiha seme henduhe manggi, sonin se jabume, sini mujilen
물으러 왔다" 라고　　　묻자　　　　　　소닌 등이 답하기를, "당신의 마음이

gūwaliyafi sinde elcin jihekū bade, sinde ainu hengkilembi, sini kesi be
바뀌어　당신에게 사신으로 오지 않았는데 당신에게 왜 고두합니까? 당신의 하사물을

ainu jembi, 19/20 han i ushacun be membe alame bahanarakū
왜　먹습니까?　　　한의　　분노를　　우리가　　전하지　　못할까

ojorahū seme bithe unggihebi seme henduhe manggi, sereng taiji,
염려됩니다"라고 하고, (별도로) 글을　보냈다고　말한 후,　　서렁　타이지·

danggalai bithe be gamame amasi alanaha manggi, sonin se ceni
당갈라이가 글을　가지고　돌아　가서 고한 후,　소닌 등은 그들의

kutule be gemu jurambufi, beyei teile bithei gisun be aliyame tehe,
쿠툴러를　모두　출발시키고, 자신들만　글의　말을　기다리며 남았다.

tusiyetu han tere bithe be tuwafi ambula golofi, sereng, danggalai
투시예투 한이 그　글을　보고　크게　놀라서, 서렁· 당갈라이와

emgi boode bihe juwan duin niyalma be 20/21 wacihiyame adabufi
함께　집에　있던　14명　사람들을　　모두　수행시켜

takūrafi hendume, han i bithe be tuwaci, ushacun i weile ujen ofi,
보내　말하기를, "한의　글을　보니　노한　죄가 무거워서

mini dolo golofi umai ulhirakū ohobi, ere weile be ujen seci,
나의 마음에 놀라서 전혀 어찌할 줄 모르겠다. 이 죄가　무겁다고 하되

suwembe geli amasi unggifi jugūn de jobolon ohode, tere weile geli
너희를 　또한 되돌려 보내어 길에서 　화를 입으면 　그 　죄 　또한

ujen kai seme henduhe manggi, sonin se jabume, meni nantuhūn i
무거울 것이다"라고 　말하자 　　소닌 등이 답하기를, "우리의 더러운

bucere jalin de, 21/22 han i gisun be jurcembio seme, uthai morin
죽음 때문에 　한의 　말을 　거스르겠는가?" 라며 즉시 　말을

yalufi juraki serede, geren niyalma gemu jafafi unggirakū hendume,
타고 출발하겠다고 말하니 여러 사람들이 모두 잡아서 보내지 않으며 말하기를,

meni ejen i jifi tafulaki seci, bethe nimeme ojorakū, deote juse gemu
"우리 어전이 와서 말리려고 해도 발에 병이 나서 할 수 없다. 동생들과 자식들 모두

abalahabi, tuttu ofi meni geren be tafula seme unggihe, meni waka
사냥을 하고 있다. 그래서 우리 여럿을 　말리라고 　보냈다. 　우리가 잘못한

dade suwembe uthai unggifi, be aibide genefi banjimbi, 22/23 han i
터에 너희를 　바로 　보내면 우리가 어디에 가서 살겠는가? 　한의

ushacun ujen amban kai, uthai tehei jabuci ombio, mini juse
분노가 　무겁고 크다. 　바로 앉아서 답할 수 있겠는가? 그의[8] 자식들과

ambasa jihe manggi, hebdefi waka be alime hengkileme weile sumbi
대신들이 온 뒤에 　상의해서 잘못을 받아들여 고두하고 　죄를 풀 것이다"

seme, murime umai unggirakū oho manggi, han i gisun be uru obufi,
라며 고집부려 절대 보내지 않자, 　　　　"한의 　말이 　옳다고 하고

8　원문의 'mini'(나의)를 역문에서 문맥에 맞추어 '그의'로 번역한다.

ini beyebe wakalame hengkileme geneci tetendere seme, morin ci
그 자신이 잘못했다고 고두하러 가면 좋을 것이다"라고 하고, 말에서

ebufi tehe, tereci jai inenggi ini juse ambasa be isabufi hebdeme 23/24
내려 머물렀다. 그 후 다음 날 그의 자식들과 대신들을 모아서 상의하고

gisurefi, sanggarjai hiya be takūrame hendume, han i bithe be tuwaci,
말하여 상가르자이 히야를 파견하여 말하기를, "한의 글을 보니

ini weile ujen ohobi, ini beye geneki seci bethe nimembi, deo hatan
그의 죄가 무겁게 되었다. 그 자신이 가겠다고 해도 발이 아프다. 동생 하탄

baturu be gene seci, sini amban weile de, bi ainu genembi seme
바투루에게 가라 하니 '당신의 큰 죄에 내가 왜 갑니까' 라며

ojorakū, neneme suweni emgi baisgal taiji, sanggarjai mimbe gene
하지 않는다. 먼저 당신들과 함께 바이스갈 타이지와 상가르자이 나에게 가라

sembi, jai i bethe duleke manggi, amala geneki sembi sehe 24/25
한다. 그리고 그는 발이 나은 후 나중에 가겠다고 한다" 하니,

manggi, sonin se jabume, be sinde elcin geli jihekū bihe, meni
소닌 등이 답하기를, "우리는 당신에게 사신으로도 오지 않았다. 우리의

gungju de aika benjifi, uthai amasi genere niyalma be, si mini weile
공주에게 무언가 보내러 와서 바로 돌아 가는 사람을 당신은 '나의 죄

be sumbi, bi sara seme murime jafafi tebufi, te mende ainu fonjimbi,
를 풀겠다. 나는 인정한다' 하며 강제로 잡아 머물게 하고 지금 우리에게 왜 묻는가?

be sini baisgal, sanggarjai be gajime jihebio seme jabuha manggi,
우리가 너의 바이스갈 · 상가르자이를 데리러 왔는가?” 라고 대답하자,

jai mudan ineku sanggarjai 25/26 hiya be takūrame hendume, juse
다시 한번 바로 그 상가르자이 히야를 보내어 말하기를, “자식들이

genehe seme ai tusa, han geli jili banjifi fucehe manggi, elemangga
간다고 하여 무슨 이익인가? 한이 또 화 내어 분노하면 오히려

weile ujen ombi, mini beye genefi bethe nimeme jugūn de buceci
죄가 무겁게 된다. 나 자신이 가서 발에 병나서 길에서 죽으면

bucekini, han i ushacun be tehei gisureci ojorakū seme henduhe
죽으리라. 한의 분노를 앉아서 말할 수 없다” 라고 말하자

manggi, sonin se jabume, membe, simbe gajime jio 26/27 seme inu
소닌 등이 답하기를, “우리에게 당신을 데려 오라고도

henduhekū, sini jidere be nakabu seme inu henduhekū seme jabuha
말하지 않았고, 당신이 오는 것을 막으라고도 말하지 않았다” 라고 대답하자

manggi, ilaci mudan de ienku sanggarjai hiya be takūrame hendume,
세 번째로 그 상가르자이 히야를 보내어 말하기를,

bi urunakū geneme toktoho, ai gelhun akū amban niyalmai ushacun
“나는 반드시 가기로 정했다. 어찌 감히 大人의 분노를

be tehei gisurembi, mini dolo damu olhome gūnirengge, han aikabade
앉아서 말하겠는가? 나의 마음에 다만 두렵게 생각하는 것은, 한이 만약

jili banjihai uthai halburakū bošoho de ainara, 27/28 amasi jifi aibide
화가 나서　　바로 불러들이지 않고 내쫓으면 어찌하나?　　　　돌아 와서 어디에서

banjimbi, mini gisun be jai we donjimbi, ubabe gūnime emu inenggi
살 것인가? 나의 말을　　또한 누가 듣겠는가? 이것을 생각하며　　하루

šun tuhetele seoleci ulhirakū ofi, han i elcin de aika gisun baharao
해가　지도록 생각해도 깨닫지 못하여,　한의　사신에게 무언가 말을　얻을까

seme jihe sehe manggi, sonin se hebdeme gisurefi, ini waka be i
　하고 왔다" 라고 하자,　　소닌 등이 의논하여 말하기를, "그의 잘못을　그가

safi golofi geneci tetendere, muse jing furudafi ainambi seme gisurefi
알고 두려워서 가면 충분하다.　우리가 계속 강박하여 어찌하겠는가?"라고 의논하고

jabume, si unenggi 28/29 beye be wakalame weile alime hengkileme
답하기를, "당신이 진실로　　스스로를 잘못이라고 죄를 받아들이고 고두하러

geneci, weile be encu gisurembi, simbe jihe be gosime kundulere
가면　죄를　특별히 말할 것이다. 당신이 온 것을 아끼고 존중할

gojime, bošorongge akū, meni han i mujilen onco, sini anggala, buya
뿐,　내쫓지 않을 것이다. 우리 한의　마음은 관대하다.　당신 뿐 아니라 小

beise be seme, bošoho be sahakū seme jabuha manggi, tusiyetu han
버일러들이라 해도 내쫓은 것을 모른다" 라고　대답한 후,　투시예투 한은

uthai urgunjeme jime toktofi, geli efime takūrame hendume, suweni
즉시 기뻐하며　오기로 정하여, 또한 농담으로 보내서 말하기를,　"너희

juwe niyalma booi aha kai, 29/30 suwe hono mini kesi buci jeterakū
두   사람은   家奴이다.   너희 조차 내가 하사물을 주어도 먹지 않고

hengkilerakū bade, han, beise, mimbe ai maktaha halbumbi sehe
고두하지 않는 터에   한· 버일러들이 나를 어찌 사면하여 불러들이겠는가"라고 하자

manggi, juwe amban jabume, be booi aha mujangga, simbe halburengge,
후에   두   대신이 답하기를, "우리는 家奴가 분명합니다. 당신을 불러들이는 것은,

booi aha hengkilerakū, kesi buci jeterakū, furudame gisureci ojorakū
'家奴가   고두하지 않고 하사물을 주어도 먹지 않고 강박하여 말해도   할 수 없이

hengkileme jihengge, ereci jilakan aibi seme tuttu halbumbi kai sehe
고두하러 왔으니 이보다 가련함이 어디있는가' 라며 그렇게 불러들일 것입니다"라고 한

manggi, 30/31 tere gisun mujangga seme uheri juwan indefi juraka,
후에   그 말이 맞다   하고 모두 10일을 묵고 출발했다.

jugūn ci han i takūraha sonin se juleri jidere de, tusiyetu han jasime
길에서 한이 파견한   소닌 등이 앞에 올 때에, 투시예투 한이 맡겨서

hendume, amban niyalma de bi genembi seme elcin takūrara kooli akū,
말하기를, "大人에게   내가 간다고   사신을 보낼 도리가 없어서

suweni boljohon seme genere ildun de mini jasirengge, bi han de weile
그대들이 기한이 되었다고 가는   便에   내가 맡기는 말. '나는 한에게 죄를

bahafi, nimeme niyalma tukiyefi yalubume genembi, 31/32 han onco be
지었는데 병이 들어서 사람이 들어올려 말태워서 갑니다.   한이 관대함을

gūnime gosifi halbuci, han i aisin cira de hengkileme acafi weile suki,
생각하고 아껴서 들여보내면 한의　　　金顔에　　고두하며 만나서 죄를 풀고싶습니다.

han aikabade halburakū oci, tule hengkileki seme jasime danggalai be
한이　만약　　들여보내지 않으면 밖에서 고두하겠습니다"라고 맡겨서 당갈라이를

emgi unggihe, sonin se isinjifi han de tusiyetu efu i jidere turgun be
함께 보냈다.　　소닌 등이 도착하여 한에게 투시예투 어푸가 오는　이유를

giyan giyan i wesimbure jakade, ini waka be safi hengkileme jici
조목 조목　　올리자,　　　　"그의 잘못을 알아서 고두하러　오면

tetendere seme henduhe,, 32/33
충분하다" 라고　　말했다.

○ tere inenggi, šun dekdere ergi bayara gurun i duin amban
　그 날,　　　　동쪽의　　　바야라 國의　4명의　大人

ilbio, turga, butao, ituka, jai nadan niyalma, han de seke dobihi
일비오· 투르가· 부타오· 이투카 그리고 일곱 사람이　한에게 貂皮· 여우가죽을

benjime hengkileme jihe,,
보내오고 고두하러　왔다.

○ tere inenggi, gobiltu i jui gendur, juce, goltu i jui sanggūl,
　그 날 (자루트의) 고빌투의 아들 건두르· 주처,　골투의 아들 상굴·

sanggarjai hengkileme jihe, jifi wesimbume, be cahar i dain de facafi,
상가르자이가 고두하러　왔다. 와서 상언하기를, "우리는 차하르의 전쟁에서 흩어져서

korcin de dayanaha bihe, 33/34 ahūn goltu bucehe, deo gobiltu korcin i
코르친에게   의지하러 갔었습니다.   묘 골투는 죽고,   동생 고빌투는 코르친의

nungneme gejurere de dosorakū, han de nikefi banjiki seme gurun be
  침해하고   착취하는 것에 견디지 못하고 한에게 의지하여 살자   하고   국인을

yooni gajime jifi, keyen i amala ilifi, sanggūl, sanggarjai membe
  모두   데리고 와서   開原의   북쪽에서 멈추어,   상굴· 상가르자이 우리로 하여금

morin temen beneme, han de hengkileme unggihe seme wesimbuhe
  말·   낙타를 보내고   한에게   고두하러   보냈습니다″ 라고   상언하자

manggi, han nuktere ba be jorifi buhe,, 34/35
        한은 유목할   장소를 지시하여 주었다.

○ monggo i jarut gurun i sebun, mani, cahar han i cooha, kalka be
        몽고의   자루트 國의   서분· 마니는 차하르 한의   군대가 칼카를

sucuha de burulafi, korcin i gurun de dayanaha bihe, korcin i beise
공격한 때에 달아나서,   코르친 국에   의지하러 갔었다. 코르친의 버일러들이

ojorakū ofi, sure han be gurun ujire sain seme donjifi, gurun nisihai
기를수 없게 되자 수러 한이   국인을 기르기를 잘한다고 듣고   국인이   모두

ubašame jidere be donjifi, 35/36 han, beise dorolome emu ba i dubede
이반하여   오는 것을 듣고,   한· 버일러들은 예로써   1里   끝에서

okdofi hecen de jihe manggi, han, yamun de tucifi soorin de tehe
맞이하여 城에   온 후,   한은 아문에   나가서 寶座에   앉자

manggi, jihe monggo i beise, han de niyakūrame hengkileme acame
　　　온　몽고의　버일러들이 한에게 무릎 꿇고　　고두하며　만나기를

wajiha manggi, amba sarin sarilaha, manju gurun i sure han, geren
　마친　후,　　큰 연회를 베풀었다.　만주국의　　수러 한은　여러

beise ambasa be gaifi aba tucifi, 36/37 wesihun amasi duin tanggū ba i
버일러들·대신들을 이끌고 몰이사냥 나가서　　　동북쪽　　　400리

dubede ilan muhaliyan gebungge bade isitala juwan duin inenggi
끝에서　일란 무할리얀[9]　이라는　곳에　이르러　　14일

abalaha, han sunja tasha waha, julgei aba de beise i gabtaha gurgu be
몰이사냥했다. 한은 5마리 호랑이를 죽였다. 이전에 몰이사냥에서 버일러들이 쏜 짐승은,

dahara niyalma be feye ume gidara ume durire seme gashūbufi,
　수행한 사람들에게 (짐승의) 상처를 숨기지도 말고 쟁탈하지도 말도록 맹세시키고

temšere ejen be angga acabufi giyangnaburakū bihe, ere fonji aba de
　다투는　주인이[10]　대질하며　　논쟁하지 못하게 했었다.　이 때에 몰이사냥에서

37/38 beise i gabtaha gurgu be, feye temšere niyalma be, kemuni feye
　“버일러들이 쏜　　짐승과　　상처를 다투는　사람을　　　늘　상처를

duilere ambasai jakade gamafi, beise i gabtaha feye be inu
조사하는 대신들　옆에 데려가서 버일러들이 쏜　상처도

9　'ilan muhaliyan'은 『淸太宗實錄』 4권, 천총 2년 12월 무자조에 '三窪'로 기록되어 있다.
10　'다투는 주인'은 짐승의 상처를 버일러가 입히지 않고 자신이 입혔다고 이의를 제기한 사람을 가리킨다.

ume alara, temšere niyalmai feye be inu ume alara, butui duilefi uru
말하지 말고   다투는 사람의   상처도   말하지 말라. 조용히 조사하여 옳은

niyalma de bu seme fafulaha,,
사람에게   주어라" 라고 禁令을 내렸다.

tongki fuka sindaha hergen i dangse
點·圈을 찍은 문자의 檔子

tofohoci debtelin
15권

sure han i forgon de nikan ambasa hafasa de buhe ejehe
천총 시기에 漢人 大臣들과 官員들에게 준 勅

tongki fuka sindaha hergen i dangse,,
　點 圈을 　찍은 　문자의 　　檔子

　　han hendume, tung yang sing, si dade fusi hecen i hūdai
　「한이 말하기를, 佟養性, 　　　너는 원래 撫順城의 장사하는

niyalma bihe, mini baru sain seme nikan han jafafi, liyoodung ni
사람이었다. 　　나에게 　잘한다고 해서 명의 황제가 체포해서 遼東城의

hecen i loo de horiha bihe, loo ci tucike manggi, baime ukame jihe
　　감옥에 감금했었다. 　감옥에서 나온 후, 　청하여 도주해 온

gung de, jui bufi hojihon obufi, fujiyang ni hergen buhe, liyoodung be
功으로 　자식을 주어 사위로 삼고 副將 　직을 주었다. 遼東을

baha manggi, dzung bing guwan i hergen bufi, 1/2 baha nikan gurun i
얻은 후 　총병관 　　직을 주고 획득한 한인 국인의

weile icihiya seme doro de afabuha, endeme calame weile baha de,
일을 처리하라고 정치를 맡겼다. 실수하고 잘못하여 죄를 지으면

šajin i tuhere weile gaimbi, ere hergen be juse omosi jalan halame
법으로 처벌할 贖을 취한다. 이 職을 　　자손 　대대로

efulerakū,,
革職하지 않는다.」

han hendume, aita, si keyen i hecen i bai niyalma bihe, dain i
「한이 말하기를, 아이타[1], 너는 開原城의 　　　평민이었다. 　　　전쟁

onggolo taifin banjire de baime jihe gung de, 2/3 beiguwan i hergen
전에　　 태평하게 살　 때에 청하여 온　 功으로　　　 備禦官　　　 직을

buhe, liyoodung be baha manggi, ginjeo de iogi obufi unggihe, unggihe
주었다.　 遼東을　　　 얻은　 후,　　　 金州에　 遊擊으로 삼아 보냈다.　　 보낸

bade kadalame akūmbuha seme fujiyang ni hergen buhe, endeme
곳에서 관할하기를　 진력했다고　　　 副將　　　 職을　　 주었다. 실수하고

calame weile baha de, šajin i tuhere weile gaimbi, ere hergen be juse
잘못하여 죄를　 지으면　　　 법으로 처벌할　 贖을 취한다.　 이　　 職을　　 자손

omosi jalan halame efulerakū,,
　　　 대대로　　　 혁직하지 않는다.」

　　　han hendume, tung yan, si dade fusi hecen i bai niyalma 3/4
　　「한이 말하기를,　　 佟延,　　 너는 원래 撫順城의　　　 평민

bihe, dain de bahafi ujifi beiguwan i hergen buhe, tereci liyoodung be
이었다. 전쟁에서　 얻어 길러서　　 備禦官 職을　　 주었다.　 그 후　 遼東을

baha manggi, kiceme takūrabuha gung de, ts'anjiyang ni hergen
얻은　 후,　　　 힘써　　 파견된　　　 功으로　 參將　　　　　 職을

buhe, tung yan endeme calame weile baha de, šajin i tuhere weile
주었다.　　 佟延이 실수하고 잘못하여 죄를 지으면　　　 법으로 처벌할　 贖을

---

gaimbi ere hergen be juse omosi jalan halame efulerakū,,
취한다. 이   職을   자손   대대로   혁직하지 않는다.」

　　han hendume, lio dai jung, nikan han de efujehe ts'anjiyang
　　「한이 말하기를, lio dai jung은   명의 황제에게 혁직된   參將

4/5 bihe, liyoodung be baha manggi, bi tukiyefi iogi i hergen buhe,
이었다.   遼東을   얻은 후,   내가 등용하여 遊擊 職을   주었다.

nikan i jaha i niyalma be bahafi benjihe gung de wesibufi ts'anjiyang
明의   선박의   사람을   얻어   보내 온 功으로 승진시켜서 參將

ni hergen buhe, ujihe baili be gūnime, muterei teile faššame tondoi
職을   주었다. 기른 은혜를   생각하여 할 수 있는 한 노력하고 정직하게

akūmbume hūsun bu,,
진력하여   힘   쓰라.」

　　han hendume, jao i ho, si dade fusi i iogi de 5/6 jung giyūn
　　「한이 말하기를,   趙一鶴, 너는 원래 撫順의 遊擊의   中軍

bihe, fusi dain de bahafi ujifi, kemuni hafan obuha bihe, liyoodung be
이었다. 撫順 전쟁에서 얻어 길러서 계속 관원으로 삼았었다.   遼東을

baha manggi, ice hecen de iogi obufi unggihe, jeng giyang ni
얻은   후에, 새로운 성에   遊擊으로 삼아 보냈다.   鎭江의

niyalma ubašaha fonde, dain i mao wen lung ni daha seme takūraha
사람들이 이반한   때에,   敵인 毛文龍이   투항하라고   보낸

ts'oo dusy be wafi, emgi jihe niyalma be jafafi benjihe, tere gung de,
ts'oo 都司를 죽이고 함께 온 사람을 잡아서 보내왔다. 그 功으로

jao i ho be endeme calame weile bahaci, šajin i tuhere weile gaimbi,
趙一鶴이 실수하고 잘못하여 죄를 지으면 법으로 처벌할 贖을 취한다.

6/7 ere hergen be juse omosi jalan halame efulerakū,,
이 職을 자손 대대로 혁직하지 않는다.」

　　han hendume, ma žu lin, si dade giyūn men i ki gu hergen i
「한이 말하기를, ma žu lin, 너는 원래 軍門의 旗鼓 職의

hafan bihe, bi tukiyefi iogi i hergen buhe, ujihe baili be gūnime,
관원 이었다. 내가 기용하여 遊擊 職을 주었다. 기른 은혜를 생각하여

muterei teile faššame tondoi akūmbume hūsun bu,, 7/8
할 수 있는 한 노력하고 정직하게 진력하여 힘 쓰라.」

　　han hendume, yan geng, sini ama de ahūn deo akū seme,
「한이 말하기를, yan geng, 너의 아버지에게 형제가 없다고

simbe tukiyefi iogi i hergen buhe, ujihe baili be gūnime, muterei teile
너를 기용하여 遊擊 職을 주었다. 기른 은혜를 생각하여 할 수 있는 한

faššame tondoi akūmbume hūsun bu,,
노력하고 정직하게 진력하여 힘 쓰라.」

　　han hendume, lii šao u, si nikan de efujehe ts'anjiyang bihe,
「한이 말하기를, lii šao u, 너는 明에서 혁직된 參將 이었다.

liyoodung be baha manggi, bi tukiyefi iogi i hergen buhe, ujihe baili be
遼東을   얻은 후   내가 기용하여 遊擊 職을   주었다. 기른 은혜를

gūnime, muterei teile 8/9 faššame tondoi akūmbume hūsun bu,,
생각하여 할 수 있는 한   노력하고 정직하게   진력하여   힘 쓰라.」

  han hendume, lii dai ceng, si nikan han de iogi bihe, weile
「한이 말하기를, lii dai ceng, 너는 명의 황제 때에 遊擊이었다. 죄를

bahafi loo de horifi, liyoodung be baha manggi, bi tukiyefi iogi i
지어 감옥에 갇혔다가, 遼東을   얻은   후에   내가 기용하여 遊擊

hergen buhe, ujihe baili be gūnime, muterei teile faššame tondoi
職을   주었다. 기른 은혜를 생각하여 할 수 있는 한 노력하고 정직하게

akūmbume hūsun bu,, 9/10
진력하여   힘 쓰라.」

  han hendume, yang da io, si dade ciyandzung bihe, liyoodung be
「한이 말하기를, yang da io, 너는 원래   千總이었다.   遼東을

baha manggi, guwangning ni hafan i lang iogi de šusihiyeme
얻은 후   廣寧의   관원인 lang 遊擊에게 사주하러

takūraha niyalma be, si safi tucibume alaha gung de, wesibufi iogi i
파견한   자를   네가 알고 드러내어 告한 功으로 승진시켜서 遊擊의

hergen buhe, ujihe baili be gūnime, muterei teile faššame tondoi
職을   주었다. 기른 은혜를   생각하여 할 수 있는 한 노력하고 정직하게

akūmbume hūsun bu,, 10/11
진력하고   힘을 쓰라.」

    han hendume, u yen, si nikan han de iogi i jung giyūn bihe,
「한이 말하기를, u yen, 너는 명의 황제 때에   遊擊의   中軍이었다.

liyoodung be baha manggi, bi tukiyefi iogi i hergen buhe, ujihe baili be
遼東을   얻은 후,   내가 등용하여 遊擊   職을 주었다. 기른 은혜를

gūnime, muterei teile faššame tondoi akūmbume hūsun bu,,
생각하여 할 수 있는 한 노력하고 정직하게 진력하고   힘 쓰라.」

    han hendume, ju ši cang, si dade jeng giyang ni iogi 11/12
「한이 말하기를,   祝世昌,   너는 원래   鎮江의   遊擊

bihe, liyoodung be baha manggi, alin holo de jailafi toktoho manggi
이었다.   遼東을   얻은 후   산 골짜기에   피하여 (혼란이) 안정되자

teni dahame jihe, tuttu ocibe, bi ehe gūnihakū kemuni iogi i hergen
비로소 투항하여 왔다. 그럴 지라도 나는 나쁘게 생각하지 않고 계속 遊擊   職을

buhe, ujihe baili be gūnime, muterei teile faššame tondoi akūmbume
주었다. 기른 은혜를   생각하여 할 수 있는 한 노력하고 정직하게 진력하고

hūsun bu,,
힘 쓰라.」

    han hendume, tung ceng jiyoo, si dade fusi hecen i tungse 12/13
「한이 말하기를,   tung ceng jiyoo, 너는 원래 撫順城의   通事였다.

bihe, dain de bahafi wahakū ujifi ciyandzung ni hergen buhe,
전쟁에서 붙잡아 죽이지 않고 길러 천총 직을 주었다.

liyoodung be baha manggi, dusy i hergen bufi, takūraci weile mutembi
요동을 얻은 후, 都司 직을 주고 파견하면 일을 할수있다고

seme, wesibufi iogi hergen buhe, ujihe baili be gūnime, muterei teile
하여 승진시켜서 遊擊 職을 주었다. 기른 은혜를 생각하여 할 수 있는 한

faššame tondoi akūmbume hūsun bu,,
노력하고 정직하게 진력하고 힘 쓰라.」

han hendume, gu šeo tung, nikan han de dzung bing guwan i
「한이 말하기를, gu šeo tung은 명의 황제 때에 총병관의

13/14 jung giyūn bihe, liyoodung ni hecen be baha manggi, bi tukiyefi
中軍이었다. 요동 성을 얻은 후, 내가 기용하여

iogi i hergen buhe, ujihe baili be gūnime, muterei teile faššame tondoi
遊擊 職을 주었다. 기른 은혜를 생각하여 할 수 있는 한 노력하고 정직하게

akūmbume hūsun bu, han i ku de ai tana boobai akū, gu šeo tung
진력하고 힘 쓰라. 한의 庫에 무슨 東珠 寶貝가 없겠는가? gu šeo tung은

mujilen akdun gūnime ofi, bihe sain tana be gidahakū tucibufi
마음을 신실하게 생각하여, 있는 좋은 東珠를 숨기지 않고 내어서

benjihe, tere gung de ts'anjiyang ni hergen buhe,, 14/15
보내왔다. 그 공으로 참장 직을 주었다.」

han hendume, lii ing jiye, si sio yan i beiguwan bihe, liyoodung be
「한이 말하기를, lii ing jiye, 너는 岫巖의   備禦官이었다.   遼東을

baha manggi, bi wesibufi iogi i hergen buhe, ujihe baili be gūnime,
얻은 후,   내가 승진시켜 遊擊 職을 주었다. 기른 은혜를 생각하여

muterei teile faššame tondoi akūmbume hūsun bu,,
할 수 있는 한 노력하고 정직하게 진력하고   힘 쓰라.」

han hendume, lii guwe cen, liyoodung be gaiha manggi, si cang
「한이 말하기를, lii guwe cen, 요동을   얻은   후,   너는 長勇·

yung, 15/16 cang hing juwe pu i niyalma be gaifi acinggiyahakū
長勝   두 堡의 사람들을   데리고 동요하지 않고

tehei bihe, tere gung de beiguwan i hergen be wesibufi iogi i
머물러 있었다. 그 功으로 備禦官   職을   승진시켜 遊擊

hergen buhe, afabuha weile be kiceme, muterei teile faššame tondoi
職을 주었다. 맡겨진 일을   힘쓰며 할 수 있는 한 노력하고 정직하게

akūmbume hūsun bu,,
 진력하고   힘 쓰라.」

han hendume, jang meng jao, sini ama nikan han de weile bahafi,
「한이 말하기를, jang meng jao, 너의 부친은 明의 황제에게 죄를 지어

hergen nakafi bai niyalma bihe, bi ujifi 16/17 iogi i hergen buhe,
職이 중지되어서 평민이   되었다. 내가 길러서   遊擊 職을 주었다.

ujihe baili be gūnime, muterei teile faššame tondoi akūmbume hūsun
기른   은혜를   생각하여 할 수 있는 한   노력하고 정직하게 진력하고   힘

bu,,
쓰라.」

　　han hendume, lii gi hiyo, si dade niowanggiyaha hecen i hūdai
　「한이 말하기를,　李繼學,　　　너는 원래　니오왕기야하城(淸河城)의　상인

niyalma bihe, liyoodung ni hecen be baha manggi, neneme halafi
　　이었다.　　　遼東城을　　　얻은　후　　　앞서　　바꾸어

takūrabuha gung de, amba dusy i hergen buhe, lii gi hiyo endeme
　파견된　　공으로　　　大都司　職을　주었다.　李繼學이 실수하고

calame weile baha de, 17/18 šajin i tuhere weile gaimbi, ere hergen be
잘못하여 죄를 지으면　　　　법으로 처벌할　贖을 취한다.　　이　職을

juse omosi jalan halame efulerakū,,
　자손　　　대대로　　혁직하지 않는다.」

　　han hendume, jang hing guwe, si dade aiha i šeo pu bihe, bi
　「한이 말하기를,　jang hing guwe,　너는 원래　靉可의　守堡 였다.　내가

liyoodung be baha manggi, aiha be acinggiyahakū bihe seme, wesibufi
　遼東을　　　얻은　후,　　靉可를　동요시키지 않고 있었다 하여　승진시켜

beiguwan i hergen buhe, ujihe baili be gūnime, muterei teile faššame
　備禦官　職을 주었다. 기른 은혜를　생각하여 할 수 있는 한　노력하고

tondoi akūmbume hūsun bu,, 18/19
정직하게 진력하고   힘 쓰라.」

        han hendume, yang ming ši, si dade bai niyalma bihe, bi
    「한이 말하기를,   楊名世,   너는 원래   평민이었다.   내가

liyoodung be baha manggi, tukiyefi beiguwan i hergen bufi ki gu
요동을   얻은 후,   기용하여   비어관   직을   주어   旗鼓로

obuha, ujihe baili be gūnime, muterei teile faššame tondoi akūmbume
    삼았다.   기른 은혜를   생각하여 할 수 있는 한   노력하고 정직하게 진력하고

hūsun bu,,
    힘 쓰라.」

        han hendume, jao ši hing, si dade šusai bihe, bi 19/20 liyoodung
    「한이 말하기를, jao ši hing, 너는 원래 秀才 였다. 내가   요동을

be baha manggi, tukiyefi beiguwan i hergen bufi ki gu obuha, ujihe
    얻은   후,   기용하여 비어관   직을   주어 旗鼓로 삼았다. 기른

baili be gūnime, muterei teile faššame tondoi akūmbume hūsun bu,,
    은혜를   생각하여 할 수 있는 한   노력하고 정직하게 진력하고   힘 쓰라.」

    han hendume, yen ting lu, si niowanggiyaha de šusai bihe, dain
    「한이 말하기를,   殷廷輅,   너는 니오왕기야하(淸河城)에서 秀才였다. 전쟁에서

de bahafi wahakū ujihe, liyoodung be baha manggi, takūrabumbi seme
    붙잡아 죽이지 않고 길렀다.   요동을   얻은   후,   파견되겠다고   하여

beiguwan i hergen buhe, ujihe baili be 20/21 gūnime, muterei teile
비어관   직을   주었다. 기른 은혜를   생각하여 할 수 있는 한

faššame tondoi akūmbume hūsun bu,,
노력하고 정직하게 진력하고   힘 쓰라.」

        han hendume, liyang dzung ioi, si dade yoo jeo i šeo pu bihe, bi
        「한이 말하기를,   liyang dzung ioi, 너는 원래   耀州의   守堡 였다.   내가

liyoodung be baha manggi, yoo jeo i niyalma be acinggiyahakū bihe
  요동을   얻은 후,   耀州의   사람들을   동요하지 않게 했다

seme, wesibufi beiguwan i hergen buhe, ujihe baili be gūnime, muterei
하여   승진시켜   비어관 직을   주었다. 기른 은혜를   생각하여 할 수 있는

teile faššame tondoi akūmbume hūsun bu,, 21/22
 한   노력하고 정직하게 진력하고   힘 쓰라.」

        han hendume, wang i wei, si dade cang yung pu i šeo pu bihe,
        「한이 말하기를,   wang i wei, 너는 원래   長勇堡의   守堡 였다.

bi liyooduliyoodungg be baha manggi, cang yung pu i niyalma be acinggiyahakū
내가 요동을   얻은 후,   長勇堡의   사람들을   동요시키지 않고

bihe seme, wesibufi beiguwan i hergen buhe, ujihe baili be gūnime,
있었다 하여 승진시켜   비어관 직을   주었다. 기른 은혜를   생각하여

muterei teile faššame tondoi akūmbume hūsun bu,, 22/23
 할 수 있는 한   노력하고 정직하게 진력하고   힘 쓰라.」

han hendume, u ioi, si dade keyen i bai niyalma bihe, hecen
「한이 말하기를, 吳裕, 너는 원래 開原의 평민이었다. 城을

be gaiha manggi, liyoodung ci ukame jihe seme, badzung ni hergen
취한 후, 요동으로부터 도망쳐 왔다 하여 把總 직을

buhe, liyoodung be baha manggi, wesibufi beiguwan i hergen buhe,
주었다. 요동을 얻은 후, 승진시켜 비어관 직을 주었다.

muterei teile faššame tondoi akūmbume hūsun bu,,
할 수 있는 한 노력하고 정직하게 진력하고 힘 쓰라.」

han hendume, wang yuwan giyo, si dade bai niyalma bihe, 23/24
「한이 말하기를, wang yuwan giyo, 너는 원래 평민이었다.

guwangning ni ergi medege gaime yabure niyalma be baha seme,
廣寧 쪽의 소식을 구하러 간 사람을 붙잡았다 하여

tukiyefi beiguwan i hergen buhe, ujihe baili be gūnime, muterei teile
기용하여 비어관 직을 주었다. 기른 은혜를 생각하여 할 수 있는 한

faššame tondoi akūmbume hūsun bu,,
노력하고 정직하게 진력하고 힘 쓰라.」

han hendume, tung ceng niyan, si dade fusi hecen i bai niyalma
「한이 말하기를, tung ceng niyan, 너는 원래 撫順 城의 평민이었다.

bihe, liyoodung be baha manggi, sini ahūn tung hūwa niyan be
요동을 얻은 후 너의 형 tung hūwa niyan을

jeng giyang de ciyandzung obufi 24/25 unggifi, jeng giyang ni niyalma
鎭江에   천총으로   삼아   보낸 후,   鎭江의   사람들이

ubašaha fonde, dain i mao wen lung de wabuha, tere gung de simbe
배반했을 때   적인 毛文龍에게   죽임을 당했다. 그 공으로 너를

wesibufi beiguwan i hergen buhe, endeme calame weile baha de, šajin i
승진시켜   비어관 직을 주었다. 실수하고 잘못하여 죄를 지으면   법으로

tuhere weile gaimbi, ere hergen be juse omosi jalan halame efulerakū,,
처벌할 贖을 취한다.   이 職을   자손   대대로   혁직하지 않는다.」

　　　han hendume, g'o šao gi, si dade bai niyalma bihe, 25/26 bi
　　「한이 말하기를, g'o šao gi, 너는 원래   평민이었다.   내가

liyoodung be baha manggi, tukiyefi beiguwan i hergen bufi ki gu
요동을   얻은 후,   기용하여 비어관   직을   주어 旗鼓로

obuha, ujihe baili be gūnime, muterei teile faššame tondoi akūmbume
삼았다. 기른 은혜를   생각하여 할 수 있는 한 노력하고 정직하게 진력하고

hūsun bu,,
　힘 쓰라.」

　　　han hendume, sung ši yao, si dade jung giyūn bihe, bi liyoodung
　　「한이 말하기를,   sung ši yao, 너는 원래 中軍이었다.   내가 요동을

be baha manggi, wesibufi beiguwan i hergen buhe, ujihe baili be
얻은 후,   승진시켜   비어관 직을   주었다. 기른 은혜를

gūnime, muterei teile faššame 26/27 tondoi akūmbume hūsun bu,,
생각하여 할 수 있는 한   노력하고   정직하게 진력하고   힘 쓰라.」

   han hendume, ma yuwan gung, si dade dzung bing guwan i ki
「한이 말하기를,   ma yuwan gung,   너는 원래   총병관의   旗鼓

gu bihe, bi liyoodung be baha manggi, wesibufi beiguwan i hergen
였다. 내가 요동을   얻은   후,   승진시켜   비어관 직을

bufi kemuni ki gu obuha, ujihe baili be gūnime, muterei teile faššame
주어 계속   旗鼓로 삼았다. 기른 은혜를   생각하여 할 수 있는 한   노력하고

tondoi akūmbume hūsun bu,, 27/28
정직하게 진력하고   힘 쓰라.」

   han hendume, ma yuwan lung, si dade hūdai niyalma bihe, bi
「한이 말하기를,   ma yuwan lung,   너는 원래   商人이었다.   내가

liyoodung be baha manggi, takūrabuha seme beiguwan i hergen bufi
요동을   얻은   후,   파견되었다 하여   비어관   직을 주어

ki gu obuha, ujihe baili be gūnime, muterei teile faššame tondoi
旗鼓로 삼았다. 기른 은혜를   생각하여 할 수 있는 한   노력하고 정직하게

akūmbume hūsun bu,,
 진력하고   힘 쓰라.」

   han hendume, beiguwan ts'oo se yang, dade wailan bihe, fe an
「한이 말하기를,   비어관   ts'oo se yang은 원래   外郎이었다. 舊例의

i dangse bithe baicame tucibuhe gung de 28/29 beiguwan i hergen
　당책을　　　찾아　　 낸　 공으로　　　　　 비어관　 직을

buhe, ujihe baili be gūnime, muterei teile faššame tondoi akūmbume
주었다. 기른 은혜를　생각하여 할 수 있는 한　 노력하고 정직하게 진력하고

hūsun bu,,
　힘 쓰라.」

　　　han hendume, sioi wen, si dade šeobei bihe, mederi de jeku
　　「한이 말하기를,　sioi wen, 너는 원래　守備였다.　　바다에서　 곡식을

juweme edun de jaha efujefi dalin de jihe be bahafi, wahakū ujifi
운반하다가 바람에　 배가　부서져 해안으로　 온 것을 붙잡아 죽이지 않고 길러

beiguwan i hergen buhe, ujihe baili be gūnime, muterei teile faššame
비어관　　　직을　 주었다. 기른 은혜를　 생각하여 할 수 있는 한　 노력하고

tondoi 29/30 akūmbume hūsun bu,,
정직하게　　　　진력하고　　힘 쓰라.」

　　　han hendume, ning yen, si dade fusi hecen de be hū bihe, dain
　　「한이 말하기를,　 ning yen, 너는 원래　무순 성에서　　百戶였다. 전쟁에서

de bahafi, wahakū ujifi ciyandzung ni hergen buhe, liyoodung be
　붙잡아 죽이지 않고 길러　천총 직을　　　　주었다.　 요동을

baha manggi, wesibufi beiguwan i hergen buhe, ujihe baili be gūnime,
얻은　　후,　 승진시켜　　 비어관 직을　　주었다. 기른 은혜를　 생각하여

muterei teile faššame tondoi akūmbume hūsun bu,, 30/31
할 수 있는 한   노력하고 정직하게 진력하고   힘 쓰라.」

　　han hendume, lio yuwan cing, si dade du tang ni ki gu bihe, bi
　「한이 말하기를, lio yuwan cing, 너는 원래   都堂의   旗鼓였다.   내가

guwangning be baha manggi, kemuni ki gu i hergen buhe, ujihe baili
廣寧을   얻은   후,   계속   旗鼓   직을   주었다. 기른 은혜를

be gūnime, muterei teile faššame tondoi akūmbume hūsun bu,,
　생각하여 할 수 있는 한   노력하고 정직하게 진력하고   힘을 쓰라.」

　　han hendume,[2] yen ting lu, niowanggiyaha de bahafi gamafi 31/32
　「한이 말하기를,   殷廷輅은   니오왕기야하(淸河城)에서 붙잡아 데리고

wahakū ujihe, afabuha weile be mutembi seme beiguwan i hergen
죽이지 않고 길렀다. 맡겨진   일을   할 수 있다 하여   비어관   직을

buhe, ujihe baili be gūnime, muterei teile faššame tondoi akūmbume
주었다. 기른   은혜를   생각하여 할 수 있는 한   노력하고 정직하게 진력하고

hūsun bu,,
　힘 쓰라.」

　　han dendume, yang wan bang, si dade jang yen guwan hafan
　한이   말하기를, yang wan bang,   너는 원래   掌印官이었다.

2　[簽註] gingguleme baicaci, juwanci afaha de yen ting lu de beiguwan i hergen i ejehe buhe, ere
　afaha de geli beiguwan i hergen i ejehe buhe, ainci fe dangse de jursuleme araha dere,,
　삼가 찾아보니 10쪽에서 殷廷輅에게 비어관 직의 칙서를 주었다. 이 쪽에서 또 비어관 직의 칙서를
　주었다. 아마도 舊 檔子에서 중복하여 쓴 것 같다.

bihe, bi liyoodung de jihe ci, okdome takūrabuha gung de beiguwan
　　내가 요동에　　　온 이래 맞이하고　　파견된　　공으로　　비어관

i hergen buhe, ujihe baili be 32/33 gūnime, muterei teile faššame
　직을　주었다. 기른 은혜를　　　　생각하여 할 수 있는 한　노력하고

tondoi akūmbume hūsun bu,,
정직하게 진력하고　　힘 쓰라.」

　　han hendume, wang ioi ji, si dade guwan tun bihe, bi liyoodung
　　「한이 말하기를,　wang ioi ji, 너는 원래　管屯이었다.　　내가 요동을

be baha manggi, wesibufi beiguwan i hergen buhe, ujihe baili be
　　얻은　후,　　승진시켜　　비어관 직을　주었다. 기른 은혜를

gūnime, muterei teile faššame tondoi akūmbume hūsun bu,, 33/34
　생각하여 할 수 있는 한　노력하고 정직하게 진력하고　힘을 쓰라.」

　　han hendume, ju deng k'o, si dade wailan bihe, fe an i dangse
　　「한이 말하기를,　ju deng k'o,　너는 원래　外郎(吏員)이었다. 舊例의　당책이

bihe baicame tucibuhe gung de beiguwan i hergen buhe, ujihe baili
있는 것을 찾아　낸　공으로　비어관　직을　주었다. 기른 은혜를

be gūnime, muterei teile faššame tondoi akūmbume hūsun bu,,
　생각하여 할 수 있는 한　노력하고 정직하게 진력하고　힘을 쓰라.」

　　han hendume, ts'ui dai jung, si dade tungse bihe, bi liyoodung
　　「한이 말하기를,　ts'ui dai jung, 너는 원래　通事였다.　내가　요동을

be baha manggi, simbe takūrabumbi seme beiguwan i 34/35 hergen
　얻은　후　　너를　파견시키겠다　하여　비어관　　　직을

buhe, ujihe baili be gūnime, muterei teile faššame tondoi akūmbume
주었다. 기른 은혜를　생각하여 할 수 있는 한　노력하고 정직하게 진력하고

hūsun bu,,
힘을　쓰라.」

　　han hendume, g'ao yung fu, si dade cang hing pu i šeo pu bihe,
　「한이　말하기를,　g'ao yung fu,　너는 원래　長勝堡의　　守堡였다.

bi liyoodung be baha manggi, cang hing pu i niyalma be acinggiyahakū
내가 요동을　　얻은　후,　長勝堡의　　사람들이　동요하지 않고

bihe seme, wesibufi beiguwan i hergen buhe, ujihe baili be gūnime,
있었다 하여　승진시켜　비어관 직을　주었다. 기른 은혜를　생각하여

muterei teile faššame 35/36 tondoi akūmbume hūsun bu,,
　할 수 있는 한　노력하고　　정직하게 진력하고　힘 쓰라.」

　　han hendume, lii ši sin, si dade ging liyoo i ki gu bihe, bi
　「한이　말하기를, lii ši sin, 너는 원래　經略의　旗鼓였다.　내가

guwangning be baha manggi, wesibufi beiguwan i hergen bufi ki gu
廣寧을　　　얻은　후,　승진시켜　비어관 직을　　주고 旗鼓로

obuha, ujihe baili be gūnime, muterei teile faššame tondoi akūmbume
삼았다.　기른 은혜를　생각하여 할 수 있는 한　노력하고 정직하게 진력하고

hūsun bu,, 36/37
힘을 쓰라.」

　　han hendume, wang ši ping, si dade jy hūi bihe, bi liyoodung be
　「한이 말하기를,　wang ši ping, 너는 원래 指揮였다.　　내가 요동을

baha manggi, wesibufi beiguwan i hergen bufi ki gu obuha, ujihe
얻은　후,　　승진시켜　　비어관 직을　주어 旗鼓로 삼았다. 기른

baili be gūnime, muterei teile faššame tondoi akūmbume hūsun bu,,
은혜를　생각하여　할 수 있는 한　노력하고 정직하게 진력하고　힘 쓰라.」

　　han hendume, wang giya yan, si dade jung giyūn bihe, bi
　「한이 말하기를,　wang giya yan, 너는 원래　中軍이었다.　내가

liyoodung be baha manggi, wesibufi beiguwan i hergen 37/38 buhe,
요동을　　　얻은　후,　　승진시켜　　비어관 직을　　　주었다.

ujihe baili be gūnime, muterei teile faššame tondoi akūmbume hūsun
기른 은혜를　생각하여　할 수 있는 한 노력하고 정직하게 진력하고　힘

bu,,
쓰라.」

　　han hendume, ju šeo i, si dade wailan bihe, fe an i dangse bithe
　「한이 말하기를, ju šeo i, 너는 원래 外郞이었다.　舊例의　당책을

baicame tucibuhe gung de, beiguwan i hergen buhe, ujihe baili be
찾아　　낸　공으로　비어관　　직을 주었다. 기른 은혜를

gūnime, muterei teile faššame tondoi akūmbume hūsun bu,, 38/39
생각하여 할 수 있는 한   노력하고 정직하게 진력하고   힘 쓰라.」

han hendume, dzang guwe dzo, si dade bai niyalma bihe, bi
「한이 말하기를,   臧國祚,   너는 원래   평민이었다.   내가

liyoodung be baha manggi, simbe poo arame bahanambi seme tukiyefi
요동을   얻은 후,   네가 포를 만들 수 있다   하여 기용하여

beiguwan i hergen buhe, ujihe baili be gūnime, muterei teile faššame
비어관   직을   주었다. 기른 은혜를   생각하여 할 수 있는 한   노력하고

tondoi akūmbume hūsun bu,,
정직하게 진력하고   힘 쓰라.」

han hendume, tang jan i šeo pu cen gio giyai, jeng giyang ni
「한이 말하기를,   湯站의   守堡   陳九階는   진강의

39/40 niyalma ubašaha fonde tang jan i niyalma jafafi, dain i mao
      사람들이 배반할 때   湯站의   사람들이 붙잡아 적의

wen lung de bufi waha, tere gung de jui cen wan wei be wesibufi
毛文龍에게 주어 죽였다. 그   공으로 아들 cen wan wei를 승진시켜

beiguwan i hergen buhe, endeme calame weile baha de, šajin i tuhere
비어관 직을   주었다. 실수하고 잘못하여 죄를 지으면   법으로 처벌할

weile gaimbi, ere hergen be juse omosi jalan halame efulerakū,,
죄체 처한다.   이 職을   자손   대대로   혁직하지 않는다.」

han hendume, sung wen yuwan, si dade šusai bihe, liyoodung be
「한이 말하기를, sung wen yuwan, 너는 원래 秀才였다. 요동을

40/41 baha manggi, ciyandzung ni hergen buhe, mederi be yabure jaha
얻은 후, 천총 직을 주었다. 바다를 오가는 선박의

i niyalma be baha, jai medege gaime yabure juwe niyalma be baha
사람을 붙잡았고, 또 소식을 구하러 가는 두 사람을 붙잡았다

seme, wesibufi beiguwan i hergen buhe, ujihe baili be gūnime, muterei
하여 승진시켜 비어관 직을 주었다. 기른 은혜를 생각하여 할 수 있는

teile faššame tondoi akūmbume hūsun bu,,
한 노력하고 정직하게 진력하고 힘 쓰라.」

   han hendume, tung jeng, si dade hūdai niyalma bihe, bi 41/42
「한이 말하기를, 佟整, 너는 원래 상인이었다. 내가

tukiyefi beiguwan i hergen buhe, ujihe baili be gūnime, muterei teile
기용하여 비어관 직을 주었다. 기른 은혜를 생각하여 할 수 있는 한

faššame tondoi akūmbume hūsun bu,,
노력하고 정직하게 진력하고 힘 쓰라.」

   han hendume, g'ao ti ming, sini ama g'ao šeo guwan, jeng giyang
「한이 말하기를, 高題名, 너의 부친 高守官은 진강의

ni šeo pu bihe, jeng giyang ni niyalma ubašaha fonde, jafafi dain
守堡였다. 진강의 사람들이 배반했을 때 잡아서 적인

i mao wen lung de bufi waha, tere gung de g'ao ti ming sinde
　　毛文龍에게　　　　　주어 죽였다.　그 공으로　　高題名　　　　너에게

beiguwan i 42/43 hergen buhe, endeme calame weile baha de, šajin i
　비어관　　　　　　　직을　주었다. 실수하고 잘못하여 죄를 지으면　　　법으로

tuhere weile gaimbi, ere hergen be juse omosi jalan halame efulerakū,,
　처벌할　贖을 취한다.　　이 職을　　　　자손　　　대대로　　혁직하지 않는다.」

han hendume, ioi ceng gung, si dade ciyandzung bihe, bi liyoodung be
「한이 말하기를,　ioi ceng gung,　너는 원래　　천총이었다.　　　내가 요동을

baha manggi, wesibufi beiguwan i hergen buhe, ujihe baili be
　얻은　후,　승진시켜　　　비어관 직을　주었다. 기른 은혜를

gūnime, muterei teile faššame tondoi 43/44 akūmbume hūsun bu,,
　생각하여 할 수 있는 한　노력하고 정직하게　　진력하고　힘 쓰라.」

　　han hendume, wang dz deng, si dade sele urebure be bošoro
　「한이 말하기를,　王子凳,　　　너는 원래 철을　製鍊하는 것을 감독하는

wei guwan bihe, bi liyoodung be baha manggi, wesibufi beiguwan i
　衛官이었다.　　　내가 요동을　얻은　후,　승진시켜　비어관

hergen buhe, ujihe baili be gūnime, muterei teile faššame tondoi
　직을　주었다. 기른 은혜를　생각하여 할 수 있는 한　노력하고 정직하게

akūmbume hūsun bu,, 44/45
　진력하고　　힘 쓰라.」

han hendume, ma ceng lung, si dade sin diyan i šeo pu bihe, bi
「한이 말하기를,　ma ceng lung, 너는 원래　新甸의　守堡였다.　내가

liyoodung be baha manggi, sin diyan pu i niyalma be acinggiyahakū
요동을　얻은　후,　新甸堡의　사람들을　동요시키지 않고

dahaha seme, wesibufi beiguwan i hergen buhe, muterei teile faššame
투항했다　하여　승진시켜　비어관 직을　주었다. 할 수 있는 한　노력하고

tondoi akūmbume hūsun bu,,
정직하게 진력하고　힘 쓰라.」

　　han hendume, han tiyan ho, dade nikan i jy hūi bihe, liyoodung
　「한이 말하기를,　han tiyan ho는 원래　명의　指揮였다.　요동을

be baha manggi, bi tukiyefi tiyan šui jan i 45/46 šeo pu i hergen
얻은　후,　내가 등용하여　甛水站[3]의　守堡　직을

buhe, afaha weile de kicebe seme wesibufi beiguwan i hergen buhe,
주었다. 맡은　일에　힘쓴다　하여　승진시켜　비어관 직을　주었다.

ujihe baili be gūnime, muterei teile faššame tondoi akūmbume hūsun
기른 은혜를　생각하여　할 수 있는 한　노력하고 정직하게 진력하고　힘

bu,,
쓰라.」

---

han hendume, yang wan bang, dade jang yen guwan bihe,
「한이 말하기를,　 yang wan bang은　 원래　 掌印官이었다.

liyoodung be baha manggi, bi wesibufi beiguwan i hergen buhe, afaha
요동을　　 얻은　 후,　 내가 승진시켜　　 비어관 직을　 주었다. 맡은

weile de kicebe seme, geli wesibufi 46/47 iogi i hergen buhe, ujihe baili
일에　 힘쓴다 하여 또 승진시켜　　　　 유격 직을　 주었다. 기른 은혜

be gūnime, muterei teile faššame tondoi akūmbume hūsun bu,,
를　 생각하여 할 수 있는 한　 노력하고 정직하게 진력하고　 힘 쓰라.」

　　 han hendume, wang dz deng, si dade sele urebure wei guwan
　「한이 말하기를,　 王子凳,　　 너는 원래　 철을 제련하는　 衛官이었다.

bihe, liyoodung be baha manggi, tukiyefi beiguwan i hergen buhe,
　 遼東을　　 얻은　 후,　 등용하여 비어관　 직을　　 주었다.

be giya jai i niyalma ubašame genere be amcafi baha, jai mao wen
 be giya jai의　 사람들이 배반하여 가는 것을　 추격하여 붙잡았다. 또 毛文龍이

lung ni šusihiyeme bithe jafabufi 47/48 takūraha niyalma be jafaha
　 사주하려고 글을 쥐여주어　　　 보낸　 사람을　　 붙잡았다

seme, wesibufi iogi i hergen buhe, aiha i bade jeku ganame genefi,
하여　 승진시켜　 유격 직을　 주었다. 靉河의 땅에 곡식을 가지러 가서

kuūl ting[4] ni ba i niyalma ubašame genere be songko safi amcafi
  kuūl ting   지역의   사람이   배반하여   가는   것을 흔적을 보고 추격하여

waha, mao wen lung ni šusihiyeme takūrafi gamara ciyandzung be
죽였다.   毛文龍이   사주하려고   보내서, (이들을) 데려가려는 천총을

waha seme, wesibufi ts'anjiyang ni hergen buhe, tere gung de, wang
죽였다 하여   승진시켜   참장 직을   주었다. 그 공으로

dz deng be endeme calame weile bahaci, šajin i tuhere weile
王子쯩을   실수하고 잘못하여 죄를 지으면   법으로 처벌할 贖을

gaimbi, 48/49 ere hergen be juse omosi jalan halame efulerakū,,
취한다.   이   職을   자손   대대로   혁직하지 않는다.」

---

4 [簽註] gingguleme baicaci, fe dangse de kuūl ting seme arahabi, kimcime tuwaci, ainci ba na i gebu dere, damu ya bade bisire be baicame bahakū ofi, fe dangse i songkoi sarkiyaha,,
삼가 찾아보니 舊 檔子에 'kuūl ting'이라고 적었다. 고찰해보건대 아마도 地名인 것 같다. 다만 어느 지역에 있는지를 찾을 수 없어서 舊 檔子대로 베껴 적었다.

— 3函 —

tongki fuka sindaha hergen i dangse
點·圈을 찍은 문자의 檔子

juwan ningguci debtelin
16권

sure han i ilaci aniya aniya biyaci nadan biyade isinahabi
천총 3년 정월부터 7월까지

tongki fuka sindaha hergen i dangse,,
　　點 圈을　　찍은　　문자의　　　檔子

○ sure han i ilaci aniya sohon meihe aniya aniya biyai juwan juwe de,
　천총　　　3년　　　　　기사年　　　　　정월　　　12일에,

monggo urut gurun ci ubašame jihe minggan beile i jui
몽고　우루트[1] 국에서　이반해　온　　밍간 버일러의 아들

angkūn darhan hošooci nimeme akū oho de, sure han i beye genefi,
앙쿤　　다르한　호쇼오치가 병으로　죽었을　때에　수러 한이　친히　가서

han i etuhe sain hūha jibca be, akū oho angkūn 1/2 darhan hošooci
한이 입고 있던 좋은 감친 가죽옷을　죽은　앙쿤　　　다르한 호쇼오치

de etubufi, sinahi songgoro de, minggan beile tafulame hendume, si
에게 입히고 상복(을 입고) 곡하니　　　밍간　버일러가 말리며　말하기를, "당신은

1 　우루트를 만주어로는 urut, 몽고어로는 초기에 uru'ud로 표기했다. 라시드의 『집사』에서는 aūrūt로
　표기했고, 『親征錄』에서는 兀魯吾, 『輟耕錄』은 兀魯兀, 『元史』는 兀魯兀, 兀魯吾, 兀魯, 『秘史』에서는
　兀魯兀, 명대 한적에서는 兀魯, 五路 등으로 표기했다. 우루트는 원대에 東部 5投下의 하나였다. 명대
　중후기에 몽고 본부에 두 종류의 우루트인이 있었다. 하나는 투메드 만호에 속하여 알탄 칸의 장자
　시나이의 차자 나무르 타이지가 관할했다. 다른 하나는 차하르 만호에 속하여 다얀 칸의 열 번째 아
　들 거러볼로드의 아들 룽 타이지가 관할했다. 1622년(천명7)에 룽 타이지의 아들 밍간이 차하르 릭
　단 칸의 압박을 피하여 3천여戶를 이끌고 누르하치에게 귀부했고 독립된 우루트기(兀魯特旗, 兀魯特
　蒙古旗)로 편제되었다. 천총 연간 우루트는 후금의 명 공격과 차하르 공격에 다수 참전했다. 천총 6
　년 차하르 공격에 참전한 우루트의 지휘관들이 노획물을 은닉한 사실이 발각되자 청태종은 우루트
　의 무리를 팔기에 분산시켜 예속시켰고 독립된 우루트기는 사라졌다. 수장인 밍간 이하 소수는 만주
　정황기에 예속되었다.

han niyalma, enteke sinagan i bade ambula goidame bici ojorakū,
汗인 사람입니다. 이런 　장례하는 곳에 　많이 　오래 　있으면 안 됩니다.

han boode geneki dere seme henduci, ojorakū, goidame bifi juwe ilan
한은 집에 가셨으면 합니다" 라고 말했지만 듣지 않았다. 오래 있으면서 두 세

jergi songgofi boode jihe,,
번 곡하고 집으로 왔다.

○ fe han de hoošan deijime, ice han tehe 2/3 doroi, be lama be
「옛 황제에게 紙錢을 태우고 새 황제가 즉위한 예로 버 라마[2]와

hafan be takūrambihe, jihe bithe be tuwaci, sinagan de waliyahangge
관원을 보내려고 했었다. 온 글을 보니 '장례에 弔問한 것은

we, acaki seme gisurehengge we sere gisun bisire jakade, takūrara
누구이며, 화친하자고 말한 것은 누구인가' 라는 말이 있으므로 파견하는

be ilifi, jihe niyalma de neneme baha karun i yen jiyoo be adabufi
것을 그만두고, 온 사람에게 예전에 얻은 초소의 銀住를 붙여

2　be lama(?~1637)는 『만문노당』에서 baya ba lama, ba lama, be lama로 기록되었고, 『淸太祖實錄』에
　　白喇嘛로 기록되었다. 티베트인 승려로서 몽고 코르친에 와 있다가 1621년 코르친의 밍간 버일러가
　　후금에 귀부할 때, 師兄인 티베트의 大라마 오를룩 다르한 낭수 라마(斡祿打兒漢囊素, Örlüg darqan
　　nangsu lama, ?~1621)와 함께 후금의 遼陽에 왔다. 1621년 낭수 라마가 사망하자 누르하치의 명으로
　　遼陽城 남쪽에 기념사찰을 세우고 버 라마를 住持로 주재시킴으로써, 그는 후금(청) 최초의 라마 주재
　　사찰의 주지가 되었고, 청조 티베트 불교의 최초 설립자가 되었다. 청에 티베트 불교를 전파했을 뿐만
　　아니라 청의 외교 면에서도 많은 활동을 했다. 아래 논문 참조. 李勤璞, 「白喇嘛與淸朝藏傳佛敎的建
　　立」, 『臺灣中央硏究院近代史硏究所集刊』, 제30期, 1998.; 李勤璞, 「斡祿打兒罕囊素 : 淸朝藏傳佛敎開
　　山考」, 『蒙古學信息』, 呼和浩特 : 內蒙古社會科學院, 88(2002.9.15), 17~29쪽; 89(2002.12.15), 12~24
　　쪽; 90(2003.3.15), 36~43쪽; 91(2003.6.15), 17~21쪽.

fonjinggime unggihe, te bicibe dorolome jici, sain seci, unggiki,, 3/4
물으러가게 보냈다. 지금이라도 예를 행하러 와도 좋다고 한다면 (사신을)보내겠다.」

○ sure han i ilaci aniya aniya biyai juwan ilan de, šusai jeng
　　천총　　　　3년　　　　정월　　　13일에,　　　秀才 鄭伸·

sin, badzung žin da liyang de unggifi, doron bi seme bederebuhe
　　百摠　　任得良 편에　　　보냈는데　印章이 있다고　돌려보내진

bithei gisun, aisin gurun i han i bithe, yuwan amba niyalma de
글의 말.　　　「金國의　　　한의　글.　　　袁(崇煥) 大人에게

unggihe, neneme fanggina be takūrafi, doro acara jalin amasi julesi
보낸다.　　예전에　팡기나를　　파견하여　화친을　위해　앞뒤로

yabure de, 4/5 bi solho be dailara jakade, suwe solho be ainu dailaha
다닐 때에　　　내가 조선을　정벌했다는 이유로 너희는 '조선을　왜 정벌했는가'

seme acara be nakafi, cooha julesi ibeme jici, bi donjifi okdome
라며　화친을　중지하고 군대가 앞으로 전진해 오니 내가 듣고　응전하러

cooha genehe, tereci elcin yaburengge lakcaha, suwembe amba gurun i
군대가 갔다.　　그 후로 사신이　다니는 것이 끊겼다.　　너희를　　　대국의

niyalma, julge te i kooli be hafupi mergen genggiyen seme gūniha kai,
사람이라 고금의　　예를　　통달하여 현명하고 영명하다고　　생각했었다.

solho be dailahangge suwende ai dalji, solho de umai weile akū
조선을　정벌한 것이 너희와 무슨 상관인가? 조선에　전혀　죄가 없는데

baibi bahaki gaiki seme dailahangge 5/6 waka, solho meni juwe de
공연히 얻겠다고, 취하겠다고 정벌한 것이 　　아니다.　조선과 우리 둘에게

umai weile akū bihe, sohon ulgiyan aniya meni harangga šun dekdere
전혀 일이 없었다.　　己亥年(1599)　　우리에게 속한 　동쪽

ergi gurun be bargiyame ganaha cooha be, solho baibi cihalame
　국인을 　거두고자 취하러 간 　병사를 　조선이 공연히 마음대로

heturefi afaha, tere emu, sohon honin aniya cooha jifi, mini warkasi
가로막고 공격했다. 그것이 하나다.　己未年(1619)　군대가 와서 나의 와르카시

golo be waha, tere juwe,　terei amala mini liyoodung ni ukanju be
지역민을 죽였다.[3] 그것이 둘이다.　그 후에 　나의 요동의 　　도망자를

jing alime gaiha, ere ilan,　solho mimbe ilan 6/7 jergi waci, bi emgeri
　늘 받아 취했다.　이것이 셋이다. 조선은 우리를 세 　　번 죽였는데 나는 한번

karulaci ainu ojorakū, mini hendure anggala, amba niyalma si seoleci
보복하면 왜 　안 되는가? 내가 말하지 않아도 　　　大人 당신이 생각해봐도

endembio, te bicibe meni juwe gurun fe weile be fehume doro acafi,
틀리겠는가? 지금이라도 우리 두 　나라가 옛 일을 　　밟아 　화친하여

abka na de akdulame gashūfi sain banjimbi kai, ere acaha doro be
천지에 　굳게 　맹세하여 사이좋게 살자.　　이 　화친을

yaya neneme efuleci, tere efulehe niyalma be abka sarkū doro bio,
누구든지 먼저 깬다면 　　그 　깬 　사람을 　하늘이 모를 리 있겠는가?

3　己未年(1619)의 사르후 전투를 가리킨다.

julgeci ebsi yaya gurun ishunde 7/8 sain oci kundulembi, ishunde ehe
예로부터 　 어느 나라든 서로 　 좋게 되면 공경한다. 　 서로 나쁘게

oci karulambi, ere gemu ini cihai ilinara jurgan, amba niyalmai sara
되면 보복한다. 　 이는 모두 자연스럽게 정해진 이치이다. 　 大人도 　 아는

ba kai, bi dain nakafi taifin banjire be buyeme, encu solho gurun i
것이다. 　 내가 전쟁을 멈추고 태평하게 사는 것을 바라면서 　 다른 　 조선국

turgunde, muse juwe gurun i acara weile ainu tookambi seme, duleke
때문에 　 우리 　 양국의 　 화친하는 일을 어찌 그르치겠는가 하여 　 작년

aniya aniya biyade yen jiyoo de bithe jafabufi takūraha, karu bithe
정월에 　 尹驕에게 글을 쥐여주어 보냈었는데 답서를

unggihekū, te amba niyalma simbe dasame jihe 8/9 seme donjifi, elhe be
보내지 않았다. 지금 大人 당신이 다시 온다 라고 들어 안부를

fonjime niyalma takūrafi unggiki seci, elcin yaburengge emgeri
물으러 　 사람을 파견하고자 했지만 사신이 다니는 것이 한번

lakcaha be dahame, meni niyalma be unggihekū, suweni tubai šusai
끊어졌기 때문에 　 우리의 사람을 보내지 않았다. 너희의 그곳의 秀才

jeng sin, badzung žin da liyang be takūrafi unggihe, amba niyalma
鄭伸· 　 百摠 任得良을 　 파견하여 보낸다. 　 大人은

gisun i karu akū ume obure,,
말의 답이 없게 하지 말라.」

○ juwe biyai ice sunja de, angkūn darhan 9/10 hošooci de, han
　2월　초 5일에,　　　　　　앙쿤 다르한　　　호쇼오치에게　한이

ini booi hoošan jiha dagilafi waliyaha, tere waliyara de, han ini beye
그의 집의　　紙錢을　준비해　제사지냈다. 그　제사지낼 때에 한이　몸소

genefi juwe jergi arki hisalafi, juwe jergi songgoho, tereci han tefi,
　가서　　두 번　소주를 올리고　두 번　　곡했다.　　그 후　한이 앉아서

minggan beile, dalai taiji be ini tehe bade gajifi, arki emte hūntahan
밍간 버일러와 달라이 타이지를　그의 앉은 곳으로 데려와　소주를　1잔

omibuha, wajiha manggi, minggan beile ini uksun i deote juse be
마시게 했다. 끝난 후　　　밍간　버일러는 그의 일족　아우들과 자식들을

gaifi, 10/11 han de niyakūrafi hendume, be cahar i han be ehe ojorakū,
이끌고　　　한에게　무릎 꿇고　말하기를, "우리는 차하르의 한이 나빠서 안되겠다고,

han de nikefi banjiki seme jihe, jihe be dahame, han gosime kunduleme
한에게 의지하여 살겠다고　왔습니다.　왔기 때문에　　　한이 자애하고　존중하여

ujihe, ujire aldasi jui beye bederehe,　utala gosime han i beye jifi
보살폈습니다. 보살피는 도중에 아들이 죽었습니다. 이토록 자애하여 한이 몸소 와서

waliyarangge aibide bi seme hendufi hengkilefi, han be boode bedereki
제사지낸 예가 어디 있겠습니까?"라고 말하고 고두하고 "한은 집으로 돌아가시지요"

seme henduhe manggi,　tereci boode bederehe, waliyara de, 11/12 han i
라고　말하자　　　그 후 집으로　돌아갔다. 제사지낼 때에　　　　한과

emgi abatai taiji, ajige taiji, yoto taiji genehe bihe,,
함께 아바타이 타이지· 아지거 타이지· 요토 타이지가 갔었다.

○ juwe biyai orin jakūn de, šusai jeng sin, badzung žin da liyang de
　2월 28일에,　　　　　　秀才　鄭伸·　　　　百總　任得良 편에

unggihe bithei gisun, aisin gurun i han i bithe, daiming gurun i
보낸　　글의 말.　　「金國의　　　한의 글.　　　　대명국의

doro jafaha ambasa de unggihe, meni dain deribuhengge, baibi
　執政　　대신들에게 보낸다.　우리의 전쟁이 일어난 것은　공연히

sain banjire de bahaki 12/13 gaiki seme buyeme deribuhengge waka,
좋게 지내는데　얻겠고,　　취하겠다고　바라서　시작한 것이 아니다.

liyoodung ni ambasa yehe de dafi membe wara de isifi, hafirabufi
요동의　　　대신들이 여허를 도와　우리를 죽이기에 이르러 어쩔 수 없이

abka de habšafi dailaha, hafiraburakūci, meni ajige gurun amba gurun i
하늘에　호소하고 정벌했다. 위기에 몰리지 않았다면 우리의 소국이　　대국을

baru adarame dailaci ombi, ere hendurakū sara ba kai, abka gurun i
향해　어찌　정벌할 수 있겠는가? 이는 말하지 않아도 아는 바이다. 하늘은 나라의

amba ajigan be tuwahakū, weile i uru waka be tuwafi, liyoodung,
크고 작음을　보지 않고　일의　옳고 그름을　보고　　요동·

guwangning ni ba be buhe, 13/14 abka burakūci, liyoodung guwangning
廣寧의　　　땅을　주셨다.　　　하늘이 주지 않았다면　遼東(遼陽)·廣寧의

ni tutala bekilehe hecen, tumen tumen cooha be mini komso cooha
　그토록　견고한　성,　　　萬萬　　　군사를　　우리의　적은 군사가

adarame bahambi, amba ba be bahafi, ajige hecen komso cooha be
　어떻게　얻었겠는가?　큰　땅을　얻었는데 작은 성,　적은　군대를

afaci baharakū ojoro jakade, mini dolo abka muse juwe gurun be
공격해도 얻을 수 없으므로　　　나의 심중에 하늘이 우리　양국을

dain nakafi, doro acafi taifin banjikini sere erin dere seme gūnifi, doro
전쟁을 그만두고　화친하여 태평하게　살라 하는　때인가 보다 라고 생각하고 화친하여

acafi taifin banjire be buyeme, unenggi mujilen i 14/15 takūraha, doro
　태평하게 살 것을　바라며　　진심으로　　　(사신을) 파견했다.　화친을

be adarame acaki sembi, suweni gisun be donjiki,,
　어떻게든　하고자 한다. 너희의　말을　듣고자 한다.」

○ anagan i duin biyai ice juwe de, musei takūraha jeng sin, žin
　　閏　　　4월　　초 2일에,　우리가　파견한　　鄭伸・　任得良과

da liyang ni emgi du ming jung ni gajiha bithei gisun, han i hesei
　　　　함께　杜明忠이　　　가져온　글의　말.「황제의 늘로

jecen i cooha kadalara bing bu cangšu yuwan i bithe, amasi 15/16 han
변경의 군사를 관할하는　兵部尚書　　　袁(崇煥)의 글.　되돌려　　　한의

i booi fejile unggihe, jihe bithei gisun acaki serengge, ainci juwe
　집의 아래에 보낸다.　온 글의　말에 화친하고 싶다고 한 것은 아마도 두

boo i fulgiyan juse i jeyen de tušaha be jenderakū ofi kai, han i sain
집의 　赤子(백성)들이　칼날에　맞닥뜨린 것을 차마 견딜수 없어서일 것이다. 한의 좋은

gūnin be, abka na sambi dere, damu acarangge acara doro bi, tere be
마음을　천지가 알 것이다.　다만　화친에는 화친하는 도리가 있다. 그것을

emu gisun de toktoburengge waka, meni han sirame teheci, sain
한마디 말로　정할 것이　아니다. 우리 황제는　繼位하신 후　훌륭하고

genggiyen kengse dacun, jecen i 16/17 weile de cira, juwan fun i
영명하며　과단성 있고 민첩하고,　변경의　일에 엄격하시어　충분히

yargiyalarakūci, donjibuci ojorakū, han unenggi dain nakaki seme
확실하지 않으면　아뢸 수　없다.　한이 진정으로 전쟁을 멈추겠다고 하여

niyalma be hairaci, acaci ojoro doro be gūni, jecen i hafan inu
사람을 아낀다면　화친할 수 있는　도를　생각하라. 변경의　관원도

dere bahambi, han i daci sain jurgan inu waliyaburakū, bi manggašarakū
체면이 설 것이다. 한의 원래　좋은　뜻 또한 버려지지 않을 것이다. 내가 곤란하지 않게

wesimbuki, jecen i weile be jecen i ambasa gisurembi, dorgi ambasa be
상주하겠다.　변경의　일은　변경의　대신들이 의논한다.　內　대신들을

bairakū, doron serengge, temgetulehengge mujangga, 17/18 damu
구하지 않는다. 인장이라는 것은　증명하는 것이　틀림없다.　다만

fungneme wasimbuhangge waka oci, dembei yabubuci ojorakū,
책봉하러　내린 것이　아니라면　남발할 수 없다.

dulimbai gurun i kooli šajin tuttu, han ume ferguwere,,
　　中國의　　　　예법이 그러하다.　　한은 이상하게 생각하지 말라.」

○ orin ilan de, han, fusi gege de waliyara de genefi, ilan jergi
　　23일에,　　　한이 푸시 공주에게 제사지낼 때　가서　　세 번

songgofi, hoošan deijire de tucifi 18/19 jihe,,
곡하고　　紙錢을 태울 때에 나와서　　돌아왔다.

○ anagan i duin biyai orin sunja de, du ming jung ni gajiha
　　閏　　　4월 25일에　　　　　　　杜明忠이　　　가져온

bithei karu musei lama de unggihe bithei gisun, aisin gurun i han i
글의　답으로　우리의 라마편에 보낸　글의 말.　　「금국의　　한의

bithe, daiming gurun i yuwan amba niyalma de unggihe, amba
글.　대명국의　　　　袁(崇煥) 大人에게　　　　보낸다.　大人의

niyalmai karu bithe de, acara doro be 19/20 mimbe gūni sehebi,
　　답서에　　　　화친을　　　우리에게 생각하라고 했다.

mini gūnihangge, neneme sain banjiha fonde, jasei dolo nikan i canggi,
내가 생각하기에　예전에 좋게 지냈을 때에　변경 안에는 한인 뿐이었다.

jasei tule jušen i canggi, suwaliyan akū bicibe, dube acame tehe hanci
변경 밖에는 주션 뿐이었다.　　섞이지 않았지만　끝이 만나 거주가 가깝게

ofi, hūlhame jase dabame weile arame ulhiyen i badarafi dain oho,
되어 몰래 변경을 넘어 사단을 만들고 점차　　커져 전쟁이 되었다.

te muse doro acaci, jase be aldangga obuki, irgen fakcafi ama jui
지금 우리가 화친하면 변경을 멀리 하자. 백성이 이산하여 아비와 자식

ahūn deo ubade tubade balai bi, nenehe adali dube acame 20/21 tehe
형과 아우가 여기저기에 제멋대로 있다. 예전과 같이 끝단이 만나 거주하면

de, amasi julesi giyansi ukanju hūlha yabume, acaha doro be efulerahū,
뒤로 앞으로 첩자· 도망자· 도둑이 다녀 화친을 깨뜨릴까 염려된다.

unenggi acaci, dalingho be suweni jase obu, san ca ho be mini jase
진실로 화친하면 大凌河를 너희의 경계로 삼으라. 三岔河를 우리의 경계로

obure, ere juwe siden i ba untuhun bikini, ukanju hūlha baicaci
삼겠다. 이 둘 사이의 땅은 비워 놓자. 도망자와 도둑을 찾기

ja, weile daksa tucirakū, acaha doro goro golmin banjiki, jai doron
쉽고 罪過가 발생하지 않을 것이다. 화친이 멀고 길도록 살고 싶다. 또한 인장에

i jalin fungneme wasimbuhangge dabala, balai yabubuci ojorakū
대해 '책봉하러 내리는 것뿐이다. 남발하면 안 된다'고

sehebi, tuttu oci minde aisin 21/22 gurun i han i doron arafi
했다. 그러하면 나에게 금국의 한의 인장을 만들어

gaji, jai acara doroi bure ulin be suwe seole, aikabade mimbe
가져오라. 또 화친의 예로써 줄 재화를 너희는 고려하라. 행여 나를

cahar han i adali gūnirahū, terei adali obuci, bi ojorakū, mini
차하르 한과 같이 생각할까 염려된다. 그와 같이 한다면 나는 받아들일 수 없다. 내가

gūnihangge, ere bi dain nakafi taifin banjire be buyeme unenggi
생각한 것   이는 내가 전쟁을 멈추고 태평하게 사는 것을 바라서 진심으로

gisurembi, suwe inu unenggi tondoi gisure, muse yaya abka be uju de
말하는 것이다. 너희도   진실로   정직하게 말하라. 우리 어느 누구도 하늘을 머리에

sindafi, arga be ume yabubure,, 22/23
두고   책략을   행하지 말라.」

○ anagan i duin biyai orin nadan de, lii yung fang efu i sargan
   閏   4월 27일에,   李永方 어푸의   아내인

gege akū oho, tere akū oho de, han, beise, taijisa gemu genefi
공주가 죽었다.   그녀가 죽었을 때에 한· 버이러들· 타이지들이 모두 가서

songgocofi, giran benere onggolo bedereme jihe,, 23/24
곡하고   시신을 보내기 전에   돌아 왔다.

○ ninggun biyai orin de, elcin genehe lama be goidaha seme
      6월   20일에, 사신   간   라마가 (간 지)오래되었다 하여

turusi be unggifi, jecen i tai niyalma de jafabufi, casi unggi sehe
 투루시를 보내서   변경의 臺의 사람에게 쥐여주어 저쪽에 보내라고 한

bithei gisun, aisin gurun i han i bithe, daiming gurun i yuwan amba
글의   말.   「金國의   한의 글.   대명국의   袁(崇煥) 大人

niyalma de unggihe, bi gūnici, dain inu abkai dekdeburengge, tuttu
      에게 보낸다. 내가 생각건대 전쟁도 하늘이 일으키는 것이다. 그렇더라도

bicibe, 24/25 abka inu ai jaka be banjikini sembi dere, eitereci dain ai
하늘도　　　어떤 것은　　살리라고　　　할 것이다. 대체로　전쟁이 어찌

sain, taifin ai ehe, dain nakafi taifin banjiki seme, neneme jeng šusai
좋겠는가? 태평이 어찌 나쁘겠는가? 전쟁을 멈추고 태평하게 살자고 전에 鄭(伸) 秀才

sebe juwe mudan takūraha manggi, amba niyalma du ming jung de
등을　　두　번　　파견한　　후에　　　大人이　　　　杜明忠에게

bithe jafabufi karu takūrafi unggire jakade, bi unenggi acambi dere
글을　　쥐여주어 답신을　　　보낸　　까닭에,　나는 진심으로　화친할 것이다

seme be lama be takūrafi unggihe, unggire de lama i baru suwe doro
라고　　버 라마를　　　파견했다.　　　보낼　때에 라마의　쪽에 "너희가 화친을

gisureme goidara 25/26 dursun ohode, neneme emu niyalma be takūrafi
말하는 데　오래 걸릴　　　모양 이면　　먼저　　한　사람을　　　보내어

medege alanju sehe bihe, boljoho inenggi tulike, ya heturi niyalmai
소식을　　알려오라"라고 했었다. 약속한　날짜가 넘었다. 어느 주변　사람이

ehecure gisun de dosifi tookahabi ayoo seme ere bithe unggihe,
비방한　　말에　　빠져서 지연된 것이리라　하여 이　글을　　보낸다.

nadan biyai ice sunja ci ebsi, meni niyalma medege isinjirakūci,
　7월　　　초 5일　　이후로　우리　사람의　　소식이　도착하지 않으면

urunakū umesi jafaha seme gūnimbi,, 26/27
분명히　　꼭　　잡고 있다고　생각할 것이다."

○ orin nadan de, turusi jafafi gajiha tai nikan jao deng g'ao
  27일에,   투루시가 가져가서   臺의 한인   jao deng g'ao

de jafabufi unggihe bithei gisun, aisin gurun i han i bithe, daiming
에게 쥐여주어 보낸   글을 말.   「金國의   한의 글을   大明國의

gurun i yuwan amba niyalma de unggihe, lama i goidara turgunde,
     袁(崇煥) 大人에게   보낸다.   라마가 (간 지) 오래된 까닭에

neneme emu jergi bithe benehe, ukanju jifi alaci, suwembe acambi
먼저   한 번 글을 보냈다.   도망자가 와서 고하기를 너희가 화친하겠다고

serengge tašan sembi, ukanju i gisun, tubaci ukame 27/28 jihe niyalma
하는 것이 거짓이라고 한다. 도망자의 말을, "저기에서 달아나   온 사람이

tubabe sain seme alambio, ubaci ukame genehe niyalma, uba be sain
저기를   좋다고   고하겠는가. 여기서 도망쳐   간   사람이   여기를   좋다고

seme alambio seme akdahakū, te biyan dz sing gebungge niyalma,
     고하겠는가" 하고 믿지 않았다. 지금 biyan dz sing 이라는   사람,

giyansi jihe be bahafi fonjici, inu acarangge tašan, lama be unggirakū
奸細로 온 자를 잡아서 물으니   또 화친하는 것은 거짓이고 라마를 보내지 않고

tebuhe sembi, mini dolo ukame jihe niyalma jortai beleme alambi dere,
체류시켰다고 한다. 나의 마음에, "도망쳐 온 사람은   일부러 무고하여 고하는 것이리라.

giyansi jihe niyalmai beye geli holtombio seme, esei gisun de 28/29
奸細로   온 사람   그 자 또한 거짓인가 라고, 이들의 말을

uthai akdaci, esei jergi buya niyalma acara acarakū amba weile be
바로 믿자니 이들의 등급 낮은 사람이 화친하거나 화친하지 않는 큰 일을

ainambahafi sambi, akdarakū oci, ere fonde isitala elcin genehe emu
어찌 알겠는가? 믿지 않자니 이 때까지 사신 간 한

niyalma ainu medege alanjirakū, aikabade yargiyan ayoo seme ere
사람도 어찌 소식을 전해오지 않는가? 혹시 진짜가 아닐까" 하여 이

niyalma de bithe jafabufi unggihe, bi daci unenggi gūnime acaki seme
사람에게 글을 쥐여주어 보낸다. 나는 처음부터 진실로 생각하여 화친하자고

unggihe, niyalma be holtoci ombi dere, abka be holtoci ombio, suwe
보냈다. 사람을 속일 수는 있을 것이다. 하늘을 속일 수 있겠는가? 너희가

aikabade da gūnin unenggi 29/30 akū biheo, akūci yaka hetu gisun de
혹시 本意에 진심이 없었던 것인가? 아니면 누군가의 허튼 말에

dosikabio, takūraha niyalma be unggirakū oci, tere emu udu niyalma
빠진 것인가? 파견한 사람을 보내지 않는다해도 그 몇 명 사람에

de nemere ekiyendere aibi, akdun jurgan be efuleci, niyalma jai
이익되고 손해될 게 무엇이겠는가? 신의를 무너뜨리면 사람들이 다시

akdarakū be hendumbi dere, abkai gūnin, inu dain akū taifin banjikini,
믿지 않겠다고 말할 것이다. 하늘의 뜻 또한 전쟁 없이 태평히 살아라,

jali holo akū tondo akdun banjikini sembi dere, taifin be esike seme
간계와 거짓 없이 忠信으로 살아라 하는 것이리라. 태평이 족하다고 하며

dain be buyere, tondo akdun be 30/31 aljafi, arga jali be dele arafi
전쟁을   원하고   忠信을   이탈하고,   모략을   위로 하여

yabuci, abkai we be wakalara, we be urulere be sara,,
행하면   하늘이 누구를 그르다 하고 누구를 옳다고 할 지를 알라.」

○ nadan biyai ice ilan de, musei takūraha be lama, jeng šusai se
        7월   초 3일에,   우리가   파견한   버 라마와 鄭(伸) 秀才 등이

isinjiha, ini elcin jihekū juwe bithe unggihe, bithei gisun, han i hesei
도착했다. 그쪽의 사신은 오지 않고 두 글을   보냈다.   글의   말. 「皇帝의 旨로

tucifi jecen de yabume cooha fidere 31/32 bing bu cangšu yuwan i bithe,
나가서 변경에   가서   군사를 동원하는   兵部尚書   袁(崇煥)의 글.

karu han i booi fejile unggihe, han i bithe lama be takūrafi, neneme
답신을 한의   집   아래 보낸다.   한의   글과 라마를 보내서   예전에

sain banjiha be jongkongge, jai uju de abka be hukšefi banjiki sere
좋게 산   것을 상기시킨 것, 그리고 머리에 하늘을   이고   살자   라는

emu gisun, enduri hutu i sara gisun kai, meni gurun i šurdeme uyun
한마디 말은   神鬼가   아는 말인 것이다. 우리 나라의   주위에   九州의

jeo i bade, liyoodung waliyabuha be ai ton, 32/33 damu daci han i ba
      땅에서   遼東을   포기한   것이 대수겠는가? (요동은) 다만 원래 한의 땅이

waka bihe, liyoodung ni niyalma wasihūn jihebi, giran eifu gemu
아니었다.   요동의   사람이   서쪽으로 왔는데 시신과 묘는 모두

tubade bi, bi murime nendehe giran be gūniburakūci ombio, geren i
거기에 있다. 내가 강제로 선조의 유골을 생각하지 못하게 할 수 있겠는가? 여럿의

mujilen de acarakū ofi, bi alime gaifi gisureci ojorakū ofi, han de
마음에   맞지 않아서, 나는 받아 들여 말할 수   없어서,   황제에게도

inu wesimbume bahakū, jai genere jidere be dorolorongge, suweni
    상주하지   못했다. 또한 가고 오는 자를 禮遇하는 것은   그대

gurun i wesihun 33/34 fusihūn ojoro haran, meni han gosin genggiyen
나라의   上   下에 의해 되는 것으로, 우리 황제는 어질고 영명하고

onco de, daci wesihun fusihūn seme juwedeme akū, han algin gebu
관대함에 원래   上 下   라는 구별이   없다. 한의   명성을

gūnime, ai jaka be dasafi doro jurgan be an kemun obufi banjici, sini
생각하여, 어떤 것을 다스려   道義를   규정으로   삼아 살면,   그대

cihai uthai cahar i nincuhūn fungšun banjici tucimbi kai, dulimbai
스스로 곧 차하르의   비린내나며   사는 것보다 나은 것이다. 中國

gurun bicibe, inu doro jurgan i dorolombi dere, jai doron fungnere
    일지라도 또한   禮義로   禮遇할 것이다. 또한 印과 册封하는

tenteke gisun, gemu emu 34/35 gisun de wajirengge waka,,
그런   말은 모두 한마디   말로   끝날 것이   아니다.」

○ han i hesei tucifi jecen de yabume cooha fidere bing bu cangšu
「皇帝의 旨로 나가서 변경에   가서   군사를 동원하는   兵部尚書

yuwan i bithe, karu han i booi fejile unggihe, geli jihe bithede, han i
袁(崇煥)의 글. 답신을 한의   집의   아래에 보낸다. 또 온   글에서 한이

abka be ginggulere, banjibure de amuran i unenggi be saha, 35/36 han
하늘을 공경하고   살리는 것을 좋아하는   진심을   알았다.   한이

tuttu oci tede gisureci ombikai, damu abkai doro urhu akū, miosihon
그러하니 그에 말할 수 있다.   오직 하늘의 도는 치우침이 없이, 사악함과

tondo getuken, goro abka de baire anggala, musei mujilen de bahambi
곧음이 분명하다.   먼 하늘에서 구하는 것보다   우리의 마음에서   구할

kai, abkai doro forgošoro mangga kai, elcin jime jaka de mederi de
것이다. 하늘의 道는 돌리기   어려운 것이다. 사신이 왔을 때에 (나는) 바다에

genehe bihe, tuttu goidame tebuhe, gūwa umai akū,,
갔었다.   그래서 오래   머물게 했다. 다른 것은 전혀 없다.」

tongki fuka sindaha hergen i dangse
點·圈을 찍은 문자의 檔子

juwan nadaci debtelin
17권

sure han i ilaci aniya nadan biyaci juwan biyade isinahabi
천총 3년 7월부터 10월까지

tongki fuka sindaha hergen i dangse,,
　　點　圈을　찍은　문자의　檔子

○ lama i gajiha bithei karu juwan de žin da liyang be amasi
　라마가 가져온　글의　답신으로　10일에　任得良을　　　되돌려

bithe jafabufi unggihe, tede unggihe bithei gisun, aisin gurun i han i
글을　쥐여주어 보냈다.　그에　보낸　　글의　말.　「金國의　　　　한의

bithe, daiming gurun i yuwan amba niyalma de unggihe, mini elcin de
글을　　　　대명국의　　袁(崇煥) 大人에게　　　　보낸다.　나의　사신에게

unggihe bithe be tuwaci, liyoodung ni niyalmai giran eifu gemu tubade
보낸　　　글을　　보니,　　　요동의　　사람의　시신과 묘가 모두　저기에

bi serengge, liyoodung ni 1/2 ba be gaji serengge wakao, liyoodung
있다고 말한 것은　　요동　　　　　땅을 가져오라고 하는 것이 아닌가? 요동

ni ba be mini mangga i baha, suweni fulehun i buhengge waka,
　땅을　나는 힘들게　　얻었다.　너희가 은혜로　　준 것이　아니다.

neneme muse juwe gurun umai weile akū taifin banjire de, suwe jasei
예전에　우리 두　나라가 전혀　일　없이 태평히 살　때에 너희 경계의

dorgi tutala uyun jeo i ba be elerakū, jasei tulergi meni majige ba be
안의 그렇게 많은 九州의　땅에 만족하지 않고 경계 밖의 우리의 작은　땅을

durime hūng u, yung lo fon i ilibuha fe jase be tucime, jase bitume
빼앗고　　洪武・　永樂　시기에 세워진 옛 경계를　　나가서 경계를 따라

gūsita ba i dubede wehei bithe ilibume, 2/3 jušen i ba be nikan i ba
30里마다의　끝에　　碑文을　　세워,　　주션의 땅을　　한인의 땅으로

obume gaiha turgunde, dain oho be abka uru waka be tuwafi, abkai
삼아　취한　이유로　　전쟁이 난 것을, 하늘이 옳고 그름을　보고　하늘이

buhe liyoodung ni ba kai, bi ai gelhun akū sinde buci ombi, tere
준　　요동의　　땅인 것이다. 내가 어찌 감히　너에게 줄수 있겠는가? 그러기는

anggala julgeci ebsi wesike, wasika ai kooli suweni amba gurun de
커녕　　예로부터　흥하고　쇠한　어떤 원칙이 너희　　大國에게

akū, abkai fejergi emu niyalmai abkai fejergi waka, abkai 3/4 fejergi
없는가?[1]　天下는　　한 사람의　　天下가　　아니다.　천하는

geren niyalmai abkai fejergi, abka yaya de buci, buhe niyalma
여러　사람의　　천하다.　　하늘이 누군가에게 주면 받은 사람이

bahambi kai, julge dai liyoo abkai jui, aisin taidzu, dai liyoo i harangga
얻는　것이다. 옛날에　大遼는 天子이고　金 太祖는　大遼에　　속한

gurun kai, dai liyoo i tiyan dzo han doro akū, aisin taidzu i baibi
국인이었다.　大遼의　　天祚帝가　道가 없어,　金 太祖라는 그냥

tondo banjire niyalma be maksihakū turgunde waki sehe be abka
충직하게 사는　사람을　　춤추지 않는다는 이유로 죽이려고 한 것을[2] 하늘이

1　예로부터 홍하고 쇠한 모든 원칙이 大國에게도 적용된다는 의미이다.

wakalafi, dai liyoo i liyoodung ni ba be aisin de buhe manggi, 4/5
꾸짖어   大遼의   요동   땅을   金에게 준   후,

aisin han dai liyoo i baru acaki seci, dai liyoo kemuni ini beyebe
金의 한이 大遼   쪽에 화친하려고 하자 大遼는 여전히 그   자신을

amban arafi, aisin be šun dekdere hefeli gurun i han[3] sere, jai aisin i
크게   여기고 金을   東懷國皇帝   라고하고, 또 金이

toktobuha amba enduringge sere gebu be, dai liyoo ini nendehe han i
정한   大聖   이라는 이름을   大遼   자신의 이전   한의

gebu de kamcibumbi seme ojorakū ofi, acara doro efujefi geli dailara
이름과   겹친다고   안 된다 하여,   화친이   무너지고 또 공격한

jakade, abka dai liyoo i doro be umesi aisin de buhebi kai, tere 5/6
까닭에,   하늘이 大遼의   道를   확실히 金에게   준 것이다. 그

buhe ba be dai liyoo amasi bahabio, jai aisin abkai jui, yuwan taidzu,
준 것을   大遼가   도로 얻었는가? 또 金은 天子이고   元 太祖는

aisin i harangga gurun kai, aisin i yungji han doro akū, yuwan taidzu
金에   속한   국인 이었다. 金의   永濟 汗이 道가 없어, 元 太祖라는

---

2   1112년 天祚帝 耶律延禧가 遼의 전통적인 봄철 순행지(春捺鉢. 현재 吉林省 서북쪽)에서 頭魚宴을 베
     풀었을 때, 참석한 여진 추장들에게 춤 출 것을 지시하자 아구타(阿骨打)만이 거부한 사건을 가리킨
     다.

3   [籤註] gingguleme baicaci, liyoo gurun i suduri bithede, aisin gurun i taidzu han be 東懷國皇帝
     seme fungnehe sehebi, ere aisin be šun dekdere hefeli gurun i han sere gisun, ainci ere gūnin
     dere,,
     삼가 찾아보니 『遼史』의 글에서 金國의 太祖 汗을 '東懷國皇帝'라고 封했다고 했다. 이는 金을 '동쪽의
     腹部 나라의 汗'이라고 한 말, 아마 이 뜻일 것이다.

baibi tondoi hengkileme banjire niyalma be, banjiha arbun be tuwafi
그냥 충직하게 조아리며 사는 사람을 태어난 모습을 보고

waki sehe turgunde dain ojoro jakade, abka aisin be wakalafi aisin i
죽이려고 한 까닭에 전쟁이 되어서 하늘이 金을 꾸짖고 金의

wargi ba be yuwan de buhe manggi, yuwan taidzu[4] acaki seme
서쪽 땅을 원에게 준 후, 元 太宗이 화친하자고

takūraha elcin be 6/7 aisin i ilibuha tebufi, cing ceng[5] hecen kaha be
파견한 사신을 金의 일리부하가 억류시키고 慶陽城을 포위한 것을

bederebuhe, dasame bekileme jabduha seme dain jici jio seme elcin
철수시키고 다시 공고히 할 시간을 벌었다고 싸우러 올테면 오라고 사신을

sindafi unggime, cokto gisun i acara be efulefi, abka aisin i doro be
놓아 보냈다. 교만한 말로 화친을 무너뜨려 하늘이 金의 道를

dai yuwan de buhebi kai, tere buhe ba be aisin amasi bahabio, dai
大元에게 주었다. 그 준 것을 金이 도로 얻었는가? 大元의

yuwan i tohon temur han beyebe abkai fejergi ejen, mimbe we ainambi
토혼 테무르 한이 자신을 천하의 주인인 나를 누가 어찌하겠는가

---

4 'taidzu'(太祖)는 'taidzung'(太宗)의 오류이다. 이 단락의 史實은 『金史』111권, 「紇石烈牙吾塔傳」에
   의하면 金의 哀宗 正大 6년(1229)부터 7년(1230) 경에 있었고 몽고의 오고데이 칸 太宗 元年과 2년에
   해당한다. 따라서 taidzu는 taidzung의 오류이다. 『明淸史料』(丙編·第一冊·金國汗致袁崇煥書稿殘
   葉)에 '元太宗'이라고 되어 있다.
5 'cing ceng'은 'cing yang'의 誤記이다. 『明淸史料』(丙編·第一冊·金國汗致袁崇煥書稿殘葉)에 '慶陽'
   으로 기록되어 있다.

7/8 seme doro akū ehe jurgan be yabume, abka de waka sabufi gurun
　　라고　　道 없이　　惡義를　　　　　행하여,　　하늘에서 잘못을 알고 국인·

hūlha dain dekdefi, ju taidzu de doro gaibuhabi kai, tere gaibuha ba be
도둑들이 전쟁을 일으켜 朱(元璋) 太祖에게 道를 빼앗긴　것이다.　그　빼앗긴　것을

monggo te amasi gaji seci, suwe te amasi bumbio, tere
　몽고가 지금　도로　가져오라고 하면 너희가 지금 도로 주겠는가? 그

gaibuha bade buya irgen i giran i anggala, han beise i eifu akūn,
　빼앗긴　땅에는　小民의　　시체　뿐 아니라　한과 버일러들의 묘는 없겠는가?

tere gemu amasi bahaki seme gūnihabi kai, gūniha de acabume
그들은 모두　도로 취하자고　　생각했었다.　　생각한 것에　맞게

bahabio, be daci 8/9 eitereme tondoi banjici, ojorakū, wan lii han
얻었는가? 우리는 원래　대체로　忠義로 살았으나, 할 수 없었다. 만력 황제가

umai weile akū membe waki sehengge inu nendehe songko ci ai
아무　죄　없이 우리를 죽이려고 한 것　또한　이전의　자취와　무엇이

encu, sini gurun i hafasa bithei niyalma inu sini han de isinambi kai,
다른가? 너의 나라의　관원들과　文士도　　　　너의 황제에게　진언한다.

abkai kesi de emu gurun i ejen mini gisun be umai herserakū, suweni
하늘의 은혜로　한 나라의　주인인 나의　말은　완전히 무시한다.　너희

han be abkai dele bisire gese goro arafi, dorgi ambasa ceni
황제를　하늘　위에　있는 것처럼 멀리 두고,　안의　대신들은 그들

beyebe 9/10 enduri adali wesihun arafi han de wesimbuci ojorakū, geren
자신을　　　神과　같이 존귀하게 두어 황제에게 상주할 수　 없다,　　　여러

ambasai dolo acarakū seme juwe aniya mini takūraha bithe be elcin be
대신들의 마음에 맞지 않다며　　　2년동안　내가 보낸　　글과　　　사신을

han i hecen de šuwe unggirakū bederebuhengge, dai liyoo i aisin be
황제의　성에　곧바로 보내지 않고 돌려보낸 것은　　　　大遼가　　　金을

gidašaha ci hono dabali kai, ere inu abka dara⁶ giyan dere, bi
속인 것보다　더욱　지나친 것이다. 이 또한 하늘이요,　　이치일 것이다. 내가

mujakū murime acaki seci ombio,, 10/11
심하게　강행하여 화친하자고 할 수 있겠는가?」

○ kundulehe baniha seme unggihe bithei gisun, aisin gurun i
　"존중한 것에 감사하다" 라고　　　보낸　　글의 말.　　「金國의

han i bithe, daiming gurun i yuwan amba niyalma de unggihe, doro
한의　글.　　대명국의　　　袁(崇煥) 大人에게　　　　보낸다.　화친을

udu acarakū bicibe, mini elcin be kundulefi unggihe, <u>banjiha</u>,,⁷
비록　하지 않더라도　나의　사신을 존중하고 보냈다.　　감사하다.」

6　'dara'는 'dere'의 誤記이다. 『明清史料』(丙編・第一冊・金國汗致袁崇煥書稿殘葉)에 '天也時也'로 기
　　록되어 있다.

7　[籤註] gingguleme baicaci, fe dangse de, banjimbi banimbi sere juwe gisun be adali baitalambi, ere
　　banjiha sere gisun, ainci baniha sere gisun dere,,
　　삼가 찾아보니 舊 檔子에서 'banjimbi', 'banimbi' 라는 두 말을 같이 쓴다. 이 'banjiha'라는 말은 아마
　　도 'baniha'(감사하다)라는 말인 것 같다.

○ juwan ninggun de, jao deng k'o i gajiha bithei 11/12 gisun,
　　16일에,　　　　　jao deng k'o가　가져온　글의　　　　　말.

han i hesei tucifi jecen de yabume cooha fidere bing bu cangšu yuwan
「황제의 命으로 나와　변경에　　가서　　군사를 동원하는　병부상서　袁(崇煥)

i bithe, karu han i booi fejile unggihe, elcin bederehe juwe bithe
의 글. 답으로 한의　집 아래에 보낸다.　　사신이 돌아갈 때　2통 글을

jabume unggihe, te jao deng k'o geli medege jihe be tuwaci, han i
답으로　보냈다.　지금 jao deng k'o가 또 소식 (가져)온 것을 보니,　한의

sain mujilen abka be dahame hūturi arara be saha, niyalmai gisun ai
좋은　마음이 하늘을　따르니　복을　짓는 것을 알았다. "사람의　말을 어찌

akdun, coohai amba weile be tulergi niyalma 12/13 ainambahafi sambi
믿는가?　군대의　大事를　　바깥　사람이　　　어찌 알 수 있겠는가?"

serengge, han damu beyei mujilen de fonjime abkai mujilen de
라는 것은　한이 다만 자신의　마음에　　묻고 하늘의　마음에

acaburengge kai, abkai mujilen han i mujilen dule mini mujilen kai,
부합하는 것이다.　　하늘의　마음과 한의　　마음은 원래 나의　마음인 것이다.

han unenggi mujilen oci, bi tašan oci ombio, han yargiyan mujilen
한이 진실한　마음이면　　내가 거짓될 수 있겠는가? 한이 진실한　마음이면

oci, bi holo oci ombio, juwe 13/14 boo be abkai ciha, holo tašan
내가 거짓일 수 있겠는가? 두　　　집은　하늘의 뜻대로다. 거짓이

ai baita, damu juwan aniya oho dain cooha be emu cimari andande
무슨 소용인가? 다만   10년   된   戰兵을   하루 아침에   갑자기

sindaki seci, udu ambula hūsutulehe seme ilan duin niyalmai alime
해산하고자 하면 비록 크게   힘쓰더라도   서너   사람이 받아들일 수

gaici ojorongge waka, ilan juwe gisun de wajirengge waka, eitereci
        있는 것이 아니다. 두세 마디   말로   끝나는 것이 아니다.   결국

han i mujilen de bi, be lama minde juwe jergi acaha, 14/15 dahūme
  한의   마음에   있다. 버 라마가 나와   두 번   만났다.   재삼

gūni,,
생각하라.」

○ juwan jakūn de, jao deng k'o be unggihe, tede unggihe bithei
        18일에,   jao deng k'o를   보냈다. 그 때   보낸   글의

gisun, aisin gurun i han i bithe, daiming gurun i ambasa de unggihe,
  말. 「金國의   한의   글.   대명국의   대신들에게   보낸다.

bi dain nakafi taifin banjiki seme, beyebe ajigan arafi acaki seme
내가 전쟁을 그치고 태평하게 살자고 하며, 스스로를   굽히고   화친하자 하며

elcin takūrame gisureci, wang bing bu, sun dooli 15/16 dain be buyeme
사신을 보내어   말해도   王   兵部와   孫 道員이   전쟁을 원하고

acara cihakū sere, suwe unenggi doroi jalin gūnire amban oci, julgei
화친하기를 원하지 않는다 한다. 너희가 진실하게 화친을 위해 고심하는 대신이라면 옛

jang liyang, cen ping, ju g'o liyang, jeo ioi adali bithe coohai weile be
張良· 　　　陳平· 　　　諸葛亮· 　　　周瑜　같이　　文武의　　　　　일을

gemu same, tucici jiyanggiyūn ofi cooha be afame mutere, dosici
모두　알아,　나가면　　將軍이　되어　군대를　맡을 수 있고　　들어가면

cengsiyang ofi irgen be dasame mutere oci, suweni gisun inu kai,
丞相이　되어　　民을　다스릴 수 있으면　너희의 말이 옳을 것이다.

tuttu akū dain jifi cooha be wafi irgen be gamara 16/17 oci, tucifi
그렇지　않고 전쟁하러 와서 병사를 죽이고 民을 끌고가도,　　　　　나가서

afarakū tehei tuwara, yala doro acaki seci, geli efuleme gisurere,
싸우지 않고 앉은 채로 보거나, 과연 화친하고자 해도 또 무너뜨려 말하거나,

hafan cooha irgen i bucere joboro be umai sarkū, amba gisun gisureme
官·　兵·　民의　　죽거나 괴로운 것을 전혀　보지 않고　大言을　　　말하며

dain nakarakūci, dain ja akū kai, suwe acaki seci, bi ojorakū
전쟁을 그치지 않으면, 전쟁이 쉽지 않을 것이다. 너희가 화친하자 했는데 내가 안된다하여

dain ofi mini niyalma wabuci, suweni warangge waka, miningge be
전쟁이 일어나 나의 사람이 죽임당하면, 너희가 죽이는 것이 아니고 나의 것을

bi warangge kai, bi acaki seci, suwe ojorakū dain ofi suweni
내가 죽이는 것이다. 내가 화친하자 했는데 너희가 안된다하여 전쟁이 일어나서 너희

niyalma wabuci, mini 17/18 warangge waka, suweningge be suwe
사람이 죽임당하면,　내가　　죽이는 것이 아니고　너희 것을　　너희가

warangge kai, mini unenggi gūnime acaki sehe, suweni ambakilame
죽이는 것이다.   내가 진심으로 생각하여 화친하자 한 것, 너희가   거만하게

acahakū be abka inu saha dere, niyalma inu donjiha dere,,
화친하지 않은 것을 하늘도 알았을 것이다.   사람도   들었을 것이다.」

○ juwan biyai ice juwe de ihan inenggi meihe erinde, tangse de
   10월   초 2일에,   丑日   巳時에   堂子에

hengkilefi cooha juraka, ice duin de durbi de 18/19 isinaha inenggi,
고두하고   군사가 출발했다. 초 4일에   두르비에   도착한 날,

jarut gurun i monggo beise sebun, sangtu, habagai cooha gajime han
자루트 국의   몽고   버일러들인 서분· 상투· 하바가이가 군사를 이끌고 汗에게

de acanjiha,,
   만나러 왔다.

○ ice sunja de, yangsimu bira de deduhe, tere inenggi naiman i
   초 5일에,   양시무 河에서   묵었다.   그 날   나이만의

hūng baturu, aohan i dural hūng baturu, jarut i neici han, hūbiltu i
훙 바투루· 아오한의   두랄 훙 바투루·   자루트의 너이치 한· 후빌투의

jui 19/20 daicing, monggo i geren beise gemu meni meni cooha be
아들인   다이칭· 몽고의   여러 버일러들이 모두   각자   군사를

gajime acanjiha, monggo i geren beise be acanjiha doroi amba
이끌고 만나러 왔다. 몽고의   여러 버일러들에게   來會의 예로   큰

sarin sarilaha,,
　연회를 열어주었다.

○ ice ninggun de, barin i monggo beise seter sereng cooha gajime
　　초 6일에,　　　　　　바린의 몽고 버일러들　서터르·서렁이　군사를 이끌고

acanjiha, tesei morin turga ofi han wakalame hendume, bi suweni
만나러 왔다. 그들의 말이　수척해서　한이 책망하여　　말하기를, "내가 '너희의

morin be saikan tarhūla, 20/21 ume yalure, dain dailambi seme henduhe
말을　　잘　　살찌우라.　　　　타지 마라. 출정할 것이다' 라고　　했었다.

bihe, suwe gisun be jurceme aba abalafi morin turgalafi cooha komso
　너희가 말을　　어기면서 몰이사냥 하여 말이　수척하고　병사가 적게

yabuci, ai yangse seme, acame gajiha deji jeku be halbuhakū,,
다니니　무슨 꼴인가?"라며　만나고자 가져온 上等의 양식을 받아들이지 않았다.

○ ice uyun de, narit de deduhe inenggi, cahar ci sunja moringga
　　초 9일에,　　　나리트에서　묵은　날,　　차하르에서　5명의　말 탄

ukanju isinjiha,, 21/22
도망자가 이르렀다.

○ juwan emu de, cahar ergici monggo i ukanju nikan de dosime
　　11일에,　　　차하르 측에서　몽고인　도망자가　明으로　들어

genere be donjifi, unege dzung bing guwan, suna fujiyang de duin
가는 것을　듣고　우너거　總兵官과　　수나 副將에게　400명을

tanggū niyalma be adabufi songko amca seme unggihe bihe, niyalma
맡겨 　흔적을 　쫓으라고 　보냈었다. 　사람

emu tanggū, morin jakūnju, temen nadanju ninggun, ihan emu tanggū
100명· 　말 80마리· 　낙타 76마리· 　소 127마리

orin nadan, 22/23 honin emu tanggū juwan olji bahafi gajiha,,
양 110마리 　노획을 얻어 데려왔다.

○ juwan emu de liyoha de indehe, tere inenggi han hendume,
11일에, 　遼河에서 쉬었다. 　그 날 　한이 말하기를,

seter sereng acame goidaha, geren monggo beise be isafi, seter sereng
"서터르 서렁이 만나러 늦게왔다. 　여러 　몽고 　버일러들이 모여 　서터르 서렁의

ni weile be gisure seme henduhe, geren monggo i beise gisureme
죄를 　의논하라"라고 　말했다. 　여러 　몽고 　버일러들이 의논하여

seter sereng de weile tuhebufi juwe morin de uksin saca 23/24 acihai,
서터르 서렁에게 죄를 　내려서 2마리 말에 　갑옷과 투구를 　실은 것과,

sula jakūn morin, uheri juwan morin, uttu weile arahabi seme han
맨등의 8마리 말, 　총 　10마리 말, 　이렇게 죄를 다스리겠다고 　한에게

de alara jakade, han hendume, weile be boode genehe manggi gisureki
고했기 때문에 한이 말하기를, 　"죄를 　집에 　간 　후에 　말하겠다"

seme benjihe juwan morin be amasi bederebuhe, seter sereng be
라며 　보내온 10마리 말을 　되돌려 보내게 했다. 　서터르 서렁이

acakini seme acabuha, geren monggo i beise, 24/25 han de hengkilehe,,
만나고자 하여 만나 주었다.　여러 몽고의　버일러들이　한에게　고두했다.

○ juwan juwe de liyoha de deduhe, tere inenggi emu jalan de
　12일에,　遼河에서　묵었다.　그　날　1개 잘란에서

emte moringga amban, emu nirui juwanta yafahan be gaifi aba abalaha,
1명씩　말 탄　대신이　1개 니루에　10명씩　보병을　이끌고 몰이사냥했다.

tere inenggi dzung bing guwan unege, suna fujiyang ni baha duwali
그 날　총병관　우너거와 수나 副將이　얻은　一群의

burulaha hahasi ini 25/26 hehe juse be baime dosime jihe, ini hehe be
도망한　남자들이 그의　처자식을　찾으러　들어 왔다. 그의 처를

gemu acabume bufi boigon araha, tere inenggi ambasa be bayara be
모두　만나게 해 주고　戶로 만들었다. 그　날　대신들과　바야라를

isabufi emu ihan duin honin wafi sarilaha,,
모으고　1마리 소와 네 마리 양을 잡아 잔치했다.

○ juwan duin de ineku liyoha de deduhe, tere inenggi emu
　14일에,　바로 그 遼河에서　묵었다.　그　날　1개

nirui juwanta yafahan be 26/27 gaifi abalaha,,
니루에　10명씩　보병을　이끌고 몰이사냥했다.

○ tofohon de, monggo i korcin gurun i tusiyetu han, tumei,
　15일에,　몽고의　코르친 국의　투시예투 한· 투머이·

konggor mafa, darhan taiji, sine minggan daicing, ilduci, ukšan, hatan
콩고르 마파·　　다르한 타이지·　시너 밍간　　다이칭·　일두치·　욱산·　하탄

baturu, dorji, juwe sanggarjai, sonom, labsihi, mujai, badiri, conoho,
바투루· 도르지·　2명의 상가르자이·　　소놈·　랍시히· 무자이·바디리· 초노호·

budasiri, darhan hūng baturu, sereng, baisgal, esen, darhan 27/28 joriktu
부다시리·　다르한 훙 바투루·　　　서렁·　바이스갈·　어선·　다르한　　　조릭투·

darhan taiji i jui, orin ilan beise cooha gajime han de acanjiha, jidere
다르한 타이지의 아들,　　23명의　버일러들이 군사를 이끌고 한에게 만나러 왔다.　올

de, han, juwe amba beile, geren taijisa ilan ba i dubede okdofi acaha,
때 한과　　두　大 버일러·　여러 타이지들이 3里의　　끝에서　맞이하여 만났다.

acaha bade morin ci ebufi julesi abka de ilan jergi niyakūrafi uyun
만난 곳에서　　말에서　내려 남쪽으로 하늘에　　세 번　　무릎 꿇고　아홉

jergi hengkilehe, tereci amasi cacari caha bade jifi (abkai acabuha
번　고두했다.　　　그 후 돌아가 천막을 친　곳에 와서 (하늘이 만나게 한

cooha seme abka de hengkilehe,,) 28/29 han dulimbade tehe, juwe amba
군사라고　　하늘에　고두했다)　　　　　한이　가운데에 앉았다.　두 大버일러가

beile emte ashan de tehe, geren taijisa juwe ashan de hūwalame tehe,
　1명씩　옆에　앉았다. 여러 타이지들이 양　옆에　　나누어　　앉았다.

tusiyetu han ini geren beise be gaifi niyakūrame hengkileme acaha,
투시예투 한이 그의 여러　버일러들을 이끌고 무릎 꿇고　　고두하며　　만났다.

tusiyetu han neneme hanci ibefi hengkilefi tebeliyeme acaha, jai juwe
투시예투 한이   먼저   가까이 나아가 고두하고   껴안으면서 만났다. 이어서 두

amba beile ishunde hengkilefi tebeliyeme acaha, tereci geren taijisa
大 버일러와   서로   고두하고   껴안으면서 만났다. 그 후 여러 타이지들이

ahūn bodome ishunde hengkilefi tebeliyeme acaha, tereci 29/30 konggor
兄을   헤아리며 서로   고두하고   포옹하며   만났다.   그 후   콩코르

mafa, geren beise, han, juwe amban beile, geren taijisa, cahar i beise,
마파· 여러 버일러들이 汗· 두   大버일러·   여러 타이지들· 차하르의 버일러들·

kalka i beise, barin i beise, jarut i beise nenehe songkoi ilhi ilhi hengkilefi
칼카의 버일러들· 바린의 버일러들· 자루트의 버일러들이 먼저 한 대로 차례차례 고두하고

tebeliyeme acaha, acame wajiha manggi tusiyetu han, konggor mafa ceni
 포옹하며   만났다. 만나기를 마친   후,   투시예투 한과   콩코르 마파가 그들이

gajiha arki be han, juwe amba beile de angga isibuha, tereci tusiyetu 30/31
가져온 소주를 한과   두 大 버일러들에게   입에   대게 했다. 그 후 투시예투

han, tumei beile be ici ergi de tebuhe, konggor mafa be hashū ergi de
한과 투머이 버일러를 오른 편에   앉혔다. 콩코르 마파를   왼 편에

tebuhe, jihe geren beise be juwe ergi de hūwalame tebuhe, juwan ihan
앉혔다. 온 여러 버일러들을 두 편으로   나누어서   앉혔다. 10마리 소·

orin honin wafi tanggū malu arki gajifi sarilaha, korcin i ninggun
20마리 양을 잡고   100병의   소주를 가져와 잔치했다. 코르친의 여섯

gūsai beise, han de acara doroi gajihangge, tusiyetu han juwan morin,
구사의 버일러들이 한을   만나는 禮로 가져온 것.   투시예투 한이 10마리 말,

tumei beile juwan morin, konggor mafa juwan 31/32 morin, darhan
투머이 버일러가 10마리 말,   콩코르 마파가 10마리   말,   다르한

taiji juwan morin, ilduci juwan morin, ukšan juwan morin, jai juwe
타이지가 10마리 말, 일두치가 10마리 말,   욱샨이 10마리 말,   그리고 두

amba beile de juwete morin gajiha bihe, gemu gaihakū amasi
 大 버일러 에게 2마리씩 말을 가져 왔었다. 모두 취하지 않고 되

bederebuhe,,
 돌려보냈다.

○ jalait beise jifi jugūn ci amasi bederehe, juwan ninggun de
  잘라이트의 버일러들이 와서 길에서 되 돌아갔다.   16일에

liyoha i ulan ergi de 32/33 deduhe, tere inenggi korcin i tumei beile,
 遼河의   壕 쪽에서   묵었다.   그 날   코르친의 투머이 버일러와

sine minggan daicing, ere juwe beile de foloho enggemu hadala tohohoi
 시너 밍간 다이칭   이   두 버일러에게   조각한 안장과 굴레를   갖추어

emte morin bufi, ceni monggo i turga ojorakū morin be simnefi amasi
 1마리씩 말을 주고, 그들의 몽고의   수척하여 좋지 않은 말을   선택하여 되

bedereme genehe,,
 돌아   갔다

○ juwan nadan de, liyoha i sibetu golo de deduhe,, 33/34
　　17일에,　　　　遼河의　　시버투 지방에서　묵었다.

○ juwan jakūn de, liyoha i camgas de deduhe,,
　　18일에,　　　　遼河의　참가스에서　　묵었다.

○ juwan uyun de, subudi subargan bisire hoton de deduhe,,
　　19일에,　　　　수부디 塔이　　있는　성에서　　묵었다.

○ orin de, karacin i kara hoton de deduhe, 34/35 tere inenggi
　　20일에, 카라친의　　카라 성에서　　묵었다.　　　　그 날

wasimbuha bithe, han hendume, abka gosime yabumbihede, ishun afara
　내린　　　글.「한이 말하기를,　하늘이 보살펴　행할 때,　맞서　싸우는

niyalma be wa, dahaha irgen i ulgiyan coko ci aname ume necire,
　사람은　죽여라. 투항한 백성의　　돼지·닭조차도　　　　침범하지 마라.

olji araha niyalmai ama jui eigen sargan be ume faksalara, hehe
포로 삼은　사람의　　　父子·　夫婦를　　　　나누지 마라. 여자를

ume ušatara, etuku ume sume gaijara, boo miyoo be ume efulere,
　끌고 가지 마라. 옷을　　벗겨 취하지 마라.　家廟를　　　무너뜨리지 마라.

ai ai agūra 35/36 tetun be ume hūwalara, tubihe moo be ume sacire,
각종　기구와　　　그릇을　　파손하지 마라.　과실수를　　　베지 마라.

ere gisun be jurceme dahaha niyalma be waci, hehe ušataci, wambi,
　이　말을　　어기고　투항한　자를 죽이거나, 여자를 끌고 가면 죽일 것이다.

boo miyoo be efuleci, tubihe moo sacici, etuku sume gaici, tu ci
家廟를　　　무너뜨리고　　과실수를　　베거나, 옷을　벗겨 취하거나, 軍旗에서

fakcafi gašan hešureme yabuci, wame šusiha tantambi, jai nikan i urehe
떨어져 촌락을　약탈하러　가면,　죽도록 채찍으로 때릴 것이다. 또한 한인의　익힌

jeku arki nure be balai ume jetere, balai ume omire, šanaha i dolo
곡물과 소주·황주를　함부로 먹지 말고, 함부로　마시지 마라. 山海關 내에

okto elgiyen 36/37 sere, saikan olho, morin de olhon jeku be balai
毒藥이 많다고　　　　　한다. 잘 주의하라.　말에게　마른 곡물을　함부로

ume ulebure, turga morin de ajige ajige bujufi ulebu, tarhūn morin
　먹이지 마라. 수척한 말에게　조금씩　삶아서 먹여라.　살찐　말

de orho ulebu, ergeke manggi jeku ulebu, orho moo ganame balai
에게 풀을 먹여라. 휴식한　후에　곡물을 먹여라. 풀과 나무를 취하러 가려고 함부로

ume feksitere, hoki acafi ejen arafi gana, balai fakcafi feksiteme
　질주하지 마라. 무리를 지어 어전을 세우고 가라. 함부로 분산하여 질주하여

ganara be jafa, ere šajilaha gisun be jurceme yabure niyalma be,
　가는 자는 잡아라. 이 금지한　말을　어기고　행하는　자를

saikan fafularakū karmarakū oci, 37/38 tere fafularakū karmarakū
　잘　금하지 않고 살피지 않으면　　　그 금하지 않고 살피지 않은

gūsai ejen, jalan i ejen, nirui ejen de weile,,
구사의 어전· 잘란의 어전· 니루의 어전의　죄이다.」

○ orin emu de, burgasutai de deduhe,,
  21일에,   부르가수타이에서   묵었다.

○ orin juwe de, karacin i šangdu bira de deduhe,, 38/39
  22일에,   카라친의   上都河에서   묵었다.

○ orin ilan de, kitanggor dabagan ehe ofi, han, juwe amba beile
  23일에,   키탕고르嶺이   험해서,   汗과   두   大 버일러는

dabafi deduhe, geren taijisa amba cooha be gaifi dabagan i ebele
넘어서   묵었고,   여러   타이지들은   대군을   이끌고   嶺의   이쪽에서

dedufi, jai cimari dabame yamji wajiha,,
묵고   이튿날 아침에   넘어   저녁에 (넘기를)마쳤다.

○ orin duin de, loo bira de deduhe, tere inenggi yoto taiji,
  24일에,   老河에서   묵었다.   그   날   요토 타이지·

jirgalang taiji, abatai 39/40 taiji, ajige taiji, ere duin taiji emu nirui
지르갈랑 타이지· 아바타이 타이지· 아지거 타이지, 이   네   타이지는 1개 니루의

juwanta uksin, jai monggo i korcin i beise, cahar kalka i monggo
 10명씩 甲兵을,   또 몽고의   코르친의 버일러들· 차하르· 칼카의   몽고

beise i cooha, jakūn gūsai monggo i cooha be sain be tuwame tucibufi,
버일러들의 군대·   八旗   몽고의   군대를   정예를   살펴보고 내보내서

hashū ergi galai cooha be abatai taiji, ajige taiji gaifi genehe, ici ergi
   左翼의   군대는   아바타이 타이지· 아지거 타이지가 이끌고 갔고,   右翼

galai cooha be yoto taiji, jirgalang taiji gaifi genehe,, 40/41
　　군대는　　　　요토 타이지·지르갈랑 타이지가 이끌고 갔다.

○ orin sunja de, karacin i cagan holo de deduhe,,
　　25일에,　　　카라친의　　차간 홀로에서　묵었다.

○ orin ninggun de, murei holo i dabagan ehe ofi, han, beise
　　26일에,　　　무러이 홀로의 嶺이　　험해서,　한·버일러들은

dabafi deduhe, geren cooha šadaha morin i niyalma dobori dulime dabaha,
넘고나서 묵었고,　여러　병사들·　지친　말의　사람은　　밤새워　　넘었다.

juleri jihe cooha orin 41/42 ninggun i dobori dulifi orin nadan de
앞서 출발한 군대는　26일　　　　　　　　밤새워서　　27일에 (도착했다. 이들)

abatai taiji, ajige taiji i juraka cooha, ihan erinde lung jing guwan
아바타이 타이지·아지거 타이지의 출발한 군대는　丑時에　　　龍井關

furdan be hūlhame gaifi, tasha erinde bira i jase be efulefi cooha
　관문을　　빼앗아 취하고,　　寅時에　　강의　목책을 부수고 군대가

dosika, dosika ba i poo i jilgan de hūng šan keo i ts'anjiyang,
들어갔다.[8] 들어간 곳의　炮의 소리에　　　　洪山口의　　　參將·

han el juwang ni fujiyang cooha gaifi dame jihe manggi, aisin i cooha
　漢兒莊의　　　　　副將이 군대를 이끌고 도우러 오자,　　　金의　군대가

8　이 문장의 의미는 아래와 같다. "앞서 출발한 아바타이 타이지·아지거 타이지의 군대는 26일 밤 새
　　워 진군하여 27일 丑時에 龍井關을 탈취하고 寅時에 강의 목책을 부수고 진군했다."

okdome gidafi fujiyang 42/43 i ai, ts'anjiyang wang sun cen, coohai
응수해 격파하여 (漢兒莊) 副將 易愛·(洪山口) 參將 王遵臣· 군대의

niyalma be gemu waha, tereci san tun ing ni dzung bing guwan i
사람을 모두 죽였다. 그 후 三屯營의 總兵官의

karun be gidafi waha, han el juwang hecen i tule ilifi daha seme
초소를 격파하여 죽였다. 漢兒莊城의 밖에 서서 항복하라고

gisureme bisire de, manggūltai beile, mergen daicing, erke cūhur isinjifi
말하고 있을 때에. 망굴타이 버일러· 머르건 다이칭· 어르커 추후르가 도착해서

gisureme, fujiyang ni fejergi dzo ing hafan lii fung hecen i niyalma be
말하여, 副將의 휘하의 左營官 李豊이 城의 사람들을

gaifi dahafi uju fusiha, cooha dosifi 43/44 hecen i ninggureme tataha,
이끌어 투항하고 체발했다. 병사들은 들어가서 성의 위에서 숙영하고,

beise i beye yamun de tataha, umai necihekū,,
버일러들은 직접 아문에서 거했다. 전혀 범하지 않았다.

○ tere inenggi, han jase dosifi hūng šan keo hoton be afame
그 날, 한이 경계(長城)로 들어가서 洪山口城을 공격해

gaiha, han geren cooha dosifi tataha,,
취했다. 한과 여러 병사들은 들어가서 숙영했다.

tongki fuka sindaha hergen i dangse
點·圈을 찍은 문자의 檔子

juwan jakūci debtelin
18권

sure han i ilaci aniya juwan biyaci omšon biyade isinahabi
천총 3년 10월부터 11월까지

tongki fuka sindaha hergen i dangse,,
點 圈을　찍은　문자의　檔子

○ orin jakūn de, han el juwang de bihe pan giya keo i niyalma
28일에,　漢兒莊에　있던　潘家口[1]의　사람을

be sindafi unggime, daha seme takūrara jakade, yamji uthai pan giya
놓아　보내어　항복하라고　파견하자,　저녁에 즉각　潘家口의

keo i šeobei gin io guwang, ini jung giyūn fan min liyang, ki gu
守備　金有光·　그의　中軍　范民良·　旗鼓

jiyang jin kiyoo be takūrafi dahaha seme jihe, manggūltai 1/2 beile,
蔣進喬를　파견해서　항복한다며　왔다. 망굴타이　버일러는

jung giyūn, ki gu de emte hūntahan taili, emte suje šangnafi, wesibufi
中軍·　旗鼓에게　1개씩의 술잔과 잔받침·　1필씩의 비단을 상 내리고, 승진시켜

beiguwan obuha, gin šeobei be wesibufi iogi obuha, jafu bufi unggihe,
비어관으로 삼았다.　金(有光) 守備를 승진시켜 유격으로 삼았다. 箚付를 주어 보냈다.

han, orin jakūn de, hūng šan keo i hecen de indehe,,
한은　28일에　洪山口城에서　묵었다.

---

1 潘家口는 盧龍塞라고도 불렸으며, 명대 1562년(嘉靖41) 축조된 후 喜峰口와 함께 長成의 중요한 관문
　이었다. 灤河가 이곳을 통해 關外에서 關內로 흘러든다. 현재 河北 寬城 滿族自治縣 境內에 있다.
　1975년 潘家口저수지가 축조된 후 저수지 아래에 수몰되었다.

○ orin uyun de, hūng šan keo i hecen de 2/3 indehe, tere inenggi,
　　29일에,　　　　　　洪山口城에서　　　　　　　　　묵었다.　　그　날,

han hendume, fang ioi cing, dade bai niyalma bihe, hūng šan keo i
한이　말하기를,　"fang ioi cing은 원래　　평민이었다.　　　　　洪山口城에

hecen de ejen akū seme beiguwan obuha, si samsiha niyalma be
　　주인이　없다하니　備禦官으로 삼았다.　너는　흩어진　　사람들을

bargiyame tondoi akūmbu, tondoi akūmbuci, gung baha dari wesibure,,
　거두어　　충성을 다하라.　　　충성을 다하면　　功을 얻을 때마다 승진시키겠다."

tere inenggi, emu ciyandzung, emu badzung burulaha bihe, uksin saca
　그　날　(明의) 1명의　千總·　1명의　把總이　도망쳐갔다.　　갑옷과 투구·

beri jebele ashahai coohai agūra be 3/4 jafafi, tanggū niyalma gaifi
　활과 화살통·　허리에 차는　　兵具를　　　　가지고　　　100명을　　이끌고

amasi dosinjiha, han, dosika sain seme ciyandzung be beiguwan obuha,
　되 진공했다.　　한은 진공한 것이 좋다 하며　千總을　　　　備禦官으로 삼고,

badzung be ciyandzung obuha,,
　把總을　　　千總으로 삼았다.

○ manggūltai beile i unggihe bithe, han i hūturi de, jase i hoton be
망굴타이　버일러가　보낸　　문서,　「한의　福으로　　경계의　　城을

hūlhame afafi gaiha, moringga ilan kuren, yafahan juwe kuren,
빼앗고자 공격하여 취했습니다.　騎兵　3大隊와　　　　步兵　2大隊,

sunja 4/5 kuren i cooha be gidafi waha, fujiyang ni tehe han el
　5大隊의　　　　　　군대를　　격파하여 죽였습니다.　副將이 거하던 漢兒莊城을

juwang ni hecen be dahabufi gemu uju fusiha, musei cooha be hecen i
　　　　투항시켜서　모두　체발했습니다.　우리의 군대를　　　　城의

ninggureme tatabufi, irgen be umai necihekū, dahaha irgen i
　위에　　숙박하게 하여 백성들을 전혀 침범하지 않았습니다. 항복한 백성들이

hendurengge, be emgeri han i irgen oho, han i cooha genehe amala,
　말하기를, "우리는 이미　한의　백성이 되었다.　한의 군대가　간　　뒤에,

san tun ing ni dzung bing guwan 5/6 jifi wambi kai sembi, san tun
　三屯營의　　　　總兵官이　　　　　와서 죽일 것이다"라고 합니다.　三屯營의

ing ni dzung bing guwan de, be musei arafi gajiha bithe be pai de
　　　　總兵官에게　　　　우리는 우리가 지어서 가져온 문서를　牌에

latubufi, encu geli emu bithe arafi takūraha, han i gisun be jurcerakū
　붙이고,　다른　또　한　문서를 지어서 파견했습니다. 한의　말을　거역하지 않고

cimaha urunakū genembi, amasi hendure gisun bici, ere dobori takūra,,
　내일 아침 틀림없이 갈 것입니다. 이후　말할　말이 있으면,　오늘 밤　보내십시오.」

jebele ergi galai jirgalang taiji, yoto taiji orin ninggun de 6/7 dulifi,
　右翼의　　　지르갈랑 타이지 · 요토 타이지가　26일에　　　　밤새워서

orin nadan de ihan erinde, dai an keo i hecen be afame gaifi, jase i
　27일에　　　丑時에　　大安口城을　　　　공격하여 취해서, 경계의

dorgi emu šeobei tehe hecen be dahabuha, jai inenggi, jang ciyandzung
안의 1명의 守備가 거하는 城을 항복시켰다. 다음 날, 張 千總이

ni tehe ma lan ioi hecen be dahabuha, orin uyun de, emu šeobei tehe
거하는 馬蘭峪城을 항복시켰다. 29일에 1명의 守備가 거하는

ma lan keo hecen be dahabuha, poo i jilgan de dame jihe moringga
馬蘭口城을 항복시켰다. 炮의 소리에 도우러 온 騎兵과

yafahan 7/8 sunja kuren i cooha be gidafi waha,,
步兵 5大隊의 군대를 격파해서 죽였다.

○ orin² uyun de, karacin, tumet de wasimbuha bithe, han hendume,
29일에, 카라친·투메트에게 내린 문서. 「한께서 말하기를,

karacin, tumet suwe membe dahame dailaci, muse de iselere nikan be
"카라친, 투메트 너희가 우리를 따라서 토벌하면, 우리에게 저항한 漢人들을

wame gaime yabu, meni dahabuha nikan be wame etuku sume gaime
죽이고 취하며 가라. 우리의 항복시킨 漢人을 죽이고 옷을 벗기고 취하러

yabuci, mende dain i gese kai, tenteke niyalma be bahaci wambi,, 8/9
가면, 우리에게 적과 같은 것이다. 그러한 사람을 찾으면 죽일 것이다."」

○ gūsin de, han, manggūltai beile be, dzun hūwa i baru jio seme
30일에, 한은 망굴타이 버일러에게 遵化를 향해 오라고

---

2 [簽註] fe dangse de ere emu meyen be manju monggo hergen i kamcime ejehebi, te gingguleme da
ejehe manju hergen be ere debtelin de sarkiyame araha, monggo hergen be tongki fuka akū hergen
i debtelin de sarkiyame araha.
舊 檔子에서 이 한 단락을 만주와 몽고 문자의 合璧으로 기록했다. 지금 삼가 본래 기록했던 만주 문
자는 이 책에 베껴서 기록하고, 몽고 문자는 무권점 문자의 卷에 베껴서 기록한다.

niyalma takūrafi unggihe,, han el juwang ci tucire de, dahaha lii fung
사람을   파견했다.   漢兒莊으로부터 나올   때,   항복한   李豊

se baime, bi bucere be guweki seme han de dahaha, te 9/10 han i
등이 청하기를 "우리는 죽음을 면하자 하여   한에게 투항했습니다. 지금   한의

cooha waliyafi geneci, san tun ing ni dzung bing guwan jifi mimbe
군대가 버리고 가면   三屯營의   總兵官이   와서 우리를

wambi kai sere jakade, imbe boigon nisihai gajifi, hūng šan keo de
죽일 것입니다" 라고 했기 때문에 그와 가속을 합하여 데려가서 洪山口에

werihe, gašan i geren de fonjifi sain be sonjofi, jao tiyan fu be
남기고, 촌락의 여러 사람에게 물어 좋은 자를 선택해서   jao tiyan fu를

tukiyefi iogi obufi, hecen de ejen arafi werihe,, 10/11
등용해서 遊擊으로 삼고   城에   주인으로 삼아서 남겼다.

○ gūsin de, hūng šan keo ci jifi, dzun hūwa hoton i ebele sunja ba i
  30일에,   洪山口로부터 와서   遵化城의   이쪽에서 5 里의

dubede deduhe, tere inenggi, dzun hūwa i wang du tang de bithe
앞에서 묵었다.   그 날,   遵化의   王元雅 都堂에게 서신을

unggihe, aisin gurun i han i bithe, wang du tang de unggihe, meni
 보냈다.   「金國의   한의 서신. 王(元雅) 都堂에게   보낸다. 우리가

dain deribuhe turgun, muse juwe gurun baibi sain banjire de, membe
전쟁을 시작한 이유.   우리 두 나라가 그저 좋게 지낼   때,   우리를

gidašame nadan weile korsobuha manggi, be 11/12 abka de habšafi
모욕하여　일곱　일을 원망하게 한 뒤,　우리가　하늘에 호소하여

dailaha, abka, gurun i amba ajigen be tuwahakū, membe urulefi šanaha
정벌했다. 하늘이 나라의 크고 작음을 보지 않고 우리를 옳다하여 山海關

ci casi liyoodung, guwangning ni ba be mende buhe, buhe manggi,
으로부터 저쪽 遼東·　廣寧의　땅을 우리에게 주셨다. 주신 뒤에

bi dain nakafi taifin banjiki seme doro acara bithe arafi, ududu mudan
나는 전쟁을 멈추고 태평하게 살자고　화친하는 서신을 지어서　몇 차례

unggici, suweni han ini beye, ini ambasa be abkai dele bisire adali,
보냈지만, 너희의 황제는 그의 몸· 그의 대신들을　하늘　위에 있는 것처럼,

membe gasha gurgu adali gūnime, 12/13 mini bithe be šanaha ci
우리를　禽獸처럼　생각했으며,　나의 서신을 山海關으로부터

dulemburakū ojoro jakade, bi ambula korsofi, hoton hecen be bekilefi,
통과시키지 못하게 했기 때문에, 내가 크게 분노해서 성과 도시를　지켜

akdun cooha werifi, amba cooha aššafi umesi jihe, mini cooha dosika
굳센 군대를 남기고,　대군을　움직여서 확실히 왔다. 나의 군대가 들어간

teisu, hi fung keo ci fusihūn, dai an keo ci wesihun, afaha cooha be
방향으로 喜峯口로부터 아래로,　大安口로부터 위로　전투한 군대를

waha, han el juwang ci aname dahaha hoton be umai necihekū, jeku
죽였다.　漢兒莊으로부터　차례로 항복한　城을　전혀 범하지 않고, 곡식·

orho i canggi gaifi, coohai niyalmai 13/14 morin ulebufi jihe, si te minde
糧草만   취해서   병사의   말을 먹이고 왔다. 네가 지금 나에게

dahaci, gung gebu bayan wesihun be uhe oki, sain gasha moo sonjofi
투항하면   功名富貴를   함께 하리라. 좋은 새는 나무를 가려서

dombi, bahanara saisa erinde acabumbi sere, ere gisun be si sambi
내려앉고, 깨우친   선비는 때에 맞춘다고 한다. 이   말을   너는 알

dere, bi liyoodung ni ba i ubašara irgen be waha be aliyame gūnime,
것이다. 나는   요동 땅의 배반한 백성을 죽인 것을 후회하여 생각하며,[3]

jai dasame doro dasara be, mini hendure anggala, suwe inu donjiha
또   다시 도리로 정치하는 것을 내가   말하지 않아도   너희 역시 들었을

dere, bi amba cooha aššafi 14/15 umesi jifi aldasi bederembio, si hūdun
것이다. 내가 대군을   움직여   확실히 왔는데 도중에 돌아가겠느냐? 너는 속히

seolefi daha,,
생각해서 항복하라.」

○ omšon biyai ice inenggi, jao dzung bing guwan, lio fujiyang,
    11월   초 1일,   趙(率教) 總兵官·   劉(興祚) 副將·

g'ao fujiyang, wang fujiyang, šanaha i duin minggan cooha be gaifi,
   g'ao 副將·   王 副將이   山海의   4천   병사를 이끌고

dzun hūwa de dame jidere be, jakūn gūsai uturi acame kame dosifi,
   遵化에   구원하러 오는 것을   八旗의 양끝이 만나도록 포위해 들어가서

---

3 1625년 누르하치가 遼陽에서 후금의 통치에 저항한 한인을 무차별 학살한 사건을 가리킨다.

emu dzung bing guwan, ilan fujiyang, 15/16 ts'anjiyang iogi uyun, geren
1명의　　總兵官·　　　　3명의　　副將·　　　　　參將과　遊擊 9명·　　많은

cooha be gemu wacihiyame waha,,
병사를　모두　　　다　　죽였다.

○ ice inenggi, lii fung se be iogi obuha, jafu benehe,,
초 1일,　　　李豊　등을　遊擊으로 삼아　箚付를 보냈다.

○ tere inenggi, lo wen ioi i šeobei lii sy lii dahame, alban i ulin
그　날,　　羅文峪의　守備　李思禮가 항복하면서,　官財의

i ton i bithe gajime 16/17 hengkileme jihe, wesibufi iogi jafu bufi,
수량이 적힌 문서를 갖고　　고두하러　　왔다. 승진시켜 遊擊의 箚付를 주고,

emu jergi etuku šangnafi, ini ba be tuwakiya seme unggihe,,
1벌의　옷을　상주고,　그의 땅을　지켜라　하고　보냈다.

○ tere inenggi, šanaha i jao dzung bing guwan, lio fujiyang,
그　날,　山海의　趙(率教) 總兵官·　　劉(興祚) 副將·

g'ao fujiyang, wang fujiyang, ts'anjiyang, iogi uyun, duin minggan
g'ao 副將·　王 副將·　參將과　遊擊 9명이　4천의

siliha cooha gaifi, dzun 17/18 hūwa de dame jidere be, karun i niyalma
정예병을　이끌고 遵化에　　　구원하러 오는 것을, 정탐하는　자가

safi alanjifi, hashū ergi galai duin gūsai cooha, monggo i cooha
알고 고하러 오자　좌익　　4개 구사의　병사와　몽고의　병사가

neneme gidafi, wame gamara de, han, beise hoton tuwame komso cooha
먼저 격파하고 죽여   처리할 때, 한과 버일러들은   성을   보러   소수의 병사만

gaifi tucike bihe, cooha gidafi gajire be safi, hetu šakalame dosifi,
이끌고 나와 있다가 (우리) 병사가 (적을) 격파해 취하려는 것을 알고 옆에서 진격하여,

jao dzung bing guwan be ajige taiji waha, fujiyang, ts'anjiyang, iogi ci
趙(率教) 總兵官을   아지거 타이지가 죽였다. 副將·   參將·   遊擊부터

aname gemu waha, 18/19 emu jung giyūn hafan be, manggūltai
차례로   모두 죽였다.   1명의   中軍의   관원을   망굴타이

beile weihun jafafi gajifi, han de acabuha manggi, han hendume,
버일러가 생포하여 데려와서 한에게 만나보게   하니,   한이   말하기를,

erebe ujiki, niyalma be ujici, emu bade tusa arambi, tere uju fusi
"이 자를 살리자. 사람을   살리면, 한 군데라도   도움이 된다. 그의 머리를 깎아라"

seme fusibuha, jai beri waliyafi dahaha niyalma be ujifi, g'aoši bithe
하고   체발했다. 또한 활을 버리고 투항한   사람을   살리고, 告示하는 글을

jafabufi meni meni golo de sindafi unggihe,, 19/20
쥐여주어   각자의   지방에 풀어주어 보냈다.

○ ice ilan de, dzun hūwa i hecen be afame, gūlmahūn erinde
    초 3일에,   遵化城을   공격하여   卯時에

uthai gaiha, kakduri gūsai ibai nirui samhatu gebungge niyalma,
곧 취했다. 칵두리   구사 이바이 니루의   삼하투라는   자가

neneme [原檔殘缺] dzun hūwa hecen den beki ning yuwan i gese bi,
앞서서 〔原檔殘缺〕⁴ 遵化城의 높고 견고함은 寧遠과 같았다.

abkai kesi de, musei cooha umai koro bahakū, be 20/21 abkai arbun
하늘의 은혜로 우리 병사는 전혀 상처 입지 않았다. 우리가 하늘의 형상을

be tuwame yabumbi,,
살펴 행한 것이다.

○ karacin i niyalma de ūklige⁵ bucibe, hūda hūdašacibe, neneheci
"카라친의 사람에게 혜택을 주든 상품을 거래하든, 이전보다

ebereme bu, jakūn boo ishunde kooli tuwame bu, jai karacin i han
줄여서 주어라. 八家가 서로 관례를 보아서 주어라. 또한 카라친의 한에게

de seke i hayaha jibca, yarha i dahū, mahala, umiyesun, saligan i
貂皮 테두른 가죽옷· 표범가죽 털가죽외투· 겨울모자· 요대· 약간의

foloho enggemu hadala tohohoi morin bu, bisire beise sarila, ere elcin
조각한 말안장과 굴레를 맨 말을 주어라. 있는 버일러들은 잔치를 베풀어라. 이 사신이

isiname 21/22 jakade, hūdun jurambufi unggi, burgatu i niyalma ci
도착하면, 속히 떠나게 하여 보내라. 부르가투⁶의 사람으로부터

---

4 殘缺된 부분의 단어는 'tafaka'(올랐다)일 것이다. 이 단락의 뒤 천총 3년 11월 3일조에 같은 내용이 기
   록되어 있다.
5 [簽註] gingguleme baicaci, monggo gisun de fulehun sere gisun be ūklige sembi,,
   삼가 찾아보니 몽고어에서 '혜택'이라는 말을 ūklige라고 한다.
6 '부르가투'는 카라친의 타이지이다. 1629년(천총3)부터 다음해까지 후금이 명을 공격할 때 공적을 세
   워서 '다르한' 칭호를 하사 받고 부르가두 다이 다르한(burgadu dai darhan)으로 불렸다. 1631년(천
   총5) 아바타이 타이지의 넷째 딸과 결혼하여 efu(額駙)가 되었다. 아래 참조. 烏雲畢力格, 『喀喇沁萬
   戶研究』, 內蒙古人民出版社, 2005, 95쪽, 136~137쪽, 166~167쪽.

aname, karacin i bisire enen be wacihiyame unggi, inenggi goidaha,
차례로 카라친의 존재하는 자손을 죄다 보내라. 날이 오래되었다.

meni meni boode jikini, baha olji morin be, emu gūsai duite niyalma de
각자 집에 돌아가라." 얻은 노획마를 1개 구사의 4사람씩에게

ninggute morin yalubuha, šulhe juwete morin de acifi unggihe,,
6마리씩 말을 몰게 했다. 배(梨)는 2마리씩의 말에 실어 보냈다.

○ ice ilan de, dzun hūwa i hoton be 22/23 afame gaiha, afara de,
초 3일에, 遵化城을 공격해 취했다. 공격할 때,

amargi dere de juwe suwayan, dergi dere de juwe šanggiyan, wargi
북쪽 방향에 두 黃旗, 동쪽 방향에 두 白旗, 서쪽

dere de juwe fulgiyan, julergi dere de juwe lamun, jakūn gūsa faidafi
방향에 두 紅旗, 남쪽 방향에 두 藍旗, 八旗가 정렬하여

sasa wan latubufi kaicame afame, emu erin be tulikekū uthai tafafi
일제히 사다리를 붙이고 함성을 지르며 공격하여 1刻을 넘기지 않고 곧바로 올라

gaiha, hecen den nadan da bihe, wan be gemu ninggute da arafi, 23/24
취했다. 성은 높이가 7尋이었다. 사다리를 모두 6尋씩 만들어서

isinarakū bisire de, kakduri gūsai emu wan, gūwa wan ci den ofi, ibai
닿을 수 없었는데, 칵두리 구사의 한 사다리가 다른 사다리보다 높아서, 이바이

nirui samhatu gebungge niyalma neneme tafaka, tafaka manggi, hoton
니루의 삼하투라는 자가 앞서서 올라갔다. 올라가자 성의

i ejen wang du tang burulame genefi, ini yamun de fasime bucehe,
주장   王 都堂은   도망하여   가서, 그의   아문에서 목매어   죽었다.

geren hafasa coohai niyalma be, hahai enen be gemu waha, wang du
많은 관원들과   병사들과   남자 아이를 모두 죽였다.   王

tang ni giran be hobo de 24/25 sindafi icihiyabuha, efujehe dooli emke,
都堂의   사체는   관에   안치하여 장사지냈다.   면직된 道吏 1명·

lang jung emke be ujihe, juleri dosika samhatu de, han, aisin i
郎中 1명을   살려주었다. 앞장서 진격한 삼하투에게   한이   금

hūntahan de arki omibufi hendume, musei coohai niyalma, ere emu udu
술잔에 소주를 마시게 하고 말하기를, "우리   병사는   이   몇

aniya hoton afara be sengguweme gūnimbihe, ere hoton julgei gaiha
년 간 성을 공격하는 것을 두렵다고   여겨왔다.   이 성은 옛날 취한

hoton ci mujakū beki akdun, ere niyalma be ambula gosiki seme
성보다   훨씬   견고하다. 이   사람을   크게 아끼고자 한다" 라고

geren ambasai baru henduhe,, 25/26
많은   대신들을 향해   말했다.

○ ice duin de, kuwan diyan ioi anggai hoton i šeobei wang sun
  초 4일에,   寬佃峪   입구에 있는 성의 守備 wang sun

jang de iogi jafu buhe, hoton i niyalma be gaifi dahaha gung de,,
jang에게 遊擊 箚付를 주었다. 성의   사람을   이끌고 항복한 功에 (따른 것이다.)

○ ma lan lu i ts'anjiyang, ini tehe hoton ci 26/27 jailafi, hoton
　　馬蘭路의　　　參將은　그의 거처한 성으로부터　　　　도망하여, 성이

dahaha manggi, amala baime jihe seme kemuni ts'anjiyang obuha,
항복한 후　　　나중에　찾아　왔다 하여 예전대로　參將으로　삼았다.

ma lan lu i hoton i niyalma be gaifi dahaha emu da ing guwan, jakūn
　　馬蘭路 城의　　　　사람을　이끌고 투항한 1명의　答應官과　　　8명의

šusai de emte suje, emte hehe šangnaha, da ing guwan wang dzung
秀才에게 1필씩의 비단과 1명씩의 여자를 상 내렸다.　答應官　wang dzung

jao be wesibufi beiguwan obufi, dai an keo i ba be bargiyame isabufi
jao를　승진시켜　　비어관으로 삼고,　大安口　땅을　수습하며 (백성들을) 모아서

kadala seme jafu buhe, ujulafi dahaha 27/28 šasai wang yūn jeng be
관할하라 하고 箚付를 주었다. 앞장서서 항복한　　　秀才　wang yūn jeng을

wesibufi beiguwan obufi, ma lan lu i ts'anjiyang ni fejile jung giyūn
발탁하여　備禦官으로 삼고,　　馬蘭路　參將의　　　　아래　　中軍으로

ofi kadala seme jafu buhe,,
삼고 관할하라 하고 箚付를 주었다.

○ hūng šan keo i ts'ai beiguwan i jui de, emu etuku emu suje
　　洪山口의　　　　ts'ai　備禦官의　아들에게　1벌의 의복과 1필의 비단을

bufi unggihe, hi fung keo be dahabure bithe arafi casi doolame 28/29
주어　보냈다.　　喜峯口를　　투항하게 하는 글을 지어 그곳에 베껴 써

benebu seme unggihe,,
보내게 하라 하며 보냈다.

○ karacin i batma, han de emu temen gajime hengkileme jihe,,
카라친의　바트마가　한에게　1마리의 낙타를 갖고　　고두하러　왔다.

○ ice duin de, jakūn booi duite niyalma be simiyan de medege
초 4일에,　　八家에서　4명씩의 사람을　　瀋陽에　　소식을

alame takūrafi unggihe, tede 29/30 unggihe bithei gisun, han hendume,
알리러　　파견했다.　　거기에　　　　　보낸　　글의　　말.「한이 말하기를,

abkai kesi de musei cooha jase dosire de, juwan biyai orin ninggun i
하늘의 은혜에　　우리　병사가 경계에 들어갈 때,　　10월　　　　26일

dobori dulifi, orin nadan i gerenggele, jebele ergi duin gūsa, dai an keo
밤을 지새우고,　　27일　　아침이 밝기 전　우익의　　4개 구사가　大安口라는

gebungge anggai hoton be hūlhame gaiha, dashūwan ergi duin gūsa,
　　　　입구의　　성을　　빼앗아　취했다.　　좌익의　　4개 구사는

lung jing guwan gebungge anggai hoton be hūlhame 30/31 gaiha, gemu
　龍井關이라는　　　　　입구의　　성을　　빼앗아　　　　취했다. 누구도

serehekū bihe, poo i jilgan de dame jihe juwan kuren i cooha be gemu
깨닫지 못했었다.　　포의　소리에 구원하러 온　10개　부대의　군대를　　모두

gidafi waha, fujiyang, ts'anjiyang, iogi tehe hecen be gaiha, dahabuhangge
격퇴해 죽였다.　　副將·參將·遊擊이　거한　성을　빼앗았다.　투항한 것이

uyun, tere hecen de morin majige teyebume indefi, gūsin de julesi
9성이었다. 그 성에서　　말을　조금　쉬게 하며 묵고,　30일에　앞으로

dosifi, du tang ni tehe dzun hūwa hecen i amala iliha,, 31/32
들어가　都堂이　　거하는　遵化城의　　　　북쪽에 멈추었다.」

○ ice sunja de, pan giya keo de anafu tefi, dahaha ts'anjiyang
　　초 5일에,　　　　潘家口에서　　　　주둔하다　투항한　　參將

jao dzung pu de kemuni ts'anjiyang bufi, sini da cooha be kadala
jao dzung pu에게　그대로　　參將을　맡기고, "너의 원래　병사를 관할하라"

seme jafu bufi, karacin i ahūn sonoi i jui bedereme genere de unggihe,,
하며 箭付를 주어, 카라친의　　형 소노이의 아들이　돌아갈 때에　　보냈다.

○ ice ninggun de, dai an keo anggai 32/33 hecen i ts'anjiyang ni
　　초 6일에,　　　　大安口　입구　　　　성의　　　參將의

jung giyūn jao ši de šeobei jafu buhe, dai an hecen be dahaha seme,
　中軍　　jao ši에게 守備의 箭付를 주었다.　大安城이　　　　투항했다고

ma lan ioi hecen i alban i ku i boso emu tumen emu minggan jakūn
　馬蘭峪城　　　　　官庫의　　布　11,800필·

tanggū, morin dehi uyun benjihe,,
　　말 49마리를　　보내왔다.

○ ice nadan de, 33/34 han, isun be gala poo de goifi ujen seme
　　초 7일　　　　　　한은　이순이 손에 포를 맞아 (상처가) 무겁다 하여

tuwanaha bihe,, (isun, emu ajige efujehe jiyanggiyūn,,)
　보러가　있었다.　(이순은 1명의　작은　면직된　　將軍이다)

han i morin be muke melenefi waliyabuha manggi, adun niyalma
한의　　말을　　물가로 물 먹이러 갔다가　잃어버리자,　　말 먹이는 사람을

be susaita šusiha tantaha, han, ashan i ambasai baru hendume, musei
　50대씩 채찍으로　때렸다.　한이　곁에 있는　대신들을 향해　말하기를,　"우리가

jidere 34/35 jugūn de, mini sain giyahūn waliyabuha kai, deyere jaka
오는　　　　　길에　우리의 좋은　매를　잃어버렸었다.　　　나는 것을

waliyabuha be ainara seme, giyahūn i niyalma be umai seme henduhekū,
잃어버린 것을 어찌하겠는가 하여　매 부리는 사람을　　　　　전혀　거론하지 않았다.

morin geli deyere jakao, suwe heoledeme gūnime ofi waliyabuha dere
말　역시　나는 것인가? 너희가　태만하게　생각해서　잃어버린 것이리라

seme tantaha seme henduhe,,
하여 때린 것이다" 하고　말했다.

○ dahaha ši men i giyamun i i ceng 35/36 hafan lii sio lung,
항복한　石門驛의　　　　驛丞인　　　관원 lii sio lung이

šulhe ilan aciha benjime jihe bihe, tere i ceng hafan de šeobei jafu
배(梨)를 세 보따리 보내어　왔다.　그　驛丞　관원에게 守備의 箚付를

bufi, emu hehe, emu etuku šangnaha, erei emgi jihe šusai sioi pi de
주고, 1명의 여자와 1벌의 의복을 상 내렸다.　이 사람과 함께 온　秀才 sioi pi에게

emu hehe, emu etuku šangnaha,,
1명의 여자와 1벌의 의복을 상 내렸다.

○ lo[7] wen ioi i niyalma be monggo nungnembi seme 36/37
　羅文峪의　　　　사람을　　　몽고가　　침탈한다 하여

monggorome nikarame arafi unggihe bithe, han hendume, yaya beise
몽고어와　　　漢語로 지어서 보낸　　글. 「한이 말하기를, "어떤 버일러들과

ambasa seme, dahabuha gurun i ai jaka be nungneme cuwangname
대신들이라 해도　　항복시킨　나라의 어떤 물건을　　　　침탈하고

yabuci wa seme henduhebi, dahaha nikan be waci, waha niyalma be
행하면 죽여라" 하고　말했다.　　항복한　한인을 죽이면 죽인　　사람을

urunakū wambi, gaici, gaiha jaka i oron holbohon gaifi ejen de bumbi,
　반드시　죽인다. 취하면　취한 물건의 손실의　두 배를　취하여 주인에게 준다.

ijilabume yabure gurun be fudarabume yabuci, tere niyalma hutu kai,
　초무하여 행한　국인을　　거스르도록　행하면, 그 사람은 귀신일 것이다.

tere be warakūci ainambi,, 37/38
그를 죽이지 않으면 어찌 하겠는가?」

7　[簽註] baicaci, ere emu meyen i fe dangse de monggorome nikarame arafi ūnggiha bithe seme araha
bicibe umai nikan hergen ejehe ba akū. damu manju monggo hergen i kamcime ejehebi. te
gingguleme da ejehe manju hergen be ere debtelin de sarkiyan araha, monggo hergen be tongki
fuka akū hergen i debtelin de sarkiyame araha,,
살펴보니 이 한 단락을 舊檔子에는 몽고어와 漢語로 지어 보낸 글이라 썼지만, 전혀 한문으로 기록된
것이 없다. 단지 만주와 몽고 문자를 함께 기록했다. 지금 삼가 원래 쓰인 만주 문자를 이 卷에 베껴
썼다. 몽고 문자는 무권점 문자의 卷에 베껴 썼다.

○ fan min liyang, dade pan giya keo i šeobei i fejile jung giyūn
范民良은　　　원래　　潘家口의　　守備　휘하의　　中軍이었다.

bihe, tehei dahaha seme wesibufi šeobei obuha,,
있던대로 투항했다　하여　승진시켜　守備로 삼았다.

○ jiyang jin kiyoo, dade pan giya keo i šeobei i fejile ki gu
蔣進喬는　　　본디　　潘家口의　　守備　휘하의 旗鼓였다.

bihe, tehei dahaha seme 38/39 šeobei obuha,,
있던대로 투항했다 하여　　　　守備로 삼았다.

tongki fuka sindaha hergen i dangse
點·圈을 찍은 문자의 檔子

juwan uyuci debtelin
19권

sure han i ilaci aniya omšon biya
천총 3년 11월

tongki fuka sindaha hergen i dangse,,
　　點　圈을　찍은　문자의　檔子

○ ice jakūn de wasimbuha bithei gisun, han hendume, dzun
　초 8일에,　　내린　글의 말.　「한이 말하기를, 遵化城을

hūwa i hecen be gaiha turgunde, gūsai ejen, jalan i ejen, tafaka
　　　　　취했으므로,　　구사의 어전·잘란의 어전(으로) 성에 오른

niyalma de aname šangnaha, ere šangnahangge gūsai ejen i beye be
자에게　차례로　상주었다.　이 상을 준 것은　구사의 어전　자신이

tafaka seme waka, kadalaha fafulaha sain, araha dagilaha akdun ofi
올랐다 해서가 아니다.　관할 감독을 잘하고, 만들어 준비하기를 확실히 해서

baha seme šangnaha, ereci amasi yaya bade hoton 1/2 afaci, ere
취했다 해서 상주었다.　이후로　모든 곳에서 성을　공격하면 이대로

songkoi šangnambi, muse jugūn goro ba i ehe de jobome jihe be
　　상주겠다.　우리가 길이 멀고 땅이 험해　고생하여 왔으므로

dahame, abka muse be gosiha, ere hono majige gosihangge, ambula
　하늘이 우리를 사랑하셨다. 이것도　적게 사랑하신 것이다.　크게

gosire ba geli bikai, abkai gosime yabure de, gūsai ejen jergi jergi
　사랑할 것이 또 있을 것이다. 하늘이 사랑하여 행함에 구사의 어전·　각 등급의

hafasa, meni meni gūsai niyalma be saikan kiceme kadala, ulhitele
관원들은   각자   구사의 사람들을   잘   힘써서 관할하라. 이해할 때까지

tacibu, coohai niyalma be deo jui i gese 2/3 gosi, jurgan be ulhitele
가르쳐라.   병사를   동생과 아들같이   사랑하라. 뜻을   이해할 때까지

tacibure, deo jui i gese gosire oci, gūsai niyalma simbe ama eme i
 가르치고 동생과 아들같이 사랑하면   구사의 사람들은   너를   부모와

gese gūnime, tacibuha gisun be onggorakū ejefi, dain de oci, inu sini
같이 생각하고   가르친   말을   잊지 않고 기억해서 전쟁을 하면 또한 너보다

juleri buceki sembi, šajin fafun be jurcerakū yabumbi kai, tuttu oci,
앞서 죽으려고 할 것이다.   법도를   어기지 않고 행동할 것이다.   그러면

gūsai niyalma ehe weile de ainu afanambi, gūsai amban saikan kimcire
구사의 사람들이 나쁜 죄를   어찌 저지르겠는가? 구사의 대신이 잘   조사하거나

fafularakū ofi, hūlha holo ehe facuhūn yabure be 3/4 warakūci, šajin
금하지 않아서   도적질하거나 흉악 문란하게   하는 것을   죽이지 않으면 법이

sula ombi, ehe facuhūn niyalma yendembi, waci, joboho coohai niyalma
느슨해진다. 흉악 문란한   자가   번성한다. 죽이면 고생한   병사가

geli jilakan, enteke be gūnime gūsai ejen, jalan i ejen, nirui ejen meni
또한 불쌍해진다. 이를   생각하여 구사의 어전·잘란의 어전·   니루의 어전은 각자

meni kadalara niyalma be saikan tacibu, jai yaya ambasa hafasa boode
     관할하는   사람을   잘 가르쳐라. 또 여러 대신들과 관원들이 집에

bisire de, suwe aiseme gūnimbihe, gemu han, beise i juleri dain i bade
있을 때, 너희는 어떻게 생각했었느냐? 모두 한과 버일러들 앞의 전장에서

ainame bahafi sabubume hūsun bure seme gūnihakū biheo, tere gūniha
어떻게라도 보이도록 힘쓰려고 생각하지 않았느냐? 그 생각한

be 4/5 gemu onggofi bahara de dosifi, beyebe ergembume ainu tatan de
것을 모두 잊고 얻는 데 탐닉해서 스스로를 쉬게 하고 어찌하여 숙영에

tecefi saburakū, tuttu beyebe somifi, abkai gosire dube tucike manggi,
앉아서 보이지 않느냐? 그와 같이 자신을 속여서 하늘의 사랑함이 끝이 난 후

amala gung gebu be buyehe seme ainame bahambi, ereci amasi meni
나중에 功名을 원한다고 해도 어찌 취하겠는가? 이후로 각자

meni teisu teisu saikan kice,,
서로 잘 힘써라.」

○ ice jakūn de, 5/6 han yamun de tucifi, geren beise ambasa be
초 8일에, 한이 아문에 나와서 여러 버일러들과 대신들을

isabufi, dzun hūwa i hecen de juleri dosika niyalma de, kadalaha
모이게 해서 遵化城에 앞서 들어간 사람에게, 관할한

ambasa de šangnara de, kakduri be wan dagilaha sain akdun, beye
대신들에게 상줄 때 칵두리가 사다리를 준비한 것이 좋고 튼튼하고, 자신이

hanci ibefi kadalame afabufi, gūsai niyalma neneme tafaka seme
가까이 전진해서 관할하고 공격시켜서 구사의 사람이 먼저 올랐다 하여

kakduri be hūlafi, han i galai aisin i hūntahan de arki bufi, ilaci
칵두리를   불러서   한이 손수   금 술잔에   소주를 주고, 3등

jergi 6/7 dzung bing guwan be wesibufi jai jergi dzung bing guwan
         총병관을   승진시켜   2등 총병관으로

obuha, emu temen, emu gecuheri, uyun suje šangnaha, baduri be gūsa
삼았다. 1마리의 낙타·   1필의 蟒緞·   9필의 비단을 상주었다.   바두리를 구사에

de jurgan jorime afabuha sain seme, ilaci jergi iogi be wesibufi jai
   조목을 지시하고 공격시키기를 잘 했다고   3등 유격을   승진시켜서 2등

jergi iogi obuha, han i galai aisin i hūntahan de arki bufi, sunja suje
유격으로 삼았다. 한이 손수   금 술잔에   소주를 주고 5필의 비단을

šangnaha, holdo, jalan be gaifi gabtaha 7/8 sain ofi, jalan i niyalma
상주었다.   홀도는 잘란을 인솔하여 활쏘기를   잘 하고, 잘란의 사람이

neneme tafaka seme, ini ahūn i ts'anjiyang ni hergen be weile bahafi
먼저 (성에) 올랐다고,   그   형의   참장   직을   죄 지어서

efujefi, ahūn i ajige jui de buhe bihe, amasi inde buhe, han i galai
면직하여 형의   작은 아들에게 주었었는데, 뒤에 그에게 주었다. 한이 손수

aisin i hūntahan de arki bufi, sunja suje, orin sunja boso šangnaha,
   금 술잔에   소주를 주고 5필의 비단·   25필의 布를   상주었다.

soihodo be jalan gaifi afaha, jakūn gūsaci nenehe seme 8/9 han i galai
소이호도에게 잘란을 인솔하여 공격했고 팔기에서   앞장섰다고   한이 손수

aisin i hūntahan de arki bufi, juwan suje, susai boso, emu morin, emu
금 술잔에   소주를 주고 10필의 비단· 50필의 布·   1마리의 말· 1마리의

ihan šangnafi, beiguwan be wesibufi ilaci jergi iogi obuha, ibai nirui
소를   상주고   비어관을   승진시켜   3등 유격으로 삼았다. 이바이 니루의

samhatu, jakūn gūsaci neneme hecen de tafaka seme juleri hūlafi, han i
삼하투는   팔기에서   먼저   성에   올랐다고   앞으로 불러서   한의

galai aisin i hūntahan de arki bufi, bai niyalma be wesibufi
손으로 금   술잔에   소주를 주고   평민을   승진시켜

beiguwan obuha, juse omosi de hafan 9/10 lashalarakū, endeme calame
備禦官으로 삼았다.   자손들에게   관직을   끊지 않고,   실수하고 잘못하여

weile bahaci weile de gamarakū, boo yadaha seme yadaburakū seme
죄를   지으면   죄를   처벌하지 않고, 집이 궁핍하다 해도 궁핍하지 않게 하겠다 하고

baturu gebu buhe, emu temen, emu gecuheri, juwan uyun suje juwe
바투루 칭호를 주었다. 1마리의 낙타·   1필의 망단·   19필의 비단·   200필의 布·

tanggū boso, juwan morin, juwan ihan šangnaha, ibai nirui hūsibu be
              10마리의 말·   10마리의 소를 상주었다.   이바이 니루의 후시부를

sirame tafaka seme, menggun i hūntahan de arki tebufi, han i tantai
뒤이어 (성에) 올랐다고   은 술잔에   소주를 채우고 한의   탄타이

hiya buhe, emu gecuheri, juwan duin suje, 10/11 emu tanggū susai boso,
히야가 주었다. 1필의 망단·   14필의 비단·   150필의 布·

jakūn ihan, jakūn morin šangnaha, ilaci jergi tafaka dolišan de acan
8마리의 소·   8마리의 말을   상주었다.   세 번째로 오른   돌리샨과   합쳐

beiguwan obuha, hūsibu juwe ubu, dolišan emu ubu, hecen nirui
備禦官으로 삼았다.   후시부는   2分,   돌리샨은   1分이다.   허천 니루의

dolišan de ilaci jergi dosika seme, emu gecuheri, emu tanggū boso,
돌리샨은   세 번째로 성에 진입했다고   1필의 망단·   100필의 포·

ninggun morin, ninggun ihan šangnaha, ibai nirui moobari be duici
6마리의 말·   6마리의 소를   상주었다.   이바이 니루의 모오바리를   네

jergi de dosika 11/12 seme, juwe suje, orin boso, juwe morin, juwe ihan
번째로   진입했다고   2필의 비단·   20필의 포·   2마리의 말·   2마리의 소를

šangnaha, monggo i minggan beile i abang ni jui ahai, hoton de
상주었다.   몽고의   밍간 버일러의   아방의 아들   아하이는 성에

neneme tafafi, sirame niyalma lakcafi beye gaibuha seme, emu gecuheri,
먼저   올라서 뒤이은   사람이   끊겨서 목숨을   잃었다고   1필의 망단·

juwan uyun suje, juwe tanggū boso, juwan morin, juwan ihan šangnafi,
19필의 비단·   200필의 포·   10마리의 말·   10마리의 소를   상주고,

ama abang de beiguwan i hergen buhe,, 12/13
아버지   아방에게   備禦官   직을   주었다.

○ ice uyun de, coohai hafasa de menggun i hūntahan taili
초 9일에,   군대의   관원들에게   은 술잔과 잔받침을

šangnaha, dzung bing guwan de menggun i hūntahan taili emte,
상주었다.　　　　총병관에게　　　　　　　　　은 술잔과 잔받침 1개씩·

menggun i dokomiha hūntahan juwete, fujiyang de menggun i hūntahan
은으로 안을 입힌 술잔 2개씩,　　　　　부장에게　　　　　　은 술잔

emte, dokomiha hūntahan juwete, ts'anjiyang de menggun i hūntahan
1개씩·　은으로 안을 입힌 술잔 2개씩,　참장에게　　　　　　은 술잔

emte, dokomiha hūntahan emte, iogi de dokomiha hūntahan juwete,
1개씩·　은으로 안을 입힌 술잔 1개씩,　유격에게 은으로 안을 입힌 술잔 2개씩,

beiguwan de 13/14 emte buhe,,
備禦官에게　　　　　1개씩　주었다.

○ ša ho i ciyandzung wang king, juwe polori šulhe benjime
沙河의　　천총　　wang king이　　2광주리의 배를　보내오고

dahame jihe, ciyandzung de emu hehe, emu jergi etuku šangnaha,,
항복하여 왔다.　천총에게　1명의 여자·　1襲의 옷을　　상주었다.

○ juwan emu de, hi fung keo i ts'anjiyang dahara 14/15 bithe jafabufi,
11일에,　　　喜峰口의　　참장이　　항복하는　　글을　쥐여주어

juwe ciyandzung, juwe badzung be takūrafi jihe bihe, monggo de
2명의 천총·　　2명의 파총을　　　보내　왔다.　　몽고에

nikan be ume nungnere sere bithe kiru bufi, ts'anjiyang de emu
한인을　　　침해하지 말라는　글과 깃발을 주어서 참장에게　　1필의

suje, emu etuku, ciyandzung, badzung de emte suje, dahame jihe
비단·　1벌의 옷,　　　천총과 파총에게　1필씩의 비단,　항복하여 온

niyalma de emu etuku šangnafi unggihe,, 15/16
자에게　　1벌의 옷을　　상주어　　보냈다.

○ dzun hūwa i hecen tuwakiya seme, ts'anjiyang inggūldai, iogi
　　遵化城을　　　지키라고　　　참장　　잉굴다이·　유격

lii sy jung, fan šusai, jakūn beiguwan, sunja tanggū uksin i cooha,
李思忠·　范(文程) 秀才·　8명의 備禦官·　　500명의　甲兵·

ilan tanggū niyereme cooha werihe, amba cooha dzun hūwa ci jurafi,
300명의　無甲兵을　　남겨두었다. 대병이　　遵化에서　출발해서

orin sunja ba i dubede tataha, tataha bade korcin i monggo i coohai
25里　　　　끝에 숙영했다. 숙영한　곳에서 코르친의　몽고　　병사가

niyalma, dahaha irgen i emu niyalma be etuku gaime waha seme 16/17
항복한　백성의　한 사람에게서　옷을　빼앗고 죽였다고

han donjifi, tere niyalma jafafi ini galai yardoho,,
한이 듣고　그　자를　잡아서 자신이 직접 고두리살을 쏘았다.

○ juwan ilan de, gi jeo de isinjiha, emu šusai be bahafi, hoton i
　　13일에,　　薊州에　도착했다. 1명의　秀才를　잡아서　성의

ejen dooli, coohai hafasa, geren irgen be daha sere bithe jafabufi
주인 道吏· 군대의 관원들· 여러　백성들이 항복했다는　글을　쥐여주어

unggihe, jai emu coohai niyalma be bahafi, aita be 17/18 sanggarjai be
보냈다. 또 1명의 병사를 잡아서 아이타와 상가르자이에게

dahame jio sere bithe jafabufi, tese de gamafi bu, weile muteci hergen
항복해 오라는 글을 쥐여주고 "그들에게 가져가서 주어라. 일을 해내면 관직을

bure seme hendufi unggihe, tere yamji gi jeo be dulefi sunja ba i
주겠다"고 말하고 보냈다. 그 밤에 薊州를 지나서 5里의

dubede deduhe,,
끝에서 묵었다.

○ juwan duin de, san ho hiyan de isinjifi emu nikan be jafafi
    14일에, 三河縣에 도착해서 1명의 한인을 잡아서

daha sere bithe jafabufi unggihe,, 18/19
항복하라는 글을 쥐여주어 보냈다.

○ tofohon de, manggūltai beile, mergen daicing, erke cuhur, dudu
    15일에, "망굴타이 버일러· 머르건 다이칭· 어르커 추후르· 두두

taiji, hooge taiji ilan minggan cooha gaifi, tung jeo bira i dogon doore
타이지·호오거 타이지는 3천명의 군대를 이끌고 通州河의 나루터를 건너는

babe tuwaname karun gidame gene seme unggihe, han, san ho hiyan
곳을 살피러 가고 초소를 격파하러 가라"고 보냈다. 한이 三河縣에서

ci orin ba jihe manggi, juleri jihe beise i baha emu nikan be 19/20
    20里를 오니 앞서 온 버일러들이 잡은 1명의 한인을

han i jakade benjihe, coohai medege fonjici, tere nikan alame, daitung,
한의　겯에　보내왔다.　군대의　소식을 심문하니,　그　한인이 고하기를, "大同·

siowan fu i juwe dzung bing guwan i cooha, amargi jasei ergi šūn i
宣府의　두　총병관의　군대가　북쪽　경계 쪽의 順義縣

hiyan sere hecen de bi seme alafi, abatai taiji, yoto taiji juwe gūsai
이라는 성에　있다"고　고해서 아바타이 타이지·요토 타이지 2개 구사의

cooha, monggo i juwe gūsai cooha be unggihe,, 20/21
군사와　몽고의　2개 구사의 군사를　보냈다.

○ tere inenggi, tung jeo bira be doofi, hecen i amala deduhe,
　그　날　通州河를　건너서　성의　북쪽에 묵었다.

tere inenggi, hiyan ceng hafan i eme, sargan, ilan jui, emu deo, kiyoo
　그　날　縣丞官의　어머니·　처·　3명의 아들· 1명의 동생· 가마를

tukiyehe uyun niyalma be bahafi gajiha,,
멘　9명을　잡아서 데려왔다.

○ ba ba i hecen pu de unggihe bithei gisun, aisin gurun i 21/22
　곳곳의　城堡에　보낸　글의　말.　「금국의

han, hafan šusai cooha irgen de hendurengge, meni gurun dade tondo
한이　官員· 秀才·　병사· 백성에게　말한 것.　우리　나라는 원래 정직하고

dahasu jase tuwakiyame banjimbihe, yehe daci mini gurun bihe, wan
얌전하게 경계를 지키고　살았었다.　여허는 원래 나의　나라였다.　萬曆帝는

lii han, jasei tulergi weile de dafi, mini emu gurun be faksalafi, waka
　　경계 밖의 　일에 　관여해서 나의 하나의 나라를 　나누어서, 잘못을

weilengge yehe be murime ujiki, uru niyalma membe murime waki
　범한 　여허를 　무리하게 기르고, 옳은 사람인 우리를 　무리하게 죽이려고

seme membe jing gidašame nadan amba koro korsobuha manggi, be
　　우리를 항상 　속이고 　일곱가지 큰 원한으로 　원망하게 하니 　우리는

ojorakū be safi 22/23 usafi, abka de habšafi dain deribuhe, abka membe
할 수 없음을 알고 　절망하여 하늘에 　호소하여 전쟁을 시작했다. 　하늘이 우리를

urulehe, urulefi neneme birai dergi ba be mende buhe, buhe manggi,
옳다 했다. 옳다 해서 먼저 　강의 　동쪽 지방을 우리에게 주었다. 　준 　후에

ama han, sain banjire be buyeme bithe arafi, niyalma takūrame
아버지 한은 좋게 살기를 　바라고 글을 　지어 사람을 　보내어

acaki seci, ohakū, abka geli birai wargi ba be buhe, jalan jalan i
화친하자 해도 (明은) 하지 않았다. 하늘이 또 강의 서쪽 지방을 주었다. 　대대로

niyalma 23/24 takūrame acaki seci, tiyan ki han, cung jeng han,
　사람을 　　보내어 화친하자 해도 　天啓帝· 　崇禎帝는

geli gidašame aisin gurun i hūwangdi sere be naka, enculeme araha
다시 모욕하여 "금국의 　황제 　라는 것을 멈추라. 별도로 　만든

doron be naka sehe manggi, bi inu acara be buyeme hūwangdi sere be
印章을 　멈추라"고 하니, 　나도 화친하는 것을 원해서 　"황제 라는 것을

nakafi han seki, suwe doron arafi bu, buhe doron takūraki
멈추고 한이라고 하겠습니다. 그대들은 인장을 만들어 주십시오. 준 인장을 쓰겠습니다"

seci, geli ojorakū ofi, bi dasame abka de alafi, <u>cansang</u>[1] ni jugūn be
라고 해도, 또 할 수 없어서 내가 거듭해서 하늘에 고하고 cansang의   길로

cooha jihe, 24/25 mucen hūwalaha weihu irubuha, ainaha seme
싸우러 왔다.   솥을   깨뜨렸고   배를   침몰시켰다.[2]   결코

bedererengge akū, han, amban serengge, irgen be ujire ama eme wakao,
돌아가지 않겠다.   황제와 대신 이라는 것은   백성을   기르는   부모가   아닌가?

suweni nikan i han, amban, acaki seci, ojorakū, dain be cihalaci,
너희의   명의   황제와 대신이   화친하자 해도 하지 않고 전쟁을   바라니

be te dain jihe kai, dain serengge ja weileo, dahaha hafan šusai
우리가 지금 전쟁하러 온 것이다. 전쟁이라는 것이 쉬운 일인가? 항복한 官員·秀才·

cooha irgen be bi urunakū ujimbi, daharakū iselere niyalma be
병사·백성을   나는 반드시 기르겠다. 항복하지 않고 저항하려는 자를

warakūci ombio, tere mini warangge waka, sini han i 25/26 warangge
죽이지 않을 수 있는가? 그것은 내가 죽이는 것이 아니고 너의 황제가   죽이는

kai, membe gurun ajigan suwende ainaha hūwangdi seci, julge
것이다. 우리를 "나라가 작은데 너희에게   무슨   황제냐" 라고 하면, 예전에

---

1 [簽註] cansang sere gisun, ba i gebu gese, baicame bahakū ofi, da songkoi sarkiyame araha.
   'cansang'이라는 말은 지명같다. 찾을 수 없어서 원본대로 베껴 썼다.
2 '솥을 깨뜨렸고 배를 침몰시켰다'(破釜沈船)는 결사의 각오로 싸움터에 나서는 각오를 의미하며, 출
   전은 『史記·項羽本紀』이다.

dai liyoo, aisin, dai yuwan, tere gemu ajige gurun ci tucifi hūwangdi
大遼·　　金·　　大元　　　그　모두가 작은　나라에서　출발해서 황제가

ohobi kai, tere be suwende ai hūwangdi seme nakabuhabio, tere
된 것이다.　그것을　"너희에게 무슨 황제냐"　라며　막았었는가?　　그

anggala, sini ju taidzu hūwašan niyalma bihebi, abka gosifi wesibufi
뿐만 아니라 너의 朱(元璋) 太祖는 승려인 사람이었다.　　하늘이 사랑하여 올려서

hūwangdi ohobi kai, emu hala i niyalma hūwangdi tehei akūmbuha
황제가　　된 것이다.　한 姓의　　사람이　　황제에 앉아서　끝까지 간

kooli bio, 26/27 abka jing forgošome hūwangdi be efulefi bai niyalma
例가 있는가?　　하늘은 항상 움직여　　황제를　　파하여　평민이

obuhabi, bai niyalma be wesibufi hūwangdi obuhabi, abkai ciha dere,
되게 하고,　평민을　　올려서　황제가　되게 했다. 하늘의　뜻이지,

niyalmai cihao, abkai gosire de mini hūwangdi sehe be nikan si
사람의 뜻이겠는가? 하늘의 사랑으로　내가　황제라고　한 것을 明　네가

nakabuci, abka sambi dere, mini koro de dailara be sarkū niyalma
막아도　하늘은　알 것이다.　내가 恨 때문에 정벌하는 것을 모르는　자가

hūsun i durime dailambi serahū seme alarangge,, 27/28
"힘으로　빼앗고 정벌한다" 라고 할까 우려되어 말하는 것이다.」

○ juwan ninggun de, jirgalang taiji, ajige taiji, sahaliyen taiji
　16일에,　　　지르갈랑 타이지·아지거 타이지·사할리연 타이지가

emu nirui ilata uksin be gamame, han i hecen i baru tuwaname
1개 니루에 3명씩 甲兵을 이끌고, 황제의 城 쪽으로 살피러

genehe, tere inenggi tubade indehe, tere inenggi abatai taiji, yoto taiji
가서, 그 날 그곳에서 묵었다. 그 날 아바타이 타이지·요토 타이지가

isinjiha, fakcafi genehe tofohon i inenggi, daitung ni man dzung bing
도착했다. (그들이) 나뉘어 간 15일 날, 大同의 滿(桂) 總兵官과

guwan, siowan fu i heo dzung bing guwan cooha be gidafi aldangga
宣府의 侯(世祿) 總兵官의 병사를 격퇴했는데, 멀리서부터

ci burulafi ambula bahafi 28/29 wahakū, morin minggan funceme,
달아나 많이 죽이지 못했다. 말 1천여마리·

temen tanggū funceme baha, šūn i hiyan sere hecen i jyhiyan hafan
낙타 100여마리를 얻었다. 順義縣이라는 城의 知縣이 관원

geren be gaifi dahaha,,
여럿을 이끌고 투항했다.

○ juwan nadan de, cooha jurafi beging hecen de orin ba
17일에, 군대가 출발하여 北京城에서 20里가

isinahakū, han i adun ulebure pu de isinafi ing iliha, tere pu i
안 되었다. 황제의 목축 떼를 먹이는 堡에 이르러 營을 세웠다. 그 堡의

julergi sunja ba i 29/30 dubede, han i geren adun ulebure hecen amba, emu
남쪽 5里의 앞에, 황제의 여러 목축 떼를 먹이는 城이 커서, 한

dere juwe ba funcembi, tede bihe minggan funceme morin be juwan
면이   2里 남짓이었다. 거기에 있던   1천여 마리의 말을   17일

nadan i cimari gamahabi, adun i ejen, juwe taigiyan, niyalma ilan
   아침에 데리고 갔다. 목축의 주인인 2명의 太監과 사람 300여명이

tanggū funceme horibufi dahaha, tere hecen de morin losa juwe tanggū
   포위되어 투항했다. 그   성에   말· 노새   235마리,

gūsin sunja, temen ninggun bihe sain morin losa be sonjofi 30/31 emu
   낙타 6마리가 있었다. 좋은 말· 노새를   골라서   195마리,

tanggū uyunju sunja, temen sunja gaiha, yaluci ojorakū ehe hasan
      낙타 5마리를 취했다. 타지 못하는   나쁜 피부병이 있는

morin dehi, temen emke be saikan ulebu seme werihe,,
   말 40마리· 낙타 1마리는   잘   먹이라고   남겨두었다.

○ juwan jakūn de indehe,,
   18일에,   쉬었다.

○ juwan uyun de indehe,, 31/32
   19일에,   쉬었다.

○ orin de jurafi, han i tehe beging ni hecen i amargi tu ceng
   20일에, 출발하여 황제가 사는   北京城의   북쪽   土城關의

guwan i šun dekdere hošo i tala, han i ing iliha, juwe ergi galai cooha
   동쪽의   광야에 한의 營을 세웠다. 양 쪽   翼의 병사들은

dergi amargi dere be bitume iliha, karun i niyalma alanjime,
동북면을 따라서 營을 세웠다. 哨兵이 보고하기를,

de šeng men dukai teisu cooha sabumbi seme alanjiha manggi, jebele ergi
德勝門의 맞은편에 병사가 보인다고 보고하자, 우익 쪽의

beise, šanggiyan bayarai 32/33 cooha, monggo i cooha be han gaifi
버일러들· 白 바야라의 병사· 몽고의 병사를 한이 거느리고

genehe, šun dekdere ergi julergi hošo i teisu cooha sabumbi seme,
갔다. 동남쪽의 맞은편에 병사가 보인다고 하자

dashūwan ergi manggūltai beile, abatai taiji, ajige taiji, mergen
좌익 쪽의 망굴타이 버일러· 아바타이 타이지· 아지거 타이지· 머르건

daicing, erke cūhur, hooge taiji, šanggiyan bayarai cooha be, monggo i
다이칭· 어르커 추후르· 호오거 타이지에게 白 바야라의 병사와 몽고의

cooha be gamame gene seme aibari, sonin, begei be takūrafi unggihe,
병사를 데리고 가라고, 아이바리·소닌· 버거이를 파견했다.

de šeng men 33/34 dukai teisu iliha cooha, daitung ni dzung bing
德勝門의 맞은편에 서있는 병사는 大同의 總兵官

guwan man gui, siowan fu i dzung bing guwan heo ši lu i cooha
滿桂· 宣府의 總兵官 候世祿의 병사

biheni, yargiyalame tuwabufi han hendume, musei poo sindara
였을 것이다. 확실하게 살펴보게 하고 한이 말하기를, "우리의 炮 쏘는

niyalma julesi ibefi poo sindakini, tede i ishun poo sindame wajime,
사람이 전진해서 炮를 쏘게 하라. 그에 그 맞은편에서 炮 쏘기를 마칠 때에,

monggo i cooha, fulgiyan i bayarai cooha, wargi ujan ci dosinu,
몽고의 병사· 紅 바야라의 병사는 서쪽 가장자리로부터 일제히 진입하라.

suwayan i bayara hetu dosikini seme hendufi, songkoi juwe jurgan i
黃 바야라는 옆으로 진입하라" 라고 말하니, 말한대로 두 갈래로

34/35 dosifi sacime gamahai hafirahūn bade fihebufi gemu waha,
들어가서 베고 처치하면서 좁은 곳에 채워서 모두 죽였다.

tulesi burulahangge be, han i emgi iliha cooha be unggifi gemu waha,
밖으로 패주한 이들은 한과 함께 서있던 병사들을 보내어 모두 죽였다.

dashūwan ergi beise i afaha cooha, ning yuwan i du tang yuwan cung
좌익 쪽의 버일러들이 공격한 병사는 寧遠의 都堂 袁崇煥·

hūwan ginjeo i dzung bing guwan dzu da šeo i cooha biheni,
錦州의 總兵官 祖大壽의 병사였을 것이다.

manggūltai beile cooha be ilan baksan banjibufi, abatai taiji, ajige
망굴타이 버일러의 병사를 세 부대로 만들어, 아바타이 타이지·아지거

taiji, mergen daicing, 35/36 hooge taiji juleri gaifi dosifi sacime gamara
타이지·머르건 다이칭· 호오거 타이지가 먼저 이끌고 들어가서 베고 처치할

de, nikan i buksiha cooha emdubei jurgan jurgan i dosire de, juleri
때 明의 매복한 병사들이 연달아 차례로 들어가니, 먼저

dosika duin beile i cooha, nikan i cooha be amasi uthai jugūn jugūn i
들어간　4명 버일러의 병사들이　明의　병사들을　되돌아서 즉시　여러 길로

bošome wame gamaha, funcehe cooha be manggūltai beile, erke cūhur
추격해 죽이고 처치했다.　남은　병사는　망굴타이 버일러·　어르커 추후르와

emgi iliha cooha, nikan i afanjiha afanjiha be emdubei gidaha, unege baksi,
함께 있던 병사들이　明의　연달아 공격해 오는 것을　잇달아　격퇴했다. 우너거 박시·

suna efu, monggo i 36/37 cooha be gaifi, encu ilan kuren i cooha be
수나 어푸가 몽고의　병사를　이끌고　다른　3개 대대의　병사를

gidaha,,
격퇴했다.

　○　orin juwe de, muse de dahaha wang taigiyan de acaki sere
　　　22일에,　우리에게 투항한　王 太監에게　화친하자는

bithe jafabufi, nikan han de takūrafi unggihe, tere inenggi han, beise
서신을 쥐여주고,　명 황제에게　파견했다.　그 날,　한·버일러들이

bayarai cooha be gaifi beging hecen i šurdeme tuwame yabuha,, 37/38
바야라의 병사를　이끌고　北京城의　주변을 돌아　보러　갔다.

　○　orin ilan de indehe,,
　　　23일에,　쉬었다.

　○　orin duin de, beging hecen i juleri han i abalara gurgu ujihe
　　　24일에,　北京城의　남쪽 황제가 몰이사냥 하는 짐승을 기르는

fu de tataha, haha hehe burulahangge be gemu dalifi g'aoši bithe
墻에서 숙영했다.　　남녀　　달아난 자들을　　모두　　모아서 고시하는 글을

jafabufi sindafi unggihe,, 38/39
쥐여주고　　놓아　　보냈다.

○ orin sunja de, dzun hūwa ci ebsi baha morin losa be ubu
　　25일에,　　　　遵化에서부터　　　취한　말·　노새는 몫으로

bodohakū uksin i bodome dendehe, jakūn beise daci ilata morin
계산하지 않고 甲兵으로 계산해서 나누었다.[3] 여덟 버일러들은 처음에 3마리씩 말·

juwete temen gaiha, emu gūsa de orita morin bufi, gūsai dolo
2마리씩 낙타를 취했다.　　1개 구사에　　20마리씩 말을 주고, 구사　안에

enteheme morin akū niyalma de taka yalubu seme buhe, 39/40 han
영구히　　말이 없는　　사람에게 잠시 타게 하라고　　주었다.　　　　한이

hendume, uttu icihiyara be somime, yaka monggo de benefi gercilehe
말하기를, "이렇게　처리한 것을 은닉해서, 누구든지 몽고에　　보내서　고발을 당하면

de jursu weile arambi,,
　　이중의 죄로　처벌하겠다."

○ orin ninggun de ibeme guwali juleri juwe ba i dubede ing
　　26일에,　　　　나아가서 교외의 남쪽　　2里의　　　앞에　　營을

3　'몫을 계산하지 않고 갑옷으로 계산해서 나누었다'는 것은, '노획물을 일괄적으로 8등분해서 팔기에
　균등하게 주지 않고 甲兵 수를 기준으로 차등을 두어 나누었다'는 의미로 생각된다.

iliha,,
세웠다.

○ orin nadan de, yuwan du tang ni cooha musei gidafi
     27일에,   袁(崇煥) 都堂의   병사로 우리의 공격에서

funcehengge, hecen i šun dekdere julergi 40/41 hošo de ing hadafi jase
남은 자들이   城의   동남쪽   편에 營을 설치하고 목책을

jafafi bi seme afaname genefi, cooha faidafi hanci ibebufi ilibuha, han,
치고 있다 해서 공격하러 가서, 병사들을 배치하고 가까이 나아가서 머물렀다. 한이

beise komso gucu gaifi, latubure ba be dosire jurgan be hanci genefi
버일러들·적은수의 구추를 이끌고 접근시킬 곳과 진격할 길을   가까이 가서

tuwafi, dosire ba akdun ehe ofi, musei coohai niyalma koro bahame
보니,   진격할 곳이 견고하고 험해서, "우리   병사가   상처를   입으면

dain be etehe baha seme ai hihan, eitereci muse de samsiha cooha, tere
전쟁을 이긴다 해도 무슨 가치가 있겠는가? 어차피 우리에 의해서 흩어진 병사인데, 그것이

ai kušun seme nakafi 41/42 jihe,,
무엇이 언짢겠는가" 라며 그만두고 왔다.

○ tere inenggi, tung jeo i niyalma, emu tanggū morin losa sejen
    그 날,   通州   사람이   100마리의 말과 노새를 수레에

tohofi, han i hecen de okto benjifi genere be, kubuhe fulgiyan i burkan
매어   황제의 성에   화약을 보내오고 가는 것을   鑲紅의   burkan

karun genefi bahafi benjihe,, 42/43
哨兵이   가서   잡아 보내왔다.

○ orin uyun de, yang taigiyan be nikan i cung jeng han de
        29일에,   楊 太監을   明의   崇禎帝에게

takūrafi unggihe, taigiyan genefi g'ao hūng jung, boo ceng siyan i
     파견했다.   太監이   가서   高鴻中·   鮑承先이

gisurehe be gemu alafi, yuwan du tang be faitarame waha,,
   말한 것을   모두 말해서,   袁(崇煥) 都堂을   陵遲해   죽였다.

tongki fuka sindaha hergen i dangse
點·圈을 찍은 문자의 檔子

orici debtelin
20권

sure han i ilaci aniya jorgon biya
천총 3년 12월

tongki fuka sindaha hergen i dangse,,
　　點 圈을　　찍은　　문자의　　檔子

○ jorgon biyai ice de jurafi, wasihūn liyang hiyang ni hoton i
　　　12월　　1일에 출발하여,　　　서쪽　　　良鄕城

baru genere de, nikan han i ujihe gurgu be abalaha, tereci hūn ho
쪽으로 갈 때에,　　　명의 황제가　기른 짐승을 몰이사냥했다.　그 후 渾河를

bira be doofi, liyang hiyang hoton i dergi ala de deduhe, tere yamji,
　　　건너서,　　　良鄕城의　　　　동쪽　언덕에서 숙영했다. 그 날 밤에

hoton i ejen jyhiyan hafan be daha seci dahahakū, ice juwe de
　　城의 주인　知縣官이　　항복하라고 해도 투항하지 않아서,　초 2일에

gūlmahūn 1/2 erinde, gulu lamun i gūsa neneme tafafi uthai gaiha,
　　　　卯時에　　　　　　正藍旗가　　　먼저　올라서　곧　취했다.

coohai niyalma be gemu waha, ninggun šusai be ujihe,,
　　병사를　　　　　모두 죽였고,　6명의　秀才를 살려주었다.

○ tere inenggi, ši ting ju, lungsi be unggifi, fang šan hiyan
　　그 날,　　　石廷柱·　룽시를　　보내어,　　　房山縣城의

hoton i ejen jyhiyan hafan be dahabuha, ilan šusai be gajifi 2/3 han
　　主人　　　知縣官을　　　항복시켰다. 3명의 秀才를 잡아와서　　　한

de acabuha,,
에게 알현하게 했다.

○ tere inenggi, liyang hiyang hoton i šurdeme tabcin sindafi,
　　그　날,　　　　　　　良鄉城의　　　　주위에　약탈하도록 풀어서

olji ambula bahafi gajiha,,
노획을 많이　　얻어 가져왔다.

○ ice ilan de, fang šan hiyan hoton ci dahabufi gajiha ilan šusai be,
　　초 3일에,　　　　　房山縣城에서　　　　　항복시켜서 잡아온 3명의 秀才를

ini hoton de 3/4 ši ting ju benehe,,
그의　城으로　　　　　石廷柱가　보냈다.

○ ineku tere inenggi, tabcin genefi emu dobori dedufi, jai inenggi
　　같은　　그　날,　　　약탈　가서　하루 밤을 숙박하고 다음 날

jihe,,
왔다.

○ ice duin de, monggo i juwe gūsa be, poo ganaha nikan be
　　초 4일에,　　　몽고의　두 구사를,　　炮를 가지고 가는 明軍을

tosome gene seme 4/5 unggihe bihe, gu an hiyan be afame gaiha,
막으러 가라고　　　　보냈었다.　固安縣을　　　공격하여 취했고,

coohai niyalma be gemu waha seme han de alanjiha,,
병사들을　　　모두　죽였다고　한에게　알려왔다.

○ ice sunja de, wang fu gebungge nikan de emu suje i etuku,
　초 5일에,　　　wang fu 라는　　　　　한인에게　1벌의 비단　옷·

emu yan i jiha bufi, han i doron gidaha bithe jafabufi, jang dzung
　1량의　　돈을 주고　한의 인장이　찍힌　글을 쥐여주어,　jang 總兵官에게

bing guwan de 5/6 takūraha,,
　　　　　　　보냈다.

○ tere inenggi, gu an hiyan hoton i aisin menggun sain ulin be
　그　날,　　　固安縣城의　　　　　金銀과　　　좋은 재물을

bargiya seme, emu gūsai emte ulin i niyalma be unggihe,,
　거두라고,　　1개 구사의　1명씩　　庫使를　　　　보냈다.

○ tere inenggi, tabcilafi baha morin losa be 6/7 emu uksin de emte,
　그　날,　　　약탈하고 얻은 말·　노새를　　　1명의 甲兵에게 1마리씩,

sain ihan be sonjofi emu uksin de emte goibume han tucifi šangnaha,
좋은 소를　　뽑아서　1명의 甲兵에게 1마리씩 할당하고 한이 나와서　상 내렸다.

funcehe ehe losa ihan eihen be ubu tuhebume dendehe, honin be
　남은 좋지 않은 노새·소·당나귀는　　몫에　맞게　　나누었다.　　羊은

jakūn beise gaiha, niman be beiguwan i bodome emu beiguwan de
여덟 버일러들이 취했다. 산양은　　備禦로　　계산해서　　1備禦마다

juwete šangnaha,, 7/8
2마리씩 상을 내렸다.

○ ice ninggun de, g'ao iogi, jao iogi, boo fujiyang, ning šusai de
　　초 6일에,　　　高(鴻中) 遊擊·　jao 遊擊·　鮑(承先) 副將·　寧(完我) 秀才에게

monggo boo ara seme jakūnju boso buhe,,
　몽고 천막을　만들라고　80필의 布를 주었다.

○ ice nadan de, gu an hiyan ci orin sain hehe be sonjofi han de
　　초 7일에,　　　　固安縣 으로부터 20명의 좋은 여자를　선발해서　한에게

benjihe, 8/9 han, beise de salaha,,
　보내왔다.　　　한은　버일러들에게 분배했다.

○ ice nadan de, asan, loosa karun genefi, nikan i juwe tanggū
　　초 7일에,　　　　아산·로오사가 정탐을 가서　　明의　　　　200명에

isire karun be bošofi, uyun niyalma waha, duin niyalma be weihun
이르는 哨兵을　　쫓아　　　9명을　　　죽였고,　　5명을　　　　　산채로

jafaha, juwan emu morin baha,, 9/10
잡았다.　　11마리의　　말을　　획득했다.

○ ice jakūn de, kanggūri dzung bing guwan be, yuwan du tang
　　초 8일에,　　　캉구리　　　　총병관이　　　　　　　　袁(崇煥) 都堂의

ni cooha de afahakū seme weile arafi, dzung bing guwan i hergen
　군대와　　싸우지 않았다고　죄를　삼아서,　　총병관　　　　　　직을

efulehe, emu nirui jušen gaifi ini deo kakduri de buhe, langkio
혁직했다.　1개 니루의 속민을 취하여 그의 동생 칵두리에게 주었다. 랑키오

beiguwan, handai beiguwan be, ineku tere cooha de afahakū seme
備禦官·　한다이　備禦官을　　　바로　그　군대와　싸우지 않았다고

hergen efulehe, olji faitaha, ošo iogi be efulembihe, ini 10/11 ama i
혁직했고　노획을 삭감했다. 오쇼 遊擊을 혁직하려 했는데 그의　아버지의

gung de hergen efulehekū,,
功으로　혁직하지 않았다.

○ ice uyun de, liyang hiyang hoton de morin ulebume tehe de,
　초 9일에,　良鄕城에서　　　말을　먹이러　머무를 때에

han, hergen efujehe hafasa be, hergen efujehe ci ebsi yabuha be bithe
한은　"혁직된　관원들에게　혁직된　이후　행한　것을 글로

arafi alibu seme henduhe, efujehe hafasa meni meni gung be bithe
써서 올리게 하라"고 말했다.　혁직된　관원들은　각자　功을　글로

arafi, 11/12 han de bithe wesimbuhe, han, ubai be uju jergi ts'anjiyang
써서　한에게 글을　올렸다.　한은 우바이를　1등　參將으로

obuha, tulai, surumai be beiguwan obuha, indahūci be dzun hūwa hoton
삼았다. 툴라이·수루마이를　備禦官으로 삼았다. 인다후치가　遵化城에서

de afafi bucehe seme beiguwan i hergen buhe,,
전투하다 죽었다고　備禦官　직을　주었다.

○ juwan de, hergengge hafasa de emu beiguwan de orin jakūta
　10일에,　관직이 있는 관원들에게 1명의　備禦官에　28

yan menggun, suje etuku orin 12/13 sunjata šangnaha,,
兩씩의　銀·　　비단　옷　25벌씩　　　　　　　　상주었다.

○ tere inenggi, liyang hiyang hoton i dergi ala de tu wecehe,
그　날,　　　　　良鄕城의　　　　　동쪽　언덕에서 纛祭를 지냈다.

ineku tere inenggi karun genefi, duin moringga nikan bahafi benjihe,,
같은　그　날　　哨兵이　가서　4명의　말　탄　　明人을 잡아서　보내왔다.

○ juwan emu de, kūrcan, begei, mucengge, kamtu, 13/14 monggo i
11일에,　　　쿠르찬·　버거이·　무청거·　캄투는　　　　　몽고인이

gaiha hoton de, monggo i hergengge hafasa de menggun etuku
취한　성에서　　몽고의　　관직있는　관원들에게　은·　　　옷을

šangname genehe, hergengge hafasa etuku šangnaha doroi han de
상주러　　　갔다.　관직있는　관원들은　옷을　상　준　禮로써　한에게

hengkilehe, yecen, tantai, langkio beye be dabume juwan ninggun
叩頭했다.　　여천·　탄타이·랑키오　자신들을　포함하여　　16명이

niyalma helen ganame genehe, han, liyang hiyang hoton ci tabcilabuha,
정보제공포로를 잡으러 갔다.　한은　　良鄕城부터　　　　약탈하게 했다.

tere jergi de jinong, naiman i hūng baturu inu tabcilaha, 14/15 han de
그　때에　지농·　나이만의　　훙 바투루도　　약탈했다.　　　　한에게

fonjihakū šajin jurceme enculeme tabcilaha turgunde, baha etuku be
묻지 않고　법을　어기고　따로　　약탈했기　때문에　　노획한　옷을

gaifi hergengge ambasa de buhe, morin losa eihen be gaifi ubu bodome
빼앗아 관직있는   대신들에게   주었다. 말·   노새· 나귀를   빼앗아 몫을 계산하여

dendehe,,
분배했다.

○ sure han i ilaci aniya sohon meihe jorgon biyai juwan emu i
「천총   3년   己巳   12월   11일

šahūn coko inenggi, aisin gurun i 15/16 han [   ]¹ ihan, hiyan,
辛酉日,   金國의   汗 〔   〕은 소·   香·

defelinggu dagilafi, amba aisin i taidzu u yuwan, dai ding juwe han i
布疋을   준비해서   大金의   太祖 武元² · 大定³ 두 汗의

enduri soorin de jukteme, daci donjici, juwe han i gung amba erdemu
神位에   제사지냅니다. 원래 듣기에   두 汗의   功이 크고   德이

wesihun, dolo udu gūniha seme tolgin i gese bihe, [   ]⁴ te
높아서,   마음에 비록 생각했어도   꿈과 같았습니다.   〔 〕 지금

cooha jifi liyang hiyang hiyan de isinjifi, juwe han i enduri soorin
군대가 와서   良鄕縣에   도착해서 두   한의   神位가

bisire babe safi, udu fon encu jalan meni meni ocibe, maktara 16/17
있는 곳을 알았으니, 비록 때는 다르고 세대는 각각 일지라도, 칭찬하고

---

1 底本의 이 부분에 黃箋이 붙어 있다. 太宗의 이름인 hong taiji를 피휘했을 것이다.
2 '武元'은 금태조 아구타의 諡號이다. 전칭은 應乾興運昭德定功仁明莊孝大聖武元皇帝이다.
3 '大定'(1161~1189)은 金 世宗 完顏烏祿(完顏雍)의 연호이다.
4 底本의 이 부분에 黃箋이 붙어 있다.

tukiyere algin niyengniyeri bolori wecere be donjici, yala doronggo
찬양하는 명성과 봄과 가을에 제사지내는 것을 들으면, 진실로 道가 있고

erdemungge niyalma, ele goidaci ele elden tucimbi sere
德이 있는 사람은 더 오래될수록 더 빛 난다 여길 것이

mujangga nikai, te wecere jaka be dagilafi, beyei funde abatai beile,
확실합니다. 지금 祭物을 준비해서 이 몸을 대신하여 아바타이 버일러·

sahaliyen beile be takūrafi gingnembi, jai mini gūniha be alambi, be
사할리연 버일러를 보내어 공경합니다. 또한 내가 생각한 것을 고합니다. 우리는

daci jalan halame daiming han i jase tuwakiyame tondoi banjimbihe,
원래 대대로 대명 황제의 경계를 지키며 바르게 살았습니다.

daiming wan lii han, mini juwe 17/18 mafa be umai weile akū baibi
大明 萬曆 황제는 나의 두 할아버지를 전혀 죄 없이 그냥

waha, wacibe kimuleme gūnirakū kemuni han seme gūnime, abka de
죽였습니다. 죽였다해도 원수라고 생각지 않고 계속 황제 라고 생각하고, 하늘에

šanggiyan morin, na de sahaliyan ihan wafi, liyoo yang ni fujiyang u
白馬, 땅에 黑牛를 잡아 遼陽의 副將 吳希漢과

hi han i emgi gashūme, jasei ninggude šibei wehe ilibuha gisun, nikan
함께 맹세하고, 경계의 위에 석비 놀을 세워 말하기를, "明人이

jase tucike de wambi, jušen jase dosika de wambi seme gashūfi tondoi
경계를 나오면 죽인다. 주선이 경계를 들어가면 죽인다"라고 맹세하여 바르게

banjire de, yehe meni juwe gurun weile 18/19 tucifi, yehe waka, be
살 때에, 여허와 우리 두   나라가 일이   생겼는데, 여허가 그리고 우리가

uru, daiming wan lii han sidende tondo i beiderakū, waka yehe de
옳았습니다. 大明 萬曆 황제는 중간에서 바르게 심판하지 않고 그릇된 여허를

dafi, jasei tule cooha tucifi, yehe de tuwakiyame tefi, uru manju be
도와서 경계의 밖으로 군대가 나와서 여허를   지켜주며 주둔하고, 올바른 만주를

hacin hacin i gidašame nadan amba koro araha manggi, ojorakū waki
갖가지로   모욕하고, 일곱   큰 원한을 만드니 (나는) 할 수 없이 죽이려는

sere be safi, abka de habšafi dain deribuhe, abka, gurun i amba ajigan
것을 알고, 하늘에   호소하여 전쟁을 시작했습니다. 하늘은 나라의 크고 작음을

be tuwarakū, weile i uru waka be 19/20 tuwame membe urušefi,
보지 않고   일의 옳고 그름을   보아   우리를 옳다 하여

daiming ni liyoodung ni dergi ba be mende buhe, terei amala acaki
대명의   遼東의   동쪽 땅을 우리에게 주었습니다. 그 후 화친하자고

seme takūraci, membe amba alin i umgan be gidambi seme gisureme,
파견하면, 우리에게   泰山이   계란을   누르는 것이라고 말하며

gasha gurgu orho suiha i adali obufi yohindarakū fusihūlara de, geli
禽獸·草芥와   같이 보아 멸시하고   경멸함에,   또

dailara jakade, abka, birai wargi ba be mende buhe, terei amala, bi
정벌했으므로   하늘이 강의 서쪽 땅을 우리에게 주었습니다. 그 후   나는

dain nakafi taifin banjire be buyeme, arga jali akū 20/21 unenggi
전쟁을 멈추고 평화롭게 살   것을 원하여,   計謀   없이   진실한

mujilen i ududu mudan jing acaki seme takūraci, daiming cung jeng
마음으로   여러   번   오로지 화친하려고   파견했으나, 대명   崇禎

han, geli membe fusihūlame abkai buhe ba be amasi gaji, hūwangdi
황제는 또 우리를   업신여기고 하늘이 준   땅을 "도로 가져와라. 황제

gebu gurun i doron be naka sehe manggi, bi abkai buhe ba be amasi
명칭과 나라의   印章을 그만두어라" 하니,   나는 "하늘이 준   땅을   도로

burakū, hūwangdi be nakafi han sere, encu doron be nakara, si
주지 않겠습니다. 황제를 멈추고 汗이라고 하겠습니다. 다른 印章을 그만두겠습니다. 그대는

doron arafi gaji seci, geli ojorakū ofi, bi korsofi ere cooha 21/22 jihe,
印章을 만들어 주십시오"했으나 또 할 수 없다 하여, 나는 분하여 이렇게 출병했습니다.

jifi dahaha hoton tehei bisire irgen i ai jaka be umai necihekū,
와서 투항한   城에 거주하고 있는 백성의 어떤 물건도   전혀 범하지 않았습니다.

iselehe cooha be waha, daharakū hoton be afame gaiha, ere waha
저항한   병사는   죽였고, 투항하지 않는 城은 공격하여 취했습니다. 이렇게 죽이고

gaihangge, mini buyeme waha gaihangge waka, gemu daiming han
취한 것은   내가 원해서 죽이고 취한 것이 아닙니다. 모두   大明   황제가

beye be ambakilame, acaki seci ojorakū, iningge be i wara, i
자신을   尊大하고,   화친하려고 해도 하지 않고, 그의 것을 그가 죽이고 그가

gaijara ton kai, mini koro uttu, geo jiyan ci dabali bicibe, gūnin fu ca
취한 셈인 것입니다. 나의 원한이 이렇게 句踐보다 더할 지라도, 뜻은 夫差

de akū, 22/23 tuwahai arbun ulhiyen i uttu oho, abkai gamarangge
에 없습니다.   보다가   형세가   차츰 이렇게 되었습니다. 하늘이 처리한 것일

gojime minde daljakū, te udu uttu oho seme bi dabašarakū,
뿐   나와 관계없습니다. 지금 비록 이렇게 되었어도 나는 분수를 넘지 않습니다.

acaki seci donjirakū gese, amban de ertufi geren de gohodome,
화친하자 해도 듣지 않는 것처럼, 큼에   의지하고 여럿임에   교만하고

giyan be gukubume abka be jurceme, halfiyan muheliyen jaka, emu
도리를   없애고   하늘을   위반하고, 평평한 것과   둥근 것이   한

sangga de acarakū gese ofi, mini <u>niyaman fahūn hūwajame alambi</u>,[5]
구멍에   맞지 않는 것처럼 되어, 나의   심장과   肝腸이 부서지도록   고합니다.

enduringge juwe han saci, wehiyeme yabu,, 23/24
신령한   두 한이 안다면 도와주어 행하소서.」

○ juwan ninggun de, liyang hiyang hiyan ci cooha jurafi, beging
　　　16일에,　　　　　　良鄕縣系에서　　　군대가 출발하여　北京城

hecen i baru jidere de, hūn ho birai lu geo kiyoo de šen fujiyang
　　쪽으로 올 때에, 渾河 강의 盧溝橋에서   沈   副將이

---

5 [籖註] gingguleme baicaci, fe manju gisun i bithede, niyaman fahūn hūwajame alambi sere gisun,
uthai unenggi gūnin be hungkereme tucibumbi sere gisun sehebi,,
삼가 찾아보니『舊淸語』에서 'niyaman fahūn hūwajame alambi'(심장과 간담이 부서지도록 告하다)
라는 말은 즉 'unenggi gūnin be hungkereme tucibumbi'(성실한 마음을 많이 보이다)라는 말이라고
했다.

ninggun minggan cooha gaifi okdokobi, tere be ici ergi sunja gūsai
　　　6천　　　　　　　병사를 이끌고　맞섰다.　　그것을　　우익　　5개 구사의

cooha dosifi dartai gidaha, emu hafan be jafaha, uksin saca 24/25 morin
군대가　진입하여 순식간에 격파했다. 1명의 관원을 잡았다.　갑옷과 투구·　　　　　말·

olji be sain be tomsoho, ehe be waliyaha, cooha jurafi jici, beging ci
노획의　좋은 것은 수습했고,　나쁜 것은 버렸다.　　군대가 출발하여 오니,　北京으로부터

orin ba i dubede emu ing ni cooha ilihabi, tere cooha be hashū ergi
　20里의　　　앞에　　1개　營의　군대가 서있었다.　그　군대를　　　　左翼

sunja gūsai cooha dosifi geli dartai gidaha, tere yamji beging ni šun
　5개 구사의 군대가　진입하여 또 순식간에 격파했다. 그날　밤　　북경의　　서남쪽

tuhere julergi hošo i teisu ing ebufi, hecen i šurdeme cooha tuwana
　　　　　방향의 맞은편에 營을 차리고,　성의　　둘레로　군대가 보러가라

seme 25/26 fujiyang asan, iogi turusi be unggihe, asan, turusi amasi
하고　　　　　副將　아산·　遊擊 투루시를　보냈다.　아산·　투루시가 돌아와

alanjime, be, niyalma jafafi fonjici, beging hecen i yung ding men dukai
보고하길,「우리가 사람을 잡아서　물으니,　　"북경성의　　　　永定門의

juleri juwe ba i dubede, duin dzung bing guwan man gui, he yūn lung,
　남쪽　　2里　　앞에　　4명의　　總兵官　　　滿桂·　　黑雲龍·

ma deng yūn, sun dzu šeo, morin yafahan duin tumen cooha
　麻登雲·　　　孫祖壽의　騎兵과　步兵　　4만　　군대가

jase jafafi, poo miyoocan duin dere de juwan jergi 26/27 faidaha seme
목책을 설치하고, 포와 조총을   4面에   10겹으로   배치했다" 라고

alambi, muse šadaci ojorakū, musei juwan gūsai ing ni cooha faidafi
씀합니다. 우리는 피로해 있을 수 없습니다.」[6] 우리 10개 구사의 營의 군대를 정렬하여

sasa kaicame dosifi, dzung bing guwan man gui, sun dzu šeo, fujiyang
모두 함성지르며 진입하여   總兵官   滿桂·   孫祖壽,   副將·

ts'anjiyang iogi gūsin funceme, ciyandzung badzung be toloci wajirakū
 參將·   遊擊 30명 남짓,   千總·   把總을   셀 수 없을만큼

gemu waha, dzung bing guwan he yūn lung, ma deng yūn, emu
모두 죽였다.   總兵官   黑雲龍·   麻登雲·   1명의

ts'anjiyang be weihun jafaha, terei gabtara, poo miyoocan sindarangge,
 參將을   사로 잡았다. 그들이 활 쏘고 포와 조총을   쏜 것이

27/28 aga labsan i gese cooha de dosicibe, emu niyalma hono
    비와 눈송이 처럼 아군으로 들어왔는데도   한 사람도

bucehekūngge, abka gosihakū seci ombio,,
죽지 않은 것은 하늘이 사랑하지 않았다고 할 수 있겠는가?

○ juwan jakūn de, baha ninggun minggan morin be sain be
     18일에,   획득한 6천마리 말 가운데   좋은 것을

---

6 『淸太宗實錄』天聰3년 12월 丙寅조에 의하면, 아산·투루시는 본문의 보고 뒤에 '밤을 도와 전진하여
   새벽에 급공해야 합니다'(宜乘夜前進, 平旦, 即急攻之)라고 건의했다.

sonjofi, jakūn amban, geren dzung bing guwan, fujiyang de neneme
선발해서   8대신·   여러   총병관·   부장에게   먼저

emte šangname bure de, ambasa hendume, 28/29 abkai kesi de, han i
1마리씩 상 내려   줄 때에 대신들이 말하기를,   "하늘의 은혜로,   한의

hūturi de, utala amba cooha be gidafi baha doroi han, beise suwe
복으로   이토록 많은 병사를   격파하여 얻은 禮로, 한· 버일러들 당신들이

neneme deji gaijarakū, [原檔殘缺] gaijara seme hendure jakade, han
먼저 상등품을 가지지 않았는데 〔原檔殘缺〕 가지겠습니까?" 라고 말하므로   한이

hendume, suwembe bi afabufi, nikan i cooha poo miyoocan sindara de,
말하기를, "너희를 내가 공격하게 시켜   明軍이   포와 조총을   쏠   때에,

mini mujilen suweni jalin de ambula joboho, afabuha be aliyaha, 29/30
나의 마음은   너희   때문에   매우 걱정되었다. 공격시킨 것을 후회했다.

abka gosifi, ambasa suwe koro bahakū cooha be gidaha, suwende
하늘이 사랑하여 대신들 너희가 해를   입지 않고 군대를   격파했다. 너희에게

šangnara bure be, bi elerakū kai seme hendufi, han, emu ehe morin
 상 내려   주는 것이 나는 충분치않다" 라고   말하고,   한은 1마리 나쁜 말을

deji gaifi, ujulaha ambasa de emte sain morin šangnaha, jai geren
헌상품으로 취하고, 앞장섰던 대신들에게 1마리씩 좋은 말을 상 내렸다.   또 여러

beiguwan, kirui ejen de emte morin šangnaha, funcehe morin be uksin i
備禦官,   키루의 어전[7]에게 1마리씩 말을 상 내렸다.   남은   말은 甲兵을

---

7   kirui ejen(旗長)은 bayara(護軍)의 하급장교이다. 1634년(천총8) bayarai juwan i da로 개칭했고,

bodome dendehe,, 30/31
헤아려   분배했다.

○ tere inenggi, nikan han de acaki sere bithe be, dahai baksi
  그   날,   명의 황제에게   화친하자는   글을   다하이 박시 (편에)

benehe bihe,,
보냈었다.

○ juwan uyun de jurafi, beging hecen i šun tuhere amargi hošo i
  19일에,   출발하여   북경성의   서북쪽   방향의

teisu tataha,, 31/32
맞은편에서 숙영했다.

○ orin de, korcin i tusiyetu han amasi booi baru genere be beneme,
  20일에, 코르친의 투시예투 한이 되돌아   집을 향해 가는   것을 전송하러,

emu nirui juwete bayara de asan, yecen be ejen arafi jase
1개 니루당 2명씩의 바야라에   아산· 여천을   수장으로 삼아 경계를

tucibume benefi jio seme unggihe,,
나가도록   전송하고 오라고   보냈다.

○ tere inenggi jurafi, beging hecen i amargi de šeng men dukai
  그 날,   출발하여 북경성의   북쪽   德勝門의

teisu ing iliha,, 32/33
맞은편에 營을 세웠다.

1660년(순치17) 한어명칭 護軍校를 제정했다.

○ orin emu de, turusi, sirna, jakūn gūsai karun de, han i hecen i
21일에,　　　투루시·시르나·팔기의　　哨兵과　　황제의 城의

cooha ucarafi, tanggū niyalma waha, nadanju jakūn morin baha,,
군대가 조우하여　　100명을　　죽였다.　　78마리의　　말을 얻었다.

○ orin juwe de, tung jeo i šurdeme tabcilame cuwan be tuwa
22일에,　　　通州의　　주위로　　약탈하고,　　선박을　　불

sindame, abatai taiji, jirgalang 33/34 taiji, ajige taiji, dudu taiji,
지르도록　아바타이 타이지·지르갈랑　　타이지·아지거 타이지·두두 타이지·

sahaliyen taiji, yangguri efu be unggihe,,
사할리연 타이지·양구리　어푸를　보냈다.

○ tere inenggi, nikan han de acaki sere bithe be, dahai, aibari,
그 날,　　　명의 황제에게 화친하자는　글을　　다하이·아이바리가

de šeng men duka de emu bithe, an ding men duka de emu bithe
德勝門에　　　　　1통,　　　安定門에　　　　　1통

benehe bihe,, 34/35
보냈다.

○ orin ilan de, sirna, loosa, han i hecen ci tucike juwe tanggū
23일에,　　시르나·로오사가 황제의 성에서　나온　200명에

isire cooha be gidafi, susai niyalma waha, dehi ninggun morin baha,,
이르는 군사를 격퇴하고　50명을 죽였다.　　46마리의 말을 얻었다.

○ orin duin de, gu an hiyan ci monggo i acifi gajiha mocin be,
　　24일에, 　　固安縣으로부터　 몽고인이 실어 가져온　 毛靑布를

feyengge niyalma de 35/36 šangname buhe,,
부상 입은 사람에게 　　　　　　상으로　 주었다.

○ orin sunja de, tabcin genehe beise jihe, tabcin genefi ilan
　　25일에, 　　약탈하러 간 버일러들이 왔다. 약탈하러 가서　 3일

dedume tung jeo i šurdeme burulaha jang giya wan hoton de dosifi
숙영하며　 通州 　　주변에서 (사람들이) 도망쳐간　 張家灣城에 　　들어가

ulin gaiha, baha gulhun suje, sain suje etuku be, jakūn boo dendeme
재화를 취했다. 얻은 온전한 비단·　 좋은 비단 옷을 　　　八家가　 나누어

gaiha, ehe 36/37 sain suje etuku be, monggo i juwe gūsai hafasa de
가졌다. 약간의 　　　비단 옷을 　　몽고의　 2개 구사의 관원들에게

buhe, morin ihan losa be ubu bodome dendehe,,
주었다. 말·　 소·　 노새를 몫을 계산해　 나누었다.

○ tere inenggi, nikan han de acaki sere bithe be, emu dusy,
　　그 날, 　　　　명 황제에게 화친하자는　 글을 　　1명의 都司·

emu šusai de jafabufi, an ding men duka de benehe bihe,, 37/38
1명의　 秀才에게 쥐여주고 　　安定門으로 　　　　　　보냈다.

○ beging hecen be afaki seme, wan kalka dagilaha bihe, afara
　　북경성을 　　　공격하려고 　　사다리와 방패차를 준비했었다가 공격하기를

be nakafi, orin ninggun de jurafi, tung jeo bira be doofi deduhe,,
멈추고　　　　26일에　　　　출발해　　通州河를　　　건너　숙영했다.

○ orin nadan de, yoto taiji, sahaliyen taiji, hooge taiji, emu
27일에,　　　　　　요토 타이지·사할리연 타이지·호오거 타이지가 한

nirui bayara sunjata, ing ni 38/39 juwanta cooha be gaifi, yung ping
니루의 바야라 50명씩,　　營의　　　　10명씩 군사를　　이끌고　　永平

ni hoton be kame genehe, geren ing ni cooha san ho bira be doofi
의　성을　　포위하러 갔다.　　여러 營의　군사가　　三河를　　　　건너서

deduhe, han, juwe amba beile, bayara poo i cooha be gaifi, juleri gi
숙영했다. 한과　두　　大 버일러가　바야라와　포병을　　　　　이끌고 앞으로 薊州城을

jeo i hoton be tuwanjime jidere de, šanaha ci yafahan i sunja minggan
　　　　　살펴보러 올 때에　　　　山海關에서　보병　　　5천

cooha gi jeo de nonggime jidere be, hoton i juleri juwe ba i 39/40
군사가　薊州에　　증원하러　오는 것을　　성의　남쪽　2里

dubede amcanjifi, nikan sabufi hoton de dosime jabduhakū ing hadafi,
앞으로 추격해 오니　명 군사가 보고　성으로 들어갈 겨를이 없어 營을 설치하고

sejen kalka poo miyoocan faidafi iliha, cooha de fondo dosifi gemu
수레·방패·포·조총을　　배치하고 진을 쳤다. 적군에 관통해 들어가 모두

waha, tere cooha de ulkun iogi, eljige iogi akūha,,
죽였다. 그 전투에서　울쿤 유격·얼지거 유격이 죽었다.

○ orin jakūn de, gi jeo de indehe,, 40/41
　28일에,　　　　　薊州에서 묵었다.

○ tere inenggi, korcin i tusiyetu han be benehe yecen, asan
　그 날,　　　코르친의 투시예투 한을　　전송한　　여천과 아산이

isinjiha,,
도착했다.

○ ineku tere inenggi, inggūldai ts'anjiyang, dzun hūwa ci unggihe
　같은　　그 날,　　　잉굴다이 참장이　　　　　遵化에서 보낸

bithei gisun, han i dahabuha <u>ši men i</u>[8], ma lan ioi, san tun ing, 41/42
글의　말.　　「한이 항복시킨　　石門驛·　　馬蘭峪·　　三屯營·

dai an keo, lo wen ioi, han el juwang, g'o giya ioi, hūng šan keo,
大安口·　　羅文峪·　　漢兒莊·　　郭家峪·　　洪山口·

pan giya keo, amala meni dahabuha luwan yang ing ni ere juwan emu
潘家口·　　　나중에 우리가 항복시킨　灤陽營의　　　이　　11개

hoton i niyalma gemu ubašafi, mi yūn i giyūn men i cooha, gi jeo i
성의　　사람들이 모두 배반하여　密雲의　　軍門의　　군사·　　薊州의

dooli cooha, ere juwe hoton i coohai emgi jifi, dzun hūwa hecen de
道吏의 군사　　이　두　성의　　군사와　함께 와서　　遵化城으로

---

8 [簽註] ere emu meyen i fe dangse be gingguleme baicaci ši men i i jergi juwan ba i gebu araha bime,
juwan emu hoton sehebi, ainci emu ba i gebu melebufi ejehekū dere..
이 한 단락의 舊 檔子를 삼가 찾아보니, 石門驛 등 10곳의 이름을 기록하고 11개 城이라고 했다. 아마
도 한 곳의 이름은 실수로 빠뜨리고 쓰지 않은 것 같다.

dobori duin bade afanjiha bihe, 42/43 tere afanjiha bata be ambula
밤에   4곳에   공격하러 왔었습니다.   그   공격해 온 적을   많이

waha, ce eterakū bederehe, jai inenggi nikan i moringga cooha faidaha
죽였습니다. 그들은 견디지 못하고 철수했습니다. 다음 날 명의   騎兵이   정렬한

be sabufi, musei cooha tucifi afaki serede, ini yafahan i cooha de dosika,
것을 보고 우리 군사가 나가서 공격하려고 하자 (명의 기병이) 그의 보병으로 들어갔습니다.

ini amargi uncehen sunja niyalma be waha, emu da ing guwan be
그의   후미   5명을   죽였습니다.   1명의 答應官을

baha, nikan i cooha tere dobori genehebi, jai cimari musei cooha
얻었습니다.   명의 군대가 그날 밤에 갔습니다. 다음날 아침 우리 군대가

43/44 amcame genefi amargi uncehen [原檔殘缺]
추격하러 가서   후미   〔原檔殘缺〕[9]

---

[9] 누락된 내용이 『淸太宗實錄』 천총 3년 12월 戊寅條에 있다. "……我兵追蹱其後, 斬馬兵百人, 步兵千
餘人." 隨遣人齎書, 諭所叛十一城, 內羅文峪·三屯營·洪山口·漢兒莊·灤陽營五城復降, 其六城仍
叛, 然不足爲我憂也.(……우리 병사가 그 후미를 추격해 馬兵 100명과 步兵 1,000여 명을 참했습니다"
라고 했다. 파견한 사람에게 글을 주어 한이 諭旨를 내려 말했다. "배반했던 11개 성 중에서 羅文峪·
三屯營·洪山口·漢兒莊·灤陽營 5개 성은 다시 항복했고 6개 성은 여전히 배반 중이다. 그러나 나
의 근심거리가 되지는 못한다")

— 4函 —

tongki fuka sindaha hergen i dangse
點·圈을 찍은 문자의 檔子

orin emuci debtelin
21권

sure han i duici aniya aniya biya
천총 4년 정월

tongki fuka sindaha hergen i dangse,,
點 圈을　 찍은　 문자의　 檔子

○ sure han i duici aniya aniya biyade, han i šanaha i baru
천총　　　4년　　　정월에,　　　한이　 산해관을 향해

genehe amala, yung ping fu i baita be, jirgalang taiji, sahaliyen taiji
간　 후,　　永平府의　　　일을　　　지르갈랑 타이지 · 사할리연 타이지가

icihiyaha be, <u>juwe suwayan</u>[1] i ejehe dangse,,
처리한 것을　　두　黃旗가　　　기록한 檔子.

○ ice ninggun de, yung ping ni dooli be 1/2 yang ts'ui be wesibufi
초 6일에,　　　永平의　　　道吏 白養粹를　　　　　　　승진시켜서

du tang obuha, buhe jafu bithei gisun, aisin gurun i han hendume, be
都堂으로 삼았다.　준　 箚付 글의　말.　「금국의　　한이 말하기를,　白養粹

yang ts'ui, si dade efujehe dooli bihe, bi daci sini erdemu mutere be
너는 원래　 파직된 道吏였다.　　내가 예전부터 너의　재능이

geren ci tucimbi seme donjiha bihe, hecen be baha inenggi, yaya ci
여러 사람들 보다 뛰어나다고 들었었다.　　　성을　　얻은　날　누구보다

1　[籤註] gingguleme kimcici, ere juwe suwayan sere gisun, ainci uthai juwe suwayan gūsa sere gisun
dere,,
삼가 고찰하건대 이 'juwe suwayan'(두 황색)이라는 말은 아마도 즉 'juwe suwayan gūsa'(두 黃旗)라
는 말일 것이다.

neneme uju fusifi minde dahaha seme wesibufi du tang obuha, yung
먼저　　　체발하고　내게　　항복했다 하여 승진시켜서　都堂으로 삼는다. 永平의

ping ni harangga babe si kadala, 2/3 mujilen wacihiyame doro be bodo,
　　　소속　　　지역을 네가 관할해라.　　　마음을　　　다하여　　　政事를 계획하라.

mini hese be ume urgedere, suweni nikan i fe kooli, ba i niyalma be,
나의　　뜻을　　　저버리지 말라. 너희　明의　　舊例에　　지역의 사람을

bade hafan sindara kooli akū, mini dolo erdemungge tondo niyalma,
（그）지역에 관원으로 임명하는 예가 없다. 나의 심중에 재능 있고　　충직한 사람이

uthai ini ba be dasaci, ba i niyalma irgen i mujilen genggiyeken
곧　그의 지역을 다스리면　　　지역민의　　　　마음을　　분명하게

ulhimbi dere, ainu ojorakū, si damu tondo be hukše, šajin be yabu,
알 것이다.　　　왜 안 되겠는가? 너는 다만 올바름을　섬기고　　법도를 행하라.

cooha irgen be gosi, tuttu oci, 3/4 goroki hanciki ini cisui akdame
　　군·민을　　인애하라. 그러면　　　　먼 곳과 가까운 곳이 저절로　믿고

dahambi, si saikan ginggule,, (be yang ts'ui mujilen yabun ehe be
따를 것이다. 너는 잘　　섬기라.」　　　（白養粹의 마음과 행동이 나쁘다는 것을

neneme sahabi, tuttu seme, ekšere de taka kadalakini seme sindaha,
예전에 알았다.　　그렇다 해도　급하기에 잠시 관할하라고　　　임명했다.

inu tašaraha,,)
역시 실수한 것이다.）

○ ša ho pu i bu iogi de buhe jafu bithei gisun, aisin gurun i
沙河堡의　　　卜(文煥) 유격에게 준　箚付 글의　말.　「금국의

han hendume, bu wen hūwan, dade efujehe iogi bihe, bi abkai hesei
한이 말하기를,　　　卜文煥은　　　　원래　파직된 유격이었다.　　내가 천명으로

irgen be toktobume, cooha gaifi julesi jifi, 4/5 yung ping ni cooha
백성을　　안정시키려 군대를 이끌고 남쪽으로 왔는데　　　永平의　　군대가

daharakū ofi afame gaiha, si geren be gaifi minde dahaha be gūnime
항복하지 않아 공격해 취했다.　　네가 무리를 이끌고　　나에게　항복한 것을 생각해

iogi obuha, ša ho i šurdeme baita be si icihiya, ciyan an i [原檔殘缺]
유격으로 삼는다. 沙河　주변의　　일을　　네가 처리하라.　遷安의　　〔原檔殘缺〕

gašan tokso de samsiha irgen cooha dahabu, mini hese be
촌락과 장원으로　　흩어진　백성과 군사를　항복시켜라. 나의 뜻을

mutebuci, geli wesibure,, 5/6
성취하면　　또　승진시키겠다.」

○ meng kiyoo fang be fujiyang obuha, jafu buhe bithei gisun,
　　孟喬芳을　　　　　副將으로 삼았다.　箚付로 준　글의　말.

aisin gurun i han hendume, meng kiyoo fang, si dade efujehe fujiyang
　「금국의　　　한이　말하기를,　　孟喬方,　　너는 원래　파직된　副將이었다.

bihe, bi abkai hesei irgen be ergembume, cooha gaifi julesi jihe,
　　내가 하늘의 명으로 백성을　편히 지내게 하고자 군대를 이끌고 남쪽으로 왔다.

yung ping ni niyalma daharakū ofi, hoton be afame gaiha, bi sini
永平의   사람이 항복하지 않아   성을   공격해 취했다.   나는 너의

weile be gūnirakū fujiyang obuha, aika hafan ekiyehun ba bici, jai
죄를 생각하지 않고   부장으로 삼는다.   만약 관원이   결원된 곳이 있으면 다시

baitalara, si damu tondo akdun be kice, mini hese be ume urgedere,,
등용하겠다. 너는 다만 정직과 신의를 힘쓰라.   나의 뜻을   저버리지 말라.」

○ yang wen kui be fujiyang obuha, jafu buhe bithei gisun, aisin
  楊文魁를   부장으로 삼았다.   箚付로 준   글의   말.   「금국의

gurun i han hendume, yang wen kui, si dade efujehe fujiyang bihe,
        한이 말하기를,   楊文魁,   너는 원래   파직된 부장이었다.

bi, 7/8 abkai hesei irgen be ergembume, cooha gaifi julesi jihe, yung
내가   天命으로   백성을 편히 하고자   군대를 이끌고 남으로 왔다. 永平의

ping ni niyalma daharakū ofi afame gaiha, bi sini weile be gūnirakū,
        사람이 항복하지 않아   공격해 취했다.   내가 너의 죄를   생각하지 않고

ineku hergen buhe, aika hafan ekiyehun ba bici, jai geli baitalara, si
같은 관직을 주었다.   만약 관원이 결원된 곳이 있으면   또 다시 등용하겠다. 너는

damu tondo akdun be kice, mini hese be ume urgedere,, 8/9
다만   정직과 신의를 힘쓰라.   나의 뜻을 저버리지 말라.」

○ yang šeng yuwan be dusy obuha, jafu buhe bithei gisun, aisin
  楊聲遠을   都司로 삼았다. 箚付로 준   글의   말 「금국의

gurun i han hendume, yang šeng yuwan, si dade dusy bihe, bi, abkai
한이 말하기를,　　　楊聲遠,　　너는 원래 都司였다.　내가 천명으로

hesei irgen be ergembume, cooha gaifi julesi jihe, yung ping ni niyalma
백성을 편안케 하고자　군대를 이끌고 남으로 왔다.　永平의　　사람이

daharakū ofi afame gaiha, bi sini weile be gūnirakū ineku dusy obuha,
항복하지 않아 공격해 취했다. 내가 너의 죄를 생각하지 않고 그대로 都司로 삼는다.

9/10 aika hafan ekiyehun ba bici, jai geli baitalara, si damu tondo
만약 관원이 결원된　곳이 있으면 또 다시 등용하겠다. 너는 다만 충직과

akdun be kice, mini hese be ume urgedere,,
신의를　힘쓰라. 나의 뜻을　　저버리지 말라.」

○ tere inenggi, cooha be baicafi, hoton i tesu cooha de morin
그 날,　　군사를 조사하여　성의　本地 군사에게　　말과

uksin jebele beri bufi, yang fujiyang, meng fujiyang de afabuha,
갑옷· 화살통과 활을 주고　楊(文魁) 부장과　孟(喬方) 부장에게　위임했다.

tulergi 10/11 gūwa baci jihe cooha i uksin agūra be gemu gaifi, untuhun
바깥의　　　다른 곳에서 온 군사의　갑옷과 무기를　모두 취해서　맨

beye be meni meni boode gene seme sindafi unggihe, (tere unggihe
몸으로　각자의　집으로 가라고　　놓아 보냈다.　（그　보낸

cooha cang lii de genefi afame, cang lii be guwebuhe,,)
군사가 昌黎로　가서 싸워　　昌黎를　구해주었다.）

○ ice nadan de, hecen i tulergi gašan tokso i 11/12 niyalma be,
　초 7일에, 　　　　성의 바깥 　　촌락과 장원의 　　　　사람을,

meni meni boo be tuwana seme duka neifi tucibufi unggihe,,
　각자 　　집을 　　보러가라고 　　문을 열고 내보내 주었다.

○ ice jakūn de, beise hecen de dosifi baita icihiyame tehede, jang
　초 8일에, 　　　버일러들이 성으로 들어가 일을 처리하러 머무를 때에 張〔養初〕

jyhiyan bithe benjime, jeo šusai booi lii šūn wang urkilame geren be
知縣이 　글을 보내오길 「周 秀才의 집의 李春旺이 큰소리로 외치기를 ‘사람들을

gemu wambi, suwe wabure onggolo 12/13 buce seme gisurehe seme,
　모두 죽인다. 너희도 죽임 당하기 전에 　　　　죽어라’ 라고 　말했다」고

beise de alanjifi wa seme wafi, uju be faitafi lakiyafi geren de
버일러들에게 고해 오니 (李春旺을) 죽이라고 해 죽이고 머리를 베어 걸어서 사람들에게

tuwabuha,,
보였다.

○ ineku inenggi, gin io ts'ai gebungge niyalma, ini beyebe jušen
　같은 　날, 　　　　gin io ts'ai라고 하는 　　사람이 　그 자신이 　주션

gisun bahanambi seme, yang fujiyang ni emgi becunufi, jai geli gašan
말을 　　안다고 　　하여 楊〔文魁〕 부장과 　　서로 때리며 싸우고 또 다시 촌락의

i 13/14 niyalmai emgi balai becunure be safi, beise wa seme wafi, uju
　사람과 함께 함부로 때리며 싸운 것을 알고 버일러들이 죽이라고 해 죽이고 머리를

be giyai de lakiyafi geren de tuwabuha,,
거리에 걸어서 사람들에게   보였다.

○ ineku tere inenggi, dahabure bithe arafi kiru jafabufi, golo golode
같은   그 날,   항복시키는 글을 지어서 小旗를 쥐여주고 곳곳에

takūra seme, be du tang de afabufi takūraha,, 14/15
보내라고   白(養粹) 都堂에게 위임해 파견했다.

○ ice uyun de, tai teo ing ni fujiyang dahaki seme, jang guwe
초 9일에,   臺頭營의   부장이 항복하겠다면서   張國良

liyang gebungge niyalma be jafu bithe kiru gaji seme takūraha bihe,
이라는   자를   箚付 글과 小旗를 가져오라고 파견했었다.

tere niyalma de jafu bithe arafi kiru jafabufi, amasi tere inenggi
그 자에게   箚付 글을 지어서 小旗를 쥐여주고   되돌려 그 날

takūrafi unggihe bithei gisun, aisin gurun i 15/16 han hendume, bi,
파견해 보낸   글의   말. 「금국의   한이 말하기를,   나는

abkai hesei irgen be ergembume, cooha ilifi julesi jihe, tai teo ing ni
天命으로 백성을 편안케 하고자 군대를 일으켜 남으로 왔다.   臺頭營의

fujiyang wang wei ceng, mini takūraha bithe isiname saka, hoton i
부장   王維城은   내가 보낸 글이   도착하자마자   성의

niyalma be gaifi uthai dahaha seme ineku fujiyang obuha, si tai teo
사람을   이끌고 즉시 항복했다고   그대로 부장을 삼는다. 너는 臺頭營의

ing ni šurdeme niyalma be mujilen wacihiyame kadala, tondo akdun
　　　주위　　　　사람을　　　　마음을 다해　　　관할하라.　　충직과 신의

be kice, aika hafan 16/17 ekiyehun ba bici, geli wesibure, ginggule,
를 힘쓰라.　만약 관원이　　　　　결원된 곳이 있으면 다시 올리겠다.　공경하라.

ume heoledere, mini hese be ume urgedere,,
태만하지 말라.　　나의 뜻을 저버리지 말라.」

○ cen hū bu de jafu buhe bithei gisun, aisin gurun i han
　　陳 戶部(郎中)에게 箭付로 준　글의　말.　「금국의　　　한이

hendume, cen ts sin, dade hū bu bihe, bi, abkai hesei irgen be
　말하기를,　陳此心은　　원래　戶部(郎中)였다. 나는　하늘의 명으로 백성을

ergembume, cooha ilifi julesi jihe, 17/18 yung ping de isinjifi daha seci
편안하게 하고자 군대를 일으켜 남으로 왔다.　　　　　永平에　　　이르러 투항하라고 해도

daharakū ofi afame gaiha, cen ts sin be, sini boode gene seci genehekū
투항하지 않아　공격해 취했다.　陳此心을　　그대의 고향에 가라고 해도 가지 않았다

seme, ineku hū bu obuha, si mujilen wacihiyame hūsun bu, mini hese
하여　전과 같이 戶部(郎中)로 삼는다. 너는 마음을　다하여　　힘쓰라.　　나의 뜻을

be ume urgedere,,
저버리지 말라.」

○ an šan pu i ciyan hū hergen i ciyan ki jy, dahara kiru gajime
　　鞍山堡의　　　　千戶　직의　　　　錢奇志는 투항한다는 小旗를 가지고

juwe ihan benjihe 18/19 bihe, amasi unggihe, be du tang be dahara
2마리 소를 보내왔었는데 　　　　(이를) 되돌려 보냈다. 白(養粹) 都堂에게 "투항한다는

bithe kiru bu seme bufi unggihe,,
글과 小旗를 주어라"라고 주어 보냈다.

○ jang jyfu de jafu buhe bithei gisun, aisin gurun i han
　　張(養初)(永平)知府에게 箚付로 준 글의 말.「금국의 　　　　한이

hendume, jang yang cu, dade jyhiyan bihe, bi, abkai hesei irgen be
말하기를, 　張養初는 　　　원래 (盧龍)知縣이었다. 나는 하늘의 명으로 백성을

ergembume, cooha ilifi julesi jihe, 19/20 yung ping fu i niyalma daharakū
편안하게 하고자 군대를 일으켜 남으로 왔다. 　　永平府의 　　　사람들이 항복하지 않아

ofi afame gaiha, jang yang cu simbe geren gemu sain sere jakade,
　　공격해 취했다. 　張養初, 　　　너를 여러 사람들이 모두 좋다고 한 까닭에

sini weile be waliyafi, wesibufi jyfu obuha, si tondo akdun be kice,
너의 죄를 　　용서하고 　등용하여 知府로 삼는다. 너는 정직과 신의를 힘쓰라.

mujilen wacihiyame hūsun bu, mini hese be ume urgedere,,
마음을 　다하여 　　힘쓰라. 　나의 뜻을 　　저버리지 말라.」

○ ciyan an hiyan i jyhiyan ju yūn tai, dahara 20/21 bithe
　　　遷安縣의 　　　知縣 　朱雲台가 　투항한다는 　글을

benjifi, jyhiyan i jafu, dahabure bithe kiru bufi unggihe,,
보내오니, 知縣의 箚付와 투항시키는 글과 小旗를 주어 보냈다.

○ subudi[2], jase dosifi dahaha nikan be tabcilambi seme donjifi,
　"수부디가　경계로 들어가 투항한　漢人을　　약탈한다"고　　　　듣고

juwe beile i takūraha gisun, juwe beile i bithe, subudi de unggihe,
두 버일러가　　　보낸　　말.　「두 버일러의　글,　　수부디에게 보낸다.

meni dahabuha niyalma be ainu wame gaime yabumbi, suwe hocikosaka
우리가 항복시킨　사람을　　　어찌 죽이고　취하는가?　　　너희는　잘

bisire de, baibi 21/22 uttu necime yabumbi, suwe neneme ehereme
지내고 있는데 이유없이　이렇게　침범하는가?　너희가　먼저　　악행을

yabuha bade, be ainaha seme ja i anaburakū, oljilaha juse sargan be
저지른 것에 대해 우리는　결코　　쉽게 양보하지 않겠다. 노획으로 얻은 처자식을

gemu da hoton tesu bade bederebume bu, suwe boode gene, meni ere
　모두 원래의 성과 원래의 장소로 돌아가게 주어라.　너희의 고향으로 가라. 우리의 이

gisun be daharakū oci, suwembe sindarakū, hūdun gene,, 22/23
　말을　　따르지 않으면　너희를 (가만히) 두지 않겠다. 속히 가라.」

○ luwan jeo i emu efujehe šeobei lii gi ciowan dahame jihe,
　灤州의　　1명의 혁직된　守備　李繼全이　　투항해 왔다.

juwan emu de amasi unggime, lii gi ciowan de šeobei hergen, fe jeo
　11일에　　　　되돌려 보내어,　李繼全에게　　守備의 직을 (주고) 옛 州同

2　[簽註] ere emu meyen fe dangse de arangge monggo hergen te manjurame ubaliyambuha,,
　이 한 단락을 舊 檔子에 쓴 것은 몽고 문자인데, 지금 만주 글자로 번역했다.

tung hergen i jang wen sio be wesibufi, jyjeo hergen bufi unggihe,
직의   張文秀를   승진시켜 知州 직을   주어 보냈다.

terei alaha gisun, gašan i guwanggusa gemu durime cuwangname,
그들이 고한 말. "마을의 무뢰배들이   모두   빼앗고   약탈하여

gamaha ts'ang ni jeku emu tumen uyun hule bi, 23/24 ku i menggun
가져간   倉의   곡식이   10,009石이고,   庫의   銀은

juwe tanggū dehi sunja yan bi,,
    245량입니다."

○ juwan juwe de, giyan cang ni ts'anjiyang de jafu buhe bithe,
    12일에,   建昌의   參將에게   箚付를 준 글,

aisin gurun i han hendume, ma guwang yuwan, dade ts'anjiyang bihe,
「금국의   한이 말하기를,   馬光遠은   원래   참장이었다.

geren be gaifi dahame jihe seme fujiyang obuha, si tondo mujilen i
무리를   이끌고 투항해 왔다고 하여 副將으로 삼는다. 너는 정직한 마음으로

jurgan be akūmbu, mini hese be ume 24/25 urgedere,,
의무를   다하라. 나의 뜻을   저버리지 말라.」

○ giyan cang ni jung giyūn de jafu buhe bithe, aisin gurun i
    建昌의   中軍에게   箚付를 준 글,   「금국의

han hendume, be yan, dade jung giyūn bihe, ma ts'anjiyang be dahame
한이 말하기를, be yan은 원래   中軍이었다.   馬(光遠) 참장을   따라

jihe seme iogi obuha, si tondo mujilen i jurgan be akūmbu, mini hese
왔다고 하여 遊擊으로 삼는다. 너는 정직한 마음으로 의무를　　다하라.　　나의 뜻을

be ume urgedere,, 25/26
　　저버리지 말라.」

○ aisin gurun i han hendume, giyan cang ni sun šoo ye, si dade
　「금국의　　　한이 말하기를,　　建昌의　　　sun šoo ye 너는 원래

jung giyūn bihe, ma ts'anjiyang be dahame jihe seme dusy obuha, si
　中軍이었다.　　馬(光遠) 參將을　　따라 왔다고 하여　都司로 삼는다. 너는

tondo mujilen i jurgan be akūmbu, mini hese be ume urgedere,, 26/27
정직한 마음으로　　　의무를　　다하라.　　나의 뜻을　　　저버리지 말라.」

○ tere inenggi, yung ping hecen i tung pan hergen i jang el yūn be,
　그 날,　　　永平城의　　　通判 직의　　　張爾雲을

uju fusihakū seme, geren de ejebume waha,,
체발하지 않았다고 하여 여러 사람들에게 기억하게 하려고 죽였다.

○ juwan ilan de, cang an[3] hiyan i emu jyhiyan, emu jy hūi, emu
　13일에,　　　遷安縣의　　　1명의　知縣,　　1명의　指揮,　1명의

diyanši dahame jihe,, 27/28
典史가　　투항해 왔다.

3　'cang an'은 'ciyan an'의 誤記이다. 『清太宗實錄』 6권, 천총 4년 정월 ㄴ丑조에 '遷安'으로 기록되어
　있다.

○ juwan duin de, ju jyhiyan de jafu buhe bithei gisun, aisin gurun i
　　14일에, 　　　　　　朱 知縣에게 　　箚付로 준 　　　글의 말. 　　　　　「금국의

han hendume, ju yūn tai, dade cang an hiyan i jyhiyan bihe,
한이 　말하기를, 　　朱雲台는 　원래 　遷安縣의 　　　　　知縣이었다.

geren be gaifi dahame jihe seme ineku hergen buhe, si tondo mujilen i
　무리를 　이끌고 투항해 　왔다고 하여 　같은 직책을 주었다. 너는 정직한 마음으로

jurgan be akūmbu, sain oci, geli wesibure, mini hese be ume urgedere,, 28/29
의무를 　　다하라. 　잘 하면 다시 승진시킬 것이다. 나의 뜻을 　저버리지 말라.」

○ jy hūi hafan lii yen dzung, hecen tuwakiyame tutaha pan ioi jao,
　　指揮 직의 　　lii yen dzung· 성을 　지키려고 　남은 　pan ioi jao·

sioi gui, ere ilan nofi de acan emu jafu buhe bithei gisun, aisin
　sioi gui, 이 　3명에게 　　합하여 하나의 箚付로 준 　글의 말. 　　「금국의

gurun i han hendume, lii yen dzung, pan ioi jao, sioi gui, suweni ilan
　　　　한이 말하기를, 　lii yen dzung· pan ioi jao· sioi gui 　너희 　3명은

nofi dade cang an hiyan i jy hūi bihe, dahame jihe seme ineku
　원래 　遷安縣의 　　　　指揮였다. 　　투항하여 왔다고 하여 같은

hergen buhe, suwe 29/30 tondo mujilen i jurgan be akūmbu, sain oci
　직책을 준다. 너희는 　　정직한 마음으로 의무를 　　　다하라. 　잘 하면

geli wesibure, mini hese be ume urgedere,,
다시 승진시킬 것이다. 나의 뜻을 　저버리지 말라.」

○ yan dayanši de jafu buhe bithei gisun, aisin gurun i han hendume,
　　yan 典史에게　　箚付로 준　　글의　　말.　「금국의　　　　한이　　말하기를,

yan gung, dade ciyan an hiyan i diyanši bihe, jyhiyan be dahame
　yan gung은 원래　　遷安縣의　　　　　典史였다.　　　　지현을　　따라

jihe seme ineku hergen 30/31 buhe, si tondo mujilen i jurgan be
왔다고 하여　같은　직책을　　　　　준다. 너는 정직한 마음으로　의무를

akūmbu, sain oci geli wesibure, mini hese be ume urgedere,,
　다하라.　　잘 하면 다시 승진시킬 것이다. 나의 뜻을　　　저버리지 말라.」

○ tofohon de, jyfu i ku be neime, tantai, kūrcan, sonin, lūkei,
　　15일에,　　　지부의 庫를　　열어　　탄타이·쿠르찬·소닌·루커이·

boo fujiyang, ning šusai genefi tuwaha, menggun i ton, juwe tumen
鮑(承先) 副將·　審 秀才가　가서 살펴보았다.　　은의　　　액수는　　2만량이라고

yan seme alaha, tantai de afabuha, jyhiyan i ku de 31/32
　　보고했다.　　　탄타이에게　맡겼다.　　　지현의　　庫에

sunja minggan yan bi seme alaha, kūbai de afabuha,,
　　5천량이　　　　　있다고 보고했다.　쿠바이에게　맡겼다.

○ juwan uyun de, ma sio ši gebungge bai niyalma, lio giya ing be
　　19일에,　　　　　ma sio ši　라는　　　　평민이　　　　劉家營을

dahabume genefi tubade bihe ini niyaman hūncihin be neneme uju
항복시키러　가서　　그곳에 있는 그의　　　친척을　　　　　먼저 체발시키고

fusibufi, gūwa irgen be dahabure de, 32/33 daharakū, uju fusiha ilan
　　다른　　백성을　　투항시키려는데　　　　투항하지 않고,　체발한　3명을

niyalma be gemu wahabi, ma sio ši tereci amasi burulafi, beise de
　　모두　　죽였다.　　ma sio ši는 그로부터 되돌아 달아나서 버일러들에게

daharakū seme medege alanjiha,,
항복하지 않았다고　소식을　고해왔다.

○ orin de, irgen i ihan akū niyalma de usin tarikini seme,
　20일에, 백성 중에 소가 없는　사람에게　밭을　경작하라고

jakūnju juwe ihan be jang jyfu de afabume buhe,, 33/34
　82마리의　　소를　張(養初) 知府에게　맡겨　주었다.

○ orin juwe de, duin dere de duin amban be, dahaha gašan gašan
　22일에,　　　사방으로　　네 대신을,　　「투항한　마을마다

de šurdeme usin tari seme bithe unggihe,,
　주변에　밭을 경작하라」고 글을　보냈다.

○ giyan cang ni ma fujiyang i coohai niyalma, emu minggan
　建昌의　　　馬(光遠) 副將의　병사　　1,978명에게

uyun tanggū nadanju jakūn niyalma de, 34/35 emu minggan uyun
　　　　　　　　　　　　　　　　　　　　　 1,978량의

tanggū nadanju jakūn yan menggun buhe, jai ciyandzung, badzung
　　　　　　　　　은을　주었다. 또　千總과　　把摠

juwan emu niyalma de, emu niyalma de juwete yan buhe, uheri juwe
　　11명에게　　　　　　　　　　　　1명마다　　　　2량씩　은을　주었다.　모두

minggan yan menggun šangnaha,,
　　2천량의　　　은을　　상으로 내렸다.

○ orin ilan de, darhan efu emu gūsai emte hafan, emu nirui
　　23일에,　　　　다르한 어푸가　1개 구사의 1명씩의 관원,　1개 니루의

juwete uksin be 35/36 gamame, fu ning ni ergide medege gaime genefi,
　　2명씩의 병사를　　　　　데리고　　撫寧　　쪽으로　정보를　얻으러 가서,

juwe niyalma be weihun jafafi gajiha, erei duwali juwan niyalma
　두 사람을　　　　산채로　잡아 데려왔다.　이들 무리에　　10명이

bihebi, gemu yafahan bihe, ninggun be waha, juwe niyalma hoton de
있었는데　모두　보병이었다.　　　6명은　　죽였고,　두　사람은　　성으로

dosime jabduhabi, juwe yafahan be jafafi gajiha, emke dung šan pu i
이미 들어갔고　　　2명의　보병은　　잡아서 데려왔다.　1명은　dung šan pu의

niyalma ukame jihengge, emke fu ning ni tesu niyalma, tesei
　사람으로 달아나　온 자이고,　1명은　撫寧　　　본토 사람이었다.　그들이

alarangge, 36/37 dzu dzung bing guwan be dosimburakū, kemuni hoton i
　고하기를,　　　　　　“祖(大壽) 총병관은　　　　들어가지 못하게 하고 계속　성의

tule ulan fetefi, undehen i kalka ilibufi, dorgideri niyalmai beye gese
바깥에 참호를 파고 널빤지로　방패를 세우고,　　안에　　사람의　몸과　같이

juwe wehe sahafi bi sembi, coohai niyalma de emu inenggi ajige moroi
2개의 돌을 쌓아놓고 있다"고 했다.   병사에게는   하루에   작은 사발로

juwe moro, morin de ilan moro hiyase, turi akū ofi, ba i jeku bumbi
  2사발,   말에게는 3사발이고,   콩이 없어서 현지의 곡식을 준다고

sere, orho akū ofi orin gūsin ba i dubede 37/38 gašan de ganame
하고,   풀이 없어서   20-30里   밖의   마을에서   취하여

ulebumbi sere, sula irgen beye gemu šanaha i tule, ning yuwan i
먹인다고 한다. 일이 없는 백성은   모두   산해관   밖의   영원

ergide tucibuhe sere, musei cooha be sahade, ainaha seme tucirakū
쪽으로   내보냈다고 한다.   우리 병사를   보면   절대   나가지 말라고

seme šajilahabi sere,,
   엄금한다고 한다.

○ orin sunja de, yung ping wei i jang yen jy hūi cen jing hūwa,
    25일에,   永平衛의   掌印   指揮   陳淸華·

lu lung wei i jang yen 38/39 jy hūi wang cing i, dung hing dzo wei i
盧龍衛의   掌印   指揮   王業弘·[4]   東勝左衛의

jang yen jy hūi cen yan mei, ere ilan niyalma dade jy hūi hergen
掌印   指揮   陳延美,   이 세   사람은   원래   指揮   직

---

4 『淸太宗實錄』6권, 天聰4년 정월 甲申조에 '王業弘'으로 기록되어 있다. 원문의 'wang cing i'와 발음
이 다르지만 동일한 인물이다.

bihe, weile be gūnirakū ini da hergen buhe,,
이었다. 죄를 생각하지 않고 그들의 원래 직책을 주었다.

tongki fuka sindaha hergen i dangse
點·圈을 찍은 문자의 檔子

orin juweci debtelin
22권

sure han i duici aniya aniya biyaci juwe biyade isinahabi
천총 4년 정월부터 2월까지

tongki fuka sindaha hergen i dangse,,
　點 圈을　찍은　문자의　　檔子

○ orin ninggun de, giyan cang ni jang wen siyan be šeobei
　　　26일에,　　　　建昌의　　　jang wen siyan에게　　守備

hergen bufi jasei leng keo duka be tuwakiya seme afabuha,,
　직을 주어서 경계의　　氵口门을　　　　지키라고　　　맡겼다.

○ tere inenggi, ši men de dzu dzung bing guwan i deo bi seme
　　　이 날,　　　石门에　　　祖 總兵官의　　　　동생이 있다고

donjifi, gūsai ejen yungšun, 1/2 garsa, tumburu, šanuka, arjin, singne,
듣고 구사의 어전　융슌·　　　가르사·툼부루·샤누카·아르진·싱너

šojan, musei nikan hafan wang iogi, be iogi, sunja tanggū cooha be
　쇼잔이　　우리의 한인 관리　wang 遊擊· be 遊擊과　　500명의 병사를

gamame genefi, dzu dzung bing guwan i deo be bahakū, halai ahūn
데리고　　갔는데,　　　祖 總兵官의　　　　동생을 잡지 못하고, 일족의 형제

deo[1] haha jakūn, hehe juwan ilan bahafi gajiha, jai gašan i niyalma be
　　남자 8명·　　여자 13명을　　　잡아서 데려왔다. 또 마을의 사람들을

1　[簽註] gingguleme kimcici, halai ahūn deo seme gisun, ainci uthai emu halai ahūn deo sere gisun
　　dere,,
　　　삼가 고찰하건대 'halai ahūn deo'(씨족의 형제)라는 말은, 아마도 즉 'emu halai ahūn deo'(같은 씨족
　　의 형제)라는 말일 것이다.

gemu uju fusibume dahabufi jihe,, 2/3
　모두　　체발시키고　　　항복시켜서 왔다.

○ orin jakūn de, bu iogi ini jui sargan be baime genefi bahakū
　　28일에,　　卜（文煥）遊擊이 그의 아들과 처를 찾으러 갔는데, 찾지 못하고

jihe, ini dahame genehe jakūn gucu i morin etuhe etuku be gemu
왔다.　그를　　따라 간　　여덟 구추의 말과　　　입은 옷을　　모두

karacin durime gaihabi, gucu gemu balai samsime genefi, ini beye emu
카라친이　　빼앗아 가져갔다. 구추는 모두 멋대로 흩어져　갔고,　그 자신은 1명의

gucu be gaifi jihe, ede emu jergi etuku juwe morin bufi ciyan an
구추를　　데리고 왔다. 이에　　1벌의　　옷과　2마리 말을 주어서　遷安

hiyan de takūraha, 3/4 tere inenggi g'ao cangšu i ahūn i jui ini juse
　縣에　　파견했다.　　　　그 날　　郭 尚書의　　형의 아들이 그의 자식들과

sargan be baime jihe,,
　처를　　찾아 왔다.

○ orin jakūn de, luwan jeo i ambasa unggihe bithei gisun, orin
　　28일에,　　　灤州의　　대신들이　보낸　　서신의　말.　「27일에

nadan de turgei emu gūsai emte amban juwe tanggū cooha g'ao iogi,
　투르거이는 1개 구사의 1명씩의　대신·　200명의　병사·高（鴻中）遊擊·

kūrcan be gaifi lo ting be tuwanaha 4/5 bihe, luwan jeo ci susai ba i
쿠르찬을　데리고 樂亭을　　살피러 갔었습니다.　　灤州부터　　50리의

dubede emu ting ling ho sere geren gašan de mukšan gida jafaha
앞에서 한 ting ling ho² 라는 여러 마을에   곤봉·창을 잡은

tanggū funceme niyalma bihe, tere be gemu uju fusibufi werihe, emu
100명 남짓 사람들이 있었습니다. 그들을 모두 체발시켜서 남겨두고, 1명의

šusai be gajifi g'aoši jafabufi unggihe, lo ting de yamjishūn isinaci,
秀才를 데려와서 告示를 쥐여주어 보냈습니다. 樂亭에   저녁 무렵 도달하니,

duin duka be gemu sihebi, hecen i ninggude fungkū sindahabi, beise
네 성문을 모두 닫아두었고, 성의 위에 통나무를 설치해 두었습니다. 버일러들이

i ubaci unggihe emu 5/6 bithe, meni emu araha bithe benehe bihe, ehe
여기서부터 보낸 1통의 문서와 우리의 1통의 작성한 문서를 보냈었습니다. 나쁜

gisun geli jaburakū, tucinu seci geli tucirakū, karu bithe benjimbi
말로도 대답하지 않고, 나오라 해도 또한 나오지 않으며, '답서를 보낸다.

taka aliya seme juwe erin isitala aliyaci, bithe geli benjihekū, be
잠시 기다리라'고 하여 2刻에 이르도록 기다렸지만 서신을 또 보내지 않았습니다. 우리는

yamjiha seme waliyafi jihe, ere šusai hecen i baru genere be baha, geli
어두워졌다 하여 포기하고 왔습니다. 이 秀才가 성을   향해 가는 것을 잡았고, 게다가

emu niyalma be hecen i jaka ci jafafi gajiha, hecen i tulergi 6/7
 1명을   성 쪽에서 잡아서 데려왔습니다. 성의 바깥

---

2 'ting ling ho'는 汀流河集(오늘날 河北省 樂亭縣 汀流河鎭)으로 추정된다. 이곳은 灤州로부터 약
  25km 정도 떨어져 있어 거리상 본문의 서술과 대략 일치하며 위치도 灤州에서 樂亭으로 가는 길목에
  위치하고 있다. 다만 ting ling ho라는 발음과 汀流河의 발음이 유사할 뿐 완전히 일치하지는 않아 확
  정하기 어렵다.

gašan gašan de uju fusihakū niyalma ambula bi, be umai necihekū
　마을마다　　　체발하지 않은 사람이　많이 있었습니다. 우리는 전혀 범하지 않고

jihe,,
왔습니다.」

○ orin uyun de, juwe beile luwan jeo de unggihe bithei gisun,
　　29일에,　　　두 버일러가　　灤州에　　　보낸　　문서의　말.

takūraha niyalmai niyaman hūncihin ama eme ahūta deote de surumbume
「파견된　　사람의　　　친척·　　　부모·　　형제들을　　　　위로하고,

gosire gisun hendu, jai takūrafi isinjihakūngge udu niyalma, 7/8 emu
자애하는 말을 말하라.　또 파견했는데 도착하지 않은 자는 몇 사람인가?　　1명에게

niyalma de orita yan goibume menggun be ini ama eme ahūn deo
　　　　20兩씩　할당하여　　　은을　　그의　　부모형제와

hanci niyaman be tuwame bu, aikabade takūrafi jobofi isinjihangge
　가까운 친척을　　살펴서 주어라.　만약　파견해서 고생하여　도달한 자가

bici, tere niyalma be ejeme gebu be bithe arame gaisu, jeku orho
있다면, 그 사람을　기록하여 이름을　문서로 작성하여 갖고 있어라.　穀草를

ganame genehe bade dahaha irgen i aika durire cuwangnara be suwe
　가지러 간　　　땅에서　투항한 백성의 무엇이든　빼앗고 약탈하는 것을　너희가

eici kadalarakū doro bio, meni geli nonggime 8/9 jasirengge, saikan
　혹 다스리지 못할 리가 있겠는가? 우리가 다시 더하여　　　부탁한 것을　　잘

cira eteme kadala seme gūnimbi, jai lo ting ni ergide kemuni medege
엄격하고 철저하게 다스리리라고 생각한다. 다시 樂亭의   방향으로 계속해서 소식을

gaisu, niyalma be baha de kemuni bithe jafabufi takūrafi unggi,
취하라. 사람을   잡았을 때는 항상   문서를 쥐여주어   파견해라.

takūrara be ume bandara, bithe šadambio, i hode musei umesi
파견하는 것을 게을리 하지 말라. 문서가 지치겠는가? 그가 혹시 우리가 영원히

generakū enteheme bisire be saha de, emu ba be seolembi dere,, 9/10
가지 않고   영구히 있을 것임을   알면   한 가지는   생각하리라.」

○ ineku inenggi juwe beile i han de takūraha bithei gisun, lo ting
   같은 날,   두 버일러가 한에게   보낸   문서의 말. 「樂亭이

ubaliyafi medege gaime juwe jergi takūraha niyalma be emkeci
배반하여 소식을   가지러   두 번   파견한   사람들을   1명도

amasi unggihekū ofi, orin nadan de luwan jeo de tehe duin gūsai emte
되돌려   보내지 않았기 때문에, 27일에   灤州에   있던   4구사의   1명씩의

hafan, g'ao iogi, kūrcan, erei dele turgei juwe tanggū cooha gamame
관원,   高(鴻中) 遊擊· 쿠르찬, 그 위에 투르거이가 200명의   군사를 이끌고

tuwanaha bihe, 10/11 tuwanaci lo ting ni duin duka be gemu yaksifi
 살피러 갔습니다.   정찰하러 가니 樂亭의   네   성문을   모두 잠그고

hecen i ninggureme fungkū sindahabi sere, musei genehe niyalma bithe
 성의 위에   통나무를 설치해 두었다 합니다. 우리의 간   사람이 문서를

buci, ehe gisun inu jaburakū, tucinu seci inu tucirakū, karu bithe
주어도 나쁜 말로도 답하지 않고, 나오라 하여도 또한 나오지 않으며, '답서를

benere suwe taka aliya seme ofi museingge kejine goidame aliyaci,
보낼 것이다. 너희는 잠시 기다려라' 하여 우리의 사람이 아주 오래 기다렸지만

bithe benjirakū ofi waliyafi jihe, jai dzu i medege be fonjici, yung ping ni
문서를 보내오지 않아서, 포기하고 왔습니다. 다시 祖(大壽)의 소식을 물으니, 永平의

ergici 11/12 baha niyalma šanaha de bi sembi, luwan jeo i ergi de
쪽으로부터 잡은 사람은 산해관에 있다고 하고, 灤州의 쪽에서

baha niyalma cang lii de bi sembi, jai dzu i uksun i niyalma yung
잡은 사람은 昌黎에 있다고 합니다. 또 祖(大壽)의 친족인 사람이 永平

ping ci gūsin ba i dubede emu gašan de bisire be donjifi gonggifi
으로부터. 30里의 앞에 1개 촌락에 있다는 것을 듣고 가서 취해서

gajihabi, tere gajiha feniyen de dzu i ahūn i jui emke bi, tede
데리고 왔습니다. 그 데려온 무리에 祖(大壽)의 형의 아들이 하나 있고, 그에게서

banjiha juwe jui bi, jai niyamangga niyalma ilan 12/13 duin bi, tese be
태어난 두 아들이 있습니다. 또 친척인 사람이 3-4명 있습니다. 그들을

gemu uju fusihakū uthai boo tucibufi tebufi tuwakiyame asarahabi, be
모두 체발하지 않고, 즉시 집을 내주어서 거주시키고 감시하고자 거두었습니다. 우리가

geli tesei booi niyalma emken de bithe jafabufi takūrame tuwambi,
다시 그들의 家人 1명에게 서신을 쥐여주어 파견해 보겠습니다.

jai ciyan an i g'o ši lang be solime baduri, gin fujiyang, boo fujiyang,
또,   遷安의   郭 侍郎을   초무하러, 바두리· 金(礦) 副將·   鮑(承先) 副將·

sonin, lūkei genehe bihe, geneci juse sargan uksun i niyalma gemu
소닌· 루커이가 가있었습니다.   갔더니 자식들과 처와   일족의   사람이   모두

boode bi, 13/14 ini beyei teile emhun jailafi boode akū ofi, musei genehe
집에 있고,   그 자신만   혼자   피하여 집에 없었기 때문에, 우리의   간

ambasa terei duin sargan buya juse be gemu yung ping de gajifi, boo
대신들이 그곳의 4명의 처와 어린 자식들을   모두   永平에   데려 와서, 집을

tucibufi tebufi jyfu de afabufi ujimbi, orin jakūn de ciyan an i jyhiyan
내주어서 살게 하고 知府에게 맡겨서 보살피고 있습니다. 28일에   遷安의   知縣이

g'o i ahūn i jui be meni jakade unggihe bihe, tere be uthai ini eshen be
郭의   형의 아들을 우리의 곁에   보냈었습니다.   그에게 즉시 그의   숙부를

baifi meni 14/15 gisun be ala seme unggihe, ineku tere orin jakūn de,
찾아서 우리의   말을   알리라고   보냈습니다. 같은 그   28일에,

bu iogi ini jui sargan be bahakū seme mende acanjiha bihe, ciyan an i
卜(文煥) 遊擊이 그의   처자를   얻지 못했다하여, 우리에게 만나러 왔습니다. 遷安의

niyalma g'o be ukambuha seme cende ehe gūnimbi ayoo seme
 사람들이 郭을   도망치게 했다고   그들을 나쁘게   생각할까   하며

olhome ofi, bu iogi de bithe jafabufi tubai niyalma de g'aoši bithe
두려워하므로, 卜(文煥) 遊擊에게 문서를 쥐여주어 '그곳의 사람들에게 告示 문서를

tuwabume tohorombume gisun hendufi jio 15/16 seme inenggi boljofi
보이고   진무시키는   말을 하고 오라'   라고 날을 약속하고

unggihe, jai bu iogi i gucuse ukandarangge ukakabi, monggoso de
보냈습니다. 또 卜(文煥) 遊擊의 구추들이 달아난 자는 달아났고,   몽고인들에게

waburengge wabufi damu niyalma funcehebi, etuhe etuku be yaluha
죽임당한 자는 죽임당해서, 오직 1명이   남아있습니다.   입은 의복과   탄

morin be monggoso ucarafi durihe seme emu ehe etuku gūwa i morin
 말을   몽고인들이 우연히 만나서 약탈했다 하여 1벌의 나쁜 옷과, 다른 이의 말을

be emke taka baifi yalufi jifi, morin etuku seme baire jakade, be etuku
 1마리씩 잠시 구하여 타고 와서,   '말과 의복'이라고 청했기 때문에, 우리가 의복

emke etubuhe, taka yalufi 16/17 yabu seme juwe morin buhe, yenu i
1벌씩을 입히고,   잠시 타고   가라고   2마리 말을 주었습니다. 여누가

genere fonde mama i medege akū bihe, yenu i genehe amala mama i
 갔을 때,   천연두의   소식이   없었는데.   여누가 간   뒤에 천연두의

medege jušen de ilan bi, jai karacin dahaha irgen be kemuni
소식이   주션에서   3건 있었습니다. 또 카라친이 항복한 백성을 여전히

nungnembi, be tere be majige golobume bošombi,,
침해합니다. 우리는 그들을 조금   겁박하고 쫓아내었습니다.」

　○ ineku inenggi, šanaha ci langse nirui emu jušen 17/18 ukame
　　　 같은 날,   산해관으로부터 랑서 니루의 한 주선이   도망쳐

jihe, erei alarangge, dzu dzung bing guwan kemuni guwali de tehebi,
왔다. 이 자가 고하기를,　祖 總兵官이　　　　　여전히　성 밖에 거주하며,

niyalmai angga de jetere jeku akū, morin de ulebure liyoo orho akū
사람의　입에　먹을 곡식이 없고,　말에게 먹일　馬糧과 풀이 없기

ofi, gūsin dehi ba i dubede ganame ulebumbi sere, muse ci ukame jihe
때문에, 30 - 40里의　앞에 데리고 가서 먹이고 있다 한다. 우리로부터 도망쳐 온

nikan gemu buda baharakū yuyume budere isikabi sere,, 18/19
한인이 모두　밥을 얻지 못해　굶어　죽기에 이르렀다고 한다.

○ gūsin i inenggi, dzun hūwa ci han i unggihe bithei gisun, orin
　　30일,　　　遵化로부터　한이　보낸　서신의 글.

emu de dzun hūwa de isinjire inenggi, beging ci unggihe bing bu
「21일에　遵化에　도착한 날,　北京으로부터 보낸　兵部

cangšu lio jy luwen, jakūn fujiyang, juwan ninggun iogi, juwan ninggun
尚書　劉之綸이　8명의 副將·　16명의 遊擊·　16명의

dusy, moringga yafahan suwaliyame jakūn minggan cooha be jakūn
都司·　기병과　보병이　혼합된　800명의 군사를　8개

ing banjibufi, dzun hūwa ci tofohon ba i dubede iliha bihe, musei cooha
營으로 만들어서,　遵化로부터　15里의　앞에 서 있었다. 우리의 군대가

sunja ing be 19/20 gidafi, bing bu cangšu, sunja fujiyang, uyun iogi,
5개 營을　격파하고,　兵部尚書·　5명의 副將·　9명의 遊擊·

juwan dusy, coohai niyalma be emkeci tucibuhekū gemu waha, emu
10명의 都司·　　　병사들을　　　하나도　내보내지 않고 모두 죽였다. 1명의

iogi, emu šeobei be weihun jafaha, jai juwe fujiyang juwe ing be
遊擊· 1명의　守備를　　　생포했다.　　또　2명의　副將이　2개 營을

gaifi burgadu i tehe lo wen ioi be kame genehe be, burgadu gidafi emu
이끌고 부르가두가 거한　羅文峪을　포위하러　간 것을, 부르가두가 격파해서, 1명의

fujiyang, juwe iogi, juwe dusy, geren cooha be gemu wahabi, emu
副將·　　2명의 遊擊·　2명의 都司· 여러 병사들을　모두　죽였다. 1명의

fujiyang, emu iogi, juwe dusy, 20/21 emu ts'an meo be weihun jafafi
副將·　1명의 遊擊· 2명의 都司·　　　1명의　參謀를　　　생포해서

han de benjihe, jai emu ing ni cooha dobori burulame genehebi, baha
한에게 보내왔다. 또 1개 營의　군대는 밤에　　도주하여　갔다.　　잡은

hafasa de fonjici, cahar juwe tumen cooha gajime daitung ni jasei
관리들에게　물으니,　차하르가　2만　군대를 이끌고　大同의　경계의

angga de jifi, šang gaji burakū oci dailambi seme hendumbi sere,
입구에　와서, '賞을 가져오라, 주지 않으면, 정벌한다' 라고　말한다고 한다.

jai musei jihe amala han i hecen i loo i emu minggan niyalma loo be
또 우리가 온　후에　황제의 성의　감옥의　1천명이　　　　감옥을

tuwa sindafi musei baru 21/22 ubašame hecen i duka be nukcime tucire
불　지르고 우리의 쪽으로　　　배반하여　성의　문을　뛰쳐　나오는

be, dukai niyalma serefi gemu baicame jafaha sere, jai juwe cangšu,
것을 문지기가   알고 모두 조사하여 잡았다고 한다. 또 (明이) 2명의 尙書·

duin lang jung be jafafi ura tūre de, juwe lang jung bucehebi, ainu
4명의 郎中을   체포하여 볼기를 칠 때 2명의 郎中이   죽었다. 어찌하여

jafaha seme fonjici, musei baru hebe, poo i muhaliyan be boihon i
체포했는가 하고 물었더니, 우리의 쪽과 의논하여 炮의 彈을   흙으로

arahabi seme jafaha sere, jai mi yūn i lio giyūn men be efulehebi,
만들었다고   체포했다고 한다. 또 密雲의 劉(策) 軍門[3]을   파직하고,

gi jeo i jang dzung bing guwan be jafafi 22/23 han i hecen de gamahabi,
薊州의   張(士顯) 總兵官[4]을   잡아서   황제의 성에   데려갔다.

dzun hūwa de isinjiha jai inenggi, ma lan ing de genefi hoton i
遵化에   도달한 다음 날,   馬蘭營에   가서 성의

šurdeme gašan be gemu tuwa sindaha, hoton tuwakiyaha nikan i cooha
주위의   마을을 모두 불 질렀다. 성을   지키는   한인의 군대가

kemuni bi, hoton ajigan goidame bici ojorakū, dai an keo, dai an
여전히 있지만, 성이 작아 오랫동안 머물지 못할 것이다. 大安口·   大安

ing de tehe cooha burulame genehebi, gašan de tehe irgen ajige ajige
營에서 머문 군사가 패주하여   갔다. 마을에 머무는 백성이   조금

---

3 '劉 軍門'은 劉策을 가리킨다. 劉策(1575~1630)의 字는 範董이고, 武定人이다. 崇禎2년(1629)부터 右僉都御史와 薊遼總督을 겸임했다. 後金의 군대가 人安口를 통해 내지로 진입하는 것을 방어하지 못한 때문에 탄핵을 당했고, 崇禎3년 1월 10일 總兵 張士顯과 함께 체포되어 斬刑당했다.

4 '張 總兵官'은 張士顯을 가리킨다. 後金의 군대를 방어하지 못한 죄로 崇禎3년 1월 10일 劉策과 함께 斬刑당했다.

bihe, tede šamba i gurun be tebuhe, hūng šan keo 23/24 dahafi hoton i
있었는데, 거기에 샴바의 國人을 거주시켰다.　　　　洪山口가　　　　　　　항복하여, 성의

ejen hafan ts'ai tung acanjifi uju fusifi morin emken šangnafi unggihe,
주인　관리　ts'ai tung이 만나러와서 체발했기에　말을 1마리씩 상 내려서　보냈다.

san tun ing, han el juwang ubašahabi, hi fung keo, pan giya keo i
　三屯營·　　　漢兒莊은　　　　　배반했다.　　　喜峰口·　　　潘家口의

mejige jidere unde, suweni bithe de giyan cang be arahakūbi, giyan
소식은　아직 오지 않았다. 너희의 문서에　　建昌을　　쓰지　않았는데,　　建昌은

cang dahaha kai, giyan cang ni harangga pu gašan gemu dahahabio
　항복했다.　　　　　建昌의　　　　예하　堡와 마을은 모두　항복했는가

akūn, giyan cang ni cooha udu bi, tere be yargiyan bithe arafi
아닌가?　　　建昌의　　병사는 몇명 인가? 그것을　확실한 문서를 작성하여

unggi,, 24/25
보내라」

○ jirgalang taiji, ajige taiji, sahaliyen taiji, suweni ilan taiji
　「지르갈랑 타이지· 아지거 타이지· 사할리연 타이지, 너희　세 타이지는

giyajasa be orin isime tucibufi suweni morisa yalubufi, šanaha i baru
　家人들을　　20명 가까이 내보내 너희의　　말에　　태워서　　산해관 쪽으로

medege gonggi, jai dahaha irgen be usin hūdun taribu, tarirakū
소식을 취하러 가라. 또한 항복한　백성에게 밭을 속히 경작시켜라. 경작하지 않은

niyalma be suwende akdarakū seme hendu, coohai morisa gemu neigen
사람에게는 　"너희를 못 믿겠다"　하고 말하여라. 군대의 말들은 모두 고르게

tarhūhabio akūn, jeku 25/26 orho ts'ang be musei niyalma be saikan
살쪘는가 그렇지 않은가? 곡식과 여물의 　　倉을 우리쪽 사람에게 　잘

tuwakiyabu, ere jasiha medege de amasi unggire niyalma be tubaci
지켜보게 하여라. 이 보낸 　소식에 뒤이어 보낼 　사람을 그곳으로부터

ice sunja de jurambufi, san tun ing be unggi, ubaci san tun ing de
　초 5일에 　출발시켜 　三屯營으로 　보내라. 이곳으로부터 三屯營에서

okdobure, jidere niyalma san tun ing ni cala yamjibufi jikini, ubaci
맞이하게 하겠다. 올 　사람은 三屯營 저편에서 해 지기를 기다렸다가 오게 하라. 이곳에서

okdoro niyalma san tun ing ni hanciki ebergi hafirahūn bade
맞이할 　사람은 　　三屯營 　근처 이 편의 좁은 곳에서

okdombi,, 26/27
맞이하겠다.」

○ juwe biyai ice de, turusi, sirna i jergi karun de sindaha emu
　　2월 초 1일에, 투루시·시르나 등의 초소에 배치한 1개

gūsai emte amban, emu kirui emte bayara be gamame ma lan ioi be
구사의 1명씩의 대신이 1개 키루에서 1명씩의 바야라를 데리고 　　馬蘭峪을

tuwaname genehe,,
　살피러 　　갔다.

○ tere yamji, 27/28 han bai tehede, yung ping ni hecen be
　　그 밤,　　　　　　한이 편안히 있을 때　　永平 城을

hūlhame gaiha asan fujiyang, yecen fujiyang, orin duin baturu be
　빼앗아　취한　아산 副將·　　여천 副將·　24명의　　용사를

geren i baru jompi hendume, utala tuwa de fucihiyalabucibe, murime
사람들을 향해　상기시켜 말하기를, "이토록 불에　　타면서도　　강행하여

tafafi gaihangge, musei gurun de tucike uju jergi baturu kai, orin
　올라 취한 것이니　우리　나라에서　나온　1등의　용사로다.　24명이

duin niyalma emkeci bucehekū, yooni sain ningge, abka gosime tuttu
　　　　　1명도　죽지 않고　모두 잘 있는 것은　하늘이 아껴서　그런

dere seme, afaha jai cimari bi juwe 28/29 amban, orin duin baturu be
것이리라 하고, 공격한 다음날 아침 내가 두　　　대신과　　24명의　　용사를

acaki seme gajifi acara de, mini mujilen efujere be kirime arkan
만나고자 하여 데려와 만남에　　나의 마음이 무너짐을　참아서 가까스로

seme etehe, esei jergi baturu be, jai samhatu baturu be, jai yaya
　　버텨냈다.　이들　용사들을, 그리고　삼하투 바투루를,　또한 모든

hecen de ujulame tafuka temgetulehe baturu sabe, gūwa hecen de ume
　성에　앞장서 올라갔기에　표창한　용사들을　다른　　성에

afabure, samhatu baturu be yaya hecen de ume afabure sehe bihe,
공격시키지 말라. 삼하투 바투루를 모든　　성에　공격시키지 말라고 했었다.

cang lii de 29/30 geli afaha sere, ereci amasi tesei jergi baturu be
름黎에　　　　　　다시 공격했다 하니　　이후로　　그들　　　용사들을

hecen de afabure be naka,,
성에　공격시키는 것을 그만두어라."

○ <u>ice</u>[5] inenggi, karacin i monggoso ciyan an de jifi nungnembi
　　초 1일,　　　카라친의　몽고인들이　　遷安에　　와서　침범한다

seme donjifi takūraha bithei gisun, juwe beile i bithe, karacin i taiji
라고 듣고　　보낸　　글의　말　「두　버일러의 글을 카라친의 타이지와

tabunang sede unggihe, han i hesei jihe oci, 30/31 han jongka de teme
타부낭　등에게 보낸다.　한의 명령으로 온 것이면,　　　한은　종카에　있으니

bi, han de acaname gene, han ai hese bici, uthai tere songkoi dahame
한에게　　만나러 가라.　한이 어떤 명령이 있으면 바로 그것에 따라　　좇아서

yabu, han i hese akū de jihe oci, hūdun bedereme gene, generakū
하라.　한의　명령이 없는데 온 것이면,　　속히　　돌아　　가라.　가지 않고

ubade bici, meni niyalma suwende geleme usin i baita be tookabure de
이곳에 있으면 우리쪽　사람이　너희에게 겁을 내어　　농사를　　　지체시키는 것에

isinambi, meni beye se inu suwembe ubade tebure ba akū, cooha fidefi
이를 것이다. 우리 자신들　또한　너희를 이곳에 머물게 할 것이 없어, 군사를 동원하여

5　[簽註] ere emu meyen, fe dangse de arahangge monggo hergen, te manjurame ubaliyambuha,,
　　이 한 단락을 舊 檔子에서 쓴 것은 몽고 문자인데 지금 만주어로 번역했다.

bošome jase ci 31/32 tucibumbi, we aika cihanggai mende acara niyalma
쫓아내서 경계에서　　　　내보낼 것이다. 누가 행여　원해서　　　우리를　만날　사람이

bici, kemneme gajifi acafi gene, ume meni ere gisun be kenehunjeme
있으면, 헤아려　데려와서 만나고 가라.　　우리의　이　　말을　　　　의심하여

gūnire, hūdun yabu,,
생각지 말라. 속히 행하라」

○ ice inenggi, luwan jeo ci unggihe bithe, jeku orho isabume ice
　초 1일,　　　　濼州로부터　　보내온　　글.　「곡식과 여물을 모아서

inenggi wajiha, jai coohai niyalmai morin da yalingga morin tarhūhabi, 32/33
초하루에 끝냈다.　또한　　　병사의　　　말에서　원래 기름진　　말은　　살쪄있으며

da turga morin teni aitumbi, nikan faksi duin bi, sirdan tūme
원래 수척한 말은　겨우　살아났다.　한인의 匠人이 4명 있지만 화살촉을 만들 줄

bahanarakū, emu gūsa de jušen faksi emte juwete bi, sirdan tūme
　모른다.　　　1개 구사에　　주션 장인이　한 둘씩 있어 화살촉을 만드니

emu gūsa juwete tanggū ilata tanggū bahabi,,
　1개 구사에　　200씩　　　　　300씩을　　얻었다.」

○ ineku tere inenggi, luwan jeo ci unggihe bithe, ere niyalma
　같은　그　날,　　　　濼州로부터　　보내온　　글.　　「1명의

dobi niyalma,[6] g'ao cangšu be 33/34 an giya jai de bi sembi, ere be
여우 같은 자가　　郭　尚書가　　　　　　an giya jai에　　있다 한다. 이 사람을

aikabade takūraci ombio seme unggihe, musei takūraha nadan niyalma
혹시　　보내면　　되는가 하고 보냈다. 우리의　　보낸　　일곱　사람에서

de juwe šusai de gūsita yan, emu šuban de orin yan, kuwaišeo de
　2명의 秀才에게　30兩씩,　　1명의 書辨에게　20兩,　　　　快手에게

tofohoto yan šangname buhe, lo ting de sikse gūsin de takūraha luwan
15兩씩을　상으로 내려 주었다. 樂亭에　어제　30일에　보낸　灤州의

jeo i jyjeo hafan nakaki sembi, terei hendure arbun ainci 34/35 i hafan
知州 관원이 퇴직하겠다 한다. 그가　말한　정황은 아마도　그가 관원으로

tehede ini booi niyalma be warahū seme olhombi, juwe beile kemuni
있음에 그의　家人을　　　　죽일까　하여 두려운 것이다. 2명의 버일러는 그대로

bikini sembio, nakakini sembio, nakabuci emu sain hafan unggi,,
있으라고 하겠는가, 퇴직하라고 하겠는가? 퇴직시키면　1명의 좋은 관원을 보내라.」

○ ice juwe de, luwan jeo i ambasa de takūraha bithei gisun,
　초 2일에,　　灤州의　대신들에게　보낸　글의　말

jyjeo hafan nakaki sere be ume nakabure, jidere niyalma de ulha
「知州 관원이 퇴직하겠다는 것을　퇴직시키지 말라. 올　사람에게　가축을

6　[簽註] gingguleme kimcici, ere dobi niyalma sere gisun, ainci dobi i gese kenehunjere mangga
　　niyalma sere gūnin dere,,
　　삼가 고찰하건대 이 'dobi niyalma'(여우 사람)라는 말은 아마도 'dobi i gese kenehunjere mangga
　　niyalma'(여우와 같이 의심 많은 사람)이라는 뜻일 것이다.

buki 35/36 serengge mujangga, bahara be tuwame bu, g'ao i bisire
주자고   말하는 것은 당연하다.   얻을 것을 살펴보고 주어라.   郭이 있는

bade museingge juwe tanggū cooha emu amban, emu gūsa de emte
곳에   우리의   200명   병사와 1명의 대신, 1개 구사에   1명씩의

hafan tucibufi gonggi, tubai niyalma be usin hūdun bošome weilebu,
관원을   보내어 잡아오게 하라. 그곳의 사람을 밭일하도록 속히 재촉하고 경작시켜라.

genere amban i emgi keo iogi genekini,,
 가는   대신과   함께 keo 遊擊을 가게 하라.」

○ ice juwe de, san tun ing, pan 36/37 giya keo, hi fung keo,
    초 2일에,   三屯營·   潘家口·   喜峯口·

han el juwang be tuwa sindame tabcilame genehe yecen, tantai,
 漢兒莊을   불   놓아   노략하러   간   여천· 탄타이·

burhai, lungsi, handai, suna efu, bangsu, hūsibu, buyandai, turcin, tušan,
부르하이· 룽시· 한다이· 수나 어푸· 방수·   후시부· 부얀다이· 투르친· 투샨·

fan šusai, cooha de baha ding fujiyang be gamame genefi, sunja tanggū
范(文程) 秀才가 싸움에서 얻은 丁(啓明) 副將을   이끌고   가서   500명을

niyalma be waha, pan giya keo be dahabufi hecen i ejen gin io guwang,
       죽였다.   潘家口를   항복시키니   성주   金有光은

geren gucuse be 37/38 gajime han de hengkileme jihe, si dade pan giya
많은 구추들을   데리고 한에게   고두하러   왔다. "너는 원래 潘家口의

keo i šeobei bihe, gūwa hoton ubašaci si ubašahakū dahaha seme
　　守備였다.　　다른　성이　배반했으나 너는 배반하지 않고 항복했다" 하며

wesibufi iogi obuha, emu morin juwan yan menggun šangnaha,,
발탁하여 遊擊으로 삼았다. 1마리 말과　　20兩의　　　은을　　　상 내렸다.

○ turusi, loosa, sirna, siteku, šarhūda, keifu, jakūn 38/39 gūsai
　투루시· 로오사· 시르나· 시터쿠· 샤르후다· 커이푸는　　八旗에서

emu kirui emte bayara be gamame ši men i de isitala genefi, karun
1개 키루에 1명씩의 바야라를　　　데리고　　石門驛에 이르기까지 가서　초병을

bošofi tofohon morin baha, duin niyalma be weihun jafafi gajiha,
쫓아내고 15마리의 말을　　얻었다. 네　　　사람을　산 채로　잡아　왔다.

uheri tanggū niyalma wahabi,,
　모두　　100명을　　　　죽였다.

tongki fuka sindaha hergen i dangse
點·圈을 찍은 문자의 檔子

orin ilaci debtelin
23권

sure han i duici aniya juwe biya
천총 4년 2월

tongki fuka sindaha hergen i dangse,,
　　點 圈을　　찍은　　문자의　　檔子

○ ice ilan de takūraha bithei gisun, juwe beile hendume, luwan
　　초 3일에,　　　보낸　　글의　　말. 「두　버일러가 말하기를,　灤州의

jeo i šurdeme baha niyalma be, eigen de bure unde sargan juse, booi
　　주위에서　　얻은　　사람·　　남편에게 주지 않은(未婚)　처녀들·　　집의

aha be ume bure, gaiha sargan, ahūn deo, niyaman hūncihin be gaji
　　노복을　　주지 말라. 혼인한　여자·　형제·　　　친척을　　　달라

seme habšaha de, nikan de gaifi bu,, 1/2
　　하고　호소할 때　한인에게 데려다 주어라.」

○ ice ilan de, ts'ai tung, dade nikan i hūng šan keo de ciyandzung
　　초 3일에,　　ts'ai tung은[1] 원래　明의　　洪山口에　　　千總

bihe, musei cooha hūng šan keo be gaiha manggi, hūng šan keo i
　　이었다. 우리 군사가　　洪山口를　　취한　후　　　　洪山口의

ts'anjiyang akū ofi, ciyandzung be tukiyefi šeobei obufi, ts'anjiyang ni
　　參將이　　없기에　　千總을　승진시켜　守備로 삼고　　　參將의

1　이하 ts'ai tung · 金有光 · wei dai lii · 蔣進喬에게 관직을 수여한 내용은 본서 33권 천총 4년 2월 3일
　조의 내용과 중복된다. 23권에서는 관직 수여와 함께 賞을 수여한 기록이 있고 33권에서는 관직 수여
　만을 기록한 점이 다르다.

weile be daiselame kadala sehe bihe, tereci beging de 2/3 genehe
일을　　대신 맡아　관할하라고　했었다. 그로부터 北京에　　　　　간

amala, dahaha ba ba i niyalma gemu ubašara de ubašafi, amasi membe
후,　　　항복한　곳곳의　　사람　모두가　　배반할 때 배반했다가, 되돌아 우리가

jidere jakade, yaya ci neneme dahafi, san tun ing ni dzung bing
오니　　　누구보다　앞서　항복하여　　三屯營의　　　　總兵官이

guwan i takūraha niyalma be halbuhakū bederebuhe, jai sirantu i
　　　보낸　　　사람을　들이지 않고 돌아가게 했다. 또한 시란투와

emgi cooha genefi pan giya keo be afaha, mujilen i akdun be dahabure
함께　출병하여　　潘家口를　　　공격했다. 마음의　　믿음을　　항복시킨

jakade, wesibufi ts'anjiyang obuha, emu morin, 3/4 juwan yan menggun
까닭에　발탁하여　參將으로　삼았다. 1마리의 말과　　　10兩의　　은을

šangnaha,,
상 내렸다.

○ gin io guwang, dade nikan i pan giya keo i šeobei bihe, šeobei
　　金有光은　　　원래　　明의　　潘家口의　　　守備였다.　守備를

be tukiyefi iogi obuha, emu morin, juwan yan menggun šangnaha,,
승진시켜 遊擊으로 삼았다.　1마리의 말과　10兩의 은을　　상 내렸다.

○ wei de lii, dade nikan i pan giya 4/5 keo de bai niyalma bihe,
wei de lii는[2] 원래　明의　潘家口에서　　　　　평민이었다.

---

musei cooha dosika manggi, ilan jergi wesimbure bithe benjime
우리 군대가　　　진격하자　　　세 번　　　올리는　　　글을　보내고자

takūrabuha, beging de genehe amala, pan giya keo ubašaha, amasi jihe
파견되었다.　北京에　　　간　　　후에　　　潘家口가　　　배신했다.　돌아 온

manggi, daha seme niyalma takūrara jakade, yaya ci neneme hecen ci
후에　　　항복하라고　사람을　　　보내니　　　누구보다　먼저　성으로부터

wasifi gisureme, pan giya keo dahaha seme wesibufi šeobei obuha,
내려와　말하기를,　　　"潘家口는 항복합니다"라고 하여 발탁해서 守備로 삼았다.

emu morin šangnaha,, 5/6
1마리 말을　상 내렸다.

○ jiyang jin kiyoo, dade nikan i pan giya keo i šeobei i fejile ki gu
　　蔣進喬는　　　원래　明의　　潘家口　　　守備의 밑에서　旗鼓

bihe, musei cooha dosika manggi, pan giya keo i dahara bithe
였다.　우리　군사가　　들어오자　　　潘家口의　　　투항하는　글을

benjihe seme saišafi šeobei obuha bihe, beging de genehe amala, pan
보내왔다 하여 칭찬하고 守備로　　삼았었다.　北京에　　　간　　　후,

giya keo ubašaha, amasi jihe manggi, daha seme niyalma takūrara
潘家口가　배신했다.　　돌아온　　후,　　　항복하라고　사람을　　보내니

jakade, 6/7 yaya ci neneme hecen ci wasifi gisureme, pan giya keo
누구보다　앞서　　성으로부터 내려와 말하기를,　　"潘家口는

dahaha seme kemuni šeobei obuha, emu morin šangnaha,,
항복합니다"라고 하여 여전히 守備로 삼았다.   1마리 말을   상 내렸다.

○ ice duin de, lo ting ni julergi gūsin ba i dubede, tui ceng, kio
　　초 4일에,　　　樂亭의　　　남쪽　　30里　　　앞에　　　tui ceng·

keo juwang juwe gašan i sin cuwan šūn, hū 7/8 mo yen, tang yuwan
kio keo juwang 두 마을의　sin cuwan šūn·　hū mo yen· tang yuwan siowan

siowan, lii wen yen, ere <u>sunja niyalma</u>[3] ini gašan i niyalma be uju
　　　　lii wen yen,　이　　　5명이　　　　그들 마을의　　　사람을

fusibufi dahame, emu losa benjime hengkileme jihe, losa be bederebuhe,
체발시키고 항복하며 1마리 노새를 보내와　고두하러　왔다.　노새를　돌려보내고

juwan yan menggun šangnafi, g'aosi bithe kiru bufi unggihe,,
　　10兩의　　은을　　　상 내리고, 告示하는 글과 小旗를 주어　보냈다.

○ ice duin de, 8/9 han de, jarut beise dehi ilan morin, emu temen
　　초 4일에,　　　　　한에게　자루트의 버일러들이 43마리의 말과 1마리 낙타를

deji benjihe,,
진상품으로 보내왔다.

○ ice sunja de, dzun hūwa de unggihe bithei gisun, han i gisun i
　　초 5일에,　　　遵化로　　보낸　　글의　　말　「汗의 말로

3　[簽註] gingguleme baicaci, fe dangse de sunja niyalma seme araha bicibe, damu duin niyalmai gebu
　　bi, baicame bahakū ofi, da songkoi sarkiyaha,,
　　삼가 찾아보니 舊檔子에서 'sunja niyalma'(다섯 사람)이라고 썼지만 단지 네 사람의 이름이 있다. 찾
　　을 수 없어서 원래대로 베껴 적었다.

gūsin niyalma be tucibufi, ice inenggi helen jafame unggihe bihe,
　　30명을　　　　　나가게 하여 초 1일에　정보제공포로를 잡으러 보냈었습니다.

moringga helen bahakū, 9/10 yafahan helen bahafi fonjici, dzu be
　騎兵　정보제공포로를 얻지 못하고 步兵　정보제공포로를 잡아서 물으니 祖(大壽)가

kemuni šanaha de bi sembi, fu ning de duin fujiyang bi sembi,
여전히　　산해관에 있다고 합니다.　撫寧에는　　4명의　副將이 있다고 합니다.

emke ju mei, emke dzu i deo, emke ma, emke hūwang seme alambi,
하나는 ju mei, 하나는 祖(大壽)의 동생, 하나는 馬, 하나는 hūwang이라고 고합니다.

dorgici medege umesi lakcahabi sembi, jai meni juwe ba i coohai
안으로부터　소식이　완전히　끊겼다고 합니다.　또한 우리　두　곳의　軍馬가

morin ujulahangge eleme tarhūhabi, turga morin de juwan inenggi
　　제일인 것은　　충분히 살쪘습니다.　수척한 말에게　　　10일 간

ulebuhe de, yaya bade yaluci 10/11 ombi, uksin niyalma de gaijara
　먹이면　　모든 곳에서 탈 수　　　있습니다.　甲兵에게　　　줄

jeku orho gemu baha, giyan cang ni šurdeme dahaha dahahakū ba i
식량과 풀을　모두 얻었습니다.　建昌　　　주위로　투항했거나 투항하지 않은 지역의

ton, coohai ton, gemu nikan bithe de bi, jai be, dzu de takūrambi
수와 군사의　수는 모두 漢文 책에　있습니다.　또한 우리가 祖(大壽)에게 (사신) 보내겠다고

sehe bihe, gisun weihuken ojorahū seme han i gisun be aliyambi,
했었습니다.　말이 경솔할까　우려하여　　　한의 말씀을　　기다립니다.

giyan cang ni coohai niyalma de menggun šangna sehengge šangnaha,
建昌의　　　　군사에게　　　　　은으로　상을 주라고 한 것은　상을 주었습니다.

ciyandzung, badzung de 11/12 juwete yan buhe menggun be, ma
천총과　　　　파총에게　　　　　2량씩　준　　銀은　　　馬

fujiyang ini beye gamame genefi šangname bufi jihe, ma fujiyang ni
副將　그가 직접　　가지고가서　　　상　　　주고 왔습니다. 馬(光遠) 副將의

boigon ganahangge, beging ci tucifi mederi be jimbi sere, ini da
戶를　데리러 간 것은,　북경에서　　나와　바다로　　온다고 합니다. 그가 본래

takūraha niyalma isinjiha bihe, boljohon i bade ice duin de okdome
보낸　　　사람이 이르렀습니다.　　약정한　　곳에서　초 4일에　　맞이하여

gonggiha, jai musei coohai morin, juwan de nadan tarhūn, ilan
데려오게 했습니다. 또한 우리의 군마는　　　열에　　일곱은　살쪘고　셋은

turga,, 12/13
수척합니다.」

○ ice sunja de, han, beise acafi, han i hecen i julergi guwali
초 5일에　　　한과 버일러들이 만나서 황제의 성　　　남쪽　　郊外

šun dekdere ergi duka de, yuwan du tang ni coohai emgi afaha de,
동쪽　　　　　문에서　　袁(崇煥) 都堂의　　　군사와 함께　싸웠을 때,

monggoso i afaha burulaha weile be beideme tehede, han, beise i baru
몽고인들이　싸우고　달아난　일을　심문하려고 머물렀을 때, 한이 버일러들을 향해

hendume, hoton afame neneme tafaka seme 13/14 hafan buhe niyalma
말하기를, "성을 공격하러 먼저 올라갔다고   관직을 준 사람에게

be, muse ereci amasi geli tere be hoton afa sere be nakaki, beyebe
우리가   이후로   또 그들에게 성을 공격하라고 하는 것을 그치자. 몸을

šelefi emgeri gung gaiha, joo dere, geli tere be, afa sefi ainambi,
바쳐 이미   공을 얻었다. 됐다.   또 그들에게 싸우라고 해서 어찌하겠는가?

tenteke gungge urse, beise i jakade, gūsai ejen i jakade bikini, geren
그러한   공있는 사람은 버일러들 곁에,   구사의 어전 곁에 있어라. 여럿이

i bireme afara bade afakini, i afaki sehe seme ume afabure,
 함께 공격하는 곳에서 공격하라. 그가 공격하겠다 해도 공격시키지 말라.

tere anggala, buya niyalma sehe seme, emgeri juwenggeri temgetuleme
그 뿐 아니라, 小民이라   하더라도   한 두 번   표창하도록

14/15 hecen de neneme tafaka gungge niyalma be, inu jai hecen de
성에   먼저   올라간 공 있는   자를   또 다시 성으로

ume afabure sehe, ere gisun be yung ping, luwan jeo de tehe beise
공격시키지 말라고 했다. 이 말을   永平과   灤州에   있던 버일러들과

ambasa geren de hūla,,
대신들이 衆人에게 외치라."

○ pan giya keo de, han el juwang ni emu ciyandzung, dehi
   潘家口로   漢兒莊의   1명의 천총과   40명의

niyalma dosinjifi ubašaha seme 15/16 alanjiha manggi, asan fujiyang,
사람들이   들어와   배반했다고   고해 오자,   아산 副將·

yangšan, lungsi, emu gūsai bayarai amban emte, emu kirui juwete
  양산·   룽시가   1개 구사의   바야라의 大臣   1명씩· 1개 키루의 2명씩의

bayara, karacin i dai darhan i cooha juwe tanggū, sirantu i cooha emu
바야라· 카라친의   다이 다르한[4]의 군사   200명·   시란투의   군사   1천명을

minggan be unggihe,,
                  보냈다.

○ emu gūsai sunjata bayara, emte kirui ejen de lioha be ejen arafi,
     1개 구사의 5명씩의 바아랴와 1명씩의 키루의 어전에 리오하를 어전 삼아

san tun ing de 16/17 tuwana seme unggihe,,
    三屯營으로   보러가라고   보냈다.

○ yung[5] ping de tehe taijisa i unggihe bithei gisun, han i gisun i
     永平에   있던 타이지들이 보낸   글의   말. 「한의 말씀으로

gūsin niyalma tucibufi, ice inenggi helen jafame unggihe bihe, moringga
  30명을   내보내어   초 1일   정보제공포로를 잡으러 보냈었습니다. 騎兵

---

4 '다이 다르한'은 카라친의 수령 가운데 한명인 부르가두(부르가투)를 가리킨다. 1629년(천총3)부터
   다음해까지 후금이 명을 공격할 때 공적을 세워서 '다르한' 칭호를 하사 받고 '부르가두 다이 다르
   한'(burgadu dai darhan)으로 불렸다. 1631년(천총5) 아바타이 타이지의 넷째 딸과 결혼하여 efu(額
   駙)가 되었다. 아래 참조. 烏雲畢力格, 『喀喇沁萬戶硏究』, 內蒙古人民出版社, 2005, 95쪽, 136~137
   쪽, 166~167쪽.
5 [簽註] gingguleme baicaci, ere emu meyen i gisun, juleri sunjaci afaha de araha gisun ci encu akū,
   ainci fe dangse de jursuleme araha dere,,
   삼가 찾아보니 이 한 단락의 말은 앞의 5쪽에서 기록한 말과 다르지 않다. 아마도 舊 檔子에서 중복하
   여 기록했을 것이다.

helen bahakū, yafahan helen bahafi fonjici, dzu be kemuni šanaha de
포로를 얻지 못하고 步兵 정보제공포로를 얻어 물으니, 祖(大壽)는 여전히 산해관에

bi sembi, fu ning de duin fujiyang bi sembi, 17/18 emke ju mei,
있다고 합니다. 撫寧에는 4명의 副將이 있다고 합니다.   하나는 ju mei,

emke dzu i deo, emke ma, emke hūwang seme alambi, dorgici medege
하나는 祖(大壽)의 동생, 하나는 馬, 하나는 hūwang 이라고 고합니다. 안으로부터 소식이

umesi lakcahabi sembi, jai meni juwe ba i coohai morin ujulahangge
완전히 끊겼다고   합니다. 또한 우리의   두 곳의   군마가   제일인 것은

eleme tarhūhabi, turga morin de juwan inenggi ulebuhe de, yaya
충분히 살쪘습니다. 수척한 말에게   10일 간   먹이면   모든

bade yaluci ombi, uksin i niyalma de gaijara jeku orho gemu baha,
곳에서 탈 수 있습니다.   甲兵에게   줄   식량과 풀을 모두 얻었습니다.

giyan cang ni šurdeme dahaha 18/19 dahahakū ba i ton, coohai ton,
    建昌의   주위로   투항했거나   투항하지 않은 지역의 수, 군사의 수는

gemu nikan bithe de bi, jai be, dzu de takūrambi sehe bihe, gisun
모두   漢文 책에 있습니다. 또한 우리가 祖(大壽)에게 (사신을) 보내겠다고 했었습니다. 말이

weihuken ojorahū seme han i gisun be aliyambi, giyan cang ni coohai
경솔할까   우려하여   한의 말씀을 기다립니다.   建昌의   군사에게

niyalma de menggun šangna sehengge šangnaha, ciyandzung, badzung
        銀으로   상주라고 하신 것은 상주었습니다.   천총과   파총에게

de juwete yan buhe menggun be, ma fujiyang ini beye gamame genefi
　　2량씩　　　준　　　銀은　　　　　　　　馬(光遠) 副將 그가 직접　　가지고　　　가서

šangname bufi jihe, 19/20 ma fujiyang ni boigon ganahangge, beging
상 내려　주고 왔습니다.　　　　　馬(光遠) 副將의　　戶를　　데리러 간 것은 북경에서

ci tucifi mederi be jimbi sere, ini da takūraha niyalma isinjiha bihe,
나와　　바다로　　　온다고 합니다. 그가 본래 보낸　　　사람이　　이르렀습니다.

boljohon i bade ice duin de okdome gonggiha, jai musei coohai morin,
약정한　　곳에서　　초 4일에　　　맞이하여 데려오게 했습니다. 또한 우리의 군마는

juwan de nadan tarhūn, ilan turga,,
열에　　　일곱은　　살찌고　　셋은 수척합니다.

○ tere yamji, ma dzung bing guwan, giya lang jung, 20/21 yang
　　그　　밤,　　　麻(登雲) 총병관이　　　　　　賈(維鑰) 郎中·　　　楊(文魁)

fujiyang, meng fujiyang, dzang iogi be gamafi, han, ini tehe monggo
副將·　　　孟(喬芳) 부장·　　　臧(調元) 유격[6]을 이끌고　汗　그가 있는 몽고

boo de dosimbufi, sunja hafan de dere dasafi ulebufi, han hendume,
천막으로 들여보내니,　다섯　관리에게　상　차려　먹이고　　한이 말하기를,

nikan han utala hafan cooha i bucere be orho moo i gese gūnime,
"명의 황제는 이토록 관리와 병사가　　죽는　　것을　　초목　　　같이 여기면서

6　『淸太宗實錄』6권, 天聰4년 正月 戊子조의 해당 구절에는 楊文魁의 뒤에 '遊擊 楊聲遠'이 기록되어
　있다.

emdubei bucena seme unggirengge, jai bi doro acaki seme emdubei
연이어   죽으라고   보내고   또한 내가 화친하자고   연이어

takūraci, karu emu 21/22 gisun jaburakūngge adarame, ma dzung bing
보내면   답으로 한   마디 대답하지 않는 것은 왜인가?" 麻(둉雲) 총병관이

guwan jabume, nikan han ajigan, doro ejelehe ambasa tondo akū,
    대답하기를, "명의 황제는 어리고 국정을 장악한   대신들은 바르지 않습니다.

gemu meni meni beyebe olhome, acaki sere gisun be wesihun geleme
모두   각자   몸을   사리면서   화친하자는 말을   위쪽으로 두려워

hafumburakū, hafumbufi gisun gaici sain, gisun gaijarakūci, enen
전달하지 않습니다. 전달하여 (황제가) 말을 취하면 좋으나 말을 취하지 않으면 親族을

hūncihin be lashalame wambi seme gisurerakū, han hendume, tuttu
          끊도록   죽인다며   말하지 않습니다." 한이 말하기를, "그렇게

gisurerakūci, bi 22/23 abkai buhe ucuri be waliyafi genembio, cooha
말하지 않는다면 내가   하늘이 준 기회를   버리고 가겠는가?   군사를

tuwakiyame tebufi irgen usin bahafi weilerakūci, adarame banjimbi,
    주둔시켜   백성이 밭을   경작할 수 없으면 어찌   살겠는가?

sini bekilehe šanaha, gi jeo be, mini cooha be jobobume ainu afambi,
네가 굳게 지킨 산해관과 錦州를   나의 군사를   괴롭히도록 어찌 공격하겠는가?.

dolo dosifi cooha akū untuhun hecen be gaimbi dere,,
내지로 들어가 군사 없는   빈   성을   취하리라."

○ ice ninggun de, be du tang, ts'ui dooli, 23/24 jang jyfu, hūda
　　초 6일에,　　　　白(養粹) 都堂,　　ts'ui 道員,　　　張(養初) 知府가 교역하자고

hūdašaki seme bithe wesimbure jakade, juwe beile hendume, niyalma
　　　　글을　　　올린　　까닭에,　두　　버일러가 말하기를, "사람·

morin ihan losa eihen honin niman be, fe an i jung leo i fejile cifun
　말·　　소·　노새· 나귀·　양·　산양을　　이전대로　鐘樓　아래에서 稅를

bume hūdaša, cifun gaijarangge jušen i juwe amban, nikan i juwe
　내고　교역하라. 稅를　취하는 것은　주선의　두　대신과　한인의　두

amban tefi bithe arame cifun gaisu, jai ai ai jaka waliyabuci,
　대신이 거하며 문서를 작성하여 稅를 취하라. 또한 갖가지 물건을 잃어버리면

waliyabuha jaka i boco fiyan be 24/25 gūsai ejen de neneme alafi, gūsai
　잃어버린　물건의　색과 모양을　　　구사의 어전에게　먼저　고하고 구사의

ejen i gisun i baisu, gūsai ejen de neneme alarakūci, takaha seme inu
　어전의 말로　찾으라. 구사의 어전에게　먼저　알리지 않으면 식별했다 해도

burakū,,
주지 않는다.

○ ineku tere inenggi, luwan jeo ci unggihe bithe, lo ting de
　같은　그　날,　　灤州에서　　보낸　글, 「樂亭으로

takūrahangge isinjire unde, <u>erei terei donjici,</u>[7] ice juwe de uju fusiha
보낸 자가 아직 오지 않았습니다. 이렇게 저렇게 들으니   초 2일에   체발했다고

sembi, 25/26 yargiyan medege be donjire unde, jai geli medege ganame
합니다.   확실한   소식을 아직 듣지 못했습니다. 또 다시 소식을 취하러

unggimbi, niyalma bahara unde, luwan jeo i šurdeme gašan de, hecen
보내겠습니다. 사람을 아직 얻지 못했습니다. 灤州의   주변   촌락으로   城

i dolo niyalma ambula jihebi, lii beiguwan te tarire ulha akū seme
안의   사람이   많이 왔습니다. 李 備禦官이 지금 경작할 가축이 없다며

baire jakade, ambasa hebdefi ejen akū juwe ajigan losa buhe, hecen i
청하기 때문에   대신들이 상의하여 주인 없는 2마리 조그만 노새를 주었습니다. 城의

julergi ejen akū usin be, g'ao iogi meni juwe nofi, 26/27 meni ihan
 남쪽   주인 없는 땅을   高(鴻中) 遊擊과 우리   2명이   우리   소와

eihen i tarime deribuki sembi, joo seci nakaki, jang jyjeo nimembi
당나귀로 경작하기를 시작하고자 합니다. 됐다하면 그치겠습니다. 張 知州가 아프다고

seme deduhebi, hecen i weile kadalara niyalma akū, juwe beile hebdefi
      누워 있습니다. 성의   사무를 관할하는 사람이 없습니다. 두 버일러가 상의하여

emu yebken hafan unggici ombio,,
1명의 유능한 관리를 보낼 수 있습니까?」

7　[簽註] gingguleme baicaci, jakan toktobuha fe manju gisun i bithede, ere erei terei donjici sere
gisun, uthai erei terei gisurere be donjici sere gisun de adali sehebi,,
　　삼가 찾아보니 최근 정해진 『舊淸語』에서 이 'erei terei donjici'(이렇게 저렇게 들으니)라는 말은 즉
　　'erei terei gisurere be donjici'(이렇게 저렇게 말하는 것을 들으니)라는 말과 같다고 했다.

○ ice ninggun de, pan giya keo de genehe asan fujiyang, yangšan,
　　초 6일에,　　　　潘家口로　　　　간　　아산 부장·　　양샨·

lungsi sei unggihe bithei 27/28 gisun, be genere de, hūng šan keo de
룽시 등이 보낸 글의　　　　말.「우리가 갈 때,　　洪山口에서

yamjiha, tereci casi genefi, pan giya keo ci juwan ba i dubede iliha,
어두워졌습니다. 거기에서 그 방향으로 가서 潘家口로부터 10里　　앞에 섰습니다.

jai cimari erde genefi, musei gamaha emu šeobei juwe niyalma be
다음 날 아침 일찍 가서 우리가 데려간 1명의 守備와 2명의 민인을

takūrame, han i cooha, han el juwang de geneme jihebi, ambasa de
보내어,　　"한의 군대가 漢兒莊으로　　가서 와 있다. 대신들에게

suwe acanju seme hūlara jakade, muse ci ubašaha sehe wan halai
너희는 합류하라"라고 외친 까닭에 우리를 배반했다고 한 wan 姓의

juwe niyalma uthai tucifi 28/29 jihe, emu ciyandzung, dehi niyalma
2명이 즉시 나와서 왔습니다. 1명의 천총이 40명을

gaifi dolo bi seme alaha manggi, be, han el juwang de genembi,
데리고 성내에 있다고 고한 후, 우리는 "漢兒莊으로 간다.

darime buda jeki seme jalidame siran siran i niyalma dosimbufi duka
통과하여 밥 먹고자 한다"라며 속이고 잇달아 사람을 들여보내어 문을

gaiha, hoton i ninggureme ilibufi, emu ciyandzung, gūsin ilan niyalma
취했습니다. 성의 위에 서게 하여, 1명의 천총과 33명을

be waha, be, guribume gajire boigon be ilgame aliyambi, jai ciyandzung
죽였습니다. 우리는 옮겨　　데려올　戶를　　　구분하고 기다리겠습니다. 또한 천총을

be halbuha wan halai 29/30 juwe niyalma be, han i gisun be aliyambi,
　불러들인　wan 姓의　　　　두　사람에 대하여　한의　말씀을　　기다립니다.」

han hendume, pan giya keo be icihiyarangge, suwende neneme jasiha
한이 말하기를,　　"潘家口를　　　처리하는 것은　너희에게　먼저　전갈한

songkoi icihiya, bayan hūsungge urse be gemu dzun hūwa de guribume
대로　　처리하라. 부유하고 권세있는　자들을　모두　遵化로　　　옮겨

gaju, yadara muterakū urse be werifi sirantu be dosimbu, wan
데려오라. 가난하고 무력한　자들을　남기고 시란투를　들여보내라. wan

halai juwe niyalma be ume wara, inu boigon guribume gaju, jai
姓의　두　사람을　　죽이지 마라. 또한　戶를　　옮겨 데려오라. 또한

suweni 30/31 jidere onggolo, hi fung keo i medege gaisu,,
너희가　　　　오기　전에　　喜峯口의　　소식을　취하라."

○ tere inenggi, giya lang jung, fan šusai de yalu seme emte
　그　날,　　賈(維鑰) 郎中,　　范(文程) 秀才에게 타라고　1마리

losa, šurdeme dahaha irgen de takūrara niyalma de yalubufi takūra
노새,　주변의　투항한 백성들에게 보낼　사람에게　　태워　보내라고

seme juwe losa buhe, jai juwe ciyandzung de emte morin buhe,, 31/32
2마리 노새를 주었다. 또한　2명의 천총에게　　1마리씩 말을　주었다.

○ karacin i hiya beile de ninggun morin buhe,,
카라친의　　히야 버일러에게 6마리의 말을 주었다.

○ turusi, loosa de emu jalan ilata bayara be adabufi, julesi amba
투루시·로오사에게　1개 잘란에 3명씩의 바야라를　맡겨서　　남쪽　큰

jugūn i ergi de helen jafame unggihe,, 32/33
길　방향으로　정보제공포로를 잡으러 보냈다.

○ san tun ing de helen jafame genehe lioha, juwe nikan be
三屯營으로　정보제공포로를 잡으러　간　리오하가 2명의　한인을

waha, ilan nikan be weihun jafafi gajiha,,
죽였고, 3명의 한인을　　생포하여　데려왔다.

○ tere inenggi, han hendume, musei beise ambasa, abkai gosime
그 날,　　　한이 말하기를, "우리의 버일러들·대신들은 하늘이 사랑하여

aisilame yabure de, yaya jaka be jurgan i 33/34 icihiyara, beyei baru
도와서 행할 때에　모든　것을　의롭게　　처리하라. 자신을 향해

doosidarakū, meni meningge be haršarakūci, fejergi coohai niyalma inu
탐하지 않고,　각자의 것을　편들지 않으면,　아래　병사들도

urgunjembi, abka inu saišambi, sarkū yaya jaka be endeme calame
기뻐하고,　하늘도　칭찬한다. 모르고 모든　것을　실수하고 잘못하고

fudasihūn yabure be ainara, kakduri gūsai samhatu baturu be, kakduri
패역하게 행하는 것을 어찌 하겠는가? 칵두리 구사의 삼하투　바투루를　　칵두리가

doro sarkū, nirui niyalma jase ušabume takūrame jobobuha sere, cang
도리를 모르고 니루의 사람에게 柵木을 운반시키도록 파견하여 고생시켰으며,   昌黎를

lii de geli afabuhabi, yaya beise ambasa, meni meni gūsai hūsun tusa
     또 공격하게 했다. 모든 버일러들·대신들은   각자   구사의 병력에 도움을
buhe 34/35 gucuse be joboci, beyei joboho gese yasai muke tuheme
 준   구추들이   고생하면, 자신이 고생한 것처럼   눈물을   흘리며

gosime gūnicina, tuttu gosime gūnirakūci, udu hanci gucu seme tondoi
자애하여 생각하라. 그렇게 자애하여 생각하지 않으면 비록 가까운 구추라도   충직하게

takūraburakū kai, julgei u ki gebungge amban, ini coohai niyalmai yoo
쓰이지 않을 것이다.   예전에 吳起라는   대신이 그의   병사의   종기를

be simire de, terei eme songgome, erei amai yoo be simifi, ama dain de
 빨아줄 때에, 병사의 어미가 울면서, '이 애의 아비의 종기를 빨아주어서 아비가 전투에서

bucehe, geli erei yoo be simici, amai adali geli dain de bucembi
 죽었다. 다시 이 애의 종기를 빨아준다면, 아비처럼 또 전쟁에서 죽을 것이다'

seme songgoho 35/36 sere, terei adali yaya buya niyalma buceci
 라며   울었다   하니, 그와 같이 모든   小民이   '죽으면

bucekini, kesi ofi banjici, han, beise de gung gaifi banjiki seme
죽으리라,   요행히   산다면 한·버일러들에게 功을 취해서 살자'[8] 라고 하며

emgeri temgetuleme baturulaha urse be, jai yaya hoton de afaki
 한번   증명하려고   용감히 나아간 무리는 다시 어떤 城을 공격하겠다

---

sehe seme ume afabure, umesi nakabu sehe,,
하더라도   공격시키지 말고, 엄히 금지시켜라" 라고 했다.

○ ice jakūn de, luwan jeo de unggihe 36/37 bithe, luwan jeo i
   초 8일에,   灤州에   보낸   서신,   「灤州의

niyalma be hūdun bošome usin taribu, hafan sindara niyalma be te
 사람을   빨리 독촉하여 밭을 경작시켜라. 관리로 임명할 사람을   지금

unggimbi, jai ere uju fusire bithe be, ke dz jiyang de folobufi, yaya
보낸다.   또 이   체발하라는 서신을   刻字匠에게   새기게 해서, 모든

ba i uju fusihakū niyalma baha de, uju fusifi ere bithe be jafabufi
곳의 체발하지 않은 사람을 취하면,   체발하고 이 서신을   쥐여주어

unggi, jai suweni tubai hise efire niyalma be yooni unggi, suweni baha
보내라. 또 너희는 그곳의 광대로 연기하는 자를   모두 보내라. 너희가 취한

ulha be duin gūsa dendefi asara, ulin be 37/38 ubade benju,,
 가축을   4개 구사가 나누어서 보관하라. 재물을   이곳에 보내라.」

○ ice jakūn de, yenu i emgi juwan ninggun niyalma be boode
   초 8일에,   여누와 함께   16명을   집으로

takūraha bithei gisun, han hendume, yoto, hooge sei genehe amala,
 보낸   서신의 글, 「한이 말하기를, 요토· 호오거 등이 간   후에

han i hecen ci cangšu hafan emke, jakūn fujiyang, juwan ninggun
황제의 성으로부터 尚書 관원 1명· 8명의   副將·   16명의

iogi, juwan ninggun dusy, jakūn minggan cooha gajime, meni 38/39
遊擊· 　　16명의 　　都司가 　　8천의 　　　병사를 　이끌고, 우리의

dzun hūwa de isinara inenggi, cargici isinjifi dzun hūwa ci tofohon ba
　遵化에 　　　이른 　　날, 　저쪽에서 도착해서 　遵化로부터 　　15里

i dubede jakūn ing iliha bihe, musei cooha sunja ing be gidafi, emu
　앞에 　8개의 　營을 　세웠었다. 　우리의 　병사가 5개의 　營을 격파하고, 1명의

cangšu, sunja fujiyang, iogi, dusy, geren cooha be emke tucibuhekū
　尚書· 　　5명의 副將· 　遊擊· 都司와 여러 　병사를 　　1명도 내보내지 않고

gemu waha, emu iogi, emu šeobei be weihun jafaha, jai juwe ing
　모두 죽였다. 　1명의 遊擊· 1명의 守備를 　　　생포했다. 　또 2개의 營이

burgatu i tehe lo wen ioi de genehe be, burgatu gidafi gemu 39/40
부르가투가 주둔한 羅文峪으로 　가는 것을 　부르가투가 격파하여 모두

wahabi, emu fujiyang, emu iogi, juwe dusy be weihun jafafi benjihe,
죽였다. 　1명의 副將· 　1명의 遊擊· 2명의 都司를 　생포하여 　보내왔다.

jai muse de dahafi ubašaha hūng šan keo, pan giya keo amasi dahaha,
또 우리에게 투항했다가 배반한 　洪山口· 　潘家口가 　도로 　투항했다.

pan giya keo i bayasa boigon be dzun hūwa de guribume gajiha,
　潘家口의 　부자들의 戶를 　遵化로 　옮겨 데려왔다.

yadara urse be uthai tebuhei sirantu de bufi tebuhe, dai an keo i
가난한 자들은 그대로 살게한대로 시란투에게 주고 거주시켰다. 　大安口의

cooha waliyafi genefi, irgen ajige ajige bihe, tede šamba be tebuhe,
병사들이 버리고   가서   백성이   조금   있었다. 거기에 샴바를 머물게 했다.

40/41 suweni jidere beise, membe hūdun bahafi genekini seme morin
      너희   올 버일러들이 우리로 하여금 빨리   가도록 하려고   말을

uleburakū uthai jiderakū, hairakan baha morin isinjirakū ombi, morin
먹이지 않고 즉시 오지 않으면,   아깝게   얻은   말이 도달할 수 없게 된다. 馬의

be darin obobu, saikan bošome tuwame ulebu, yung ping de medege
쓸림상처를[9] 치료하라. 잘   감독하고 살피고   먹여라. 永平에서   소식이

bi seme dzun hūwa de jici, dzun hūwa de geli medege ambula ofi,
 있다고   尊化에   오면,   尊化에서   다시 소식이   많아서,

be, cooha be gemu werifi beyei teile hūdun genembi, membe isiname
우리는 병사를 모두 남겨두고 우리만   빨리   갈 것이다.   우리가 도착할

jaka de, suwe jurceme jio,,
즈음에   너희는 거슬러 오라.」

---

9 ‘darin’은 말이 안장에 쓸려서 생긴 상처를 뜻한다.

tongki fuka sindaha hergen i dangse
點·圈을 찍은 문자의 檔子

orin duici debtelin
24권

sure han i duici aniya juwe biya
천총 4년 2월

tongki fuka sindaha hergen i dangse,,
　　點　圈을　찍은　문자의　　檔子

○　ice uyun de, juwe beile i bithe, korcin de unggihe, neneme
　　초 9일에,　　「두 버일러의 글을　코르친에게 보낸다.　　먼저

unggihe bithede, hafan sindara niyalma be unggire sehe bihe, hafan
　보낸　서신에서,　관리로 임명할　　사람을　보낼 것이라고 말했었다. 관리를

unggire be nakaha, tere be halaci ojorakū, g'ao ši lang suwe genefi
　보내는 것을 그만두었다.　　그를　바꾸면　안 된다.　　郭　侍郎은 너희가 가서

sain gisun hendume, terei arbun be yargiyalame tuwa, nimere mujangga
좋은　말로　말하며　　그의　모습을　　확인하여　　보라. 병든 것이 틀림없으면

oci, fejergi buya 1/2 hafasa be taka bošobu, nimere arbun akū
　　아래의　하급　　　관원들이　잠시 감독하게 하라. 병든　모습이 아니고

bai siltame oci, suwe gisun hendume tafula, tere be nakabuci, gūwa
단순히 핑계이면　너희가 말로　말해서　설득하라.　그를　면직시키면 다른 이가

geli alhūdambi, ojorakū,,
　또　　흉내낸다.　　안 된다.」

○　tere inenggi, dzu dzung bing guwan i omolo ojoro emu
　　그 날,　　　　祖 總兵官의　　　　　　손자인　　　　　한

niyalma de juwe yan menggun šangnafi, dzu dzung bing guwan de
사람에게   2량 은을   상 내리고,   祖 總兵官에게

meihe erinde takūraha,, 2/3
巳時에   보냈다.

○ ice uyun de, helen jafame genehe turusi, loosa, sirana, siteku,
  초 9일에, 정보제공포로를 잡으러 간   투루시· 로오사· 시라나· 시터쿠·

buyan, suldei, keifu, šarhūda, nikan i karun be gidafi, juwan nadan
부안· 술더이· 커이푸·샤르후다가 明의   초소를   격파하여,   17마리의

morin baha, juwe niyalma be weihun jafafi gajiha, tere morin be
말을 얻었고, 두   사람을   생포하여 데려왔다.   그   말은

turusi, loosa de juwete morin buhe, sirana, siteku, suldei, buyan,
투루시·로오사에게 2마리씩의 말을 주었고, 시라나· 시터쿠· 술더이· 부안·

keifu, 3/4 šarhūda de emte morin buhe,,
커이푸·   샤르후다에게 1마리씩의 말을 주었다.

○ ecima, tahabu, bangsu, bithe benere niyalma be beneme, emu
  어치마· 타하부· 방수가 서신을 보낼   사람을   보내고,   1개

gūsai emte bayara be gaifi genehe,,
구사에서 1명씩의 바야라를 이끌고 갔다.

○ pan giya keo be icihiyame genehe asan, yangšan, lungsi sei
  潘家口를   처리하러   간   아산· 양산· 룽시 등이

icihiyaha boigon juwe tanggū 4/5 dehi jakūn, haha ninggun tanggū,
처리한 戶 248戶, 남자 600명,

alban i boso emu tumen duin minggan juwe tanggū gajime jihe,
官布 14,200布를 가지고 왔다.

pan giya keo hoton de hūsun akū yadara juwe tanggū susai haha
潘家口城에 병력이 없고 빈곤하여, 250명의 남자를

werifi, hoton de sirantu i gurun be dosimbuha,,
남겨두고, 城에 시란투의 國人을 들어오게 했다.

○ tabcin genehe unege baksi takūraha gisun, enggeder 5/6 efu i
약탈 간 우너거 박시가 보낸 말. 「엉거더르 어푸의

daicing se, nikan ilan tanggū isire yafahan cooha waliyaha gašan de
다이칭 등이, 明의 300명에 이르는 步兵이 버린 촌락에서

ing hadafi bihe be gidafi wara de, ioi tiyan hoton ci nikan i moringga
營을 설치해 놓고 있는 것을 공격하여 죽일 때에, 玉田城에서 明의 騎兵

cooha ilan minggan tucifi wara dulimbade, karun genehe menggei be
3천명이 나와서 죽이는 가운데에, (明軍이) 哨兵으로 간 멍거이를

uthai gidame isinjifi, muse yarume gamafi kubuhe suwayan, gulu
곧 공격하러 이르러서, 우리가 유인하여 데려가 鑲黃· 正藍旗에

lamun de isibufi, musei tu faidafi dosiki 6/7 serede, nikan, musei tu be
이르게 하여, 우리의 纛을 정렬하여 들어가려고 하는데, 明軍이 우리의 纛을

sabufi uthai burulaha, uncehen de dosifi morin tanggū isime baha, olji
보고　즉시 달아났습니다.　후미로　쳐들어가서　말 100마리 정도를 얻었습니다. 노획은

asuru ambula bahakū, museingge gūsin isime gaibuha seme alanjiha,,
아주 많이 얻지 못했습니다.　우리 군사　30명　정도가 전사했습니다.」라고 알려왔다.

○　juwe biyai ice uyun de, nikan han de unggihe bithei gisun,
　　2월　　초 9일에,　　명의 황제에게　보낸　서신의　말.

aisin gurun i 7/8 han i bithe, daiming gurun i hūwangdi de jafaha,
　「금국의　　　　한의 글.　　大明國의　　황제에게　바칩니다.

mini dolo gūnihangge, jing dailame ishunde wanuci, abkai banjibuha
나의 마음에 생각하기를,　늘 공격하여 서로 죽이면 하늘이 낳은

irgen inu sui mangga, musei beye inu jirgame banjire šolo akū, bi
백성도　억울하고,　우리 자신도 편하게 살 겨를이 없습니다. 내가

ubabe gūnifi, abka na de akdulame gashūfi doro acaci, musei juwe
이것을 생각하여, "天地에　굳게　맹세해서 화친하면 우리 두

gurun i cooha irgen juse omosi jalan halame taifin banjimbi dere,
나라의 병사와 백성이 자손　대대로 태평하게 살 것입니다.

tuttu akūci, atanggi dain nakafi taifin 8/9 banjimbi seme acara bithe
그렇지 않으면 언제 전쟁을 멈추고 태평하게　살겠습니까?"라고 화친하는 글을

arafi niyalma takūraha, acara doro be suwe gisure,, jai gi jeo i hafasa
써서 사람을　보냈습니다.　화친을　그대들은 의논하십시오.」다시 錦州[1]의 관원들

1　『淸太宗實錄』천총 4년 2월 기미조의 같은 내용 기사에 '錦州'로 기록되어 있다.

de unggihe bithei gisun, bi acara be baitalarakū, jing murime waki
에게 보낸 서신의 말. 「내가 화친을 하지 않고 곧 강제로 죽이겠다

gaiki seme dailaci, suweni hafasa coohai niyalma, han i jalin de buceki
취하겠다며 공격하면, 너희 관원들과 병사들이 황제를 위해서 죽자고

seme afaci, jurgan bihe kai, bi jing acaki seci, suweni han
하며 공격해도 義로움일 것이다. (그러나)내가 늘 화친하려고 하는데, 너희 황제가

ojorakū, hafan coohai suilara, gurun irgen i ama jui 9/10 eigen sargan
하지 않고, 관리·병사가 고생하고, 나라 백성의 父子 夫妻가

fakcara, usin bahafi weilerakū, joboro be umai gūnirakū, hafan cooha be
이별하며, 밭을 경작할 수 없어 괴로운 것을 전혀 고려하지 않고, 관원 병사를

orho suiha i adali gūnime jing afa serengge, mini hendure anggala,
풀· 쑥 처럼 생각해서 늘 싸우라고 하는 것은, 내가 말하지 않아도

suweni amba gurun de ai mergese akū, suwe gūnici endembio,,
너희의 大國에 어찌 智者들이 없겠는가? 너희가 생각해도 틀리겠는가?」

○ daiming gurun i ambasa de unggihe bithei gisun, dain nakafi
　　　大明國의 대신들에게 보낸 글의 말. 「전쟁을 그만두고

taifin banjire be buyeme, jing 10/11 acaki seme niyalma takūraci,
태평하게 살기를 바라며, 늘 화친하려고 사람을 보내도

suwe ojorakū ofi, ere dain de hafan cooha wabure, gurun irgen
너희는 듣지 않으니, 이 전쟁에서 관원과 병사가 죽임당하고, 國人이

joborongge, gemu suweningge be suwe wara, suwe jobobure ton kai,
괴로운 것은   모두   너희의 사람을   너희가 죽이고 너희가 괴롭히는   셈이다.

bi cananggi han i hecen de ninggun jergi bithe beneme acaki
내가 전날에   황제의 성에   여섯   번 글을 보내어   화친하자

seci, ainci hecen i fejile gashūre be girucun arafi, jai mimbe hūdun
했으나, 아마도   城下에서   盟約하는 것을 부끄럽게 여기고, 또   내가   속히

bederembi dere seme karu jabuhakū, bahara mangga ufarara <u>jangge</u>[2]
돌아갈   것이라 여겨 대답하지 않은 것이리라. 얻기는 어려우며 잃기는 쉬운 것이

ucuri kai, 11/12 abkai buhe ere ucuri be bi waliyafi ainu bederembi,
기회 이다.   하늘이 준   이   기회를   내가 버리고 어찌 돌아가겠는가?

abkai buhe bade usin tarime tehe, sini jakūn fu i niyalma, usin
하늘이 준   땅에 밭을 갈며 살아온 너의   8府의 사람들은   밭을

ainahai elheken bahafi tarire, udu tariha seme, tere jeku be wei
어떻게   느긋하게 경작할 수 있겠는가? 비록 경작했다고 하더라도 그 곡식을 누가

bahafi tomsoro be sara, suwe bicibe <u>tebke</u>[3] amdulaha be nakafi,
 거둘 수 있을지를 아는가? 너희라도   악기의 기러기발을 붙이는 것을[4] 멈추고

---

2 [箋註] gingguleme baicaci, jakan toktobuha fe manju gisun i bithede, ere jangge sere gisun, uthai ja
   sere gisun inu sehebi,,
   삼가 찾아보니 최근 정해진 『舊淸語』에서, 이 'jangge'(쉬운)라는 말은 곧 'ja'(쉬운)라는 말이라고 했다.
3 [箋註] gingguleme kimcici, ere tebke sere gisun, ainci berhe sere gisun i gūnin gaime baitalahangge
   dere,,
   삼가 고찰하건대 이 'tebke'(현악기의 기러기발)라는 말은 아마도 'berhe'(현악기의 기러기발)라는 말
   의 뜻을 취하여 사용한 것인 듯하다.
4 'tebke amdulambi'는 현악기의 기러기발을 아교로 붙인다는 뜻으로, '융통성 없는 태도'를 의미하는
   膠柱鼓瑟을 만주어로 옮긴 것으로 보인다.

tooselame gūnime tuwacina, te musei juwe gurun i weile, acara, dailara
따져   생각해 보아라.   지금 우리 두   나라의   일은 화친하거나 싸우는

juwe i dabala, encu arga akū kai, acaci, gurun 12/13 hūdun jirgambi,
둘   뿐이다.   다른 방책은 없는 것이다. 화친하면 國人이   속히 안락해질 것이다.

dailaci, gurun i jobolon atanggi wajimbi, gi jeo hafasa suwe wesihun
싸우면   國人의   고통이   언제   끝나겠는가? 薊州의 관원들 너희는 상부의

geren hafasai emgi hebdefi, han be jombufi acara weile be hūdun
 여러 관원들과 함께 의논하여 황제에게 상기시켜 화친하는 일을   속히

gisurecina, nenehe hafasa gemu han be holtome, dain be weihuken
아뢰는 것이 좋으리라. 이전의 관원들은 모두 황제를 속여   전쟁을   가벼이

arafi acaki seci ohakū urse, akūci dain de wabuha, akūci
여겨 화친하자 해도 듣지 않은 무리였으며, 혹 전쟁에서 죽었거나,   아니면

sini han waha dabala, guwefi gung gebu gaifi bisirengge emke bio,
너의 황제가 죽였을 뿐이었다. 모면하고 공명을 취하여   남은 자가 하나라도 있는가?

daci minde arga akū 13/14 unenggi gisurembi, ojorakū oci, abka dere,
본디 나에게   謀策은 없으며   진심으로 말하는 것이다. 하지 않으면, 하늘이리라,

erin dere, bi ainara,,
時運이리라. 내가 어찌하겠는가?」[5]

---

5 『만문노당』 28권, 천총 4년 5월 6일조에 같은 내용의 서신이 실려있고, 'bi ainara' 이후에 한 단락이
   더 있다.

○ juwan[6] de, dzun hūwa ci unggihe bithei gisun, juwe biyai ice
　10일에, 　　　　遵化에서 　　보내온 　글의 　말. 「2월의 　　초

sunja de, han, beise acafi, han i hecen i julergi guwali šun dekdere
5일에 　한과 버일러들이 모여 황제의 성의 　남쪽 郊外(關廂) 　동쪽

ergi duka de, yuwan du tang ni coohai emgi 14/15 afaha de, monggoso
문에서, 　　袁(崇煥) 都堂의 　　군사와 함께 　　　싸울 때, 몽고인들이

i afaha burulaha weile be beideme tehede, han, beise i baru hendume,
싸웠다가 패주한 　일을 　　審理하려고 머물렀을 때, 한이 버일러들을 향해 이르기를

hoton afame neneme takafa seme hafan buhe niyalma be, muse ereci
"성을 　공격하러 먼저 　올라갔다고 하여 관직을 준 　자를, 　　우리는 지금부터

amasi geli tere be hoton afa sere be nakaki, beye be šelefi emgeri
앞으로 다시 그에게 성을 공격하라는 것을 그만두자. 목숨을 걸고 　한 번

gung gaiha, joo dere, geli tere be afa sefi ainambi, tenteke
공을 취했다. 충분하다. 다시 그에게 공격하라고 하면 어찌하겠는가? 그러한

gungge urse, beise i jakade, gūsai ejen i jakade bikini, geren bireme
공이 있는 무리들은 버일러들의 곁에, 구사의 어전의 곁에 있어라. 여럿이 진격하여

afara bade 15/16 afakini, i afaki sehe seme ume afabure, tere
공격하는 곳에서 　공격하게 하라. 그가 공격하겠다 해도 공격시키지 말라. 그

6　[簽註] gingguleme baicaci, ere emu meyen i baita, orin ilaci debtelin de araha emu meyen i baita ci
encu akū, ainci fe dangse de jursuleme araha dere,,
삼가 찾아보니 이 한 단락의 일은 23권에서 쓴 한 절의 일과 다르지 않다. 아마도 舊 檔子에 중복해서
쓴 듯하다.

anggala, buya niyalma sehe seme, emgeri juwenggeri temgetuleme
뿐 아니라　　小民이라고 해도　　한 번　두 번　　드러내어

hecen de neneme tafaka gungge niyalma be, inu jai hecen de
성에　　먼저　올라　공이 있는 자를　　또　다시 성에

ume afabure sehe, ere gisun be yung ping, luwan jeo de tehe beise,
공격시키지 말라"고 했다. 이 말을　　永平·　　灤州에　　있는 버일러들·

ambasa geren de hūla,, 16/17
대신들· 모두에게 선포하라.」

○ juwan de, dzun hūwa hecen ci han, juwe amba beile jurafi,
　10일에,　　遵化城으로부터　　한과　두　大 버일러가 출발하여

san tun ing be dulefi luwan ho bira de deduhe, tere inenggi, emu
三屯營을　　지나서　灤河에서　　머물렀다.　그 날,　　1개

gūsai emte amban be, yung ping de bisire kutule niyalma be gana
구사의 1명씩의 대신에게　永平에　　있는　쿠툴러를　　데려 오라

seme unggihe,,
하고 보냈다.

○ juwan emu de, tai ping jai hoton be 17/18 dahabu seme yecen,
　11일에,　　太平寨城을　　　　항복시키라고　여천·

gūnggadai, dahai, aibari, emu nirui emte bayara be gamame genefi,
궁가다이· 다하이· 아이바리가 1개 니루에서 1명씩 바야라를　데리고　갔는데,

hoton i niyalma dahahakū seme mudari jihe,,
성의   사람들이 항복하지 않았다고   되돌아 왔다.

○ tai ping jai hoton be dahahakū seme alanjiha manggi, han
　太平寨城이   항복하지 않았다고   알려오자,   한이

hendume, cang lii be afahakū bici, ere gese 18/19 buya hoton ini cihai
이르기를, "昌黎를   공격하지 않았다면   이러한   작은 성은   저절로

dahambihe, cang lii i niyalma buceme afafi, muse be bahakū seme
항복했을 것이다. 昌黎의   사람들이 죽도록 싸워서   우리가   취하지 못했다고

donjifi daharakū kai, terei gūnirengge, muse de dahaci, muse be
듣고 항복하지 않은 것이다. 저들의 생각에   우리에게   항복하면   우리가

waliyafi genehede, ini cooha jifi wambi seme geleme daharakū mujangga
버리고   갈 때,   그의 군대가 와서 죽일 것이라고 두려워서 항복하지 않는 것이 틀림없다"

seme henduhe,,
라고   말했다.

○ juwan juwe de, amba beile de, karacin 19/20 sargan jui be
　12일에,   大 버일러에게 카라친이   딸을

sargan benjihe,,
妻로   보내왔다.

○ juwan ilan de, yung ping de tehe beise, beise i emgi boode
　13일에,   永平에   있는 버일러들이, 버일러들과 함께 집에

genere bayarai kutule aciha gajime isinjiha, tere inenggi, hergengge
갈   바야라의 쿠툴러와 짐을   이끌고 도착했다. 그 날,   관직이 있는

ambasa be meni meni dain de afaha yabuha be gung feteme bithe ara
대신들에 대해   각각   전쟁에서 싸우고 행한 일의 공을 따져보려고 문서를 작성하라

seme arabufi, 20/21 han, beise ilan indeme ilgafi, gung baha niyalma
하여 쓰게 하고,   한이 버일러들과 3일간 쉬며 판별하여 공을 얻은 자 중

wesibure be wesibuhe, gung bi seme hergen buci acarakū niyalma de
승진시킬 자를 승진시켰다. 공이 있다 해도 관직을 주기에 합당하지 않은 자에게는

hergen buhekū, hergen buhe ambasai emu adali šangnaha, dain de
관직을 주지 않았고, 관직을   준   대신들과 같은 방식으로 상을 주었다. 전쟁에서

burulaha ambasa be hergen efulehe, šangnaha šang be gemu gaiha,,
 敗走한   대신들은   관직을 삭탈하고, 상으로 준   상을   모두   취했다.

○ juwan duin de, karacin de unggihe bithe, 21/22 han i bithe,
   14일에,   카라친에   보낸   글.   「한의 글을

joriktu, dai darhan, sirantu, šamba de unggihe, ereci amasi sini gurun
조릭투· 다이 다르한· 시란투· 샴바에게   보낸다.   이후로   너의 국인을

be saikan ciralame kadala, minde dahaha uju fusiha irgen be ume necire,
 잘   엄하게 관리하라. 나에게 항복하여 체발한   백성을   침범하지 말라.

dahaha niyalma be waci, tere waha niyalma be urunakū gaifi karu
항복한   사람을   죽이면 그 죽인   사람을   반드시   잡아서 보복하여

wambi, durire cuwangnara oci, durihe cuwangnaha weile gaimbi, tere
죽일 것이다.　약탈하면　　　약탈한　　　죄에 처한다.　그

emu nikan ai salimbi, dahaha irgen be waci gaici, gūwa dahara unde
1명의 한인이 무슨 가치가있는가? 항복한 백성을 죽이고 취하면 다른　항복하지 않은

ba i 22/23 irgen, minde akdarakū ombikai, si mini uttu henduhe gisun
곳의　　백성이　나를　믿지 않게 될 것이다. 네가 나의 이렇게 말한　말을

be jurceme, gurun be saikan kadalara fafularakū ofi, dahaha irgen be
어기고,　국인을　잘　관리하고 금지시키지 못하여　항복한　백성을

wara gaijara oci, hairakan mini simbe gosihangge, untuhuri ojorahū,,
죽이거나 취하게 되면, 애석하게 내가　너를　아낀 것이　헛되게　될까 우려된다.」

○ yung ping, dzun hūwa de tehe beise ambasa de 23/24 han
永平·　　遵化에　있는 버일러들· 대신들에게　　한이

hendume, nikan han i gurun irgen be abka muse de buci, tere irgen
말하기를,　"명의 황제의　나라　백성을　하늘이 우리에게 주면　그 백성은

gemu musei irgen, musei irgen be muse durime cuwangname gejureci,
모두　우리 백성이다. 우리 백성을　우리가　약탈하고　　착취하면

dahaha gurun inu bisirakū, jai gurun irgen daharangge inu akū, hecen
항복한　국인도　있지 못한다. 또　나라 백성이 항복할 자　또한 없다. 城을

tuwakiyame tehe beise ambasa, musei coohai niyalma be saikan ciralame
지키려고　주재한 버일러들· 대신들은 우리　병사를　잘　엄히

kadala, ereci amasi uju fusifi dahaha irgen be waci, tanggū šusiha
관리하라.   이후로   체발하고   항복한   백성을   죽이면 100번을 채찍으로

tantambi, 24/25 šan tokombi, <u>niyalmai oron ilibume gaifi</u>[7] wabuha
때릴 것이다.   귀를 자를 것이다. 사람의 혼백을 세우도록 취하여   죽임당한

niyalma de bumbi, hūlhaci, hūlhaha jaka be toodabufi, jakūnju juwe
사람에게   줄 것이다. 도적질하면 도적질한 물건을   배상시키고,   82번

šusiha tantambi, šan tokombi, durime cuwangname gaici, inu hūlha i
채찍으로 칠 것이다. 귀를 자를 것이다.   약탈하여   취하면 또한 도적과

songkoi weile, nirui ejen janggin sarkūci, baicahakū sula i turgunde
 같은   죄이다. 니루 어전   장긴이   모르면, 조사하지 않고 태만한 사유로

tuhere an i weile, safi tucibume alarakūci, weile araha niyalmai
처벌할 규정의 죄이다. 알면서 드러내어 고발하지 않으면 죄를   지은 사람과

adali weile,, 25/26
같은   죄이다."

○ luwan ho bira de duin indeme ai ai baita icihiyame wajifi,
   灤河에서   4일 쉬고   각종 일을   처리하여 마치고,

tofohon de booi baru jurafi jasei dolo deduhe,,
   15일에   집의 쪽으로 출발하여 경계의 안에서 묵었다.

---

7 [簽註] gingguleme kimcici, niyalmai oron ilibume gaifi sere gisun, ainci icihiyame sindara menggun
gaifi sere gūnin dere,,
삼가 고찰하건대 'niyalmai oron ilibume gaifi'(사람의 혼백을 세우도록 취하여)는 말은 아마도 'icihi-
yame sindara menggun gaifi'(葬事지낼 銀을 취하여)라는 뜻일 것이다.

○ juwan ninggun de, dzun hūwa, yung ping, luwan jeo de tere
　　16일에, 　　　　　　遵化· 　　　　永平· 　　　　灤州에 　　주둔할

beise ambasa bederehe, tere inenggi, dung giya keo be tucifi tofohon
버일러들· 대신들이 돌아갔다. 　그　날 　　　　　董家口를 　　　나와 　　15里의

26/27 ba i dubede deduhe, tere inenggi, yangguri efu de emu gecuheri
　　　앞에서　묵었다. 　그　날 　　　　양구리 어푸에게 　1벌의　蟒緞

sijigiyan, asidarhan nakcu de haksan suje i sijigiyan buhe,,
　袍, 　　　아시다르한 낙추에게 　　　金色 비단 袍를 　　주었다.

○ juwan nadan de, jurafi jidere de, manjusiri lama, han be
　　17일에, 　　　출발하여 올 때에, 만주시리 라마[8]가 한을

acaki seme amcame jimbi seme donjifi, aliyame tehe bade, 27/28 han,
만나려고 　　쫓아 　　온다고 　　듣고 기다리고 있는 곳에서 　　　한은

amba beile de duin hūba sindaha erihe buhe, beile hengkileme alime
大 버일러에게 　4개의 琥珀을 박은 　염주를 주었다. 버일러는 고두하고 　받아

gaiha, han, morin yalufi lama be okdofi, lama i gala jafame acaha,
취했다. 한은 말을 　타고 라마를 　　맞이하여 라마의 손을 잡고 　만났다.

suwayan cacari cafi, cacari dolo han i adame tebufi, cai omibuha yali
　황색 　천막을 　치고 　천막 안에 한과 나란히 앉게 하고 茶를 마시게 하고 고기를

8 　'만주시리 라마'는 manjusiri kūtuktu lama(滿朱習禮胡土克圖喇嘛, ?～1636)를 가리킨다. 티베트인
　고승이며, 후금에 온 후 fakū alin(法庫山. 현재 遼寧省 法庫縣 위치)에서 포교하다가 사망했다.

ulebuhe, lama baire jakade, dain de jafaha ding fujiyang be buhe, han
먹게 했다. 라마가 청하자 전쟁에서 잡은 丁(啓明) 副將을 주었다. 한이

hendume, burgadu i jafafi benjihe ding fujiyang dzun hūwa de
말하기를, "부르가두가 잡아서 보내온 丁(啓明) 副將은 遵化에

bi, 28/29 tere be ganafi pan giya keo de benju, manjusiri lama de
있다. 그를 데려가서 潘家口에 보내라. 만주시리 라마에게

buhe, lama i gala de afabume bu, sidende waliyarahū seme bithe
주어라. 라마에게 직접 넘겨 주어라. 중간에 잃어버릴까 염려된다"라며 글을

arafi lama de buhe, tere inenggi aldaji de deduhe,,
적어 라마에게 주었다. 그 날 알다지에서 묵었다.

○ juwan jakūn de, gūcin de deduhe,, 29/30
　　　18일에, 구친에서 묵었다.

○ juwan uyun de, senjin i bira de deduhe,,
　　　19일에, 선진 江에서 묵었다.

○ orin de, jurafi jidere de, subudi dureng, oo muren birai dalin de
　　　20일에, 출발하여 올 때에 수부디 두렁이 오오 무렌 江의 연안에서

okdofi, juwan ihan orin honin wafi sarin sarilaha, tere inenggi bulak de
마중하여, 10마리 소· 20마리 양을 잡아 잔치를 베풀었다. 그 날 불락 에서

deduhe,, 30/31
묵었다.

○ orin emu de, bolagatu hoton i šun dekdere ergi oo muren birai
　21일에,　　　볼라가투 성의　　　　동쪽의　　　　　오오 무렌 江의

julergi dalin de deduhe, tere inenggi booci duin niyalma medege
남쪽　　연안에서 묵었다.　그　날　　집으로부터　4명이　　소식을

alanjime jihe,,
고하여　왔다.

○ orin juwe de, jidere de, karun sindaha 31/32 keifu, nikan i bata be
　22일에,　　올　때에 哨探으로 배치한　　　　커이푸가 明의　적군을

ucarafi juwe niyalma be wahabi, emu morin bahafi benjime bata
조우하여　2명을　　　　죽였다.　1마리 말을　획득하여 보내며　적이

bi seme alanjiha manggi, han ilifi, tantai, ilden, ulai de emu gūsai
있다고　　고해 온　후,　한이 멈추고 탄타이·일던·울라이에게 1개 구사당

susaita bayara be adabufi unggihe, tesei isinanggala dashūwan galai
50명씩　바야라를　주어서　보냈다.　그들이 도착하기 전에　　左翼의

gulu lamun i beile ajige taiji isinafi alin be kafi, ninju niyalma be
　正藍의　　버일러 아지거 타이지가 도착하여 山을 포위하고 60명을

gemu wahabi, 32/33 jakūn morin baha, kara dogon de deduhe,,
모두 죽였다.　　8마리 말을　얻었다. 카라 도곤에서　묵었다.

○ orin ilan de, booji, sudalai, gisun, emu beile i juwete niyalma be
　23일에,　　　보오지·수달라이·기순이　1명의 버일러당　2명씩을

gaifi, etuku jetere aika jaka beneme genere be acaha, tere inenggi
데리고, 옷과 먹을 모든 것을 보내러   가는 것을 만났다. 그   날

sibarato de deduhe,, 33/34
시바라토에서 묵었다.

○ orin duin de, gisun de jakūn niyalma be adabufi, booi niyalma be
　24일에, 기순에게 8명을 맡겨서 家人에게

okdonju seme takūraha, tere inenggi turgen i bira de deduhe,,
맞이하러 오라고 보냈다. 그 날 투르건 江[9]에서 묵었다.

○ orin sunja de, sahaliyen taiji cooha gaifi julergi mederi jakarame
　25일에, 사할리연 타이지가 병사를 이끌고 남쪽 바다를 따라서

g'ao ši lang be baime, dahahakū babe tabcilame genehe,, 34/35
郭 侍郎을 찾고, 투항하지 않은 지역을 약탈하러 갔다.

○ orin sunja de, gilhana bira de deduhe,,
　26일에, 길하나 江에서 묵었다.

○ orin ninggun de, šadaha morin losa eihen be faksalafi, asan,
　27일에, 피곤한 말·노새·나귀를 분리하고, 아산·

yecen be ejen arafi, emu gūsa de emte kirui ejen be gamame, jao jang
여천을 주인으로 하여 1개 구사에 1명씩 키루의 어전을 데려가도록, jao jang을

9　'투르건江'(turgen i bira, 土爾根河, 北土河)은 大凌河의 지류이다. 朝陽(gurban subargan hoton, 三座
　塔)의 동북쪽 지역을 흐른다.

be unggihe, tere inenggi golbo de deduhe,, 35/36
보냈다.　　그 날　　골보에서　묵었다.

○ orin nadan de, cen hū bu i juse sargan, booi aha emu juru,
　27일에,　　陳(此心) 戶部(郎中)의　자식들과 처·　家奴 1쌍을

juwe morin duin eihen de yalubufi, ceni etuhe etuku be gemu bufi,
2마리의 말·　4마리의 나귀에 타게 하고, 그들이 입을　옷을　　모두　주고,

jugūn de jefu seme orin yan menggun bufi, sini cihangga bade gene
　길에서　먹으라고　20량　은을　　주고, 너의　마음내키는 곳으로 가라

seme sindafi unggihe, unggire de henduhe gisun, 36/37 han, hecen be
하고　놓아　보냈다.　보낼　때에　말한　　말.　　"한이　城을

baha manggi wahakū ujifi, si dorgi ba i niyalma sere, sini ama eme
취한　후　죽이지 않고 살리고, '너는 內地의　사람이라고 한다. 너의 부모

ahūn deo gemu dolo bi, si gene, genefi han i ujihe baili be ume onggoro
형제가　　모두　안에 있다. 너는 가라. 가서　한이　살려준 은혜를　　잊지 말라'

seme doronggo i gene seci, genehekū oho manggi, kemuni hū bu i
하고　도리로써　가라 해도　가지 않게 된　후에,　계속　戶部(郎中)의

hergen bufi ujihe, amala si jui be ukambume unggihe, jai emu jergi
관함을　주어 길렀다.　후에 너는 자식을 도주시켜　보냈다.　또한 한 번

booi aha de 37/38 menggun acifi unggire be duka tuwakiyaha niyalma
　家奴에게　　　銀을　실어 보내는 것을 문　지키는　　사람이

jafaha, ere weile be nikan jušen i hafasa beidefi wara weile tuhebuhe
잡았다. 이 죄를   漢人· 주선의 관원들이 심판하여 사형죄에   처했었다.

bihe, han de alara jakade, emgeri ujihe niyalma be wafi ainambi,
한에게   고하자,   '한번 살려준 사람을   죽여서 뭐하겠는가?

sindafi unggi, ini bade genekini seme unggihe, booi funcehe ai ai
놓아   보내라. 그의 곳으로 가게 하라'하여   보낸다." 집의   남은   각종

jaka be jyfu hafan de afabuha,, 38/39
물건은   知府 관원에게   맡겼다.

○ orin nadan de, suljai de deduhe,,
    27일에,   술자이에서   묵었다.

○ orin jakūn de, cagan noor subargan de deduhe,,
    28일에,   차간 노르 수바르간에서   묵었다.

○ orin uyun de, turusi ts'anjiyang, jai ilan 39/40 gūsai ilan hafan
    29일에,   투루시 參將과   3개   구사의 3명의 관원인

bangsu, sigio, aitungga, uksin i niyalma ninju, juwe beile i bayara
방수· 시기오· 아이퉁가가   甲兵   60명,   2명의 버일러당 바야라

orin, uheri jakūnju niyalma de turusi be ejen arafi, jan ho i baru
20명   총   80명에게   투루시를 어전으로 하여 잔 河의   쪽으로

unggifi, morin losa orin jakūn, eihen dehi bahafi gajiha,,
보내어   말· 노새   28마리· 나귀   40마리를 얻어 가져왔다.

○ orin uyun de, yangsimu de deduhe,, 40/41
　29일에,　　　　양시무에서　　묵었다.

○ gūsin de, liyoha bira be doofi deduhe,,
　30일에,　　遼河를　　　　건너　　묵었다.

tongki fuka sindaha hergen i dangse
點·圈을 찍은 문자의 檔子

orin sunjaci debtelin
25권

sure han i duici aniya ilan biya
천총 4년 3월

25권, 천총 4년 3월

tongki fuka sindaha hergen i dangse,,
　　點　圈을　　찍은　　문자의　　　檔子

○　ilan biyai ice de, hecen de werihe amin beile, degelei taiji,
　　3월　　　1일에,　城에　　　남아있던 아민 버일러· 더걸러이 타이지·

neneme jihe yoto taiji, hooge taiji, jušen nikan monggo i geren ambasa,
앞서　　온 요토 타이지· 호오거 타이지는 주선· 한인·　몽고인의　　여러　대신들·

solho i elcin jihe hafan, aru i elcin i monggoso be gaifi, jasei tule
조선의　　사신으로 온 관원· 아루의 사신　　몽고인들을　　데리고 경계의 밖

liyoha birai dalin de, jakūn ihan jakūn honin wame 1/2 suwayan cacari
　遼河의　　　연안에서　8마리 소·　8마리 양을　　잡고　　　황색　　천막을

cafi han be okdoko, han cacari de tehe manggi, okdoko geren beise
쳐서　　한을　　영접했다. 한이 천막에　　앉은 후,　(아민은) 영접한 여러　버일러들·

ambasa be niyakūrabufi, amin beile julesi han i jakade hanci jifi
대신들을　　무릎 꿇게 하고　아민 버일러는 앞으로 한의　옆에　가까이 서서

niyakūrafi hengkilere de, han tehe baci ilifi ishun niyakūrafi hengkilefi
무릎 꿇고　　고두할　　때에,　한은 앉은 곳에서 일어서서 마주 무릎 꿇고 고두하고

tebeliyeme acaha, amba beile, manggūltai beile de ishunde niyakūrafi
포옹하며　만났다.　　大 버일러· 망굴타이 버일러에게　　마주　　무릎 꿇고

2/3 hengkilefi tebeliyeme acaha, acame wajiha manggi, amasi bederefi
고두하고 포옹하며 만났다. (아민은) 만나기를 마친 후에 뒤로 물러나서

geren i niyakūraha bade genefi niyakūraha, degelei taiji, han de amba
여럿이 무릎 꿇은 곳에 가서 무릎 꿇었다. 더걸러이 타이지는 한에게, 대

beile manggūltai beile de niyakūrafi hengkilefi tebeliyeme acaha, cooha
버일러·망굴타이 버일러에게 무릎 꿇고 고두하고 포옹하며 만났다. 전투에

de genehe ajige taiji, mergen daicing, erke cūhur dodo taiji, amin beile
갔던 아지거 타이지·머르건 다이칭· 어르커 추후르 도도 타이지는 아민 버일러

de niyakūrafi tebeliyeme acaha, degelei taiji de gese 3/4 niyakūrame
에게 무릎 꿇고 껴안으며 만났다. 더걸러이 타이지에게 마찬가지로 무릎 꿇고

tebeliyeme acaha, terei sirame dain de jafaha ma dzung bing guwan,
고두하고 만났다. 그에 이어 전투에서 잡은 麻(登雲) 총병관·

he dzung bing guwan niyakūrafi hengkileme acaha, si uli efu, tanggūdai
黑(雲龍) 총병관이 무릎 꿇고 고두하며 만났다. 시 울리 어푸·탕구다이

age, abai age niyakūrafi hengkilefi han i bethe be tebeliyeme acaha,
아거·아바이 아거는 무릎 꿇고 고두하여 한의 다리를 껴안으며 만났다.

solho i elcin jihe hafan acame sunja jergi niyakūrafi sunja jergi
조선의 사신으로 온 관원은 만나서 다섯 번 무릎 꿇고 다섯 번

hengkilehe, terei sirame aru i monggo i elcin acaha, amin 4/5 beile,
고두했다. 그에 이어 아루 몽고의 사신이 만났다. 아민 버일러가

munggatu be fonjibume abkai kesi de han, beise amba nikan gurun
뭉가투를 시켜 묻기를 "하늘의 은혜로 한·버일러들은 대명국을

be dailame genefi, sain i yabuhao seme fonjire jakade, asidarhan nakcu
토벌하러 가서 잘 성취하셨습니까?"라고 묻자, 아시다르한 낙추가

jabume, abkai kesi de han i hūturi de bahame same sain i yabuha
답하기를 "하늘의 은혜로 한의 복으로 획득하고 알고 잘 성취했다"

seme jabuha, tereci hecen tuwakiyame tehe geren ambasa acame 5/6
라고 답했다. 그 후 성을 지키고 있던 여러 대신들이 만나기를

wajiha manggi, amin beile be amba beile i adame tebuhe, han de dere
마친 후, 아민 버일러를 大 버일러와 나란히 앉게 했다. 한에게 床을

tukiyefi yali angga isika manggi, amin beile tehe baci ilifi aisin i
들어서 고기를 입에 대게 한 후, 아민 버일러는 앉은 곳에서 일어서서 金

hūntahan de arki tebufi han de niyakūrame hūntahan buhe, han ishun
술잔에 소주를 따라서 한에게 무릎 꿇고 술잔을 주었다. 한은 마주

niyakūrame alime gaifi neneme amba beile, manggūltai 6/7 beile de
무릎 꿇고 받아서 먼저 大 버일러·망굴타이 버일러에게

angga isibuha, jai han angga isika, sarin sarilame wajiha manggi,
입에 대게 했다. 그리고 한이 먹었다. 잔치 베풀기를 마친 후,

tereci jurafi jase dosifi puho birai dalin de deduhe,,
그 후 출발하여 경계로 들어가 蒲河의 연안에서 묵었다.

○ ilan biyai ice inenggi, tabcin genehe sahaliyen taiji isinjiha,
　3월　　　초 1일,　　　약탈하러 간　　사할리연 타이지가 도착했다.

baha olji ulha be, yung ping fu i wargi birai dalin i ten de 7/8 isabufi,
획득한 노획과 가축을　永平府의　　　　서쪽　　강변의　끝에　　　　모으고

abatai taiji, sahaliyen taiji tucifi, asan, yecen i emgi yung ping ni
아바타이 타이지 · 사할리연 타이지가 나가서 아산 · 여천과　함께　　永平의

hoton be hūlhame gaiha orin ninggun baturu de emte temen, juwanta
　성을　　빼앗아　취한　26명의　　용사에게　1마리씩의 낙타 · 10마리씩의

morin, juwanta ihan, orita suje, mocin samsu juwete tanggū šangnaha,
　말 ·　　10마리씩의 소 ·　20필의 비단 ·　　毛靑布 200필을　　　상 주었다.

asan, yecen i ilata gucu de samhatu i emgi tafuka duici jergi niyalma de
아산 · 여천의 3명씩의 구추에게 삼하투와　함께 성에 오른 네 번째　사람에게

buhe songkoi šangnaha, latai, arai, 8/9 sindari, lun bu šan de akū
　준 것과 같이　　상주었다. 라타이 · 아라이 ·　신다리는 lun bu šan에서 죽었으므로

oho, beiguwan i jergi de buhe, latai, arai be beise i giran seme fulu
　　비어관의 등급으로 (상)주었다. 라타이 · 아라이는 버일러들의 혈족이라고 더하여

emte temen buhe, latai i jui esetu, arai i jui suran be beiguwan obuha,
1마리씩의 낙타를 주었다. 라타이의 아들 어서투 · 아라이의 아들 수란을 비어관으로 삼았다.

jai hafan wesibuhe niyalma de wesike songkoi amcame šangnaha,
　또 관직을 승진시킨　사람에게　　승진한 (직책과) 같이 맞추어　상주었다.

šangnara de orin ninggun baturu dolo, wesifi hafan baha niyalma, jai
상 내릴 때   26명의   용사 가운데 승진하여 관직을 얻은 사람,   또한

esetu, 9/10 suran de erei jergi de šangnahakū, ereci amasi bahara bade
어서투·   수란에게는 이 등급으로 상 내리지 않았다. 이후로 (공을) 얻은 대로
bahakini sehe, jai dzung bing guwan, fujiyang, ts'anjiyang, iogi
(상을) 얻으라고 말했다. 또 총병관·   부장·   참장·   유격이라 해도

seme jergi wesikengge de šangnahakū,,
    등급이 승진한 자에게는 상주지 않았다.

○ kongko, bangsu, lobi gung baime bithe wesimbure jakade, hafan
  콩코·   방수·   로비가 功을 구하는 글을   올린   까닭에, 관직을

wesibure temgetu gung akū, ba bade 10/11 joboho ambula seme emte
승진시킬 표식있는 공이 없으나 곳곳에서   고생한 것이 많다고 하여 1마리씩의

morin, emte ihan, suje i etuku emte jergi šangnaha, hojiger, lii sy
말·   1마리씩의 소·   비단옷   1벌씩을   상주었다. 호지거르· 李思忠·

jung, lii coo fung, ju san, daidu gung baime bithe wesimbure jakade,
    lii coo fung· ju san· 다이두가 功을 구하는 글을   올린   까닭에

han hendume, wesire amba gung akū, tuttu bicibe nikan bime faššaha
한이 말하기를, "승진시킬 큰   공이 없다. 그렇다 해도   한인인데도 노력한 것이

sain seme, hojiger de suje ilan, emu morin, emu ihan buhe, emu ni
좋다"고 하여, 호지거르에게 비단 3필· 1마리의 말· 1마리의 소를 주고,   한번

ejeme 11/12 gaiha, lii sy jung, lii coo fung, ju san, daidu de suje
기록해 두었다.　　　　　李思忠·　　lii coo fung·　ju san·　다이두에게　비단

juwete, morin emte buhe, ere fonji bure de morin isirakū ofi, morin i
2필씩·　　말 1마리씩을 주었다.　이 때　　줄 때　　말이 충분하지 않아서　말을

jalin de juwete ihan buhe,,
대신해서　2마리씩의 소를 주었다.

○ ice juwe de, meihe erin de simiyan i hecen de isinjifi, hecen de
　초 2일에,　　　巳時에　　　瀋陽城에　　　　이르러　성에

dosikakū 12/13 tangse de hengkilefi hecen i dergi duka be dosika,
　들어가지 않고　　堂子에　고두하고　성의　동쪽 문으로　들어갔다.

han i geren gute gegese, hūwa i yamun de okdofi niyakūrafi tebeliyeme
　한의　여러　姑들과 공주들은　中庭의 아문에서　　맞이하여 무릎 꿇고　껴안으며

acaha, boode dosika manggi, han i fujisa urusa niyakūrafi hengkileme
만났다.　집에　들어간 후　　한의 부인들과 며느리들이 무릎 꿇고　고두하여

acaha,,
만났다.

○ ice ninggun de, ma fujiyang ni ahūn deo i niyalma de jafu
　초 6일에,　　　馬(光遠) 副將의　　형제의 사람들에게　箚付로

buhe bithei gisun, aisin 13/14 gurun i han, ma guwang siyan de
　준　글의　말.「금국의　　　　　한이　　馬光先에게

hendurengge, bi abkai hesei cooha ilifi afaha dari eteme yabure be,
　　말한다.　　　내가 하늘의 명으로 군사를 일으켜 싸울 때마다　이겨　온 것을,

sini deo ma guwang yuwan, abkai erin be dahafi geren be gaifi dahame
너의 동생　　馬光遠은　　　　하늘의 때를　　따라　무리를 거느리고 투항해

jihe, si geli boigon gajime beging ci deo be baime ukame jihengge,
왔다. 네가 또한　戶를　데리고　北京으로부터 동생을　찾아　달아나 온 것은

unenggi akdun kai, te simbe wesibufi ts'anjiyang 14/15 obuha, si
　진실로　믿을만하다. 지금　너를　승진시켜　참장으로　　　　　　삼는다. 너는

mujilen be kiceme akūmbu, mini hese be ume urgedere,,
　마음을　　다하여　진력하라. 나의　명을　　　어기지 말라.」

　○　aisin gurun i han, ma guwang hūi de hendurengge, bi abkai
　　　「금국의　　　한이　　馬光輝에게　　　　　말한다.　　　내가 하늘의

hesei cooha ilifi afaha dari eteme yabure be, sini ahūn ma guwang
명으로 군사를 일으켜 싸울 때 마다 이겨 온 것을,　　　너의 형　　　　馬光遠은

yuwan, 15/16 abkai erin be dahafi geren be gaifi dahame jihe, si, geli
　　　　　하늘의 때를　　따라 무리를　거느리고 투항해 왔다.　네가 또한

ahūn be baime boigon gajime beging ci ukame jihengge, unenggi
　형을　　찾아　戶를　데리고 북경으로부터 달아나 온 것은　　진실로

akdun kai, te simbe wesibufi iogi obuha, si mujilen be kiceme akūmbu,
믿을 만하다. 지금 너를　승진시켜 유격으로 삼는다. 너는 마음을　다하여　진력하라.

mini hese be ume urgedere,,
　나의 명을　　　　어기지 말라.」

○ aisin gurun i 16/17 han, wang deng giya de hendurengge, bi
　「금국의　　　　　　　한이　wang deng giya에게　　말한다.　　내가

abkai hesei cooha ilifi afaha dari eteme yabure be, ma guwang siowan,
하늘의 명으로 군사를 일으켜 싸울 때마다　이겨　온 것을　　　ma guwang siowan은

abkai erin be dahafi geren be gaifi dahame jihe, si terei niyamangga
하늘의 때를　　　따라　무리를　거느리고　투항해 왔다.　네가　그의 인척으로

ofi beging ci tere be baime ukame jihengge, inu ambula akdun kai,
　북경으로부터 그를　　찾아　달아나　온 것은　또한　크게　　믿을 만하다.

te simbe wesibufi beiguwan obuha, si mujilen be kiceme akūmbu, mini
지금 너를　승진시켜　비어관으로　삼는다. 너는　마음을　　다하여　진력하라.　나의

hese be 17/18 ume urgedere,,
　명을　　　　　어기지 말라.」

○ hošotu dzung bing guwan, kakduri dzung bing guwan gūsa tome
　호쇼투　총병관·　　　　　칵두리　총병관이　　　　　　구사마다

emte amban, emu nirui ilata uksin be gaifi, dzun hūwa de genere
1명씩의 대신·　　1개 니루의 3명씩의 甲兵을　데리고,　　遵化로　　　　가는

jugūn de cooha bi seme genehe,,
　길에　　적병이 있다고 하여　갔다.

○ ilan biyai ice jakūn de, aisin gurun i 18/19 han i bithe, lio san,
　3월　　　초 8일에,　　　　금국의　　　　　　한의 글.　「劉三·

lio sy, lio u sede unggihe, sini ahūn be bucehe seme mini gasaha, bi
劉四·　劉五 등에게 보낸다.　너의 형이 죽었다 하여 내가 비통해하고, 살아있다고

seme donjifi mini takūraha be suwe gemu sambi kai, cananggi tai ping
듣고 내가 (사람을) 보낸 것을 너희는 모두　알 것이다.　앞서　太平寨에

jai de sini ahūn be bi seme donjifi, abatai taiji, jirgalang taiji be
너의　형이　있다고　듣고　아바타이 타이지·지르갈랑 타이지를

takūrafi, mini bithe be sini ahūn de kūrcan be benebu seme unggihe
파견하여　나의 글을　너의 형에게　쿠르찬으로 하여금 보내게 하라고 보냈었다.

bihe, juwe taiji isinara onggolo 19/20 neneme unggihe karun i niyalma
두 타이지가 도착하기 전에　　　먼저　보낸　초병에게

de sini ahūn wabuhabi, lio lio be bahafi gajiha, suweni genehengge
너의 형이 죽임을 당하고 劉六을 얻어 데려왔다.　너희가　떠난 것은

ahūn genere jakade teci toktorakū beyei teile genehebi dere, mimbe
형이　떠났기　때문에 머물러 있어도 불안하여 단신으로 떠난 것이리라.　나로 하여금

aika korsobuhabio, suwe aikabade be han be waliyafi ukame jihe,
어찌 분노하게 했겠는가? 너희가　혹시 "우리는 한을　버리고　달아났다,

akdaha ahūn geli bucehe, genehe seme ujimbio seme gūnirahū, mini
믿었던　형　또한 죽었다, 간다 해도 살려 주겠는가" 라고 생각할까 염려된다. 내가

dolo gūnirengge suwembe jifi sain ujici, abkai fejergi niyalma mimbe
속으로 생각하는 것은 너희가 온 후에 잘 살리면 천하의   사람들이 나를

fe 20/21 ehe be gūnirakū, ujire de amuran seme gūnikini seme mini
"과거의 잘못을 생각하지 않고 살리기를 좋아한다"고   생각하기를 바라서, 나의

gebu mini doroi jalin gūnime jing jio sembikai, bi gosin jurgan be
명성과 나의 도리를 위해 생각하여 계속 오라고 말하는 것이다. 내가 仁義를

abkai fejile selgiyeki sembime, suweni ilan niyalma be ainu jalidara,
 천하에   전하겠다고 하면서   너희   세 사람을   어찌 속이겠는가?

suwe mini gisun be inu seme gūnifi beyei teile jici, tubai hafan be
너희가 나의 말을   옳다고   생각하여 혼자만 오면 그곳의 관리를

kemuni hafan, bai niyalma be kemuni bai niyalma, aja, sargan de 21/22
그대로   관리로,   평민을   그대로   평민으로,   모친과 처를

acabufi sain ujire, tubai jušen nikan be gaifi jici, suweni gajiha jušen
만나게 하고 잘 살릴 것이다. 그곳의 주션과 한인을 데리고 오면 너희가 데려온 주션과

nikan be gemu suwende salibufi cihangga bade tebure, mini ere gisun
한인을   모두   너희에게 맡겨   원하는 곳에 살게 할 것이다. 나의 이 말은

suwende inu dasame ujire abka kai, uttu henduci, geli jiderakū oci,
너희에게도   다시 살리는 하늘(의 뜻)이다. 이렇게 말해도 또 오지 않으면

suweni aja, sargan, deo, juse be emke funceburakū gemu wambi, tere
너희의 모친· 처· 동생· 자식들을 하나도 남기지 않고 모두 죽일 것이다. 그

warangge mini warangge waka, bi eitereme ujiki 22/23 seci ojorakū,
죽이는 것은 내가 죽이는 것이 아니다. 내가 어떻게든 살리려고 해도 할 수 없는 것이다.

suweningge be suwe wambi kai, aikabade suwe minde akdarakū oci,
너희 것을 너희가 죽인 것이다. 만약 너희가 나를 믿지 못한다면

neneme akdun niyalma be hūdun takūra, terei juleri bi akdun gisun
먼저 믿을 수 있는 사람을 속히 보내라. 그의 앞에서 내가 약속을

hendufi unggire, mini gisun be akdame gūnici, sereburakū hūdun jio,
말해서 보낼 것이다. 나의 말을 믿어 생각하면 발각되지 않게 속히 오라.

suwe farhūdame geli nikan i han be ume gūnire, nikan efujere erin
너희는 어리석게 다시 明의 황제를 생각하지 말라. 명이 멸망할 때가

ohobi kai, adarame seci, mini cooha dosifi beging ni šurdeme
되었다. 어찌하여 그러냐면, 나의 군사가 들어가 북경의 주위에

yabume, ini abkai 23/24 fejergi cooha gemu wabuha, tulergi hecen gemu
가서 明의 천하의 병사는 모두 죽임당했고 밖의 성은 모두

gaibuha, mini cooha dzun hūwa, yung ping, luwan jeo, ciyan an, duin
함락되었다. 나의 군사가 遵化· 永平· 灤州· 遷安 4城에

hecen de tehebi, dorgi niyalma de usin adarame bahafi tarimbi, usin
있다. 內地 사람들이 밭을 어찌 경작할 수 있겠는가? 밭을

bahafi tarirakū oci, gurun ai jeme banjimbi, efujembi serengge tere kai,
경작하지 못하면 국인이 무엇을 먹고 살겠는가? 멸망한다고 한 것은 그 때문이다.

suwe saikan bodo, ucuri be ufarafi amala aliyaha seme amcambio,
너희는 잘 헤아려라. 기회를 잃고 나중에 후회해도 되돌릴 수 있겠는가?

suweni dolo amasi jihede, ineku amba beile de 24/25 bibumbi seme
너희가 마음으로 되돌아 투항해오면 원래의 大 버일러에게   (소속)될 것이라고

gūnirakū, minde obufi bi ujimbi,,
생각할까 우려된다.[1] 나에게 소속되어 내가 기를 것이다.」

○ juwan de, amin beile, šoto taiji, tehe ambasa, emu nirui orita
   10일에,   아민 버일러· 쇼토 타이지가 주둔한 대신들과 1개 니루에 甲兵 20명씩을

uksin be gaifi yung ping, luwan jeo, ciyan an, dzun hūwa de tehe
   거느리고 永平·   灤州·   遷安·   遵化에   주둔한

beise ambasa, coohai niyalma be halame genere de, meihe erin de, 25/26
버일러들· 대신들· 군대의 사람들을   교대하러   갈 때,   巳時에

han tucifi, cooha unggire doroi tangse de ilan jergi niyakūrafi uyun
   한이 나와 군대를 보내는 예로 堂子에   세 번   무릎 꿇고   아홉

jergi hengkilehe, tangse ci tucifi, juwe tu be julesi forome ilibufi emu
번   고두했다.   堂子에서   나와   2개의 纛을 남쪽으로 향하게 세우고   한

jergi niyakūrafi ilan jergi hengkilehe, tereci genere beise be fudeme
번   무릎 꿇고   세 번   고두했다. 그 후   가는 버일러들을 전송하러

genefi, juwan ba i dubede morin i guwan i yamun de tefi gisun
가서   10里의   끝에서   馬館에   머물러 말하고

---

1 'gūnirakū'는 'gūnirahū'(생각할까 염려된다)의 誤記로 보인다.

hendufi unggihe, genere de coohai niyalma, neneme 26/27 genehe coohai
　　보냈다.　　갈 때　　군대의 사람들은,　　앞서　　간　　군대의

niyalma baha ulin be suwelehekū, niyalma eihen be baicahakū, muterei
　사람들이 얻은 재물을　수색하지 않고　사람과　당나귀를 조사하지 않아　할 수 있는

teile acifi dalime, baha bahai gajiha be safi gemu geneki seme
　한　실고 감추어　얻은 대로　취한 것을　알고, 모두　가겠다고 하여

temšendume han de niyakūrame habšafi, orin uksin ci fulu yafahan
서로 다투어　한에게　무릎 꿇고　호소하니,　20명 甲兵에 더하여　보병도

inu genehe, bayara be unggihekū,, 27/28
　　갔다.　　바야라는　보내지 않았다.

○ juwan duin de, dzun hūwa de genehe ambasa isinjiha, genere de
　　14일에,　　　遵化로　　간　　대신들이 도착했다.　갈 때

cooha ucarafi bata doigonde burulafi ambula bahafi wahakū orin
군대와 조우했는데 적병이　미리　　달아나　　많이　죽이지　못하고　20여명의

funceme niyalma waha,,
　　사람을 죽였다.

○ nikan i ioi lin i ba i wang fujiyang, han i hoton ci emhun
　　명의　　榆林驛 지방의　王(世選) 副將이　황제의 성에서　　홀로

ukame jihe, dzun 28/29 hūwa de bihengge be, yung ping fu de gajiha,,
달아나 투항해왔다. 遵化에　　　　있는 것을　　永平府로　　　데려왔다.

○ juwan ninggun de, giyan cang ni be iogi i jui de ini ama i
　　　16일에,　　　　　　　　建昌의　　　　be 유격의 아들에게 그의 부친의

gung be sirame jafu buhe bithei gisun, aisin gurun i han hendume,
공을　계승하라고 箚付로 준　글의　말.　「금국의　　　한이 말하기를,

giyan cang ni iogi be jan cing ni jui, 29/30 sini ama dade giyan cang
建昌의　　　　유격　be jan cing의 아들,　　　너의 부친은 원래　건창의

ni jung giyūn bihe, kenehunjerakū minde dahaha seme wesibufi iogi
　中軍이었다.　　　의심하지 않고　나에게 투항했다 하여　승진시켜 유격으로

obuha bihe, giyan cang ni ubašara de, sini ama ubašahakū gurun i
삼았었다.　　건창이　　　배반할 때　너의 부친은 배반하지 않고 나라를

jalin de beye bucehengge inu ambula jilakan, gung de karulara giyan
위해　죽은 것은　　또한 크게　애석하다.　공에　보답하는 도리로

seme sini ama i iogi hergen be sinde siraha, si inu tondo hiyoošun be
　　너의 부친의　유격 직을　너에게 계승한다. 너는 또한　忠孝를

kiceme amaga gung be gūnime yabu,, 30/31
다하여　훗날의 공을　생각하며 행하라.」

○ juwan ninggun de, uge ini deo lioge be gajiha mujanggao,
　　　16일에,　　　五哥[2]가 그의 동생 六哥[3]를　데려 온 것이 사실인가

2　'五哥'는 劉興治를 가리킨다.
3　'六哥'는 劉興賢을 가리킨다.

tašao seme tuwanggime unggihe duin niyalma jihe,,
거짓인가   보러 가도록   보낸   네   사람이 왔다.

○ juwan jakūn de, jihe duin niyalma be amasi unggire de, ujulafi
    18일에,   온   네   사람을   되돌려 보낼 때, 수석으로

jihe emu niyalma de 31/32 juwe yan, jai ilan niyalma de emte yan
온   한   사람에게   2兩,   다른 세 사람에게   1兩씩

menggun bufi uge sebe jio sere bithe unggihe,,
銀을   주어 五哥 등에게 오라는 글을   보냈다.

○ sure han i duici aniya ilan biyai orin de, aru i duin mukūn i
    천총   4년   3월의   20일에, 아루의 네 씨족의

beile i takūraha elcin i emgi han, beise yamun de tucifi sain banjire
버일러가 보낸   사신과   함께 한· 버일러들이 衙門에 나와서 잘 지내는

doroi jalin 32/33 abka na de arki cacume gashūha, gashūme wajifi
도리를 위해   천지에   소주를 바치고 맹세했다. 맹세하기를 마치고

jakūn honin wafi sarin sarilara de, aru i buku sede musei buku be
8마리 양을 잡아 잔치를 베풀 때에 아루의 씨름꾼들과   우리의 씨름꾼을

jafunubuha,,
서로 씨름시켰다.

○ orin de, giyang wei san de jafu buhe bithei gisun, aisin gurun i
    20일에, giyang wei san에게 箚付로 준   글의   말. 「금국의

han hendume, giyang wei san dade bai niyalma bihe, luwan jeo,
한이 말하기를, giyang wei san은 원래 평민이었다.　　　　　　　灤州·

33/34 gi jeo i ukandara be gercilehe seme wesibufi lii mu hafan obuha,
　　　薊州의 도주한 자를 고발했다고 　　승진시켜 吏目官으로 삼았다.

si mujilen wacihiyame hūsun bu, mini hese be ume urgedere, tede
너는 마음을 다하여 　　힘 쓰라. 나의 명을 저버리지 말라.」 그에게

juwan yan menggun etuku gūlha šangnaha,,
　10兩의 은· 의복· 신발을 상 내렸다.

○ ineku tere inenggi, ukame jihe dain de jafabuha hafasa de
　같은 그 날, 　　도주하여 온 전투에서 사로잡힌 관원들에게

šangnahangge, wang fujiyang de 34/35 sujei etuku juwan, suje juwan
　상 내린 것은, 　王(世選) 副將에게 　비단 의복 10벌· 비단 16필·

ninggun, jibehun juwe, mocin samsu orin, jafu emke, ding fujiyang de
　　　이불 2개· 毛靑布 20필· 모직물 1장, 丁(啓明) 副將에게

suje ninggun, sujei etuku ninggun, mocin samsu juwan, jibehun emke,
　비단 6필· 비단 의복 6벌· 毛靑布 10필· 이불 1개·

jafu emke, ilan šeobei de suje duite, sujei etuku duite, mocin samsu
모직물 1장, 3명의 守備에게 비단 4필씩· 비단 의복 4벌씩· 毛靑布

jakūta, jafu emte, ilan siyang gung de suje juwete, sujei etuku 35/36
8필씩· 모직물 1장씩, 3명의 相公에게 　　비단 2필씩· 비단 의복

juwete, mocin samsu ninggute šangnaha,,
2벌씩·   毛靑布 6필씩을   상 내렸다.

○ orin emu de, solho de elcin genehe yahū mafa, dzu ts'anjiyang
    21일에,   조선에   사신으로 간   야후 마파· 祝(世름) 참장이

emu niyalma be takūrafi alanjiha gisun, giyang ni bira be dooki seci,
    한 사람을   보내어   고해 온   말.   "강물을   건너려고 했으나

nikan cooha heturefi dooburakū amasi jidere de, emgi genehe solho
明의 병사가 막아서 건너지 않고 되돌아 올 때,   함께   간   조선

hafan be 36/37 waliyafi jihe seme alanjire jakade, tere inenggi emu
관원을   버리고 왔다"고   고하여 온 때문에,   그   날   한

gūsai sunjata bayara de beise i morin be yalubufi, inggūldai be ejen
구사의 5명씩의 바야라에게 버일러들의 말을   타게 하여 잉굴다이를   지휘관

arafi unggihe,,
삼아   보냈다.

○ orin ilan de, solho de hūda genehe dungnami isinjiha,, 37/38
    23일에, 조선에   교역하러 간   둥나미가   도착했다.

○ orin duin de, aru i elcin i emgi hife baksi de emu gūsai
    24일에,   아루의 사신과   함께 히퍼 박시에게   1개 구사의

tofohoto niyalma be adabufi elcin unggihe,,
    15명씩의 사람을   맡겨서 사신으로 보냈다.

○ orin duin de, amin beile, šoto taiji boode tehe cooha be gajime
　　24일에,　　　아민 버일러· 쇼토 타이지가 집에서 머문⁴ 병사를　데리고

jifi jase dosika seme alanjiha manggi, yung ping de tehe 38/39 abatai
와서 경계를 들어왔다고　고하여 온　후,　　　　永平에　　　주둔한　　　아바타이

taiji, jirgalang taiji, sahaliyen taiji hoton ci sunja ba i dubede okdofi
타이지· 지르갈랑 타이지· 사할리연　타이지는 城으로부터　5里　　앞에서　　맞이하여

acaha, acame wajiha manggi, hoton de dosifi, yamun de ninggun ihan,
만났다. 만나기를 마친　후,　　　성에　　들어가서 아문에　　　6마리 소·

tofohon honin wafi sarilaha, ere ihan honin gemu yung ping de tehe
　15마리 양을　잡아 잔치했다.　이　소와 양은　　모두　　　永平에　　　주둔한

ilan beileingge,,
　세　버일러의 것이었다.

4　'집에서 머문다(boode tembi)'는 전장에 나가지 않고 후방에 머문다는 의미이다.

tongki fuka sindaha hergen i dangse
點·圈을 찍은 문자의 檔子

orin ningguci debtelin
26권

sure han i duici aniya ilan biyaci duin biyade isinahabi
천총 4년 3월부터 4월까지

tongki fuka sindaha hergen i dangse,,
　　點 圈을 　　찍은 　문자의 　　檔子

○ orin ninggun de wasimbuha bithei gisun, aisin gurun i jacin
　　26일에, 　　　　내린 　　글의 　말. 「금국의 　　　둘째

beile, dahaha irgen de hendurengge, meni cooha ubade enteheme tefi
버일러[1]가 투항한 백성에게 　말한 것. 　　　우리 군대가 여기에서 영구히 주둔하여

irgen be ujifi amba weile mutebuki sere be suwe ulhirakū, membe
백성을 　기르고 　大事를 　이루려고 　하는 것을 너희는 모른다. 　우리가

boode bederembi seme uju fusihakū niyalma suwaliyame bi sere, te
집으로 돌아갈 것이라고 　체발하지 않은 사람이 　섞여 　있다고 한다. 지금

suwe umesi 1/2 mujilen be jafafi uju wacihiyame fusi, uju fusihakū
너희는 확실히 　　　마음을 　　잡고 머리를 완전히 　깎아라. 체발하지 않은

niyalma be saha de wambi, yaya ba i dahaha gašan de, gašan i
사람을 　　　보면 죽일 것이다. 모든 곳의 투항한 　촌락에, 　촌락의

amban šusai saisa niyalma akū doro bio, suwe beye be temgetuleme
　大人· 　秀才· 　士人이 　　없을 리 있는가? 너희 신분을 　　증명하러

acame jici, dangse de bithe arame ejeme gaimbi, amaga inenggi gurun
만나러 오면 문서에 　글을 적어서 기록해 처리할 것이다. 　훗 날 　　나라가

1　'둘째 버일러'(jacin beile)는 아민을 가리킨다.

taifin oho manggi, tere gemu gung kai,, 2/3
태평하게 된 후　　그것이 모두　功인 것이다.」

○ ilan biyai orin nadan de, jakūn dukai ejen, jakūn mafa de
　　3월　　　　27일에,　　　　八門[2]의 관할자 8명의 전담직에게

emte suje šangnaha, menggun i ku tuwakiyara juwan ninggun mafa de
1필씩의 비단을 상 내렸다.　　　銀庫를　　지키는　　　16명의　전담직에게

ninggute da mocin buhe,,
　6尋씩　　毛靑布를 주었다.

○ orin jakūn de, beiguwan ubahai, daise ningguta 3/4 karun i ejen
　　28일에,　　　비어관 우바하이 · 다이서 닝구타 ·　　초병의　수장

ningguri, lu doo i ergi de tuwa sindame genefi, orin emu niyalma be
닝구리는　　鹿島　　쪽에　불을　지르러 가서　　　21명을

bahafi benjihe, jakūn niyalma be jakūn boode gaifi šang yang pu i
얻어서 보내왔다.　　8명을　　　　八家에　　데려가　尚陽堡[3]의

tokso de unggihe, juwan ilan niyalma be baha niyalma de saikan
장원에　　보냈다.　　　13명을　　　　얻은　사람에게　잘

gosime uji seme buhe,, 4/5
아껴서 기르라 하고 주었다.

2　盛京의 八門은 erdemu i etehe duka(德勝門, 大南門), hūturi hūsun de etehe duka(福勝門, 大北門), abkai gosime duka(天佑門, 小南門), na tukiyehe duka(地載門, 小北門), hanciki be hairandara duka(撫近門, 大東門), goroki be gosire duka(懷遠門, 大西門), dorgi be dasara duka(內治門, 小東門), tulergi be toktobure duka(外攘門, 小西門)이다.
3　'尚陽堡'는 지금 遼寧 開原市 동북에 위치하며 현재는 淸河水庫 저수지에 수몰되어 있다.

○ tere inenggi fadu de takūraha gisun, wargi ci yafahan ukanju
　그　날　　파두에게　보낸　　　말.「서쪽으로부터　걸어서　도망자가

jidere hūdun mejige akū oci, fadu sini hoton i niyalma ulan ulan i
오면,　급한　소식이　아니면　파두 너의　城의　사람이　차례차례로[4]

benju, elcin moringga ukanju jici, karun i niyalma hūdun benjikini,
보내라. 사신과 말 탄　도망자가 오면 초소의 사람이　급히　보내게 하라.

jai yafahan ukanju seme hūdun mejige bici, inu karun i niyalma
또　걸어오는　도망자라 해도　급한　소식이면　　또한　초소의　사람이

benjikini,, 5/6
보내오게 하라.」

○ orin jakūn de, dzu dzung bing guwan i eshen ojoro niyalma de
　　28일에,　　　　祖 總兵官의　　　　숙부인　　　자에게

bithe jafabufi dzu de takūraha, tede unggihe bithei gisun, aisin
글을　쥐여주어 祖(大壽)에게 보냈다. 그에게 보낸　글의　말.「금국의

gurun i jacin beile i bithe, daiming gurun i dzu jiyanggiyūn de
　　둘째 버일러[5]의 글.　　　대명국의　　　祖(大壽) 장군에게

unggihe, meni han neneme juwe jergi unggihe bithe jiyanggiyūn de
보낸다.　우리　한이 이전에　두 번　　보낸　글이　장군에게

4　여기에서 'ulan ulan i'(차츰)는 驛站을 하나씩 거친다는 의미이다.
5　『淸太宗實錄』6권, 천총 4년 3월 戊申조에 의하면, 여기에서의 둘째 버일러는 아바타이 버일러이다.

isinafi tuwahao, tuwaci jiyanggiyūn i dolo aiseme gūnimbi, udu 6/7
도착하여 보았는가? 보니   장군의   마음에 어떻게 생각되는가? 비록

sini dolo tere gisun acarakū bicibe, sini gūniha gisun be mende
그대의 마음에 그 말이 맞지 않을지라도 그대가 생각한 말을   우리에게

takūracina, aikabade meni bithe jiyanggiyūn de isinahakū ayoo
보내기 바란다. 혹시   우리 글이 장군에게   도착하지 않았을까

seme geli bithe jafabufi unggihe, jiyanggiyūn aikabade membe ba be
하여 다시 글을 쥐여주어 보낸다.   장군은   혹시   우리가 땅을

waliyafi bederembi seme gūnimbi ayoo, ai gelhun akū abkai
포기하고 돌아갈 것이라고 생각하는 것인가? 어찌 감히   하늘이

buhe ba be waliyafi bederehe doro bio, ambula seole, ere bithei emgi
준   땅을 버리고 돌아갈 리 있겠는가? 크게 생각하라.」 이 글과 함께

neneme 7/8 han i genere onggolo araha bithe be suwaliyame unggihe,,
이전에   한이 가기 전에 쓴 글을   함께   보냈다.

○ orin uyun de, amin beile, jirgalang taiji, šoto taiji, geren
   29일에,   아민 버일러·지르갈랑 타이지·쇼토 타이지는 여러

cooha be gaifi wasihūn tabcin genehe, genehe baci nikan han de
병사를   이끌고 서쪽으로 약탈하러 갔다.[6]   간 곳에서 명의 황제에게

takūrambi seme gamaha bithei gisun, aisin gurun i jacin beile i bithe,
  보내려고   가져 간 글의 말. 「금국의   둘째 버일러의 글.

6　『淸太宗實錄』6권, 천총 4년 3월 己酉조에 의하면, 세 버일러가 이끌고 간 병사의 수는 6천 명이다.

daiming gurun i hūwangdi de 8/9 jafaha, meni daci doro acaki seme
대명국의   황제에게   바칩니다. 우리가 원래   화친하자고

gisurehengge, unenggi mujilen i gisurehe, bi neneme cooha de jihekū
말한 것은   진실한 마음으로 말했습니다. 나는 이전의 전투에는 오지 않았었습니다.

bihe, te mini jihengge inu doroi jalin acara babe ambula gūnime jihe,
지금 내가 온 것은 또한 도리를 위해 화친할 것을   크게 생각하고 왔습니다.

suwe membe jalidambi seme ume gūnire, unenggi seme gisurefi holtoci,
그대들은 우리가 속인다고   생각하지 마십시오. 진실이라고   말하고   속이면

abka de gelerakūn, niyalma be holtoci ombi dere, 9/10 abka be holtoci
하늘에게 두렵지 않겠습니까? 사람은   속일 수 있을 것입니다.   하늘을   속일 수

ombio, be donjici, suweni ambasa bithe wesimbume, doro acaci
있겠습니까? 우리가 듣건대, 그대들의 대신들이 글을   올리기를,   "화친할 수

ojorakū, neneme aisin i fonde doro acafi, amala geodebufi dailaha
없습니다. 이전에   金의   시대에 화친하고는   후에   속이고   공격했습니다"

seme hendumbi sere, tere amban, gurun irgen i jalin gūnire amban
라고   말한다고   합니다. 그   대신은   나라 백성을   위해 생각하는 대신이

waka kai, acara doro be gisureci hūdun sain kai, hūdun gisurerakūci,
아닌 것입니다. 화친을   말하려면 빠르면 좋은 것입니다. 빨리 말하지 않으면

meni han, juse hehesi be gajime umesi jihe manggi, tere 10/11 fonde
우리의 한이 자식들과 부인들을 데리고 정말로   온   후에,   그   때에는

suwe inu gisureci mangga, be inu gisureci ojorakū kai, mini ere
그대들도 말하기가 어렵고 우리도 말할 수 없는 것입니다. 내가 이렇게

takūraha de, hūwangdi inu dahūn dahūn i ambula gūni, membe doroi
보내면 황제도 거듭거듭 크게 생각하십시오. 우리를 "화친을

jalin bithe takūrafi geli ainu dailambi seme ume gūnire, unenggi doro
위해 글을 보내고 또한 어찌 공격하는가?"하고 생각하지 마십시오. 진실로 화친하면

acaci, abka na de akdulame gashūfi, gashūha inenggi ci nakambi
천지에 굳게 맹세하고, 맹세한 날부터 (공격을) 그칠 것입니다.」

dere seme arafi, fung žun de karacin i 11/12 ubasi dain de jafaha
라고 써서, 豐潤으로 카라친의 우바시가 전투에서 사로잡은

monggo be takūraha bihe, fung žun i dzung bing guwan, ini juwe
몽고인을 파견했다. 豐潤의 총병관은 그의 두

šeobei, ba i emu niyalma be bithe jafabufi, musei takūraha karacin i
守備와 그곳의 한 사람에게 글을 쥐여주어 우리가 파견한 카라친의

ubasi i jafaha monggo be emgi amasi takūraha bihe, suwe amasi
우바시가 잡은 몽고인과 함께 되돌려 보냈다. "너희는 되

bedere, suweni bithe be han de wesimbure seme henduhe manggi, karu
돌아가라. 너희의 글을 황제께 올리겠다" 라고 말하니, 답하는

bithe arafi meni 12/13 cooha bederefi yung ping de tere, suweni han i
글을 써서 「우리 군대는 돌아가서 永平에서 주둔하겠다. 너희 황제의

bithe elcin jihede, yung ping de unggi seme, tere inenggi amasi
글과 사신이 오면　　　永平으로　　　　보내라」라고 하고,　그 날　　되돌려

takūraha, ere bithe be k'ai ping de emke takūraha bihe, k'ai ping ni
파견했다.　　이 글을　　　開平에　　　1통　보냈었다.　　　　開平의

dooli amasi unggihe bithei gisun, suweni bithe be bi te uthai han de
道員이 답으로 보낸　　글의　　말.「너희의　글을　　나는 지금 곧　황제께

wesimbure, suwe amasi bedere, suweni cooha be hoton i hanci ume
올리겠다.　　너희는 되　돌아가라.　너희　군대를　　　城의　　가까이

13/14 unggire, minde amba poo minggan bi, koro bahaci ehe, ede
　　보내지 말라. 나에게　　대포　　1천이 있다.　피해를 입으면 나쁘다.」이에

karu jabuhangge, amba doroi jalin gisurerakū, buyarame ainu gisurembi,
　회답하기를,　　　「큰 화친을　위해　말하지 않고,　자질구레하게 어찌 말하는가?

sini poo be sahakū jihebio, si eteci mimbe wara, bi eteci simbe wara
너의 포를　　모르고 왔겠는가? 네가 이기면 나를　죽여라. 내가 이기면 너를 죽일

be we tafulahabi, doroi jalin bithe elcin jici, yung ping de unggi seme
것을 누가 말리겠는가? 화친을 위해 글과 사신이 오면　永平으로　　　보내라.」라고

amasi takūraha, jakūn inenggi tabcilaha, olji 14/15 ajige ajige baha,
되돌려　보냈다.　　　8일간　　　약탈했다.　노획을　　　조금씩　얻었다.

jeng dz jeng be dahabufi dulga be boigon araha, dulga be olji araha,
　榛子鎭[7]을　　　　항복시켜서 절반을　戶로　만들었고 절반을　노획으로 삼았다.

7　‘榛子鎭’은 지금의 河北省 唐山市 灤縣의 서북부에 위치했다.

hoton be efulehe, duin biyai ice nadan de yung ping de isinjiha,,
城을 부수었다. 4월 초 7일에 永平에 도착했다.

○ tere inenggi, dzun hūwa ci cooha gidaha medehe alanjiha,
그 날, 遵化로부터 적병을 격파한 소식을 고해왔다.

neneme orho ganafi musei cooha 15/16 buksifi, orhoi niyalma be
「이전에 풀을 가지러 가서 우리 병사가 매복하여, 풀 (베는) 사람에게

yarkiyabume gajifi gidaha, morin juwe tanggū gūsin baha, musei
유인하게 하여 (적을) 데려와서 격파했다. 말 230마리를 얻었고, 우리의

emu niyalma bucehe, dehi niyalma feye baha, amala gidaha cooha,
한 사람이 죽었고, 40명이 부상을 입었다. 이후에 격파한 (우리)군대가,

dai an keo be muse bahafi karacin i šamba de bufi tebuhe bihe, šamba
大安口를 우리가 얻어 카라친의 샴바에게 주어 주둔하게 했었다. 샴바가

jasei tule nukteme genehe amala, dai an keo i nikan, cooha akū seme
경계를 나가 유목하러 간 후에, 大安口의 한인은 (우리) 군대가 없다고

alanafi, nikan i cooha 16/17 morin duin minggan, yafahan ilan
고해서 명군의 기병 4천· 보병 3천이

minggan jifi, hoton i nikan duka neifi dosimbuhabi, morin i cooha tule
와서, 성의 한인이 문을 열어서 들어오게 했다. “기병은 밖에서

fiyanjilame ilihabi seme donjifi, dzun hūwa de tehe unege dzung bing
후미가 되어 서있다”고 듣고, 遵化에 주둔한 우너거 총병관·

guwan, cahara ts'anjiyang cooha gaifi genefi, nikan i cooha be gidafi,
　　　　차하라　　참장이　　병사를 이끌고　가서　　　명군을　　　　　　격파하고,

niyalma ambula waha, morin ilan tanggū baha, gūwa morin be karacin
사람을　　많이　　죽였고,　　말 300마리를　　얻었다. 다른　　　말을　　카라친도

geli ambula jafahabi, museingge 17/18 juwan ilan niyalma bucehebi,
　　많이　　포획했다. 우리 병사는　　　　　13명이　　　　　　죽었고,

juwe tanggū dehi sunja niyalma feye bahabi,,
　　245명이　　　　　　　　　　　　부상을 입었다.」

○ orin uyun de, giran tuwakiyara juwan emu mafa de emte suje,
　　29일에,　　　시신을　지키는　　　11명　전담직에게　1필씩의 비단,

ilhi sunja niyalma de ninggute da mocin buhe,, 18/19
차석의　5명에게　　　　6尋씩　　毛靑布를 주었다.

○ duin biyai ice sunja de, simiyan ci yenu be karacin de elcin
　　4월　　　초 5일에,　　瀋陽으로부터 여누를 카라친에　　사신으로

takūrahabi, takūraha gisun, jasei jakarame tehe monggo i hoton be
파견했다.　　　보낸　　　말.「경계를 따라　　거주하는 몽고인의　城을

nikan de gaiburahū, arki nure de soktofi kederere niyalma de akdafi
명에게　빼앗길까 우려된다. 소주와 황주에 취하여 순찰하는　자를　　　믿어서

hoton gaiburahū seme takūrahabi, booi mejige be fonjici, adulaha
성을　빼앗길까 우려된다」라고 보냈다.　집의 소식을　물으니,　방목한

morin be liyoha be doofi, jurhuju de joota age, hooge age jifi doobuha
말을,　　　遼河를　　건너　주르후주로　조오타 아거·호오거 아거가 와서 건너게 하고,

sere, han amala juwan de tucimbi sere, ning 19/20 yuwan i ergi de
　　한은 이후　　10일에　나온다고 하고, 寧遠의　　　　　　　　　방향에서

helen gaimbi seme hendumbihe sere,,
정보제공자를 잡겠다고　말했다고　　　한다.

○　waha ciyandzung ni emu gulhun lo, suje, ša i etuku orin,
　　「죽인　　　千總의[8] 1필의 온전한　羅·　緞·　紗의 의복 20벌,

mocin samsu etuku orin, emu jibehun, menggun juwan juwe yan bi,
　　毛靑布 의복 20벌,　　　1벌의 이불,　　　은　12량이　　　　있다.

ere be ini ejen hūng šan keo i ts'ai tung ts'anjiyang de bumbio,
　이것을 그의 주인　洪山口의　　　ts'ai tung 참장에게　　　줄지,

gercilehe pan giya keo i gin iogi de bumbio, icihiyara unde, beile i
　고발한　　潘家口의　　　金 遊擊에게　줄지,　아직 처리하지 않았다. 버일러의

gisun be 20/21 donjimbi, jai juwe giyansi jafaha, buya urse geli bi,
　　말을　　　　듣겠다.　또　두　奸細를 잡았고,　小民들이　또 있다.

ede umai bure unde,,
이들에게　전혀 주지 않았다.」

8　이 단락의 사건의 前事는 『만문노당』 26권, 천총 4년 4월 5일조에 서술되어 있다. 그 기록과 이 단락
의 기록에 의하면 '죽인 千總' 즉 '사형당한 千總'은 후금의 洪山口 參將인 ts'ai tung의 부하 千總이다.
그는 明의 三屯營 總兵官인 楊肇基가 보낸 奸細의 글을 받은 후 후금에 고발하지 않고 潘家口의 金有
光 遊擊에게 전달했고, 金有光 遊擊의 고발로 처형되었다.

○ simiyan i hecen i amargi dere de dasahakū, nikan sahahai
　　瀋陽城의　　　　　　　　북면은　　　수리하지 않아 한인들이 쌓아놓은

uthai bihe, jai ilan dere be neneme dasame sahaha bihe, sure han i
그대로 있었다. 또　삼면은　　이전에 수리하여　쌓았었다.　수러　한의

duici aniya duin biyai ice ninggun de [原檔殘缺] dasame sahame
넷째　해　　4월　초 6일에　　　　　〔原檔殘缺〕수리하여　쌓기

deribuhe,, 21/22
시작했다.

○ ice jakūn de wasimbuha bithei gisun, tere uksin emu nirui
　초 8일에,　　　내린　　글의　말. 「주둔할 甲兵은　1개 니루의

orita, ere orita uksin be urunakū yooni jalukiya, ehelinggu niyalma
20명씩이다. 이 20명씩의 甲兵을 반드시　모두 수를 채우라. 용렬한　　사람은

ume werire, amala jihe niyalma ehe oci, neneme jihe sain niyalma be
　두지 말고,　나중에 온　사람이 좋지 않으면 먼저　온 좋은　사람을

weri, sain sehe seme ahūn deo akū aha akū emteli yadahūn be
두어라. 좋다　하더라도　형제가　없고 奴僕이 없는 독신의　빈곤한 사람을

ume werire, enteke niyalma be werifi usin 22/23 bahafi weilerakū amala
　두지 말라.　이 같은　사람을　두어서 경작을　　하지 못해서　　나중에

banjime joboci, gūsai ejen, jalan i ejen, nirui ejen de weile, dzun
　살기가 힘들어지면 구사의 어전・잘란의 어전・니루의 어전에게 죄이다. 遵化에

hūwa de tehe juwete uksin be halarangge, uba i orita uksin ci fulu
주둔한 2명씩의 甲兵을 교대하는 것은 이곳의 20명씩의 甲兵으로부터 남으면

oci, nendehe gisun i songkoi hala, uksin isirakū oci, fe tehe juwete
이전의 말에 따라서 교대하라. 甲兵이 충분치 않으면, 전에 주둔한 2명씩은

uthai bikini, ume halara, fe tehe juwete uksin ahūn deo akū aha
그대로 있어라. 교대하지 말라. 전에 주둔한 2명씩의 甲兵에 형제가 없고 奴僕이

akū emteli yadahūn niyalma bici, tere be urunakū hala, boode genere
없는 독신의 빈곤한 사람이 있다면, 그를 반드시 교대하라. 집에 갈

cooha juwan juwe de jurambi,, 23/24
군대는 12일에 출발한다.」

○ tere inenggi, luwan jeo i hafan de ejehe buhe bithei gisun,
　　그 날, 灤州의 관리에게 칙서를 준 문서의 말.

aisin gurun i han hendume, yang ki, si dade nikan i šusai ci tucike,
「금국의 한이 말하기를, yang ki, 너는 원래 明의 秀才 출신의

gung šeng bihe, bi yung ping be baha manggi, sain niyalma be baire
貢生이었다. 내가 永平을 얻은 뒤에 좋은 사람을 구할

de, geren hafasa simbe sain seme alaha bihe, luwan jeo i jyjeo, jeo
때, 여러 관원들이 너를 훌륭하다고 보고했었다. 灤州의 知州・州同

tung juwe 24/25 hafan gemu akū ofi, simbe tukiyefi jeo tung hafan
　　두 관리가 모두 없기에, 너를 기용해서 州同 관리로

obuha, jyjeo i weile be alifi kadala, mini hese be ume urgedere,,
삼았다. 知州의 일을 받아서 다스리라. 나의 명령을 저버리지 말라.」

○ ice jakūn de, tiyan šui jan de tehe jenjuken, turgei nirui
  초 8일에,   䛐水站[9]에   주둔한 전주컨· 투르거이 니루의

karun i ejen subari, han i hesei ilan bolikū i ergi de tuwa sindame
  초소의 주인 수바리는 한의 뜻으로 일란 볼리쿠[10] 쪽으로   불   지르러

genefi, duin nikan bahafi benjihe, ilan be baha 25/26 niyalma de buhe,
  가서,   4명의 한인을 잡아서 보내왔다.   3명은 잡은   사람에게 주었고,

emke be gaifi yehe i ergi tokso de unggihe,,
  1명을 취해서 여허 쪽의   莊園에   보냈다.

○ ice uyun de wasimbuha bithei gisun, beile hendume, yung ping
  초 9일에,   내린   문서의 말.   「버일러가[11] 말하기를, 永平府에

fu i harangga yaya hacin hacin i faksi, sula irgen, simiyan de ume
       속한   모든 갖가지의   직공· 일자리 없는 백성들을 瀋陽으로

gamara, beise ambasa ci aname hūlhame gamaci, 26/27 beile i duka
데려가지 말라. 버일러들· 대신들로부터 차례로 몰래 데려가면,   버일러의 門으로

de habšame jio, beile i duka de habšara bithe be alime gaijara niyalma
  고소하러 오라. 버일러의   門에   고소할   글을   받아   취할   사람을

---

9 '䛐水站'은 현재 遼陽市의 동남쪽 60km에 위치해 있었다.
10 '일란 볼리쿠'는 岫岩과 鳳凰의 사이에 위치한 지역이다.
11 『淸太宗實錄』6권, 천 총4년 4월 戊午조 기록에 의하면 아민 버일러이다.

sindahabi, aikabade angga butuleme jafafi gamaci, simiyan de genefi
　두었다.　　　만약　　　입을　　　막고　잡아서 데려가면,　瀋陽에　　　가서

han de habša, yung ping be enteheme boo arafi tembi kai, irgen suwe
　한에게 고소하라.　　　永平을　　　　영원히　　집 삼아서 살 것이다.　백성들 너희는

terei bahaki seme holtoro gisun de akdafi ume genere,, 27/28
그들이　취하려고　거짓말하는　말을　믿고　가지 말라.」

○ juwan de, han, juwe amba beile, geren taijisa, adun be
　　10일에,　　汗・　두　大 버일러・여러 타이지들이 가축무리를

niyanciha de ulebume jase tucifi, liyoha birai dalirame iliha, wargi
　靑草에　　풀 먹이러 경계를 나와서,　遼河　강의　연안에 멈추어 섰다. 서쪽의

birai dalin i bigan de juwe dobori deduhe,,
강의　언덕의　들판에서　두　밤을　묵었다.

○ juwan de bithe coohai nikan hafasa de 28/29 tacibume henduhe
　　10일에,　　　文武의　　한인　관리들에게　　　　가르쳐서　　말한

gisun, beile i gisun, yung ping fu be kadalara bithe coohai hafasa de
말.　「버일러[12]의 말.　永平府를　　　다스릴　　文武의　　관리들에게

hendurengge, bi donjici, jušen i ambasa de liyoodung ni fe nikan
　말하는 것.　내가 듣건대, 주선의　大臣들과　　遼東의　　옛 한인

hafasa de geleme ulin bumbi sere, meni gurun i daci kooli ulin
관리들에게　겁먹고 재물을 준다고 한다. 우리　나라의　원래　例는　재물을

---

12 『清太宗實錄』6권, 천총 4년 4월 己未조 기록에 의하면 아민 버일러이다.

gaijarakū bolgo niyalma be tukiyefi amban obumbi, ulin gaijara hafan be
취하지 않는 청렴한 사람을   기용해서 大臣으로   삼고,   재물을 취하는 관리를

baitalarakū wasibumbi kai, 29/30 dergi ejen ulin gaijarakū tondo be
등용하지 않고 강등시키는 것이다.   主上이 재물을 취하지 않고 정직한 자를

baitalara bade, hafasa fejergi niyalma de ainu gelembi, sini beye de
기용하는   터에, 관리들이 아래의   사람을   어찌하여 무서워하는가? 너 자신에게

weile bici, minggan yan aisin buhe seme tusa akū, beye de weile akū
죄가 있다면   천량   금을 주었다 해도 이로움이 없다. 자신에게 죄가 없다면

oci, beise de sehe seme ainu gelembi, holtome beleci, yargiyalame
     버일러들에게 라고 해도 어찌하여 두려워하는가? 거짓으로 무고하면 사실을 밝히고

duilefi belehe niyalma de amba weile kai, ereci amasi yaka niyalma
심리해서 誣告한 사람에게   큰   죄가 있으리라. 이후로   어떤   사람이

suwembe 30/31 gelebume facuhūn gisun gisureci, suwe ume olhoro, dele
너희를   위협하고   망언을   말해도,   너희는 무서워하지 말고 위에

habšame jio, dergi gisun i aika baita oci, afabuha jurgan i niyalmai
상소하러 오라. 上의 명에 의해 무슨 일이 있으면, 담당한   부서의   사람의

gisun be donji, gūwa niyalmai gisun be ume donjire,,
   말을   들으라. 다른   사람의   말을   듣지 말라.」

○ juwan juwe de, abatai taiji, jirgalang taiji, sahaliyen taiji,
     12일에,   아바타이 타이지 · 지르갈랑 타이지 · 사할리연 타이지가

neneme jihe geren cooha baha 31/32 olji be gamame boode genehe, jase
앞서 온 여러 병사들이 얻은 포로를 데리고 집에 갔다. 경계를

tucike manggi, juleri han de takūra seme unggihe bithei gisun, genere
나간 뒤, 앞서 한에게 보낸다고 하며 보낸 문서의 말.「(永平에) 갈

de juwe indehe be dabume tofohoci inenggi isinaha, jase dosire de,
때 이틀 묵은 것을 포함하여 15일째에 도착했습니다. 경계에 들어갈 때

han i songko be geneci, morin jadafi isinarakū ofi, giyan cang ni teisu
한이 간대로 가면 말이 병나서 도착하지 못하게 되니, 建昌 맞은편의

leng keo be dosika, dosire de jase duka 32/33 halburakū ofi, tai be
冷口로 들어갔습니다. 들어갈 때 邊門으로 들어갈 수 없어서 臺를

afame efulefi dosika, yung ping de sunja indefi, wasihūn orin uyun de
공격하여 허물고 들어갔습니다. 永平에서 5일 묵고, 서쪽으로 29일에

tabcin genehe, jeng dz jeng de isinafi dahabufi, niyalma ulha be
약탈을 갔습니다. 榛子鎭에 도착하여 투항시키고, 사람과 가축을

gajifi yabai de afabuha, hoton be efulehe, tereci genefi fung žun,
데려와서 아바이에게 맡겼습니다. 성을 무너뜨렸습니다. 거기서부터 가서 豊潤[13]과

ioi tiyan i juwe siden be mederi i baru tabcilaha, olji ajige ajige
玉田[14]의 사이를 바다 방향으로 약탈했습니다. 노획을 조금씩

---

13 '豊潤'은 현재 河北省 唐山市 豊潤區이다.
14 '玉田'은 현재 河北省 唐山市 玉田縣이다.

baha, jakūci inenggi 33/34 duin biyai ice nadan de yung ping de
얻었습니다. 8일째 　　　　　 4월 　　 초 7일에 　　　　 永平에

isinjiha, tabcin genere de, fung žun ci unege baksi monggo i cooha be
도착했습니다. 약탈을 갈 　 때 　 豊潤으로부터 우너거 박시의 　　 몽고 군대는

morin turga, jai hoton de geli ai kemun seme bederebuhe bihe, unege
말이 야위고 　 또 성에도 　　　 규정이 없다고 하여 돌아가게 했습니다. 　 우너거

baksi isinarangge, nikan i cooha moringga duin minggan, yafahan ilan
박시가 　 도착할 때, 　 명의 　 군대 　 기병 　　　 4천과 　　　 보병 3천이

minggan, dai an keo de jifi, unege baksi, cahara gidafi gemu waha,
　　　 大安口로 　　 오니 우너거 박시・ 차하라가 격파하여 모두 죽였고,

morin ilan 34/35 tanggū baha, gūwa morin be gemu karacin gaihabi,
　 말 　 300마리를 　　　　　 얻었고, 나머지 말은 　　 모두 카라친이 취했습니다.

meni isinara onggolo, unege baksi, cahara ganafi yarkiyame buksifi
우리가 도착하기 전에 　 우너거 박시・ 차하라가 (풀을)[15] 가지러 가서 유인하고 매복해서

cooha gidafi wahabi, morin juwe tanggū gūsin baha, jai wasihūn umai
적군을 격파하여 죽였고, 　 말 　　 230마리를 　 얻었습니다. 　 또 서쪽에서는 전혀

mejige akū, dzu be kemuni šanahai ergide bi sembi, dzu i niyamangga
소식이 없습니다. 祖(大壽)는 여전히 　 산해관 쪽에 있다고 합니다. 　 祖(大壽)의 친척인

---

15 『만문노당』 천총 4년 4월 21일조에 본문과 중복되어 기록된 내용과 비교하면 본문의 ganafi의 앞에
orho(草)가 빠져있다.

niyalma be asaraha bihe, tede bithe jafabufi takūraha bihe, amasi
　사람을　구류했었습니다.　그에게 문서를 쥐여주어 보냈었는데　되돌아

jihekū, 35/36 neneme takūraha niyalma inu jihekū, šurdeme hecen de
오지 않았습니다. 이전에　보낸　사람도 돌아오지 않았습니다. 주위의 성에서

mejige gaici, cooha ajige ajige nonggimbi sembi, jidere beise
　소식을 얻으니,　병사가　조금씩　증가한다고 합니다. (瀋陽으로) 오는 버일러들은

juwan juwe de juraka,,
　　12일에　　출발했습니다.」

○　ineku tere inenggi wasimbuha bithei gisun, beile hendume,
　　같은　그　날　　내린　글의　말.　「버일러가 말하기를,

morin tuwakiyara de, niru tome emte janggin, jalan de emu ejen gaifi
말을　지킬　때에　니루마다　1명씩의 장긴·　잘란에서 1명의 어전이 이끌고

tuwakiyana, 36/37 dahaha irgen i aika jaka nungnere, tariha usin be
지키게 하라.　　투항한 백성의　어떤 물건을 약탈하거나, 경작한　밭을

fehutere maise ulebure facuhūn yabuci, gaifi genehe jalan i ejen
밟거나　밀을 먹이거나 문란하게 행하면,　이끌고　간　잘란의 어전·

janggin de weile, jai jušen nikan meni meni giyai dendefi tehebi kai,
장긴에게 죄가 있다. 또 주션과 한인은　각자　거리를 나누어　살고 있다.

nikan i giyai de ume genere, nikan i giyai de jušen genehe be saha
한인의　거리에　가지 말라.　한인의　거리에　주션이　간 것을　보면

de jafa, gūsai ejen meni meni gūsai niyalma be yamji 37/38 cimari
붙잡아라. 구사의 어전이 각자의 구사의 사람들을 밤 낮으로

saikan ulhitele hendurakū ofi weile arambi kai, ulhitele geterembume
잘 깨우칠 때까지 말하지 않아서 죄 짓는 것이다. 깨우칠 때까지 분명히

henduci aide weile arambi, coohai niyalma suwe dain i bade anafu
말하면 어찌 죄를 짓겠는가? 병사들 너희가 적지에서 방어하고

tefi jombuki seci, šajin be jurceme weile arafi tantara erulere oci
있어 주의 주고자 하니, 법을 어기고 죄를 지어 때리고 벌하면

saiyūn,,
좋겠는가?」

○ juwan ilan de, sunja bayara be tucibufi, 38/39 beise be amcame
　　13일에, 5명의 바야라를 내보내어 버일러들을 쫓아가도록

takūraha gisun, karacin i ubasi jafaha monggo jihe, tesei alarangge,
파견한 말. 「카라친의 우바시가 붙잡은 몽고인이 왔다. 그들이 말하는 것이,

musei bithe be wesihun unggihe bihe, han i hoton i ambasa bithe be
우리가 글을 상주했는데, 황제의 성의 대신들이 글을

tuwafi amasi unggihebi, fung žun i dzung bing guwan be amasi muse de
보고 되돌려 보냈다. "豊潤의 總兵官을 되돌려 우리에게

takūra, ba be ya baci bumbi, acaci adarame acambi, yargiyalame
보내라. 땅을 어느 곳부터 줄 것인가? 화친하면 어떻게 화친할 것인가? 확실히

gisurefi jihe manggi, han de alara seme hendufi unggihebi, fung 39/40
말하고 온 뒤에, 황제에게 고하라" 라고 말해서 보냈다. 豊潤의

žun i dzung bing guwan, musei juwe niyalma be gamame k'ai ping de
總兵官이 우리 두 사람을 데리고 開平으로

genefi, dooli i emgi hebešefi, neneme jihe juwe šeobei be takūraki
가서 道吏와 함께 논의하여, 먼저 온 2명의 守備를 보내려고

serede, dergici bithe jifi nakahabi, dergici jihe gisun, mi yūn i giyūn
할 때 위로부터 서신이 와서 중지했다. 위로부터 온 말에 密雲의 軍門이

men bithe wesimbume, acara weile holtombi, fung žun, k'ai ping ni
글을 올리기를, "화친하는 일은 거짓이다. 豊潤· 開平의

hafan cooha ce ubašaki seme argadambi sere jakade, 40/41 meni beyebe
관리와 병사 그들이 배반하려고 계략을 쓴다" 라고 했기 때문에, "우리 자신을

suwaliyame gisurehe bade, be elcin takūraci ombio seme nakaha sembi,
연루하여 말한 터에 우리가 사신을 파견할 수 있겠는가"라며 그만뒀다고 한다.

muse de neneme jihe juwe šeobei, musei juwe niyalma be amcafi,
우리에게 먼저 온 2명의 守備가 우리 2명을 쫓아와서,

membe suwende yabuha hebe seme gisurembi, membe jabduburakū
"우리가 너희와 왕래하며 모의했다고 말한다. 우리를 즉시

jafaci baliya, mende serebuhede, be tanggū isime banifi ukame
잡으면 어쩔 수 없다. 우리(명군)에게 발각되면 우리 100명 정도가 모면하여 도망쳐

genembi seme jasiha seme alambi,, 41/42
갈 것이다" 라고   전갈했다고   고한다.」

○ juwan ilan de, jurafi wargi birai dalin i gūcin i bigan de ing
   13일에,   출발해서 서쪽 강 강가의   구친   들판에   營을

hadame iliha,,
설치하고 머물렀다.

○ juwan duin de, nikan de helen jafame, bayarai sain cooha emu tanggū
   14일에,   明에서 정보제공포로를 잡으러, 바야라   정예병   100명을

tucibufi unggihe, morin emte, beyei morin emte, duin kutule de
내어   보냈다.   말 1마리씩,   자신의   말 1마리씩,   4명의 쿠툴러에게

42/43 beise i morin emte yalubufi, ede burkan, ulai, haningga, yasita be
      버일러들의 말 1마리씩을 타게 하고, 이에 부르칸·울라이·하닝가·야시타를

ejen arafi, guwangning ni ergi de helen jafame unggihe, genere
어전으로 삼아서   廣寧   쪽에 정보제공포로를 잡으러 보냈다.   가는

urse be fudeme genefi, amasi jidere de abalaha,,
무리를   전송하러 가서,   돌아   올   때 몰이 사냥했다.

○ duin biyai juwan ninggun de, gusantai efu i jui buyantu i booi jušen
   4월   16일에,   구산타이 어푸의 아들 부얀투의 보오이 주션

haha emu morin 43/44 yalufi, fung žun ci ukame jihebi, gi jeo ci
남자가 1마리 말을   타고,   豊潤에서   도망쳐 왔다.   薊州에서

emu nikan ukame jihebi, tere nikan de fonjici, bi dade ši lii ho de
1명의 한인이 도망쳐　왔다.　그　　한인에게　물으니, "나는 원래 十里河에

tehe bihe, mini ama ahūn gemu simiyan de bi sembi, daci cergei i
머물러 있었습니다. 나의 아버지· 형 모두 瀋陽에　있습니다"라고 한다. 원래 처르거이의

harangga bihe sere ere niyalma de umai mejige akū,, 44/45
관할에　있었다고 한 이　사람에게는　전혀　정보가 없다.

○ eye de baha menggun uyun tanggū dehi sunja yan bi, menggun
「움(窖)에서 얻은　　銀　　945兩이　　　　　　있습니다.　銀을

baha niyalma de, emu tanggū sunja yan be, juwan yan de emu yan
얻은　사람에게　　　　105兩을,　　　　　10兩에　　1兩씩

bume bodofi buhe, bisire menggun be feyengge niyalma de buci
주도록 헤아려서　주고, 남은　　銀을　　상처 입은　자에게　주면

ombio,,
되겠습니까?」

○ juwan ninggun de, juwe ihan ilan honin 45/46 wafi, mergen
　　　16일에,　　　2마리 소· 3마리 양을　　　죽여서　머르건

daicing, erke cūhur, hooge taiji, geren bayara be sarilaha,,
다이칭· 어르커 추후르·호오거 타이지· 여러　바야라에게 잔치를 베풀었다.

○ juwan ninggun de, musei jafafi ujihe nikan be k'ai ping ni dooli de
　　　16일에,　　우리가 포획하여 살려준 한인을　開平의　　道吏에게

takūraha, tede unggihe bithei gisun, aisin gurun i jacin beile i bithe,
보냈다. 그에게 보낸 글의 말. 「금국의 둘째 버일러(아민)의 글을

k'ai ping ni dooli de unggihe, meni daci 46/47 doro acaki seme
開平의 道吏에게 보낸다. 우리가 원래 화친하자고

gisurehengge, unenggi mujilen i gisurehe, si inu acaki seme gisurehe,
말한 것은 진실한 마음으로 말한 것이었다. 그대 또한 화친하자고 말했는데,

dorgi hafasa ojorakū efulehe, si ainara, bi donjici, sini unenggi
내지의 관원들이 하지 않고 깨뜨렸다. 그대는 어찌하겠는가? 내가 들으니 그대가 진실한

mujilen i gurun i jalin gisurehe be, suweni dorgi ambasa mende hebe
마음으로 나라를 위해 말한 것을 너희의 내지의 대신들이 우리와 모의한다며

seme belehebi sere, ere belehe gisun de, si ainahai untuhun hokoro,
모함한다고 한다. 이 모함한 말에서 그대가 어찌 그대로 무사히 벗어나겠는가?

amba niyalma ya inenggi jobolon oci, 47/48 seolefi meni baru ojoro de
大人이 어느 날 우환이 있을 거라면, 생각해서 우리 편이 되는 것만

isirakū, unenggi meni baru oci, bayan wesihun ai jaka be uhe oki, sini
못하다. 진실로 우리 편이 되면 부귀와 각종 물건을 함께 나누자. 그대

anggala dain de baha lii yung fang, emhun beye jihe tung yang sing
뿐만 아니라 전투에서 잡은 李永芳· 홀몸으로 온 佟養性도

be geli hojihon obufi ujimbi kai, si unenggi meni baru oci, tesei ai
사위로 삼고 보살피고 있다. 그대가 진실로 우리 편이 되면 그들이 어찌

dalji, amba niyalma ambula seole, suweni gurun i ambasa, 48/49 akūci
비교되겠는가? 大人은   크게 생각하시라.   귀국의   대신들은   혹은

dain de bucehe, akūci suweni ambasa belefi sini han waha kai, yaka
전쟁에서   죽거나,   혹은   그대들의 대신들이 모함해서 그대의 황제가 죽였다. 어느

fe ambasa geli hūdun tukiyefi gung gebu gaifi weihun banjirengge geli
옛 대신들이 다시 빨리   등용되어서 功名을   취하고 귀하게   사는 자가   또한

bio, amba niyalma dahūn dahūn i ambula seole, mini hendure anggala,
있는가? 大人은   거듭   크게 생각하시라.   내가   말하지 않아도

amba niyalma sini sarkū aibi,, 49/50
     大人   그대가 모르는 게 무엇이겠는가?」

○ tere inenggi wasimbuha bithei gisun, beile hendume, ba i
    그   날   내린   글의   말. 「버일러가 말하기를, 지역의

niyalma membe hūdun bederembi seme giyansi jici alarakū gidafi
 사람이   우리가   빨리   돌아갈 것이라고   奸細가 와도 고하지 않고 숨기고

bimbi, nikan i karun jici alanjirakū kai, ai gelhun akū abkai buhe ba be
 있다.   明의   초병이 와도 고하러 오지도 않는다. 어찌 감히   하늘이   준 땅을

waliyafi bederehe doro bio, ereci amasi giyansi halbuha niyalma be
 버리고   돌아갈   리가 있겠는가? 이후로   奸細를 숨겨준   사람을

emu boo halbuci, boo gubci be gemu wambi, hehe juse be olji
 한 집이 불러들이면, 집안 전부를   모두   죽이고,   처자를   포로로

arambi, udu hanci ahūn 50/51 deo seme encu delhefi tehe niyalma be
삼을 것이다. 비록 가까운 형제라도   따로 떨어져서 사는   사람은

daburakū, giyansi be jafafi dele benjici, juwan yan menggun
포함시키지 않는다. 奸細를 붙잡아서 위로 보내면,   10兩   銀을

šangnambi, giyansi de bisire aika jaka be gemu bumbi, jai nikan i
상으로 준다.   奸細에게   있는 온갖 물건을   모두   준다. 또 明의

cooha karun, dahaha gašan be darime jici, irgen suwe afame muterakū
    초병이   항복한   마을을   경유해 오면, 백성들 너희가 공격할 수 없을

dere, ainu alanjirakū, ereci amasi nikan i cooha karun jifi, alanjirakū
것이다. 어찌 고하러 오지 않는가? 이후로   明의   초병이 왔는데 고하러 오지 않으면,

oci, songko tuwafi dariha gašan i niyalma be wambi,, 51/52
    혼적을   보고 경유한   마을의   사람들을   죽일 것이다.」

○ juwan nadan de, han, degelei taiji i ajige jui akū oho seme
    17일에,   한이 더걸러이 타이지의 작은 아들이 죽었다고 하여

acaname genefi amasi jidere de, helen jafame genehe urse, ilan nikan
만나러   가서   돌아   올 때, 정보제공포로를 잡으러 간 사람들이 3명의 한인을

bahafi gajiha, alame, dalingho bira be doome feksihe niyalma, dehi
잡아서 데려왔다. 고하기를,   "大凌河를   건너   달려간   사람들이 40명

funceme bahafi waha, niyalma orin, morin jakūn, ihan 52/53 emu
남짓을   잡아서 죽였습니다. 사람 20명·   말 8마리·   소 100마리·

tanggū, eihen gūsin, losa emken bahafi gajimbi seme alaha, ilan nikan
당나귀 30마리 · 노새 1마리씩을 잡아서 데려왔습니다'라고 고했다. 3명의 한인에게

de fonjici, amala genehe musei cooha be, ilan biyai orin sunja de
물으니, "나중에 간 너희 병사가 3월 25일에

isinaha, duin biyai icereme nikan i jeng dz jeng hoton be gaiha, dzu
도착해 4월 초순에 明의 榛子鎭 성을 취했고, 祖

dzung bing guwan be šanaha de bi seme alaha, emu karun i nikan be
總兵官은 산해관에 있다'고 고했다. 1명의 초병 한인을

waha, 53/54 juwe be ujihe, tereci jidere de, yoto taiji heturefi, emu
죽였고, 2명은 살려주었다. 그 후 올 때에, 요토 타이지가 길을 막고 1마리

ihan ninggun honin wafi, arki nure dagilafi, amba jugūn i den bade
소 · 6마리 양을 잡고 소주와 황주를 준비하여, 큰 길의 높은 곳에

cacari cafi han be sarilaha, yoto taiji duin morin, balama taiji juwe
천막을 치고 한에게 잔치를 베풀었다. 요토 타이지가 4마리 말, 발라마[16] 타이지가 2마리

morin, nikan taiji juwe morin, han de barilga[17] jafaha bihe, yoto taiji i
말, 니칸[18] 타이지가 2마리 말을 한에게 贈物로 바쳤었다. 요토 타이지의

juwe morin, balama taiji i emu morin, nikan taiji i emu morin 54/55
2마리 말과 발라마 타이지의 1마리 말 · 니칸 타이지의 1마리 말은

---

16 발라마(balama)는 人버일러 다이샨의 다섯째 아들이다.

17 [簽註] gingguleme baicaci, monggo gisun jafan be barilga sembi,,
삼가 찾아보니 몽고어로 '바치는 물품'을 'barilga'라고 한다.

18 니칸(nikan, ?~1652)은 누르하치의 큰 아들 추영(cuyeng, 1580~1615)의 셋째 아들이다.

gaiha, jai duin morin be bederebuhe,,
취했고, 다른 4마리 말은 돌려보냈다.

tongki fuka sindaha hergen i dangse

點·圈을 찍은 문자의 檔子

orin nadaci debtelin

27권

sure han i duici aniya duin biya

천총 4년 4월

tongki fuka sindaha hergen i dangse,,
　　點　圈을　　찍은　　문자의　　　檔子

○ juwan jakūn de, helen jafame genehe coohai niyalma isinjiha,
　　18일에,　　정보제공포로를 잡으러 간　　　병사가　　　도착했다.

baha olji be han de tuwabuha, deji dehi ihan gajiha, genehe duin
얻은 노획을　汗에게　　보였고, 헌상품으로 40마리 소를 가져왔다. 간　4명의

amban de emte morin, emte ihan, emte eihen, juwete niyalma buhe,
대신에게[1] 1마리씩의 말과 1마리씩의 소·1마리씩의 당나귀·2명씩의 사람을 주었다.

funcehe morin ihan eihen niyalma be, genehe niyalma be dendeme
　남은　　말·　　소·　당나귀·　사람을　　　간　　사람들에게　　나누어

gaisu seme buhe, tere inenggi 1/2 han, fujisa be jio seme niyalma
　취하라고　주었다.　그 날,　　　한이 부인들을　　오라고　　사람을

takūraha,,
　보냈다.

○ ineku tere inenggi, simiyan i hecen de emu gūsai emte amban be
　같은　　그 날,　　　「瀋陽城에　　　　　1개 구사의 1명씩의 대신을

1　『만문노당』 태종조 천총 4년 4월 17일조의 기록에 의하면, 이 때 정보를 탐문하기 위해 한인을 잡으러 간 네 명의 지휘관은 부르칸(burkan)·울라이(ulai)·하닝가(haningga)·야시타(yasita)이다.

weri, tereci bisire ambasa coohai niyalma be orin duin de juranu
남겨 두라, 그 외에 남은 대신들과   병사는   24일에   일제히 출발하라」

seme dahai baksi be takūrafi unggihe,, 2/3
라고   다하이 박시를   파견했다.

○ juwan uyun de, ši men i ma dzung bing guwan i wang
    19일에,   石門의   ma 總兵官의   wang

ts'anjiyang, emu niyalma be hūng šan keo i ts'ai tung ts'anjiyang de
參將이   1명을   洪山口의   ts'ai tung 參將에게

giyansi unggihe be, ts'ai tung ts'anjiyang jafafi muse de buhe, ere
奸細로   보낸 것을   ts'ai tung   參將이   잡아서 우리에게 주었다. 이

giyansi gajiha bithe, gin iogi, ši giyūn de unggihe bihe, esede bahafi
奸細가   가진   글은   金 遊擊, ši giyūn에게 보냈었는데, 이들에게

bithe buhekūbi, ere be fan ts'anjiyang 3/4 kimcime fonjire de
글을 주지 못했다. 이를   范(文程) 參將이   심문할 때

tucibuhebi,,
내놓았다.

○ lomin de tehe dai darhan de, duin biyai juwan uyun de ma
    로민에   머무는 다이 다르한에게   4월   19일에   ma

dzung bing guwan i takūraha ilan niyalma be jafafi benjifi waha,,
총병관이   보낸   세 사람을   잡아 보내와서 죽였다.

○ juwan uyun de, dzu dzung bing guwan i giyansi 4/5 jang jyfu
　19일에,　　　　　祖　총병관이　　　　　　　奸細를　張(養初) 知府에게

de takūraha bihe, jyfu tucibume jafafi benjihe manggi, beise hendume,
보냈었다.[2]　知府가 드러내어 잡아서 보내온 후,　　　버일러들이 말하기를,

sini tucibuhengge ambula sain, si ume olhoro, dain i niyalma simbe
"네가 드러낸 것은　매우　잘했다. 너는　　무서워마라. 敵人이　　너를

beleme giyansi unggihe de, be geli simbe waci, bata i niyalma de
모함하려고 奸細를　보냈을 때 우리가 또한 너를 죽이면　　敵人을

aisilaha ton kai, ere giyansi be ume wara, jyfu si emu bithe karu
도운　셈인 것이다. 이　奸細를　죽이지 마라. 知府 네가 1통 글을 답으로

toome beleme ara, be emu bithe 5/6 arafi jafabufi unggi seme, juwe
욕하고　모함하여 써라. 우리(도) 한통 글을　쓸 것이니 쥐여주어 보내라"하며　두

bithe arafi jafabufi unggihe,,
글을　써서　쥐여주어　보냈다.

○ tere inenggi, luwan jeo hoton i ambasa, šanaha i dzu dzung
　그　날,　　　灤州城의　　　　　대신들이, 산해관의　祖 총병관의

bing guwan i juleri yabure sain cooha be, orho ganaha bade ucarafi
　　　　앞서 가는　　정예병을　　　풀 얻으러 간 곳에서 만나

2　『清太宗實錄』6권, 천총 4년 4월 庚午조 기록에 의하면, 당시 祖大壽는 張養初와 孟喬芳에게 각각 1명
　의 奸細를 보냈다. 張養初가 訊問하자 奸細는 "우리로 하여금 만주병사의 수와 말의 肥瘠을 엿보도록
　했다. 만약 병력이 약하면 祖총병관이 직접 6만을 이끌고 와 싸울 것이다"라고 했다.

gidafi, dehi morin tu kiru bahafi benjihe,, 6/7
격파하고 40마리의 말과 大旗· 小旗를 얻어 보내왔다.

○ orin de, han, fujisa be jimbi seme morin tarhūn bayara be
20일에, 한은 부인들이 온다고 말이 살찐 바야라를

gaifi abalaha, tere yamji ujui ging de fujisa isinjiha,,
이끌고 몰이사냥했다. 그 밤 初更에 부인들이 도착했다.

○ orin[3] emu de, yung ping de tehe beise medege alanjime, juwan
21일에, 永平에 머무는 버일러들이 소식을 고하고자, 16명을

ninggun niyalma be ulai 7/8 gaifi isinjiha, esede beise i unggihe bithei
울라이가 이끌고 도착했다. 이들에게 버일러들이 보낸 글의

gisun, genere de juwe indehe be dabume tofohoci inenggi isinaha, jase
말. 「(永平에) 갈 때, 이틀 묵은 것을 포함하여 15일째에 이르렀습니다. 경계를

dosire de, han i songko be geneci, morin jadafi isinarakū ofi, giyan
들어갈 때, 한이 간대로 가면 말이 병나서 이르지 못할 것이기에 建昌의

cang ni teisu leng keo be dosika, jase dosire de, jasei duka halburakū
맞은편 冷口로 들어갔습니다. 경계를 들어갈 때 邊門으로 들어갈 수 없어서

ofi, emu tai be afame efulefi dosika, yung ping de sunja indefi, 8/9
1臺를 공격하여 허물고 들어갔습니다. 永平에서 5일 묵고,

---

3   [簽註] ginggulame baicaci, ere emu meyen i baita orin ningguci debtelin de araha emu meyen i baita
ci encu akū, ainci fe dangse de jursuleme araha dere,,
삼가 찾아보니, 이 한 단락의 일은 26권에서 기록한 한 단락의 일과 다르지 않다. 아마 舊檔子에서 중
복하여 기록한 것 같다.

orin uyun de, wasihūn tabcin genehe, jeng dzi jeng de isinafi dahabufi,
29일에　　　서쪽으로　약탈을 갔습니다.　　榛子鎮에　　　도착하여 투항시키고,

niyalma ulha be gajifi yabai de afabuha, hoton be efulehe, tereci
사람과　가축을　데려와서 야바이에게 맡겼습니다.　城을　무너뜨렸습니다. 그 후

genefi fung žun, ioi tiyan i siden be julesi mederi i baru tabcilaha,
가서　　豊潤과　　玉田의　사이를　남쪽　바다의　　방향으로 약탈했습니다.

olji ajige ajige baha, jakūci inenggi duin biyai ice nadan de yung ping
노획을　조금씩 얻었습니다. 8일째　　　4월　　초 7일에　　　永平에

de isinjiha, tabcin genere de, fung žun ci 9/10 unege baksi monggo i
도착했습니다. 약탈을 갈　때　豊潤으로부터　　　우너거 박시의　　몽고

cooha be morin turga, jai hoton de geli ai kemun seme bederebuhe
군대는　말이　야위고 또　성에도　　규정이 없다고 하여 돌아가게 했습니다.

bihe, unege baksi isinarangge, nikan i cooha moringga duin minggan,
　우너거 박시가 도착할 때,　명의　군대　기병　　　4천과

yafahan suwaliyame dai an keo de jifi, unege baksi, cahara gidafi
보병[4]이　섞여　大安口로　　오니 우너거 박시·차하라가 격파하여

gemu waha, morin ilan tanggū baha, gūwa morin be gemu karacin
모두 죽였고,　말　300마리를 얻었습니다. 다른 말은　　모두　카라친이

4　본서의 4월 12일자에 실린 같은 서신에는 '기병 4천과 보병 3천'으로 기록되어 있다. 『淸太宗實錄』천
　총 4년 4월 庚午조에는 '明馬步兵共四千人'(기병과 보병 총 4천명)이라고 적혀 있다.

gaihabi, meni isinara onggolo, 10/11 unege baksi, cahara orho ganafi
취했습니다. 우리가 (永平에) 이르기 전에　　　우너거 박시와　차하라는 풀 가지러 갔다가

yarkiyame buksifi, nikan i cooha be gidafi wahabi, morin juwe tanggū
유인하고 매복하여　명의　군대를　　격파하여 죽였고,　말　　230마리를

gūsin baha, wasihūn umai medege akū, dzu be kemuni šanaha i ergi
얻었습니다. 서쪽에서는 아무 소식도 없습니다. 祖(大壽)는 여전히 산해관 쪽에

de bi sembi, dzu i niyamangga niyalma be asaraha bihe, tede bithe
있다고　합니다. 祖(大壽)의　친척인　　자를　　구류했었습니다.　그에게 글을

jafabufi takūraha bihe, amasi jihekū, neneme takūraha niyalma inu
쥐여주어　보냈는데,[5] 돌아오지 않았습니다.　먼저　　보낸　　사람도

jihekū, jai šurdeme hecen de mejige gaici, 11/12 cooha ajige ajige
오지 않았습니다. 또한 주위 城에서　소식을　취하니　　　군사가　조금씩

nonggimbi sembi, jidere beise juwan juwe de jurambi, duin biyai ice
증가한다고 합니다. (瀋陽으로) 오는 버일러들은 12일에　출발합니다.　　4월　초

uyun de takūraha,,
9일에　　보냅니다.」

○ jidere beise i unggihe bithei gisun, han be juleri takūra sehe
(瀋陽으로) 오는 버일러들이 보낸 글의　말.「한이　　앞서 (사람을) 보내라 하셨다고

5　3월 28일에 아민이 祖大壽의 숙부에게 아민이 쓴 글과 홍 타이지가 쓴 글을 함께 주어 祖大壽에게 파
　견했었다.

bihe seme, juwan ninggun niyalma be ice uyun de juleri takūrambihe,
　　하여　　　16명을　　　　　　초 9일에　　앞서　보냈습니다.

12/13 andala cooha bisire hoton be duleme genembi, jugūn de tosorahū
　　도중에　군사가　있는　성을　　　　거쳐 갈 것입니다. 길에서 (명군이) 매복할까

seme be tafulafi nakabuha, meni tucire teisu šuwe cargi be feksiki
하여 우리가 만류하여 막았습니다. 우리가 나오는 쪽을 향해 곧장 그 방향으로 달리겠다고

sehe bihe sere, meni jalin de olhome feksiki sembihe de, meni
　하셨다고 하니, 우리 때문에　걱정되어서 달리려　한다면,　　우리의

hūsun geren, be hūwanggiyarakū, hairakan morin macurahū, joo bai,
병력은　많으니 우리는 괜찮습니다.　　아까운　　말이 야윌까 걱정입니다. "괜찮다.

feksiki seci, han i ciha,, 13/14
달리겠다" 하시더라도, 한의 뜻입니다.」

○　duin[6] biyai orin emu de, nikan han de takūraha bithei gisun,
　　4월　　　21일에,[7]　　「명의 황제에게　보낸　글의　말.

6　[簽註] ginggulame baicaci, ere emu meyen i baita, orin ningguci debtelin de araha emu meyen i
　　baita ci encu akū, ainci fe dangse de jursuleme araha dere,,
　　삼가 찾아보니, 이 한 단락의 일은 26권에서 기록한 한 단락의 일과 다르지 않다. 아마 舊檔子에서 중
　　복하여 기록한 것 같다.
　　* 4월 21일조 단락은 아민이 홍 타이지에게 보낸 서신이다. 이 서신은 아민이 명의 황제에게 보낸 서
　　신과 함께 그 후의 일의 경과까지 기록하고 있다. 아민이 명의 황제에게 보낸 서신은 앞의 26권에도
　　기록되어있다.
7　4월 21일은 아민이 명의 황제에게 서신을 보낸 날이 아니다. 아민이 명의 황제에게 보내는 서신을 豊
　　潤의 총병관과 開平의 道員에게 보낸 것은 3월 29일에서 4월 7일까지 서쪽 지역을 약탈하던 시기였
　　다. 4월 21일은 아민이 보낸 서신이 홍 타이지에게 도착한 날짜로 생각된다. 아민이 홍 타이지에게
　　이 서신을 보낸 날짜는 이 문단의 마지막에 쓰인 '천총 4년 4월 9일'일 것이다.

aisin gurun i jacin beile i bithe, daiming gurun i hūwangdi de jafaha,
금국의　　　둘째 버일러(아민)의 글.　대명국의　　황제에게　　바칩니다.

meni daci doro acaki seme gisurehengge, unenggi mujilen i gisurehe,
우리가 원래　화친하자고　　　　　말한 것은,　　진실한　마음으로　말했습니다.

bi neneme cooha de jihekū bihe, te mini jihengge inu doroi jalin acara
나는 이전에 전투에　오지 않았었습니다. 지금 내가 온 것은 또한 화친을 위해　마땅한

14/15 babe ambula gūnime jihe, suwe membe jalidambi seme ume
　　　　것을　크게　생각하고 왔습니다. 그대들은 우리가　속인다고

gūnire, unenggi seme gisurefi holtoci, abka de gelerakūn, niyalma be
생각하지 마십시오. 진실이라고 말하고 속이면　하늘에게　두렵지 않겠습니까? 사람은

holtoci ombi dere, abka be holtoci ombio, be donjici, suweni
속일 수 있을 것입니다. 하늘을　속일 수 있겠습니까? 우리가 듣건대, 그대들의

ambasa bithe wesimbume, doro acaci ojorakū, neneme aisin i fonde
　대신들이 글을　올리기를,　"화친할 수 없습니다.　　일찍이　金의　시대에

doro acafi, amala geodebufi dailaha seme hendumbi sere, tere amban,
　화친하고는 후에　속이고 공격했습니다"라고 말한다고　합니다. 그　대신은

gurun irgen i jalin gūnire 15/16 amban waka kai, acara doro be
　나라　백성을　위해 생각하는　　대신이　아닌 것입니다.　화친을

gisureci hūdun sain kai, hūdun gisurerakūci, meni han, juse hehesi be
말하려면 빠르면 좋은 것입니다. 빨리　말하지 않으면　우리의 한이 자식들과 부인들을

gajime umesi jihe manggi, tere fonde suwe inu gisureci mangga, be
데리고 정말로 온   후에,   그   때에는 그대들도 말하기가 어렵고 우리도

inu gisureci ojorakū kai, mini ere takūraha de, hūwangdi inu dahūn
 말할 수 없는 것입니다. 내가 이렇게 보낸 때에   황제도   거듭

dahūn i ambula gūni, membe doroi jalin bithe takūrafi, geli ainu
 거듭 크게 생각하십시오. 우리를, "화친을 위해 글을 보내고   또 왜

dailambi seme 16/17 ume gūnire, unenggi doro acaci, abka na de
공격하는가?"하고   생각하지 마십시오. 진실로 화친하면   天地에

akdulame gashūfi, gashūha inenggi ci nakambi dere,, ere bithe be
 굳게   맹세하고,   맹세한 날부터 (공격을) 그칠 것입니다.」이 글을

tabcin genehe baci fung žun de han i werihe monggo donoi gunji,
 약탈   간   곳으로부터 豊潤으로   한이 남겨둔 몽고인   도노이 군지와

ubasi be takūraha bihe, fung žun i dzung bing guwan ini juwe šeobei,
 우바시를 시켜 보냈습니다.   豊潤   총병관은   그의 2명의 守備와

ba i emu niyalma, uheri ilan niyalma be bithe 17/18 jafabufi takūraha
그곳의   1명,   총   3명에게   글을   쥐여주어 보내왔습니다.

bihe, terei baru be geli karu bithe arafi unggihe, meni cooha yung
    그에게 우리가 또 답신으로 글을 써서 보냈습니다. 「우리 군대는 永平에

ping de bederefi tere, sini han i bithe isinjiha manggi, yung ping de
    돌아가서 주둔하겠다. 너의 황제의 글이 도착한   후   永平으로

jio seme amasi takūraha, jidere unde, jai k'ai ping de emu bithe
오라.」라고 되돌려 보냈습니다. 아직 오지 않았습니다. 그리고 開平에 한통 글을

takūraha bihe, k'ai ping ni dooli, emu niyalma de bithe jafabufi mende
보냈습니다.　　　　開平의　　　道員이　　　1명에게　　　　　글을 쥐여주어 우리에게

takūraha 18/19 bihe, karu jabuha gisun, ini bithei ujan de arahabi,,
보냈습니다.　　　　　（우리가）회답한　　　말은 그의 글　　끝에　　　썼습니다.

sure han i duici aniya duin biyai ice uyun,,
　　　天聰　　　4년　　　　4월　　　초 9일.」

○ orin juwe de, solho ci emu hafan, emu tungse uheri
　　22일에,　　　조선에서　1명의 관원과　1명의　通事를 합하여

juwan ninggun niyalma elcin jihe seme inggūldai alanjiha,, 19/20
　　16명이　　　　　　사신으로 왔다고　잉굴다이가 고했다.

○ duin biyai orin juwe de, san tun ing ni yang dzung bing guwan i
　4월　　　　22일에,　　　三屯營의　　　　　楊(肇基) 총병관의

gocika cooha be, jeku ganafi ucarafi gidaha, tofohon niyalma
　親軍을,　　　식량을 가지러 가다가 만나서 격파했다.　15명을

waha, juwan ninggun morin baha, irgeni be beneme genefi, ilan morin
죽였고,　　16마리 말을　　　　얻었다. 이르거니를 전송하러 가서　3마리 말과

ninggun losa baha, ere uheri juwan uyun morin ninggun losa bi, ši
　6마리 노새를 얻었다. 이　총　　19마리 말과　　6마리 노새가 있다. 石門의

men i 20/21 ma dzung bing guwan i jakade geren dzung bing guwan be
ma 총병관 측에서 여러 총병관들을

isabufi cooha jimbi seme hebdehebi, jidere inenggi be fonjici,
모아 出征하자고 의논했었다. 출병하는 날을 물었지만

sarkū, jimbi seme giyansi alambi,,
"모른다, 올 것이다"라고 奸細가 고했다

○ orin ilan de, yung ping de tehe beise be jimbi, yalufi jikini seme
23일에, 永平에 있는 버일러들이 오니 말타고 오라고

han, sunja morin jetere jufeliyen okdobuha,, 21/22
한이 5마리 말과 먹을 건량으로 맞이하게 했다.

○ orin ilan de, dzu dzung bing guwan i takūraha giyansi, jang
23일에, 祖 총병관이 보낸 奸細가 張(養初)

jyfu de juwe, meng fujiyang de emke jihe bihe, tese tucibume benjifi
知府에게 2명, 孟(喬芳) 副將에게 1명이 왔었다. 그들이 발각되어 보내와

fonjici, umai gisun akū, suweni cooha udu bi, morin tarhūn turga seme
심문하여도 아무 말이 없이, "너희의 병사가 얼마나 있고, 말이 살찌거나 야위었는지

tuwanjiha bihe, cooha komso oci, meni dzu i ninggun tumen cooha
보러왔다. 병사가 적으면 우리 祖(大壽)의 6만 군사가

kanjiki[8] 22/23 seme takūraha seme alaha, dzu i takūraha juwe giyansi
포위하러 오려고　（우리를) 보냈다"　라고　고했다.　祖(大壽)가 보낸　두　奸細를

be nikan i giyai de gamafi waha, giyansi be gajime jihe musei
한인의　거리에　데려가서 죽였다.　奸細를　데려　온　우리의

dahaha irgen i emu niyalma be oforo šan faitafi bithe jafabufi unggihe,
투항한 백성　1명을　코와 귀를 베고 글을　쥐여주어 보냈다.

tere niyalma de henduhe gisun, tubaci giyansi jici, ini cihai jikini,
그　사람에게　말한　말.　"거기에서 奸細가 오려면 마음대로 와라.

yaya dahaha gašan i niyalma doolame benjici[9], benjihe niyalma be
누구든 투항한　마을의　사람이　이끌어 보내오면　보내온　사람을

23/24 wambi seme henduhe, dzu de unggihe bithei gisun, nikan bithede bi,,
죽이겠다"라고 말했다.　祖(大壽)에게　보낸　글의　말은　漢文　책에　있다.

○ orin duin de, dzun hūwa de takūraha bithei gisun, beile
　24일에,　遵化에　보낸　글의　말.「(아민) 버일러가

hendume, munggatu, cahara suwende neneme unggihe bithe de, cooha
말하기를,　뭉가투·　차하라 너희에게　앞서　준　글에서,　"군대가

8　[簽註] gingguleme kimcici, ere kanjiki sere gisun, ainci kame jiki sere gisun dere,,
　　삼가 고찰하건대 이 'kanjiki'라는 말은 아마 'kame jiki'(포위하러 오려고)라는 말인 것 같다.

9　[簽註] gingguleme kimcici, ere doolame benjici sere gisun, ainci ulame gajici sere gisun dere,,
　　삼가 고찰하건대 이 'doolame benjici'라는 말은 아마 'ulame gajici'(전달하여 데려오면)이라는 말인
　　것 같다.
　　*『御製增訂淸文鑑』에 기술된 doolambi의 뜻은 '글을 베껴 쓰다'와 '물을 쏟다'라는 두 가지이다. 그러
　　나 여기에서의 doolambi는 두 의미와 무관하게 漢語 '導'로부터 만들어진 동사로 추정되며 '이끌다',
　　'引導하다'는 의미인 것 같다.

jici acara be tuwame yabu sehe bihe, te donjici, lo ting, 24/25 k'ai
오면 적절함을   보아   행하라"고 했었다.   지금 들으니 樂亭·   開平의

ping ni cooha be gemu fung žun de gamaha sere, tere ainci unege
        군대를   모두   豐潤에   데려왔다고 하니, 그것은 아마도 우너거

baksi cooha gidaha de korsofi, ba ba i hūsun dasafi suwende geneki
박시의 군대가 격파한 것에 분하여   곳곳의   병력을 정비하여 너희에게 가려고

sembi, suwe ainaha seme hoton ci ume tucire, tucifi aika weile oci,
하는 것이다. 너희는 결코   성에서   나오지 말라. 나와서 무슨 일이 있어도

bi darakū, suwe sa, jai ere takūraha morin be, munggatu, cahara
나는 관여하지 않겠다. 너희는 알라. 또 이 보낸 말(馬)을   뭉가투·   차하라

suweni hūwa de horifi, orho de 25/26 muke fusufi, suwe tuwame saikan
너희의   뜰에   가두고 풀에   물을   뿌려서 너희가 감독하여   잘

ulebu, neneme aika benefi jidere morin be, inu saikan ulebufi unggi,
먹여라. 이전에 모든 보내 온   말을   또한   잘   먹여서 보내라.

jugūn de šadarahū, mini neneme genehe elcin, ere taiji be aliyafi,
길에서   지칠까 우려된다. 나의 이전에   간   사신은 이 타이지를 기다려서

dzun hūwa i cooha irgeni be benjihe adali benju, ere taiji de suwe
     遵化의   군대가 이르거니를 전송한 것처럼 보내오라. 이 타이지에게 너희는

ilan morin tucibufi yalubufi ilan gucu adabufi unggi, tere ilan niyalma
3마리의 말을 내어서 타게 하고 3명의 구추를 수행시켜 보내라.   그   3명이

amasi 26/27 gajikini, orho ganaci saikan akdulafi gana, suwembe
도로   가져오라. 풀을 가지러가려면 잘 호위하여 가지러가라. 너희를

karahū, burgadu be gaji, monggoso be tucibufi uncehen be
포위할까 우려된다. 부르가두를 데려오라. 몽고인들을 내보내어   후미를

saikan yargiyalame tuwafi, baran sabume enggelce[10] ume afara, jai
잘   확실히   보고,   상황을 보아   臨하라.   공격하지 말라. 또한

aika baita takūraci, ša ho be museingge seme akdafi ume darire,
무슨 일로 사람을 보내면, 沙河를   우리의 것이라고   믿어서   경유하지 말고

jailame amargi be yabu, jakūn monggo be yung ping de unggi, emu
피해서   북쪽으로   가라. 8명의 몽고인을   永平에   보내라.」 1명의

taiji, juwe gucu, sunja 27/28 bayara, ere jakūn niyalma be takūraha,,
타이지· 2명의 구추· 5명의   바야라,   이   8명을   보냈다.

○ orin duin de, sarin dagilafi amba beile, mergen daicing, erke
   24일에,   잔치를 준비하여   大 버일러· 머르건 다이칭· 어르커

cūhur, yoto taiji, hooge taiji, jinong efu, hada gege be solifi sarilaha,
추후르· 요토 타이지· 호오거 타이지· 지농 어푸[11] · 하다 公主[12]를 초청하여 잔치했다.

---

10 [簽註] gingguleme baicaci, jakan toktobuha fe manju gisun i bithede, enggelce serengge, uthai
enggeleme tuwana sere gisun inu sehebi,,
삼가 찾아보니 최근 정해진 『舊淸語』에서 'enggelce'(臨하라)라는 것은 즉 'enggeleme tuwana'(臨하
여 보라)라는 말이라고 했다.

11 '지농 어푸'는 아오한部의 타이지 소놈 두렁이다. 1627년 아오한부를 이끌고 청에 귀부했고, 원래 하
다부의 영토였던 開原 일대를 지급받고 거주했다. 1628년 누르하치의 셋째 딸 망구지와 결혼했다.
그해에 지농 칭호를 수여받았다.

12 '하다 공주'(hada gege, 1590~1635)는 누르하치의 셋째 딸 망구지(manggūji)를 가리킨다. 하다의 버
일러 멍거불루의 아들 우르구다이(urgūdai, ?~1628)와 1601년 결혼했기 때문에 하다 공주라고 불렸

manggūltai beile abalafi jihekū, tere sarin de ilan ihan juwan honin
망굴타이 버일러는 몰이사냥가서 오지 않았다. 그 잔치에서 3마리 소·10마리 양을

wafi juwan dere 28/29 dasafi sarilara de, han, amba beile de juwe jergi
잡아 10개 床을   차려   잔치할 때, 한은 大 버일러에게   두 번

niyakūrame arki jafaha, amba beile ishun niyakūrame alime gaiha,
무릎 꿇고   소주를 바쳤다. 大 버일러는 마주 무릎 꿇고   받아 취했다.

yangguri efu <u>hūntahan jangnaha</u>[13], sarin wajifi baniha bufi genere de,
 양구리 어푸가 술잔을   바쳤다.   잔치가 끝나고 감사하고 갈   때

amba beile de juwan morin buhe, beile alime gaifi doro araha, han
 大 버일러에게   10마리의 말을 주었다. 버일러는 받아 취하고 禮을 행했다. 한은

morilafi fudehe, hada gege de emu morin buhe, 29/30 gege niyakūrame
말에 타고 전송했다. 하다 공주에게 1마리의 말을 주었다.   공주는 무릎 꿇고

alime gaiha, yoto beile, han be dahame jifi, monggo boo de dosifi
받아 취했다. 요토 버일러는 한을   따라   와서   몽고 천막에   들어가서

fujisa de arki jafaha,,
부인들에게 소주를 바쳤다.

다. 1628년 우르구다이가 병사한 후, 아오한부의 타이지 소놈 두렁과 재혼했다. 1635년 반란을 도모
했다는 이유로 홍 타이지에 의해 처형되었다.

13 [簽註] gingguleme baicaci, jakan toktobuha fe manju gisun i bithede, hūntahan jangnaha serengge,
uthai hūntahan jafaha sere gisun de adali sehebi,,
삼가 찾아보니 최근 정해진 『舊淸語』에서 'hūntahan jangnaha'(술잔을 바쳤다)라는 것은 즉 'hūnta-
han jafaha'(술잔을 바쳤다)라는 말과 같다고 했다.

○ orin sunja de, han be manjusiri efu emu ihan wafi sarilaha,, 30/31
　　25일에,　　　　한을 위해 만주시리　어푸는 1마리 소를 잡아 잔치를 했다.

○ duin biyai orin ninggun de, ts'ai tung ts'anjiyang ni dahaha
　　4월　　　　26일에,　　　　　ts'ai tung 參將의　　　　　투항한

nikan emken san tun ing de genefi, yang dzung bing guwan i bithe be
한인　　1명이　　　三屯營에　　　가서　　　楊(肇基)　總兵官의　　　　　글을

gajifi, ts'ai tung ts'anjiyang ni emu ciyandzung de dosikabi,
가져와서　ts'ai tung 參將의　　　1명의　千總에게　　　　들어갔다.

ciyandzung ni[14] alime gaifi bithe be pan giya keo i gin iogi de
　　千總　　　그가　받아 취해서　글을　　　潘家口의　　　金 遊擊에게

buhebi, gin iogi gercileme alafi, jihe giyansi, alime gaiha ciyandzung be
주었다.　金 遊擊이　　　고발하여,　온　奸細와　받아 취한　千總을

31/32 gemu waha, ere giyansi i gajiha nikan i bithe be uthai
　　모두　죽였다. 이　奸細가　가져온　한문　글을　　그대로

unggihebi,,
보냈다.[15]

○ orin nadan de, monggo i barin jarut beise de takūraha, han,
　　27일에,　　　몽고의　　바린· 자루트의 버일러들에게 파견했다. "한은

14　'ni'는 'i'의 誤記이다.

15　이 단락에서 서술한, 간세 사건의 처리에 이어 처형당한 千總의 재산을 처리하는 사안은 26권, 천총 4
　　년 4월 5일조에 서술되어 있다. 두 문단의 배치 순서가 바뀌었다.

orin uyun de cagan noor subargan de dedume genembi, naran si
29일에   차간 노르 수바르간에서   머물고   갈 것이다. 나란 그대는

monggo i cooha be gajime, 32/33 orin uyun de cagan noor subargan de
몽고의   병사를   이끌고   29일에   차간 노르 수바르간에

isinjime jio, jao jang ni subargan seme tašararahū sehe,,
도착해   오라.   자오 장 수바르간이라고   잘못 알까 우려된다"라고 했다.

○ dodo taiji de unggihe bithe, dzun hūwa, yung ping ci jidere
   도도   타이지에게 보낸   글.   「遵化·   永平으로부터 오는

coohai niyalma i gajire ulin aciha be simiyan i hecen de 33/34 ume
   병사가   가져오는 재물 짐바리를   瀋陽城에

dosimbure, gemu meni meni tokso de unggi, niyalmai beyei teile
들이지 말고, 모두   각자의   장원으로   보내라. (瀋陽에) 사람의 몸만

dosimbu, gajiha ulin be sunja biya be manabufi ninggun biya de
들여라.   가져온 재물을   5월을   지나서   6월에

dosimbukini,,
(瀋陽에) 들여라.」

○ juwe honin wafi, sunja dere dasafi, jinong efu gege be
   2마리 양을 잡고   5개의 床을 차려서   지농 어푸와 공주를 위해

sarilaha,, 34/35
잔치했다.

○ duin biyai orin jakūn de, aisin gurun i han i bithe, lio san
　4월　　　28일에,　　　　　「금국의　　　한의　글.　劉三·

sy u de unggihe, suweni takūraha ho jin jung juwe nofi alara gisun,
(劉)四·(劉)五[16]에게 보낸다. 너희가　보낸　何進忠(등)　2명이　　고한　말과

gajiha bithe be donjifi bi akdarakū, niyalma takūrafi tuwanggime
가져온　글을　　듣고　나는 믿지 않고　사람을　　보내서　보러 가도록

unggihe, nikan meni juwe gurun doro temšeme dailara de, suwe
보냈다.　明과　　우리　두　나라가 政權을 다투어　전쟁할 때　너희가

unenggi hafasa be wara tun i niyalma be gaifi dahaci, cohome 35/36
진실로　관원들을　죽이고 섬의 사람들을　　데리고 투항하면 특별히

abka simbe minde aisilaburengge kai, unenggi suweni gisun i songkoi
하늘이 너로 하여금 나를 돕게 하는　것이다. 진실로　너희의　말　　대로

ohode, sini gajiha jušen monggo nikan be mini gurun de
되면　네가 데려온 주선·몽고·한인을　나의　　나라에

dosimburakū gemu sinde salibufi, jasei tule sini cihangga bade tefi,
들이지 않고　모두　너에게 맡길테니, 경계의 밖 네가 원하는　곳에서 거주하여

meni harangga gurun ofi banji, bi simbe jikini seme holtome encu
우리의　　속국이　되어 살아라. 내가 너를 오게 하려고　거짓으로　따로

---

16 '劉三'은 劉興基, '劉四'는 劉興梁, '劉五'는 劉興治이다. 나머지 형제인 劉大는 劉興沛, 二哥는 劉興祚, 劉六
　은 劉興賢, 劉七은 劉興邦이다. 아래 논문 참조. 黃一農, 「劉興治兄弟與明季東江海上防線的崩潰」, 『漢學研
　究』第20卷 第1期, 民國91年(2002.6), 132쪽.

tebumbi seme gisurefi, jime wajiha manggi, aifufi gurun i dolo
살게해주겠다고   말하고   오고 난   후에   위반하여 나라의   안에

dosimbuci, bi simbe holtoci ombidere, 36/37 abka be holtoci ombio,
들이면,   내가 너를 속일 수 있어도   하늘을   속일 수 있겠는가?

abka mimbe wakalarakūn, suweni uttu wafi jimbi sere anggala, tun i
하늘이 나를   질책하지 않겠는가? 너희가 이렇게 죽이고 오겠다고 하는 것보다 섬의

yaya hafasa bai uthai tun i niyalma be gaifi dahaci, bi inu terei
모든 관원들이 그냥 그대로 섬의 사람들을   이끌고 투항하면 나도   그가

gajiha irgen be gemu tede salibufi ujimbi kai, bi abka be dele
데려온 백성을   모두 그에게 맡겨서   기르겠다.   나는 하늘을   위에

sindafi unenggi gisurembi, suwe holtoci suweni ciha dere, suwe
두고   진실로   말한다.   너희가 속이겠다면 너희의 마음이리라.[17] 너희가

unenggi ofi minde akdarakū ohode, 37/38 sini mukūn i dorgi emu
진심으로   나를   믿지 않는다 하면   너의 일족   내의 1명이

niyalma jio, terei juleri mini beye gashūfi unggire,,
오라.   그의 앞에서 내가 직접 맹세하고 보내겠다.」

○ gūsin de, ciyan an de unggihe bithei gisun, beile hendume,
  30일에, 遷安에   보낸 글의   말. 「(아민) 버일러가 말하기를,

niyalma gidaha weile de hūlhai weile, tantafi juwe šan toko, niyalmai
사람을   숨긴   죄는   도적질한 죄이다. 때리고 두   귀를 베어라. 사람들의

---

ejen menggun gaijara be naka, sain niyalma tantara 38/39 mooi jalin
주인이　銀을　　　취하는 것을 멈추라. 신분좋은 자가　　때릴　　　　　곤장을 대신하여

joolime menggun buci, siden de gaisu, yebken niyalma weile bahaci,
贖하는　　은을　　주면　　公으로　취하라. 뛰어난　　자가　　죄를　얻으면

menggun bure moo alire be imbe sonjobu, jai yung ping ni coohai
은을　　주거나 곤장을 받는 것을 그가 선택하게 하라. 또　　永平의　　軍馬에

morin de neneme ilan inenggi ulebure jeku buhe, amala sunja inenggi
　　　　　이전에　　3일치　　　먹일　사료를 주었고, 나중에　　5일치

ulebure jeku buhe, uheri jakūn inenggi uleburengge buhe, suweni
먹일　　사료를 주었다. 모두　　8일치　　　　먹일 것을　　주었다. 너희의

tubai morin de neneme udu inenggi uleburengge buhe, terei 39/40 eden
그곳의　말에게　　우선　　며칠　　　먹일 것을　　주었다. 그것의　　부족한

be jakūn inenggi jalukiyame luwan jeo de gana,,
것을　8일치를　　채우도록　　灤州에　　가지러 가라.」

○ gūsin de, abatai taiji, jirgalang taiji, sahaliyen taiji cooha jime
　　30일에, "아바타이 타이지·지르갈랑 타이지· 사할리연 타이지의 군대가 와서

yangsimu bira de isinjiha seme alanjiha manggi, dahai, lungsi,
　　양시무 河에　　도착했다"고　　　고한　　　후,　　다하이· 룽시·

mucengge be takūraha gisun, jihe beise ambasa mini jakade acanjirahū,
무청거를　파견하여 말하기를, "온 버일러들· 대신들이 나의 측으로 만나러올까 우려된다.

muse cooha de emgi yabuha acanjire giyan waka, boode genefi weceku
우리는 전투에   함께 갔었다. 만나러 올 이유가 없다.   집에   가서   神에게

40/41 wecekini, joboho beye ergekini, suweni tubade aika yabuha
      제사지내라. 고생한   몸을   쉬어라.   너희가   그곳에서 어떻게 행했는지의

feliyehe gisun, cargi ebergi donjiha medege bici, mini ere takūraha
        말과   저쪽   이쪽의 들은   정보가   있으면 내가 이렇게 파견한

niyalma de alafi unggi seme takūraha, ilan taiji ceni yabuha feliyehe
자에게   말해서 보내라" 하며   파견했다.   세 타이지가 그들이   행한

babe alafi unggihe gisun be han de alaha manggi, han fonjime, nenehe
것을 고해서 보낸   말을   한에게 고하자,   한이 물었다.   "앞서

juwe jergi jihe olji ci ere fonji 41/42 ambula dere, tede nenehe mudan
 두 번   온 포로보다 이번이   많은 것 같다." 그에 "지난   번

ci ere fonji nikan labdu gajihabi sehe manggi, han hendume, bi
보다 이번이   한인을 많이 데려왔습니다"라고 한 후, 한이 말하기를, "나는

aisin menggun suje ulin labdu baha seme urgunjerakū, niyalma labdu
金·   銀·   비단· 재물을 많이 얻었다하여   좋아하지 않고, 사람을   많이

baha serede urgunjembi, aisin menggun suje ulin serengge, manara
얻었다 하면   좋아한다.   金·   銀·   비단· 재물이라는 것은   낡으면

wajire jaka, niyalma wajimbio, emke juwe bahaci, gemu gurun i duwali,
끝나는 물건이다. 사람이 끝나는가? 하나 둘   얻으면   모두 국인의   부류이다.

tede banjiha juse, gemu musei jušen ombi kai seme henduhe,, 42/43
그에게서 태어난 자식들은 모두 우리 속민이 되는 것이다"라고 말했다.

○ ineku tere inenggi, han, beise tabcilame genembi sehengge
　 같은 그 날,　　　한과 버일러들이 약탈하러 가겠다고 한 것을

nakafi, yangguri efu be emu gūsai tu i ejen, juwete bayara, ing ni
중지하고, 양구리 어푸를   1개 구사의 纛의 어전[18] · 2명씩의 바야라· 營의

cooha be baharai teile gamame tabcilame gene seme unggihe,,
병사를   할 수 있는 만큼 이끌고   약탈하러 가라고   보냈다.

---

18 'tu i ejen'은 'bayarai tu i ejen'의 약칭이다. 1634년(天聰8) tu i janggin(纛章京)으로 개칭했다. 1660년 (순치17) 護軍統領이라는 한어 명칭을 정했다.

── 5函 ──

tongki fuka sindaha hergen i dangse
點·圈을 찍은 문자의 檔子

orin jakūci debtelin
28권

sure han i duici aniya sunja biya
천총 4년 5월

tongki fuka sindaha hergen i dangse,,
　　點 圈을　　찍은　　문자의　　檔子

○ sunja biyai ice inenggi, boo ts'anjiyang, bu iogi duin šancin be
　　5월　　　초 1일,　　　鮑(承先) 참장·卜(文煥) 유격이 4개의 산채를

dahabuha seme medege alanjime jihe bihe, beile hendume, han,
항복시켰다고　　　소식을　　고하여　　왔다.　　(아민) 버일러가 말하기를, "한과

beise i gosime ujihe be dahame, faššame yabuha jilakan seme bu iogi
버일러들이 아끼고 기른 것에　따라　　노력하여　행하니　기특하다"하고, 卜(文煥) 유격

de orin yan menggun šangnafi, suwe ereci amasi yaya yaka ba 1/2
에게　20兩 銀을　　　　상 내리고, "너희가　이후로　　모든　어떤 것도

faššame kiceme yabuci, han de sain seme alafi hafan wesibure,,
노력하고　힘써　행하면　　한에게　좋다고　고하여 관직을 승진시키겠다"라고 했다.

○ ice juwe de, be du tang ni dzung ting ioi be fu ning hiyan de
　　초 2일에,　　白(養粹) 都堂의　　dzung ting ioi를　　撫寧縣에

medege gaisu seme takūraha, ts'ui dooli be giyan cang de takūraha,
정보를　취하라고　　보냈다.　　ts'ui 道吏를　　建昌에　　　보냈다.

jang jyfu i gung dzung kui, 2/3 dzeng fang be fu ning de takūraha,
張(養初) 知府의 gung dzung kui· dzeng fang을　　撫寧에　　보냈다.

meng fujiyang ni cen jin jung be yang ho de takūraha, yang fujiyang
孟(喬芳) 副將의　　　cen jin jung을　　　陽和에　　　보냈다.　　楊(文魁) 副將의

ni jang fu an be cang lii de takūraha, yang iogi i wang ši boo,
　jang fu an을　　　昌黎에　　　보냈다.　　楊(聲遠) 遊擊의 wang ši boo·

ma ju juwe niyalma be yang ho de takūraha,, 3/4
ma ju　두　사람을　　　陽和에　　　보냈다.

○ sunja biyai ice juwe de, han, amba beile, manggūltai beile
　　　5월　　초 2일에,　　한은　　大 버일러·　망굴타이　버일러와

acafi abalaha, tere aba de amba beile tatan ci jurame morin yalure de
만나서 몰이사냥을 했다. 그 사냥에서 大 버일러는 오두막에서 출발하여 말을　탈　때

morin tuilafi tuheke, manggūltai beile yamji ilaci hoihan sindafi
말이　뛰어올라서 낙마했다. 망굴타이 버일러는 밤에　세번째로 포위진을　쳐서

abalame jidere de, gurgu de feksifi tuheke, meiren nimehe, abalaha jai
몰이사냥하고 올 때에　짐승 쪽으로 달리다가 낙마하여 어깨를 다쳤다.　사냥한　다음

inenggi, han, tule cacari cafi gurgu i yali icihiyame tehe de, dahai 4/5
날　　　한이　밖에 천막을　치고 짐승의　고기를 처리하고 있을 때에, 다하이

baksi, lungsi baksi i baru hendume, sikse inenggi abalahangge jurgan
박시·　룽시　박시를　향해　말하기를,　　　"어제　　　사냥한 것은 (하늘의) 뜻에

de acahakū aise, juwe beile gemu morin ci tuheke, ainci tušaha amba
　맞지 않는 것 같다. 두 버일러가 모두 말에서　떨어졌다. 아마도 당면한　큰

weile be sindafi ainu abalambi seme dere sehe,,
일을 방치하고 왜 몰이사냥하는가 하는 것이리라"라고 했다.

○ ice duin de, meng fujiyang ni yang ho de takūraha niyalma
  초 4일에, 孟(喬芳) 副將이 陽和에 보냈던 사람이

isinjiha, terei alarangge, yang ho de 5/6 juwe minggan cooha bihe,
도착했다. 그가 고한 것. "陽和에 2천명 병사가 있다.

sain cooha be sonjofi emu minggan be emu iogi gamame fu ning de
  정예병을 선발해서 1천명을 1명의 유격이 이끌고 撫寧으로

genehe, fung žun ci jang dooli emu tumen cooha gamame inu fu ning
갔다. 豐潤에서 張(春)[1] 道吏가 1만명 병사를 이끌고 또한 撫寧으로

de genehe, wan arafi yung ping be kambi seme gisurembi seme alaha,
  갔다. 사다리를 만들어서 永平을 포위할 것이라고 말한다" 라고 고했다.

tere niyalma de juwan yan menggun šangnaha,, 6/7
  그 자에게 10兩 銀을 상 내렸다.

○ ineku tere inenggi, be du tang ni takūraha niyalma isinjiha,
  같은 그 날, 白(養粹) 都堂이 보낸 사람이 도착했다.

terei alarangge, cooha ice ninggun de tucimbi, yung ping be kambi
그가 고한 것. "병사가 초 6일에 출발한다. 永平을 포위할 것이다"

---

1 원문의 'jang'은 張春(1565~1641)을 가리킨다. 張春은 1631년(숭정4) 監軍兵備道에 임명되어 후금의
   공격으로부터 錦州를 구조했다. 그러나 大淩河 전투에서 패전하여 후금의 포로가 되었다. 투항을 거
   부하고 瀋陽의 三官廟에 10년간 갇혀지냈다. 이 시기에 그는 명과 후금(청)의 강화를 추진했으나 강
   화가 이루어지지 않고 전쟁이 심해지자 단식하여 사망했다.

seme alaha, tere niyalma be casi šuwe isinahakū fu ning ci bederehe
라고　　고했다.　그　　자는　　거기에서　곧장　이르지 않고 撫寧에서　　되돌아왔다고

seme ilan yan menggun šangnaha,,
　　　　　3 兩銀을　　　　　　　　상 내렸다.

○ ineku inenggi, dzun hūwa de tehe munggatu, 7/8 cahara i
　　같은　날,　　　遵化에　　주둔한　　　뭉가투·　　차하라가

unggihe bithe isinjiha, dai darhan, nikan ta san de juwe minggan boso
　보낸　　글이　　도착했다. 「다이 다르한이　明의　塔山에서　　2천필의 布를

gaihabi, boso be benjime emu nikan jihebi, tere nikan be mende
　취했습니다. 布를　　　보내도록　1명의　한인이　왔습니다. 그　한인을　　우리에게

gaji seci, mini monggo emken nikan i duka de bikai seme
　달라고 해도, "나의 몽고인　1명이　　明의　　邊門에　　　있다"하며

buhekū, bahara be dahame gaiki dere seme uttu jabume buhekū,
주지 않았습니다. "얻은 것에 따라　취하면 좋겠다"고　이렇게 답하고 주지 않았습니다.

ma dzung bing guwan i giyansi jihe ilan niyalma be bahafi suwende 8/9
　"ma　총병관의　　　　　奸細로　온　　3명을　　　　　잡아서　그대들에게

buhe kai sembi,,
주었다" 라고 합니다.」

○ ice sunja de, jang jyfu i takūraha juwe niyalma isinjiha, terei
　　초 5일에,　　　張(養初) 知府가　보낸　　　2명이　　　도착했다. 그들이

alarangge, cooha ice nadan ice jakūn de urunakū kame jimbi seme
고하기를,　"적병이　초 7일,　초 8일에　틀림없이　포위하러 온다"라고

alaha, tere niyalma be takūraha bade isinahakū yang ho ci bederehe
고했다.　그　사람들이　보낸　곳에 이르지 않고　陽和에서　귀환했다

seme juwe niyalma de 9/10 acan sunja yan menggun šangnaha,,
하여　2명에게　도합　5兩銀을　상 내렸다.

○ ice ninggun de, yang fujiyang ni takūraha niyalma isinjiha,
초 6일에,　楊〔文魁〕副將이　보낸　사람이　도착했다.

terei alarangge, lo ting ni jang dooli moringga cooha emu tumen,
그들이　고하기를,　"樂亭의　張〔春〕道吏가　騎兵　1만·

yafahan cooha emu tumen, g'angse[2] sunja minggan be gaifi luwan jeo
步兵　1만·　노역인　5천을　이끌고　灤州를

be kambi seme alaha, tede 10/11 ilan yan menggun šangnaha,,
포위할 것이다"라고 고했다. 그에게　3兩銀을　상 내렸다.

○ ere bithe, han boode genere onggolo nikan han de takūraha
이 글은[3]　한이　집에　가기　전에　명 황제에게 보낸

---

2 [籤註] gingguleme baicaci, fe dangse de g'angse seme arahabi, kimcime tuwaci, ainci mukšan jafara
cooha dere, baicame bahakū ofi, fe dangse i songkoi sarkiyaha,,
삼가 찾아보니 舊檔子에서 g'angse라고 적었다. 고찰해보건대 아마도 '木棒을 다루는 병사'일 것이
다. 찾을 수 없어서 舊檔子대로 베껴 썼다.
* g'angse는 한어 扛子의 음사로, 물건을 어깨에 매는 木棒 도구를 가리키는 것으로 생각된다. 역문에
서는 '노역인'으로 번역한다.
3 이 문단의 서신은 본서 24권 천총 4년 2월 9일조의 서신과 중복된다.

bithe, aisin gurun i han i bithe, daiming gurun i hūwangdi de jafaha,
글이다. 「금국의   한의 글.   대명국의   황제에게   바칩니다.

mini dolo gūnihangge, jing dailame ishunde wanuci, 11/12 abkai
나의 마음에 생각하기를   늘 전쟁하고   서로   죽이면   하늘이

banjibuha irgen inu sui mangga, musei beye inu jirgame banjire šolo
  낳은   백성도   억울하고   우리   자신도   편안히   살   틈이

akū, bi ubabe gūnifi, abka na de akdulame gashūfi doro acaci, musei
없습니다. 나는 이것을 생각하여, "天地에   굳게   맹세하고   화친하면   우리

gurun i cooha irgen juse omosi jalan halame taifin banjimbi dere, tuttu
나라의   병사와 백성이   자손   대대로   평안히   살 것입니다.   그렇지

akūci, atanggi dain nakafi taifin banjimbi seme acara bithe arafi
않으면   언제   전쟁을 그치고 평안히 살겠습니까?"라고 화친하는 글을 써서

niyalma takūraha, acara doro be suwe gisure,, 12/13
사람을   보냈습니다.   화친을   그대들은 말하십시오.」

○ nikan i ambasa de unggihe bithe, aisin gurun i han i bithe,
   명의   대신들에게   보낸   글.⁴ 「금국의   한의   글.

daiming gurun i ambasa de unggihe, dain nakafi taifin banjire be
      대명국의   대신들에게   보낸다. 전쟁을 그치고 평안히   사는   것을

buyeme, jing acaki seme niyalma takūraci, suwe ojorakū ofi, ere
바라고,   늘 화친하자고   사람을   보내도   너희가 하지 않으니,   이

---

4   이 문단의 서신은 본서 24권 천총 4년 2월 9일조의 서신과 중복된다.

dain de hafan cooha wabure gurun irgen joborongge, gemu suweningge
전쟁에서 관원과 병사가 죽임당하고   국인이   괴로운 것은 모두   너희의 것을

be suwe wara, suwe jobobure ton kai, bi cananggi 13/14 han i
너희가 죽이고 너희가 괴롭히는 셈이다. 나는 이전에   황제의

hecen de ninggun jergi bithe beneme acaki seci, ainci hecen i fejile
城에   여섯번   글을   보내어 화친하자고 했지만, 아마 城下의

gashūre be girucun arafi, jai mimbe hūdun bederembi dere seme karu
盟約을   수치스럽게 여기고, 또한 내가   빨리   돌아갈 것이리라   여겨   답신을

jabuhakū, bahara mangga ufarara jangge ucuri kai, abkai buhe ere
보내지 않았을 것이다. 얻기 어렵고 잃기 쉬운 것이 機會인 것이다. 하늘이 준   이

ucuri be, bi waliyafi ainu bederembi, abkai buhe bade usin tarime
기회를   내가 버리고 왜   돌아가겠는가? 하늘이 준 땅에서 밭을 경작하고

tehe, sini jakūn fu i niyalma usin ainahai bahafi elheken tarire,
살 것이다. 너의 여덟 府의 사람들은 밭을 어떻게   평안하게 경작할수 있겠는가?

udu tariha 14/15 seme tere jeku be wei bahafi tomsoro be sara,
비록 경작한다고   해도 그   곡식을 누가   거둘 수 있는지를 아는가?

suwe bicibe, tebke amdulaha be nakafi tooselame gūnime tuwacina, te
너희라도   융통성없는 태도를[5] 멈추고   따져   생각해 보아라. 지금

---

5 'tebke amdulambi'는 거문고의 기러기발을 아교로 붙인다는 뜻으로, 膠柱鼓瑟을 만주어로 옮긴 것으
로 보인다. 역문에서는 '융통성없는 태도'로 의역했다.

musei juwe gurun i weile, acara dailara juwe i dabala, encu arga akū
우리 두 나라의 일은 화친하거나 싸우는 둘 뿐이다. 다른 방책은 없는

kai, acaci gurun hūdun jirgambi, dailaci gurun i jobolon atanggi
것이다. 화친하면 國人이 속히 안락할 것이다. 싸우면 國人의 고통이 언제

wajimbi, gi jeo i hafasa, suwe wesihun geren hafasai emgi hebdefi,
끝나겠는가? 薊州의 관원들 너희는 상부의 여러 관원들과 함께 의논하여

han be jombufi acara weile be hūdun 15/16 gisurecina, nenehe hafasa
황제에게 상기시켜 화친하는 일을 속히 아뢰는 것이 좋으리라. 이전의 관원들은

gemu han be holtome dain be weihuken arafi, acaki seci ohakū
모두 황제를 속여 전쟁을 가벼이 여겨 화친하자 해도 듣지 않은

urse, akūci dain de wabuha, akūci sini han waha dabala, guwefi
무리였으며, 혹 전쟁에서 죽었거나, 아니면 너의 황제가 죽였을 뿐이었다. 모면하여

gung gebu gaifi bisirengge emke bio, daci minde arga akū, unenggi
공명을 취하여 살아남은 자가 하나라도 있는가? 본디 나에게 謀策은 없으며 진심으로

gisurembi, ojorakūci abka dere, erin dere, bi ainara, bi acara be
말하는 것이다. 하지 않으면, 하늘이리라, 時運이리라. 내가 어찌하겠는가? 내가 화친을

baitalarakū jing murime waki gaiki seme dailaci, suweni hafasa 16/17
쓰지 않고 늘 무리하게 죽이고 취하려고 공격하면, 너희 관원들과

coohai niyalma, han i jalin de buceki seme afaci jurgan bihe kai, bi
병사가 황제를 위해 죽겠다며 싸워도 義인 것이다. 나는

jing acaki seci, suweni han ojorakū　　[原檔殘缺]
늘 화친하자고 해도 너희의 황제가 하지 않고」〔原檔殘缺〕[6]

○ ice nadan de, tabcin genehe yangguri efu isinjiha, tesei
초 7일에, 　　약탈하러 간 　　양구리 어푸가 도착했다. 그들이

bahangge niyalma susai, morin ilan, losa juwe, ihan dehi juwe, eihen
획득한 것은 　　사람 50명· 　　말 3마리· 　노새 2마리· 　소 42마리· 　당나귀

orin 17/18 uyun, uheri emu tanggū orin ninggun baha,,
29마리, 　　　　총 　　126을 　　　　　　얻었다.

○ ice jakūn de, han, fujisa be gajime booi baru jihe,,
초 8일에, 　　　한은 푸진들을 데리고 집 쪽으로 왔다.

○ ice uyun de, hecen de dosika,, 18/19
초 9일에, 　　(瀋陽)성에 들어갔다.

○ juwan emu de, han hendume, amba asihan yaya niyalma suwe
　　11일에, 　한이 말하기를, "크고 작은 모든 사람들 너희가

cooha genere be, duleke aniyai adali goidambi serakū,[7] ere aniya
출병이 　　　　작년처럼 　　늦을 거라고 생각할까 우려된다. 올해는

niowanggiyan be amcame genembi, coohai agūra be hūdun kiceme
푸른 풀을 　　쫓아서 行兵할 것이다. 무기를 　　　속히 성실하게

6　본서의 24권 천총 4년 2월 9일조에 같은 내용의 서신이 실려있지만, 'bi ainara'(내가 어찌하겠는가)에
　서 종결되어 약간 짧다.
7　'serakū'는 'serahū'(생각할까 우려된다)의 誤記로 생각된다.

dasa, suwe coohai agūra be sartaburakū dasame bahambi, neneme
정비하라. 너희는 무기를 지체없이 정비할 수도 있고, 먼저

usin tuwanafi amasi jifi dasaki seci, neneme usin tuwana, jifi dasa,
밭을 보러 갔다가 돌아 와서 정비하겠다면 먼저 밭을 보러가고 와서 정비하라.

jai emu nirui sunjata jangkū, 19/20 juwanta olbo be gūsai ejen beile
또 1개 니루에 5개씩의 大刀· 10벌씩의 綿甲을 구사의 어전인 버일러가

tuwame dagila, ere fonji gajiha olji niyalma be, eture jetere de
감독하고 준비하라. 이 즈음 데려온 노획된 사람들을 입히고 먹임에

saikan gosime uji, gosime ujici ainu ukambi, ujire ehe de ukambi kai,
잘 아껴서 길러라. 아껴서 기르면 왜 도망가겠는가? 기르기를 나쁘게 함에 도망하는 것이다.

sain ujici gemu musei hūsun kai, beye jobome yabufi abkai kesi de
잘 기르면 모두 우리의 힘인 것이다. 몸이 수고롭게 행해서 하늘의 은혜로

baha niyalma hairakan kai, jai monggo de beri sirdan ume uncara
얻은 사람들이 아까운 것이다. 또한 몽고에 활과 화살을 팔지 말라고

seme jing hūlaci, kemuni 20/21 hūlhame uncambi, te uncara be saha de,
늘 외쳐도 여전히 몰래 판다. 지금 파는 것을 알면

hūlha i weile, usin, uksin saca, weile beidere, ere ilan jurgan i niyalma
도적의 죄이다. 밭· 갑옷과 투구· 죄를 심판하는 이 세 부서의 사람들

suwe yabuha joboho seme beye ume sengguwendere, meni meni afaha
너희는 행하는 일이 괴롭다고 몸을 사리지 말라. 각자 맡은

jurgan be kice,,
직무에   힘쓰라."

○ juwan ilan de, ma dzung bing guwan, he dzung bing guwan de
　　　13일에,　　　　麻(登雲)　총병관과　　　　黑(雲龍)　총병관에게

menggun juwete tanggū yan, 21/22 suje orita, mocin samsu emte tanggū,
　　　은 200량씩·　　　　　　　비단 20필씩·　　　　毛靑布 100필씩·

kubun susaita gin, miyanceo orita, sekei hayaha jibca emte,
　　棉花 50근씩·　　　　　綿紬 20필씩·　　貂皮 테두른 가죽옷 1벌씩·

sekei dahū emte, sekei sijigiyan jibca emte, honci sijigiyan jibca emte,
貂皮 털가죽외투 1벌씩·　　貂皮 袍 가죽옷 1벌씩·　　　양가죽 袍 가죽옷 1벌씩·

dobihi dahū emte, sekei mahala emte, boro emte, umiyesun gūlha
여우 털가죽외투 1벌씩· 貂皮 겨울모자 1개씩· 여름모자 1개씩·　요대와 신발과

fomoci, foloho enggemu emte, jafu soforo enggemu juwete, foloho
　양말과 조각한 안장 1개씩·　　　　모직물 깔개 있는 안장 2개씩·　　조각한

jebele beri niru sisihai 22/23 emte, dasire sektere tetušere tetun
화살집에 활과 화살을 꽂아서 1개씩·　　　　덮고 깔고 쓰는 그릇과

baitalara jaka yooni šangnaha, anggara duite, butūn duite, malu
　사용하는 물건　모두를　상주었다.　　항아리 4개씩·목긴 항아리 4개씩·병

juwanta, niowanggiyan moro tanggūta, fila susaita, sufan i weihe i
　10개씩·　　　녹색 사발 100개씩·　　　접시 50개씩·　　　상아 젓가락

sabka susaita juru, cuse moo i sabka gūsita juru, ma dzung bing
　　50쌍씩·　　　　　대나무 젓가락 30쌍씩 이다.　　　　　麻(登雲) 총병관·

guwan, he dzung bing guwan, ma fujiyang, wang fujiyang, ere duin
　　黑(雲龍)　총병관·　　　馬(光遠) 副將·　王(世選) 副將　　이 4명에게

nofi de niyalma nadanjuta juru, morin gūsita, ihan orita, eihen gūsita,
　　사람 70쌍씩·　　　　　말 30마리씩·　소 20마리씩· 당나귀 30마리씩·

temen juwete buhe, yang fujiyang, meng fujiyang, ere juwe nofi de,
　낙타 10마리씩을 주었다. 楊(文魁) 副將과　孟(喬芳) 副將,　　이　　2명에게

23/24 niyalma susaita juru, temen emte, morin orita, ihan juwan
　　　사람 50쌍씩·　　　낙타 1마리씩·　말 20마리씩·　　소 16마리씩·

ninggute, eihen orita buhe, ma ts'anjiyang, ma iogi, dzang jung giyūn,
　　당나귀 20마리씩을 주었다.　馬(光遠) 參將·　ma 遊擊·　dzang 中軍·

ding fujiyang, yang iogi, ere sunja nofi de niyalma gūsita juru, morin
　丁(啓明) 副將· yang 遊擊,　이　5명에게　　　사람 30쌍씩·　　　　　말

juwanta, ihan juwanta, eihen juwanta buhe, wang beiguwan, wang
　10마리씩· 소 10마리씩· 당나귀 10마리씩을 주었다.　wang 備禦·　wang

dusy, lio iogi, lu jung giyūn, jiyang šeobei, wei šeobei, ts'ui dooli i
都司· lio 遊擊·　lu 中軍·　　jiyang 守備·　wei 守備·　ts'ui 道員의

deo i jui, ere nadan nofi de niyalma 24/25 orita juru, morin ninggute,
동생의 아들, 이　　7명에게　　사람 20쌍씩·　　　　　말 6마리씩·

ihan ninggute, eihen ninggute buhe, hū siyang gung, wang siyang
　소 6마리씩·　　 당나귀 6마리씩을 주었다.　　 hū 相公·　　　　 wang 相公

gung, fang siyang gung, jang ci jan, ta ing kuwan, ere sunja nofi de
　　 fang 相公·　　　　 jang ci jan·　　 ta ing kuwan,　 이　 5명에게

niyalma nadata juru, morin juwete, ihan juwete, eihen ilata buhe,
　　 사람 7쌍씩·　　　　 말 10마리씩·　 소 10마리씩· 당나귀 3마리씩을 주었다.

ma dzung bing guwan i juwe ciyandzung, he dzung bing guwan i juwe
麻(登雲)　 총병관의　　　　　 2명의 千總과　　　 黑(雲龍) 총병관의　　　　　 2명의

ciyandzung, ma fujiyang ni 25/26 juwe ciyandzung, wang fujiyang ni
　千總,　　　 馬(光遠) 副將의　　　　 2명의 千總,　　　　 wang 副將의

juwe ciyandzung, yang fujiyang ni juwe ciyandzung, meng fujiyang ni
　2명의 천총,　　　　 楊(文魁)　 부장의　 2명의 천총,　　　　 孟(喬芳) 副將의

emu ciyandzung, dzang jung giyūn i emu ciyandzung, yang iogi i
　1명의 천총,　　　　 dzang 中軍의　　　　 1명의 천총,　　　 yang 遊擊의

emu ciyandzung, ere juwan ilan ciyandzung de, nenehe siyang gung
　1명의 천총,　　　 이　　 13명의　　　 천총에게　　　 앞의　　　 相公

sei songkoi buhe,,
들과 같이 주었다.

○ tere inenggi, dudu taiji emu gūsai sunjata amban, emu nirui
　 이 날,　　　　 두두 타이지가 1개 구사에 5명씩의　 大人·　　 1개 니루에

duite bayara be gamame, yung ping de teme genehe,, 26/27
4명씩의 바야라를　　이끌고　　　永平으로　　　주둔하러 갔다.

han de, yung ping, dzun hūwa, luwan jeo de bisire nikan
한에게　　　永平·　　遵化·　　　灤州에　　　있는　漢人

hafasai wesimbuhe bithe be tuwafi, han hendume, daise fujiyang ning
관원들이　　올린　　　글을　　　보고　　한이 말하기를,　　"署 副將　　寧完我,

wan o, sini wesimbuhe bithe be bi gemu tuwaha, gisun gemu inu,
　　　네가　　올린　　　글을　　내가 모두　　봤다.　　　말이　모두　옳다.

mimbe hūdun jio sere inu mujangga, nikan gurun irgen ini cisui
나를　속히　오라고 하니 진실로　옳다.　　　명나라의　　　民人은 그 스스로

banjimbi, coohai niyalma de boo akū caliyan 27/28 bume tuleri tembi,
산다.[8]　　　軍人은　　　집 없이　錢糧을　　　　주어서 밖에서　산다.

musei gurun tucici cooha, dosici irgen kai, jihe cooha gemu meni meni
우리의　國人은 나가면 군인이고 들어오면 민인이다.（출정했다가）온 군대는 모두 각자

coohai agūra dasara, booi banjire be icihiyara, usin tuwame yangsabure
　　兵器를　　정비하거나,　家事를　　　처리하거나,　밭을 돌보며　김매게 하거나

hukšebure bi, morin gemu tarhūhabi, usin yangsame hukšeme tucibuci,
培土시키고 있다. 말은　모두　　살쪘다.　　　밭을 김매고　　　培土해　　　내면

---

tatan tere booi niyalma amala hadukini, coohai agūra dasame wajihai
오두막에 사는 家人들이　　　후에　거두어라.　　　　　兵器　정비하기를　끝내는

teile, bi hūdun cooha gaifi genembi, sini tehe ba i hafan irgen i
대로　나는 속히　군대를 이끌고 갈 것이다. 네가 주둔한 지역의　官·民이

joboro 28/29 gasara babe sini sahai teile jacin beile de ala, bi dahaha
고생하고　　　원망하는　것을 네가　아는대로 둘째 버일러에게 고하라. 내가 투항한

irgen be ujire jalin, jai etuku mahala ilgara, giyansi jafara be ilibure,
백성을　기르는 이유로, 또한 옷과 겨울모자를 변별하고　奸細를 잡는 것을 금하고,

hafan be hairandara jalin, bi jacin beile de bithe unggihebi,,
　관원을　　우대하는　　이유로 내가 둘째 버일러에게　글을　보냈었다.”

han hendume, g'ao fujiyang sini wesimbuhe bithe be bi gemu
　한이 말하기를, “高(鴻中) 副將,　네가　올린　　글을　　내가 모두

tuwaha, gisun gemu inu, mimbe hūdun jio, emu 29/30 inenggi goidaci,
　보았다.　말이 모두　옳다. 나에게 ‘속히 오십시오. 하루가　　　　늦어지면

nikan emu inenggi belhembi kai sere gisun inu mujangga, nikan gurun
　明은　　　하루　　　대비할 것입니다’라는 말은 진실로 옳다.　　　명나라의

i irgen ini cisui banjimbi, coohai niyalma de boo akū caliyan bume
　民人은 그　스스로 산다.　　　　軍人은　　　　　집 없이　錢糧을　주어서

tuleri tembi, musei gurun tucici cooha, dosici irgen kai, jihe cooha
밖에서 산다. 우리의 國人은 나가면 군인이고 들어오면 민인이다. (출정했다가) 온 군대는

gemu meni meni coohai agūra dasara, booi banjire be icihiyara, usin
모두   각자   兵器를   정비하거나,   家事를   처리하거나, 밭을

tuwame yangsabure hukšebure bi, morin gemu tarhūhabi, usin
돌보며   김매게 하거나 培土시키고 있다. 말은   모두   살쪘다.   밭을

yangsame hukšeme tucibuci, tatan 30/31 tere booi niyalma amala
김매고   培土해   내면   오두막에   사는   家人들이   후에

hadukini, coohai agūra dasame wajihai teile, bi hūdun cooha gaifi
거두라.   兵器를   정비하기를 끝내는 대로, 내가 속히   군대를 이끌고

genembi, erei sidende si sini tehe ba i irgen be saikan kadala, jušen ya
갈 것이다. 이 사이에 너는 네가 주재한 지역의 백성을   잘   관할하라. 속민 누군가가

nungnere cuwangnara facuhūn oci, emgi tehe baksi be gaifi jacin beile
침해하거나 약탈하거나   어지럽게 하면   함께 주재한 박시를 데리고 둘째 버일러에게

de ala, bi dahaha irgen be ujire jalin beile de bithe unggihebi,, 31/32
 알리라. 내가 투항한   백성을   기르는 이유로 버일러에게 글을 보냈었다.”

han hendume, daise du tang giya wei yo, ts'anjiyang fan wen
 한이 말하기를,   “署 都堂   賈維鑰과   參將 范文程,

ceng, suweni wesimbuhe bithe be tuwaci, suweni dzun hūwa i irgen
    너희가   올린   글을   보니, 너희가   遵化   백성을

be icihiyaha ujihe gemu sain, bi ere aniya hūdun genembi, suwe dorgi
 처리하고   기른 것이 모두 좋다. 나는 올해   속히   갈 것이다. 너희는 안의

irgen be saikan gosi, tulergi dahara unde irgen be elbi, ice irgen be
백성을 잘 보살피라. 밖에 아직 투항하지 않은 백성을 초무하라. 새로운 백성을

jušen nungneci, jušen i tehe amban de 32/33 alafi šajin i isebu,,
주션이 침해하면 주션의 주재한 대신에게   고해 법으로 두렵게 하라."

han hendume, ts'anjiyang ts'ai tung, iogi gin io guwang, sini
한이 말하기를, "參將 ts'ai tung과 遊擊 金有光, 네가

wesimbuhe bithe be tuwafi, akdun tondo be saha, sini guribume gajiha
올린 글을 보고 信忠을 알았다. 너희가 옮겨 데려온

irgen be jušen yaka nungneci, mini werihe fan ts'anjiyang de ala, tere
백성을 주션 누군가 침해하면, 내가 남긴 范(文程) 참장에게 알리라. 주재하는

jušen i amban i emgi šajin i isebukini,, 33/34
주션 대신과 함께 법으로 두렵게 하라."

○ be du tang, ts'ui dooli de unggihe bithe be, nikan i dangse de
白(養粹) 都堂·ts'ui 道員에게 보낸 글을 漢文 檔子에

arahabi,,
기록했다.

○ tere inenggi, yung ping de tehe amin beile de unggihe bithe,
그 날, 永平에 주둔한 아민 버일러에게 보낸 글.

han hendume, be aga bisan tookabuci, tookabure gojime niowanggiyan
「한이 말하기를, 우리는 비와 홍수로 지체되면 지체되더라도 푸른 풀을

be 34/35 amcame hūdun genembi, erei sidende yung ping, dzun hūwa,
따라서　　속히　갈 것이다.　이　사이에　　　永平·　　遵化·

luwan jeo, ciyan an i ba i dahaha irgen be tariha usin i jeku be
灤州·　　遷安 지역의　투항민으로 하여금 경작한　밭의　곡식을

nungnere be saikan ciralame ilibu, ere duin ba i dahaha niyalma,
침해하는　것을　잘　　嚴禁하라.　이　네　지역의　투항민은

nikan i dahara unde niyalmai tuwara durun kai, durun ufararahū,
한인의 투항하지 않은　사람들이　보는 본보기이다. 본보기가 실패할까 우려된다.

jai dursukileme balai niyalma be giyansi sere be nakabu, unenggi
또한　본받아　망령되이 사람들을　奸細라고 하는 것을 금하게 하라. 진짜

giyansi muse de namburakū, tere elemangga hafan 35/36 irgen be
奸細는 우리에게　잡히지 않는다. 그것은 오히려　관원과　　민인을

elhe akū oburengge kai,,
불안하게　만드는 것이다.」

○ juwan ninggun de, solho i elcin genehe, emu ihan wafi jakūn
　　16일에,　　　조선　사신이　갔다.　1마리 소를 잡고 8개

dere dasafi, ušan, mandarhan, dahai baksi sarilafi unggihe,,
상을　차려서, 우산·　만다르한·　다하이 박시가 잔치하여 보냈다.

○ tere inenggi, solho de mocin ganara niyalma be 36/37 dahame
　그　날,　　조선으로 毛靑布를 가지러 간 사람을　　　　따라

inggūldai de emu gūsai emte amban adabufi, emu nirui juwete uksin be
잉굴다이에게 1개 구사에 1명씩의 대신을 맡겨, 1개 니루에 2명씩의 甲兵을

gamame genehe,,
이끌고 갔다.

○ juwan nadan de, lio u i takūraha juwe niyalma isinjiha,,
  17일에, 劉五(劉興治)가 보낸 2명이 이르렀다.

○ juwan uyun de, yung ping ci yunghoi, 37/38 gartuhū i emgi
  19일에, 永平에서 융호이와 가르투후와 함께

nadan niyalma luwan jeo be nikan i cooha kahabi seme alanjiha, tere
  일곱 사람이 灤州를 明軍이 포위했다고 알려왔다. 그

inenggi jakūn niyalma be tucibufi dudu taiji be amcabuha,,
  날, 8명을 내보내 두두 타이지를 좇도록 했다.

○ orin de, unca i emgi jakūn niyalma medege alanjime, nenehe
  20일에, 운차와 함께 여덟 사람이 소식을 고하러 와서, 앞의

nadan niyalmai songkoi alanjiha,,
  일곱 사람과 똑같이 고했다.

tongki fuka sindaha hergen i dangse
點·圈을 찍은 문자의 檔子

orin uyuci debtelin
29권

sure han i duici aniya sunja biyaci ninggun biyade isinahabi
천총 4년 5월부터 6월까지

○ sunja biyai orin de, lio san, sy, u de unggihe bithei gisun,
　5월　　　20일에,　　劉三·(劉)四·(劉)五에게 보낸　글의　말.

emu hecen be bahafi amasi gaibuha sere serengge, ainci giyan cang
「한　城을　　얻었으나 다시　빼앗겼다고 하는 것은　　아마도　建昌을

be hendumbi dere, giyan cang ni ma guwang yuwan, cooha irgen be
　말하는　　것이리라.　　建昌의　　　馬光遠이　　　　　軍民을

gaifi dahaha, tede cooha unggifi tebuki seci, hecen ajigan ba 1/2
이끌고 투항했다. 거기에 군대를 보내서 주둔시키려고 했으나 城이 작고 지역이

hafirahūn ofi, dahaha irgen suilarahū seme cooha unggihekū, giyan
좁기 때문에　투항한　백성이 고생할까　해서 군대를 보내지 않았다. 建昌의

cang ni ma ts'anjiyang minde acanjifi amasi genere sidende, šanaha i
　　馬(光遠) 參將이　나에게 만나러 왔다가 돌아 가는　사이에,　산해관의

cooha holtome ma ts'anjiyang jihe seme dosinafi, orin isime šusai
　군대가　속이고　馬(光遠) 參將이 (내게) 왔다고 진격하여　20명에 이르는 秀才들을

sabe wahabi, ts'anjiyang ni jung giyūn be jafafi, šanaha de gamafi
　죽였다.　　참장의　　　中軍을　　　잡아　산해관으로　데려가

wahabi, nikan ainci holtome amasi ubašaha sehebi dere, suweni
　죽였다. 明이　아마　속이고 (中軍이) 다시 배반했다고 했으리라.　너희 가운데

donjiha niyalma akdafi, mimbe amala geli ufararahū seme 2/3 mujilen
들은   자들이   믿고   내가   다시   또   실수할까   하여   깨닫도록

bahabure inu mujangga, tere serehekū arga de tuheke gojime, irgen i
하는 것은   진실로 옳다.   그들이 모르고 계략에   빠졌을   뿐,   백성이

ubašahangge waka, goroki weile be yargiyan ainambahafi sambi, damu
배반한 것이   아니다. 먼 곳의 일을   실제로   어찌 알 수 있겠는가?   다만

suweni bisire fonde, mini wara de amtan akū, irgen be gejureburakū
너희가   있을   때,   내가 죽이는 데 흥미   없고 백성을   착취당하게 하지 않는

be suwe gemu saha, terei bodoci, mini yabun be suwe uthai bahanambi
것을 너희는 모두 알았다. 그로 헤아려보면 나의 품행을   너희는 곧   이해할 것이다.

kai, weri bade emhun cooha šumin dosifi gejureme nungneme yabuci,
   다른 사람의 지역으로 孤軍이   깊이 들어가서 착취하고   약탈하여   행하면

utala biya meni 3/4 cooha adarame teci ombi, inu sain de irgen
이만큼 여러 달 우리의 군대가   어찌   주둔할 수 있겠는가? 옳고 좋음에 백성이

dahafi tehebi dere, meni cooha duleke aniya juwan biyai orin
투항해서 주둔한 것이리라. 우리의 군대는 지난   해   10월   27일에

nadan de, lung jing guwan, dai an keo sere juwe duka be dosika,
         龍井關과   大安口라는   두   門을   진입했다.

doigonde irgen be ujire bithe araha bihe, dosika inenggi san tun ing,
앞서   백성들을 기르겠다는 글을 썼었다.   진입한   날   三屯營·

han el juwang, hūng šan keo i afanjiha cooha be wafi, ba bade bithe
漢兒莊·　　　洪山口의　　　싸우러 온 군대를　죽이고　곳곳으로 글을

takūrara jakade, dahahangge han el 4/5 juwang, pan giya keo, luwan
보내는 까닭에,　투항하기를　漢兒莊·　　　　　潘家口·　　　灤陽·

yang, hi fung keo, hūng šan keo, dai an keo, dai an ing, ma lan keo,
喜峰口·　　　洪山口·　　大安口·　　大安營·　　馬蘭口·

ma lan ing, lo wen ioi, juwan hecen dahaha, ujui funiyehe fusihakū,
馬蘭營·　　羅文峪　　10개　성이　투항했다. 머리카락을　깎지 않았다.

ulin ulha gaihakū, umai necihekū, tereci dosifi dzun hūwa be kafi
재물과 가축을 취하지 않았다. 결코 범하지 않았다. 그 후 진입하여 遵化를 포위하고

daha seme takūraci, ojorakū ofi afafi bahafi waha, dzun hūwa de
항복하라고　보내도　不可하다 하기에 싸우고 얻고 죽였다.　遵化에

teme, šanaha i jao dzung bing guwan i 5/6 cooha afanjiha be gemu
머물러 산해관의 趙(率敎)　총병관의　　　　군대가 싸우러 온 것을 모두

waha, dzun hūwa ci omšon biyai juwan juwe de, han i hecen i baru
죽였다.　遵化에서　　11월　　12일에　　황제의 성으로

juraka, jugūn de irgen be wahakū, umai jaka be necihekū, irgen inu
출발했다. 도중에　백성을 죽이지 않았다. 전혀 물건을 범하지 않았다. 백성들도

necihekū be safi, tehe booci aššarakū, tampin de nure, šoro de buda
범하지 않는 것을 알고 사는 집에서 동요하지 않았다. 술병에 황주,　광주리에 밥이

meni cooha be okdoko, han i hecen de juwan uyun de isinafi kaha,
우리 군대를 맞았다. 황제의 성에 19일에 이르러 포위했다.

kafi inenggi goidame bisire de, abkai 6/7 fejergi golo goloi dara cooha
포위하고 날이 오래 되었는데, 天下의 곳곳에서 돕는 군사가

gemu isinjifi, gemu mende wabuha, han i hecen i šurdeme hecen šūn
다 도착하여 모두 우리에게 죽임 당했다. 황제의 성의 주위의 성 順義縣·

i hiyan, fang šan hiyan dahaha, ineku umai necihekū, daha seci,
房山縣이 투항했다. 마찬가지로 조금도 범하지 않았다. 투항하라고 해도

ohakū liyang hiyang hiyan, gu an hiyan, jang giya wan, hiyang ho
응하지 않은 良鄉縣· 固安縣· 張家灣· 香河縣을

hiyan be afafi gaifi gemu waha, tulergi gašan de tehe sula irgen be
공격해 취해서 모두 죽였다. 밖의 촌락에 거하는 일자리 없는 백성들은

wahakū, umai necihekū, boo hūwa be tuwa sindahakū, beging hecen i
죽이지 않고, 조금도 범하지 않았으며, 집과 뜰에 불을 놓지 않았다. 北京城의

7/8 uyun duka be, gemu boihon fihebufi tuwakiyara jakade, neneme
아홉 문을 모두 흙으로 채워서 지키는 까닭에, 먼저

yung ping be gaifi boo obuki seme, jorgon biyai orin ninggun de han i
永平을 취해서 집으로 삼자하고, 12월 26일에 황제의

hecen ci jifi, yung ping be daha seci ohakū, afafi gaifi, hafan
성으로부터 와서, 永平에 항복하라 해도 하지 않았다. 공격해 취해서, 관원과

cooha irgen be emke wahakū gemu ujihe, alban i menggun jeku gaiha
병사와 백성을 한 명도 죽이지 않고 모두 살렸다. 貢賦의 銀과 식량을 획득했을

dabala, irgen i umai be gaihakū, te meni boode bihe cooha halame
뿐, 백성의 아무것도 취하지 않았다. 지금 우리의 집에 있던 군사가 교대하러

genefi 8/9 yung ping, luwan jeo, ciyan an, dzun hūwa ere duin hecen
가서 永平· 灤州· 遷安· 遵化, 이 네 성에

de tehebi, mende dahaha ba i niyalma gemu usin tarihabi, dahahakū
주둔하고 있다. 우리에게 투항한 땅의 사람은 모두 밭을 경작한다. 항복하지 않은

ba i niyalma usin tarihakūbi, neneme genehe cooha, gemu boode jifi
땅의 사람은 밭을 경작하지 못한다. 먼저 간 군사들이 모두 집에 와서

uksin saca beri sirdan dagilafi, ere bolori geli genembi, weile mutere
갑옷과 투구· 활· 화살을 준비하여, 이 가을에 다시 갈 것이다. 일을 이루거나

muterakūngge, abkai ciha dere, daci nikan i holo, mini yargiyan be
이루지 못하는 것은 하늘의 뜻이리라. 원래 明은 거짓되고, 우리가 진실한 것을

suweni 9/10 sarkū aibi, šurdeme tehe hecen hoton gurun irgen, gemu
너희가 모르는 것이 무엇이 있는가? 주위에 있는 城의 국인들은 모두

jetere jeku akū, emhun beging ni hecen adarame bimbi,,
먹을 곡식이 없다. 홀로 北京城이 어찌 있겠는가?」

○ orin emu de, begei, songgotu, anggin i emgi jakūn niyalma
　　21일에, 버거이· 송고투· 앙긴과 함께 8명의 사람이

alanjime, luwan jeo, yung ping, ciyan an, dzun hūwa, ere duin hecen be
보고하기를,　　灤州·　　永平·　　遷安·　　遵化,　　이 네 성을

waliyafi 10/11 jimbi seme alanjiha,,
버리고　　　　　온다고　　고해왔다.

○ orin ilan de, han, yamun de tucifi, beise ambasa geren irgen
　　23일에,　　한이　衙門에　　나가서, 버일러들과 대신들과 여러 백성들을

be isabufi hūlaha gisun, muse neneme cooha genere de, ememu niru
　　모아　　외친　　말. "우리가 이전에　　출병할 때,　　　어떤 니루에서는

orita uksin, ememu niru tofohoto uksin genefi, nikan i bekilehe 11/12
20명씩의 甲兵이, 어떤 니루에서는 15명씩의 甲兵이 가서,　　明의　　견고한

jase be efuleme dosifi, akdulaha hecen be abkai kesi de baha, ini abkai
경계를 무너뜨리고 들어가　견고한　　城을　　하늘의 은혜로　얻었다. 그 天下에서

fejergi mangga sehe sain cooha be, ba bade gemu waha, abkai buhe
　　　　강하다는　　정예병을　　곳곳에서　모두 죽였다. 하늘이　준

dzun hūwa, yung ping, luwan jeo, ciyan an be tuwakiya seme, emu
　　遵化·　　　永平·　　灤州·　　遷安을　　　지키라고,　　1개

nirui ilata bayara, orita uksin, neneheci ambula cooha be unggifi, amin
니루에서 3명씩의 바야라· 20명씩의 甲兵과 이전보다 큰　　군사를　　보내서, 아민

beile, šoto taiji, geren ambasa be ejen arafi tebuhe 12/13 bihe, luwan
버일러·쇼토 타이지·여러　대신들을　수장으로 삼아 주둔하게　　　했었다. 灤州에서

jeo de nikan i cooha afanjifi ilan inenggi afahabi, nikan amba poo
明의　　군사가 싸우러 와서 3일을　　　싸웠었다.　明軍이　　　大炮를

sindara de, hoton i juwe keremu efujehebi, poo i okto de leose
쏠 때에,　　　城의　　2개의 성가퀴가 무너졌고,　炮의　화약에　성루가

dulekebi, tede musei cooha majige jailahabi, terei sidende nikan cooha
불탔다.　그에 우리의 군사가　조금　피했다.　그 후 중간에　明의 군사가

hoton de efujehe baci tafaka be, musei cooha ibefi gemu wahabi,
城에　　무너진 곳에서 올라 간 것을, 우리의 군사가 나아가서 모두 죽였다.

hoton efujere jakade, ambasa, coohai niyalma be bargiyafi gajihakū,
城이　무너졌기 때문에, 대신들이　　　군사들을　　　모아서 데려오지 못하고,

ceni beye neneme 13/14 tucikebi, coohai niyalma, ambasa tucike seme
그들 자신들이　먼저　　　　탈출했다.　　군사들은　　대신들이　탈출했다고

amala donjifi, dehi susai orin gūsin i yung ping ni baru jidere be,
후에　듣고,　　40-50명씩,　20-30명씩이　永平을　　　향해　　오는 것을,

nikan cooha ba bade hetureci, kemuni fondolome wame jihebi, feye
明의　군사가 곳곳에서 길을 막았으나, 계속　돌진하여　죽이고 왔다.　상처

baha niyalma nimere niyalma gaibuhabi, yung ping de tehe amin beile,
입은　사람,　　병든　사람은　전사했다.　　永平에　　거하는 아민 버일러·

šoto taiji, coohai baran be sabuhakū, bata i baru genehe ci, emu da
쇼토 타이지가 軍의　　형세를　　알지 못하고 적을 향해　간 이래,　1대의

sirdan gabtahakū, yung ping, ciyan an 14/15 hecen i ujihe dahaha
화살도 쏘지 않고, 永平· 遷安城의 기르고 투항한

irgen be wafi, abkai buhe duin hecen be waliyafi, geren cooha be
백성을 죽이고, 하늘이 준 4城을 포기하고 여러 병사들을

gajime jimbi sere, beile serengge, doroi jalin gūnirakū ofi, ambasa
데리고 온다고 한다. 버일러라는 이가 도리를 위해 생각하지 않으며, 대신들이라는

serengge, han beise i jalin faššame gūnirakū ofi kai seme, geren de
이들이 한과 버일러를 위해 노력하여 생각하지 않아서일 것이다" 라며, 여럿에게

gasame hūlaha, gubci geren irgen gemu gasanduha,, 15/16
비통하여 외쳤다. 모든 여러 백성들이 다 일제히 탄식했다.

○ orin duin de, dahai, ušan, turusi, ši ting ju, hūnta, dahabu,
　24일에, 다하이· 우샨· 투루시· 石廷柱· 훈타· 다하부·

suldei, keri ilan tanggū cooha be gaifi, aita i deo i tehe tun de
술더이· 커리가 300명의 군사를 이끌고, 아이타의 동생이 거하는 섬에

medege gaime genehe,,
소식을 얻으러 갔다.

○ orin ninggun de, han, cooha de baha ice hafasa be sarilara de,
　26일에, 한이 전쟁에서 얻은 새로운 관원들을 위해 잔치할 때,

16/17 han hendume, neneme ilan jergi jihe coohai niyalma be joboho,
한이 말하기를, "먼저 세 번 (출전갔다) 온 군사들이 고생했으니

ini baha bahai gaikini seme suwelehekū, te amala jidere cooha, mini
그가 얻은 대로 가지게 하라며 뒤지지 않았었다. 지금 이후에 오는 군사들은 내가

baha hecen hoton be waliyafi, ujihe dahaha irgen be wafi, ulin ulha be
얻은   城을   버리고, 기르고 투항한 백성들을 죽이고, 재물과 가축을

gajime jici, gajire jaka be gemu suweleme gaisu seme, hošotu efu,
가지고 오니, 가진 물건을 모두 수색하여 취하라" 라며, 호소투 어푸·

darhan efu, gusantai efu, kakduri, ere duin amban be unggime henduhe
다르한 어푸· 구산타이 어푸· 칵두리, 이 네   대신을   보내어   말한

gisun, dzun 17/18 hūwa de tehe ambasa, coohai niyalmai aciha be ume
말. "遵化에   주둔했던 대신들· 군사들의   짐은

suwelere, ini baha bahai gajikini, yung ping, ciyan an, luwan jeo be
수색하지 말라. 그 얻은 대로 가지게 하라. 永平·   遷安·   灤州를

waliyafi jidere beise ambasai baha ulha aciha be yooni gaisu, coohai
버리고 온 버일러들과 대신들이 얻은 가축과 짐은   모두 취하라. 군사들의

niyalmai aciha be suwelefi, aisin, menggun, suje, gulhun mocin samsu,
        짐을 수색하여 금·   은·   비단·   온전한 毛靑布·

suje etuku be gaisu, ehe sain mocin samsu etuku be ejen de bu,, 18/19
비단 옷을   취하라. 약간의   毛靑布   옷을   어전에게 주어라."

○ tere inenggi, nikan be coohalaha doroi donggo gege, hada gege de
  그 날,   明에   출정한 禮로서 동고 공주[1]· 하다 공주에게

---

1 '동고 공주'(donggo gege)는 눈저 공주(nunje gege, 1578~1652)를 가리킨다. 눈저는 누르하치의 첫

aisin i hūntahan emte, menggun i hūntahan juwete buhe, gūwa
금 술잔 1개씩·   은 술잔 2개씩을   주었다. 다른

geren gege de juwete menggun i hūntahan buhe, buhe doroi han de
여러 공주들에게   2개씩의 은 술잔을   주었다. 준 禮로써 한에게

baniha arame hengkilehe, gege sebe jihe doroi sarin sarilafi unggihe,, 19/20
감사를 드리며 고두했다.   공주들에게 온 禮로써 연회를 베풀어서 보냈다.

○ orin uyun de, han, juwe amba beile, geren taijisa, <u>wecere ecike</u>[2] i
29일에,   한과   두 大 버일러·   여러 타이지들이 워처러 叔父의

jui arai cooha de akūha bihe, tede sinagan i doroi acanafi jihe,
아들 아라이가 전투에서   죽어서,   그에게   服喪의 禮로 만나러 가서 왔다.

ecike be han, beise gosime jakūn gūsai sidende tofohon honin, duin
(보이호치) 叔父를 한과 버일러들이 아껴서 八旗의 가운데서   15마리의 양· 4필의

suje, orin mocin buhe, ooda age i sargan 20/21 gege de emu honin, emu
비단· 20필의 毛青布를 주었다. 오오다 아거의 妻   공주에게 1마리 양과   1필의

suje, juwan mocin buhe,,
비단·10필의 毛青布를 주었다.

   째 정실부인 퉁갸씨(佟佳氏) 하하나 자칭의 장녀로, 동고部의 호호리와 결혼했기 때문에 '동고 공주'
   라고 불렸다.

2 [籤註] gingguleme baicaci, yargiyan kooli de, wecere ecike be, boihoci ecike seme arahabi,,
   삼가 찾아보니 『實錄』에서 '워처러 叔父'를 '보이호치 叔父'라고 썼다.
   * 『Nenehe genggiyen han i sain yabuha kooli』(先genggiyen han賢行典例)의 기록에 의하면 보이호
   치는 기오창가의 큰아들인 리둔 바투루의 아들이다. 즉 보이호치는 누르하치와 사촌형제간이고, 홍
   타이지에게는 당숙이다. 『淸太祖實錄』에서 貝和齊로 음사했다.

○ gūsin de, hūrha gurun ci orin emu niyalma, han de seke i
　　30일에,　　후르하 국에서　　21명의　　사람이　한에게　　貂皮

alban benjime hengkileme jihe,,
공물을　보내려고　고두하러　왔다.

○ ninggun biyai ice duin de, cooha ci jihe beise ambasa coohai niyalma
　　6월　　초 4일에,　　전쟁터에서 온　버일러들과 대신들의　군사들이

isinjiha, beise 21/22 ambasa be hecen de dosimbuhakū, tofohon ba i
도착했다. 버일러들과　　대신들을　　城에　　들이지 않고,　　15里의

dubede tatabuha, coohai niyalma be hecen de dosimbuha,,
앞에 숙영하게 했다.　　군사들은　　　　城에　　들여보냈다.

○ ice sunja de, han, morin i guwan i bade genefi, beise ambasa
　　초 5일에,　　한이　　馬館　　지역에 가서 버일러들과 대신들을

be isabufi, monggo boo i šurdeme tebufi, 22/23 han hendume, abkai
모아,　　몽고 천막의　주변에　앉게 하고　　한이　말하기를, "하늘이

buhe hecen hoton ba na be waliyafi jihe, amin beile, šoto taiji, geren
준　　城과　　　　땅을　　버리고 온　아민 버일러·쇼토 타이지·여러

ambasa de fonjina, luwan jeo hoton be nikan de gaibuci, luwan jeo i
대신들에게 가서 물어보라.　　灤州城을　　明에게　빼앗기고,　　灤州의

ambasa, cooha be bargiyafi gajihao, yung ping de tehe amin beile, šoto
대신들과 군사들을　거두어서 데려왔는가?　　永平에　　있던 아민 버일러·쇼토

taiji, geren ambasa afafi yung ping ni hecen be gaibuhao, hecen ci
타이지·여러 대신들은 싸워서　　　　永平城을　　　　빼앗겼는가?　　城에서

tucifi 23/24 tala i cooha de afafi etehekū jiheo, tuttu oci, jihe inu,
나가서　　　평야의 군사와 싸워서 승리하지 못하고 왔는가? 그렇다면 온 것이 맞다.

nikan hecen be afahakū, coohai baran faidaha tu be sahakū, bata i
　明의　　　城을 공격하지 않고, 군대의　형세를　정렬한 纛을 보지 않고, 적을

baru beri tebke tukiyeme emu da sirdan gabtahakū, amasi jici, coohai
항하여 활의 도고지에 올려서　　한 발의 화살도　쏘지 않고　되돌아 왔다면, 군사의

uncehen be bargiyafi gajihakū, nikan de gaibufi, nikan i aisin, menggun,
　후미를　　거두어 데려오지 않아　明軍에게 잡히고,　　明의　　금·　은·

alha, gecuheri, doholon hehe be dele arafi gajime, musei cooha be
　閃緞　　망단·　절름발이(전족) 여자를 귀하게 여겨 가져오고, 우리의 군사는

fejile arafi waliyafi 24/25 jici, jihe turgun be fonjina seme, dzung bing
천하게 여겨 버리고　　　왔다면, 온　이유를　물어보라" 라며,　總兵官부터

guwan ci fusihūn, beiguwan ci wesihun unggihe, fonjinaha ambasa
　　　이하,　備禦官부터　　이상을　　보냈다.　물어본 대신들이

jifi alame, han i gisun be amin beile de alara jakade, ini waka be
와서 고하기를, "한의　말을　아민 버일러에게　고하니,　그의 잘못을

alime gaiha, ambasa de inu jabure gisun akū seme alaha, jai inenggi
인정했습니다. 대신들에게서도　대답하는　말이 없었습니다"라고 고했다. 다음날,

cooha ci jihe dzung bing guwan ci fusihūn, beiguwan ci wesihun 25/26
전쟁터에서 온　　　 總兵官부터　　　　　 이하,　 備禦官부터　 이상의

hergengge ambasa be gemu huthufi, simiyan de bihe ambasa be juwe
관직에 있는　 대신들을　 모두 결박하고,　　 瀋陽에　 있던 대신들을　 양

ashan de tebuhe, huthuhe ambasa be hanci ibebu seme ibebufi, han,
측면에 앉게　 했다.　 결박한　　 대신들을 가까이 나아가라며 나아가게 해서, 한이

ambasa be sabuha manggi, gaibuha coohai niyalma be gūnifi mujilen
대신들을　　 본　　 후,　 죽임당한　　 병사들을　　 생각하여 마음이

efujeme songgome hendume, nikan juwe ilan biyai sidende adarame
무너져　 울면서　　 말하기를, "明軍이　　 2-3개월　　 사이에　　 어떻게

mangga oho, tede enduri fa bio, tuttu oci, enduri fa i 26/27 kūbulire
강해졌겠는가?　 그들에게 神의 법술이라도 있는가? 그러면　 神의 법술로　 바뀌었으면

de etuhekū jihe seci mujangga kai, suweni ere ambasa gemu budun
이기지 못하고 오더라도　 마땅할 것이다.　 그대들　 이　 대신들 모두가 무능한 것이

mujanggo, cooha komsoo, musei sahakū nikaon[3], turgei, namtai,
분명한가?　 군사가 적었는가? 우리가　 모르던　 明軍인가? 투르거이·남타이,

suwembe niyalma seme coohai dele ejen sindafi, dain be afaci etembi,
너희를　　 인물이라며 군사들의 위에 어전으로 삼아,　 敵을 공격하면 이기고,

gisun be gisureci mutembi seme akdame gūniha bihe kai, suwe tubade
말을　　 말하면　 할 수 있다고　　 믿고　 생각한 것이다.　 너희가 그곳에서

3　'nikaon'은 'nikan'의 古語 의문형으로 추정된다.

bucehekū, dere i sukū be fuyehekū jihengge, dere mangga, gicuke kai
죽지 않고, 얼굴 가죽을 벗기지 않고 온 것은 얼굴이 두껍고 수치스러운 것이다"

seme henduhe manggi, turgei jabume, be, 27/28 beile be tafulame
라고 말하니, 투르거이가 답하기를, "우리가 버일러를 말리며

gisurehekū oci, beile membe wakini, be, beile i gala de buceki, meni
말하지 않았다면 버일러는 우리를 죽이십시오. 우리가 버일러의 손에 죽겠습니다. 우리는

muterei teile tafulaha, beile, gisun gaihakū jihe kai, han hendume,
할 수 있는 한 설득했습니다. 버일러가 말을 취하지 않고 온 것입니다." 한이 말하기를,

beile gisun gaihakū seme beile be dahame jici, beile dain i gurun de
"버일러가 말을 취하지 않았다고 버일러를 따라 오면, 버일러가 적국으로

ubašame geneci, suwe geli emgi dahame genembio, suwe gemu nikan
배반하여 가면 너희도 함께 따라 가겠는가? 너희 모두 明軍에게

de geleme, boo be gūnime, juse sargan be kidume 28/29 jihe kai,
겁먹고, 집을 생각하고, 자식들과 妻를 그리워하여 온 것이다."

tanggūdai age jabume, meni jime ufaraha de, han wara, meni budere
탕구다이 아거가 답하기를, "우리가 온 것이 잘못이라면, 한께서 죽이십시오. 우리는 죽어

mujangga kai, tede han hendume, suwe musei cooha be bargiyafi
마땅합니다." 그에 한이 말하기를, "너희가 우리의 군사들을 모아서

gajihakū nikan wara, isinjihangge be bi wara oci, bi jabšaha, mini
데려오지 않아 明軍이 죽이고, 돌아온 자는 내가 죽이면, 내가 이익이고 나의

hūsun geli nonggiha kai, nikan mangga seme jici, mangga oci okini,
병력도　　늘어나겠구나.　　明軍이 강해서 돌아온다면, 강하니까 그리하여도 괜찮다.

suwe ulin nadan, doholon hehe be gajici isibumbi, musei coohai
너희는　재산과　　절름발이 여자를　가지고　오고,　우리의 군사들을

niyalma be 29/30 gajici adarame isiburakū, musei coohai niyalma
데리고　어찌　오지 않았는가? 우리의　군사들

geli doholon, tere ai sui, abka na be hūlame bucehe kai, bi adarame
또한 절름발이다. 그들이 무슨 죄인가?　天地를　부르며　죽었을 것이다. 내가　어찌

gūlgime gūnire, gūnici, ulhiyen i koro kai seme, han mujilen efujeme
잊고 생각하겠는가?　생각하면 더욱　원망하게 된다”라며, 한이 마음이　무너져

songgoro de, isaha gubci amba asihan irgen, gemu yasai muke
울　때에, 모인　모든　　長幼의　백성들 모두가　눈물을

tuhebuhe, han hendume, ambasa suwe meni meni afaha cooha gidaha
흘렸다.　한이 말하기를, “대신들　너희는　각자　맡은 군대가 적을 물리친

be 30/31 ala seme alabufi, arjin, kūrcan, giošan, tulai, ubai, asan, bangsu,
것을　고하라” 라며 보고하게 하여, 아르진·쿠르찬·기오샨·툴라이·우바이·아산·방수·

ilemu, ere jakūn niyalma be, nikan cooha be dobori dosifi gidaha,
일러무,　이　　8명은　　明軍을　밤에 진격하여 격퇴하고,

hoton ci tucifi waha sain seme sindaha, abai age be, beile be tafulaha
城에서　나와서　죽인 것이 좋다고 놓아주었다. 아바이 아거는, 버일러를　말린 것이

sain seme sindaha, gisun, šusai, abutai, monggoltai, langse, kaju, jakdan,
좋다고 놓아주었다.　　　기순·　슈사이·아부타이·몽골타이·　랑서·　카주·　작단·

honci, lolo, giyaselan, yarna, karkama, weihede, jonggodoi, nomhon, 31/32
혼치·롤로·기야설란·　야르나·카르카마·워이허더·　종고도이·　　놈혼·

irešen, fadu, daolan, šanuka, ere juwan uyun niyalma be ciyan an i
이러션·파두·다올란·　샤누카,　이　　　19명은　　　　　　遷安城을

hoton be akdun i tuwakiyaha, nikan i cooha be afame amasi bederebuhe
　　성을　　　견고히　　수비하여　　　明軍을　　　공격해　패퇴시켰다고

seme sindaha,,
　　놓아주었다.

○ yung ping de tehe buya ambasa be sindahangge, dede, langge,
　　永平에　　주둔한　小 大臣들을　　　석방한 것.　　더더·　랑거·

niyahan, tarhū, tohina, 32/33 aldungga, malgi, langse, laisun, hunio,
니야한·　타르후·　토히나·　　　알둥가·　말기·　랑서·　라이순·　후니오·

giyamsu, moodase, keceni, donggo wejihe, hūsi cagan, šukio, uju amba,
기얌수·　모오다서·커처니·동고 워지허·　　후시 차간·　슈키오·우주 암바·

cecike mergen, tanaka, urgana, irgeni, ere orin emu niyalma be, esei
처치커 머르건·　타나카·우르가나·이르거니,　이　　21명을　　　　　이들의

jergi urse sara aibi, beile amban i ciha dere seme sindaha,, 33/34
등급의 사람들은 아는 것이 무엇이겠는가, 버일러들·대신들의 뜻대로 했다고 석방했다.

○ luwan jeo de aisilame genehe baduri, jangsiba, afuni, aitungga,
灤州로   원조하러   갔던   바두리· 장시바· 아푸니· 아이퉁가·

unggadai be sindaha, tereci funcehe luwan jeo i ilan gūsai ujulaha
웅가다이를   석방했다. 그 외에 남은   灤州의   3개 구사의   수석

ambasa, jalan i ejete be sindahakū, yamun de duilembi seme gajiha,,
대신들· 잘란의 어전들은 석방하지 않고, 아문에서 조사하겠다고   데려왔다.

tongki fuka sindaha hergen i dangse
點·圈을 찍은 문자의 檔子

gūsici debtelin
30권

sure han i duici aniya ninggun biya
천총 4년 6월

tongki fuka sindaha hergen i dangse,,
　　點 圈을　찍은　문자의　　檔子

○ ice nadan de, han, juwe amba beile tucifi yamun de tehe,
　　초 7일에,　　　한과 두　　大 버일러는 나가서　아문에　　앉았다.

beise ambasa gubci irgen be isabufi, amin beile i ehe facuhūn i weile
버일러들· 대신들·모든　백성을　모아서　　아민 버일러의 악하고 문란한　죄를

be feteme, geren de yoto taiji hūlaha gisun, ere amin beile daci
　究明하고, 여럿에게　요토 타이지가 외친 말.　"이는 아민 버일러가 이전부터

eherehei jihe turgun, 1/2 han ama, amin beile i ama, tere juwe
악하게　지내온 이유이다.　　　汗 아버지와 아민 버일러의 아버지, 그　둘은

ahūn deo sain banjimbihe, ere amin beile, ini ama be huwekiyebufi,
　형과 동생으로 잘 살아왔다.　이　아민 버일러는 그의 아버지를　사주하여

ahūn han ci fakcafi, hecemu golo de tembi seme booi moo saciha bihe,
　형　한으로부터 떨어져서 허처무[1] 지역에서　살겠다고　　집 (지을) 나무를 베었다.

ama han donjifi, ama jui be sasa weile arafi, ama be ujime, jui be
아버지 한이 듣고　　아버지와 아들을 모두 죄를 다스려 아버지를　살리고 아들을

wambihe, be, 2/3 ama han be tafulame, ama be ujici, jui be
죽이려고했다. 우리가 아버지 한을　　말리기를 '아버지를 살리면 아들을

1　'허처무'(hecemu, 黑扯木, 赫彻穆)의 위치는 현재 요녕성 淸原縣 북쪽의 三家鄕 黑石木村이다.

waha seme ainara, ini ehe be ai gūnire, ama be ujici, jui be ujiki
죽여서 어찌하겠습니까? 그의 악함을 어찌 생각하겠습니까? 父를 살리면 아들도 살립시다'

seme tafulafi ujihe, ini ama bederehe manggi, ama han, ini beye de
라고 말려서 살렸다. 그의 아버지가 작고한 후 아버지 한은 그 자신에게서

banjiha ilan jui, amin beile be emu adali ilgahakū duin hošoi duin
태어난 세 아들과 아민 버일러를 하나 같이 구분하지 않고 네 호쇼의 네

amba beile seme ujihe, ere ujihe be, 3/4 musei gurun i niyalma encu
大 버일러라고 길렀다. 이 기른 것에 대해 우리 나라의 사람들은 다른

ama i jui seme ilgame ujihe be, geren suwe sahao, jai han ama
아버지의 아들이라고 구분하여 기른 것을 여럿 너희는 보았는가? 또 汗 아버지가

bederehe manggi, sirame sure han tefi, han ama i ujihe songkoi ilan
돌아가신 후, 이어서 수러 한이 계위하여, 汗 아버지가 기른 대로 세

amba beile seme kunduleme banjiha dabala, encu ama i jui seme
大 버일러라고 공경하며 살았을 뿐, 다른 아버지의 아들이라고

ilgame banjiha be, gurun i niyalma suwe geli sahao 4/5 seme hūlame
구분하여 산 것을 나라의 사람들 너희는 또한 보았는가?" 라고 외쳐

henduhe manggi, dzung bing guwan hergen i unege jabume, meni
말한 후, 총병관 직의 우너거가 대답하기를 "우리

geren inu ilan amba beile be emu adali banjire be saha dabala, ilgame
여럿도 세 大 버일러가 하나 처럼 사는 것을 보았을 뿐, 구분하여

banjire be sahakū seme jabuha, erei ehe facuhūn ningge emu, jai
사는 것을 보지 못했습니다"고 대답했다. "이 악하고 문란한 것이 하나이다. 또

isafi tecehe bade amin beile i hendurengge, bi niyalma seme ainu
모여 앉은 곳에서 아민 버일러가 말하기를, '나는 사람으로 왜

banjiha ni, akūci alin i moo banjiha 5/6 bicina, moo banjici moo be
사는가? (사람이)아니면 산의 나무로 살았으면 좋겠다. 나무로 태어나면 나무를

sacifi deijimbi, akūci šehun ala i ninggude amba deli wehe
베어 땔 것이다. (나무가)아니면 넓은 언덕 위에 큰 반석으로

banjiha bicina, wehe i ninggude gasha gurgu fajambi, udu gasha
살았으면 좋겠다. 바위의 위에 새와 짐승이 똥눌 것이다. 비록 새와

gurgu fajacibe jaci yebe, wehe banjiha bicina seme hendumbihe,
짐승이 똥눌지라도 훨씬 낫다. 바위로 살았으면 좋겠다' 라고 말했었다.

solho, muse juwe gurun baibi sain banjire de, solho, nikan de cooha
조선과 우리 두 나라는 일없이 잘 살 때 조선은 명에 군대를

dafi, muse be waki seme jihe 6/7 bihe, jai liyoodung ni ba i ukanju be
도와주어 우리를 죽이려고 왔었다. 또 요동의 땅의 도망자를

ini bade halbufi ujire jakade, ede korsofi abka na de habšafi solho be
그의 땅에 들여서 기른 까닭에 이에 화나서 天地에 호소하고 조선을

dailaha, tere dailara de amin beile, jirgalang taiji, ajige taiji, dudu
공격했다. 그 공격할 때에 아민 버일러·지르갈랑 타이지· 아지거 타이지·두두

taiji, yoto taiji, šoto taiji, jakūn amban geren cooha be unggihe bihe,
타이지·요토 타이지·쇼토 타이지와 8대신과   많은 병사를   보냈었다.

abka gosifi i jeo hoton be hūlhame gaiha, g'o šan, 7/8 an jeo hoton be
하늘이 사랑하시어 義州城을   빼앗아   취했다.   郭山·   安州城을

afafi baha, g'o šan i cooha irgen be waha, an jeo i cooha irgen be
공격하여 획득했다. 郭山의 병사와 백성을   죽였다.   安州의   병사와 백성은

wahakū sindafi unggihe, baha hoton de cooha werifi, casi han i hecen
죽이지 않고 놓아   보냈다.   획득한   城에   군대를 남겨두고, 저쪽   王城의

i baru dosime genere de, solho han donjifi, tun de jailafi hecen be
  방향으로 진격해 갈   때에, 조선 왕이 듣고   섬으로 피신하여 성을

waliyafi, fung ši hergen i hafan be takūrame, suweni cooha bedere, be
버리고   fung ši[2] 직의   관원을   파견하여, '그대들의 군대는 돌아가라. 우리는

dahafi aniyadari 8/9 alban benere, gaji sere jaka be bure sehe
항복하여   매년   貢物을 보내겠다. 달라는   물건을   주겠다'라고 한

manggi, genehe beise ambasa hebdefi, tuttu oci, suweni han i beye,
후에,   간   버일러들· 대신들은 상의하여 '그러면   그대들의 왕   자신과

doro jafaha ambasa gashū, han i deo be mende damtun gaji, be,
정치를 담당한 대신들이 맹세하라. 왕의 동생을 우리에게 인질로 데려와라. 우리는

meni han de gamafi acabure, tuttu oci, be akdame gūnire seme
우리의 한에게 데려가서 알현시키겠다. 그러면 우리는   믿겠다'   라고

---

2 'fung ši'는 奉使를 음사한 것으로 추정된다.

hendume, musei elcin be unggifi, sosolhoh han, 9/10 doro jafaha ambasa
말하고,　　　우리의 사신을　　보내서　　조선 왕·　　　정치를 담당한 대신들을

be gemu gashūbufi, han i deo be gajiha manggi, yoto taiji hendume,
　모두　맹세시키고,　왕의　동생을 데려온　후　　요토 타이지가 말하기를,

han i beye gashūre, han i deo be damtun benjici tetendere, muse
'왕이　직접　맹세하고,　왕의　동생을　인질로　보내니　되었다.　우리는

bedereki, muse han i sain cooha be gajifi goidame bici ojorakū, musei
물러나겠다. 우리는　한의　정예병을　　이끌고 와서 오래　있을 수 없다.　　우리의

bade monggo nikan bata hanci bikai sehe manggi, amin beile hendume,
땅에　몽고와　明　적이 가까이 있다' 라고 한　후,　　아민 버일러는 말하기를,

solho han hecen be 10/11 waliyafi tun de jailaci tetendere, suwe
　'조선 왕이　도성을　　　버리고　섬으로 피난했으니 되었다.　너희는

generakūci bisu, bi dudu taiji be gamame, han i hecen de genefi tembi
가지 않으려면 머물라. 나는 두두 타이지를 데리고　　王城에　　가서　주둔하겠다'

seme hendure jakade, dudu taiji tucifi geren taijisai baru gasame
라고　말했기 때문에,　두두 타이지는 나와서 여러 타이지들을 향해 원망하며

hendume, ere beile mimbe emhun gamambi serengge, ai sere hese,
말하기를, '이 버일러가 나를　　홀로　데려가겠다고 하는 것이 뭐라는 명령인가?

beile si weilengge niyalma, bi inu weilengge niyalma kai, mimbe ainu
버일러 당신은 죄지은 자이고,　나도　죄지은　　자인　것이다. 나를　어찌

11/12 gaifi teki sembi seme gasaha, yoto taiji, amin beile i deo jirgalan
데려가서 주둔하겠다고 하는가'라며 원망했다. 요토 타이지는 아민 버일러의 동생 지르갈랑

taiji i baru hendume, sini ahūn be tafulame henducina, yabure jurgan
타이지를 향해 말하기를, '당신의 형을   말려서 말하면 좋겠다. 行하는 義가

fudasihūn kai, muse han i hecen de geneci ojorakū kai, solho han i
悖逆하다.   우리는   王城에   갈 수   없는 것이다. 조선 왕의

hecen i ebele emu giyang ni bira bi, tere giyang ni bira i cargi dalin be
도성의   이쪽에   한 江이   있다.   그 江의   저쪽 江岸을

moo i hashalafi poo miyoocan 12/13 cooha faidahabi, juhe tuhekebi
나무로 울타리 치고 포와 조총   군대가 정렬해 있다. 얼음이 녹았다고

sere, si geneci genere gojime, bi mini juwe fulgiyan be gamame amasi
하니 당신이 가면 가더라도,   나는 나의   두 紅旗를   이끌고   되

bedereme genembi, juwe fulgiyan geneci, juwe suwayan, juwe šanggiyan
 돌아   가겠다.   두 紅旗가   가면   두 黃旗·   두 白旗는

ainci mimbe dahame genembi dere seme henduhe manggi, jirgalang
아마도 나를   따라   갈 것이다'   라고   말한   후,   지르갈랑

taiji ini ahūn be tafulara jakade, amin beile amasi bederehe, terei encu
타이지가 그의 형을   말린   까닭에, 아민 버일러는 되 돌아갔다.   그의 다른

gūnin fudasihūn mujilen be tubade emgeri 13/14 saha, ere juwe, amasi
마음과   역모의   생각을   거기에서 한번   알았다. 이것이 둘이다. 돌아

jime dung ging de isinjiha manggi, han de deji tucibufi gajire sain
와서　　東京에　　　　도착한　후　　　　한에게 헌상품을 내어서, 데려온 좋은

hehe be, i gaimbi sere jakade, yoto taiji hendume, muse amba gurun
여자를　　그가 취하겠다고 한 때문에　요토 타이지가 말하기를, '우리는　대국을

be dailafi ai sain jaka bahafi gamambi, solho gurun i damu hehe sain
　정벌하여 어떤 좋은 물건도 가져올 수 있다.　　조선국은　　　단지 여자가 좋다고

seme donjiha bihe, ere emu sain hehe be, 14/15 han de gamafi tuwabuki
　　들었었다.　　이　1명의 좋은　여자를　　　　한에게　데려와 보이면

dere sehe manggi, amin beile, yoto taiji i baru hendume, sini ama
좋겠다' 라고 한 후에,　아민 버일러는 요토 타이지를 향해 말하기를, '너의 아버지가

jarut de cooha genefi sargan gaici adarame ombi, bi gaici adarame
자루트에　　출정하여　妻를　취하면　어찌　可하고,　내가 취하면 어찌

ojorakū seme henduhe manggi, jabume, mini ama sargan gaiha
不可한가?' 라고　　말하자,　　(요토가) 답하기를 '나의 아버지가 妻를　취했다고

serengge, bahafi gajiha sain hehe be han de tuwabuha, 15/16 han
하는 것은　획득하여 데려온 좋은　여자를　한에게　　보였고,　　　　　한이

gaihakū, cooha de yabuha beise seme mini ama de emken, sinde emken
취하지 않고　출정한　　버일러들이라고 나의 아버지에게 1명,　당신에게 1명을

buhe kai, uttu oci acarakū kai seme henduhe, jai tere hehe be
준 것이다. 이러면　　맞지 않다' 라고　　말했다.　또 그　여자를

okdoko bade han gaiha manggi, amin beile geli minde gaji seme
맞이한 곳에서 한이 취한 후,　　아민 버일러는 다시 자신에게 데려오라고

namtai fujiyang be takūraha bihe, namtai tere takūraha inenggi
남타이 副將을　　보냈었다.　　남타이는 그 파견한 날에

alahakū, jai inenggi 16/17 han de alahabi, han hendume, sikse inenggi
보고하지 않고 다음 날에　　한에게 고했다. 한은 말하기를,　'어제

alaha bicina, te gaji seci, bi emgeri beye acafi adarame bure
고했으면 좋았을 것이다. 지금 데려오라하면 내가 한번 몸을 합쳤는데 어찌 주겠는가?'

sehebi, tere be buhekū seme dolori ushame, tehe bade oci sain
라고 했다. 그녀를 주지 않았다고　속으로 원망하고, 앉은 곳에서는 좋은

cira akū, enggici oci ushara be han donjifi, ere hehei jalin de, ahūn
안색이 아니고 등뒤에서는 원망하는 것을 한이 듣고 '이　여자 때문에　　형과

deo ainu ushacun ombi seme, lenggeri dzung bing guwan de buhe,
동생이 어찌　원망 하겠는가'라고 하고, 렁거리 총병관에게　　　주었다.

17/18 han tere be solho ehe seme buhengge waka, hafirabufi buhe, ere
한은 그녀를　조선인이 나쁘다고　준 것이　아니고, 어쩔수없이 주었다. 이것이

ilan, tusiyetu han hendume, cahar mimbe dailaha, muse emu gurun
셋이다. 투시예투 한[3]이 말하기를, '차하르가 나를　공격했다. 우리가 한　나라

seci, mini karu cahar be dailaki seme, ini gisun de cahar de cooha
라고하면, 나의 적 차하르를　공격하자'라고 하여 그의 말에　차하르로 출병했다.

3　'투시예투 한'은 코르친의 '투시예투 한 오오바 홍 타이지'를 가리킨다.

genehe, boljoho bade jihekū, i encu dosifi boljoho cooha be aliyahakū
약속한 장소에 오지 않고 그는 따로 진격하여 약속한 군대를 기다리지 않고

jihebi, terei turgunde, 18/19 han, beise jili banjifi hendume, tusiyetu si
왔다.   그   때문에   한과 버일러들이 화가 나서 말하기를, '투시예투 너는

acafi dailambi seme hendufi boljoho bade jihekū, cahar de membe ehe
만나서 공격한다고   말하고   약속한 장소에 오지 않았다. 차하르에게 우리를 나쁘게

obufi, si cahar de sain oki seme membe geodebuhe kai, han, beise
만들고, 너는 차하르에게 좋게 되려고   우리를   속인   것이다.' 한과 버일러들이

gisurefi muse ede gashūfi, yaya elcin ume takūrara, terei elcin jihe
말하여, 우리는 이에 맹세하여 '모든 사신을   파견하지 말라. 그들의 사신이 온다해도

seme ume halbure, ede muse ehe gisun maktanaki seme henduhe bihe,
      들이지 말라. 이에 우리는 나쁜 말을 던지러 가자' 라고   말했었다.

amin 19/20 beile amasi boode isinjire onggolo, jugūn ci uthai foloho
아민   버일러는 뒤돌아 집에 도착하기 전에,   길에서   바로 조각한

enggemu hadala uksin saca beneme elcin takūrahabi, elcin i niyalma
안장과   굴레·   갑옷과 투구를 보내며 사신을 파견했다.   사신인   자가

han, beise i ushacun i gisun be gemu alanahabi, tere gisun be
한과 버일러들의 분노한   말을   모두 고했다.   그   말을

tusiyetu donjifi golofi, ere weile be, amin darhan baturu beile si sa
투시예투가 듣고 놀라서 '이 일을   아민 다르한 바투루 버일러 그대는 아시오'[4]

---

4 『淸太宗實錄』7권, 천총 4년 6월 을묘조의 해당 기록에는 '此事唯貝勒周旋之'(이 일을 버일러가 주선

seme emu bithe, han de emu bithe unggihe bihe, tere jihe elcin be 20/21
하고 한통의 글, 한에게 한통의 글을 보냈었다. 그 온 사신을

han halbuhakū bošohobi, tere bošoho elcin be, gisun jurceme amin beile
한은 들이지 않고 쫓아냈다. 그 쫓아낸 사신을 (한의) 말을 어기고 아민 버일러는

halbuhabi, inde gajiha bithe be han de tuwabuhakūbi, han i šajin be
들였다. 그에게 가져온 글을 한에게 보이지 않았다. 한의 법을

jurcehengge, ere duin, jai han, beise toktobume gisurehe gisun, yaya
위반한 것, 이것이 넷이다. 또 한과 버일러들이 결정하여 말한 말에 의하면 모든

beise ambasa sargan gaici, jui buci, han de fonji sehe bihe, amin
버일러들·대신들이 妻를 취하거나 자식을 주면 한에게 물으라고 했었다. 아민

beile 21/22 ini sargan jui be, han de fonjihakū, ulha bahara be gūnime,
버일러는 그의 딸을 한에게 묻지 않고 가축을 얻을 것을 생각하여

monggo i seter beile de buci, seter, minde juwe sargan bi, gaijarakū
몽고의 서터르 버일러에게 주니, 서터르는 '나에게 두 妻가 있다. 취하지 않겠다'

seme marara niyalma de murime ergeleme bume wajifi sarin gajiha
라고(했으나) 사양하는 사람에게 무리하게 강제로 주기를 마치고 잔치품을 가져온

manggi, han be solinjiha bihe, han hendume, bure de hebdehekū bime,
후, 한을 초청하러 왔었다. 한은 말하기를, '줄 때에 의논하지 않았으면서

sarin de ainu solinjiha 22/23 seme genehekū, jai geli seter i sargan
잔치에 어찌 초대하러 왔는가' 라며 가지 않았다. 다시 또 서터르의 딸을

해주십시오.)라고 기록되어 있다.

jui be i sargan gaihabi, amin beile, han i baru hendume, seter de
　　그의 처로　취했다.　아민 버일러는 한을 향해 말하기를, '서터르에게

buhe sargan jui jobombi, seter i baru muse gisureki dere seme henduhe
준　　　딸이 고생한다. 서터르를 향해 우리가 말하면 좋겠다' 라고　말한

manggi, han hendume, musei juse be ya gurun de buhekū, atanggi
후,　　　한이　말하기를, '우리의 자식들을 어떤 나라에　주었는가? 언제

jobobumbihe, bure fonde hebe akū, bufi jui 23/24 jobome deribuhe
고생시켰는가?　줄　때에　의논이 없었다. 주어서 자식이 고생하기 시작한

manggi, ainaha hebe jihe, bure de sini cisui buci, gisurere de inu sini
후　　어찌　의논해 왔는가? 줄 때에 그대의 마음대로 주니, 말할　때에도 그대의

cisui gisure seme ohakū, erei jalin inu kemuni ushame bihe, han i
마음대로 말하라'라고하며 하지 않았다. 이 때문에도 늘상　화가 나있었다.　한의

šajin be jurcehengge, ere sunja, jai ama han i bisire fonde, jase
법을　　위반한 것,　이것이 다섯이다. 또 아버지 한이　계실　때 경계를

tuwakiyaci, anafu teci ja seme ba dendefi toktobuha bihe, jasei dorgi
지키려면　　주둔하면 좋다고 하여 땅을 나누어서 정했었다.　　　경계 안쪽의

ba ehe ofi, jeku gaji seme sain ba be 24/25 tuwame jase neifi, juwe
땅이 나쁘니 곡식을 거두라고 좋은　땅을　　　찾아 경계를 열고 두

suwayan be cilin i ergi de, juwe šanggiyan be an ping ni ergi de,
　황기를　　鐵嶺 쪽으로,　두　白旗를　　安平　쪽으로,

juwe fulgiyan be ši ceng ni ergi de guribuhe, juwe lamun i tehe
두　　紅旗를　　　　　　石城 쪽으로　　　　　옮기게 했다. 두　　　藍旗가 주둔한

jang i jan, jing yuwan i ba be ehe seme, amba hoton i ba be buhe,
彰義站[5]·　　靜遠[6]의　　　　땅을　　나쁘다 하여 amba hoton의 땅을　　주었다.

buhe ubu i ba i dabali enculeme hecemu golo de bilaha, jase be dabame
준　　몫의 땅을　넘어　　마음대로　허처무 지역에 한계를 정했다. 경계를　　넘어

25/26 tariha seme, amin beile i gūsa be weile arafi, tariha jeku be gemu
경작했다 하여　아민 버일러의 구사를　　죄 주고　　경작한　곡식을　　　모두

siden de gaiha, jai geli jing yuwan i ba i sain usin be waliyafi,
公庫로　몰수했다. 또 다시　靜遠　　　땅의　좋은 토지를　　　버리고

hecemu i golo de urhume tenehebi, jasei ergi waliyaha sain usin be
허처무　　지역　　　근처로　주둔하러 갔다. 경계 쪽의　버린　　좋은 토지를

han safi, amin beile i baru hendume, bata be alime tehe ubu i ba be
한이 알고　아민 버일러를 향해　　말하기를, '적을　　대적하러 주둔한 몫의 땅을

waliyaci acarakū, jing yuwan i ba i 26/27 usin tarici isirakū oci,
버리면 옳지 않다.　　靜遠　　　　땅의　　　토지를 경작할 수 없다면

hecemu i golo de urhume unggire inu kai, hanci ba i hairakan usin be
허처무　　지역　　　근처로 옮기는 것이 옳다.　가까운 곳의　아까운　토지를

---

5 ‘彰義站’의 위치는 현재 瀋陽市의 서남부이다. 『淸太祖實錄』에는 ‘張義站’으로 기록되어 있다.
6 ‘靜遠’의 위치는 현재 瀋陽市 于洪區 馬三家子公社 일대이다. 『淸太祖實錄』에는 ‘靖遠’으로 기록되어
  있다.

ainu waliyaha seme henduhe manggi, amba beile, manggūltai beile
어찌 버렸는가'라고　　　말한　　　후,　　　大 버일러·　 망굴타이 버일러가

hendume, si šajin be jurceme bata be alime tehe ba be waliyafi
말하기를, '네가 禁令을　　어기고　　적을　대적하러 머문 땅을　　　버리고

gurihengge, sinde encu gūnin bikai seme henduhe, tere gisun de umai
옮긴 것은　　 너에게 다른　마음이 있는 것이다'라고 말했다. 그　　말에　　　전혀

seme jabuhakū, erei encu gūnin aika oci,[7] ini 27/28 daci tembi sehe
답하지 않았다.　이　 다른　마음이 뭐냐 하면, 그가　 처음에 주둔하겠다고 한

hecemu golo de fekuki seme gūnihangge wakao, ere ninggun, amin
허처무 지역으로　　달려가겠다고　　 생각한 것이　아닌가? 이것이 여섯이다.　　아민

beile, ini tolgin seme wecere ecike de alame, ama han seme mimbe
버일러는 그의 꿈이라며　　 워처러 叔父에게 고하기를 '아버지 한이라며 나를

tantambi, tantara de suwayan meihe seme jifi daliha, mimbe dalire
때리는데,　　때릴 때　　　황색　　뱀이라며　　　와서 도왔다.　나를　　　돕는

enduri tere kai seme henduhebi, ere nadan, han cooha geneme, amin
神이 그것이다'라고　　말했다. 이것이 일곱이다. 한이　　출병하며　　　아민

beile be hecen tuwakiya seme 28/29 werihe bihe, cooha genehe amala,
버일러를 성을　지키라고　　　　　　　　남겨 두었었다. (한이) 출병한　　　후

7　[簽註] gingguleme baicaci, manju gisun i buleku bithede, gaitai gaitai balai arbušara niyalma be
wakašame gisurembihede, aika ohode sembi sehebi, kimcici, ere aika oci sere gisun, ainci aika
ohode sere gisun de adali dere,,
삼가 찾아보니 『淸文鑑』에서 갑자기 마음대로 행동하는 사람을 꾸짖으며 말할 때 'aika ohode'(걸핏하
면)라고 한다고 했다. 고찰하건대 이 'aika oci'라는 말은 아마도 'aika ohode'라는 말과 같을 것이다.

nio juwang, jang i jan i ergi de juwe jergi abalahabi, jai geli
(아민 버일러는) 牛莊·彰義站 쪽으로   두 번   몰이사냥했다.   또 다시

abalambi seme niru arahabi, tere abalara morin i uthai ning yuwan,
몰이사냥하겠다 하여 화살을 만들었다.   그 몰이사냥할 말로   곧   寧遠·

ginjeo i ergi be tabcin dosici eheo, doroi jalin de gūnirakū, tuwakiya
    錦州 쪽을   약탈해 들어갔다면 좋지 않았겠는가?   政事를   생각하지 않고 지키라고

sehe hecen be tuwakiyarakū, ini sebjen be dele arafi abalahangge, ere
     한   성을   지키지 않고   그의 오락을 귀하게 여기고 몰이사냥한 것, 이것이

jakūn, cooha ci 29/30 neneme yoto taiji, hooge taiji jihe de, amin beile,
여덟이다. 군대에서   먼저   요토 타이지·호오거 타이지가 왔을 때 아민 버일러는

han i morin i guwan i bade okdofi, kiduha jongko doro akū, hoton de
한의   馬館에서   맞이하고,   그리워하는   도리도 없이 성에

tehe ambasa be juwe ashan de faidame tebufi, i dulimbade han i doroi
남아있던 대신들을   양측에   정렬하여 서게 하고 그는 중앙에서 한의 예로

tefi, jihe juwe taiji be aldangga emu jergi niyakūrabufi, hanci emu
서서, 온 2명의 타이지를   멀리서   한 번   무릎 꿇게 하고 가까이에서 한 번

jergi niyakūrabufi tebeliyeme acahabi, 30/31 genehe han, beise saiyūn
      무릎 꿇게 하고   껴안으며   맞이했다.   출병한 汗·버일러들은 안녕한가,

adarame yabuha, suwe geli adarame isinjiha seme emu gisun hono
어떻게   갔는가, 너희는 또   어떻게   왔는가   라고 한마디 말도

fonjihakū, beise, ambasa yaya bade coohalaci, han inu morilafi okdofi,
묻지 않았다. 버일러들·대신들이 어디에서 싸우면 汗 또한 말타고 가서 맞이하고

jai soorin de tefi, niyakūn hengkin be alime gaimbi kai, ini beye be
또 옥좌에 앉아 무릎 꿇고 고두하는 것을 받는 것이다. 그 자신을

han arafi, fejergi beise be gidašahangge, ere 31/32 uyun, yung ping de
한으로 여기고 아래 버일러들을 능멸한 것, 이것이 아홉이다. 永平에

jirgalang taiji, abatai taiji, sahaliyan taiji, jakūn amban, emu nirui
지르갈랑 타이지·아바타이 타이지·사할리얀 타이지· 8대신· 1개 니루에

ilata bayara, ing ni cooha be yooni werifi, han simiyan de jihe, jihe
3명씩의 바야라·군영의 병사를 모두 남겨두고 한이 瀋陽에 왔다. 온

turgun, uksin saca, coohai agūra dagilaki, usin jeku be weilebuki, encu
이유는 갑옷 투구· 병기를 정비하려고, 곡식을 경작시키려고, 다른

ba i monggo gurun jihebi sere, tede acaki, eiten weile be gemu
곳의 몽고 사람이 왔다고 하여 그를 만나려고, 모든 일을 모두

jabdufi, bolori geli dosiki 32/33 seme jifi boode bihe amin beile, šoto
처리하고 가을에 다시 진격하려고 하여 와서 집에 있던 아민 버일러·쇼토

taiji, emu nirui orita uksin be yung ping de tehe ilan taiji coohai
타이지· 1개 니루에 20명씩의 갑병을 永平에 주둔한 세 타이지의 병사와

niyalma be halame gene seme unggire de, amin beile hendume, mini
교대하러 가라고 보낼 때, 아민 버일러가 말하기를, '나의

deo jirgalang be bi gaifi teki seme henduhe manggi, han hendume,
동생 지르갈랑을 내가 데리고 있겠다'고 말하니, 한이 말하기를,

jirgalang biya goidame tefi joboho, boode jikini 33/34 seme henduhe,
'지르갈랑은 달이 오래도록 주둔하여 힘들다. 집에 돌아오라' 라고 말했다.

cooha tucike manggi, wecere ecike, sahalca ecike fudeme genehe bade,
군사가 출병한 후, 워처러 叔父· 사할차[8] 叔父가 배웅하러 간 곳에서

amin beile hendume, ama han i bisire fonde, mini deo be mini emgi
아민 버일러가 말하기를, '아버지 한이 계실 때 나의 동생을 나와 함께

yabubumbihe, ere han tehe ci, mini deo be mini emgi yabuburakū, bi
가게 했었다. 이 한은 즉위한 이래 나의 동생을 나와 함께 가게 하지 않았다. 내가

genefi mini emgi gaifi tembi, maraci, <u>fondo fondo keifulembi</u>[9] sehe
가서 내가 함께 데리고 있겠다. 거부하면 관통하여 활을 쏘겠다'라고 하니,

manggi, juwe ecike 34/35 hendume, age tere gisun waka kai, ainu
두 叔父가 말하기를, '아거, 그 말은 잘못이다. 어찌

tuttu hendumbi sere jakade, amin beile, mini deo be waha jalin de
그렇게 말하는가' 라고 하자, 아민 버일러는 '내 동생을 죽였다고 해서

---

8 '사할차'는 『Nenehe genggiyen han i sain yabuha kooli』(先genggiyen han賢行典例)의 기록에 의하면 누르하치의 셋째 할아버지 소오창가의 넷째 아들인 룽돈의 넷째 아들이다. 즉 누르하치와 사촌형제간이고, 홍 타이지에게는 당숙이다.

9 [簽註] gingguleme baicaci, fe manju gisun i bithede, fondo fondo keifulembi sere gisun, uthai fondolome gabtambi sere gisun inu sehebi,,
삼가 찾아보니 『舊淸語』에서 'fondo fondo keifulembi'(관통하다)라는 말은 곧 'fondolome gabtambi'(관통하여 활 쏘다)라는 말이라고 했다.

mimbe ainambi seme gala sidahiyame henduhebi, ere juwan, amin beile
나를 어찌할 것인가' 라고 팔을 드러내며   말했다.   이것이 열이다. 아민 버일러는

yung ping hecen de dosime genere de, yung ping de tehe beise, nikan
   永平   성으로   진격해 갈 때,   永平에   있는 버일러들·한인

hafasa okdoko manggi, amin beile emu sara tukiyere jakade, 35/36
 관리들이 맞이한 후   아민 버일러에게 1개의 양산을 받든다는 이유로

beile jili banjime hendume, nikan i iogi ts'anjiyang de hono juwe sara
버일러는 화가 나서   말하기를, '한인 유격   참장에게조차   2개의 양산을

tukiyembi kai, bi amba beile bime, ainu emu sara tukiyembi seme
 받든다.   나는 大 버일러인데   어찌 1개의 양산을 받드는가' 라고

morin šusihalame sara be waliyafi hecen de dosikabi, han i yabure de,
 말을   채찍질하여 양산을   버리고   성으로   들어갔다. 한이   행차할 때도

emu sara tukiyere anggala, sara tukiyerakū jugūn i niyalma be
1개의 양산을 받들기는 커녕   양산을 들지 않고 길의   사람들을

jailaburakū yabumbi kai, ere 36/37 juwan emu, yung ping de isinaha
물리치지 않고 행차한다.   이것이   열 하나이다.   永平에   도착한

ci, hecen i nikan be seyeme, han i ujihe be yebelerakū hendume, bi
이래 성의   한인을 원망하고 한이 기른 것을 기뻐하지 않고 말하기를, '내가

solho de cooha genefi, encu hecen be gaifi, hecen i dorgi irgen be
조선에   출병하여   다른 성을   취하고 성   안의   백성을

wahakū sindafi unggihengge, gurun donjikini, han i hoton be gaiki
죽이지 않고 놓아   보낸 것은   사람들이 듣게 하여   王城을   취하려고

seme algimbume sindafi unggihe kai, suwe han i hecen be gaimbi seme
소문내고자 놓아   보낸 것이다.   너희는   북경을   취하겠다고

genefi, hecen be 37/38 bahakū, amasi jifi afaha yung ping ni hecen i
가서   성을   얻지 못하고 되돌아 와서 싸운   永平 城의

nikan be ainu wahakū ujihe seme jing seyeme, ini yabuha jurgan be
한인을   어찌 죽이지 않고 살렸는가'라고 곧 원망하며, 그가 행한   뜻을

dele arame, gūwa i yabuha jurgan be wakalame, coohai niyalmai baru
귀하게 여기고 다른 사람이 행한   뜻을   그르다하고,   병사를   향해

hendume, bi jifi geli suwembe eleburakū gamambio seme, ini beye be
말하기를, '내가 와서 또 너희를   만족시키지 않고 데려가겠는가' 하고,   자신을

sain arame, han, beise be ehecume henduhengge, ere juwan juwe,
좋게 만들고   한과 버일러들을   나쁘게   말한 것,   이것이 열 둘이다.

i genefi 38/39 tabcilafi, jeng dz jeng sere hoton ini cihai dahahabi,
그가 가서   약탈하니,   榛子鎭이라는   성이   자진해서   항복했다.

dahaha hoton i nikan be beyei teile tucibufi, terei ulha ulin be gemu
항복한 성의   한인을   몸만   나가게 하고 그들의 가축과 재산을   모두

coohai niyalma be gaibuhabi, nikan be yung ping de gajifi, jakūn
병사들로 하여금   취하게 했다. 한인을   永平에   데리고 가서 八家가

boo dendeme gaifi aha arahabi, daci dahaha hoton i nikan be necire
나누어 취하고 노비로 삼았다. 처음에 항복한 성의 한인을 침범하기는

anggala, afaha yung ping ni hoton i nikan be 39/40 umai necihekū
커녕, 싸운 永平城의 한인을 전혀 침범하지 않고

wahakū ujihe be, geren gemu suwe saha kai, jortai nikan be eherebume,
죽이지 않고 살린 것을 여러 모두 너희가 알 것이다. 일부러 한인을 나쁘게 만들고

doro be efuleme, ehe gebu be abkai fejile algimbume yabuhangge, ere
政事를 해치고 惡名을 천하에 퍼뜨려 행한 것, 이것이

juwan ilan, yung ping de tehe beise jidere de, hecen i hafasa gasame,
열 셋이다. 永平에 있던 버일러들이 돌아올 때 성의 관리들이 원망하며

suwe geneci, be dahame geneki, membe ainu werifi genembi, suwembe
'당신들이 가면 우리는 따라 가겠다. 우리를 어찌 남겨두고 가는가? 당신들이

genehe de, ere jihe 40/41 beile de, meni ergen guwerakū, urunakū
가면 이번에 온 버일러에게 우리의 목숨이 피하지 못할 것이다. 반드시

bucembi sehebi, jidere darhan efu de, doroi jurgan i gisun be
죽을 것이다'라고 말했다. 돌아온 다르한 어푸에게 禮義의 말을

jasirakū, ushacun i gisun be jasime, han, mimbe weile arambi sere,
보내지 않고 분노의 말을 보내어 '한이 나를 죄 주겠다고 한다.

ajige taiji encu gūsai niyalma be sacici, ainu weile akū, manggūltai
아지거 타이지는 다른 구사의 사람을 베었는데 어찌 죄가 없는가? 망굴타이

beile jing weile araci, ainu weile akū, bi ehe oci, dorgideri henducina,
버일러는 늘 죄를 지었는데 어찌 죄가 없는가? 내가 나쁘다면 비밀리에 말하기 바란다.

41/42 han i jalin de faššara niyalma de ainaha weile seme jasihabi,
      한을 위해   힘쓴   사람에게   어찌하여 죄주는가'라고 서신을 보냈다.

geren be ehecume, doroi jalin de joborakū jasihangge, ere juwan duin,
무리를   비방하고 政事를 위해 힘쓰지 않고 서신을 보낸 것, 이것이 열넷이다.

amin beile yung ping de tefi, karacin de sargan gaji seme takūrahabi,
아민 버일러는   永平에   있을 때 카라친에 여자를 달라고   사람을 보냈다.

karacin, jui akū ai bure seme jabuhabi, geli takūrame, neneme jihe
카라친은 '딸이 없는데 어찌 주겠는가' 라고 답했다. 다시 사람을 보내어 '앞서 온

han, beise de sargan benjici adarame ombi, minde benjici 42/43
한과 버일러들에게 여자를 보내왔으니 어찌 된것인가? 나에게 어찌 보내지

adarame akū seme, burakū karacin be ergeleme elcin takūrame juwe
    않는가' 라고   주지 않는 카라친을   압박하러 사신을   보내어   두

sargan gaihabi, neneme gaiha serengge, karacin ce dorolome benjici,
 여자를 취했다.   앞서   취했다고 한 것은   카라친 그들이 예로써   보내니,

han emke, amba beile emke, manggūltai beile emke gaiha, burakū be
 한이 1명,   大 버일러가 1명,   망굴타이 버일러가   1명을 취했다. 주지 않는 것을

ergeleme elcin takūrame gaihangge akū, ere tofohon, sunja biyai juwan
압박하여 사신을   보내어   취한 것이 아니다. 이것이 열 다섯이다.   5월   10일에

de, luwan jeo be nikan cooha kafi, ilan inenggi ilan dobori 43/44
灤州를　　　명군이　포위하고　삼일 낮　삼일 밤을

afaci, ini beye dame generakū, sunja gūsai ing ni cooha emu nirui
공격하는데, 그 자신은 도우러 가지 않고　다섯 구사의 營의　군사 가운데 1개 니루에서

orita, jakūn gūsai bayara cooha emu nirui ilata be gaifi tefi, jortai
20명씩,　팔기의　　　바야라 가운데　1개 니루에서 3명씩을 데리고 머물며, 일부러

sambime, hoton be gaibukini, cooha manakini seme ini beye generakū,
알면서도　성은　빼앗겨라,　군사는　전멸해라 하고　자신은　가지 않고

geren cooha be gemu unggirakū, emu tanggū i juwe tanggū i unggici,
여러 병사를　모두　보내지 않았다.　100명씩　　200명씩　　　보내면

komso oci, bata de wabukini, 44/45 hoton gaibuci, cooha gemu
적으면　적에게　죽임당해라,　　성이　함락되면 군사는 모두

wajikini seme gūnifi genehekūbi kai, ini kubuhe lamun i gūsa bici,
죽어라　라고 생각하여 가지 않았던 것이다. 그의　鑲藍旗가 (灤州에) 있었다면

urunakū dame yali hecen arame afanambihe, sini hūsungge sehe
반드시　도와서 시체로　성을　만들어　싸웠을 것이다. '너의 강력하다고 한

ilan gūsa wajici, mini gūsa be gajime jiki seme gūnifi, luwan jeo i
3개 구사가 전멸하면 나의 구사를 데리고 돌아오겠다' 라고 생각하며,　灤州城을

hoton be nikan de gaibufi, musei coohai niyalma jici, okdome ganahakū,
명에게　빼앗기고 우리의　병사가　　와도　맞이하지 않고

coohai uncehen be aliyahakū, luwan jeo i 45/46 hoton gaibuha juwan
군사의 후미를 기다리지 않았다. 灤州城을 빼앗긴 13일에

ilan i inenggi uthai jimbi sere de, šoto taiji, geren ambasa tafulame
곧 돌아오려 할 때 쇼토 타이지와 여러 대신들이 타일러

hendume, emu hoton be gaibuha jalin abkai buhe ilan hecen be waliyafi,
말하기를, '한 성을 빼앗겼다고 해서 하늘이 준 세 성을 버리고

han i ujihe irgen be wafi ainu genembi seci ohakū, marame yung
한이 기른 백성을 죽이고 어찌 가겠는가' 라고 말해도 듣지 않고 고집하며 永平·

ping, ciyan an i hafan irgen be gemu wafi, ulin, ulha, doholon hehe be
遷安의 관리와 백성을 모두 죽이고 재물·가축· 전족한 여자를

dele 46/47 arafi gajime, musei cooha be fejile arafi bargiyafi gajihakū
귀하게 여겨 데려오고, 우리의 병사를 천하게 여겨 거두어 데려오지 않았다.

ini jui hongkoto, gucu ardai, hūsibu, sirin, emungge, derdehei baru
그의 아들 홍코토· 구추 아르다이· 후시부· 시린· 어뭉거· 더르더허이 에게

hebešeme, tesei gisun be inu seme gaifi, geren ambasa i gisun be waka
의논하여 그들의 말을 옳다고 취하고 여러 대신들의 말을 그르다고

seme daburakū jici, han ama i bisire fonde, ai ai gisun oci, doro
고려하지 않고 왔으나, 汗 아버지가 계실 때는 여러 가지 말이 있으면 정사에

de dosika beise ambasai baru hebdembihe kai, sini 47/48 goihoroko
참여하는 버일러들·대신들과 의논했었다. 너의 비루한

hongkoto i baru hebdeci, hongkoto si han ama i bisire fonde aibide
홍코토와   의논하지만,   홍코토 너는 汗 아버지가   계실 때   어디에

bihe, si unenggi sure mergen oci, han ama simbe hode tukiyembihe
있었는가? 네가 진실로   총명하다면   汗 아버지께서 너를 아마도 등용했을 것이다.

dere, si teni mutuhao, simbe hebei gisun de atanggi dosimbuha bihe,
  너는 이제서야 성인이 되었는가? 너를 의논하는 말에   언제   들어오게 했는가?[10]

sini jui i gisun, gucu sei gisun be inu arafi jici, yung ping ni hoton
너의 아들의 말과   구추들의   말을 옳다고 여기고 돌아왔지만,   永平城에

de nikan i cooha afanjifi, hoton gaibufi jiheo, tala i 48/49 cooha de
    명군이   공격해 와서 성을 빼앗겨 돌아왔는가?   들판의 전투에서

afafi etehekū jiheo, tuttu oci jihe inu, nikan coohai baran tu ba
싸워 이기지 못해서 왔는가? 그렇다면 돌아온 것이 옳다. 明軍의 종적과 깃발을

sahakū, genehe ci emu da sirdan gabtahakū, han i werihe sain cooha
보지 않고, 출병한 이래 1발   화살을   쏘지 않고,   한이 남겨둔   좋은 병사를

be tuciburakū, jortai silhidame doro efujekini seme, abkai buhe duin
  내보내지도 않고 일부러 시기하여 정사가 무너지라고,   하늘이 준   4개

hecen be waliyafi, ujihe hafan irgen be wafi jihe, mini cooha be jortai
  성을   버리고   기른 관리와 백성을 죽이고 돌아왔다. 나의 병사를   일부러

---

same 49/50 manabuha seme, ere juwan ninggun amba weile de
알고　　　　　전멸시켰다 하여,　　이　　열여섯　　　큰　죄에

wambihe, wara be nakafi, loo de horiha, ini jušen booi aha,
죽이려고 했으나, 죽이는 것을 멈추고 감옥에 가두었다. 그의 속민·家奴·

ulin ulha, hongkoto i jušen booi aha, ulin ulha be gemu gaifi, ini deo
재물·가축,　　홍코토의　속민·　家奴·　재물·가축을　모두 취하여 그의 동생

jirgalang taiji de buhe, i membe wame <u>doro be efuleme jengki</u>[11] seme
지르갈랑 타이지에게 주었다. 그는 우리를 죽이고　정사를 무너뜨리기를 차마 하려고

gūnihabi, 50/51 abka mende serebufi jakan jafabufi, be imbe wame
생각했다.　　　　　하늘이 우리에게 알게 하여　곧　붙잡혀서, 우리는 그를 죽이기를

jenderakū, etungge jengge bufi, loo de horifi ujimbi,,
차마 하지못하고 입을 것과 먹을 것을 주고 감옥에 가두어 살린다.”

○ šoto taiji be ainu tafulame etehekū, amin beile marame jici,
쇼토 타이지를 “어찌 타일러서 이기지 못했는가? 아민 버일러가 고집하며 돌아오더라도

solho de amin beile be yoto taiji tafulaha adali, si geneci gene, bi
조선에서　아민 버일러를 요토 타이지가 타이른 것과 같이, ‘너는 가려면 가라. 나는

mini juwe fulgiyan i gūsa be gaifi 51/52 tembi seme maraci ainaha, i
나의 두　紅旗의　　구사를　데리고　　있겠다’ 라고 거절했다면 어땠겠는가? 그가

---

11 [簽註] gingguleme baicaci, jakan toktobuha fe manju gisun i bithede, doro be efuleme jengki sere
gisun, uthai jempi doro be efulembi sere gūnin sehebi,,
삼가 찾아보니 최근 정해진 『舊淸語』에서 ‘doro be efuleme jengki’(政事를 무너뜨리기를 차마 하려
는)는 곧 ‘jempi doro be efulembi’(차마 政事를 무너뜨린다)라는 뜻이라고 했다.

marame jici, jidere uncehen lakcafi, si casi bata i baru karun sindafi
거절하며 돌아오면, 돌아오는 후미를 끊고   너의 쪽에서 적의 방향으로 초병을 놓고

jai amala jici, sini tafulaha mujangga kai, songgome tafulaha seci,
다시 되돌아 왔다면, 네가 타이른 것도   옳다.   울면서   타일렀다고 하지만,

si beile wakao, si heheo seme weile arafi, taiji be nakabuha, jušen gaifi
너는 버일러가 아닌가? 너는 여자인가" 라고 죄 주어 타이지를 그만두게 했다. 속민은 취하여

ini ahūn yoto taiji de buhe, beyebe ahūn be dahakini sehe,,
그의 형 요토 타이지에게 주었다. 그 자신은   형을   따르라고   했다.

tongki fuka sindaha hergen i dangse
點·圈을 찍은 문자의 檔子

gūsin emuci debtelin
31권

sure han i duici aniya ninggun biyaci nadan biyade isinahabi
천총 4년 6월부터 7월까지

tongki fuka sindaha hergen i dangse,,
　點　圈을　　찍은　　문자의　　　檔子

○　juwan de, nikan de cooha genehekū korcin i beise de weile bošome
　　10일에,　　　明에　　　　출병하지 않은　　코르친의 버일러들에게 죄를 재촉하러

genehe asidarhan, sibatai, elbihe, aisunggū isinjiha, han de weile i
　　갔던　　아시다르한·시바타이·얼비허·아이숭구가　도착했다.　한에게　　속죄의

deji jakūn morin gajiha,,
헌상품 8마리 말을 가지고 왔다.

○　ineku tere inenggi, inggūldai unggihe bithe, jeng giyang ni 1/2
　　같은　　그 날,　　　잉굴다이가　　보낸　　문서.　　　「鎭江의

bira be orin ilan de doofi fonjici, mocin isinjihakūbi, eihen losa turga
　강을　　23일에　　건너서 물으니, 毛靑布가 도착하지 않았습니다. 당나귀·노새가 수척

ofi, juwe ubu cooha be jeng giyang ni dalin de werifi, jai emu ubu
해졌으므로, 2分의 군대를　　　鎭江의　　　강안에　　남겨두고, 나머지 1分의

cooha be gaifi an jeo de mocin bošome genefi, juwan juwe tumen mocin
　군대를　　이끌고　　安州에　　毛靑布를 독촉하러　가서,　　“12만필의 毛靑布를

gajime ice ninggun de i jeo de isinjiha, jai sunja tumen mocin i jalin
　가지고　초 6일에　　　義州에　도착했다.　나머지　5만필의 毛靑布　　　대신

de ihan bošo, 2/3 mocin be dorgi ci benjimbi sehebi, isinjire unde,
소를 독촉하라.　毛靑布를 안으로부터 보낸다"고 했습니다. 아직 도착하지 않았습니다.

erebe bošome bi, ere tookabuha be donjikini seme unggihe, inggūldai,
이것을 재촉하고 있습니다. 이 지체하게 된 것을 보고하려고 보냈습니다.　잉굴다이·

bakiran, solho i han de genehe mudan de, solho i han be wafi soorin
바키란이　조선의 왕에게　갔을　때에,　조선의 왕을　죽여서 왕좌를

duriki sehe duwali emu niyalma, erei terei bifi meni an jeo de
빼앗으려고 했던 무리의 한　사람이　여기 저기 있다가, 우리가　安州에

isinaha jai dobori dosinjiha, tere niyalmai alara gisun,　odz de 3/4
도착한　다음날 밤　들어왔습니다. 그　사람이　고하는 말이,　일본에

cooha baihangge inu mujangga sembi, tun i niyalma be muse de
군대를 구했던 것이 또한　사실이라고　하며,　섬의　사람이　우리에게

ubašambi sembi, cooha isabufi tun be gaimbi seme alaha, jai be tuwaci,
반란했다고 합니다.　군대를 모아서　섬을　취한다고 알렸습니다. 다시 우리가 보니

cooha isabuha inu mujangga, kirsa de isinjiha inenggi, tun i mejige be
군대를 모았던 것 역시 사실입니다. 키르사에　도착한　날,　섬의　소식을

dacilame fonjiki seme, sirna, engkei orin niyalma be gaifi, nikan i
조사하고 심문하고자 하여, 시르나·엉커이가　20명을　이끌고,　명의

karun be baime genefi, karun i ilan niyalma be jafafi 4/5 fonjici, tere
초병을　찾으러 가서,　초병　3명을　잡아　심문하니,　그

niyalmai alara gisun, solho i cooha uge be waki, uge i cooha be nikan
사람들이   고하는 말이   '조선의 군대가   五哥를 죽이려고, 五哥의 군대를   명

han de beneki seme mederi dalirame bi, uge ba ba i tun be dahabufi
황제에게 보내려고 하여   바다를   따라서 있다. 五哥가 곳곳의 섬을   항복시키고

lioi šūn keo be dahabume genehebi, terei jidere be aliyame, solho i
旅順口를   항복시키러   갔었다.   그가   오기를   기다려,   조선의

cooha mederi dalirame ba bade ilihabi seme alambi, tere niyalma be
군대가 바다를   따라   곳곳에서 주둔해 있다'라고 고합니다. 그 사람들을

dobori sindafi unggihe,, 5/6
밤에   놓아 보냈습니다.」

○ ineku tere inenggi, inggūldai de unggihe bithe, han hendume,
  같은 그   날,   잉굴다이에게   보낸 글. 「한이 말하기를,

bahara unde mocin be ume aliyara, neneme bahai teile gajime jio,
아직 얻지 못한 毛靑布를 기다리지 말라. 이전에 얻은 것만 가지고 오라.

suweni emgi genehe coohai niyalma boode ergehekū genehe bihe,
너희와 함께 갔던   군대의 사람들이 집에서 휴식하지 못하고 가서 있다.

bahara unde mocin be jai mudan de ganaki, dobori mejige alanjiha
아직 얻지 못한 毛靑布는 다음 번에   얻으리라. 밤에 소식을 알렸던

solho be uju fusifi jušereme¹ etuku etubufi saikan gajime jio, 6/7
조선인을 체발해서 주선으로 만들어 옷을 입혀서 잘 데리고 오라.

suijan nirui ilan niyalma ukakabi, jidere de songko faitabu,,
수이잔 니루의 세 사람이 달아났다. 올 때에 흔적을 찾게 하라.」

○ juwan ilan de, han yamun de tucifi, luwan jeo, yung ping be
　　13일에, 한이 衙門에 나가서, 灤州· 永平을

waliyafi jihe ambasa be beidehengge, tanggūdai be, si han i jui wakao,
버리고 온 대신들을 심판한 것. 탕구다이에게, "너는 한의 아들이 아닌가?

simbe erdemungge sain seme hergen buheo, ere gese bade tusa
네가 덕이 있고 좋다 하여 관직을 주었는가? 이와 같은 경우에 이롭게

okini seme dzung bing guwan i 7/8 hergen buhe kai, si hecen ci
하려고 總兵官의 관직을 주었다. 너는 성으로부터

tucifi aliyambi sehe bade aliyahakū, juwe gūsa be waliyafi jihe, sini
나와서 기다린다고 했던 곳에서 기다리지 않고, 두 구사를 버리고 왔다. 네가

aliyahakū turgunde fambufi, bata de ambula gaibuha seme weile arafi
기다리지 않은 탓에 길을 잃어서, 적들에게 많이 빼앗겼다" 라며 죄를 주어

wambihe, wara be nakafi dzung bing guwan i hergen efulehe,
죽이려 했지만 죽이는 것을 그만두고 총병관의 관직을 파면했다.

1　[簽註] gingguleme kimcici, ere jušereme sere gisun, ainci jušen arame sere gisun dere,,
　　삼가 고찰하건대 이 'jušereme'라는 말은 아마도 'jušen arame'(주선으로 만들어)라는 말일 것이다.

jušen gaiha, boigon talaha, eigen sargan i beyei teile tucibuhe, gaiha
속민을 취하고, 재산을 몰수했으며 부부의 몸만 면죄되었다. 취한

jaka be amba beile de buhe,, 8/9
물건을 大 버일러에게 주었다.

○ burgi si sini gūsai tanggūdai age be tafulame muterakū
부르기(에게) "너는 너의 구사의 탕구다이 아거를 설득하지 못했다.

amban mujanggao, si ainu tafulahakū seme fujiyang ni hergen efulehe,
대신이 맞는가? 너는 어찌 설득하지 않았는가?"라며 부장의 직을 파면했다.

jušen, šangnaha šang gemu gaiha,,
속민· 상주었던 상을 모두 취했다.

○ namtai dzung bing guwan be, si 9/10 han i gūsai amban
남타이 總兵官에게, "너는 한의 구사의 대신이

wakao, sini gūsai bade bata afanjici, si jai juwe gūsa ambasa be
아닌가? 너의 구사의 땅에 적이 공격해 왔는데, 너는 다른 두 구사의 대신들을

gaifi hoton i tulergi bata be ainu gidahakū, yung ping de jici, musei
이끌고 성 밖의 적을 어찌 격파하지 않았는가? 永平에 왔는데, 우리의

cooha be bargiyafi gajihakū, jifi amin beile be ainu eteme tafulahakū
군사를 거두어서 데려오지 않았다. 와서 아민 버일러를 어찌하여 힘껏 설득하지 않았는가"

seme wambihe, wara be nakafi weile arafi dzung bing guwan i
라며 죽이려했지만, 죽이는 것을 그만두고 죄 주어서 총병관의

hergen be efulehe, boigon talaha, eigen sargan i 10/11 beyei teile
직을 파면하고, 戶를 몰수했으며, 부부의 몸만이

tucibuhe, gaiha jaka be han de buhe,,
내쫓겨졌다. 취한 물건들은 한에게 주었다.

○ babutai age be, si han i jui bime, han i gūsa de bikai, bata
바부타이 아거에게, "너는 한의 아들이면서, 한의 구사에 있다. 적이

sini bade afanjici, daci ainu latubuha, šanggiyan i gūsai gese hanci
너의 땅에 공격하러 왔는데, 처음부터 어찌 접근시켰는가? 白旗처럼 가까이

halbuhakū ainu 11/12 afahakū, daci latubufi nikan poo miyoocan
들여보내지 않고 어찌 공격하지 않았는가? 처음부터 접근시켜서 명군이 포와 조총을

sindara gabtara de, mini coohai niyalma koro baha, nikan hoton i da
發射할 때에, 나의 군대의 사람이 손상을 입었다. 명군이 성의 아래를

be afaci, si hoton i ninggude komso cooha ilibu, geren cooha be gaifi
공격했는데, 너는 성의 위에 적은 군사를 세우고, 많은 군사들을 이끌고

hoton ci tucifi, hoton i da i cooha be ainu wahakū seme weile arafi
성으로부터 나왔는데, 성의 아래의 군사를 어찌하여 죽이지 못했는가?" 라며 죄를 주어서

wambihe, wara be nakafi fujiyang ni hergen be efulehe, šang
죽이려고 했지만, 죽이는 것을 그만두고 부장의 직을 파면했다. 상을

gaiha,, 12/13
빼앗았다.

○ turgei uju jergi dzung bing guwan be, hoton de bata be
　투르거이　　　1등　總兵官에게,　　　　　　　　　　　"성에서　　　적들을

hanci halbuhakū afaha, hoton ci tucifi nikan i cooha be inu wahabi,
가까이 들여보내지 않고 싸웠다. 성으로부터 나와서 명의　　군사들을　또한 죽였었다.

jici amala uncehen de bihe, baturu fili sain kai, si tuttu bime mende
　온 뒤에는　　후미에서　있었다. 용감하고 견고하며 좋았다. 너는 그렇기도 하고, 우리에게

efu meye ombi, si <u>coohai ten kai</u>[2], yung ping de tehe 13/14 amin
사위와　매부이다.　너는 전투에 능숙한데,　　　永平에　　　주둔한　　　　　아민

beile be eteme ainu tafulahakū seme weile arafi hergen efulehe, gūsai
버일러를　힘껏 어찌하여 설득하지 않았는가?"라며 죄 주어서 관직을 파면했다. 구사의

ejen nakabuha, jušen gaiha,,
어전을 그만두게 했다. 속민을 취했다.

○ yungšun be, si kubuhe fulgiyan i amban wakao, sini gūsai
　　융슌에게, "너는　　　鑲紅旗의　　대신이 아닌가?　너의 구사의

beile šoto i emgi acafi, beile i baru jidere be marame tafulaha bici,
버일러 쇼토와　함께 합하여, (아민)버일러에게 (그가) 돌아오는 것을　저지했다면,

beile 14/15 ainu loo de horibure, geren ambasa ainu weile bahara, si
(아민)버일러가　어찌 감옥에　갇힐 것인가? 여러 대신들이　어찌 죄를 얻겠는가? 너는

2　[簽註] gingguleme baicaci, jakan toktobuha fe manju gisun i bithede, coohai ten kai sere gisun,
　　uthai cooha de mangga kai sere gisun sehebi,,
　　삼가 찾아보니 최근 정해진 『舊淸語』에서 'coohai ten kai'라는 말은 즉 'cooha de mangga kai'(전투에
　　능숙하다)라는 말이라고 한다.

sini gūsai beile be daburakū, amin beile i baru hebešefi, sini gisun de
너의 구사의 버일러를 따르지 않고 아민 버일러를 향해 논의하여, 너의 말에

dosifi geren ambasa i tafulara be gaihakū, jidere be inu arafi jihe kai,
빠져서 여러 대신들이 설득했던 것을 취하지 않고, 오는 것이 옳다 여겨서 왔다.

beile be loo de horihangge, geren ambasa be weile arahangge, gemu
버일러를 옥에 감금한 것, 여러 대신들이 죄 지은 것, 모두

sini turgunde kai seme wambihe, wara be nakafi 15/16 ts'anjiyang ni
너 때문이다" 라며 죽이려 했지만, 죽이는 것을 그만두고 참장의

hergen be efulehe, gūsai ejen be nakabuha, jušen gaiha,,
관직을 파면했다. 구사의 어전을 그만두게 했다. 속민을 취했다.

○ tobohoi ecike nimeme cooha de genehekū, jui dalai be, sini
토보호이 叔父는 병들어 전투에 가지 않았다. 아들 달라이에게, "너는

amai funde daiselame medege gaikini seme gūsai ejen sindaha kai, si
아버지의 대신으로 대리하여 정보를 취하라고 구사의 어전으로 임명했다. 너는

baibi ainu angga mimifi tehe, beile be 16/17 emu gisun tafulame
그냥 어찌하여 입을 막고 있었는가? 버일러에게 한 마디 간언하여

henduci ainaha, si ehelinggu budun seme hendufi weile akū bai sindaha,,
말했다면 어떠했겠는가? 너는 용렬하고 무능하다"라고 말하고 죄 없이 그냥 석방했다.

○ songgotu beiguwan be, afara de bulcame afahakū, hoton ci
송고투 備禦官에게, "공격할 때 피하여 공격하지 않고, 성으로부터

tucifi dobori jidere de, nikan cooha be acafi burulaha seme wambihe,
나와서 밤에 왔을 때, 명의 군대를 마주쳐 패주했다"라며 죽이려 했지만,

wara be nakafi tanggū šusiha tantaha, hergen efulehe, boigon 17/18
죽이는 것을 그만두고 100대 채찍으로 때렸다.   관직을 파면하고,   戶를

talaha, eigen sargan i beyei teile be mergen daicing ni boode aha
몰수했다.   부부의   몸만을   머르건 다이칭의   家에 노예로

buhe,,
주었다.

○ entei iogi be, poo i okto de fucihiyalabuha anakū de kadalarakū
    언터이 遊擊에게, "炮의 화약에 화상을 입었다는 구실로   관리하지 않고

bulcame dedufi, sini jalan i ba hoton efujehe seme wambihe, wara
    피하여 누워서, 너의 잘란의 땅의 성이 함락되었다"라며 죽이려했으나, 죽이는

be nakafi tanggū šusiha tantaha, hergen efulehe, boigon talaha, 18/19
것을 그만두고 100대 채찍으로 때렸다.   관직을 파면하고, 戶를 몰수했다.

eigen sargan i beyebe han i boode aha buhe,,
    부부의   몸을   한의   家에 아하로 주었다.

○ aimbulu be, yaya ci neneme burulame yung ping de jihe
    아임불루에게, "누구보다   앞서   패주하여   永平에 왔다"

seme wambihe, wara be nakafi tanggū šusiha tantafi boigon talaha,
라며 죽이려했지만, 죽이는 것을 그만두고 100대 채찍으로 때리고 戶를 몰수했다.

eigen sargan i beyebe amba beile i boode aha buhe,, 19/20
　　부부의　　　　몸을　　　大 버일러의　　家에　아하로 주었다.

○ busan ts'anjiyang be, yaya fonde ohode beyei weile be emhun
　　부산 參將에게,　　　　　　　"언제나　　　　　자신의　　　죄를　　　홀로

gisurerakū, geren be fulmiyeme³ ainu gisurembi, hoton ci tucifi sini
말하지 않고, 여러 사람들을 연루시켜　어찌하여 말하는가? 성으로부터 나와서 너의

jalan be bargiyafi gajihakū, si burulame jihe seme hergen efulehe,
　잘란을　거두어서 데려오지 않았고, 너는 패주하여 왔다" 라며 관직을 파면했다.

šang gaiha,, 20/21
상을 빼앗았다.

○ hele beiguwan be, sini jalan i cooha be bargiyafi gajihakū, si
　　헐러 備禦官에게,　　"너의　잘란의 군대를　　거두어서 데려오지 않았고, 너는

burulame jihe seme hergen efulehe, šang gaiha,,
　패주하여 왔다" 라며　관직을 파면했다.　상을 빼앗았다.

○ nimacan beiguwan be, gisurehe gisun be jurceme, fulgiyan be
　　니마찬 備禦官에게,　　"말한　　말을　　　어기고,　　紅旗를

lakcafi šanggiyan be aliyahakū jihe, jifi ninikana i buksiha cooha de
이탈하고　　白旗를　기다리지 않고 왔다.　와서는 명의　　매복한　　군대에

3　[簽註] gingguleme baicaci, fe manju gisun i bithede, fulmiyeme sere gisun, uthai tabušame sere
　　gisun sehebi,,
　　삼가 찾아보니 『舊淸語』에서 'fulmiyeme'(연루시키다)라는 말은 즉 'tabušame'(연루시키다)라는 말
　　이라고 했다.

tuhenjifi musei 21/22 cooha ambula wabuha seme hergen efulehe, šang
빠져서   우리의   병사가   많이 죽임 당했다"라며   관직을 파면하고, 상을

gaiha,,
빼앗았다.

○ langsi beiguwan be, hoton de afara de feye baha seme bulcame
  랑시 備禦官에게,   "성에서   싸울 때   상처 입었다며   피하고

kadalahakūbi, nikan cooha hoton de latunjifi na be feteme hoton
관리하지 않았다. 명의 군대가 성에   접근해 와서 땅을   파고   성을

efujehebi, tucifi jidere de, fulgiyan be lakcafi 22/23 bata i buksiha bade
무너뜨렸었다. 나와서 올 때,   紅旗를   이탈해서   적이   매복한 것에

tuhenjifi musei cooha ambula wabuhabi seme hergen efulehe, šang
떨어져서 우리의 병사가   많이 죽임 당했다" 라며   관직을 파면했다. 상을

gaiha, dehi sunja šusiha tantaha,,
빼앗았다. 45대   채찍으로 때렸다.

○ derdehei be, gisun de <u>dosika amban</u>[4] waka, beile be huwekiyebufi
  더르더허이에게, "논의에 참여한 대신이   아닌데, 버일러를   부추겨서

gajiha seme susai šusiha tantafi bai sindaha, jai nancu, sahaliyan,
데려왔다"라며   50대   채찍으로 때리고 그냥 석방했다. 또 난추· 사할리얀·

---

4 [簽註] gingguleme kimcici, ere dosika amban sere gisun, ainci hebe de dosika amban sere gisun
     dere,,
     삼가 고찰하건대 'dosika amban'(들어간 大臣)이라는 말은 아마도 'hebe de dosika amban'(논의에
     들어간 대신, 議政大臣)이라는 말일 것이다.

karkama, 23/24 dajiha, gargio, wenje, bayangsu, hūlhatu, šanggiyan holo
카르카마· 다지하· 가르기오· 원저· 바양수· 훌하투· 샹기얀 홀로·

nomhon, tundai, hahana, baicuka, gabula, cergei, samsika, hūsita,
놈혼· 툰다이· 하하나· 바이추카· 가불라· 처르거이· 삼시카· 후시타·

dungsan, tumburu, hūsibu, ardai, emungge, tumen, ginggūlda, ere orin
둥산· 툼부루· 후시부· 아르다이· 어뭉거· 투먼· 깅굴다, 이 24명의

duin amban be weile akū sindaha,,
대신을 죄 없이 석방했다.

○ mungtan fujiyang be, beile be eteme tafulahakū 24/25 seme
뭉탄 부장에게 "(아민) 버일러를 힘껏 말리지 않았다" 라고

tuhere an i weile šang gaiha,,
처벌할 규정의 贖으로 상을 빼앗았다.

○ furdan iogi be, hoton ci tucire de, jalan i niyalma be bargiyafi
푸르단 유격에게 "성에서 나올 때 잘란의 사람을 거두어

gajihakū seme tuhere an i weile šang gaiha,,
데려 오지 않았다"고 처벌할 규정의 贖으로 상을 빼앗았다.

○ asari beiguwan be, hoton ci tucire de, 25/26 gūsai ejen ci fakcafi
아사리 備禦官을 "성에서 나올 때 구사의 어전에서 떨어져

jalan i niyalma ambula wabuha seme tuhere an i weile šang gaiha,,
잘란의 사람이 많이 살해되었다"라고 처벌할 규정의 贖으로 상을 빼앗았다.

○ juwan duin de, luwan jeo de musei ambasa waliyafi jihe
　14일에, 灤州에서 　우리의 대신들이 버리고 　온

juwe jušen ukame jidere be, karacin i han i juwan emu niyalma
두 주선이 달아나 오는 것을 카라친의 한의 11명이

benjihe,, 26/27
보내왔다.

○ tofohon de, julesi genehe dahai, ušan, keri, tursi, suldei, ši ting ju,
　15일에, 남쪽으로 갔던 다하이·우샨·커리·투르시·술더이·石廷柱·

hūnta, tahabu, emu nirui emte bayara be gaifi isinjiha,,
훈타· 타하부가 1개 니루에서 1명씩의 바야라를 인솔하여 도착했다.

○ juwan ninggun de, aru i elcin jihe,, 27/28
　16일에, 아루의 사신이 왔다.

○ juwan jakūn de, hūrha gurun i juwan emu niyalma, seke i
　18일에, 후르하 국의 11명이 貂皮

alban benjime han de hengkileme jihe,,
공물을 보내며 한에게 고두하러 왔다.

han i ujihe yung ping, ciyan an i hafan irgen be amin beile
한이 보살핀 永平· 遷安의 관원과 백성을 아민 버일러가

gemu wafi, terei juse sargan be coohai niyalma gajiha be gemu
모두 죽이고 그들의 자식들과 부인을 병사들이 데려온 것을 모두

suweleme gaifi, 28/29 han hendume, mini ujihe hafan irgen be waci,
찾아서 데려오고,　　　　한이　말하기를,　"내가 보살핀 관원과 백성을　죽이고

terei juse sargan be adarame olji obure seme, ama akū jui, eigen akū
그들의 자식들과 부인을　어떻게 포로로 하는가"라며　아비 없는 자식, 남편 없는

hehe be gemu acabufi, tere boo jetere jeku eture etuku bufi boigon
여자를　모두　합해서　살 집과　먹을 곡식과 입을 의복을 주고 戶로

arafi ujihe,,
삼아서 보살폈다.

○ orin de, uge i takūraha hoo jin sio 29/30 ciyandzung isinjiha,,
　　20일에,　五哥가 보낸　hoo jin sio　천총이　도착했다.

○ šanggiyan morin aniya nadan biyai ice sunja de, syge, uge i
　　庚午年(1630)　7월　초 5일에,　四哥·　五哥가

takūrafi unggihe amji i jui ahūn lio hing pei, emu ciyandzung juwe
　　파견한　백부의 아들 중 형인 劉興沛·　1명의 천총과　2명의

kutule isinjimbi seme medege alanjire jakade, inggūldai, kūrcan, dahai,
쿠툴러가 도착한다고　소식을　고해왔기 때문에　잉굴다이·　쿠르찬·　다하이·

lungsi, sonin, mucengge be okdobufi gajiha, 30/31 gajifi tatabure
룽시·　소닌·　무청거에게　맞게 하여 데려왔다.　데려와서 묵을

boode ebubufi, dagaju i jergi jakūn booi jakūn niyalma be, jetere ai
집에서 下馬하게 하고 다가주 등　八家의　8명에게　먹는 어떤

jaka be gingguleme ulebu seme afabuha, yaluha morin losa be jakūn
것도　　　공경하여　　먹이라고　　　맡겼다.　　　　탄 말·　노새를　　여덟

beise i heren de saikan ulebu seme salaha, han de gajihangge hacin
버일러들의 마굿간에서 잘　　먹이라고　　　분배했다. 한에게　가져 온 것은 각종

hacin i suje emu tanggū, hacin hacin i etuku jakūn, aisin ijuha
　　　비단 100필·　　　　　　　각종 의복 8벌·　　　　금을 입힌

menggun i tampin 31/32 juwe, aisin ijuha menggun i jakūn enduri
　　　은 술병　　　　　　2개·　　　금을 입힌 은제의 여덟 神의

hūntahan juwe, bai menggun i hūntahan duin,,
　　　술잔 2개·　　　보통의 은 술잔 4개였다.

○ juwan emu de, han, beise, bithei boode jifi hiyan dabufi gashūha
　　11일에,　　　한과 버일러들이　　書房에　　와서 향을　피우고　맹세한

bithei gisun, aisin gurun i han <　　>⁵ doro jafaha beise daišan,
글의　　말.　　　「金國의　　　　汗　〈　〉와 정치를 담당한 버일러들 다이샨·

manggūltai, abatai, degelei, jirgalang, ajige 32/33 age, dorgon, dodo,
망굴타이·　아바타이·　더걸러이·　지르갈랑·　아지거　　　아거· 도르곤·　도도·

dudu, yoto, sahaliyen, hooge, abka na de akdulame gashūrengge, mederi
두두·　요토·　사할리연·　호오거가　　天地에　　　굳게　　맹세한 것.　　　바다

tun i lio hing bang, lio hing ji, lio hing jy, lio hing liyang, lio hing pei,
섬의　　劉興邦·　　　　劉興基·　　　劉興治·　　　劉興梁·　　　劉興沛가

5　원문이 피휘되어 가리워져 있다. 太宗의 이름인 'hong taiji'가 쓰여 있을 것이다.

ini nikan han i hafasa be wafi, geren tun i niyalma be gaifi, mini
그의 명 황제의 관원들을 죽이고 많은 섬 사람들을 데리고, 나와

emgi emu hebe ombi seme amala banjire jalin de gashūmbi, tun i
함께 한 편이 되겠다고 나중에 살기 위해서 맹세한다. 섬의

niyalma tun de tecibe, olhon de tafafi 33/34 tecibe, mini gurun de
사람은 섬에 살아도, 육지에 올라와 살아도, 나의 나라에

dosimburakū antaha gurun ofi banjibumbi, jai mini ubaci ukame genehe
들어가지 않게 하고 客國이 되어 살게 한다. 또 나의 이쪽으로부터 도망하여 간

jušen monggo be, dade miningge bihe seme gaji seme gaijarakū,
주선과 몽고인을 원래 나의 것이었다고 해도 데려오라고 하여 취하지 않겠다.

uttu gisurehe be aifufi antaha gurun obufi banjiburakū oci, ukame
이렇게 말한 것을 위반하여 客國으로서 살지 못하게 하거나, 도망하여

genehe jušen monggo be gaji seme gaici, lio i ahūn deo i fe weile be
간 주선·몽고인을 데려오라고 하여 취하거나, 劉씨 형제의 옛 죄를

jondoro, acanjime jihede jafara oci, 34/35 abka na membe wakalafi
생각하고 화친하러 온 때에 체포하면, 天地는 우리를 질책하여

se jalgan de isiburakū aldasi bucebu, lio i ahūn deo membe holtofi
수명에 이르지 못하고 도중에 죽게 할지어다. 劉씨 형제가 우리를 속이고

amasi nikan han i baru ojoro, akūci juwe mujilen jafafi siden de
되돌아가 명 황제의 편이 되거나, 그렇지 않으면 두 마음을 가지고 그 사이에

bisire oci, abka na lio i ahūn deo be wakalafi se jalgan de isiburakū
있는다면,　　　天地가　劉씨 형제를　　　꾸짖어　수명에　이르지 못하게 하고

aldasi bucebu, meni juwe gemu gisurehe gisun de isibume tondoi
도중에 죽게 할지어다. 우리 둘 모두　　말한　　말에　　　이르도록　바르게

akūmbume banjici, 35/36 abka na gosime jalan goro aniya goidame
　진력하여　　　　살면　　　　　天地가　자애하여 세대를 길게 해가 오래도록

banjibu,,
살게 할지어다.」

○ tofohon de, elcin jihe lio hing pei, juwe ciyandzung genehe,
　　　　15일에,　사신으로 온　劉興沛와　　두　　천총이　　　　갔다.

uge de emu hūrha sekei dahū, juwan hūrha seke, dage, sange, syge,
五哥에게 1벌의 후르하 貂皮 털가죽외투, 10벌의 후르하 貂皮,　大哥· 三哥·　四哥·

hoošan de emte jušen sekei dahū unggihe, elcin jihe lio hing pei de
호오산에게　 1벌씩　주션 貂皮 털가죽외투를 보냈다.　사신으로 온　劉興沛에게

niruha 36/37 enggemu hadala tohohoi emu morin, jušen sekei dahū
그림 그린　　　　안장과 굴레를 채운 1마리 말·　　　　　주션 貂皮 털가죽외투

emke, juwe ciyandzung de dobihi dahū emte, duin kutule de menggun
1벌,　　두　　천총에게　　　여우가죽 털가죽외투 1벌씩, 4명 쿠툴러에게　　은

ilata yan šangnaha, kunduleme sarilarangge, jakūn boo idu i emu
3량씩을　　　상주었다.　정중히　　잔치하기를　　　八家의　　1班이 하루

indeme sunja dere emu honin wafi, sain nure emu malu tataha boode
묵고   5개 床에   1마리 양을 잡고,   좋은 황주 1병을   묵고 있는 집에

gamafi, sarin dari baksi sabe unggifi sarilabuha, genere de fudeme
가져가서 잔치 때마다 박시들을   보내어   잔치했다.   갈   때에   배웅하며

birai 37/38 dalin de emu honin wafi, emu malu nure, hengke gamafi
강변에서   1마리 양을   잡고   1병의 황주와 오이를 가져가서

baksi se genefi sarilafi unggihe, jase tucibume ušalan beiguwan, dainju
박시들이 가서   잔치하고 보냈다. 경계를 나가서   우샬란 備禦官·   다인주

uheri duin niyalma tiyan šui jan i ebsihe benehe, jugūn de uleburengge,
모두   네 사람이   甛水站까지   배웅했다. "길에서   먹이는 것은

yamji cimari emu honin, juwan coko, emu malu arki ulebu, casi emu
저녁   아침으로 1마리 양· 10마리 닭·   1병의 소주를 먹게 하라. 그쪽으로 1마리

honin unggi seme henduhe,,
양을   보내라"고 말했다.

tongki fuka sindaha hergen i dangse
點·圈을 찍은 문자의 檔子

gūsin juweci debtelin
32권

sure han i duici aniya jakūn biyaci jorgon biyade isinahabi
천총 4년 8월부터 12월까지

tongki fuka sindaha hergen i dangse,,
　　點　圈을　　찍은　　문자의　　檔子

○ jakūn biyai ice inenggi, pi doo ci uge i takūraha emu niyalma,
　　8월　　초 1일,　　　皮島에서　五哥가　보낸　　　　1명·

musei elcin genehe ci biyan lung isinjiha, uge i ahūn deo gashūha
우리의　使臣으로 갔던　遲變龍이　　도착했다.　　五哥의　형제가　맹세한

bithei gisun nikan bithede bi, musei elcin de juwan suje, suje i etuku
글의　말이　漢語 문서에　있다. 우리의 使臣에게　10필의 비단·　비단 옷

emu jergi, wase sabu fusheku nadan buhebi, 1/2 han de alara jakade,
　1벌·　　　양말과 신발과 부채 7개를　　주었다.　　　　　한에게 고하자

yooni gemu bu seme buhe,,
모두　　다　주라고 하여 주었다.

○ ice jakūn de, uge i takūraha niyalma de juwan yan menggun
　　초 8일에,　　　五哥가　보낸　　사람에게　　　10량 은을

šangnafi, emu honin wafi, dere dasafi sarilafi, terei emgi lii ci fung ci
상 주고,　1마리 양을 잡고,　　床을　차려　잔치하고, 그와　함께　李棲鳳·

biyan lung juwe šusai be unggihe, jase tucibume benere niyalma de
遲變龍　　　두　秀才를　　보냈다.　경계를 나가도록　전송하는 사람에게

jasiha 2/3 gisun, jugūn de ulgiyan coko wafi ulebu, waha ton be
서신보낸　　　말.「길에서　　　돼지·　닭을　잡아서 먹여라.　죽인 수를

bithe arafi gaju seme hendufi unggihe,,
글로　써서 가져와라」라고　말하고　보냈다.

○ yaya gurun i elcin hūda yabure niyalma, irgen i ai jaka be
　「"여러 나라의　　使臣과 교역을 다니는 사람은　　백성의　　어떤 물건도

ume nungnere, meni meni jufeliyen jeme yabu, irgen be nungneci weile
침해하지 말라.　　　각자의　　여행용 식량을 먹으며 다녀라. 백성을　　침해하면 죄이다."

3/4 seme šajilafi, tuttu amba baita han i hesei yabure niyalma de,
　　　라고 금지했다. 거기에서　大事를 위해, 한의　명령으로 다니는　사람에게

irgen i jeku ulebuhede, han i ku i ulin tucifi toodambi, tere inu irgen be
백성의　곡식을 먹게 하면　한의 창고의 재물을 내어서 배상하겠다. 그것이 바로 백성을

gosire jurgan kai,,
　아끼는　뜻인 것이다.」

○ aisin gurun i han i bithe, lio fu i ahūn deo de unggihe, suweni
　　「금국의　　한의 글을　劉府의　형제에게　보낸다.　너희

ahūn 4/5 deo be emke jio sehengge, jihe manggi unggirakū tebuki
　형제를　　　한명 오라고 한 것은　온　뒤에 보내지 않고 머물게 하려고

sehengge waka, emke anggala, suwe wacihiyame jihe sehe seme, suweni
한 것이 아니다. 한명 뿐 아니라　너희가　모두　　온다고 해도,　　너희

emte beye de minde tusa aika bio, daci minde biheku biheo,
한명씩의 몸으로 나에게 이익이 무엇이 있겠는가? 원래 나에게 있지 않은 것이 있겠는가?

nikan han i hafasa be wafi, geren tun i niyalma be gaifi mini emu
　명 황제의 관원들을　죽이고 여러　섬의　사람들을　이끌고, 나와 한

hebe oci, minde emu gurun aisilaha kai, bi gurun aisilara be
편이 되면, 나에게 한　나라로　돕는 것이다. 내가 (너희가) 나라로 돕는 것을

buyeraku, jiduji sini emu 5/6 udu niyalmai beyebe ainambi, mini
원하지 않고, 끝내　너의 몇몇　　　　사람을　　　　어쩌겠는가? 내가

gunihangge, suwembe emke dere acafi, abka na de akdulame gashufi,
　생각하기를,　　너희 중 1명과　대면하고　天地에　　굳게　　맹세하여

guniha gisun be gisureki seme jio sehe, suwe gemu emte bade
생각한　말을　　　말하려고　　오라고 했다. 너희는 모두　하나씩 지역을

afahabi, jici ojoraku seme, genehe niyalmai juleri uthai gashufi
담당하여　올 수 없다고　하고　　간　사람[1]　앞에서　곧장　맹세하여

unggihebi, suwe jici ojoraku inu mujangga, mujilen akdun oci
　보냈었다.　　너희가 올 수 없는　것도 사실이다.　　마음이　신실하면

tetendere, jifi ainambi, niyalmai juleri akdun gisun gisurehe be 6/7
그렇게 해도 좋다. 오면 어떠한가? 사람 앞에서　약속을　　말한　　　것

hono guwaliyaci ojoraku kai, muse abka na de akdulame gashufi
마저　변심할 수는　없다.　　우리가　天地에　　굳게　　맹세하고

1　'간 사람'이란 후금에서 유씨 형제에게 파견한 사람을 가리킨다.

gūwaliyara doro bio, gūwaliyaci abka endembio, te muse juwe gurun
변심하는 것이 도리인가? 변심하면 하늘이 가만있겠는가? 지금 우리 두 나라가

emu hebe ome wajiha, ishunde elcin ume lashalara,,
한 편이 되기를 마쳤다. 서로   使臣을 끊지 말자.」

○ orin ilan de, pi doo de takūraha lii ci fung, ci biyan lung,
　　23일에,   皮島에   보낸   李棲鳳·   遲變龍과

lio uge i 7/8 takūraha lii tiyan lung, cang sio isinjiha,,
劉五哥가   보낸   lii tiyan lung·   長壽가 도착했다.

○ uyun biyai ice juwe de, tun i lio uge i takūraha lii tiyan lung,
　　9월   초 2일에,   섬의 劉五哥가   보낸   lii tiyan lung·

cang sio genehe, erei emgi musei elcin lii ci fung, ci biyan lung
長壽가 갔다.   이들과 함께 우리의 使臣   李棲鳳·   遲變龍도

genehe, uge i sargan be tun de unggihe, unggihe bithei gisun, aisin
갔다. 五哥의 아내를 섬에   보냈다.   보낸 글의 말. 「금국의

8/9 gurun i han i bithe, lio fu i ahūn deo de unggihe, ere tuweri suwe
　　한의 글을   劉府의 형제에게   보낸다.   이번 겨울, 너희

inu dagila, be inu dagilambi, ishun aniya hebdeme yabuki, jai muse
또한 대비하라. 우리도 대비하겠다.   내년에   논의하러 가겠다.   또한 우리가

abka na de akdulame gashūfi sain banjire de, ukanju singgeci ojorakū,
天地에   굳게   맹세해서 좋게 살 때에   도망자가 들어올 수 없다.

te inu ukanju akū, akū seme emke juwe ukaci ukambi dere, gashūha
지금도 도망자가 없다. 없다고 해도   1-2명 도망치면 도망칠 것이다. 맹세한

inenggi ci casi 9/10 ukanju be yaya gemu singgeki, gashūha inenggi
날   이전의   도망자는   모두 다 들이자.[2]   맹세한 날

ci ebsi, meningge suwende geneci, suwe benju, suweningge mende
이후로 우리 사람이 너희에게 가면 너희는 보내와라. 너희 사람이 우리에게

jici, be benere, jai doro acafi sain oho be dahame, sini sargan be
오면 우리가 보내겠다. 또 화친하여 좋게 되었기 때문에   너의 아내를

unggihe, sini sargan be balai bade asaraha seme gūnirahū, suweni
보낸다. 너의 아내를   험한 곳에 구류했다고 생각하지 말라. 너희가

genehe inenggi ci uthai sini aja i emgi bolgo bade asaraha bihe, sini
간   날부터 즉시 너의 모친과 함께 깨끗한 곳에 구류했다.   네가

unggihe bithe de weile mutehe manggi, 10/11 abka de juwe šun akū
보낸 글에 "일이 이루어진 후,   하늘에 2개의 태양이 없다고

serakū ohode kesi sehebi, unenggi suwe aisilame amba weile
하지 않으면 다행이다"라고 했다. 진실로 너희가 도와서   큰 일이

mutehe manggi, bi abka de juwe šun bio seme henduci, neneme
이루어진 후,   내가 "하늘에 2개의 태양이 있는가?"라고 말하면,   먼저

gashūha gisun be aifuha kai, abka de gashūha be aifuci ombio,
맹세한 말을   어기는 것이다. 하늘에 맹세한 것을 어길 수 있는가?

---

2   맹세한 날 이전에 발생한 도주자는 상호 인도를 하지 말고 현재 상태를 인정하자는 뜻이다.

ume kenehunjere, damu julesi mutere be kice,, jihe juwe elcin be
　의심하지 말라.　　　다만 앞으로의　일을　힘쓰라.」온　2명의 使臣을

genere doroi 11/12 han de acabufi, bithei boode gajifi, emu honin
　가는　禮로　　　한에게 알현시키고　　書房에　데려가서, 1마리 양을

wafi, juwe dere dasafi sarilaha, uge i sargan de fudere doroi emu
잡고,　2개의 床을　차려　잔치했다. 五哥의　아내에게　배웅하는 禮로　1마리

honin wafi, sunja dere dasafi, imbe horiha boode jihe elcin be gamame,
　양을 잡고　5개의 床을　차려서, 그녀를 가둔　집에,　온　使臣을　데려와서

ini emhe, eše i jakade sarilaha, uge i sargan de fudehe jaka i
그녀의 시어머니·시동생 옆에서 잔치했다. 五哥의 아내에게 보낸　물건의

ton, emu hehe, emu joran morin de menggun i dushume foloho 12/13
수는　1명의 여자·　1마리 발빠른 말에 은으로 세공하여 조각한

enggemu tohohoi, juwe losa de bai enggemu tohohoi, jušen seke i
　말안장을 맨 것·　　2마리 노새에 보통 안장을　맨 것·　　주션 貂皮의

kurume de sese gecuheri burifi emke, sain suje i etuku juwe jergi,
　쿠리매에 금실 비단으로 꾸민 것 하나·　　좋은 비단 옷 2벌·

alha i jibehun, junggin i sishe cirku emke, fulgiyan jafu emke, aisin i
　꽃무늬의 이불·　　비단 요(褥)와 베개 1개·　　붉은 모직물 1장·　　금

sifikū juwe, nicuhe i gidakū emke, fei ts'ui funggala i sifikū uyun,
　비녀 2개·　　진주 이마 장식 1개·　　비취색 깃털 비녀 9개·

lamun suje i sara emke, hoošan i sara emke, aga de 13/14 eture mocin
남색 비단의 우산 1개· 종이 우산 1개· 비올 때 입는 毛靑布

i kurume emke, menggun i moro emke, alikū emke, coman emke, saifi
쿠리매 1개· 은 사발 1개· 쟁반 1개· 큰 잔 1개· 숟가락

emke, jafu i oyo mocin i fajiran monggo boo emke buhe, jihe elcin
1개· 모직물 지붕에 毛靑布로 덮은 몽고 천막 1개를 주었다. 온 使臣

lii tiyan lung de juwan yan, cang sio de duin yan buhe, fudere doroi
lii tiyan lung에게 10량, 長壽에게 4량을 주었다. 배웅하는 禮로

hunehe birai dalin de emu honin wafi sarlaha, fudeme dahai, kūrcan,
渾河의 江岸에서 1마리 양을 잡아서 잔치했다. 배웅하러 다하이· 쿠르찬·

sonin genehe bihe, ese be mederi 14/15 dalin i ebsihe beneme samsika,
소닌이 갔었다. 이들을 해안까지 배웅하도록 삼시카·

holohoi, dajiha de, emu gūsai bayara ilata, kutule juwete adabufi
홀로호이· 다지하에게 1개 구사의 바야라 3명씩· 쿠툴러 2명씩을 붙여서

unggihe,,
보냈다.

○ juwan uyun de, lio uge i sargan be benehe samsika, holohoi,
19일에, 劉五哥의 아내를 배웅한 삼시카· 홀로호이·

dajiha isinjiha, ceni elcin jihekū, esei alaha gisun, lio uge okdome
다지하가 도착했다. 그들의 사신은 오지 않았다. 이들이 고한 말. "劉五哥가 맞이하러

15/16 jifi, i cuwan de tefi, dalin i hanci ibefi, mende emu cuwan bufi,
　　　 와서, 그는 선박에 타서　　해안　가까이 나아가고, 우리에게 1척의 배를　주어서

be cuwan de tefi, ishunde niyakūrafi hengkilefi gala jafame acaha,
우리는 배에　앉아, 서로　　무릎을 꿇고　고두하고　손을　잡고　만났습니다.

acame wajiha manggi, uge ini sargan be gamaha, jihe doroi wafi
　만나기를 마친　후에　　五哥는 그의 아내를 데려갔습니다. 온　禮로　잡아서

jefu seme juwe ihan, waha ulgiyan i yali duin buhe bihe seme alaha,
먹으라고　2마리 소·　잡은　　　　돼지고기 4마리를 주었습니다"라고 고했다.

genehe ilan amban de buhengge, 16/17 suje, cuse juwan juwete, fejergi
갔던　　세　大臣에게　준 것은　　　　　비단과 紬子 12필씩,　　　휘하

coohai niyalma de, kutule ci aname, mocin sunjata buhebi, ilan amban
병사들에게는　　　쿠툴러로부터 시작하여　毛靑布 5필씩을　주었다.　세　大臣에게

de buhe suje be, ilan ubu sindafi, emu ubu be siden de gaiha,
　준 비단을　　3등분 하여　　　1分은　　　公으로　취했고,

juwe ubu be gaihakū, fejergi niyalma de buhe mocin gaihakū,, 17/18
2分은　취하지 않았다.　　부하들에게　　준　毛靑布는 취하지 않았다.

○ orin juwe de, lio uge de takūraha lii ci fung, ci biyan lung
　　22일에,　　劉五哥에게　파견한　李棲鳳·　　遲變龍이

isinjiha, ese de uge i unggihe bithe, nikan bithei dangsede bi, ese de
도착했다. 이들에게 五哥가 맡겨보낸 글은　　　한문　　檔子에 있다. 이들에게

buhengge, menggun gūsita yan, yangduwan juwete, cuse juwete, erebe
준 것은   은 30량씩·   洋緞 2필씩·   紬子 2필씩이다. 이것은

umai gaihakū, gemu genehe niyalma de buhe,, 18/19
전혀 취하지 않았다. 모두 갔던 사람들에게 주었다.

○ juwan biyade, julergi mederi tun ci, lio u i takūraha elcin
    10월에,   남쪽   海島로부터   劉五가 파견한   사신

hiong meng lii gebungge emu hafan, juwe bai niyalma orin juwe de
 hiong meng lii 라는   1명의 관원과 2명의 평민이   22일에

isinjiha, ese gajihangge, gecuheri duin, funghūwang ni ilha suje duin,
도착했다. 이들이 가져온 것은   蟒緞 4필·   봉황 꽃무늬 비단 4필·

baboo³ duin, ilhangga isu duin, tugi ilhangga suje duin,
八寶꽃무늬비단 4필· 꽃무늬 靑素緞 4필·   구름 꽃무늬 비단 4필·

pengduwan duin, yangduwan duin, cuse juwan, funiyesun duin, yacin
    彭緞 4필·   洋緞 4필·   紬子 10필·   褐子 4필·   파란

19/20 isu juwe, gecuheri etuku juwe, šanggiyan funiyesun i etuku
    靑素緞 2필·   蟒緞 옷 2벌·   하얀 褐子 옷

emke, tuwa aisin juwan yan, bai aisin juwan yan, toholon muke juwan
1벌·   火金⁴ 10량·   일반 金 10량·   水銀 10斤·

3　[簽註] gingguleme kimcici, ere baboo sere gisun, ainci baboo ilhangga suje dere,,
　　삼가 고찰하건대 이 'baboo'라는 말은 아마도 'baboo ilhangga suje'(八寶 꽃무늬 비단)일 것이다.
4　'火金'은 赤金, 즉 순금을 가리킨다.

gin, pengša juwe gin,,
硼砂 2斤이다.

○ orin jakūn de, jihe hiong meng lii hafan de emu dobihi dahū
28일에, 온 hiong meng lii 관원에게 1벌의 여우 털가죽외투를

buhe, jai 20/21 juwe niyalma de juwanta yan menggun buhe, ese be
주었다. 또 두 사람에게 10량씩 은을 주었다. 이들을

fudere doroi seme bithei boode dosimbufi, emu honin wafi, sunja dere
배웅하는 禮로써 書房에 들여서 1마리 양을 잡고 5개 床을

dasafi, aita i deo lioge, juse be ganafi sarilaha, esei emgi musei
차려서 아이타(劉興祚)의 동생 六哥와 자식들을 데려와서 잔치했다. 이들과 함께 우리의

batun baksi, lii ci fung šusai, ere juwe nofi kutule lii wailan genehe,
바툰 박시· 李棲鳳 秀才, 이 2명과 쿠툴러 李(正茂) 外郞이 갔다.

ese be beneme yecen nirui 21/22 gembulu, loho nirui gabula, ere juwe
이들을 전송하러 (가는) 여천 니루의 검불루와 로호 니루의 가불라, 이 두

niyalma de henduhe gisun, dedun tome honin wafi ulebu, tiyan
사람에게 말한 말. "묵는 곳마다 양을 잡아서 먹게 하라. 甜水站에

šui jan de isinaha manggi, casi emu honin bufi unggi seme hendufi
도착한 후, 저쪽으로 1마리 양을 주어 보내라" 라고 말하여

unggihe, tese de unggihe bithei gisun, aisin gurun i han i bithe, lio fu
보냈다. 그들에게 보낸 글의 말. 「금국의 한의 글. 劉府의

i ahūn deo de unggihe, 22/23 abka gosifi muse juwe gurun be acabuha be
형제에게　　　보낸다.　　　　　　하늘이 아껴서 우리　두　나라를　　　만나게

dahame, abkai mujilen de acabume gashūha gisun de isibume
했으므로,　하늘의 뜻에　　　맞추도록,　맹세한　　말에　　이르도록

banjiki seme gūnimbi, damu mini jobome gūnirengge, suwe dulbadafi
살아야겠다고　　생각한다.　다만　내가 근심스럽게 생각하는 것은, 너희가 무지하여

niyalmai arga de tuhenefi, hairakan doro aldasi ojorahū seme
사람의　　계략에　　빠져서　　아까운　화친을 중도에 끊을까 하여

jobombi, ere ucuri, be morin ulebume coohai agūra dasame tehebi, jai
근심스럽다.　요즘　　우리는 말을 먹이고　　　병기를　　정비하며 머물고있다. 또

umai medege akū, gorokici benjihe jaka be gemu alime 23/24 gaiha, karu
전혀　소식이　없다. 먼곳으로부터 보내온 물건을　모두　받았다.　　　　　보답으로

komso bicibe, mujilen okini seme majige jaka unggihe, alime gaisu,
　작더라도　　　　정성으로 여기라고　　작은　물건을 보낸다.　받아 취하라.

jakūn biyade meni cooha ginjeo de genehede, niyalma jafafi
　8월에　　　우리 군대가　錦州에　　갔을 때　　사람을　잡아서

fonjici, uge tun i hafasa be wafi ubašaha, dergici hūwang hū bu be
물으니 "五哥가 섬의 관원들을 죽이고 반란을 일으켰다. 위로부터 黃 戶部[5]에게

juwe minggan cooha gaifi, uge be jalida seme afabuhabi seme alambi,
　2천　　　병사를 이끌고 五哥를　속이라고　　맡겼다" 라고　고한다.

5　'黃 戶部'는 明의 戶部員外郎 黃中色으로 생각된다.

yargiyan tašan be sarkū, meni donjiha medege be, 24/25 simbe donjikini
사실인지 거짓인지 모른다. 우리가 들은 소식을 네가 들으라고

seme unggihe, suweni orhoda baime jifi famaha ilan niyalma be bahafi,
보낸다. 너희의 인삼을 찾아 왔다가 길잃은 3명을 얻었는데,

gashūhai ebele jihengge seme ere fonji unggihe, meningge yaka
맹세한 이후에 온 자여서 이 기회에 보낸다. 우리 측의 누군가

gashūhai ebele genehengge bici, suwe baicafi benju, jai suweni
맹세한 이후에 간 자가 있으면 너희가 조사하여 보내라. 또 너희의

niyalma balai orhoda gurume yabure, meni buthai niyalma de ucarafi
사람이 함부로 인삼을 채취하러 다니다가 우리의 수렵인과 만나서

ishunde wanuci, hairakan sain doro de ushacun tucirahū, suwe orhoda
서로 죽이면, 아까운 좋은 화친에 원한이 생길까 우려된다. 너희가 인삼을

baitalaci, be gurufi suweni emgi 25/26 hūdašaci, facuhūn inu akū, yaya
사용하려면, 우리가 채취하여 너희와 교역하면 혼란도 없고 모두에게

de gemu tusa kai, ubabe urebume seolefi, suweni orhoda gurure be
모두 이익인 것이다. 이것을 깊이 고려하여, 너희는 인삼을 채취하는 것을

nakabu, jai muse juwe boo doro acaha be dahame, ishunde hūda
그쳐라. 또 우리 두 집안이 화친하였으므로 서로 매매하고

hūdašaci antaka, iletu hūdašaci ojorakū oci, geren de saburakū,
교역하면 어떠한가? 공개적으로 교역할 수 없으면 衆人에게 알리지 않고

dorgideri yabuci ombikai, gecuheri suje aisin menggun akū oci, inu
은밀하게   행할 수 있을 것이다. 蟒緞·   비단· 금·   은이   없어도,   또한

bikini, weihe, cai, buyarame akū jaka be tubade bahara be dahame, 26/27
괜찮다.   뿔· 茶· 소소하게 없는 물건을 그곳에서 얻는 것에 따라서

udaki, sahalca seke juwan, jušen seke jakūnju, boro dobihi emke,
구매하겠다.   黑貂皮 10장·   주선 貂皮 80장·   검은 여우가죽 1장·

šanggiyan gūlmahūn sukū juwan emu unggihe,,
      흰 토끼 가죽 11장을   보낸다.」

○ jorgon biyai juwan de, pi doo tun de lio uge de elcin genehe
      12월   10일에,   皮島의   劉五哥에게 사신으로 갔던

batun baksi isinjiha, han de unggihengge, cai emu tanggū gin, fun
  바툰   박시가 도착했다. 한에게   보내 온 것은   茶 100근·   粉

sunja gin, ulme sunja minggan, moo ihan i weihe juwe 27/28 tanggū juru,
   5근·   바늘 5천개·   毛牛(물소)의 뿔 200쌍·

ancun, sirge, tonggo juwe tanggū ninju hiyase, ši cing juwan yan,
귀걸이· 生絲·   合絲   260匣子·   石靑 10兩,

batun baksi de gūsin yan menggun, suje duin, emu elbihe jibca,
  바툰 박시에게   30량 은·   비단 4필· 1벌의 너구리 가죽옷·

emu beri, dambagu susai kiyan, u iogi de emu suje buhe, lii ci fung
1벌의 활·   담배 50帖,   u 遊擊에게 1필의 비단을 주었다. 李棲鳳에게

de juwan yan menggun, juwe suje, juwe beri, emu jebele de uyun da
　　10량 은·　　　　　2필의 비단·　2벌의 활·　2개의 화살통에　　9발의

sirdan sisihai, 28/29 gūsin kiyan dambagu, lii jeng mao de juwan yan
화살을 꽂은 것·　　　　　30帖의 담배,　　　　李正茂에게　　　10량

menggun, juwe suje, u ceng gung iogi i mama de unggihengge,
　은·　　　　2필의 비단,　u ceng gung 遊擊의　祖母에게　　보내온 것은

šahūn lamun fangse emke, lioge de yacin ba jiyan giowan emke,
　　옅게 흰 남색 紡絲 1필,　　　　六哥에게　파란 ba jiyan giowan[6] 1필·

lamun cuse emke, u ši i de šanggiyan suje emke, u ši i i deo de šahūn
　　藍色 紬子 1필,　　u ši i에게　　　흰 비단 1필,　　　u ši i의 동생에게 옅게 흰

lamun cuse emke, sargan jui de fulgiyan 29/30 lingse emke, šahūn lamun
　　남색의 紬子 1필,　　　　딸에게　붉은 綾子 1필·　　　　　옅게 흰 남색의

suje emke, lamun suje emke, yacin pengduwan emke, batun baksi i
비단 1필·　　　남색의 비단 1필·　　　파란 彭緞 1필이다.　　　바툰 박시와

emgi ini booi emu nikan elcin jihe,,
함께 그(五哥)의 집의 1명의 한인이 사신으로 왔다.

○ musei genehe elcin de, uge i unggihe bithei gisun, antaha gurun i
　우리의 간　사신에게　五哥가 보낸　글의　말.　　「客國의

amban lio hing jy se, han i jiramin kesi isifi, baili isibure ba
　臣　劉興治　등은　한의　두터운 은혜가 이르는데 은덕에 보답할 바

6　'yacin ba jiyan giowan'는 직물의 일종으로 추정된다.

akū girume, 30/31 majige jaka be mujilen okini seme benehe bihe, dabali
없이 부끄러워   작은   물건을   정성으로 여기시라고   보냈었습니다. 과도하게

ujen jaka be unggihebi, amban i mujilen de ambula elhe akū
귀중한 물건을   보내셨습니다. 臣의   마음에   크게   황송하게

gūnime hengkileme alime gaiha, amban te han i gisun be dahame
생각하고   고두하며   받았습니다.   臣은 지금 한의   말에   따라

coohai agūra dasatame, jorire be donjime bimbi, gelhun akū forgošome
   무기를   정비하며   지시할 것을 들으려고 있습니다.   감히   변심하여

gūnici, abka uthai sakini, nikan i hafan doosi oshon ofi, amban 31/32 emu
생각하면 하늘이 즉시 알것입니다. 명의 관원이 탐욕스럽고 포악하여 臣이   한번

jili de wafi,abkai fejergi šeri uju⁷ be bolgo obuha, hafan takūrafi
화나서 죽이고   天下의   혼란의 근원을   깨끗이 만들었습니다. (명이) 관원을 파견하여

geodebufi jafaki sere be amban getuken sahabi, te han i
 속여서   체포하려고 하는 것을 臣은 분명히 알고 있습니다. 지금 한이

jasihangge gosire šumin, akūci tuttu gūnimbio, jai orhoda de genehe
보낸 것은 자애함이 깊습니다. 아니면 그렇게 생각하겠습니까? 또한 인삼때문에 간

niyalma, jeku jetere cooha waka, jugūn famaha be jafafi geli amasi
사람은   곡식을 먹는 병사가 아닙니다. 길을 잃은 것을 잡아서 다시 되돌려

---

7 [籤註] gingguleme baicaci, jakan toktobuha fe manju gisun i bithede, šeri uju sere gisun, uthai
   facuhūn i da sere gisun inu, dalafi balai šerime yabumbi sere gūnin sehebi,,
   삼가 찾아보니 최근 정해진 『舊淸語』에서 'šeri uju'(샘의 근원)라는 말은 곧 'facuhūn i da'(혼란의 근
   원)이라는 말이고 또한 'dalafi balai šerime yabumbi'(우두머리가 되어 함부로 협박하고 다닌다)는
   뜻이라고 했다.

unggihengge, ere meni <u>erehei tulergi</u>,[8] dergi jurgan be yendebuci, 32/33
보낸 것,　　　이는 우리의 기대　밖입니다.　　위에서　義를　　　일으키면

fejergi urunakū alhūdambi, hūda neire gisun be, amban, hese dahara
아래는　반드시　본받습니다.　매매를 개시하라는 말을,　　臣은　諭旨를 따르는

be buyembi, damu acaha algin firgefi, hūdai niyalma jiderakū oci,
것을 원합니다. 다만　화친한 평판이 누설되어　상인이　　　오지 않으면

udu orhoda bihe seme aibide baitalara, solho deri hūdašara de
비록　인삼이　있다 해도　어디에서 쓰겠습니다. 조선을 거쳐 장사하는 것만

isirakū, ilan gurun de gemu tusa, amban i gūnirengge enteheme
못합니다. 세　나라에　　모두　이익입니다. 臣이　생각하는 것은　영원히

mentuhun, damu seolekini sembi, han, mimbe akdafi gūnici, emu gisun
어리석습니다. 다만 고려하시라고 말씀드립니다.」「한이 나를 믿어　생각하시면 한　말씀

sinde anggai jasimbihe dere,, 33/34
그대에게 구두로　맡겨 보냈을 것이다.」

○ uge i mini jui, eme, deo, dungnami be tosoho sere be,
　「五哥 나의　아들·모친·동생·둥나미를　　막았다고 하는 것과

elcin jihe niyalmai sargan be horiha sere be, mini mujilen be abka na de
사신으로 온　자의　　처를　　감금했다고 하는 것을 (듣고), 나의 마음을　天地에

8　[簽註] gingguleme baicaci, jakan toktobuha fe manu gisun i bithede, erehei tulergi sere gisun, uthai
　　ereme gūniha ci tulgiyen sere gisun de adali sehebi,,
　　삼가 찾아보니 최근 정해진 『舊淸語』에서 'erehei tulergi'(바라는 외에)라는 말은 즉 'ereme gūniha ci
　　tulgiyen'(바라고 생각한 것 외에)라는 말과 같다고 했다.

ambula akdulahabi, mini sakda aja be ujihekū, be waliyafi jihe,
크게   맹세했습니다. 나의 늙은 모친을 보살피지 못하고 우리가 버리고 왔습니다.

han, meni ehe be gūnirakū sain ujire be, be gemu 34/35 donjiha, han gosici,
한이 우리의 악한 것을 생각지 않고 잘 보살피는 것을 우리 모두   들었습니다. 한이 자애하여

te bicibe sakda aja, deo be, han i booi adame emu giyan boo bufi,
지금이라도 늙은 모친· 동생에게 한의 집과 나란히   1間의   집을 주고

niyalma adabufi tebuci, han i ciha,,
사람을   붙여서 살게 한다면 한의 뜻입니다.」

tongki fuka sindaha hergen i dangse
點·圈을 찍은 문자의 檔子

gūsin ilaci debtelin
33권

sure han i duici aniya manju nikan hafasa de hergen nonggiha, ejehe buhe
dangse, monggo taijisa de gashūha bithe, unggihe bithe
천총 4년 만주·한인 관원들에게 관작을 올려서 勅書를 준 檔,
몽고의 타이지들에게 맹세한 글, 보낸 글

tongki fuka sindaha hergen i dangse,,
　　點　圈을　　찍은　　문자의　　檔子

○ šanggiyan morin aniya aniya biyade ejehe jafu buhe dangse,,
　　庚午年(1630)　　　정월에　　勅書　箚付를 준　檔子.

○ sure han i duici aniya aniya biyai gūsin de, han hendume,
　수러　한의　4년 (1630)　정월　30일에,　「한이　말하기를,

giya wei yo, si dade nikan i efujehe lang jung hafan bihe, dzun hūwa be
　賈維鑰,　너는 원래　明의　파직된　　郎中 관원이었다.　　遵化를

baha manggi, sinde kemuni lang jung bufi, ya hafan akū 1/2 bade
　얻은　후　너에게 여전히　郎中을 주어 어디든 관원 없는　지역에

sindaki sehe bihe, te dzun hūwa de du tang akū, si ineku lang
　두고자　했었다.　지금　遵化에　都堂이　없다. 너는 본래대로 郎中으로서

jung ni uthai du tang ni weile be daiselame kadala, kicebe tondo oso,
　　즉시　都堂의　사무를　署理하라.　부지런히 충성하라.

ai weile be, mini dzun hūwa be tuwakiyame tebuhe hafan i emgi
모든 일을　내가　遵化를　지키려고　주둔시킨 관원과　함께

icihiya, funcehe irgen be elbime isabu, usin saikan taribu, ba be
처리하라.　남은　백성을　초무하여 모으라. 밭을　잘 경작하라. 지역을

karma, hecen be bekile, jai sini harangga ba i hafasa be kemuni
보호하라.　성을　굳게 지켜라. 또한 너의 屬下　지역의 관원들을　계속

kadala, 2/3 tušaha[1] babe akūmbu, mini afabuha be ume untuhuri obure,,
관할하라.　맡은　바를　진력하라. 내가　맡긴　것을　헛되게 하지 말라.」

○ juwe biyai ice ilan de, han hendume, ts'ai tung, dade nikan i
　2월　초 3일에,　「한이 말하기를,[2] ts'ai tung은 원래　명의

hūng šan keo de ciyandzung bihe, mini cooha hūng šan keo be gaiha
　洪山口에서　千總이었다.　나의 군대가　洪山口를　취한

manggi, hūng šan keo i ts'anjiyang akū ofi, bi tukiyefi šeobei
후　洪山口의　參將이　없어서 내가 승진시켜　守備로

obufi, ts'anjiyang ni weile be daiselame 3/4 kadala sehe bihe, tereci
삼아　참장의　사무를　대신 맡아　관할하라고　했었다.　그 뒤

mini beging de genehe amala, dahaha ba ba i niyalma gemu ubašara
내가　북경에　간　후　투항한　곳곳의　백성이　모두　배반할

de ubašafi, mimbe jidere jakade, yaya ci neneme dahafi, san tun ing ni
때 배반했다가,　내가　오니　누구보다　먼저　따르고,　三屯營의

1　[簽註] ginggguleme kimcici, ere tušaha sere gisun, ainci afaha sere gisun dere,,
　삼가 고찰하건대 이 'tušaha'(맡은)라는 말은 아마 'afaha'(맡은)라는 말인 것 같다.
2　이하 ts'ai tung · 金有光 · wei dai lii · 蔣進喬에게 관직을 수여한 내용은 본서 23권 천총 4년 2월조의
　내용과 중복된다. 단 23권에서는 관직 수여와 함께 賞을 수여한 기록이 있고 33권에서는 관직 수여만
　을 기록한 점이 다르다.

dzung bing guwan i takūraha niyalma be halbuhakū bederebuhe,
總兵官이　　　　　　보낸　　　사람을　　들이지 않고　돌려보냈다.

jai sirantu i emgi cooha genefi, pan giya keo be afaha, mujilen i
또한 시란투와　함께　　출병하여　　　潘家口를　　　공격했다.　마음의

akdun be dahabure jakade, bi saišafi ts'anjiyang obuha, si cooha irgen
믿음을　　　항복시킨　　까닭에 내가 칭찬하고　참장으로 삼았다.　너는　軍·民을

be 4/5 gosi, elbi, usin jeku be saikan kice, ginggule, ume heoledere,,
　　아끼고 어루만지라. 밭과 곡식에　잘 힘쓰고,　공경하며,　　태만하지 말라.」

○ han hendume, gin io guwang, dade nikan i pan giya keo i
「한이　말하기를,　　金有光은　　　원래　　明의　　　潘家口의

šeobei bihe, mini cooha nikan be dailame jase dosika manggi, si erin
守備였다.　나의 군대가　명을　　정벌하러 변경을　넘어가자　네가 때를

be takafi dahara jakade, bi saišafi wesibufi iogi obuha bihe, mini
알아보고　투항한 까닭에,　내가 칭찬하고　승진시켜 遊擊으로 삼았었다. 내가

beging de 5/6 genehe amala, dahaha ba ba i niyalma gemu ubašara de
북경으로　　간　뒤,　투항했던　곳곳의　백성들이　모두　배반할 때

ubašaha, bi amasi jifi niyalma takūrara jakade, suilaburakū uthai
배반했다. 내가 돌아 와서　사람을　　보내자,　　　힘들게 하지 않고　즉시

dahaha seme kemuni iogi obuha,,
따랐다고 하여　여전히 遊擊으로 삼는다.」

○ han hendume, wei dai lii, dade nikan i pan giya keo de bai
「한이 말하기를, wei dai lii는[3] 원래 明의   潘家口에서   평민

niyalma bihe, mini cooha dosika manggi, si ilan jergi wesimbure
이었다. 나의 군대가   진격하자   너는 세 번 올리는

bithe benjime takūrabuha, mini beging de 6/7 genehe amala, pan giya
글을 보내오려고 파견되었다. 내가 북경에   간   후,   潘家口가

keo ubašaha, bi amasi jihe manggi daha seme niyalma takūrara
배반했다. 내가 다시 온 후 투항하라고   사람을 보내자

jakade, yaya ci si neneme hecen ci wasifi gisureme, pan giya keo
누구보다 네가 먼저 성에서 내려와 말하기를,   '潘家口는

dahaha seme wesibufi šeobei obuha,,
투항했습니다'하여 승진시켜 守備로 삼는다.」

○ han hendume, jiyang jin kiyoo, dade nikan i pan giya keo i
「한이 말하기를,   蔣進喬는   원래 明의   潘家口

šeobei fejile ki gu bihe, mini cooha dosika 7/8 manggi, pan giya keo
守備 휘하 旗鼓였다.   나의 군대가 진격하자   潘家口가

i dahara bithe benjihe seme saišafi šeobei obuha bihe, mini beging de
투항한다는 글을 보내왔다고   칭찬하고 守備로 삼았었다.   내가 북경에

genehe amala, pan giya keo ubašaha, bi amasi jihe manggi, daha seme
간   후,   潘家口가   배반했다. 내가 돌아 온 후,   항복하라고

---

niyalma takūrara jakade, yaya ci neneme hecen ci wasifi gisureme,
사람을   보내자,   누구보다   먼저   성에서   내려와   말하기를,

pan giya keo dahaha seme kemuni šeobei obuha,, 8/9
'潘家口가   항복했습니다'라고 하여 그대로 守備를 삼는다.」

○ sure han i ilaci aniya juwan biyade, nikan gurun be dailame
   수러 한의   3년   10월에,   명나라를   정벌하러

genefi, sure han i duici aniya juwe biyade, booi baru amasi jidere de,
가서,   수러 한의   4년   2월에   집(瀋陽)으로 돌아   올 때,

luwan ho bira de tatafi ilan indeme, dain de afaha hoton gaiha gungge
灤河에서   머물러 3일   쉬면서, 전투에서 공격하여 城을 취한 공 있는

ambasa be, gung bodome ilgafi hergen nonggiha bithe,, 9/10
대신들을   공을   헤아려 분별하고 爵位를 더한   글.

○ yangguri efu, uju jergi dzung bing guwan be wesibufi emu
   양구리 어푸,   頭等 총병관을   승진시켜 1개의

beiguwan nonggiha turgun, beging hecen i amargi cooha de juleri
備禦官을   더한   사유.[4]   북경성의   북쪽의   군대를 향해 앞장서

dosifi gidaha, gi jeo i yafahan i cooha de juleri dosika seme wesibuhe,,
진입해 격퇴했고, 薊州의   보병을   향해 앞장서 진입했다고   승진시켰다.

---

4 '1개의 비어관을 더했다'는 것은 '1개의 비어관 爵位를 보유한 양구리에게 1개 비어관 爵位를 더 수여
   했다'는 의미이다.

○ hošotu efu, uju jergi dzung bing guwan be wesibufi emu
　호쇼투　어푸,　　頭等 총병관을　　　　　　　　　승진시켜 1개의

beiguwan nonggiha turgun, jase hūlhame 10/11 jifi, dobori dame jihe
　비어관을　　더한　　　사유. 경계를 기습하러　　　와서,　밤에　도우러　온

cooha be gidaha, jase dosika jai cimari, ilan kuren cooha be gidaha de,
　적병을　　격퇴했다. 경계를 진입한 다음 날 아침　3개 大隊　병력을　　격퇴했을 때에

yaluha morin feye baha, dzun hūwa de moringga yafahan iliha cooha be
　탄　　말이　상처　입었다.　　遵化에서　　　　騎兵과　步兵의　　　營兵을

gidafi wacihiyame waha, beging hecen i julergi cooha de, saca juwe ba,
　격퇴하여　모두　　죽였다.　　북경성의　　　남쪽의　군대에게　　투구　2곳·

beye emu ba goiha, dosika sain seme wesibuhe,, 11/12
　몸　1곳을　　　맞았다.　진입하기를 잘했다고 승진시켰다.

○ turgei, ilaci jergi dzung bing guwan be uju jergi dzung bing guwan
　투르거이,　3등 총병관을　　　　　　　　　　頭等 총병관으로

obuha turgun, jase hoton be hūlhara de, yaya ci neneme wan
　삼은　　사유.　경계의 성을　　기습할　때, 누구보다도 먼저　사다리를

sindafi hūlhame baha, jase dosika inenggi, emu iogi tu jafaha juwe
　놓고　기습하여　얻었다. 경계를 진입한　날,　　1명의　遊擊과 纛을 잡은 2명을

niyalma be waha, yaluha morin juwe ba sacibuha, beging hecen i
　　죽였다.　탄　　말이　2곳을　베였다.　　　북경성

julergi 12/13 cooha de, juleri dosifi juwe feye baha, dain de sain seme
남쪽의   군대를 향해 앞장서 진입하여 2곳의 상처를 입었다. 전투에서   잘했다고

wesibuhe,,
승진시켰다.

○ kakduri, ilaci jergi dzung bing guwan be wesibufi jai jergi
  칵두리,   3등 총병관을   승진시켜   2등

dzung bing guwan obuha turgun, dzun hūwa hecen be afara de, wan
  총병관으로   삼은   사유.   遵化城을   공격할 때 사다리와

kalka araha dagilaha sain ofi hecen be baha, yaya bade afaci, 13/14
방패차를 만들고 준비하기를 잘 하여   성을   얻었다. 어느 곳에서 싸우더라도

joriha jurgan be jurcerakū seme wesibuhe,,
지시한   사항을   어기지 않았다고   승진시켰다.

○ namtai, ilaci jergi fujiyang be wesibufi ilaci jergi dzung bing guwan
  남타이,   3등 副將을   승진시켜   3등 총병관으로

obuha turgun, dai an keo be dosika dobori, ma lan ing ni
  삼은   사유.   大安口를   진입한   밤   馬蘭營의

ts'anjiyang ni cooha, jasei duka de ilinjiha be jangga sirdan i gabtame
  참장의   군대가 경계의 문으로 진 치러 온 것을 哨箭을   쏘아

bederebuhe, dzun hūwa ci afanjiha emu ing ni 14/15 moringga cooha de
퇴각시켰다.   遵化로부터   공격해 온 1개 營의   기병으로

juleri dosika, beging hecen i julergi cooha de, han i joriha jurgan be
앞장서 진입했다.　　　북경성　　　남쪽의 군대를 향해 한의　지시한　사항을

jurcehekū dosika, ginjeo de hoton ci tucike cooha be gidaha, daci
어기지 않고 진입했다.　錦州에서　城으로부터 나온　군대를　격파했다. 한결같이

dain de sain seme wesibuhe,,
전투에서　잘했다고 승진시켰다.

○ darhan efu, ilaci jergi fujiyang be wesibufi 15/16 ilaci jergi
　다르훈 어푸,　　3등 副將을　　　승진시켜　　　3등

dzung bing guwan obuha turgun, cahar de cooha genehede, gumu,
　총병관으로　　삼은　사유.　　차하르로　　출정했을 때 구무·

cūhur ama jui ilan tabunang be weihun jafaha, olji ambula daliha,
추후르　　父子 3명의 타부낭을　　사로 잡았다. 노획물을 많이 몰아왔다.

cang lii hoton be afara de, wan kalka be yooni hoton de isibufi
　昌黎城을　　공격할 때 사다리와 방패차를 모두　성에　이르게 하여

afaha sain seme wesibuhe,,
싸우기를 잘했다고 승진시켰다.

○ yungšun, ilaci jergi iogi be wesibufi ilaci 16/17 jergi ts'anjiyang
　융슌,　　3등 遊擊을　　승진시켜 3등 參將으로

obuha turgun, beging hecen i julergi cooha de ili sehengge ilihakū
　삼은　사유.　　북경성의　남쪽의 군대를 향해, 멈추라고 했으나 멈추지 않고

dosika, cang lii hoton de wan kalka be yooni hoton de isibufi afame
진입했다.　　昌黎城에서　　　사다리와 방패차를 모두　　성에　이르게 하고 싸워

keremu efulehe, cahar de yafahan i cooha de gūsa be gaifi dosika,
성가퀴를 무너뜨렸다. 차하르를 향해　　步兵의　　　구사를　　이끌고 진입했다.

beye juwe feye baha seme wesibuhe,, 17/18
몸에　2곳의 상처를 입었다고　　승진시켰다.

○　asan, ilaci jergi fujiyang be yung ping ni hoton be hūlhame
　　아산,　　3등 副將을　　　　　永平城을　　　　　기습하여

gaiha turgunde, ilaci jergi dzung bing guwan obuha,,
　취한　　사유로　　3등 총병관으로　　　　　　삼았다.

○　yecen, ilaci jergi fujiyang be yung ping hoton be hūlhame
　　여천,　　3등 副將을　　　　　永平城을　　　　　기습하여

gaiha turgunde, wesibufi ilaci jergi dzung bing guwan obuha,, 18/19
　취한　　사유로　승진시켜　　3등 총병관으로　　　　　삼았다.

○　ilden, jai jergi fujiyang be wesibufi uju jergi fujiyang obuha
　　일던,　　2등 副將을　　　　승진시켜　　頭等 부장으로　삼은

turgun, cahar de cooha genehede, hada de šancilaha be gidafi ulha
　사유.　차하르로　출병한 때　　봉우리에　山寨세운 것을 격파하고 가축을

gaiha, liyoodung de anafu tehede songko faitame genefi hada de
　취했다. 요동에　　　주둔했을 때　혼적을　찾으러　가서　봉우리에

šancilaha be gidafi, gūsin niyalma be waha, julesi mederi de genefi,
山寨를 세운 것을 격파하고　　30명을　　　　　　죽였다.　남쪽 바다로　　　　가서

nadan cuwan i niyalma be waha, gūsin niyalma be 19/20 weihun jafafi
　7척의　배의　　사람을　　죽였다.　　30명을　　　　　　　사로　　잡아

gajiha, gungtu de genehede, emu kūwaran i niyalma nukcime genere
취해 왔다. 궁투에　　갔을 때　　1개 營의　　　사람들이　패주해　가는

be yafahalafi gidaha, han el juwang ni cooha de juleri dosika, jase
것을 도보로 가서 격파했다.　　漢兒莊의　　군대를 향해 앞장서 진입했다. 경계를

dosika inenggi, cooha de dosifi ts’anjiyang be waha, beye emu ba
　진입한　날　　　적군에게 진격하여　參將을　　　죽였다.　몸의　　1곳을

sacibuha, juwe ba gabtabuha, morin gabtabuha, yuwan du tang ni
　베였고,　　　2곳이　화살에 맞았고, 말이　화살에 맞았다.　袁（崇煥）都堂의

cooha de juleri dosika, nadan feye gabtabufi juwe feye yali dahabi,
군대를 향해 앞장서 진입했다. 7곳의 상처의 화살을 맞고 2곳의 상처는 살에 닿았다.

beging hecen i julergi cooha de emu hafan 20/21 waha, emu badzung
　북경성의　　　남쪽의 군대를 향해　1명의 관원을　　　　죽였다.　1명의　把摠을

be weihun jafaha, ba bade afaha sain seme wesibuhe,,
　　사로　　잡았다.　곳곳에서 싸우기를 잘했다고　승진시켰다.

○ burgi, ilaci jergi ts’anjiyang be wesibufi ilaci jergi fujiyang obuha
부르기,　　　3등 참장을　　　　승진시켜　　　　3등 副將으로　　삼은

turgun, dolot de juwe jergi juleri dosika, emu feye baha, ginjeo hoton
사유. 돌로트를 향해 두 번   앞장서 진입했다. 1곳의 상처를 입었다.   錦州城

de ilan feye baha, beging hecen i 21/22 julergi cooha de, juleri
에서 3곳의 상처를 입었다.   북경성의   남쪽의 군대를 향해 앞장서

dosika sain seme wesibuhe,,
들어가기를 잘했다고 승진시켰다.

○ sele, iogi be wesibufi ilaci jergi fujiyang obuha turgun, neneme
설러, 遊擊을   승진시켜 3등 副將으로   삼은   사유.   앞서

dain dain de yabuha sain, yuwan du tang ni cooha de juleri dosika,
전투마다   행하기를 잘했다. 袁(崇煥) 都堂의   군대를 향해 앞장서 진입했다.

alajan giranggi mokso gabtabuha seme wesibuhe,, 22/23
쇄골 뼈가   부러지도록 활 맞았다고   승진시켰다.

○ cahara, ilaci jergi ts'anjiyang be wesibufi jai jergi ts'anjiyang
차하라,   3등 참장을   승진시켜   2등 참장으로

obuha turgun, dzun hūwa de afanjiha cooha be yarkiyafi faksikan i
삼은   사유.   遵化로   싸우러 온 적군을   유인하여   교묘하게

gidaha, beging hecen i julergi cooha de gūsaci juleri dosika sain seme
격파했다.   북경성의   남쪽의 군대를 향해 구사에서 앞장서 진입하기를 잘했다고

wesibuhe,,
승진시켰다.

○ isun, weile bahafi hergen efujehe bihe, dzun 23/24 hūwa hecen
이순은   죄를 지어   파직되었었다.   遵化城을

be afara de, gūsa be gaifi jurgan be jorime afaha, gala feye bahafi
  공격할 때,   구사를   이끌고 사항들을   지시하며   싸웠다. 손에 상처를 입어

eden oho, neneme dain de yabuha sain seme wesibufi ilaci jergi iogi
불구가 되었다. 일찍이 전투에서 행하기를 잘했다고   승진시켜   3등 遊擊으로

obuha,,
삼았다.

○ furdan, dade iogi bihe, weile bahafi efujehe, weile baha ci ebsi,
  푸르단은 원래 遊擊이었다. 죄를 지어서 파직되었다. 죄를 지은 이래로

solho i an jeo hoton de olbo etufi, 24/25 jalan be gaifi afaha,
  조선의   安州城에서   綿甲을 입고   잘란을   이끌고 싸웠다.

dalingho ci cooha bošoro de, tanggū isire cooha de juleri dosika, cahar
大凌河로부터 적병을 쫓을 때,   100명에 이르는 적병을 향해 앞장서 진입했다. 차하르로

de genefi olji ambula daliha, ginjeo hoton de afafi duin feye baha,
  가서 노획을 많이 몰아왔다.   錦州城에서   싸우다 4곳의 상처를 입었다.

jase be hūlhara de, dobori afanjiha cooha de yafahalafi afaha, jai
경계를   기습할 때,   밤에 싸우러 온 적병에게 도보로 가서   싸웠다. 다음날

cimari moringga cooha de juleri dosika, morin emu ba sacibuha, dzun
  아침,   기병을   향해 앞장서 진격했다. 말이   1곳   베였다.   遵化에서

hūwa de 25/26 afafi juwe feye baha, beging hecen i julergi cooha de,
싸우다 2곳의 상처를 입었다.　　북경성　　남쪽의 군대를 향해

juleri dosika sain seme wesibufi ilaci jergi iogi obuha,,
앞장서 진격하기를 잘했다고 승진시켜　　3등 유격으로 삼았다.

○ eljige uju jergi iogi be wesibufi uju jergi ts'anjiyang obuha
　얼지거　1등 遊擊을　승진시켜서　1등 參將으로　　삼은

turgun, jase be hūlhara de gala emu feye gabtabuha, dzun hūwa
　이유.　경계를 기습할 때에 손에 1곳의 상처를 활에 맞아 입었다.　遵化城의

hecen i 26/27 šun dekdere derei yafahan i cooha be gidaha, malahi
　　동쪽에서　　　　　　보병을　　　격파했다. 말라히

nirui bucehe niyalma be gaifi gajiha, beging hecen i amargi cooha de
니루의 죽은　자를　거두어서 데려왔다.　北京城의　북쪽의 적병에게

juleri dosika, morin juwe feye baha, lu geo kiyoo i cooha de juleri
앞장서 진격했다. 말이 2곳의 상처를 입었다.　盧溝橋의　적병에게 앞장서

dosika, beging hecen i julergi cooha de juleri dosika, gi jeo i yafahan
진격했다.　北京城의　남쪽의 적병에게 앞장서 진격했다.　薊州의　보병을

i cooha de afafi beye akū oho seme wesibuhe,, 27/28
　　공격하다가 죽었다고　　승진시켰다.

○ haningga beiguwan be wesibufi ilaci jergi iogi obuha turgun,
　하닝가 備禦官을　승진시켜서　3등 遊擊으로 삼은　이유.

dolot de genehe de dalime gajire ihan be tanggū isire monggo
돌로트에 갔을 때에   몰아서 가져오는 소를   100명에 이르는 몽고인이

durime afanjiha de morin emu feye gabtabuha, ginjeo hoton be efuleme
빼앗으러 공격할 때   말이 1곳의 상처를 활에 맞아 입었다.   錦州城을   파괴하러

genehede ta šan i susai isime cooha de juleri dosika, tung jeo de
갔을 때에   塔山의 50명에 이르는 적병에게 앞장서 진격했다.   通州에

isinaha 28/29 inenggi kiyoo i jakade iliha cooha be gidafi, sejen de
         이른 날   橋의   곁에   있는   병사를 공격해서, 수레에

tohofi gamara menggun, emu tumen ilan minggan yan baha, yuwan
매어 끌고 가는   은   13,000량을   얻었다.   袁

du tang ni cooha de juleri dosika, gala emu ba sacibuha, emu ba
都堂의   병사들에게 앞장서 진격했다. 손에   1곳을   베였고,   1곳을

gabtabuha, saca duin ba, galaktun juwe ba sacibuha, morin juwe ba
활에 맞았다.   투구의 4곳과   갑옷소매 2곳이   베였다.   말이   2곳을

sacibuha, ningniyan i tucike cooha de saca juwe ba, 29/30 galaktun
  베였다.   ningniyan에서 나온   병사에게 투구의   2곳,   갑옷소매

ilan ba sacibuha, morin juwe ba gidalabuha, emu ba gabtabuha, dain de
  3곳을 베였고,   말이   2곳을 창에 찔렸고,   1곳을   활에 맞았다. 전쟁에서

yabuha sain seme wesibuhe,,
행한 것이 좋다하여   승진시켰다.

○ olosecen beiguwan be wesibufi uju jergi iogi obuha turgun,
올로서천　備禦官을　승진시켜서　1등 遊擊으로 삼은　이유.

han el juwang ni juwe kuren i yafahan i cooha de bayara be gaifi
漢兒莊의　　2개 大隊　　보병에게　　바야라를　이끌고

gidaha, 30/31 cahar de olji ambula daliha, yuwan du tang ni cooha
격파했다.　차하르에서 포로를 많이　몰아 왔다. 袁(崇煥) 都堂의　병사들에게

de jurgan be jurcehekū dosika, gala emu feye, morin emu feye baha,
지시를　어기지 않고 진격했다. 손에 1곳의 상처,　말에 1곳의 상처를 입었다.

gi jeo i yafahan i cooha de juleri dosika seme wesibuhe,,
薊州의　　보병에게　　앞장서 진격했다고　승진시켰다.

○ uici beiguwan be wesibufi ilaci jergi iogi obuha turgun, warka
우이치　備禦官을　승진시켜서　3등 遊擊으로 삼은　이유.　와르카에

de cooha genefi musei 31/32 niyalma be wafi genehe ninju haha be
출정해서,　우리　　사람을　죽이고 간　60명의 남자를

gajiha, gaibuha juwan ilan morin sunja uksin baha, beye emu feye
데려왔다. 잡힌　13마리의 말과　5벌의 갑옷을 얻었다.　몸에 1곳의 상처를

baha, dureng efu i monggo juwan boigon ukaka be amcafi gemu waha,
입었다.　두렁 어푸의　몽고　10戶가　도망친 것을 추격해서 모두 죽였다.

beye emu feye, morin ilan feye baha, gungtu de genefi emu feye baha,
몸에 1곳의 상처,　말에 3곳의 상처를 입었다. 궁투에　가서　1곳의 상처를 입었다.

dzun hūwa de tehede afanjiha cooha de ilan 32/33 jergi karun gidaha,
遵化에 　　　머물 때 공격하러 온 병사들을　　세 번　　　　　　초소를　격파했고,

amba ing be emu jergi gidaha, tanggū morin baha, jai jergi jihe
本營을　　　　　한 번　격파했으며, 100마리 말을　얻었다. 다음 번에　온

cooha de juleri dosika, juwe feye baha sain seme wesibuhe,,
병사들에게 앞장서 진격했다. 2곳의 상처를 입은 것이 좋다고 승진시켰다.

○ turusi iogi be wesibufi jai jergi ts'anjiyang obuha turgun, lioi
　투루시 遊擊을　승진시켜서　2등 參將으로　　　삼은　이유.　旅順口에

šūn keo de genefi ninggun 33/34 karun gidaha, juwe niyalma gajiha,
　　　　가서　6개의　　　　초소를 격파하고,　　2명을　데려왔다.

jai mudan de ilan karun gidaha, emu niyalma gajiha, sirga tun de
다음 번에　3개의 초소를 격파했고,　　1명을　데려왔다.　시르가 섬에

genefi tanggū niyalma waha, emu ciyandzung gajiha, ši san šan de
　가서　　100명을　죽였고,　1명의　千總을 데려왔다.　十三山에

genefi emu karun gidaha, emu niyalma gajiha, jai mudan genefi
　가서　하나의 초소를 격파했고,　1명을　데려왔다.　다음 번에　가서

juwe karun gidaha, juwan juwe morin emu niyalma gajiha dai an keo
　2개의 초소를 격파하고,　12마리의 말과　1명을　데려왔다. 大安口城을

hoton be 34/35 hūlhame gaiha, uju wehe de fahabuha, yuwan du tang
　　　　　　빼앗아 취했다. 머리를 돌에　　맞았다.　袁(崇煥) 都堂의

ni cooha de bayara i sasa dosika, kubuhe suwayan i juwe bayara
병사들에게 바야라와 함께 진격했다. 鑲黃旗의 2명의 바야라의

tuheke giran be gajiha, liyang hiyang ci beging hecen be ilan mudan
쓰러진 시신을 가져왔다. 良鄕으로부터 北京城을 세 번

tuwanjime jifi gūsin sunja niyalma waha, ilan niyalma be gajiha, orin
살펴보러 와서 35명을 죽였고, 3명을 데려왔으며, 20마리의

morin baha, beging hecen i julergi cooha de juleri dosika, 35/36 jakūn
말을 얻었다. 北京城의 남쪽의 적병에게 앞장서 진격했다. 八旗의

gūsai karun de cooha ucarafi tanggū niyalma waha, nadanju jakūn
초병과 적병이 조우해서 100명을 죽였고, 78마리의

morin baha, aita i karun i ejen be bi emhun weihun jafafi benjihe,
말을 얻었다. 아이타의 초소 어전을 자신이 홀로 생포해서 보내왔다.

dahame aita be bahafi waha, šanaha i baru genefi tofohon niyalma
이에 따라 아이타를 잡아서 죽였다. 山海關 쪽으로 가서 15명을

waha, juwe niyalma juwan duin morin gajiha, ta šan de cooha
죽였고, 2명과 14마리의 말을 데려왔다. 塔山에 병사를

tuwaname genefi juwan juwe niyalma waha, 36/37 juwan juwe morin
살펴보러 가서 12명을 죽였고, 12마리의 말과

emu monggo gajiha, beging hecen i dukai tule tataha cooha de
1명의 몽고인을 데려왔다. 北京城의 문 밖에서 숙영한 병사들에게

hūlhame dosifi orin niyalma waha, gūsin jakūn morin gajiha, karun de
몰래   들어가   20명을   죽였고,   38마리의   말을 데려왔다. 정탐에

yabuci sain seme wesibuhe,,
나가면   잘한다며 승진시켰다.

○ loosa ilaci jergi ts'anjiyang be wesibufi jai jergi ts'anjiyang
로오사   3등 參將을   승진시켜서   2등 參將으로

obuha turgun, cahar i dain de 37/38 juleri dosika, juwe niyalma waha,
삼은   이유. 차하르와의 전투에서   앞장서 진격했다. 2명을   죽였고,

morin gabtabuha, olji ambula daliha, amasi jidere de alin de šancilaha
말이   활에 맞았다. 포로를 많이 몰아 왔다.   되돌아 올 때   산에 산채를 쌓았다.

monggo de juleri dosika, saca emu ba, morin emu ba gabtabuha, otori
몽고에게   앞장서 진격했다. 투구에 1곳,   말에 1곳이 활에 맞았다. 봄사냥을

tucike baci helen jafame unggihe de duin niyalma be jafafi ilan be
나간   곳에서 정보제공포로를 잡으러 보냈을 때에 4명을   잡아서 3명은

sindafi unggihe, emke be gajiha, hūwang ho tao de helen jafame
놓아서 보냈고,   1명은   데려왔다. hūwang ho tao에서 정보제공포로를 잡으러

genehede juwe niyalma be 38/39 waha, ninggun niyalma be gajiha,
갔을 때에   2명을   죽였고,   6명을   데려왔다.

ši san šan de karun gidame genefi juwe niyalma waha, juwe morin baha,
十三山에서   초소를 공격하러 가서   2명을   죽였고, 2마리의 말을 얻었다.

dai an keo i hoton be hūlhame gaiha, gi jeo ci tuwanjime jidere
　　　大安口城을　　　　　　　빼앗아　취했다. 薊州로부터 살펴보러　오는

ma dzung bing guwan i jui, jai juwe niyalma be waha, terei etuhe elbihe
　ma　總兵官의　　　　　아들과, 다른　2명을　　　　죽였다. 그들이 입은 너구리

jibca, foloho umiyesun, beri jebele be minde buhe, beging ni baru
가죽옷·　조각한 요대·　　　활과 화살통을　나에게 주었다.　　北京　　쪽으로

genere de san 39/40 ho de ilan niyalma waha, ilan morin baha, tung
갈 때에　三河에서　　　　　3명을　　　죽였고, 3마리의 말을 얻었다. 通州에

jeo de isinara inenggi karun bošofi ninggun niyalma waha, tung jeo i
　　도착한　날　　초병을 쫓아서　　　6명을　　　　죽였다.　通州城에서

hoton ci emu tu gamame gūsin niyalma genere be bošofi tu jafaha
　　하나의 纛을 가지고　　30명이　　　가는 것을 쫓아서 纛을 쥔

niyalma be dabume duin niyalma be waha, duin morin baha, liyang
　사람을　　포함해　　4명을　　　　죽였고, 4마리의 말을 얻었다. 良鄕城에서

hiyang ni hoton ci beging hecen i baru tuwanjime jihede juwan
　　　　　　　　北京城 쪽으로　　　살펴보러　왔을 때에 10명을

niyalma be 40/41 waha, ninggun niyalma uyun morin bahafi gajiha,
　　　　　죽였고,　　6명과　　　9마리의 말을　얻어서 데려왔다.

jai mudan de duin niyalma be waha, ninggun niyalma jakūn morin be
다음 번에는　　　4명을　　　죽였고,　　6명과　　　8마리의 말을

bahafi gajiha, lu geo kiyoo i cooha de sirana, loosa dosifi moringga
얻어서 데려왔다.　　盧溝橋의　　　전투에서　시라나·로오사가 진격해서 기마병을

cooha be gemu waha, emu tanggū nadanju ninggun morin baha, beging
　모두　죽였고,　　　　176마리의　　　　　　말을　얻었다.　北京城의

hecen i amargi de tataha de hecen ci tucike juwe tanggū isire 41/42
　　북쪽에　숙영한 곳에서 성에서　나온　200명에　이르는

cooha be gidafi susai niyalma waha, dehi ninggun morin baha, yung
　병사들을 공격해서　50명을　죽였고,　46마리의　말을 얻었다.　永平에

ping de jime karun tucikede susai niyalma waha, dehi morin baha,
　　와서　정탐을 나간 때에　50명을　죽였고, 40마리의 말을 얻었다.

orin monggo be dahabufi gajiha, ša ho i de cooha acafi tofohon
20명의 몽고인을　항복시켜서 데려왔다. 沙河驛에서 적병을 만나서 15명을

niyalma waha, orin morin baha, šanaha i baru genefi tofohon niyalma
　죽였고, 20마리의 말을 얻었다. 山海關　쪽으로　가서　　　15명을

waha, juwe niyalma juwan duin morin baha,, 42/43
죽였고,　2명과　　　14마리의　말을　얻었다.

○ gūnggadai age be wesibufi beiguwan obuha turgun, ning yuwan i
　궁가다이 아거를　승진시켜서　備禦官으로 삼은　　이유.　　寧遠의

cooha de juleri dosika, dalingho i cooha de juleri dosika, han i hecen i
적병에게　앞장서 진격했다.　大凌河의　적병에게　앞장서 진격했다. 황제의 성의

amargi cooha de juleri dosika, gi jeo i yafahan i cooha de juleri
북쪽   적병에게   앞장서 진격했다. 薊州의   보병에게   앞장서

dosifi feye baha, morin feye de bucehe seme wesibuhe,, 43/44
진격하다가 부상을 입었고, 말이 상처로   죽었다고 하여 승진시켰다.

○ tantai be wesibufi beiguwan obuha turgun, ehe kuren de cooha
    탄타이를 승진시켜서 備禦官으로 삼은   이유. 어허 쿠런에서 전투에

genefi enculeme gašan gaime niyalma waha, warkasi cooha de tobgiya
나가서   별도로   마을을 취하고 사람을 죽였다. 와르카시   전투에서   무릎뼈

emu ba, gala emu ba langtulabuha, morin gidalabufi bucehe, fusi de
  1곳과   손에 1곳을   철퇴로 맞았고,   말이 창에 찔려서 죽었다. 撫順에서

gidaha cooha de juwe feye baha, morin i uju ilan ba sacibuha, emu ba
격퇴한 병사들에게 2곳의 상처를 입었고, 말의 머리 3곳이   베였고,   1곳이

gabtabuha, 44/45 šanggiyan hada i cooha de gulu lamun i beile i juleri
활에 맞았다.   샹기얀   언덕의   전투에서   正藍旗의   버일러 앞에서

juwe monggo be birefi waha, emu feye gabtabuha, morin emu ba
2명의   몽고인을 공격해서 죽였다. 1곳의 상처를 활에 맞아 입었고, 말에 1곳이

sacibuha, yehe de juwan juwe feye baha, cahar de cooha genehede olji
베였다.   여허에서   12곳의 상처를 입었다. 차하르에   출병했을 때에 포로를

ambula daliha, ilan bade šancilaha be gaiha, jeng giyang de genefi
많이 몰아 왔고, 3곳에   산채를 쌓은 것을 취했다.   鎭江에   가서

niyalma waha, dogon be jafaha, yung ping de juleri jihede 45/46 hada
사람을　죽였고,　나루터를　장악했다.　　永平에　　앞서서 온 때에　　봉우리에

de šancilaha cooha de juleri dosifi gidaha sain seme wesibuhe,,
　산채를 쌓은　적병에게　앞장서 진입하여 격파한 것이 좋다 하여 승진시켰다.

○ ulai beiguwan be wesibufi ilaci jergi iogi obuha, yuwan du tang ni
　울라이 備禦官을　　승진시켜서　　3등 遊擊으로　삼았다.　袁(崇煥) 都堂의

cooha de dosifi feye baha, gi jeo i yafahan i cooha de tu be
병사에게 진격하다가 부상을 입었다.　薊州의　　　보병에게　　　纛을

gaifi dosika sain seme wesibuhe,, 46/47
가지고 진격한 것이 좋다하여 승진시켰다.

○ jaisa beiguwan be wesibufi ilaci jergi iogi obuha turgun, lu
　자이사 備禦官을　　승진시켜서　　3등 遊擊으로　삼은　이유.　盧溝橋의

geo kiyoo i cooha de afaha be gūsai ejen sambi, beging hecen i julergi
　　적병에게　공격한 것을　구사의 어전이 안다.　　北京城　　　남쪽의

cooha de juleri dosika, beye emu feye, morin juwe feye baha, aita be
　적병에게　앞장서 진격했다. 몸에　1곳의 상처,　말에 2곳의 상처를 입었다. 아이타가

hoton ci tucifi genehe seme donjifi, jaisa bi genehe beile de hebe 47/48
　성에서　나와　갔다고　　　듣고,　자이사는 자신이 출병한 버일러와 논의

akū genefi <u>tabaraha</u>[5] bici beye budere weile be same genehe, faššaha
없이 가서 그르치면 자신이 죽을 죄임을 알면서도 갔다. 노력한 것이

sain seme wesibuhe,,
좋다고 하여 승진시켰다.

○ baduri hontoho beiguwan be wesibufi gulhun beiguwan obuha
  바두리 半 備禦官을 승진시켜서 온전한 備禦官으로 삼아

wesibuhe turgun, emu eshen bihe, niowanggiyaha de olbo etufi afafi
승진시킨 이유. 1명의 숙부가 있었는데 니오왕기야하(淸河)에서 綿甲을 입고 공격하다

beye bucehe, gungtu de genehede jušen i morin be durifi burulara be
죽었다.[6] 궁투에 갔을 때에 주션의 말을 빼앗아서 도망가는 것을

48/49 fargafi emu feye baha, emu ihan šangnaha, šanggiyan hada i
  추격하다가 1곳의 상처를 입었다. 1마리 소를 상 내렸다. 샹기얀 언덕의

cooha de saca galaktun sacibuha sain seme emu morin buhe, aita i
전투에서[7] 투구와 갑옷소매가 베인 것이 좋다하여 1마리 말을 주었다. 아이타의

cooha de bayarai tu be gaifi dosifi gidaha, lioge be jafaha, ahūn deo i
군대에게 바야라의 纛(護軍)을 이끌고 진격해서 격파했다. 六哥를 포획했고, 형제가

---

5 [籤註] gingguleme baicaci, manju gisun i buleku bithede, tabarambi sere gisun, uthai tašarambi sere
   gisun de adali sehebi,,
   삼가 찾아보니『淸文鑑』에서 'tabarambi'(그르치다)라는 말은 즉 'tašarambi'(그르치다) 라는 말과 같
   다고 했다.
6 1618년 누르하치가 명의 淸河城을 공격하여 함락시킨 사건을 가리킨다.
7 1619년 3월 사르후 전투 가운데 명의 馬林이 이끌던 北路軍과 샹기얀 하다(šanggiyan hada, 尙間崖)
   에서 충돌한 전투를 가리킨다.

yaluha juwe morin be jafaha, simiyan de emu feye baha, emu morin
　탄　　2마리 말을　　붙잡았다.　瀋陽에서　　1곳의 상처를 입었고, 1마리 말을

buhe, ning yuwan de emu feye baha seme 49/50 jai jergi de šangnaha,
얻었다.　　寧遠에서　　1곳의 상처를 입었다고 하여　　　　재차　　　　상 내렸다.

fusi de feye baha seme emu ihan šangnaha, ginjeo de feye baha seme
撫順에서 상처를 입었다고 하여 1마리 소를 상 내렸다.　錦州에서　상처를 입었다고 하여

jai jergi de šangnaha, fu ning hiyan de genefi karun i juwan monggo
　재차　　　상 내렸다.　　撫寧縣에　　　가서　초소의　　10명의　몽고인을

be acafi jakūn niyalma waha, emu feye baha, warkasi cooha de gūsai
　만나　　8명을　　　죽였고, 1곳의 상처를 입었다. 와르카시 전투에서 구사의

amba beile sain seme ilan niyalma buhe, fung ji pu de beile i emgi
大 버일러가　잘했다고　　　3명을　　　주었다.　奉集堡에서　버일러와 함께

50/51 dosifi beile i tuheke be tukiyehe seme emu morin emu ihan buhe,
　　진격해서 버일러가 떨어진 것을　　일으켰다고　　1마리 말과　1마리 소를 주었다.

dain de sain seme wesibuhe,,
전쟁에서 잘했다고 하여 승진시켰다.

○ sildu hontoho beiguwan be wesibufi gulhun beiguwan obuha
　실두　　　半 備禦官을　　　승진시켜서　온전한　備禦官으로　　삼은

turgun, cang lii de jalan be gaifi afafi ilan feye baha, gi jeo de juleri
　이유.　　昌黎에서　　잘란을　이끌고 공격해서 3곳의 상처를 입었다.　薊州에서 앞장서

tucifi juwe monggo waha, emu feye baha, ginjeo de 51/52 jalan be gaifi
나가서 2명의 몽고인을 죽였다.   1곳의 상처를 입었다. 錦州에서   잘란을   이끌고

afafi emu feye baha, jase i hoton be hūlhara de hūlhaha, beging hecen
공격해서 1곳의 상처를 입었다. 경계의 城을   기습하여   빼앗았다.   北京城의

i julergi cooha de juleri dosika, ši fang sy de tefi hahana nirui
   남쪽의 적병에게   앞장서 진격했다.   十方寺에   주둔하며 하하나 니루의

niyalma be subki nirui niyalma wafi ukame genere be amcafi waha,
   사람을   숨키 니루의   사람이 죽이고 달아나   가는   것을 추격해서 죽였다.

cahar de genefi juleri isinaha, jarut de juleri isinaha, solho i an jeo
   차하르에   가서   앞장서 이르렀다. 자루트에   앞서   이르렀다.   조선의   安州城에

hoton de 52/53 juleri dosika sain seme wesibuhe,,
          앞장서 진격한 것이 좋다하여   승진시켰다.

○ surumai, yangguri, nikan, yarai, cabahai, burgi, taran laijuhū
   수루마이· 양구리·   니칸· 야라이· 차바하이· 부르기·   타란과 라이주후는

acan, taran juwe ubu, laijuhū emu ubu, ese neneme daci dain de
   합하여,   타란은 2分,   라이주후는   1分이다. 이들은 앞서   처음부터 전쟁에서

yabuha gung ambula bi, yung ping ni hecen be hūlhame baha sain
   수행한   공이   많다.   永平城을   기습하여 얻은 것이 좋다

seme wesibufi surumai be 53/54 ilaci jergi iogi obuha, jai ninggun
하여   승진시켜 수루마이를   3등   유격으로 삼았다. 또   6명을

niyalma be beiguwan obuha,,
　　　비어관으로 삼았다.

○ latai de hergen akū bihe, gi jeo i cooha de akū oho seme jui
　라타이에게 관작이　없었다.　　薊州의　적병에게　　죽었다 하여 아들

esetu be beiguwan obuha,,
어서투를　비어관으로 삼았다.

○ arai dade hergen bihe, weile bahafi efujehe, gi jeo i 54/55
　아라이는 원래　관작이 있었는데 죄를　얻어　혁직되었다.　薊州의

cooha de akū oho seme jui suran be beiguwan obuha,,
적병에게　죽었다 하여　아들 수란을　비어관으로 삼았다.

○ monggo šangši de hergen akū bihe, dain de sain, gi jeo i
　몽고인　샹시에게　관작이　없었다.　전투에서 잘하고, 薊州의

yafahan i cooha de gala feye bahafi eden oho seme beiguwan obuha,,
　보병에게　　손이 상처　입어　불구가 되었다 하여　비어관으로 삼았다.

○ sure han i duici aniya aru i monggo i emgi gashūha bithe,
　　天聰 4년　　　아루　몽고와　함께 맹세한　글.

·55/56 monggo de unggihe bithe,,
　　몽고에　보낸　글.

○ sure han i duici aniya ilan biyai orin de, aisin gurun i han,
　「天聰　4년　3월　20일에,　금국의　汗·

ilan amba beile, jakūn gūsai taijisa, aru i duin mukūn i beise jinong,
세 大 버일러· 팔기의 타이지들· 아루의 네 일족의 버일러들 지농·

sun dureng, dalai cūhur amba asihan beise, doro acafi sain banjimbi
순 두렁[8] · 달라이 추후르[9] · 나이가 많고 적은 버일러들은 화친하여 잘 지내겠다

seme abka na de akdulame gashūmbi, ere acaha sain doro be aisin
하고 天地에 굳게 맹세한다. 이 화친한 좋은 도리를 금국이

gurun neneme efuleme, cahar i faksi arga sain 56/57 ulin de dosifi aru
먼저 어기고 차하르의 교묘한 책략과 좋은 재물에 빠져 아루에게

i baru gūwaliyaci, abka membe wakalafi se jalgan de isiburakū aldasi
변심하면 하늘이 우리를 그르다하여 수명에 이르게 하지 않고 중간에

bucebu, aru i beise neneme efuleme, cahar i faksi arga sain ulin de
죽게 할지어다. 아루의 버일러들이 먼저 어기고 차하르의 교묘한 책략과 좋은 재물에

dosifi meni baru gūwaliyaci, abka aru i duin mukūn i beise be wakalafi
빠져 우리에게 변심하면 하늘이 아루의 네 일족의 버일러들을 그르다하여

se jalgan de isiburakū aldasi bucebu, meni juwe gurun yaya gashūha
수명에 이르지 못하고 중간에 죽게 할지어다. 우리 두 나라가 모든 맹세한

gisun de isibume tondo sain i banjici, 57/58 abka gosifi se jalgan
말에 이르도록 바르게 잘 산다면 하늘이 아끼어 수명이

---

golmin, juse omosi jalan goro aniya goidame banjibu,,
길어지고 자식들과 손자들은 세대가 멀고 햇수가 오래도록 살게 할지어다.」

○ naiman i hūng baturu de unggihe bithe, han[10] i hese, weijeng
　나이만의　훙 바투루에게　　보낸 글.　「한의　詔書. 워이정

baturu i g'armatu, gūsa tome sunjata boigon i niyalma bu sehede,
바투루의　가르마투가 구사마다　　5戶씩의　　사람을 주라고 했을 때,

suwe gemu uru sembihe, buki sehe akdun gisun de acabume
너희는 모두 옳다고 했었다. 주겠다고 한　　약속에　　맞도록

bucina, suweni mukūn bikai, 58/59 bi gaimbio,, sure han i duici
주기 바란다. 너희의 일족이다.　　내가 취하겠는가?　天聰 4년

aniya duin biyai ice juwe,,
　　4월　　초 2일.」

○ ice duin de, monggo i darhan baturu de unggihe bithei gisun,
　초 4일에,　몽고의　다르한 바투루에게　보낸 글의 말.

han[11] i hese, darhan baturu de unggihe, jun gar i taijisa ergel de
「한의　詔書. 다르한 바투루에게 보낸다.　左翼의 타이지들이 어르걸 지방에

dosifi abalame yabumbi sere, 59/60 abka gosici, nikan gurun muse de
들어가 몰이사냥하러 간다고 한다.　　하늘이 사랑하신다면 명나라를 우리에게

10　[籤註] ere emu meyen fe dangse de arahangge monggo hergen te manjurame ubaliyambuha,,
　이 한 단락을 舊 檔子에서 쓴 것은 몽고 문자인데 지금 만주어로 번역했다.
11　[籤註] ere emu meyen inu monggo hergen i songgkoi manjurame ubaliyambuha,,
　이 한 단락도 몽고 문자대로 만주어로 번역했다.

gaibumbi, ainci doro i acambi dere, terei amala abalara de
취하게 하거나 혹은   화친할 것이다.   그   후에   몰이사냥하면

sartabumbiheo, dailara bata aldasi bitele, akta morin i hūsun be
늦겠는가?   싸울   적이 중간에 있는데   거세마의   기운을

efulehe niyalma, cooha dain de fideme generakū eici tembio, barin i
빼놓은   사람은   전장으로 동원하여 가지 않고 설마 남아 있겠다는 것인가? 바린의

abalaha weile be meni ubade jing uhei gisureme gaimbi kai,,
몰이사냥한   죄는   우리의 이쪽에서 곧   함께   논의하여 취할 것이다.」